7·9급 관세직·관세사 **시험대비**

박문각 공무원

기출문제

브랜드만족 **1위** 박문각

2025

김준휘 관세법

김준휘 편저

단원별 기출문제 연도순 정리

출제경향 및 개정법령 완벽 반영

명쾌하고 체계적인 해설

기출로 합격까지

기출문제집

이 책의 머리말

PREFACE

이 책의 특징

1 본 교재는 2025년도 관세사 1차 시험 및 관세직 7급, 9급 관세법 시험과목의 수험목적으로 제작되었습니다.

2 단원별 기출문제를 연도순으로 정리하되 같은 연도 내에서는 가능한 한 동일한 성격을 가진 문제들을 같이 묶어서 배열하였습니다. 따라서 수험생들이 보다 용이하게 논리적으로 흐름을 파악할 수 있으며 각 파트별 비중이나 문제의 빈출도도 파악할 수 있습니다.

3 출제경향과 출제수준을 수험생 스스로 판단할 수 있도록 모든 문제마다 출제연도와 출제직종을 명기하였으며, 법률의 개정으로 현실에 맞지 않는 부분은 개정된 법률에 따라 재구성하였기 때문에 수험생들의 부담이 없어지도록 하였습니다.

4 출제빈도가 높은 중요한 문제는 기본서를 보지 않고도 이해할 수 있도록 정답과 해설을 한 페이지에 구성하였습니다.

객관식 시험은 암기가 아니라 이해를 통해 접근하여 많은 문제를 반복적으로 풀어봄으로써 수험생 스스로 자신감을 가져야 합니다. 본 교재를 완전히 숙지하면 반드시 합격하리라 믿으며, 수험생 모두의 합격을 위하여 보이지 않는 곳에서 누구보다 간절하게 응원하겠습니다. 수험생 모두의 건승을 기원합니다.

2024년 11월

관세사 김준휘

이 책의 출제경향
GUIDE

1 관세사 1차 관세법 개론

구분	2019	2020	2021	2022	2023	2024
총칙	2	1	2	2	3	3
납세의무성립 (과세물건, 납세의무자, 과세표준, 세율, 품목분류)	5	9	9	7	5	5
납세의무 확정	4	2	2	2	0	1
관세채권확보 (담보)	1	1	1	2	1	2
납세의무완화 (감면, 분할납부)	3	5	5	2	2	2
납세의무이행 (환급)	2	1	0	2	1	2
납세의무 소멸	1	1	2	0	3	1
납세자권리 및 불복절차	4	2	2	1	3	2
운송수단	1	3	3	1	2	1
보세구역 및 보세운송	3	1	1	5	4	5
통관	4	6	4	4	5	5
세관공무원의 자료 제출 요청 등	2	2	1	3	0	1
벌칙	1	1	2	1	2	1
조사와 처분	1	1	1	1	1	2
보칙	1	0	0	1	1	0

이 책의 출제경향
GUIDE

2 관세직 9급

구분	2019	2020	2021	2022	2023	2024
총칙	1	1	2	2	2	2
납세의무성립 (과세물건, 납세의무자, 과세표준, 세율, 품목분류)	3	4	2	3	3	3
납세의무 확정	1	1	4	1	1	1
관세채권확보 (담보)	0	0	0	0	0	0
납세의무완화 (감면, 분할납부)	2	1	1	1	2	2
납세의무이행 (환급)	1	0	0	1	0	0
납세의무 소멸	0	0	0	0	1	0
납세자권리 및 불복절차	2	1	1	3	1	3
운송수단	1	2	1	3	1	1
보세구역 및 보세운송	4	3	2	1	4	2
통관	4	4	5	4	4	3
세관공무원의 자료 제출 요청 등	0	1	0	0	0	1
벌칙	1	0	1	0	1	1
조사와 처분	0	2	1	1	0	0
보칙	0	0	0	0	0	1
기타	0	0	0	0	0	0

3 관세직 7급

구분	2019	2020	2021	2022	2023	2024
총칙	2	2	2	2	2	1
납세의무성립 (과세물건, 납세의무자, 과세표준, 세율, 품목분류)	5	4	5	5	0	2
납세의무 확정	0	0	1	2	1	2
관세채권확보 (담보)	0	1	0	0	1	1
납세의무완화 (감면, 분할납부)	1	2	3	3	2	3
납세의무이행 (환급)	1	0	1	0	1	0
납세의무 소멸	1	0	0	0	2	1
납세자권리 및 불복절차	2	2	3	3	2	3
운송수단	1	0	2	1	2	1
보세구역 및 보세운송	2	4	3	4	4	5
통관	3	3	4	3	3	4
세관공무원의 자료 제출 요청 등	0	0	0	1	2	0
벌칙	1	0	0	1	1	0
조사와 처분	1	2	0	0	2	1
보칙	0	0	0	0	0	0
기타	0	0	1	0	0	1

이 책의 **차례**
CONTENTS

총칙

총칙

www.pmg.co.kr

01 관세법상 용어의 정의에 관한 설명으로 옳지 않은 것은? 2016 관세사

□□□

① "국내운항선"이란 국내에서만 운항하는 선박을 말한다.

② "항공기용품"이란 선박용품에 준하는 물품으로서 해당 항공기에서만 사용되는 것을 말한다.

③ "환적"이란 입국 또는 입항하는 운송수단의 물품을 다른 세관의 관할구역으로 운송하여 출국 또는 출항하는 운송수단으로 옮겨 싣는 것을 말한다.

④ "국제무역선"이란 무역을 위하여 우리나라와 외국 간을 운항하는 선박을 말한다.

⑤ "반송"이란 국내에 도착한 외국물품이 수입통관절차를 거치지 아니하고 다시 외국으로 반출되는 것을 말한다.

해설 **관세법 제2조(정의)**

"환적"(換積)이란 동일한 세관의 관할구역에서 입국 또는 입항하는 운송수단에서 출국 또는 출항하는 운송수단으로 물품을 옮겨 싣는 것을 말한다.(법 제2조 제14호)

02 관세법령상 용어의 정의로 옳지 않은 것은? 2018 관세사

□□□

① "국제무역기"란 무역을 위하여 우리나라와 외국 간을 운항하는 항공기를 말한다.

② "차량용품"이란 선박용품에 준하는 물품으로서 해당 차량에서만 사용되는 것을 말한다.

③ "복합환적"이란 동일한 세관의 관할구역에서 입국 또는 입항하는 운송수단에서 출국 또는 출항하는 운송수단으로 물품을 옮겨 싣는 것을 말한다.

④ "국내운항기"란 국내에서만 운항하는 항공기를 말한다.

⑤ "선박용품"이란 음료, 식품, 연료, 소모품, 밧줄, 수리용 예비부분품 및 부속품, 집기 그 밖에 이와 유사한 물품으로서 해당 선박에서만 사용되는 것을 말한다.

해설 **관세법 제2조(정의)**

"복합환적"(複合換積)이란 입국 또는 입항하는 운송수단의 물품을 다른 세관의 관할구역으로 운송하여 출국 또는 출항하는 운송수단으로 옮겨 싣는 것을 말한다.(법 제2조 제15호)

03 관세법의 규정 또는 관세법에서 사용하는 용어의 정의로 옳지 않은 것은? 2013 관세사

□□□

① '선박용품'이란 외국물품인 음료, 식품, 연료, 소모품, 밧줄, 수리용 예비부분품 및 부속품, 집기 그 밖에 이와 유사한 물품으로서 해당 선박에서만 사용되는 것을 말한다.

② 선박용품·항공기용품 또는 차량용품을 운송수단 안에서 그 용도에 따라 소비하거나 사용하는 경우에는 이를 '수입'으로 보지 아니한다.

③ 우리나라의 선박 등이 공해에서 채집하거나 포획한 수산물 등은 '내국물품'에 해당한다.

④ 종합보세사업장의 설치·운영에 관한 신고를 한 자는 '운영인'에 해당한다.

⑤ 수입하려는 물품을 수입신고전에 하역통로로부터 반출하기 위하여 즉시반출신고를 하고 반출된 물품의 경우에는 '내국물품'으로 본다.

해설 **관세법 제2조(정의)**

'선박용품'이란 음료, 식품, 연료, 소모품, 밧줄, 수리용 예비부분품 및 부속품, 집기, 그 밖에 이와 유사한 물품으로서 해당 선박에서만 사용되는 것을 말한다.(법 제2조 제10호)
즉, 선박용품의 정의가 외국물품인 선박용품만으로 한정하고 있는 것은 아니다.

04 외국물품의 소비나 사용을 수입으로 볼 수 있는 것은? 2014 관세직 7급

□□□

① 선박용품·항공기용품 또는 차량용품을 세관장이 정하는 지정보세구역에서 출입국관리법에 따라 출구심사를 마치거나 우리나라에 입국하지 아니하고 우리나라를 경유하여 제3국으로 출발하려는 자에게 제공하여 그 용도에 따라 소비하거나 사용하는 경우

② 선박용품·항공기용품 또는 차량용품을 운송수단 안에서 그 용도에 따라 소비하거나 사용하는 경우

③ 여행자가 휴대품을 운송수단 또는 관세통로에서 소비하거나 사용하는 경우

④ 외국물품에 대하여 보세구역에 반입신고를 한 후에 그 용도에 따라 소비하거나 사용하는 경우

해설 **관세법 제239조(수입으로 보지 아니하는 소비 또는 사용)**

외국물품의 소비나 사용이 다음 각 호의 어느 하나에 해당하는 경우에는 이를 수입으로 보지 아니한다.
1. 선박용품·항공기용품 또는 차량용품을 운송수단 안에서 그 용도에 따라 소비하거나 사용하는 경우
2. 선박용품·항공기용품 또는 차량용품을 세관장이 정하는 지정보세구역에서 「출입국관리법」에 따라 출국심사를 마치거나 우리나라에 입국하지 아니하고 우리나라를 경유하여 제3국으로 출발하려는 자에게 제공하여 그 용도에 따라 소비하거나 사용하는 경우
3. 여행자가 휴대품을 운송수단 또는 관세통로에서 소비하거나 사용하는 경우
4. 법에서 인정하는 바에 따라 소비하거나 사용하는 경우

---

④ 외국물품을 우리나라에서 소비 또는 사용하는 것(우리나라에의 운송수단 안에서의 소비 또는 사용을 포함)은 수입으로 보지만 법 제239조에 해당하는 소비 또는 사용은 수입으로 보지 아니한다.

정답 01. ③ 02. ③ 03. ① 04. ④

05 「관세법」 제2조(정의)에 따른 설명으로 옳지 않은 것은? 2016 관세직 7급

① 복합환적이란 입국 또는 입항하는 운송수단의 물품을 다른 세관의 관할구역으로 운송하여 출국 또는 출항하는 운송수단으로 옮겨 싣는 것을 말한다.
② 외국의 선박이 외국의 영해가 아닌 경제수역에서 포획한 수산물로서 「관세법」 제241조 제1항에 따른 수입의 신고가 수리되기전의 것은 외국물품에 해당한다.
③ 외국물품을 우리나라에 반입하거나 여행자가 외국물품인 휴대품을 운송수단 또는 관세통로에서 소비 또는 사용하는 것은 수입으로 본다.
④ 선박용품이란 음료, 식품, 연료, 소모품, 밧줄, 수리용 예비부분품 및 부속품, 집기, 그 밖에 이와 유사한 물품으로서 해당 선박에서만 사용되는 것을 말한다.

해설 외국물품을 우리나라에 반입하는 것은 수입으로 보나, 여행자가 외국물품인 휴대품을 운송수단 또는 관세통로에서 소비 또는 사용하는 것은 수입으로 보지 아니하는 소비 또는 사용에 해당한다.

06 관세법상 수입과 수출에 대한 설명으로 옳은 것은? 2017 관세직 7급

① 보세구역을 경유하는 외국물품을 보세구역으로부터 반입하는 것은 수입이다.
② 여행자가 외국물품인 휴대품을 운송수단에서 소비하는 것은 수입이다.
③ 우리나라 선박이 공해에서 포획하여 우리나라에 도착한 수산물을 소비하는 것은 수입이다.
④ 수입신고한 물품을 수입신고수리전 반출승인을 받아 반출한 경우 그 물품을 다시 외국으로 반출하는 것은 수출이 아니다.

해설 **관세법 제2조(정의)**

"수입"이란 외국물품을 우리나라에 반입(보세구역을 경유하는 것은 보세구역으로부터 반입하는 것을 말한다)하거나 우리나라에서 소비 또는 사용하는 것(우리나라의 운송수단 안에서의 소비 또는 사용을 포함하며, 법 제239조 각 호의 어느 하나에 해당하는 소비 또는 사용은 제외한다)을 말한다.

---

② 관세법 제239조에서 규정하고 있는 수입으로 보지 아니하는 소비 또는 사용이다.
③ 우리나라 선박이 공해에서 포획한 수산물은 내국물품이기 때문에 내국물품을 소비 또는 사용하는 것은 수입이 아니다.
④ 수입신고 수리전 반출승인을 받아 반출한 물품은 내국물품이며, 내국물품을 외국으로 반출하는 것은 수출이다.

07 관세법상 통관에 대한 설명으로 옳지 않은 것은? 2017 관세직 7급

□□□

① 수출입을 할 때 법령에서 정하는 바에 따라 허가·승인·표시 또는 그 밖의 조건을 갖출 필요가 있는 물품은 세관장에게 그 허가·승인·표시 또는 그 밖의 조건을 갖춘 것임을 증명하여야 한다.

② 세관장은 다른 법령에 따라 수입 후 특정한 용도로 사용하여야 하는 등의 의무가 부가되어 있는 물품에 대하여는 문서로써 해당 의무를 이행할 것을 요구할 수 있다.

③ 외국물품인 선박용품·항공기용품 또는 차량용품을 운송수단 안에서 그 용도에 따라 소비하거나 사용하는 경우에는 수입으로 보지 아니한다.

④ 체신관서가 수취인에게 내준 우편물은 관세법에 따라 적법하게 수입된 것으로 보고 관세 등을 징수한다.

해설 ④ 법 제240조(수입의 의제)에 해당하는 물품으로서 "체신관서가 수취인에게 내준 우편물"은 적법하게 수입된 것으로 보아 관세 등을 따로 징수하지 아니한다.

08 다음 물품 중 관세법상 내국물품에 해당하는 것만을 모두 고른 것은? 2017 관세직 7급

□□□

ㄱ. 입항전 수입신고가 수리된 물품
ㄴ. 수출신고가 수리된 물품
ㄷ. 우리나라의 선박 등이 공해에서 채집하거나 포획한 수산물
ㄹ. 수입신고수리전 반출승인을 받아 반출된 물품
ㅁ. 외국으로부터 우리나라에 도착한 물품으로서 수입신고가 수리되기 전의 물품

① ㄱ, ㄴ, ㄹ ② ㄱ, ㄴ, ㅁ
③ ㄱ, ㄷ, ㄹ ④ ㄷ, ㄹ, ㅁ

해설 **관세법 제2조(정의)**

"외국물품"이란 다음 각 목의 어느 하나에 해당하는 물품을 말한다.(법 제2조 제4호)

가. 외국으로부터 우리나라에 도착한 물품[외국의 선박 등이 공해(公海, 외국의 영해가 아닌 경제수역을 포함한다.)에서 채집하거나 포획한 수산물 등을 포함한다]으로서 수입신고가 수리(受理)되기 전의 것
나. 제241조 제1항에 따른 수출의 신고가 수리된 물품

"내국물품"이란 다음 각 목의 어느 하나에 해당하는 물품을 말한다.(법 제2조 제5호)

가. 우리나라에 있는 물품으로서 외국물품이 아닌 것
나. 우리나라의 선박 등이 공해에서 채집하거나 포획한 수산물 등
다. 입항전 수입신고가 수리된 물품
라. 수입신고수리전 반출승인을 받아 반출된 물품
마. 수입신고전 즉시반출신고를 하고 반출된 물품

ㄱ. 입항전 수입신고가 된 물품은 우리나라에 도착한 것으로 보며, 입항전 수입신고가 수리된 물품은 내국물품이다.
ㄴ. 수출신고 "수리"가 된 물품은 외국물품이다.
ㄷ. 우리나라 선박 등이 공해에서 채집한거나 포획한 수산물은 내국물품이다.
ㄹ. 수입신고수리전 반출승인을 받아 반출된 물품은 "수리"라는 행정절차보다 반출이라는 행위가 선행되기 때문에 내국물품으로 본다.
ㅁ. 우리나라에 도착하였어도 수입신고가 수리되기 전의 물품은 외국물품이다.

정답 05. ③ 06. ① 07. ④ 08. ③

09 □□□ **관세법상 내국물품인 것은? (단, 해당물품에 대해 입항전수입신고 등 수출입통관 절차가 이행된 바 없음)** 2021 관세사

① 국내에 소재하는 회사가 원자재 전량을 수출하여 중국에서 위탁가공으로 생산한 다음 인천항으로 반입하는 물품
② 국내에서 생산하여 보세판매장에서 판매된 물품으로 내국인 출국자가 소지하고 스페인으로 반출했다가 귀국시 다시 반입하는 물품
③ 외국적 선박이 제주 근해(영해)해저에서 채굴한 광산물
④ 우리나라 기업이 필리핀 연안(영해)에서 직접 양식하여 부산항으로 반입하는 수산물
⑤ 대금지불을 완료하고 베트남으로부터 우리나라에 반입되어 보세창고에 장치되었으나 매수인이 매도인에게 클레임을 제기해 다시 반품하기로 합의한 물품

해설 ① 원자재(내국물품) 전량을 수출한 후, 국내에 반입되어 아직 수입신고가 수리되기 전의 물품은 외국물품이다
② 보세판매장에서 판매된 물품(외국물품)을 다시 반입하여 아직 수입신고가 수리되기 전의 물품은 외국물품이다.
③ 우리나라(제주)영해에서 채굴한 광산물은 선박 국적에 상관 없이 내국물품이다.
④ 외국(필리핀)영해에서 양식한 수산물은 선박 국적에 상관없이 외국물품이다.
⑤ 보세창고에 장치되어 수입신고수리가 되기 전 물품이므로 외국물품이다.

10 □□□ **「관세법」상 내국물품에 해당하는 것만을 모두 고르면?** 2023 관세직 9급

ㄱ. 우리나라에 있는 물품으로서 수출신고가 수리된 물품
ㄴ. 외국으로부터 우리나라에 도착한 물품으로 수입신고가 수리되기 전의 것
ㄷ. 수입신고 전 즉시반출신고를 하고 반출된 물품
ㄹ. 우리나라의 선박 등이 공해에서 채집하거나 포획한 수산물로서 우리나라에 도착하지 않은 것

① ㄱ, ㄴ
② ㄱ, ㄷ
③ ㄴ, ㄹ
④ ㄷ, ㄹ

해설 ㄱ. 수출이란 내국물품을 외국으로 반출하는 것을 말하며 수출신고가 수리된 물품은 외국물품이다.
ㄴ. 수입이란 외국물품을 우리나라에 반입하는 것을 말하며 수입신고가 수리되기 전의 것은 외국물품이다.

11 관세법상 외국물품인 것은? 2024 관세사

□□□

① 세관장으로부터 기간과 장소를 지정받아 보세구역 밖에서 한 보수작업으로 외국물품에 부가된 내국물품
② 수입신고전 즉시반출신고를 하고 반출된 물품
③ 수입신고수리전 반출승인을 받아 반출된 물품
④ 입항전수입신고가 수리된 물품
⑤ 우리나라 선박이 공해에서 포획한 수산물

해설 ① 보수작업으로 외국물품에 부가된 내국물품은 외국물품으로 본다.(법 제158조 제5항)

12 「관세법」상 용어의 설명으로 옳은 것은? 2021 관세직 9급

□□□

① 반송이란 국내에 도착한 물품이 수입통관절차를 거치고 다시 외국으로 반출되는 것을 말한다.
② 수출이란 물품을 국외로 반출・반송하는 것을 말한다.
③ 외국의 선박 등이 공해에서 포획한 수산물로서 제241조(수출・수입 또는 반송의 신고) 제1항에 따른 수입의 신고가 수리되기 전의 것은 외국물품에 해당한다.
④ 국제무역기란 무역을 위하여 외국과 외국 간을 운항하는 항공기를 말한다.

해설 ① "반송"이란 국내에 도착한 외국물품이 수입통관절차를 거치지 아니하고 다시 외국으로 반출되는 것을 말한다.(법 제2조 제3호)
② 수출이란 내국물품을 국외로 반출하는 것을 말한다.(법 제2조 제2호)
④ 국제무역기란 무역을 위하여 우리나라와 외국 간을 운항하는 항공기를 말한다.(법 제2조 제7호)

13 「관세법」상 용어에 대한 설명으로 옳지 않은 것은? 2023 관세직 7급

□□□

① 우리나라에 거주하는 자가 외국에 있던 선박의 사실상 소유권을 취득하고 그 선박이 우리나라에 들어와 사용에 제공된 때에는 형식적으로는 그 선박이 우리나라의 국적을 아직 취득하지 아니하였더라도 실질적으로는 관세부과의 대상이 되는 '수입'에 해당한다.
② 선박용품 중 '수리용 예비부분품 및 부속품'은 항해 중에 있을 수 있는 선박의 자체적인 유지・관리・보수를 대비하여 통상적으로 구비하는 예비적인 부분품이나 부속품을 의미한다.
③ '사이버몰'은 컴퓨터 등과 정보통신설비를 이용하여 재화를 거래할 수 있도록 설정된 가상의 영업장을 말한다.
④ 수입신고수리전 반출승인을 받아 반출된 물품은 '외국물품'에 해당한다.

해설 ④ 수입신고 대상물품은 내국물품이며 반출승인을 받아 보세구역으로부터 반출된 물품은 수입신고가 수리되기 전이지만 내국물품에 해당한다.

정답 09. ③ 10. ④ 11. ① 12. ③ 13. ④

14 관세법상 용어에 관한 설명으로 옳은 것은? 2024 관세사

□□□

① 국내에 도착하여 수입통관절차를 거친 외국물품이 다시 외국으로 반출되는 것은 "반송"에 해당한다.

② 지정장치장의 화물관리인 지정을 받은 자는 "운영인"에 해당한다.

③ 관세의 과세표준과 세액을 결정하기 위하여 서면으로 납세자의 장부・서류를 조사하는 것은 "관세조사"에 해당하지만 통합조사의 원칙에 따라 통합하여 조사하는 경우는 "관세조사"에 해당하지 않는다.

④ 외국물품이더라도 선박용품・항공기용품 또는 차량용품을 운송수단 안에서 그 용도에 따라 소비하는 경우는 "수입"에 해당하지 않는다.

⑤ 상업서류, 견본품, 자가사용물품, 그 밖에 이와 유사한 물품으로서 국제무역선을 이용하여 물품을 휴대하여 반출입하는 것을 업으로 하는 자에게 위탁하여 우리나라에 반입하는 물품은 "탁송품"에 해당한다.

해설 ① "반송"이란 국내에 도착한 외국물품이 수입통관절차를 거치지 아니하고 다시 외국으로 반출되는 것을 말한다.
② "운영인"이란 특허보세구역의 설치・운영에 관한 특허를 받은 자 또는 종합보세사업장의 설치・운영에 관한 신고를 한 자를 말한다.
③ "관세조사"란 관세의 과세표준과 세액을 결정 또는 경정하기 위하여 방문 또는 서면으로 납세자의 장부・서류 또는 그 밖의 물건을 조사(법 제110조의2에 따라 통합하여 조사하는 것을 포함한다)하는 것을 말한다.
⑤ "탁송품"이란 상업서류, 견본품, 자가사용물품, 그 밖에 이와 유사한 물품으로서 국제무역선・국제무역기 또는 국경출입차량을 이용한 물품의 송달을 업으로 하는 자(물품을 휴대하여 반출입하는 것을 업으로 하는 자는 제외한다)에게 위탁하여 우리나라에 반입하거나 외국으로 반출하는 물품을 말한다.

15 관세법상 내용으로 옳지 않은 것은? 2018 관세직 9급

□□□

① 관세를 납부하여야 하는 물품에 대하여는 다른 조세, 그 밖의 공과금 및 채권에 우선하여 그 관세를 징수한다.

② 관세법의 해석이나 관세행정의 관행이 일반적으로 납세자에게 받아들여진 후에는 그 해석이나 관행에 따른 행위 또는 계산은 정당한 것으로 보며, 새로운 해석이나 관행에 따라 소급하여 과세되지 아니한다.

③ 관세법에 따른 기간을 계산할 때 관세법 제252조에 따른 수입신고수리전 반출승인을 받은 경우에는 그 승인일을 수입신고의 수리일로 본다.

④ 관세법 제253조 제1항에 따른 수입신고전 즉시반출신고를 하고 반출된 물품은 외국물품에 해당한다.

해설 ④ 수입신고 대상물품은 외국물품이며, 수입신고전 즉시반출신고를 하고 반출된 외국물품은 비록 수입신고가 수리되지 않았더라도 내국물품으로 본다.
① 법 제3조(관세징수의 우선) 제1항
② 법 제5조(법 해석의 기준과 소급과세의 금지) 제2항
③ 법 제8조(기간 및 기한의 계산) 제1항

16 영국의 다국적기업이 우리나라에 신설한 자회사 공장에서 사용할 1억원 상당의 장비를 무상으로 기증하였다. 해당 장비가 수입될 때 관세법상 세관장이 부과할 수 있는 조세가 아닌 것은?

2021 관세사

① 교육세
② 농어촌특별세
③ 개별소비세
④ 증여세
⑤ 지방소비세

해설 **관세법 제4조(내국세등의 부과 · 징수)**

수입물품에 대하여 세관장이 부과 · 징수하는 부가가치세, 지방소비세, 담배소비세, 지방교육세, 개별소비세, 주세, 교육세, 교통 · 에너지 · 환경세 및 농어촌특별세(내국세등의 가산세 및 강제징수비를 포함한다)의 부과 · 징수 · 환급 등에 관하여 「국세기본법」, 「국세징수법」, 「부가가치세법」, 「지방세법」, 「개별소비세법」, 「주세법」, 「교육세법」, 「교통 · 에너지 · 환경세법」 및 「농어촌특별세법」의 규정과 이 법의 규정이 상충되는 경우에는 이 법의 규정을 우선하여 적용한다.(법 제4조 제1항)

17 관세법상 수입물품에 대하여 세관장이 부과 · 징수하는 내국세에 포함되지 않는 것은?

2024 관세사

① 주세
② 소득세
③ 개별소비세
④ 부가가치세
⑤ 농어촌특별세

해설 ② "소득세"는 수입물품에 대하여 세관장이 부과 · 징수하는 내국세에 해당하지 않는다.

정답 14. ④ 15. ④ 16. ④ 17. ②

18 관세법의 내용에 관한 설명으로 옳은 것은? 2017 관세사

□□□

① "국제무역선"이란 무역을 위하여 외국에서만 운항하는 선박을 말한다.
② "반송"이란 국내에 도착한 외국물품이 수입통관절차를 거쳐 다시 외국으로 반출되는 것을 말한다.
③ 세관공무원은 재량으로 직무를 수행하여서는 아니 된다.
④ 관세를 납부하여야 하는 물품에 대하여는 다른 조세, 그 밖의 공과금 및 채권에 우선하여 그 관세를 징수한다.
⑤ 신의성실의무는 세관공무원의 의무로, 납세자에게는 적용되지 아니한다.

해설 **관세법 제3조(관세징수의 우선)**
관세를 납부하여야 하는 물품에 대하여는 다른 조세, 그 밖의 공과금 및 채권에 우선하여 그 관세를 징수한다. (법 제3조 제1항)

---

① 국제무역선이란 무역을 위하여 우리나라와 외국 간을 운항하는 선박을 말한다.(법 제2조 제6호)
② 반송이란 국내에 도착한 외국물품이 수입통관절차를 거치지 아니하고 다시 외국으로 반출되는 것을 말한다. (법 제2조 제3호)
③ 세관공무원은 그 재량으로 직무를 수행할 때에는 과세의 형평과 관세법의 목적에 비추어 일반적으로 타당하다고 인정되는 한계를 엄수하여야 한다.(법 제7조)
⑤ 납세자가 그 의무를 이행할 때에는 신의에 따라 성실하게 하여야 한다. 세관공무원이 그 직무를 수행할 때에도 또한 같다.(법 제6조)

19 관세법상 관세의 징수 및 내국세등의 부과 · 징수에 대한 설명으로 옳지 않은 것은? 2020 관세직 7급

□□□

① 관세법에 따른 가산세 및 강제징수비의 부과 · 징수 · 환급 등에 관하여는 관세법 중 관세의 부과 · 징수 · 환급 등에 관한 규정을 적용한다.
② 강제징수의 대상이 해당 관세를 납부하여야 하는 물품이 아닌 재산인 경우에 국세징수의 예에 따라 징수하는 관세는 국세기본법에 따른 국세에 우선한다.
③ 내국세등은 수입물품에 대하여 세관장이 부과 · 징수하는 부가가치세, 지방소비세, 담배소비세, 지방교육세, 개별소비세, 주세, 교육세, 교통 · 에너지 · 환경세 및 농어촌특별세를 말하며, 내국세등의 가산세 및 강제징수비를 포함한다.
④ 수입물품에 대하여 세관장이 부과 · 징수하는 내국세등에 대한 담보제공 요구, 국세충당, 담보해제, 담보금액 등에 관하여는 관세법 중 관세에 대한 담보 관련 규정을 적용한다.

해설 **관세법 제3조(관세징수의 우선)**
국세징수의 예에 따라 관세를 징수하는 경우 강제징수의 대상이 해당 관세를 납부하여야 하는 물품이 아닌 재산인 경우에는 관세의 우선순위는 「국세기본법」에 따른 국세와 동일하게 한다.(법 제3조 제2항)

---

① 관세법에 따른 가산세 및 강제징수비의 부과 · 징수 · 환급 등에 관하여는 관세법 중 관세의 부과 · 징수 · 환급 등에 관한 규정을 적용한다.(법 제4조 제3항)
③ (법 제4조 제1항)
④ 수입물품에 대하여 세관장이 부과 · 징수하는 내국세등에 대한 담보제공 요구, 국세충당, 담보해제, 담보금액 등에 관하여는 관세법 중 관세에 대한 담보 관련 규정을 적용한다.(법 제4조 제4항)

20 관세법령상 관세 및 내국세등의 부과·징수에 대한 설명으로 옳은 것은? 2023 관세직 9급

□□□

① 국세징수의 예에 따라 관세를 징수하는 경우 강제징수의 대상이 해당 관세를 납부하여야 하는 물품인 경우에는 관세의 우선순위는 「국세징수법」에 따른 국세와 동일하게 한다.

② 세관장은 관세법령 요건에 해당되는 체납자의 내국세등을 세무서장이 징수하게 하는 경우 「관세법」에 따른 관세체납정리위원회의 의결을 거쳐 관세청장이 정하는 바에 따라 체납자의 내국세등의 징수에 관한 사항을 기재하여 해당 세무서장에게 서면으로 요청하여야 하며, 그 사실을 해당 체납자에게도 통지하여야 한다.

③ 세관장은 수입물품에 대하여 국가가 부과하는 국세인 부가가치세를 부과·징수할 수 있지만 지방세인 지방교육세를 부과할 수는 없다.

④ 수입물품에 대하여 체납자의 체납액 중 관세의 체납은 없고 내국세등만 2천만원 체납되어 「관세법」에 따른 행정소송이 계류 중인 경우에 징수의 효율성 등을 고려하여 납세의무자의 주소지를 관할하는 세무서장이 체납세액을 징수하게 할 수 있다.

해설 **관세법 시행령 제1조의2(체납된 내국세등의 세무서장 징수)**

세관장은 관세법령 요건에 해당되는 체납자의 내국세등을 세무서장이 징수하게 하는 경우 법 제45조에 따른 관세체납정리위원회의 의결을 거쳐 관세청장이 정하는 바에 따라 체납자의 내국세등의 징수에 관한 사항을 기재하여 해당 세무서장에게 서면으로 요청하여야 하며, 그 사실을 해당 체납자에게도 통지하여야 한다.(영 제1조의2 제2항)

21 관세법령상 관세와 내국세등의 부과·징수에 대한 설명으로 옳지 않은 것은? 2018 관세직 7급

□□□

① 국세징수의 예에 따라 관세를 징수하는 경우 강제징수의 대상이 해당 관세를 납부하여야 하는 물품이 아닌 재산인 경우에는 관세의 우선순위는 「국세기본법」에 따른 국세와 동일하게 한다.

② 수입물품에 대하여 세관장이 부과·징수하는 부가가치세의 부과·징수·환급 등에 관하여 「국세기본법」, 「국세징수법」, 「부가가치세법」의 규정과 「관세법」의 규정이 상충되는 경우에는 「관세법」의 규정을 우선하여 적용한다.

③ 수입물품에 대한 세관장의 관세 및 부가가치세 부과에 대하여 이의신청이 계류 중인 경우 그 징수의 효율성을 위하여 필요하다고 인정되면 세무서장이 그 체납세액을 징수한다.

④ 세관장은 체납자의 내국세등을 세무서장이 징수하게 하는 경우 관세체납정리위원회의 의결을 거쳐 관세청장이 정하는 바에 따라 체납자의 내국세등의 징수에 관한 사항을 기재하여 해당 세무서장에게 서면으로 요청하여야 한다.

해설 **관세법 시행령 제1조의2(체납된 내국세등의 세무서장 징수)**

「관세법」 제4조 제2항에 따라 납세의무자의 주소지(법인의 경우 그 법인의 등기부에 따른 본점이나 주사무소의 소재지)를 관할하는 세무서장이 체납된 부가가치세, 지방소비세, 개별소비세, 주세, 교육세, 교통·에너지·환경세 및 농어촌특별세(내국세등의 가산세 및 강제징수비를 포함한다)를 징수하기 위하여는 체납자가 다음 각 호의 모든 요건에 해당해야 한다. 다만, 법에 따른 이의신청·심사청구·심판청구 또는 행정소송이 계류 중인 경우, 「채무자 회생 및 파산에 관한 법률」 제243조에 따라 회생계획인가 결정을 받은 경우 및 압류 등 강제징수가 진행 중이거나 압류 또는 매각을 유예받은 경우에는 세무서장이 징수하게 할 수 없다.(영 제1조의2 제1항)

1. 체납자의 체납액 중 관세의 체납은 없고 내국세등만이 체납되었을 것
2. 삭제 〈2017.3.27〉
3. 체납된 내국세등의 합계가 1천만원을 초과했을 것

정답 18. ④ 19. ② 20. ② 21. ③

22 ☐☐☐ **관세법령상 수입물품에 대하여 세관장이 부과 · 징수하는 내국세등의 체납이 발생하였을 때 납세의무자의 주소지를 관할하는 세무서장이 그 체납세액을 징수할 수 없는 경우만을 모두 고르면?**

2020 관세직 7급

> ㄱ. 체납자가 채무자 회생 및 파산에 관한 법률에 따라 회생절차개시의 신청을 한 경우
> ㄴ. 체납자가 관세법에 따라 심사청구를 제기하여 그 심사 청구가 계류 중인 경우
> ㄷ. 세관장이 강제징수 유예신청에 대하여 거부한 경우
> ㄹ. 체납된 내국세등에 대한 압류 등 강제징수가 진행 중인 경우

① ㄱ, ㄴ　　② ㄱ, ㄹ
③ ㄴ, ㄷ　　④ ㄴ, ㄹ

해설 ㄱ. 회생절차개시 신청을 하고 회생계획인가 결정을 받아야 한다.
ㄷ. 압류 또는 매각 유예신청을 하여 유예를 받은 경우여야 한다.

23 ☐☐☐ **「관세법」상 내국세 등의 부과 · 징수에 대한 설명으로 옳지 않은 것은?** 2016 관세직 9급

① 수입물품에 대하여 세관장이 부과 · 징수하는 부가가치세의 부과 · 징수 · 환급 등에 관하여 「부가가치세법」의 규정과 「관세법」의 규정이 상충되는 경우에는 「관세법」의 규정을 우선하여 적용한다.
② 수입물품에 대하여 세관장이 부과하는 부가가치세의 체납이 발생하였을 때에는 징수의 효율성 등을 고려하여 관세청장이 정하는 바에 따라 법인 대표자의 주소지를 관할하는 세무서장이 체납세액을 징수할 수 있다.
③ 「관세법」에 따른 가산세 및 강제징수비의 부과 · 징수 · 환급 등에 관하여는 「관세법」 중 관세의 부과 · 징수 · 환급 등에 관한 규정을 적용한다.
④ 수입물품에 대하여 세관장이 부과 · 징수하는 개별소비세에 대한 담보제공 요구에 관하여는 「관세법」 중 관세에 대한 담보 관련 규정을 적용한다.

해설 **관세법 제4조(내국세등의 부과 · 징수)**
수입물품에 대하여 세관장이 부과 · 징수하는 내국세등의 체납이 발생하였을 때에는 징수의 효율성 등을 고려하여 필요하다고 인정되는 경우 대통령령으로 정하는 바에 따라 납세의무자의 주소지(법인의 경우 그 법인의 등기부에 따른 본점이나 주사무소의 소재지)를 관할하는 세무서장이 체납세액을 징수할 수 있다.(법 제4조 제2항)

24 관세법령상 설명으로 옳은 것은? 2020 관세직 9급

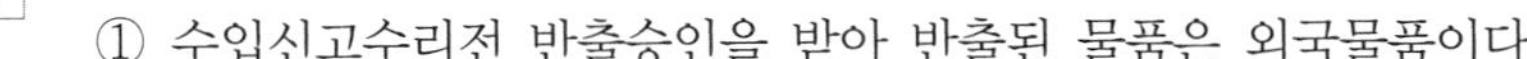

① 수입신고수리전 반출승인을 받아 반출된 물품은 외국물품이다.

② 지식재산권의 거래에 관련된 계약서 또는 이에 갈음하는 서류는 해당 신고에 대한 수리일부터 3년간 보관하여야 한다.

③ 납부고지사항을 공시하였을 때에는 공시일부터 21일이 지나면 관세의 납세의무자에게 납부고지서가 송달된 것으로 본다.

④ 수입물품에 대하여 세관장이 부과·징수하는 담배소비세는 내국세이며 이에 대한 담보제공 요구 등에 관하여는 관세법 중 관세에 대한 담보 관련 규정을 적용한다.

해설 **관세법 제4조(내국세등의 부과·징수)**

수입물품에 대하여 세관장이 부과·징수하는 내국세등에 대한 담보제공 요구, 국세충당, 담보해제, 담보금액 등에 관하여는 이 법 중 관세에 대한 담보 관련 규정을 적용한다.(법 제4조 제4항)

---

① 수입신고수리전 반출승인을 받아 반출된 물품은 내국물품이다.(법 제2조 제5호)

② 지식재산권의 거래에 관련된 계약서 또는 이에 갈음하는 서류는 해당 신고에 대한 수리일부터 5년간 보관하여야 한다.(영 제3조 제1항)

③ 납부고지사항을 공시하였을 때에는 공시일부터 14일이 지나면 관세의 납세의무자에게 납부고지서가 송달된 것으로 본다.(법 제11조 제2항)

25 「관세법」 적용의 원칙 등에 대한 설명으로 옳지 않은 것은? 2016 관세직 9급

① 「관세법」을 해석할 때에는 과세의 효율과 관세행정의 관행에 비추어 납세자의 재산권을 침해하지 아니하도록 하여야 한다.

② 「관세법」의 해석이나 관세행정의 관행이 일반적으로 납세자에게 받아들여진 후에는 그 해석이나 관행에 따른 행위 또는 계산은 정당한 것으로 보며, 새로운 해석이나 관행에 따라 소급하여 과세되지 아니한다.

③ 납세자가 그 의무를 이행할 때에는 신의에 따라 성실하게 하여야 한다. 세관공무원이 그 직무를 수행할 때에도 또한 같다.

④ 세관공무원은 그 재량으로 직무를 수행할 때에는 과세의 형평과 「관세법」의 목적에 비추어 일반적으로 타당하다고 인정되는 한계를 엄수하여야 한다.

해설 **관세법 제5조(법 해석의 기준과 소급과세의 금지)**

관세법을 해석하고 적용할 때에는 과세의 형평과 해당 조항의 합목적성에 비추어 납세자의 재산권을 부당하게 침해하지 아니하도록 하여야 한다.(법 제5조 제1항)

관세법의 해석이나 관세행정의 관행이 일반적으로 납세자에게 받아들여진 후에는 그 해석이나 관행에 따른 행위 또는 계산은 정당한 것으로 보며, 새로운 해석이나 관행에 따라 소급하여 과세되지 아니한다.(법 제5조 제2항)

관세법 제6조(신의성실)

납세자가 그 의무를 이행할 때에는 신의에 따라 성실하게 하여야 한다. 세관공무원이 그 직무를 수행할 때에도 또한 같다.

관세법 제7조(세관공무원 재량의 한계)

세관공무원은 그 재량으로 직무를 수행할 때에는 과세의 형평과 이 법의 목적에 비추어 일반적으로 타당하다고 인정되는 한계를 엄수하여야 한다.

정답 22. ④ 23. ② 24. ④ 25. ①

26 □□□ **다음은 납세자의 권리구제에 대한 설명이다. 이에 적합한 관세법 적용 원칙은?** 2012 관세직 9급

> 국내의 A사는 권리사용료를 지급하는 수입물품에 대하여 잠정가격 신고를 하였다. 그 후 C세관으로부터 확정가격신고 이행기간 안내문을 수령 후 안내문에 기재된 잠정가격신고에 대한 확정가격 신고를 하고 과부족을 정산하였다. 그 후 1건의 잠정가격 신고에 대하여 확정가격 신고가 기간 내에 이행되지 아니하였다는 이유로 C세관으로부터 과태료 부과통지를 받았다. 이에 대해 A사는 C세관의 안내문에 따라 확정가격 신고를 정확하게 수행하였다고 판단하고, 관세법 제277조 과태료 규정에 근거하여 30일 이내에 C세관에 이의를 제기하였다.

① 과세의 형평과 법해석의 합목적성 ② 소급과세금지
③ 신의성실 ④ 세관공무원 재량의 한계

해설 세관의 안내문에 따라 확정가격 신고를 하였다면 납세자는 이행하여야 하는 의무를 다하였다고 생각할 것이다. 하지만, 해당 안내문에 누락된 확정가격신고 건이 있었고 이를 근거로 과태료 부과할 경우 납세자는 세관공무원이 신의성실원칙(법 제6조)에 따라 신의에 따라 성실하게 그 직무를 수행하지 않았음을 이유로 과태료 부과에 대하여 권리구제를 주장해 볼 수 있다.
소급과세금지원칙(법 제5조 2항)의 경우 일반적인 관행으로 받아들여졌을 때 성립되므로 위 사례 1건을 관행이라 주장하기에는 어렵다.

27 □□□ **관세법 해석에 관한 질의회신의 절차와 방법에 대한 설명으로 옳지 않은 것은?** 2013 관세직 7급

① 관세청장은 관세법 시행령 제1조의3 제1항에 따라 회신한 문서의 사본을 해당 문서의 시행일 속하는 달의 다음 달 10일까지 기획재정부장관에게 송부하여야 한다.
② 기획재정부장관 및 관세청장은 관세법의 해석과 관련된 질의에 대하여 관세법 제5조(법 해석의 기준과 소급과세의 금지)에 따른 해석의 기준에 따라 해석하여 회신하여야 한다.
③ 관세청장은 관세법 시행령 제1조의3 제1항의 질의가 국세기본법 시행령 제9조의3(국세예규심사위원회) 제1항 각 호의 어느 하나에 해당한다고 인정하는 경우에는 기획재정부장관에게 의견을 첨부하여 해석을 요청하여야 한다.
④ 관세청장은 관세법을 적용할 때 우리나라가 가입한 관세에 관한 조약에 대한 해석에 의문이 있는 경우에는 기획재정부장관에게 의견을 첨부하여 해석을 요청하여야 한다.

해설 **관세법 시행령 제1조의3(관세법 해석에 관한 질의회신의 절차와 방법)**
① 기획재정부장관 및 관세청장은 법의 해석과 관련된 질의에 대하여 법 제5조에 따른 해석의 기준에 따라 해석하여 회신하여야 한다.
② <u>관세청장은 제1항에 따라 회신한 문서의 사본을 해당 문서의 시행일이 속하는 달의 다음 달 말일까지 기획재정부장관에게 송부하여야 한다.</u>
③ 관세청장은 제1항의 질의가 「국세기본법 시행령」 제9조의3 제1항 각 호의 어느 하나에 해당한다고 인정하는 경우에는 기획재정부장관에게 의견을 첨부하여 해석을 요청하여야 한다.
④ 관세청장은 제3항에 따른 기획재정부장관의 해석에 이견이 있는 경우에는 그 이유를 붙여 재해석을 요청할 수 있다.
⑤ 기획재정부장관에게 제출된 법 해석과 관련된 질의는 관세청장에게 이송하고 그 사실을 민원인에게 알려야 한다. 다만, 다음 각 호의 어느 하나에 해당하는 경우에는 기획재정부장관이 직접 회신할 수 있으며, 이 경우 회신한 문서의 사본을 관세청장에게 송부하여야 한다.

1. 「국세기본법 시행령」 제9조의3 제1항 각 호의 어느 하나에 해당하여 「국세기본법」 제18조의2에 따른 국세예규심사위원회의 심의를 거쳐야 하는 질의
2. 관세청장의 법 해석에 대하여 다시 질의한 사항으로서 관세청장의 회신문이 첨부된 경우의 질의(사실판단과 관련된 사항은 제외한다)
3. 법이 새로 제정되거나 개정되어 이에 대한 기획재정부장관의 해석이 필요한 경우
4. 그 밖에 법의 입법 취지에 따른 해석이 필요한 경우로서 납세자의 권리보호를 위해 필요하다고 기획재정부장관이 인정하는 경우

⑥ 관세청장은 법을 적용할 때 우리나라가 가입한 관세에 관한 조약에 대한 해석에 의문이 있는 경우에는 기획재정부장관에게 의견을 첨부하여 해석을 요청하여야 한다. 이 경우 기획재정부장관은 필요하다고 인정될 때에는 관련 국제기구에 질의할 수 있다.

⑦ 제1항부터 제6항까지에서 규정한 사항 외에 법 해석에 관한 질의회신 등에 필요한 사항은 기획재정부령으로 정한다.

28 □□□ **관세법 시행령상 관세법 해석에 관한 질의회신의 처리 절차 및 방법에 대한 설명으로 옳지 않은 것은?** 2019 관세직 9급

① 관세청장은 기획재정부장관에게 의견을 첨부하여 해석을 요청하였을 때 그 해석에 이견이 있는 경우에는 그 이유를 붙여 재해석을 요청할 수 있다.

② 기획재정부장관 및 관세청장은 법의 해석과 관련된 질의에 대하여 관세법 제5조에 따른 해석의 기준에 따라 해석하여 회신하여야 한다.

③ 기획재정부장관에게 제출된 법 해석과 관련된 질의는 기획재정부장관이 직접 회신할 수 있는 경우가 아니면 관세청장에게 이송하고 그 사실을 민원인에게 알려야 한다.

④ 관세청장은 법을 적용할 때 우리나라가 가입한 관세에 관한 조약에 대한 해석에 의문이 있는 경우에는 기획재정부장관에게 의견을 첨부하여 해석을 요청하여야 한다. 이 경우 기획재정부장관은 필요하다고 인정될지라도 관련 국제기구에 질의할 수 없다.

해설 ④ 관세청장은 관세법을 적용할 때 우리나라가 가입한 관세에 관한 조약에 대한 해석에 의문이 있는 경우에는 기획재정부장관에게 의견을 첨부하여 해석을 요청하여야 한다. 이 경우 기획재정부장관은 필요하다고 인정될 때에는 관련 국제기구에 질의할 수 있다.(영 제1조의3 제6항)

① (영 제1조의3 제4항)
② (영 제1조의3 제1항)
③ (영 제1조의3 제5항)

정답 26. ③ 27. ① 28. ④

29 □□□ **관세법령상 다음 사례에 대한 설명으로 옳지 않은 것은? (단, 제시된 사실 외에는 고려하지 아니함)**

2023 관세직 7급

> 민원인 甲은 관세청장 A에게 「관세법」의 해석과 관련된 질의를 하였고, 이에 A는 그 질의에 대하여 「관세법」의 해석 기준에 따라 해석하여 문서로 甲에게 회신하였다. 그 질의에 대한 A의 회신을 받은 민원인 甲은 그 회신 내용 중에서 사실판단과 관련된 사항에 대하여 직접 기획재정부장관 B에게 다시 질의하였다.
> 한편, A는 「관세법」을 적용할 때 우리나라가 가입한 관세에 관한 조약에 대한 해석에 의문이 있어 B에게 의견을 첨부하여 해석을 요청하였다.

① A는 甲의 질의에 대해 회신한 문서의 사본을 그 문서의 시행일이 속하는 달의 다음 달 말일까지 B에게 송부하여야 한다.

② A는 甲의 질의가 납세자의 권리 및 의무에 중대한 영향을 미치는 사항에 해당한다고 인정하면 B에게 의견을 첨부하여 그 해석을 요청하여야 한다.

③ 甲의 질의를 받은 B는 甲이 A의 회신문을 첨부하여 질의한 경우에는 그 질의에 대하여 직접 회신하고 그 회신문서를 A에게 송부하여야 한다.

④ 조약의 해석에 대한 A의 요청을 받은 B는 필요하다고 인정될 때에는 관련 국제기구에 질의할 수 있다.

해설 ③ 관세청장의 법 해석에 대하여 다시 질의한 사항으로서 관세청장의 회신문이 첨부된 경우의 질의 기획재정부장관이 민원인에게 직접 회신할 수 있다. 다만, 질의사항이 사실판단과 관련된 사항은 제외한다.
① (영 제1조의3 제2항)
② (영 제1조의3 제3항)
④ (영 제1조의3 제6항)

30 □□□ **관세법상 법 적용의 원칙 등에 관한 내용으로 옳지 않은 것은?**

2016 관세사

① 관세법을 해석하고 적용할 때에는 과세의 형평과 해당 조항의 합목적성에 비추어 납세자의 재산권을 부당하게 침해하지 아니하도록 하여야 한다.

② 관세법의 해석이나 관세행정의 관행이 일반적으로 납세자에게 받아들여진 후에는 그 해석이나 관행에 따른 행위 또는 계산은 정당한 것으로 보며, 새로운 해석이나 관행에 따라 소급하여 과세되지 아니한다.

③ 납세자가 그 의무를 이행할 때에는 신의에 따라 성실하게 하여야 한다. 세관공무원이 그 직무를 수행할 때에도 또한 같다.

④ 관세법의 해석에 관한 질의회신의 처리 절차 및 방법 등에 관하여 필요한 사항은 기획재정부령으로 정한다.

⑤ 세관공무원은 그 재량으로 직무를 수행할 때에는 과세의 형평과 관세법의 목적에 비추어 일반적으로 타당하다고 인정되는 한계를 엄수하여야 한다.

해설 **관세법 제5조(법 해석의 기준과 소급과세의 금지)**
관세법의 해석에 관한 질의회신의 처리 절차 및 방법 등에 관하여 필요한 사항은 대통령령으로 정한다.
(법 제5조 제4항)

31 □□□ **관세법령상 기간과 기한에 대한 설명으로 옳은 것은?** 2021 관세직 9급

① 「관세법」에 따른 기간을 계산할 때 「관세법」 제252조(수입신고수리전 반출)에 따른 수입신고수리전 반출승인을 받은 경우에는 그 승인일을 수입신고의 수리일로 본다.

② 「관세법」에 따른 기간의 계산은 「관세법」에 특별한 규정이 있는 것을 제외하고는 「민원 처리에 관한 법률」에 따른다.

③ 「관세법 시행령」 제1조의5(월별납부) 제2항의 규정에 의하여 월별납부의 승인을 받은 납세의무자가 관세를 납부기한까지 납부하지 아니하는 때에는, 세관장은 월별납부의 승인을 취소할 수 있다.

④ 세관장은 「관세법」 제10조(천재지변 등으로 인한 기한의 연장)에 따라 납부기한을 연장하는 때에는 기획재정부장관이 정하는 기준에 의하여야 하며, 납부자의 신청으로 납부기한을 연장하는 경우 「관세법」 제39조(부과고지)에 따른 납부고지를 생략할 수 있다.

해설 **관세법 제8조(기간 및 기한의 계산)**

관세법에 따른 기간을 계산할 때 제252조에 따른 수입신고수리전 반출승인을 받은 경우에는 그 승인일을 수입신고의 수리일로 본다.(법 제8조 제1항)

---

② 관세법에 따른 기간의 계산은 이 법에 특별한 규정이 있는 것을 제외하고는 「민법」에 따른다.(법 제8조 제2항)

③ 세관장은 월별납부 승인을 받은 납세의무자가 관세를 납부기한이 경과한 날부터 15일 이내에 납부하지 아니하는 경우 월별납부의 승인을 취소할 수 있다. 이 경우 세관장은 월별납부의 대상으로 납세신고된 세액에 대해서는 15일 이내의 납부기한을 정하여 납부고지해야 한다.(영 제1조의5 제4항)

④ 세관장은 천재지변 등으로 인한 기한 연장 규정에 의하여 납부기한을 연장하는 때에는 관세청장이 정하는 기준에 의하여야 한다.(영 제2조 제2항)
세관장은 천재지변 등으로 인한 기한연장 규정에 따라 납부기한을 연장한 때에는 관세법 제39조에 따른 납부고지를 해야 한다.(영 제2조 제4항)

32 □□□ **「관세법」상의 내용으로 옳지 않은 것은?** 2015 관세직 9급

① 관세를 납부하여야 하는 물품에 대하여는 조세, 그 밖의 공과금 및 채권에 우선하여 그 관세를 징수한다.

② 「관세법」에 따른 기간의 계산은 「관세법」에 특별한 규정이 있는 것을 제외하고는 「국세기본법」에 따른다.

③ 관세는 해당 관세를 부과할 수 있는 날부터 5년이 지나면 부과할 수 없다. 다만, 부정한 방법으로 관세를 포탈하였거나 환급 또는 감면받은 경우에는 관세를 부과할 수 있는 날부터 10년이 지나면 부과할 수 없다.

④ 관세의 징수권은 5억원 이상의 관세(내국세 포함)의 경우 이를 행사할 수 있는 날부터 10년의 기간 동안 행사하지 아니하면 소멸시효가 완성된다.

해설 **관세법 제8조(기간 및 기한의 계산)**

관세법에 따른 기간의 계산은 관세법에 특별한 규정이 있는 것을 제외하고는 민법에 따른다.(법 제8조 제2항)

정답 29. ③ 30. ④ 31. ① 32. ②

33 관세법령상 기간과 기한에 대한 설명으로 옳은 것은? 2017 관세직 7급

□□□

① 기한이 공휴일(근로자의 날 제정에 관한 법률에 따른 근로자의 날을 제외한다) 또는 대통령령으로 정하는 날에 해당하는 경우에는 그 다음 날을 기한으로 한다.

② 관세법 제8조 제3항에서 '대통령령으로 정하는 날'이란 금융기관(한국은행 국고대리점 및 국고수납대리점인 금융기관에 한한다) 또는 체신관서의 휴무, 그 밖에 부득이한 사유로 인하여 정상적인 관세의 납부가 곤란하다고 관세청장이 정하는 날을 말한다.

③ 기간의 계산은 대통령령에 특별한 규정이 있는 것을 제외하고는 민법에 따른다.

④ 정전으로 인하여 국가관세종합정보시스템의 가동이 정지되어 법의 규정에 의한 신고 등을 기한 내에 할 수 없게 된 때에는 국가관세종합정보시스템의 장애가 복구된 날을 기한으로 한다.

해설 ① 관세법에 따른 기한이 다음 각 호의 어느 하나에 해당하는 경우에는 그 다음 날을 기한으로 한다.(법 제8조 제3항)

1. 토요일 및 일요일
2. 「공휴일에 관한 법률」에 따른 공휴일 및 대체공휴일
3. 「근로자의 날 제정에 관한 법률」에 따른 근로자의 날
4. 금융기관(한국은행 국고대리점 및 국고수납대리점인 금융기관에 한한다.) 또는 체신관서의 휴무, 그 밖에 부득이한 사유로 인하여 정상적인 관세의 납부가 곤란하다고 관세청장이 정하는 날

③ 기간의 계산은 "대통령령(시행령)"이 아닌 "관세법"에 특별한 규정이 있는 것을 제외하고는 민법에 따른다.

④ 정전으로 인하여 국가관세종합정보시스템의 가동이 정지되어 관세법에 따른 기한까지 관세법에 따른 신고, 신청, 승인, 허가, 수리, 교부, 통지, 통고, 납부 등을 할 수 없게 되는 경우에는 "장애가 복구된 날"이 아닌 "그 장애가 복구된 날의 다음 날"을 기한으로 한다.

34 관세법령상 관세의 납부기한에 관한 설명으로 옳은 것은? 2018 관세사

□□□

① 신고납부에 따른 납세신고를 한 경우에는 납세신고 수리일부터 10일 이내이다.

② 부과고지에 따른 납부고지를 한 경우에는 납부고지를 받은 날부터 15일 이내이다.

③ 수입신고전 즉시반출신고를 한 경우에는 수입신고일부터 10일 이내이다.

④ 납세의무자는 수입신고가 수리되기 전에 해당 세액을 납부할 수 없다.

⑤ 관세청장은 납세실적 등을 고려하여 세관장이 정하는 요건을 갖춘 성실납세자가 대통령령으로 정하는 바에 따라 신청을 할 때에는 수입신고기간이 동일한 달에 속하는 세액에 대하여는 그 기한이 속하는 달의 다음 달 말일까지 한꺼번에 납부하게 할 수 있다.

해설 **관세법 제9조(관세의 납부기한 등)**

관세의 납부기한은 관세법에서 달리 규정하는 경우를 제외하고는 다음과 같다.(법 제9조 제1항)

1) 관세법 제38조 제1항에 따른 납세신고를 한 경우 → 납세신고 수리일부터 15일 이내
2) 관세법 제39조 제3항에 따른 납부고지를 한 경우 → 납부고지를 받은 날부터 15일 이내
3) 관세법 제253조 제1항에 따른 수입신고전 즉시반출신고를 한 경우 → 수입신고일부터 15일 이내

---

① 신고납부에 따른 납세신고를 한 경우에는 납세신고 수리일부터 15일 이내에 관세를 납부하여야 한다.

③ 수입신고전 즉시반출신고를 한 경우에는 수입신고일부터 15일 이내에 관세를 납부하여야 한다.

④ 납세의무자는 수입신고가 수리되기 전에 해당 세액을 납부할 수 있다.(법 제9조 제2항)

⑤ 세관장은 납세실적 등을 고려하여 관세청장이 정하는 요건을 갖춘 납세자가 대통령령으로 정하는 바에 따라 신청을 할 때에는 납부기한이 동일한 달에 속하는 세액에 대하여는 그 기한이 속하는 달의 말일까지 한꺼번에 납부하게 할 수 있다. 이 경우 세관장은 필요하다고 인정하는 경우에는 납부할 관세에 상당하는 담보를 제공하게 할 수 있다.

35 □□□ **관세법령상 월별납부에 대한 설명으로 옳지 않은 것은?** 2016 관세직 7급

① 납부기한이 동일한 달에 속하는 세액을 월별로 일괄하여 납부하고자 하는 자는 납세실적 및 수출입실적에 관한 서류 등 관세청장이 정하는 서류를 갖추어 세관장에게 월별납부의 승인을 신청하여야 한다.

② 세관장은 월별납부의 승인을 신청한 자가 관세청장이 정하는 요건을 갖춘 경우에는 세액의 월별납부를 승인하여야 하며, 이 경우 승인의 유효기간은 승인일부터 그 후 3년이 되는 날이 속하는 달의 마지막 날까지로 한다.

③ 세관장은 납세의무자가 납부기한이 경과한 날부터 15일 이내에 관세를 납부하지 아니하여 월별납부의 승인을 취소한 경우 월별납부의 대상으로 납세신고된 세액에 대하여는 15일 이내의 납부기한을 정하여 납부고지하여야 한다.

④ 세관장은 월별납부 승인을 받은 자에게 승인을 갱신하려면 승인의 유효기간이 끝나는 날의 1개월 전까지 승인갱신을 신청하여야 한다는 사실과 갱신절차를 승인의 유효기간이 끝나는 날의 2개월 전까지 휴대폰에 의한 문자전송, 전자메일, 팩스, 전화, 문서 등으로 미리 알려야 한다.

해설 **관세법 시행령 제1조의5(월별납부)**

세관장은 월별납부의 승인을 신청한 자가 관세청장이 정하는 요건을 갖춘 경우에는 세액의 월별납부를 승인하여야 한다. 이 경우 승인의 유효기간은 승인일부터 그 후 2년이 되는 날이 속하는 달의 마지막 날까지로 한다. (영 제1조의5 제2항)

36 □□□ **관세법령상 관세의 월별납부의 승인에 대한 설명으로 옳은 것은?** 2021 관세직 7급

① 월별납부 승인의 유효기간은 승인일부터 그 후 1년이 되는 날이 속하는 달까지로 한다.

② 승인을 갱신하려는 자는 관세청장이 정하는 서류를 갖추어 그 유효기간 만료일 1개월 전까지 승인갱신 신청을 하여야 한다.

③ 세관장은 월별납부 승인 갱신절차를 승인의 유효기간이 끝나는 날의 1개월 전까지 휴대폰에 의한 문자전송, 전자메일, 팩스 등으로 미리 알려야 한다.

④ 세관장은 납세의무자가 납부기한이 경과한 날부터 10일 이내에 납부하지 아니하는 경우 월별납부의 승인을 취소한다.

해설 ① 월별납부 승인의 유효기간은 승인일부터 그 후 2년이 되는 날이 속하는 달의 마지막 날까지로 한다.

③ 세관장은 월별납부 승인을 받은 자에게 승인을 갱신하려면 승인의 유효기간이 끝나는 날의 1개월 전까지 승인갱신을 신청하여야 한다는 사실과 갱신절차를 승인의 유효기간이 끝나는 날의 2개월 전까지 휴대폰에 의한 문자전송, 전자메일, 팩스, 전화, 문서 등으로 미리 알려야 한다.(영 제1조의5 제6항)

④ 세관장은 납세의무자가 다음 각 호의 어느 하나에 해당하게 된 때에는 월별납부의 승인을 취소할 수 있다. 이 경우 세관장은 월별납부의 대상으로 납세신고된 세액에 대해서는 15일 이내의 납부기한을 정하여 납부고지해야 한다.(영 제1조의5 제4항)

1. 관세를 납부기한이 경과한 날부터 15일 이내에 납부하지 아니하는 경우
2. 월별납부를 승인받은 납세의무자가 관세청장이 정한 요건을 갖추지 못하게 되는 경우
3. 사업의 폐업, 경영상의 중대한 위기, 파산선고 및 법인의 해산 등의 사유로 월별납부를 유지하기 어렵다고 세관장이 인정하는 경우

정답 33. ② 34. ② 35. ② 36. ②

37 □□□ **관세법령상 관세의 월별납부에 대한 설명으로 옳은 것만을 모두 고르면?** 2024 관세직 9급

> ㄱ. 세관장은 성실납세자가 월별납부를 신청한 때에 납부고지를 한 관세의 납부기한이 동일한 달에 속하는 세액에 대하여는 그 기한이 속하는 달의 말일까지 한꺼번에 납부하게 할 수 있다.
> ㄴ. 월별납부 승인의 유효기간은 승인일부터 그 후 2년이 되는 날이 속하는 달의 마지막 날까지로 한다.
> ㄷ. 세관장은 월별납부를 승인받은 납세의무자가 관세를 납부기한이 경과한 날부터 15일 이내에 납부하지 아니하는 경우에는 월별납부의 승인을 취소할 수 있다.
> ㄹ. 월별납부 승인을 갱신하려는 자는 관세청장이 정하는 서류를 갖추어 그 유효기간 만료일이 속하는 달의 마지막 날까지 승인갱신 신청을 하여야 한다.

① ㄱ, ㄷ ② ㄱ, ㄹ
③ ㄴ, ㄷ ④ ㄴ, ㄹ

해설 **관세법 제9조(관세의 납부기한 등)**

① 관세의 납부기한은 이 법에서 달리 규정하는 경우를 제외하고는 다음 각 호의 구분에 따른다.
1. 제38조제1항에 따른 납세신고를 한 경우: 납세신고 수리일부터 15일 이내
2. 제39조제3항에 따른 납부고지를 한 경우: 납부고지를 받은 날부터 15일 이내
3. 제253조제1항에 따른 수입신고전 즉시반출신고를 한 경우: 수입신고일부터 15일 이내

② 납세의무자는 제1항에도 불구하고 수입신고가 수리되기 전에 해당 세액을 납부할 수 있다.

③ 세관장은 납세실적 등을 고려하여 관세청장이 정하는 요건을 갖춘 성실납세자가 대통령령으로 정하는 바에 따라 신청을 할 때에는 제1항제1호 및 제3호에도 불구하고 납부기한이 동일한 달에 속하는 세액에 대하여는 그 기한이 속하는 달의 말일까지 한꺼번에 납부하게 할 수 있다. 이 경우 세관장은 필요하다고 인정하는 경우에는 납부할 관세에 상당하는 담보를 제공하게 할 수 있다.

시행령 제1조의5(월별납부)

① 법 제9조제3항의 규정에 의하여 납부기한이 동일한 달에 속하는 세액을 월별로 일괄하여 납부하고자 하는 자는 납세실적 및 수출입실적에 관한 서류 등 관세청장이 정하는 서류를 갖추어 세관장에게 월별납부의 승인을 신청하여야 한다.

② 세관장은 제1항의 규정에 의하여 월별납부의 승인을 신청한 자가 법 제9조제3항의 규정에 의하여 관세청장이 정하는 요건을 갖춘 경우에는 세액의 월별납부를 승인하여야 한다. 이 경우 승인의 유효기간은 승인일부터 그 후 2년이 되는 날이 속하는 달의 마지막 날까지로 한다.

③ 삭제

④ 세관장은 납세의무자가 다음 각 호의 어느 하나에 해당하게 된 때에는 제2항에 따른 월별납부의 승인을 취소할 수 있다. 이 경우 세관장은 월별납부의 대상으로 납세신고된 세액에 대해서는 15일 이내의 납부기한을 정하여 납부고지해야 한다.
1. 관세를 납부기한이 경과한 날부터 15일 이내에 납부하지 아니하는 경우
2. 월별납부를 승인받은 납세의무자가 법 제9조제3항의 규정에 의한 관세청장이 정한 요건을 갖추지 못하게 되는 경우
3. 사업의 폐업, 경영상의 중대한 위기, 파산선고 및 법인의 해산 등의 사유로 월별납부를 유지하기 어렵다고 세관장이 인정하는 경우

⑤ 제2항에 따른 승인을 갱신하려는 자는 제1항에 따른 서류를 갖추어 그 유효기간 만료일 1개월 전까지 승인갱신 신청을 하여야 한다.

⑥ 세관장은 제2항에 따라 승인을 받은 자에게 승인을 갱신하려면 승인의 유효기간이 끝나는 날의 1개월 전까지 승인갱신을 신청하여야 한다는 사실과 갱신절차를 승인의 유효기간이 끝나는 날의 2개월 전까지 휴대폰에 의한 문자전송, 전자메일, 팩스, 전화, 문서 등으로 미리 알려야 한다.

38 관세법상 기간과 기한에 관한 설명으로 옳지 않은 것은? 2016 관세사

□□□

① 세관장이 납부고지를 한 경우에 관세의 납부기한은 납부고지를 받은 날부터 15일 이내이다.

② 세관장은 천재지변이나 그 밖에 기획재정부령으로 정하는 사유로 관세법에 따른 신고, 신청, 청구, 그 밖의 서류의 제출, 통지, 납부 또는 징수를 정하여진 기한까지 할 수 없다고 인정되는 경우에는 2년을 넘지 아니하는 기간을 정하여 기획재정부령으로 정하는 바에 따라 그 기한을 연장할 수 있다.

③ 수입신고전 즉시반출신고를 한 경우에 관세의 납부기한은 수입신고일부터 15일 이내이다.

④ 납세의무자가 납세신고를 한 경우에 관세의 납부기한은 납세신고 수리일부터 15일 이내이다.

⑤ 관세법에 따른 기간을 계산할 때 수입신고수리전 반출승인을 받은 경우에는 그 승인을 수입신고의 수리일로 본다.

해설 **관세법 제10조(천재지변 등으로 인한 기한의 연장)**

세관장은 천재지변이나 그 밖에 대통령령으로 정하는 사유로 관세법에 따른 신고, 신청, 청구, 그 밖의 서류의 제출, 통지, 납부 또는 징수를 정하여진 기한까지 할 수 없다고 인정되는 경우에는 1년을 넘지 아니하는 기간을 정하여 대통령령으로 정하는 바에 따라 그 기한을 연장할 수 있다. 이 경우 세관장은 필요하다고 인정하는 경우에는 납부할 관세에 상당하는 담보를 제공하게 할 수 있다.

39 관세법령상 천재지변 등으로 인한 기한의 연장에 대한 설명으로 옳지 않은 것은? 2018 관세직 9급

□□□

① 세관장은 천재지변이나 그 밖에 대통령령으로 정하는 사유로 관세법에 따른 신고, 신청, 청구, 그 밖의 서류의 제출, 통지, 납부 또는 징수를 정하여진 기한까지 할 수 없다고 인정되는 경우에는 1년을 넘지 아니하는 기간을 정하여 대통령령으로 정하는 바에 따라 그 기한을 연장할 수 있다.

② 세관장은 관세법 제10조의 규정에 의하여 납부기한을 연장하는 때에는 관세청장이 정하는 기준에 의하여야 한다.

③ 천재지변 등의 사유로 기한을 연장하는 경우 세관장은 필요하다고 인정하는 경우에는 납부할 관세에 상당하는 담보를 제공하게 할 수 있다.

④ 세관장이 납부기한연장을 취소한 때에는 납세의무자는 15일 이내에 관세법 제38조의 규정에 의하여 납세신고를 하여야 한다.

해설 **관세법 시행령 제2조(천재지변 등으로 인한 기한의 연장)**

세관장은 천재지변 으로 인한 납부기한연장을 받은 납세의무자가 다음에 해당하게 된 때에는 납부기한연장을 취소할 수 있다.(영 제2조 제6항)

1. 관세를 지정한 납부기한 내에 납부하지 아니하는 때
2. 재산상황의 호전 기타 상황의 변화로 인하여 납부기한연장을 할 필요가 없게 되었다고 인정되는 때
3. 파산선고, 법인의 해산 기타의 사유로 당해 관세의 전액을 징수하기 곤란하다고 인정되는 때

세관장은 천재지변으로 인한 납부기한연장을 취소한 때에는 15일 이내의 납부기한을 정하여 관세법 제39조에 따른 납부고지를 해야 한다.(영 제2조 제7항)

정답 37. ③ 38. ② 39. ④

40 □□□ **관세법령상 천재지변 등으로 납부기한을 연장받고자 하는 자가 신청서에 기재할 사항으로 명시되어 있지 않은 것은?** 2019 관세사

① 납세의무자의 납세실적 및 재산내역
② 납부기한을 연장받고자 하는 기간
③ 납세의무자의 성명·주소 및 상호
④ 납부기한을 연장받고자 하는 세액
⑤ 납부기한을 연장받고자 하는 사유

해설 **관세법 시행령 제2조(천재지변 등으로 인한 기한의 연장)**

천재지변 등으로 납부기한을 연장받고자 하는 자는 다음 각 호의 사항을 기재한 신청서를 당해 납부기한이 종료되기 전에 세관장에게 제출하여야 한다.(영 제2조 제3항)

1. 납세의무자의 성명·주소 및 상호
2. 납부기한을 연장받고자 하는 세액 및 당해 물품의 신고일자·신고번호·품명·규격·수량 및 가격
3. 납부기한을 연장받고자 하는 사유 및 기간

41 □□□ **관세법령상 관세의 납세의무자가 천재지변 등으로 인해 받은 납부기한연장이 취소될 수 있는 사유를 모두 고른 것은?** 2020 관세사

ㄱ. 관세를 지정한 납부기한 내에 납부하지 아니하는 때
ㄴ. 파산선고로 당해 관세의 전액을 징수하기 곤란하다고 인정되는 때
ㄷ. 법인의 해산으로 당해 관세의 전액을 징수하기 곤란하다고 인정되는 때
ㄹ. 재산상황의 호전으로 납부기한연장을 할 필요가 없게 되었다고 인정되는 때

① ㄱ, ㄴ
② ㄷ, ㄹ
③ ㄱ, ㄴ, ㄷ
④ ㄴ, ㄷ, ㄹ
⑤ ㄱ, ㄴ, ㄷ, ㄹ

해설 **관세법 시행령 제2조(천재지변 등으로 인한 기한의 연장)**

세관장은 천재지변 등으로 인한 기한의 연장 규정에 의하여 납부기한연장을 받은 납세의무자가 다음 각 호에 해당하게 된 때에는 납부기한연장을 취소할 수 있다.(영 제2조 제6항)

1. 관세를 지정한 납부기한 내에 납부하지 아니하는 때
2. 재산상황의 호전 기타 상황의 변화로 인하여 납부기한연장을 할 필요가 없게 되었다고 인정되는 때
3. 파산선고, 법인의 해산 기타의 사유로 당해 관세의 전액을 징수하기 곤란하다고 인정되는 때

42 관세법령상 기간과 기한에 관한 설명으로 옳지 않은 것은? 2023 관세사

① 천재지변을 이유로 납부기한을 연장받고자 하는 자가 세관장에게 제출하는 신청서의 기재사항에 연장 받고자하는 기간은 포함되지 않는다.

② 수입신고수리전 반출승인을 받은 경우에는 그 승인일을 수입신고의 수리일로 본다.

③ 기한이 체신관서의 휴무일인 경우에는 그 다음 날을 기한으로 한다.

④ 관세를 월별납부하고자 하는 자는 납세실적 및 수출입실적에 관한 서류 등 관세청장이 정하는 서류를 갖추어 세관장에게 월별납부의 승인을 신청하여야 한다.

⑤ 세관장은 천재지변으로 관세법에 따른 신고를 정하여진 기한까지 할 수 없다고 인정 되는 경우에는 1년을 넘지 아니하는 기간을 정하여 그 기한을 연장할 수 있다.

해설 ① 천재지변을 이유로 납부기한을 연장받고자 하는 자는 다음 각 호의 사항을 기재한 신청서를 납부기한이 종료되기 전에 세관장에게 제출하여야 한다.(영 제2조 제3항)

1. 납세의무자의 성명・주소 및 상호
2. 납부기한을 연장받고자 하는 세액 및 당해 물품의 신고일자・신고번호・품명・규격・수량 및 가격
3. 납부기한을 연장받고자 하는 사유 및 기간

② (법 제8조 제1항)
③ (법 제8조 제3항)
④ (영 제1조의5 제1항)

43 관세법령상 기간과 기한에 대한 설명으로 옳지 않은 것은? 2018 관세직 7급

① 기한이 체신관서의 휴무, 그 밖에 부득이한 사유로 정상적인 관세의 납부가 곤란하다고 관세청장이 정하는 날에 해당하는 경우 그 다음 날을 기한으로 한다.

② 세관장이 천재지변 등으로 인한 기한의 연장 규정에 따라 관세의 납부기한을 연장한 경우 납세의무자가 담보를 제공하지 아니하면 세관장은 납부기한연장을 취소하고 즉시 납부하도록 납부고지를 하여야 한다.

③ 가격신고, 납세신고, 수출입신고, 반송신고, 보세화물반출입신고, 보세운송신고를 하거나 적재화물목록을 제출한 자는 신고필증을 포함하여 신고 또는 제출한 자료를 신고 또는 제출한 날부터 5년의 범위에서 대통령령으로 정하는 기간 동안 갖추어 두어야 한다.

④ 세관장은 재해로 인하여 재산에 심한 손실을 입은 경우 등 대통령령으로 정하는 사유로 관세의 납부를 정하여진 기한까지 할 수 없다고 인정되는 경우에는 1년을 넘지 아니하는 기간을 정하여 대통령령으로 정하는 바에 따라 그 기한을 연장할 수 있다.

해설 세관장이 천재지변 등으로 인한 기한의 연장 규정에 따라 관세의 납부기한을 연장한 경우 세관장은 필요하다고 인정하는 경우에는 납부할 관세에 상당하는 담보를 제공하게 할 수 있다. 즉, 담보를 반드시 제공하여야 하는 필수 사유에 해당하지 않기 때문에 담보를 제공하지 않은 경우 납부기한연장을 취소하고 즉시 납부고지 하여야 한다는 것은 옳지 않다.

정답 40. ① 41. ⑤ 42. ① 43. ②

44 관세법령상 총칙의 내용으로 옳은 것은? 2019 관세직 7급

□□□

① 기한이 공휴일 또는 대통령령으로 정하는 날에 해당하는 경우에는 그 다음 날의 다음 날을 기한으로 한다.

② 수입물품에 대하여 세관장이 부과한 내국세등의 체납이 발생하였을 때에는 심판청구가 계류 중인 경우에도 세무서장이 그 체납세액을 징수할 수 있다.

③ 국가관세종합정보시스템이 대통령령으로 정하는 장애로 가동이 정지되어 관세법에 따른 기한까지 신고 및 신청 등을 할 수 없게 되는 경우에는 그 장애가 복구된 날을 기한으로 한다.

④ 세관장은 천재지변으로 서류의 제출, 통지, 납부 또는 징수를 정하여진 기한까지 할 수 없다고 인정되는 경우에는 1년을 넘지 아니하는 기간을 정하여 그 기한을 연장할 수 있다.

해설 ① 기한이 공휴일 또는 대통령령으로 정하는 날에 해당하는 경우에는 그 다음 날을 기한으로 한다.

② 수입물품에 대하여 세관장이 부과한 내국세등의 체납이 발생하였을 때에는 심판청구가 계류중인 경우 세무서장이 그 체납세액을 징수하게 할 수 없다.

③ 국가관세종합정보시스템, 연계정보통신망 또는 전산처리설비가 대통령령으로 정하는 장애로 가동이 정지되어 관세법에 따른 기한까지 관세법에 따른 신고, 신청, 승인, 허가, 수리, 교부, 통지, 통고, 납부 등을 할 수 없게 되는 경우에는 그 장애가 복구된 날의 다음 날을 기한으로 한다.

45 관세법상 서류의 송달 등에 관한 설명으로 옳지 않은 것은? 2015 관세사

① 세관장은 관세의 납세의무자의 주소, 거소(居所), 영업소 또는 사무소가 분명하지 아니하여 관세의 납부고지서를 송달할 수 없을 때에는 해당 세관의 게시판이나 그 밖의 적당한 장소에 납부고지사항을 공시(公示)할 수 있다.

② 관세의 납부고지서는 납세의무자에게 직접 발급하는 경우를 제외하고는 인편(人便)이나 우편으로 송달한다.

③ 가격신고, 납세신고, 수출입신고, 반송신고, 보세화물 반출입신고, 보세운송신고를 한 자는 해당 신고자료를 신고 또는 제출한 날부터 5년의 범위에서 대통령령으로 정하는 기간 동안 보관하여야 한다.

④ 적재화물목록을 제출한 자는 해당 제출자료를 신고 또는 제출한 날부터 5년의 범위에서 대통령령으로 정하는 기간 동안 갖추어 두어야 한다.

⑤ 납부고지사항을 공시하였을 때에는 공시일부터 7일이 지나면 관세의 납세의무자에게 납부고지서가 송달된 것으로 본다.

해설 **관세법 제11조(납부고지서의 송달)**

① 관세 납부고지서의 송달은 납세의무자에게 직접 발급하는 경우를 제외하고는 인편(人便), 우편 또는 제327조에 따른 전자송달의 방법으로 한다.

② 납부고지서를 송달받아야 할 자가 다음 각 호의 어느 하나에 해당하는 경우에는 납부고지사항을 공고한 날부터 14일이 지나면 제1항의 납부고지서의 송달이 된 것으로 본다.

1. 주소, 거소(居所), 영업소 또는 사무소가 국외에 있고 송달하기 곤란한 경우
2. 주소, 거소, 영업소 또는 사무소가 분명하지 아니한 경우

3. 납세의무자가 송달할 장소에 없는 경우로서 등기우편으로 송달하였으나 수취인 부재로 반송되는 경우 등 대통령령으로 정하는 경우

③ 제2항에 따른 공고는 다음 각 호의 어느 하나에 해당하는 방법으로 게시하거나 게재하여야 한다. 이 경우 제1호에 따라 공시송달을 하는 경우에는 다른 공시송달 방법과 함께 하여야 한다.

1. 제327조의 국가관세종합정보시스템 게시하는 방법
2. 관세청 또는 세관의 홈페이지, 게시판이나 그 밖의 적절한 장소에 게시하는 방법
3. 해당 서류의 송달 장소를 관할하는 특별자치시・특별자치도・시・군・구(자치구를 말한다)의 홈페이지, 게시판이나 그 밖의 적절한 장소에 게시하는 방법
4. 관보 또는 일간신문에 게재하는 방법

46 관세법 총칙에 대한 설명으로 옳지 않은 것은?

2017 관세직 7급

□□□

① 국세징수의 예에 따라 관세를 징수하는 경우 강제징수의 대상이 해당 관세를 납부하여야 하는 물품이 아닌 재산인 경우에는 관세의 우선순위는 국세기본법에 따른 국세와 동일하게 한다.

② 세관장은 관세의 납세의무자의 주소, 거소, 영업소 또는 사무소가 분명하지 아니하여 관세의 납부고지서를 송달할 수 없을 때에는 해당 세관의 게시판이나 그 밖의 적당한 장소에 납부고지사항을 공시할 수 있으며, 이 경우 공시일부터 10일이 지나면 관세의 납세의무자에게 납부고지서가 송달된 것으로 본다.

③ 관세법에 따라 가격신고, 납세신고, 수출입신고, 반송신고, 보세화물반출입신고, 보세운송신고를 하거나 적재화물목록을 제출한 자는 신고 또는 제출한 자료(신고필증을 포함한다)를 신고 또는 제출한 날부터 5년의 범위에서 대통령령으로 정하는 기간 동안 갖추어 두어야 한다.

④ 수입신고전 즉시반출신고를 한 경우 관세의 납부기한은 관세법에서 달리 규정하는 경우를 제외하고는 수입신고일부터 15일 이내이다.

해설 ② 공시일부터 10일이 지나면(×) → 공시일부터 14일이 지나면(O)

① (법 제3조 제2항)

③ (법 제12조)

④ (법 제9조 제1항 제3호)

정답 44. ④ 45. ⑤ 46. ②

47 □□□ **관세법상 공시송달을 할 수 있는 경우에 관한 내용이다. (ㄱ), (ㄴ)에 들어갈 사항으로 옳은 것은?** 2023 관세사

> 세관공무원이 (ㄱ)회 이상 납세자를 방문[처음 방문한 날과 마지막 방문한 날 사이의 기간이 (ㄴ)일(기간을 계산할 때 공휴일, 대체공휴일, 토요일 및 일요일은 산입하지 않는다) 이상이어야 한다]해 서류를 교부하려고 하였으나 수취인이 부재중인 것으로 확인되어 납부기한까지 송달이 곤란하다고 인정되는 경우

① ㄱ:1, ㄴ:3
② ㄱ:2, ㄴ:2
③ ㄱ:2, ㄴ:3
④ ㄱ:3, ㄴ:3
⑤ ㄱ:3, ㄴ:4

해설 **관세법 시행령 제2조의2(공시송달)**

법 제11조제2항제3호에서 "등기우편으로 송달하였으나 수취인 부재로 반송되는 경우 등 대통령령으로 정하는 경우"란 다음 각 호의 어느 하나에 해당하는 경우를 말한다.

1. 서류를 등기우편으로 송달하였으나 수취인이 부재중(不在中)인 것으로 확인되어 반송됨으로써 납부기한까지 송달이 곤란하다고 인정되는 경우
2. 세관공무원이 2회 이상 납세자를 방문[처음 방문한 날과 마지막 방문한 날 사이의 기간이 3일(기간을 계산할 때 공휴일, 대체공휴일, 토요일 및 일요일은 산입하지 않는다) 이상이어야 한다]해 서류를 교부하려고 하였으나 수취인이 부재중인 것으로 확인되어 납부기한까지 송달이 곤란하다고 인정되는 경우

48 □□□ **관세법령상 납부고지사항을 공고한 날부터 14일이 지나면 납부고지서의 송달이 된 것으로 보는 경우에 해당하지 않는 것은?** 2024 관세직 9급

① 납부고지서를 등기우편으로 송달하였으나 수취인이 부재중인 것으로 확인되어 반송됨으로써 납부기한까지 송달이 곤란하다고 인정되어 관세청 홈페이지에 게시한 경우
② 세관공무원이 3일 연속 납세자를 방문해 납부고지서를 교부하려고 하였으나 수취인이 부재중인 것으로 확인되어 납부기한까지 송달하기 곤란하여 국가관세종합정보시스템에 게시한 경우
③ 주소, 거소, 영업소 또는 사무소가 국외에 있고 송달하기 곤란하여 세관의 홈페이지와 그 밖의 적절한 장소에 게시한 경우
④ 주소, 거소, 영업소 또는 사무소가 분명하지 아니하여 관세청과 세관의 게시판에 게시한 경우

해설 **관세법 시행령 제2조의2(공시송달) 참조**

49 □□□ **관세법령상 '신고서류'와 해당 신고에 대한 수리일부터의 '신고서류 보관기간'의 연결로 옳지 않은 것은?** 2024 관세사

① 보세운송에 관한 자료: 2년
② 수입거래관련 계약서: 3년
③ 수출신고필증: 3년
④ 반송신고필증: 3년
⑤ 수입물품 가격결정에 관한 자료: 5년

해설 **관세법 제12조(장부 등의 보관)**

① 이 법에 따라 가격신고, 납세신고, 수출입신고, 반송신고, 보세화물반출입신고, 보세운송신고를 하거나 적재화물목록을 제출한 자는 신고 또는 제출한 자료의 내용을 증빙할 수 있는 장부 및 증거서류(신고필증을 포함한다. 이하 이 조에서 같다)를 성실하게 작성하여 신고 또는 자료를 제출한 날부터 5년의 범위에서 대통령령으로 정하는 기간 동안 갖추어 두어야 한다. 이 경우 장부 및 증거서류 중 제37조의4제1항 및 제2항에 따라 세관장이 제30조제3항제4호에 따른 특수관계에 있는 자에게 제출하도록 요구할 수 있는 자료의 경우에는 「소득세법」 제6조 또는 「법인세법」 제9조에 따른 납세지(「소득세법」 제9조 또는 「법인세법」 제10조에 따라 국세청장이나 관할지방국세청장이 지정하는 납세지를 포함한다)에 갖추어 두어야 한다.
② 제1항에 따라 장부 및 증거서류를 작성·보관하여야 하는 자는 그 장부와 증거서류의 전부 또는 일부를 「전자문서 및 전자거래 기본법」에 따른 정보처리시스템을 이용하여 작성할 수 있다. 이 경우 그 처리과정 등을 대통령령으로 정하는 기준에 따라 디스켓 또는 그 밖의 정보보존 장치에 보존하여야 한다.
③ 제1항을 적용하는 경우 「전자문서 및 전자거래 기본법」에 따른 전자문서로 작성하거나 같은 법 제5조제2항에 따른 전자화문서로 변환하여 같은 법 제31조의2에 따른 공인전자문서센터에 보관한 경우에는 제1항에 따라 장부 및 증거서류를 갖춘 것으로 본다. 다만, 계약서 등 위조·변조하기 쉬운 장부 및 증거서류로서 대통령령으로 정하는 것은 그러하지 아니하다.

관세법 시행령 제3조(장부 등의 보관)

관세법 제12조제1항 전단에서 "대통령령으로 정하는 기간"이란 다음 각 호의 구분에 따른 기간을 말한다.(영 제3조 제1항)
1. 다음 각 목의 어느 하나에 해당하는 서류: 해당 신고에 대한 수리일부터 5년
   가. 수입신고필증
   나. 수입거래관련 계약서 또는 이에 갈음하는 서류
   다. 제237조에 따른 지식재산권의 거래에 관련된 계약서 또는 이에 갈음하는 서류
   라. 수입물품 가격결정에 관한 자료
2. 다음 각 목의 어느 하나에 해당하는 서류: 해당 신고에 대한 수리일부터 3년
   가. 수출신고필증
   나. 반송신고필증
   다. 수출물품·반송물품 가격결정에 관한 자료
   라. 수출거래·반송거래 관련 계약서 또는 이에 갈음하는 서류
3. 다음 각 목의 어느 하나에 해당하는 서류: 해당 신고에 대한 수리일부터 2년
   가. 보세화물반출입에 관한 자료
   나. 적재화물목록에 관한 자료
   다. 보세운송에 관한 자료

법 제12조제2항 후단에서 "대통령령으로 정하는 기준"이란 다음 각 호의 요건을 말한다.(영 제3조 제2항)
1. 자료를 저장하거나 저장된 자료를 수정·추가 또는 삭제하는 절차·방법 등 정보보존 장치의 생산과 이용에 관련된 전산시스템의 개발과 운영에 관한 기록을 보관할 것
2. 정보보존 장치에 저장된 자료의 내용을 쉽게 확인할 수 있도록 하거나 이를 문서화할 수 있는 장치와 절차가 마련되어 있어야 하며, 필요시 다른 정보보존 장치에 복제가 가능하도록 되어 있을 것
3. 정보보존 장치가 거래 내용 및 변동사항을 포괄하고 있어야 하며, 과세표준과 세액을 결정할 수 있도록 검색과 이용이 가능한 형태로 보존되어 있을 것

정답 47. ③ 48. ② 49. ②

법 제12조제3항 단서에서 "대통령령으로 정하는 것"이란 다음 각 호의 어느 하나에 해당하는 문서를 말한다.(영 제3조 제3항)
1. 「상법 시행령」 등 다른 법령에 따라 원본을 보존해야 하는 문서
2. 등기·등록 또는 명의개서가 필요한 자산의 취득 및 양도와 관련하여 기명날인 또는 서명한 계약서
3. 소송과 관련하여 제출·접수한 서류 및 판결문 사본. 다만, 재발급이 가능한 서류는 제외한다.
4. 인가·허가와 관련하여 제출·접수한 서류 및 인가증·허가증. 다만, 재발급이 가능한 서류는 제외한다.

50 □□□ **관세법령시행령상 신고서류의 보관기간에 대한 설명으로 옳지 않은 것은?** 2019 관세직 7급

① 보세화물반출입에 관한 자료는 해당 신고에 대한 수리일부터 3년 동안 보관하여야 한다.
② 수출거래·반송거래 관련 계약서는 해당 신고에 대한 수리일부터 3년 동안 보관하여야 한다.
③ 수입물품 가격결정에 관한 자료는 해당 신고에 대한 수리일부터 5년 동안 보관하여야 한다.
④ 수입거래관련 계약서는 해당 신고에 대한 수리일부터 5년 동안 보관하여야 한다.

해설 ① 보세화물반출입에 관한 자료는 해당 신고에 대한 수리일부터 2년 동안 보관하여야 한다.

51 □□□ **관세법령상 신고서류의 보관기간에 대한 설명으로 옳지 않은 것은?** 2017 관세직 9급

① 보세운송에 관한 자료의 보관기간은 당해 신고에 대한 수리일부터 2년이다.
② 보세화물반출입에 관한 자료의 보관기간은 당해 신고에 대한 수리일부터 2년이다.
③ 반송거래 관련 계약서 또는 이에 갈음하는 서류의 보관기간은 해당 신고에 대한 수리일부터 5년이다.
④ 수입거래 관련 계약서 또는 이에 갈음하는 서류의 보관기간은 해당 신고에 대한 수리일부터 5년이다.

해설 ③ 반송거래 관련 계약서 또는 이에 갈음하는 서류의 보관기간은 해당 신고에 대한 수리일부터 3년이다.

52 관세법상 신고서류 중 보관하여야 하는 기간이 가장 짧은 것은? 2017 관세사

□□□

① 수입거래관련 계약서 ② 수출신고필증
③ 반송물품 가격결정에 관한 자료 ④ 수입신고필증
⑤ 보세운송에 관한 자료

해설 ① 수입거래관련 계약서 → 수리일부터 5년간 보관하여야 한다.
② 수출신고필증 → 수리일부터 3년간 보관하여야 한다.
③ 반송물품 가격결정에 관한 자료 → 수리일부터 3년간 보관하여야 한다.
④ 수입신고필증 → 수리일부터 5년간 보관하여야 한다.
⑤ 보세운송에 관한 자료 → 수리일부터 2년간 보관하여야 한다.

53 관세법령상 신고서류의 보관기간이 가장 긴 것은? 2019 관세사

□□□

① 수입물품 가격결정에 관한 자료 ② 보세화물반출입에 관한 자료
③ 적재화물목록에 관한 자료 ④ 반송신고필증
⑤ 수출신고필증

해설 ① 수입물품 가격결정에 관한 자료는 해당 신고에 대한 수리일부터 5년간 보관하여야 한다.

54 관세법령상 해당 신고에 대한 수리일부터 3년간 보관하여야 하는 서류는? 2021 관세직 7급

□□□

① 반송신고필증
② 보세운송에 관한 자료
③ 수입물품 가격결정에 관한 자료
④ 「관세법 시행령」 제237조(지식재산권의 신고)에 따른 지식재산권의 거래에 관련된 계약서

해설 ① 수리일부터 3년간 보관하여야 한다.
② 수리일부터 2년간 보관하여야 한다.
③ 수리일부터 5년간 보관하여야 한다.
④ 수리일부터 5년간 보관하여야 한다.

정답 50. ① 51. ③ 52. ⑤ 53. ① 54. ①

MEMO

관세의 과세요건

관세의 과세요건

www.pmg.co.kr

01 과세물건

01 □□□ **관세법령상 과세물건 확정의 시기에 관한 설명으로 옳지 않은 것은?** 2018 관세사

① 관세는 수출신고를 하는 때의 물품의 가격과 그 중량에 따라 부과한다.

② 수입신고전 즉시반출신고를 하고 반출한 물품에 대한 과세물건 확정의 시기는 수입신고전 즉시반출신고를 한 때이다.

③ 도난물품 또는 분실물품에 대한 과세물건 확정의 시기는 해당 물품이 도난되거나 분실된 때이다.

④ 우편으로 수입되는 물품(관세법 제258조 제2항에 해당하는 우편물은 제외)에 대한 과세물건 확정의 시기는 통관우체국에 도착한 때이다.

⑤ 수입신고가 수리되기 전에 소비하거나 사용하는 물품(소비 또는 사용을 수입으로 보지 아니하는 물품은 제외)에 대한 과세물건 확정의 시기는 해당 물품을 소비하거나 사용한 때이다.

해설 **법 제16조(과세물건 확정의 시기)**

관세는 수입신고(입항전수입신고를 포함한다)를 하는 때의 물품의 성질과 그 수량에 따라 부과한다.

02 □□□ **관세법상 과세물건 확정의 시기에 대한 설명으로 옳지 않은 것은?** 2011 관세직 9급

① 관세법에 따라 보세구역으로부터 국제무역선 또는 국제무역기에 적재할 수 있는 외국물품인 선박용품 또는 항공기용품과 국제무역선 또는 국제무역기 안에서 판매할 물품이 하역허가의 내용대로 운송수단에 적재하지 아니한 경우 : 하역을 허가받은 때

② 보세구역에 장치된 외국물품이 멸실되거나 폐기되었을 때 : 해당 물품이 멸실되거나 폐기된 때

③ 관세법에 따라 보세운송하는 외국물품이 지정된 기간 내에 목적지에 도착하지 아니한 경우 : 보세운송을 신고하거나 승인받은 때

④ 수입하려는 물품을 수입신고전 관세법에 따른 장치 장소 등으로부터 즉시반출신고를 하고 반출한 물품 : 수입신고전 반출한 때

해설 **법 제16조(과세물건 확정의 시기)**

수입신고전 즉시반출신고를 하고 반출한 물품의 과세물건 확정시기는 수입신고전 즉시반출신고를 한 때이다. (법 제16조 제7호)

03 관세법상 과세물건 확정의 시기에 대한 설명으로 옳지 않은 것은? 2012 관세직 9급

□□□

① 일반수입물품에 대한 관세의 과세물건 확정의 시기는 수입신고시점을 원칙으로 한다.
② 보세공장에서 제조된 물품을 수입하는 경우 원료과세는 해당 물품의 원료인 외국물품을 보세공장에 반입하여 사용신고를 할 때 그 원료의 성질 및 수량에 따라 관세를 부과한다.
③ 우편으로 수입되는 물품의 과세물건 확정의 시기는 수입신고를 하여야 하는 경우를 제외하고는 수취인에게 교부된 때이다.
④ 관세법에 따라 매각되는 물품의 과세물건 확정의 시기는 해당 물품이 매각된 때이다.

해설 **법 제16조(과세물건 확정의 시기)**
우편으로 수입되는 물품(수입신고 대상 우편물 제외)의 과세물건 확정의 시기는 통관우체국에 도착한 때이다. (법 제16조 제8호)

04 관세의 부과 · 징수 등에 관한 설명으로 옳지 않은 것은? 2011 관세사

□□□

① 관세는 원칙적으로 수입신고를 하는 때에는 물품의 성질과 그 수량에 따라 부과한다.
② 보세운송하는 외국물품이 지정기간 내에 목적지에 도착하지 아니하여 관세를 징수하는 경우 보세운송 신고를 하거나 승인을 받은 때의 물품의 성질과 그 수량에 따라 관세를 부과한다.
③ 장치기간 경과로 세관장에 의해 공개 매각되는 물품은 보세구역에 반입된 날에 시행되는 법령에 따라 관세를 부과한다.
④ 보세구역 밖에서의 보수작업 승인기간을 경과하여 관세를 징수하는 물품의 경우 해당 보수작업 승인을 받은 때의 물품의 성질과 그 수량에 따라 관세를 부과한다.
⑤ 보세구역에 장치된 외국물품이 멸실되거나 폐기되어 관세를 징수하는 물품은 멸실되거나 폐기된 날에 시행되는 법령에 따라 관세를 부과한다.

해설 **법 제16조(과세물건의 확정의 시기)**
관세법에 따라 매각되는 물품의 과세물건확정 시기는 해당 물품이 매각된 때이다.(법 제16조 제10호)

법 제17조(적용법령)
관세법에 따라 매각되는 물품에 적용되는 법령은 매각된 날에 시행되는 법령이다.

정답 01. ① 02. ④ 03. ③ 04. ③

05 관세법상 과세물건 확정시기에 관한 설명으로 옳지 않은 것은? 2012 관세사

□□□

① 수입신고를 하지 않고 밀수입된 후 적발된 물품은 해당 물품이 적발된 때

② 도난물품 또는 분실물품은 해당 물품이 도난되거나 분실된 때

③ 관세법에 따라 매각되는 물품은 해당 물품이 매각된 때

④ 보세구역에 장치된 외국물품이 멸실되거나 폐기되어 관세를 징수하는 물품은 해당 물품이 멸실되거나 폐기된 때

⑤ 보세운송신고 또는 승인받은 외국물품이 지정된 기한 내 목적지에 도착하지 아니하여 관세를 징수하는 물품은 보세운송을 신고하거나 승인을 받은 때

해설 **법 제16조(과세물건의 확정의 시기)**

수입신고를 하지 아니하고 수입된 물품의 과세물건 확정시기는 수입된 때이다.(법 제16조 제11호)

06 과세물건 확정의 시기에 관한 설명으로 옳지 않은 것은? 2013 관세사

□□□

① 수입신고가 수리되기 전에 소비하거나 사용하는 물품 : 해당 물품을 소비하거나 사용한 때

② 차량용품과 국경출입차량 안에서 판매할 물품이 허가된 내용대로 운송수단에 적재되지 아니하여 관세를 징수하는 물품 : 하역허가를 받은 때

③ 우편으로 수입되는 물품 : 통관우체국에 도착한 때

④ 보세건설장 외 작업허가 기간을 경과하여 관세를 징수하는 물품 : 보세건설장 외 작업이 완료된 때

⑤ 수입신고전 즉시반출신고를 하고 반출한 물품 : 수입신고전 즉시반출신고를 한 때

해설 **법 제16조(과세물건의 확정의 시기)**

관세법에 따라 보세건설장 외 작업 허가기간이 경과하여 관세를 징수하는 물품의 과세물건 확정 시기는 해당 물품의 보세건설장 외 작업을 허가 받은 때이다.(법 제16조 제4호)

07 관세법상 과세표준 및 과세물건 확정의 시기에 관한 설명으로 옳지 않은 것은? 2014 관세사

□□□

① 관세의 과세표준은 수입물품의 가격 또는 수량으로 한다.
② 보세운송기간이 경과하여 그 관세를 즉시 징수하는 물품은 보세운송을 신고하거나 승인받은 때가 과세물건 확정의 시기이다.
③ 수입으로 보지 아니하는 외국물품의 소비 또는 사용을 제외하고, 수입신고가 수리되기 전에 소비하거나 사용하는 물품은 해당 물품을 소비하거나 사용한 때가 과세물건 확정의 시기이다.
④ 관세법에 따라 매각되는 물품은 해당 물품이 매각된 때가 과세물건 확정의 시기이다.
⑤ 도난물품 또는 분실물품은 해당 물품이 도난되거나 분실된 것을 신고한 때가 과세물건 확정의 시기이다.

해설 **법 제16조(과세물건의 확정의 시기)**

도난물품 또는 분실물품의 과세물건 확정시기는 해당 물품이 도난되거나 분실된 때이다.(법 제16조 제9호)

08 관세법상 과세물건 확정 시기 등 관세의 부과 · 징수에 대한 설명으로 옳은 것은? 2019 관세직 7급

□□□

① 보세구역에 장치된 외국물품으로서 세관장의 승인을 받아 폐기된 물품에 대하여는 세관장의 승인을 받은 때의 물품의 성질과 그 수량에 따라 관세를 부과한다.
② 세관장에게 신고하고 보세운송하는 외국물품이 지정된 기간 내에 목적지에 도착하지 아니하여 즉시 관세를 징수하는 경우 그 물품에 대하여는 보세운송을 신고한 때의 물품의 성질과 그 수량에 따라 관세를 부과한다.
③ 여행자가 관세통로에서 사용한 휴대품에 대하여는 해당 물품을 사용한 때의 물품의 성질과 그 수량에 따라 관세를 부과한다.
④ 외국에서 우리나라에 도착한 외국물품인 선박용품이 하역 허가의 내용대로 하역되지 아니하여 즉시 관세를 징수하는 경우 그 물품에 대하여는 도착한 때의 물품의 성질과 그 수량에 따라 관세를 부과한다.

해설 **법 제16조(과세물건의 확정의 시기)**

보세운송하는 외국물품이 지정된 기간 내에 목적지에 도착하지 아니하여 관세를 징수하는 경우에는 보세운송을 신고하거나 승인받은 때의 성질과 수량에 따라 관세를 부과한다.(법 제16조 제5호)

---

① 보세구역에 장치된 외국물품이 재해나 그 밖의 부득이한 사유로 멸실된 때와 미리 세관장의 승인을 받아 폐기한 때에는 관세를 징수하지 않는다.(법 제160조 제2항)
③ 여행자가 휴대품을 운송수단 또는 관세통로에서 소비하거나 사용하는 경우 이를 수입으로 보지 아니하여 관세를 징수하지 않는다.(법 제239조 제3호)
④ 외국에서 우리나라에 도착한 외국물품인 선박용품이 하역 허가의 내용대로 하역되지 아니하여 즉시 관세를 징수하는 경우 하역을 허가받은 때의 성질과 수량에 따라 관세를 부과한다.(법 제16조 제1호)

정답 05. ① 06. ④ 07. ⑤ 08. ②

09 □□□ **관세법상 관세의 과세물건은 수입신고를 하는 때 확정됨이 원칙이다. 과세물건의 확정시기가 이 원칙과 다른 경우를 모두 고른 것은? (단, 밀수품이 아님)** 2021 관세사

> ㄱ. 지정장치장에 장치 중 도난된 물품
> ㄴ. 해외직구에 따라 탁송품으로 수입된 물품
> ㄷ. 보세건설장에서 건설된 물품
> ㄹ. 보세구역 장치기간 경과를 이유로 관세법에 따라 매각되는 물품
> ㅁ. 과세가격 미확정을 이유로 잠정가격신고를 한 물품

① ㄱ, ㄴ
② ㄱ, ㄹ
③ ㄴ, ㅁ
④ ㄷ, ㄹ
⑤ ㄷ, ㅁ

해설 ㄱ. 도난된 때 성질과 수량에 따라 관세를 부과한다.
ㄴ. 수입신고를 하는 때의 성질과 수량에 따라 관세를 부과한다.(단, 탁송품 특별통관 절차 대상은 제외)
ㄷ. 수입신고를 하는 때의 성질과 수량에 따라 관세를 부과한다.(단, 보세건설장 외 작업허가를 받아 작업을 하였으나 그 기간이 경과하여 관세를 징수하는 물품은 제외)
ㄹ. 매각된 때 성질과 수량에 따라 관세를 부과한다.
ㅁ. 수입신고를 하는 때의 성질과 수량에 따라 관세를 부과한다.

02 적용법령-과세환율

01 □□□ **다음 사례에서 A회사의 수입물품에 대한 관세감면 가능 여부는 어느 시점의 법령에 의하여 판단하여야 하는가?** 2012 관세사

> A회사가 미국으로부터 수입하는 PCB(Printed Circuit Board) 검사기기는 현재 감면대상이나, 관세감면 대상에서 제외될 예정으로 입법예고되어 있다.

① 계약 시점의 법령
② 수입신고 당시의 법령
③ 우리나라 입항시의 법령
④ 선하증권(B/L) 발행일의 법령
⑤ 선적일의 법령

해설 **법 제17조(적용 법령)**
관세는 수입신고 당시의 법령에 따라 부과한다. 다만, 다음에 해당하는 물품에 대하여는 규정된 날에 시행되는 법령에 따라 부과한다.
1. 과세물건확정시기 예외에 해당되는 물품 : 그 사실이 발생한 날
2. 보세건설장에 반입된 외국물품 : 사용전 수입신고가 수리된 날

02 관세법상 관세의 부과와 징수에 대한 설명으로 옳지 않은 것은? 2017 관세직 7급

□□□

① 수입신고가 수리되기전에 소비하거나 사용하는 물품(관세법 제239조에 따라 소비 또는 사용을 수입으로 보지 아니하는 물품은 제외한다)은 해당 물품을 소비하거나 사용한 때의 물품의 성질과 그 수량에 따라 관세를 부과한다.

② 관세는 수입신고 당시의 법령에 따라 부과하는 것이 원칙이지만 보세건설장에 반입된 외국물품인 경우에는 건설공사 완료보고일에 시행되는 법령을 적용한다.

③ 과세가격을 결정하는 경우 외국통화로 표시된 가격을 내국통화로 환산할 때에는 관세법 제17조에 따른 날(보세건설장에 반입된 물품의 경우에는 수입신고를 한 날을 말한다)이 속하는 주의 전주(前週)의 기준환율 또는 재정환율을 평균하여 관세청장이 그 율을 정한다.

④ 관세청장은 체납발생일부터 1년이 지난 관세 및 내국세 등이 2억원 이상인 체납자에 대하여는 그 인적사항과 체납액 등을 공개할 수 있다. 다만, 체납관세등에 대하여 이의신청 · 심사청구 등 불복청구가 진행 중이거나 체납액의 일정금액 이상을 납부한 경우 등 대통령령으로 정하는 사유에 해당하는 경우에는 그러하지 아니하다.

해설 ② 관세는 수입신고 당시의 법령에 따라 부과하는 것이 원칙이지만 보세건설장에 반입된 외국물품인 경우에는 사용전 수입신고가 수리된 날에 시행되는 법령에 따라 부과한다.
① (법 제2조 제1호)
③ (법 제18조)
④ (법 제116조의2)

03 아르헨티나산 오렌지를 수입하면서 미국 달러로 대금을 결제하였다. 과세가격 결정과 관련하여 달러를 원화로 환산함에 있어 다음 중 가장 관련이 깊은 환율은? 2007 관세사

□□□

① 수입신고를 한 날의 기준환율
② 수입신고를 한 날의 재정환율
③ 수입신고를 한 날이 속하는 주의 전월의 재정환율
④ 수입신고를 한 날이 속하는 주의 전주의 기준환율
⑤ 수입신고를 한 날이 속하는 주의 기준환율

해설 **법 제18조(과세환율)**
과세가격을 결정하는 경우 외국통화로 표시된 가격을 내국통화로 환산할 때에는 적용법령 시점에 따른 날(보세건설장에 반입된 물품의 경우에는 수입신고를 한 날을 말한다)이 속하는 주의 전주(前週)의 기준환율 또는 재정환율을 평균하여 관세청장이 그 율을 정한다.

시행령 제246조(수출 · 수입 또는 반송의 신고)
수출신고를 함에 있어 수출신고가격을 산정하기 위하여 외국통화로 표시된 가격을 내국통화로 환산하는 때에는 수출신고일이 속하는 주의 전주의 기준환율 또는 재정환율을 평균하여 관세청장이 정한 율로 하여야 한다.
(영 제246조 제6항)

정답 09. ② / 01. ② 02. ② 03. ④

04 과세환율에 대한 내용으로 옳은 것은? 2014 관세직 7급

□□□

① 과세환율은 「관세법」 제17조에 따른 날(보세건설장에 반입된 물품의 경우에는 수입신고를 한 날을 말한다)이 속하는 주의 전월의 기준환율을 평균하여 관세청장이 그 율을 결정한다.

② 과세환율은 「관세법」 제17조에 따른 날(보세건설장에 반입된 물품의 경우에는 수입신고를 한 날을 말한다)이 속하는 주의 전월의 재정환율을 평균하여 관세청장이 그 율을 결정한다.

③ 과세환율은 「관세법」 제17조에 따른 날(보세건설장에 반입된 물품의 경우에는 수입신고를 한 날을 말한다)이 속하는 주의 전주의 기준환율을 평균하여 관세청장이 그 율을 결정한다.

④ 과세환율은 「관세법」 제17조에 따른 날(보세건설장에 반입된 물품의 경우에는 수입신고를 한 날을 말한다)이 속하는 주의 기준환율을 평균하여 관세청장이 그 율을 결정한다.

해설 **법 제18조(과세환율)**

과세가격을 결정하는 경우 외국통화로 표시된 가격을 내국통화로 환산할 때에는 적용법령 시점에 따른 날(보세건설장에 반입된 물품의 경우에는 수입신고를 한 날을 말한다)이 속하는 주의 전주(前週)의 기준환율 또는 재정환율을 평균하여 관세청장이 그 율을 정한다.

05 관세법상 과세가격과 관세의 부과 · 징수 등에 관한 내용으로 옳지 않은 것은? 2016 관세사

□□□

① 수입물품에는 관세를 부과한다.

② 관세의 과세표준은 수입물품의 가격 또는 수량으로 한다.

③ 과세가격을 결정하는 경우 외국통화로 표시된 가격을 내국통화로 환산할 때에는 적용 법령에 따른 날(보세건설장에 반입된 물품의 경우에는 수입신고를 한 날을 말한다)이 속하는 주의 전주(前週)의 기준환율 또는 재정환율을 평균하여 세관장이 그 율을 정한다.

④ 관세법 또는 다른 법령, 조약, 협약 등에 따라 관세의 납부를 보증한 자는 보증액의 범위에서 납세의무를 진다.

⑤ 환급청구권의 소멸시효는 환급청구권의 행사로 중단된다.

해설 ① 수입물품에는 관세를 부과한다.(법 제14조)

② 관세의 과세표준은 수입물품의 가격 또는 수량으로 한다.(법 제15조)

④ 관세법 또는 다른 법령, 조약, 협약 등에 따라 관세의 납부를 보증한 자는 보증액의 범위에서 납세의무를 진다.(법 제19조 제3항)

⑤ 환급청구권의 소멸시효는 환급청구권의 행사로 중단된다.(법 제23조 제2항)

03 납세의무자

01 관세법령상 수입을 위탁받아 수입업체가 대행수입한 물품이 아닌 경우, 납세의무자가 '대통령령으로 정하는 상업서류'에 적힌 수신인이 될 때 그에 해당하는 서류가 아닌 것은? 2014 관세직 9급

① 포장명세서　② 선하증권
③ 송품장　④ 항공화물운송장

해설 **법 제19조(납세의무자)**
수입을 위탁받아 수입업체가 대행수입한 물품이 아닌 경우 대통령령으로 정하는 상업서류에 적힌 물품수신인이 관세의 납세의무자가 된다.(법 제19조 제1항 제1호 나목)

시행령 제5조(납세의무자)
관세법 제19조 제1항 제1호 나목에서 "대통령령으로 정하는 상업서류"란 다음 각 호의 어느 하나에 해당하는 것을 말한다.
1. 송품장
2. 선하증권 또는 항공화물운송장

02 관세의 납세의무자로 연결이 바르지 않은 것은? 2015 관세사

① 수입을 위탁받아 수입업체가 대행수입한 물품인 경우 : 그 물품의 수입을 위탁한 자
② 수입을 위탁받아 수입업체가 대행수입한 물품이 아닌 경우 : 대통령령으로 정한 수입계약서에 기재된 수신인
③ 수입물품을 수입신고전에 양도한 경우 : 양수인
④ 관세법 제143조(선박용품 및 항공기용품의 하역 등) 제6항에 따라 관세를 징수하는 물품인 경우 : 하역허가를 받은 자
⑤ 관세법 제158조(보수작업) 제7항에 따라 관세를 징수하는 물품인 경우 : 보세구역 밖에서 하는 보수작업을 승인받은 자

해설 ② 수입을 위탁받아 수입업체가 대행수입한 물품이 아닌 경우의 납세의무자는 대통령령으로 정하는 상업서류(송품장, 선하증권, 항공화물운송장)에 기재된 수신인이다.
① (법 제19조 제1항 제1호 가목)
③ (법 제19조 제1항 제1호 다목)
④ (법 제19조 제1항 제2호)
⑤ (법 제19조 제1항 제3호)

정답 04. ③　05. ③　/　01. ①　02. ②

03 관세법령상 과세가격과 관세의 부과 · 징수 등의 통칙에 대한 설명으로 옳지 않은 것은?

□□□

2021 관세직 9급

① 「관세법」에 따라 매각되는 물품은 해당 물품이 매각된 때의 물품의 성질과 그 수량에 따라 관세를 부과한다.

② 분실물품은 해당 물품이 분실된 때 시행되는 법령에 따라 관세를 부과한다.

③ 화주가 불분명할 때 수입을 위탁받아 수입업체가 대행수입한 물품이 아닌 경우 수입화물선취보증장에 적힌 물품수신인은 관세의 납세의무자가 된다.

④ 과세가격을 결정하는 경우 외국통화로 표시된 가격을 내국통화로 환산할 때, 보세건설장에 반입된 물품의 경우에는 수입신고를 한 날이 속하는 주의 전주(前週)의 기준환율 또는 재정환율을 평균하여 관세청장이 그 율을 정한다.

해설 ③ 수입을 위탁받아 수입업체가 대행수입한 물품이 아닌 경우 대통령령으로 정하는 상업서류(송품장, 선하증권, 항공화물운송장)에 적힌 물품수신인이 납세의무자가 된다.

① (법 제16조 제10호)

② (법 제17조 제1호)

④ (법 제18조)

04 한국의 A사는 어떠한 물품에 대하여 한국의 B사로부터 수입대행요청에 의하여 단순수입대행계약을 체결하고 A사를 신용장 발행신청인으로 하고 C사를 수익자로 하는 양도 가능 수입신용장을 개설하였다. C사는 사정에 의하여 D사에게 동 신용장을 양도하고 D사 명의의 선적서류가 한국에 도착되었다. 동 물품은 수입신고 후 최종적으로 국내의 E사 및 F사로 판매되었다. 이와 같은 경우 관세법에 따른 관세의 납세의무자는 누구인가?

□□□

2007 관세직 9급

① A사 ② B사

③ D사 ④ E사 및 F사

해설 단순수입대행계약이므로 물품의 수입을 위탁한 자인 B사가 화주가 된다. 동 물품은 수입신고 후 국내의 E, F사에게 판매되었으므로 납세의무자는 양수인인 E사 또는 F사가 아닌 B사이다.

법 제19조(납세의무자)

수입을 위탁받아 수입업체가 대행수입한 물품인 경우 그 물품의 수입을 위탁한 자가 납세의무자가 된다.(법 제19조 제1항 제1호 가목)

수입물품을 수입신고 전에 양도한 경우 그 양수인이 납세의무자가 된다.(법 제19조 제1항 제1호 다목)

05 관세법령상 납세의무자에 관한 설명으로 옳지 않은 것은? 2018 관세사

□□□

① 관세법 제160조(장치물품의 폐기) 제2항에 따라 관세를 징수하는 물품인 경우에는 운영인 또는 보관인이 납세의무자가 된다.

② 우편으로 수입되는 물품인 경우에는 그 수취인이 납세의무자가 된다.

③ 관세법 제217조(보세운송기간 경과 시의 징수)에 따라 관세를 징수하는 물품인 경우에는 보세운송을 신고하였거나 승인을 받은 자가 납세의무자가 된다.

④ 수입물품을 수입신고전에 양도한 경우에는 그 양도인이 납세의무자가 된다.

⑤ 관세법 제158조(보수작업) 제7항에 따라 관세를 징수하는 물품인 경우에는 보세구역 밖에서 하는 보수작업을 승인받은 자가 납세의무자가 된다.

해설 **법 제19조(납세의무자)**
수입물품을 수입신고 전에 양도한 경우 그 양수인이 납세의무자가 된다.(법 제19조 제1항 제1호 다목)

① (법 제19조 제1항 제4호)
② (법 제19조 제1항 제9호)
③ (법 제19조 제1항 제6호)
⑤ (법 제19조 제1항 제3호)

06 관세법상 납세의무자에 관한 설명으로 옳지 않은 것은? 2021 관세사

□□□

① 외국물품을 보세구역에 반입하여 수입신고 전에 외국인에게 양도한 경우에는 양도인이 납세의무자가 된다.

② 수입신고를 한 뒤 그 신고가 수리되기 전에 해당물품(관세법 제239조에 따라 소비 또는 사용을 수입으로 보지 아니하는 물품은 제외)을 구매하기로 계약한 사람이 미리 사용한 경우 그 사용자가 납세의무자가 된다.

③ 법인이 합병하였다면 해당 법인의 관세뿐 아니라 가산세와 강제징수비의 납세의무도 승계된다.

④ 조약에 따라 관세의 납부를 보증한 경우에는 보증자가 보증액의 범위에서 납세의무를 진다.

⑤ 화주의 의뢰로 보세운송업자가 보세운송 신고를 하고 화주도 함께 탑승하여 운송하는 도중 휴게소에서 해당 물품이 분실되었다면 보세운송업자가 납세의무를 진다.

해설 ① 수입물품을 수입신고 전에 양도한 경우 그 양수인이 원칙적인 납세의무자가 된다.(법 제19조 제1항 제1호 다목)
② (법 제19조 제1항 제7호)
③ (법 제19조 제4항)
④ (법 제19조 제3항)
⑤ (법 제19조 제1항 제10호 나목)

정답 03. ③ 04. ② 05. ④ 06. ①

07 □□□ **관세법상 납세의무자에 대한 설명으로 옳지 않은 것은?** 2020 관세직 9급

① 우편으로 수입되는 물품인 경우에는 그 수취인이 관세의 납세의무자가 된다.
② 보세구역 밖에서 보수작업을 승인 받은 관세 징수 물품의 경우에는 보수작업을 승인 받은 자가 관세의 납세의무자가 된다.
③ 보세운송 중 물품이 분실된 경우에는 그 보관인 또는 취급인이 관세의 납세의무자가 된다.
④ 수입신고가 수리되기 전에 소비하거나 사용하는 물품(관세법 제239조에 따라 소비 또는 사용을 수입으로 보지 아니하는 물품은 제외한다)인 경우에는 그 소비자 또는 사용자가 관세의 납세의무자가 된다.

해설 **법 제19조(납세의무자)**
도난물품이나 분실물품인 경우에는 다음에 해당하는 자가 납세의무자가 된다.(법 제19조 제1항 제10호)
가. 보세구역의 장치물품이 도난 또는 분실된 경우 그 운영인 또는 화물관리인
나. 보세운송물품이 도난 또는 분실된 경우 보세운송을 신고하거나 승인을 받은 자
다. 그 밖의 물품이 도난 또는 분실된 경우 그 보관인 또는 취급인

08 □□□ **인천상사는 실화주로 동해물산에게 수입을 위탁하였다. 송품장 등 무역서류에는 동해물산이 화주로 표시되어 있다. 동해물산이 반입한 외국물품이 인천세관의 지정장치장에 장치도중 도난되었다면 이 물품에 대한 납세의무자는 누구인가?** 2009 관세사

① 인천상사
② 동해물산
③ 지정장치장의 화물관리인
④ 절취한 자
⑤ 도난되었으므로 납세의무자 없음

해설 **법 제19조(납세의무자)**
원칙적인 납세의무자인 화주(인천상사) 또는 연대납세의무자인 수입신고인과 특별납세의무자(화물관리인)가 경합되는 경우에는 특별납세의무자를 납세의무자로 한다.(법 제19조 제2항)

09 「관세법」상 관세의 납세의무자와 징수에 대한 설명으로 옳은 것은? 2021 관세직 7급

① 제143조(선박용품 및 항공기용품의 하역 등) 제6항에 따라 관세를 징수하는 물품인 경우에 하역허가를 받은 자는 관세의 납세의무자가 된다.

② 제158조(보수작업) 제7항에 따라 관세를 징수하는 물품인 경우에 보세구역 안에서 하는 보수작업을 수행하는 자는 관세의 납세의무자가 된다.

③ 미리 세관장의 승인을 받아 보세구역에 장치된 외국물품을 폐기한 때에는 그 운영인이나 보관인으로부터 즉시 그 관세를 징수한다.

④ 제213조(보세운송의 신고) 제2항에 따라 신고를 하거나 승인을 받아 보세운송하는 외국물품이 재해로 망실되어 지정된 기간 내에 목적지에 도착하지 아니한 경우에는 즉시 그 관세를 징수한다.

해설 **법 제19조(납세의무자)**

외국물품인 선박용품, 항공기용품, 차량용품이나, 국제무역선, 국제무역기, 국경출입차량 안에서 판매하는 물품을 허가 받은 대로 적재하지 아니하여 관세를 징수하는 경우에는 하역허가를 받은 자가 납세의무자가 된다.(법 제19조 제1항 제2호)

---

② 보세구역외 보수작업의 승인기간이 경과하여 관세를 징수하는 경에는 보세구역 밖에서의 보수작업의 승인을 얻은 자가 납세의무자가 된다.(법 제19조 제1항 제3호)
③ 보세구역에 장치된 외국물품을 폐기한 때에는 그 운영인이나 보관인이 관세의 납세의무자가 되나, 미시 세관장의 승인을 받아 폐기하는 경우 과세하지 않는다.(법 제19조 제1항 제4호)
④ 보세운송 신고를 하거나 승인을 받아 보세운송하는 외국물품이 지정된 기간 내에 목적지에 도착하지 아니한 경우에는 보세운송을 신고하였거나 승인을 받은 자로부터 즉시 그 관세를 징수한다.(법 제19조 제1항 제6호) 다만, 해당 물품이 재해나 그 밖의 부득이한 사유로 망실되었거나 미리 세관장의 승인을 받아 그 물품을 폐기하였을 때에는 그러하지 아니하다.(법 제217조)

10 관세법에서 정하고 있는 관세의 납세의무자가 될 수 없는 자는? 2010 관세사

① 수입신고인
② 납세보증인
③ 보세운송신고인
④ 외교관용 면세물품의 무단 양도자
⑤ 여신전문금융업법의 규정에 의한 시설대여업자

해설 **법 제88조(외교관용 물품 등의 면세)**

관세를 면제받은 물품 중 기획재정부령으로 정하는 물품은 수입신고 수리일부터 3년의 범위에서 대통령령으로 정하는 기준에 따라 관세청장이 정하는 기간에 용도 외의 다른 용도로 사용하기 위하여 양수한 경우에는 그 양수자로부터 면제된 관세를 즉시 징수한다.(법 제88조 제3항)

---

④ 외교관용 면세물품의 양도인은 외교관이기 때문에 무단 양도시에도 양도자가 아닌 양수인이 납세의무자가 된다.

정답 07. ③ 08. ③ 09. ① 10. ④

11 관세법령상 납세의무 또는 납세의무자에 대한 설명으로 옳은 것은? 2018 관세직 7급

□□□

① 법령, 조약, 협약 등에 따라 관세의 납부를 보증한 자는 납세의무자가 납세신고한 관세액 전부에 대하여 납세의무를 지지만, 담보를 제공한 경우에는 보증액의 범위에서 납세의무를 진다.

② 수입신고를 한 물품의 경우 수입을 위탁받아 대행수입한 수입업체는 그 물품을 수입신고하는 때의 화주가 불분명하면 그 물품의 수입을 위탁한 자와 연대하여 해당 관세를 납부하여야 한다.

③ 관세를 체납한 납세의무자에게 그 관세의 납세신고일전에 담보의 목적이 된 양도담보재산이 있을 때에는 그 납세의무자의 다른 재산에 대하여 강제징수를 하여도 징수하여야 하는 금액에 미치지 못한 경우에만 「국세징수법」의 규정을 준용하여 그 양도담보재산으로써 그 관세를 징수할 수 있다.

④ 법인이 분할되거나 분할합병되는 경우 분할일 또는 분할합병일 이전에 부과되거나 납세의무가 성립한 관세는 분할되는 법인이나 분할 또는 분할합병으로 설립되는 법인, 존속하는 분할합병의 상대방 법인 및 신회사가 연대하여 납부할 의무를 진다.

해설 **법 제19조(납세의무자)**

다음 어느 하나에 해당되는 경우 「국세기본법」 제25조 제2항부터 제4항까지의 규정을 준용하여 분할되는 법인이나 분할 또는 분할합병으로 설립되는 법인, 존속하는 분할합병의 상대방 법인 및 신회사가 관세 · 가산세 및 강제징수비를 연대하여 납부할 의무를 진다.

1. 법인이 분할되거나 분할합병되는 경우
2. 법인이 분할 또는 분할합병으로 해산하는 경우
3. 법인이 「채무자 회생 및 파산에 관한 법률」 제215조에 따라 신회사를 설립하는 경우

---

① 관세법 또는 다른 법령, 조약, 협약 등에 따라 관세의 납부를 보증한 자는 보증액의 범위에서 납세의무를 진다. (법 제19조 제3항)

② 수입을 위탁받아 수입업체가 대행수입한 물품은 화주가 불분명할 때에는 그 물품의 수입을 위탁한자가 관세의납세의무자가 된다.(법 제19조 제1항) 즉, 수입을 위탁한자가 본래의 납세의무자가 되는 것이며, 수입을 위탁한 자와 대행수입업체가 연대납세의무를 지는 것은 아니다.

③ 납세의무자(관세의 납부를 보증한 자와 제2차 납세의무자를 포함한다)가 관세 · 가산세 및 강제징수비를 체납한 경우 그 납세의무자에게 「국세기본법」 제42조 제3항에 따른 양도담보재산이 있을 때에는 그 납세의무자의 다른 재산에 대하여 강제징수를 하여도 징수하여야 하는 금액에 미치지 못한 경우에만 「국세징수법」 제7조를 준용하여 그 양도담보재산으로써 납세의무자의 관세 · 가산세 및 강제징수비를 징수할 수 있다. 다만, 그 관세의 납세신고일(제39조에 따라 부과고지하는 경우에는 그 납부고지서의 발송일을 말한다) 전에 담보의 목적이 된 양도담보재산에 대해서는 그러하지 아니하다.(법 제19조 제10항)

12 「관세법」상 납세의무자에 대한 설명으로 옳은 것은? 2023 관세직 9급

□□□

① 수입을 위탁받아 수입업체가 대행수입한 물품인 경우 대통령령으로 정하는 상업서류에 적힌 물품수신인이 납세의무자가 된다.

② 우편으로 수입되는 물품인 경우에는 그 수취인이 납세의무자가 되고, 수입신고가 수리되기 전에 소비하거나 사용하는 물품(「관세법」 제239조에 따라 소비 또는 사용을 수입으로 보지 아니하는 물품은 제외한다)인 경우에는 그 소비자 또는 사용자가 납세의무자가 된다.

③ 도난물품이나 분실물품인 경우 보세구역의 장치물품은 보세운송을 신고하거나 승인을 받은 자가 납세의무자가 된다.

④ 수입물품을 수입신고 전에 양도한 경우에는 그 양도인이 납세의무자가 된다.

해설 **법 제19조(납세의무자)**

우편으로 수입되는 물품인 경우에는 그 수취인이 관세의 납세의무자가 된다.(법 제19조 제1항 제9호)

수입신고가 수리되기 전에 소비하거나 사용하는 물품(제239조에 따라 소비 또는 사용을 수입으로 보지 아니하는 물품은 제외한다)인 경우에는 그 소비자 또는 사용자가 관세의 납세의무자 된다.(법 제19조 제1항 제7호)

---

① 물품의 수입을 위탁한 자가 납세의무자가 된다.
③ 운영인 또는 화물관리인이 납세의무자가 된다.
④ 양수인이 납세의무자가 된다.

13 관세법상 관세의 납세의무자에 대한 설명으로 옳지 않은 것은? 2019 관세직 7급

□□□

① 법인이 합병하거나 상속이 개시된 경우에는 국세기본법 제23조 및 제24조를 준용하여 관세・가산세 및 강제징수비의 납세의무를 승계한다.

② 법령, 조약, 협약 등에 따라 관세의 납부를 보증한 자는 보증액의 범위에서 납세의무를 진다.

③ 수입신고인이 수입신고를 하면서 화주가 아닌 자를 납세의무자로 신고한 경우 그 신고인이 관세포탈을 범하여 유죄판결을 받은 때에는 그 신고인이 관세포탈로 얻은 이득이 없더라도 납세의무자가 된다.

④ 수입신고가 수리되기 전에 소비하는 물품(관세법 제239조에 따라 소비를 수입으로 보지 아니하는 물품은 제외한다)인 경우에는 그 소비자가 납세의무자가 된다.

해설 **법 제19조(납세의무자)**

관세・가산세 및 강제징수비에 대해서는 다음 각 호에 규정된 자가 연대하여 납부할 의무를 진다.(법 제19조 제5항)

1. 제1항제1호에 따른 수입신고물품의 경우 다음 각 목에 규정된 자
   가. 수입신고물품이 공유물이거나 공동사업에 속하는 물품인 경우: 그 공유자 또는 공동사업자인 납세의무자
   나. 수입신고인이 수입신고를 하면서 수입신고하는 때의 화주가 아닌 자를 납세의무자로 신고한 경우: 수입신고인 또는 납세의무자로 신고된 자가 제270조 제1항 또는 제4항에 따른 관세포탈 또는 부정감면의 범죄를 저지르거나 제271조 제1항(제270조 제1항 또는 제4항에 따른 행위를 교사하거나 방조한 경우에 한정한다)에 따른 범죄를 저질러 유죄의 확정판결을 받은 경우 그 수입신고인 및 납세의무자로 신고된 자와 해당 물품을 수입신고하는 때의 화주. 다만, 관세포탈 또는 부정감면으로 얻은 이득이 없는 수입신고인 또는 납세의무자로 신고된 자는 제외한다.
   다. 다음 중 어느 하나를 업으로 하는 자가 화주로부터 수입물품에 대하여 납부할 관세 등에 상당하는 금액을 수령하고, 수입신고인 등에게 과세가격 등의 정보를 거짓으로 제공한 경우: 구매대행업자와 수입신고하는 때의 화주
      1) 자가사용물품을 수입하려는 화주의 위임에 따라 해외 판매자로부터 해당 수입물품의 구매를 대행하는 것
      2) 사이버몰(컴퓨터 등과 정보통신설비를 이용하여 재화 등을 거래할 수 있도록 설정된 가상의 영업장을 말한다. 이하 같다) 등을 통하여 해외로부터 구매 가능한 물품의 정보를 제공하고 해당 물품을 자가사용물품으로 수입하려는 화주의 요청에 따라 그 물품을 구매해서 판매하는 것
2. 제1항제2호부터 제12호까지의 규정에 따른 물품에 대한 납세의무자가 2인 이상인 경우 그 2인 이상의 납세의무자

정답 11. ④ 12. ② 13. ③

04 과세표준

01 □□□ **과세가격 결정의 원칙에 따라 과세가격을 결정할 수 없을 때에는 다른 방법으로 이를 결정한다. 이 때 결정순서로 바른 것은?** 2004 관세사

① 동종 · 동질물품의 거래가격 > 유사물품의 거래가격 > 국내판매가격 > 산정가격
② 동종 · 동질물품의 거래가격 > 산정가격 > 국내판매가격 > 유사물품의 거래가격
③ 산정가격 > 유사물품의 거래가격 > 국내판매가격 > 동종 · 동질물품의 거래가격
④ 산정가격 > 유사물품의 거래가격 > 동종 · 동질물품의 거래가격 > 국내판매가격
⑤ 유사물품의 거래가격 > 동종 · 동질물품의 거래가격 > 국내판매가격 > 산정가격

해설 수입물품의 과세가격 결정방법은 제1방법부터 순차적으로 적용하여야 하며, 선순위의 과세가격을 적용할 수 없는 경우에 한하여 후순위 평가방법을 적용하여야 한다. 다만, 납세의무자의 요청이 있는 경우 제5방법을 제4방법에 우선하여 적용하되, 제5방법에 따라 결정할 수 없는 경우에는 제4방법, 제6방법의 순서에 따라 과세가격을 결정한다.

순위	평가방법	법
제1방법	해당 물품의 거래가격을 기초로 한 과세가격 결정방법	제30조
제2방법	동종 · 동질물품의 거래가격을 기초로 한 과세가격 결정방법	제31조
제3방법	유사물품의 거래가격을 기초로 한 과세가격 결정방법	제32조
제4방법	국내판매가격을 기초로 한 과세가격 결정방법	제33조
제5방법	산정가격을 기초로 한 과세가격 결정방법	제34조
제6방법	합리적 기준에 의한 과세가격 결정방법	제35조

02 □□□ **관세법령상 과세가격 결정의 원칙과 관련하여 '우리나라에 수출하기 위하여 판매되는 물품의 범위'에 포함되지 아니하는 물품으로 명시되어 있지 않은 것은?** 2020 관세사

① 무상으로 임차하는 수입물품
② 임대차계약에 따라 국내에 도착하는 물품
③ 국내 도착 후 경매 등을 통해 판매가격이 결정되는 위탁판매물품
④ 수입자의 책임으로 국내에서 판매하기 위해 국내에 도착하는 물품
⑤ 별개의 독립된 법적 사업체가 아닌 지점 등과의 거래에 따라 국내에 도착하는 물품

해설 **시행령 제17조(우리나라에 수출하기 위하여 판매되는 물품의 범위)**

관세법 제30조 제1항 본문의 규정에 의한 우리나라에 수출하기 위하여 판매되는 물품은 해당 물품을 우리나라에 도착하게 한 원인이 되는 거래를 통해 판매되는 물품으로 한다. 다만, 다음 각 호의 물품은 포함되지 않는다.

1. 무상으로 국내에 도착하는 물품
2. 국내 도착 후 경매 등을 통해 판매가격이 결정되는 위탁판매물품
3. 수출자의 책임으로 국내에서 판매하기 위해 국내에 도착하는 물품
4. 별개의 독립된 법적 사업체가 아닌 지점 등과의 거래에 따라 국내에 도착하는 물품
5. 임대차계약에 따라 국내에 도착하는 물품
6. 무상으로 임차하여 국내에 도착하는 물품
7. 산업쓰레기 등 수출자의 부담으로 국내에서 폐기하기 위해 국내에 도착하는 물품

---

④ 수출자의 책임으로 국내에서 판매하기 위해 국내에 도착하는 물품은 소유권의 이전이 되지 않아 우리나라에 수출하기 위하여 판매되는 물품의 범위에 포함되지 않는 것으로 본다.

03 □□□ **수입물품의 과세가격은 '우리나라에 수출하기 위하여 판매되는 물품'이어야 함을 전제로 한다. 이러한 물품에 해당하지 않는 것을 모두 고른 것은?** 2013 관세사

> ㄱ. 임대차계약에 따라 국내에 도착하는 물품
> ㄴ. 무상으로 임차하는 국내에 도착하는 물품
> ㄷ. 산업쓰레기 등 수출자의 부담으로 국내에서 폐기하기 위해 국내에 도착하는 물품
> ㄹ. 거래관행상 거래가 성립된 때부터 일정기간이 지난 후에 가격이 정해지는 수입물품
> ㅁ. 별개의 독립된 법적 사업체가 아닌 지점 등과의 거래에 따라 국내에 도착하는 물품

① ㄱ, ㄴ, ㄷ
② ㄱ, ㄷ, ㄹ
③ ㄱ, ㄴ, ㄷ, ㅁ
④ ㄱ, ㄴ, ㄹ, ㅁ
⑤ ㄴ, ㄷ, ㄹ, ㅁ

해설 **법 제28조(잠정가격의 신고 등)**

납세의무자는 가격신고를 할 때 신고하여야 할 가격이 확정되지 아니한 경우로서 대통령령으로 정하는 경우에는 잠정가격으로 가격신고를 할 수 있다.(법 제28조 제1항)

시행령 제16조(잠정가격의 신고 등)

관세법 제28조 제1항에서 "대통령령으로 정하는 경우"란 다음 각 호의 어느 하나에 해당하는 경우를 말한다.

1. 거래관행상 거래가 성립된 때부터 일정기간이 지난 후에 가격이 정하여지는 물품(기획재정부령으로 정하는 것으로 한정한다)으로서 수입신고일 현재 그 가격이 정하여지지 아니한 경우(영 제16조 제1항 제1호)

거래관행상 거래가 성립된 때부터 일정기간이 지난 후에 가격이 정해지는 수입물품은 잠정가격신고 대상 중 하나로써 잠정가격신고 이후 확정가격신고를 통하여 정산을 하게 된다. 즉, 수입신고당시 가격이 결정되지 않았다는 이유만으로 우리나라에 수출하기 위하여 판매되는 물품 배제대상이 되는 것은 아니다.

정답 01. ① 02. ④ 03. ③

04 □□□ **구매자가 실제로 지급하였거나 지급하여야 할 가격을 기초로 수입물품의 과세가격을 결정하는 관세법 제30조(과세가격 결정의 원칙)에 의한 과세가격 결정방법(제1방법)을 배제할 수 있는 사유가 아닌 것은?** 2015 관세사

① 매매당사자가 체결한 계약에 당해 물품을 교육용으로만 사용하도록 하는 제한이 있는 경우
② 매매당사자가 체결한 계약에 당해 물품을 특정인에게만 판매하도록 하는 제한이 있는 경우
③ 매매당사자가 체결한 계약에 당해 수입물품을 특정 지역에서만 판매하도록 하는 제한이 있는 경우
④ 해당 물품을 수입한 후에 사용하여 생긴 수익의 일부가 판매자에게 직접 또는 간접으로 귀속되는 경우(실제 지급하였거나 지급하여야 할 가격을 적절히 조정할 수 없는 경우)
⑤ 구매자가 판매자에게 판매하는 다른 물품의 가격에 따라 당해 물품의 가격이 결정되는 경우

해설 **시행령 제21조(처분 또는 사용에 대한 제한의 범위)**
관세법 제30조 제3항 제1호의 규정에 의한 물품의 처분 또는 사용에 제한이 있는 경우에는 다음의 경우가 포함되는 것으로 한다.
1. 전시용 · 자선용 · 교육용 등 당해 물품을 특정용도로 사용하도록 하는 제한
2. 당해 물품을 특정인에게만 판매 또는 임대하도록 하는 제한
3. 기타 당해 물품의 가격에 실질적으로 영향을 미치는 제한

시행령 제22조(거래가격에 영향을 미치지 아니하는 제한 등)
관세법 제30조 제3항 제1호 단서에서 "거래가격에 실질적으로 영향을 미치지 아니한다고 인정하는 제한이 있는 경우 등 대통령령으로 정하는 경우"란 다음의 어느 하나에 해당하는 제한이 있는 경우를 말한다.(영 제22조 제1항)
1. 우리나라의 법령이나 법령에 의한 처분에 의하여 부과되거나 요구되는 제한
2. 수입물품이 판매될 수 있는 지역의 제한
3. 그 밖에 해당 수입물품의 특성, 해당 산업부문의 관행 등을 고려하여 통상적으로 허용되는 제한으로서 수입가격에 실질적으로 영향을 미치지 않는다고 세관장이 인정하는 제한

---

③ 수입물품이 판매될 수 있는 지역의 제한은 거래가격에 실질적으로 영향을 미치지 아니한다고 인정하는 제한이므로 과세가격결정방법 1방법이 적용될 수 있다.

05 □□□ **관세법령상 구매자와 판매자 간에 대통령령으로 정하는 특수 관계가 있어 그 특수관계가 해당 물품의 가격에 영향을 미친 경우에는 「관세법」 제30조 제1항에 따른 거래가격을 해당 물품의 과세가격으로 하지 아니하고 「관세법」 제31조부터 제35조까지에 규정된 방법에 따라 과세가격을 결정한다. 이러한 특수관계에 해당하지 않는 것은?** 2016 관세직 9급

① 구매자와 판매자가 상호 사업상의 임원 또는 관리자인 경우
② 특정인이 구매자 및 판매자의 의결권 없는 주식을 직접 또는 간접으로 5퍼센트 이상 소유하거나 관리하는 경우
③ 구매자 및 판매자 중 일방이 상대방에 대하여 법적으로 또는 사실상으로 지시나 통제를 할 수 있는 위치에 있는 등 일방이 상대방을 직접 또는 간접으로 지배하는 경우
④ 구매자 및 판매자가 동일한 제3자에 의하여 직접 또는 간접으로 지배를 받는 경우

해설 **시행령 제23조(특수관계의 범위 등)**
관세법 제30조 제3항 제4호에서 "대통령령으로 정하는 특수관계"란 다음 각 호의 어느 하나에 해당하는 경우를 말한다.
1. 구매자와 판매자가 상호 사업상의 임원 또는 관리자인 경우
2. 구매자와 판매자가 상호 법률상의 동업자인 경우
3. 구매자와 판매자가 고용관계에 있는 경우
4. 특정인이 구매자 및 판매자의 의결권 있는 주식을 직접 또는 간접으로 5퍼센트 이상 소유하거나 관리하는 경우
5. 구매자 및 판매자중 일방이 상대방에 대하여 법적으로 또는 사실상으로 지시나 통제를 할 수 있는 위치에 있는 등 일방이 상대방을 직접 또는 간접으로 지배하는 경우
6. 구매자 및 판매자가 동일한 제3자에 의하여 직접 또는 간접으로 지배를 받는 경우
7. 구매자 및 판매자가 동일한 제3자를 직접 또는 간접으로 공동지배하는 경우
8. 구매자와 판매자가 「국세기본법 시행령」 제1조의2 제1항 각 호의 어느 하나에 해당하는 친족관계에 있는 경우

06 □□□ **관세법상 과세가격의 결정에서 구매자와 판매자 간에 대통령령으로 정하는 '특수관계'가 있어 그 '특수관계'가 해당 물품의 가격에 영향을 미친 경우 해당 물품의 거래가격을 과세가격으로 하지 아니한다. 다음 중 관세법 시행령으로 정하는 '특수관계'에 해당하는 것을 모두 고르면?** 2020 관세직7급

> ㄱ. 구매자와 판매자가 상호 사업상의 임원 또는 관리자인 경우
> ㄴ. 특정인이 구매자 또는 판매자와 사실상 동업자인 경우
> ㄷ. 구매자 및 판매자 중 일방이 상대방에 대하여 사실상으로 지시나 통제를 할 수 있는 위치에 있는 등 일방이 상대방을 직접 또는 간접으로 지배하는 경우
> ㄹ. 특정인이 구매자 또는 판매자의 의결권 있는 주식을 직접 또는 간접으로 3퍼센트 이상 소유하는 경우

① ㄱ, ㄷ　　② ㄱ, ㄹ
③ ㄴ, ㄷ　　④ ㄴ, ㄹ

해설 ㄴ. 구매자와 판매자가 상호 법률상의 동업자인 경우 관세법상 특수관계에 해당한다.
ㄹ. 특정인이 구매자 및 판매자의 의결권 있는 주식을 직접 또는 간접으로 5퍼센트 이상 소유하는 경우 관세법상 특수관계에 해당한다.

정답 04. ③　05. ②　06. ①

07 □□□ **관세법 제30조에 따라 해당 물품의 거래가격을 기초로 과세가격을 결정할 수 있는 수출물품은?**

2012 관세사

① 수출자의 책임으로 국내에서 판매하기 위하여 국내에 도착하는 물품
② 수입물품을 특정인에게만 판매할 수 있도록 제한하고 있는 물품
③ 구매자가 판매자에게 판매하는 다른 물품의 가격에 따라 해당 물품의 가격이 결정되는 물품
④ 구매자와 판매자가 특수관계에 있으나 거래가격이 해당 산업부분의 정상적인 가격결정관행에 부합하는 방법으로 결정된 물품
⑤ 해당 물품을 수입 후 전매, 처분 또는 사용하여 생긴 수익의 일부(금액으로 환산 불가) 판매자에게 직접 또는 간접으로 귀속되는 물품

해설 **법 제30조(과세가격의 결정의 원칙)**

구매자와 판매자 간에 대통령령으로 정하는 특수관계가 있어 그 특수관계가 해당 물품의 가격에 영향을 미친 경우. 거래가격을 해당 물품의 과세가격으로 하지 아니하고 제31조부터 제35조까지에 규정된 방법으로 과세가격을 결정한다. 다만, 해당 산업부문의 정상적인 가격결정 관행에 부합하는 방법으로 결정된 경우 등 대통령령으로 정하는 경우는 제외한다.(법 제30조 제3항 제4호)

시행령 제23조(특수관계의 범위 등)

관세법 제30조 제3항 제4호 단서에서 "해당 산업부문의 정상적인 가격결정 관행에 부합하는 방법으로 결정된 경우 등 대통령령으로 정하는 경우"란 다음 각 호의 어느 하나에 해당하는 경우를 말한다.(영 제23조 제2항)

1. 특수관계가 없는 구매자와 판매자간에 통상적으로 이루어지는 가격결정방법으로 결정된 경우
2. 당해 산업부문의 정상적인 가격결정 관행에 부합하는 방법으로 결정된 경우
3. 해당 물품의 가격이 다음 각 목의 어느 하나의 가격("비교가격")에 근접하는 가격으로서 기획재정부령으로 정하는 가격에 해당함을 구매자가 입증한 경우. 이 경우 비교가격 산출의 기준시점은 기획재정부령으로 정한다.
   가. 특수관계가 없는 우리나라의 구매자에게 수출되는 동종·동질물품 또는 유사물품의 거래가격
   나. 법 제33조 및 법 제34조의 규정에 의하여 결정되는 동종·동질물품 또는 유사물품의 과세가격

해당 물품의 가격과 비교가격을 비교할 때에는 거래단계, 거래수량 및 법 제30조 제1항 각 호의 금액의 차이 등을 고려해야 한다.(영 제23조 제3항)

08 □□□ **납세의무자가 관세법 제30조(과세가격 결정의 원칙)에 따른 거래가격으로 가격신고를 하였을 때, 세관장이 납세의무자에게 신고가격이 사실과 같음을 증명할 수 있는 자료 제출을 요구할 수 있는 경우로 옳지 않은 것은?**

2021 관세사

① 납세의무자가 신고한 가격이 관세법 제32조의 유사물품의 거래가격과 현저한 차이가 있는 경우
② 납세의무자가 동일한 공급자로부터 계속하여 수입하고 있음에도 불구하고 신고한 가격에 현저한 변동이 있는 경우
③ 납세의무자가 신고한 가격이 동종·동질물품의 국내 판매가격과 현저한 차이가 있는 경우
④ 신고한 물품이 국제거래시세가 공표되는 곡물로, 납세의무자가 신고한 가격이 그 국제거래시세와 현저한 차이가 있는 경우
⑤ 납세의무자가 거래처를 변경한 경우로서 신고한 가격이 종전의 가격과 현저한 차이가 있는 경우

해설 **시행령 제24조(과세가격 불인정의 범위 등)**
세관장은 납세의무자가 거래가격으로 가격신고를 한 경우 해당 신고가격이 동종·동질물품 또는 유사물품의 거래가격과 현저한 차이가 있는 등 이를 과세가격으로 인정하기 곤란한 다음의 경우 납세의무자에게 신고가격이 사실과 같음을 증명할 수 있는 자료를 제출할 것을 요구할 수 있다.

1. 납세의무자가 신고한 가격이 동종·동질물품 또는 유사물품의 가격과 현저한 차이가 있는 경우
2. 납세의무자가 동일한 공급자로부터 계속하여 수입하고 있음에도 불구하고 신고한 가격에 현저한 변동이 있는 경우
3. 신고한 물품이 원유·광석·곡물 등 국제거래시세가 공표되는 물품인 경우 신고한 가격이 그 국제거래시세와 현저한 차이가 있는 경우
4. 신고한 물품이 원유·광석·곡물 등으로서 국제거래시세가 공표되지 않는 물품인 경우 관세청장 또는 관세청장이 지정하는 자가 조사한 수입물품의 산지 조사가격이 있는 때에는 신고한 가격이 그 조사가격과 현저한 차이가 있는 경우
5. 납세의무자가 거래선을 변경한 경우로서 신고한 가격이 종전의 가격과 현저한 차이가 있는 경우
6. 1 ~ 5 사유에 준하는 사유로서 기획재정부령으로 정하는 경우

---

③ 세관장은 납세의무자가 신고한 가격이 동종·동질물품의 국내 판매가격이 아닌 동종·동질물품 가격 자체와 현저한 차이가 있는 경우 자료를 제출할 것을 요구할 수 있다.

09 □□□ **관세법 시행령상 납세의무자가 거래가격으로 가격신고를 한 경우 해당 신고가격이 동종·동질물품 또는 유사물품의 거래가격과 현저한 차이가 있는 등 이를 과세가격으로 인정하기 곤란한 경우로 세관장이 납세의무자에게 신고가격이 사실과 같음을 증명할 수 있는 자료를 제출할 것을 요구할 수 있는 경우에 해당하지 않는 것은?** 2017 관세직 9급

① 납세의무자가 거래처를 변경한 경우로 신고한 가격이 종전의 가격과 현저한 차이가 있는 경우
② 납세의무자가 동일한 공급자로부터 계속하여 수입하고 있음에도 불구하고 신고한 가격에 현저한 변동이 있는 경우
③ 신고한 물품이 원유·광석·곡물 등 국제거래시세가 공표되는 물품인 경우 신고한 가격이 그 국제거래시세와 현저한 차이가 있는 경우
④ 신고한 물품이 국제거래시세가 공표되지 아니하는 물품으로서 동종·동질물품 또는 유사물품의 국내판매가격과 현저한 차이가 있는 경우

해설 ④ 세관장은 신고한 물품이 원유, 광석, 곡물 등으로서 국제거래시세가 공표되지 않는 물품인 경우 관세청장 또는 관세청장이 지정하는 자가 조사한 수입물품의 산지 조사가격이 있는 때에는 신고한 가격이 그 조사가격과 현저한 차이가 있는 경우 납세의무자에게 신고가격이 사실과 같음을 증명할 수 있는 자료를 제출할 것을 요구할 수 있다.(법 제30조 제4항), (영 제24조 제1항)

정답 07. ④ 08. ③ 09. ④

10 □□□ **관세법령상 납세의무자가 관세법 제30조 제1항에 의한 거래가격으로 가격신고를 한 경우 과세가격이 불인정되는 경우에 해당하지 않는 것은?** 2020 관세직 9급

① 납세의무자가 신고한 가격이 유사물품 가격과 현저한 차이가 있는 경우
② 납세의무자가 거래처를 변경한 경우로서 신고한 가격이 종전 가격과 현저한 차이가 있는 경우
③ 납세의무자가 동일한 공급자로부터 계속하여 수입하고 있음에도 신고한 가격에 현저한 변동이 있는 경우
④ 신고한 물품이 국제거래시세가 공표되지 않는 광석인 경우 기획재정부령에서 지정하는 자가 조사한 수입물품의 산지조사가격이 있는 때에는 신고한 가격이 그 조사가격과 현저한 차이가 있는 경우

해설 ④ "기획재정부령이 지정하는 자" → "관세청장 또는 관세청장이 지정하는 자"

11 □□□ **밑줄 친 부분에 포함되지 않는 것은?** 2015 관세직 7급

> 관세법 제30조(과세가격 결정의 원칙) ① 수입물품의 과세가격은 우리나라에 수출하기 위하여 판매되는 물품에 대하여 <u>구매자가 실제로 지급하였거나 지급하여야 할 가격</u>에 다음 각 호의 금액을 더하여 조정한 거래가격으로 한다. 다만, 다음 각 호의 금액을 더할 때에는 객관적이고 수량화할 수 있는 자료에 근거하여야 하며, 이러한 자료가 없는 경우에는 이 조에 규정된 방법으로 과세가격을 결정하지 아니하고 제31조부터 제35조까지에 규정된 방법으로 과세가격을 결정한다.

① 구매자가 판매자의 요청으로 수입물품의 대가 중 전부 또는 일부를 제3자에게 지급하는 경우 그 지급금액
② 구매자가 해당 수입물품의 거래조건으로 판매자 또는 제3자가 수행하여야 하는 하자보증을 대신하고 그에 해당하는 금액을 할인받았거나 하자보증비 중 전부 또는 일부를 별도로 지급하는 경우 해당 금액
③ 수입물품의 거래조건으로 구매자가 지급하는 국내훈련비 또는 국내교육비
④ 일반적으로 판매자가 부담하는 금융비용 등을 구매자가 지급하는 경우 그 지급금액

해설 **법 제30조(과세가격 결정의 원칙)**
"구매자가 실제로 지급하였거나 지급하여야 할 가격"이란 해당 수입물품의 대가로서 구매자가 지급하였거나 지급하여야 할 총금액을 말하며, 구매자가 해당 수입물품의 대가와 판매자의 채무를 상계(相計)하는 금액, 구매자가 판매자의 채무를 변제하는 금액, 그 밖의 간접적인 지급액을 포함한다.(법 제30조 제2항)

시행령 제20조의2(간접지급금액 등)

관세법 제30조 제2항 각 호 외의 부분 본문의 "그 밖의 간접적인 지급액"에는 다음 각 호의 금액이 포함되는 것으로 한다.

1. 수입물품의 대가 중 전부 또는 일부를 판매자의 요청으로 제3자에게 지급하는 경우 그 금액
2. 수입물품의 거래조건으로 판매자 또는 제3자가 수행해야 하는 하자보증을 구매자가 대신하고 그에 해당하는 금액을 할인받았거나 하자보증비 중 전부 또는 일부를 별도로 지급하는 경우 그 금액
3. 수입물품의 거래조건으로 구매자가 외국훈련비, 외국교육비 또는 연구개발비 등을 지급하는 경우 그 금액
4. 그 밖에 일반적으로 판매자가 부담하는 금융비용 등을 구매자가 지급하는 경우 그 금액

(영 제20조의2 제1항)

가산금액 외에 구매자가 자기의 계산으로 행한 활동의 비용은 같은 조 제2항 각 호 외의 부분 본문의 "그 밖의 간접적인 지급액"으로 보지 않는다.(영 제20조의2 제2항)

---

③ 수입물품의 거래조건으로 구매자가 지급하는 외국훈련비, 외국교육비 등의 금액은 간접지급금액으로써 실제지급금액에 포함되는 것이다.

12 □□□ **수입물품의 과세가격을 우리나라에 수출하기 위하여 판매되는 물품에 대하여 구매자가 실제로 지급하였거나 지급하여야 할 가격에 법률로 정한 요소의 금액을 더하여 조정한 거래가격으로 결정한다고 할 때 그 가산요소금액에 해당하지 않는 것은?** 2013 관세사

① 구매자가 부담하는 중개료

② 해당 수입물품을 수입한 후 전매·처분 또는 사용하여 생긴 수익금액 중 판매자에게 직접 또는 간접으로 귀속되는 금액

③ 해당 수입물품과 동일체로 취급되는 용기의 비용

④ 수입물품이 국내에서 판매되는 때에 통상적으로 부가되는 이윤 및 일반경비에 해당하는 금액

⑤ 특허권, 실용신안권, 디자인권, 상표권 및 이와 유사한 권리를 사용하는 대가로 지급하는 것으로서 대통령령으로 정하는 바에 따라 산출된 금액

해설 **법 제30조(과세가격 결정의 원칙)**

수입물품의 과세가격은 우리나라에 수출하기 위하여 판매되는 물품에 대하여 구매자가 실제로 지급하였거나 지급하여야 할 가격에 다음 각 호의 금액을 더하여 조정한 거래가격으로 한다. 다만, 다음 각 호의 금액을 더할 때에는 객관적이고 수량화할 수 있는 자료에 근거하여야 하며, 이러한 자료가 없는 경우에는 이 조에 규정된 방법으로 과세가격을 결정하지 아니하고 제31조부터 제35조까지에 규정된 방법으로 과세가격을 결정한다.(법 제30조 제1항)

1. 구매자가 부담하는 수수료와 중개료. 다만, 구매수수료는 제외한다.
2. 해당 수입물품과 동일체로 취급되는 용기의 비용과 해당 수입물품의 포장에 드는 노무비와 자재비로서 구매자가 부담하는 비용
3. 구매자가 해당 수입물품의 생산 및 수출거래를 위하여 대통령령으로 정하는 물품 및 용역을 무료 또는 인하된 가격으로 직접 또는 간접으로 공급한 경우에는 그 물품 및 용역의 가격 또는 인하차액을 해당 수입물품의 총생산량 등 대통령령으로 정하는 요소를 고려하여 적절히 배분한 금액
4. 특허권, 실용신안권, 디자인권, 상표권 및 이와 유사한 권리를 사용하는 대가로 지급하는 것으로서 대통령령으로 정하는 바에 따라 산출된 금액
5. 해당 수입물품을 수입한 후 전매·처분 또는 사용하여 생긴 수익금액 중 판매자에게 직접 또는 간접으로 귀속되는 금액
6. 수입항(輸入港)까지의 운임·보험료와 그 밖에 운송과 관련되는 비용으로서 대통령령으로 정하는 바에 따라 결정된 금액. 다만, 기획재정부령으로 정하는 수입물품의 경우에는 이의 전부 또는 일부를 제외할 수 있다.

---

④ 수입물품이 국내에서 판매되는 때에 통상적으로 부가되는 이윤 및 일반경비에 해당하는 금액은 국내판매가격을 기초로 한 과세가격 결정방법 적용시 공제되는 공제요소에 해당하는 금액이다.

정답 10. ④ 11. ③ 12. ④

13 □□□ **수입물품의 과세가격은 우리나라에 수출하기 위하여 판매되는 물품에 대하여 구매자가 실제로 지급하였거나 지급하여야 할 가격에 다음 '각 항목'의 금액을 더하여 조정한 거래가격으로 한다. 여기에서 '각 항목'에 해당하지 않는 것은?** 2014 관세사

① 구매자가 부담하는 수수료와 중개료(단, 구매수수료 제외)

② 해당 수입물품과 동일체로 취급되는 용기의 비용과 해당 수입물품의 포장에 드는 노무비와 자재비로서 수출자가 부담하는 비용

③ 특허권, 실용신안권, 디자인권, 상표권 및 이와 유사한 권리를 사용하는 대가로 지급하는 것으로서 대통령령으로 정하는 바에 따라 산출된 금액

④ 해당 수입물품을 수입한 후 전매·처분 또는 사용하여 생긴 수익금액 중 판매자에게 직접 또는 간접으로 귀속되는 금액

⑤ 수입항까지의 운임·보험료와 그 밖에 운송과 관련되는 비용으로서 대통령령으로 정하는 바에 따라 결정된 금액

해설 ② 법정가산금액은 수입물품 가격을 구성하는 금액이지만 구매자(수출자)가 실제지급금액과 이를 별도로 지급할 경우 실제지급금액에 가산하는 금액을 말한다. 따라서 해당 수입물품과 동일체로 취급되는 용기의 비용과 해당 수입물품의 포장에 드는 노무비와 자재비로서 수출자가 부담하는 비용이 아닌 구매자(수입자)가 부담하는 비용이 법정가산금액이다.

14 □□□ **관세법상 수입물품의 과세가격은 우리나라에 수출하기 위하여 판매되는 물품에 대하여 구매자가 실제로 지급하였거나 지급하여야 할 가격에 관세법령에서 규정한 금액을 더하여 조정한 거래가격으로 한다. 이러한 관세법령에서 규정한 금액에 해당하지 않는 것은?** 2013 관세직 9급

① 구매자가 해당 수입물품의 생산 및 수출거래를 위하여 대통령령으로 정하는 물품 및 용역을 무료 또는 인하된 가격으로 직접 또는 간접으로 공급한 경우에는 그 물품 및 용역의 가격 또는 인하차액을 해당 수입물품의 총생산량 등 대통령령으로 정하는 요소를 고려하여 적절히 배분한 금액

② 해당 수입물품과 동일체로 취급되는 용기의 비용과 해당 수입물품의 포장에 드는 노무비와 자재비로서 구매자가 부담하는 비용

③ 해당 수입물품을 수입한 후 전매·처분 또는 사용하여 생긴 수입금액 중 구매자에게 직접 또는 간접으로 귀속되는 금액

④ 특허권, 실용신안권, 디자인권, 상표권 및 이와 유사한 권리를 사용하는 대가로 지급하는 것으로서 대통령령으로 정하는 바에 따라 산출된 금액

해설 ③ 해당 수입물품을 수입한 후 전매·처분 또는 사용하여 생긴 수입금액 중 구매자가 아닌 판매자에게 직접 또는 간접으로 귀속되는 금액이 법정가산금액에 해당한다.(법 제30조 제1항 제5호)

또한 "해당 수입물품을 수입한 후 전매·처분 또는 사용하여 생긴 수익금액"이란 해당 수입물품의 전매·처분대금, 임대료 등을 말한다. 다만, 주식배당금 및 금융서비스의 대가 등 수입물품과 관련이 없는 금액은 제외한다.(영 제19조의2)

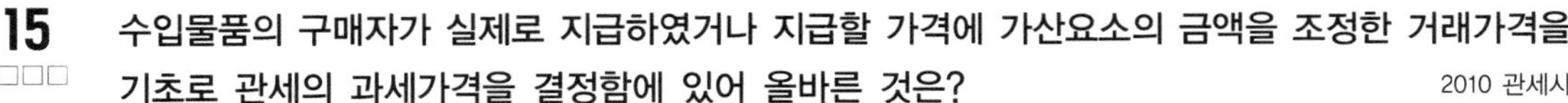

15 **수입물품의 구매자가 실제로 지급하였거나 지급할 가격에 가산요소의 금액을 조정한 거래가격을 기초로 관세의 과세가격을 결정함에 있어 올바른 것은?** 2010 관세사

① 비록 그 비용을 명확히 산출할 수 있는 자료는 없지만 구매자가 실제지급금액과 별도로 선적지에서 필요한 용기비용과 포장비용을 지불한 경우에는 동 비용을 가산하여 과세가격을 결정

② 연불조건으로 수입함에 있어 해당 수입물품에 대한 연불이자가 실제지급금액에 포함되어 있으나 이를 명백히 구분할 수 없는 경우에는 실제지급금액을 과세가격으로 결정

③ 외국의 판매자가 판매조건으로 수입자가 수입물품을 전시용에 사용하도록 하는 제한을 하였으나 실제지급금액이 파악된 경우에는 그 실제지급금액을 과세가격으로 결정

④ 별개의 독립된 법적 사업체가 아닌 지점에서 수입하였으나 실제지급금액이 파악된 경우에는 그 실제지급금액으로 과세가격을 결정

⑤ 임대차계약에 따라 임차인이 임대인에게 임차료를 지불하고 수입하는 경우에는 그 임차료를 실제지급금액으로 보아 과세가격을 결정

해설 **법 제30조(과세가격 결정의 원칙)**

"구매자가 실제로 지급하였거나 지급하여야 할 가격"이란 해당 수입물품의 대가로서 구매자가 지급하였거나 지급하여야 할 총금액을 말하며, 구매자가 해당 수입물품의 대가와 판매자의 채무를 상계(相計)하는 금액, 구매자가 판매자의 채무를 변제하는 금액, 그 밖의 간접적인 지급액을 포함한다. 다만, 구매자가 지급하였거나 지급하여야 할 총금액에서 다음 각 호의 어느 하나에 해당하는 금액을 명백히 구분할 수 있을 때에는 그 금액을 뺀 금액을 말한다.(법 제30조 제2항)

1. 수입 후에 하는 해당 수입물품의 건설, 설치, 조립, 정비, 유지 또는 해당 수입물품에 관한 기술지원에 필요한 비용
2. 수입항에 도착한 후 해당 수입물품을 운송하는 데에 필요한 운임·보험료와 그 밖에 운송과 관련되는 비용
3. 우리나라에서 해당 수입물품에 부과된 관세 등의 세금과 그 밖의 공과금
4. 연불조건의 수입인 경우에는 해당 수입물품에 대한 연불이자

---

② 연불조건으로 수입함에 있어 해당 수입물품에 대한 연불이자가 실제지급금액에 포함되어 있고 이를 명백히 구분할 수 있을 때에는 실제지급금액에서 연불이자를 공제할 수 있다. 따라서 연불이자를 명백히 구분할 수 없다면 동 금액을 포함하여 실제지급금액을 결정하게 된다.

① 법정가산금액을 더할 때에는 객관적이고 수량화할 수 있는 자료에 근거하여야 하며, 이러한 자료가 없는 경우에는 해당물품의 과세가격을 기초로 과세가격을 결정할 수 없다.(법 제30조 제1항)

③ 전시용·자선용·교육용 등 해당 물품을 특정용도로 사용하도록 하는 제한이 있는 경우에는 해당물품의 과세가격을 기초로 과세가격을 결정할 수 없다.(법 제30조 제3항 제1호)

④ 별개의 독립된 법적 사업체가 아닌 지점 등에서 수입하는 물품은 우리나라에 수출하기 위하여 판매되는 물품에 해당하지 않으며, 이 경우 해당물품의 과세가격을 기초로 과세가격을 결정할 수 없다.(영 제17조)

⑤ 임대차계약에 따라 수입하는 물품은 우리나라에 수출하기 위하여 판매되는 물품에 해당하지 않으며, 이 경우 해당물품의 과세가격을 기초로 과세가격을 결정할 수 없다.(영 제17조)

정답 13. ② 14. ③ 15. ②

16 □□□ **관세법령상 권리사용료의 산출에 있어서 권리사용료가 당해 물품과 관련되는 것으로 보는 경우에 해당하지 않는 것은?** 2021 관세직 7급

① 권리사용료가 디자인권에 대하여 지급되는 때에는 수입물품이 당해 디자인을 표현하는 물품이거나 국내에서 당해 디자인권에 의하여 생산되는 물품의 부분품 또는 구성요소로서 그 자체에 당해 디자인의 전부 또는 일부가 표현되어 있는 경우

② 권리사용료가 특허권에 대하여 지급되는 때에는 국내에서 당해 특허에 의하여 생산될 물품의 부분품・원재료 또는 구성요소로서 그 자체에 당해 특허의 내용의 전부 또는 일부가 구현되어 있는 물품에 해당하는 경우

③ 권리사용료가 상표권에 대하여 지급되는 때에는 수입물품에 상표가 부착되거나 희석・혼합・분류・단순조립・재포장 등의 경미한 가공 후에 상표가 부착되는 경우

④ 권리사용료가 실용신안권 또는 영업비밀에 대하여 지급되는 때에는 수입물품에 가사・선율・영상・컴퓨터소프트웨어 등이 수록되어 있는 경우

해설 ① 권리사용료가 디자인권에 대하여 지급되는 때에는 수입물품이 당해 디자인을 표현하는 물품이거나 국내에서 당해 디자인권에 의하여 생산되는 물품의 부분품 또는 구성요소로서 그 자체에 당해 디자인의 전부 또는 일부가 표현되어 있는 경우 권리사용료가 당해 물품과 관련되는 것으로 본다.(영 제19조 제3항 제2호)
② 권리사용료가 특허권에대하여 지급되는 때에는 수입물품이 국내에서 당해 특허에 의하여 생산될 물품의 부분품・원재료 또는 구성요소로서 그 자체에 당해 특허의 내용의 전부 또는 일부가 구현되어 있는 물품인 경우 권리사용료가 당해 물품과 관련되는 것으로 본다.(영 제19조 제3항 제1호 다목)
③ 권리사용료가 상표권에 대하여 지급되는 때에는 수입물품에 상표가 부착되거나 희석・혼합・분류・단순조립・재포장 등의 경미한 가공후에 상표가 부착되는 경우 권리사용료가 당해 물품과 관련되는 것으로 본다.(영 제19조 제3항 제3호)
④ 권리사용료가 저작권에 대하여 지급되는 때에는 수입물품에 가사・선율・영상・컴퓨터소프트웨어 등이 수록되어 있는 경우 권리사용료가 당해 물품과 관련되는 것으로 본다.(영 제19조 제3항 제4호)

17 권리사용료에 대한 다음 설명 중 잘못된 것은? 2014 관세사

□□□

① 법적 권리에는 속하지 아니하지만 경제적 가치를 가지는 것으로서 상당한 노력에 의하여 비밀로 유지된 생산방법 · 판매방법 기타 사업활동에 유용한 기술상 또는 경영상의 정보도 과세대상 권리이다.

② 권리사용료가 디자인권에 대하여 지급되는 때에는 수입물품이 해당 디자인을 표현하는 물품이거나 국내에서 해당 디자인권에 의하여 생산되는 물품의 부분품 또는 구성요소로서 그 자체가 해당 디자인의 전부 또는 일부가 표현되어 있는 경우에 그 권리사용료가 해당 물품과 관련되는 것으로 본다.

③ 권리사용료가 상표권에 대하여 지급되는 때에는 수입물품에 상표가 부착되거나 경미한 가공 이상의 가공 후 상표가 부착되는 경우에 그 권리사용료가 해당 물품과 관련되는 것으로 본다.

④ 컴퓨터소프트웨어에 대하여 지급되는 권리사용료는 컴퓨터소프트웨어가 수록된 마그네틱테이프 · 마그네틱디스크 · 시디롬 및 이와 유사한 물품(관세율표 중 세번 제8523호에 속하는 것에 한한다.)과 관련되지 아니하는 것으로 본다.

⑤ 구매자가 수입물품을 구매하기 위하여 판매자가 아닌 자로부터 특허권 등의 사용에 대한 허락을 받아 판매자에게 그 특허권 등을 사용하게 하고 해당 판매자가 아닌 자에게 권리사용료를 지급하는 경우에 그 권리사용료가 해당 물품의 거래조건으로 지급되는 것으로 본다.

해설 **시행령 제19조(권리사용료의 산출)**

관세법 제30조 제1항의 규정에 의하여 당해 물품에 대하여 구매자가 실제로 지급하였거나 지급하여야 할 가격에 가산하여야 하는 특허권 · 실용신안권 · 디자인권 · 상표권 및 이와 유사한 권리를 사용하는 대가(특정한 고안이나 창안이 구현되어 있는 수입물품을 이용하여 우리나라에서 그 고안이나 창안을 다른 물품에 재현하는 권리를 사용하는 대가를 제외하며)는 당해 물품에 관련되고 당해 물품의 거래조건으로 구매자가 직접 또는 간접으로 지급하는 금액으로 한다.(영 제19조 제2항)

권리사용료가 상표권에 대하여 지급되는 때에는 수입물품에 상표가 부착되거나 희석 · 혼합 · 분류 · 단순조립 · 재포장 등의 경미한 가공후에 상표가 부착되는 경우 권리사용료가 당해물품과 관련된 것으로 본다.(영 제19조 제3항 제3호)

다음에 해당하는 경우에는 권리사용료가 당해 물품의 거래조건으로 지급되는 것으로 본다.(영 제19조 제3항 제5호)

1. 구매자가 수입물품을 구매하기 위하여 판매자에게 권리사용료를 지급하는 경우
2. 수입물품의 구매자와 판매자간의 약정에 따라 구매자가 수입물품을 구매하기 위하여 당해 판매자가 아닌 자에게 권리사용료를 지급하는 경우
3. 구매자가 수입물품을 구매하기 위하여 판매자가 아닌 자로부터 특허권 등의 사용에 대한 허락을 받아 판매자에게 그 특허권 등을 사용하게 하고 당해 판매자가 아닌 자에게 권리사용료를 지급하는 경우

---

③ 권리사용료가 상표권에 대하여 지급되는 때에는 수입물품에 상표가 부착되거나, 희석 · 혼합 · 분류 · 단순조립 · 재포장 등의 경미한 가공 후에 상표가 부착되는 경우 수입물품과 관련성이 있는 것으로 본다.

정답 16. ④ 17. ③

18 □□□ **수입물품의 과세가격을 결정함에 있어 우리나라에 수출하기 위하여 판매되는 물품에 대하여 구매자가 실제로 지급하였거나 지급하여야 할 가격에 가산하는 금액으로 옳지 않은 것은?**

2014 관세직 7급

① 구매수수료를 제외한 구매자가 부담하는 수수료와 중개료
② 해당 수입물품과 동일체로 취급되는 용기의 비용과 해당 수입물품의 포장에 드는 노무비와 자재비로서 구매자가 부담하는 비용
③ 특허권, 실용신안권, 상표권 및 이와 유사한 권리를 사용하는 대가로 지급하는 것으로서 기획재정부령으로 정하는 바에 따라 산출된 금액
④ 해당 수입물품을 수입한 후 전매·처분 또는 사용하여 생긴 수익금액 중 판매자에게 직접 또는 간접으로 귀속되는 금액

해설 ③ 법정가산요소 중 하나인 권리사용료는 특허권, 실용신안권, 디자인권, 상표권 및 이와 유사한 권리를 사용하는 대가로 지급하는 것으로서 대통령령으로 정하는 바에 따라 산출된 금액이다.(법 제30조 제1항 제4호)

19 □□□ **관세법령상 내용으로 옳은 것은?**

2017 관세직 9급

① 전자문서중계사업자가 관세청장의 전자문서중계사업에 관한 지도나 감독을 위반한 경우 관세청장은 과징금이나 과태료를 선택적으로 부과할 수 있다. 그러나 어느 경우나 청문 절차를 거쳐야 한다.
② 환급청구권의 소멸시효는 환급청구권을 행사하더라도 중단되지 않는다.
③ 관세의 과세가격을 결정함에 있어 수입항까지의 운임 및 보험료는 당해 사업자가 발급한 운임명세서·보험료명세서 또는 이에 갈음할 수 있는 서류에 의하여 산출함이 원칙이다.
④ 수입신고가 수리되기 전에 소비하거나 사용하는 물품의 과세물건 확정시기는 해당 물품의 수입신고를 한 때이다.

해설 **시행령 제20조(운임등의 결정)**

관세법 제30조 제1항 제6호의 규정에 의한 운임 및 보험료는 당해 사업자가 발급한 운임명세서·보험료명세서 또는 이에 갈음할 수 있는 서류에 의하여 산출한다.(영 제20조 제1항)

운임 및 보험료를 산출할 수 없는 경우의 운임 및 보험료는 운송거리·운송방법 등을 고려하여 기획재정부령으로 정하는 바에 따라 산출한다.(영 제20조 제2항)

---

① 관세청장은 전자문서중계사업자가 관세청장의 지도·감독을 위반한 경우 그 지정을 취소하거나 1년 이내의 기간을 정하여 전자문서중계업무의 전부 또는 일부의 정지를 명할 수 있다.(법 제327조의3 제3항)

세관장은 전자문서중계사업자 지정의 취소 및 사업·업무의 전부 또는 일부의 정지 처분을 하려면 청문을 하여야 한다.(법 제328조)

② 환급청구권의 소멸시효는 환급청구권의 행사로 중단된다.(법 제23조 제2항)
④ 소비하거나 사용한 때가 과세물건 확정시기이다.(법 제16조 제6호)

20 대전 소재 A사가 서울 소재 B상사의 중개로 호주의 C사로부터 건설공사용 측정기를 수입하면서 지급한 금액은 다음과 같다. 물품은 시드니항에서 선적되어 부산항에 도착하였으며, 부산 시내의 D보세창고에 장치한 후 부산세관에 수입신고를 하였다. 이 경우 과세가격은? 2011 관세직 7급

- C사에 지급한 물품의 가액 : 90,000달러
- 선박회사에 지급한 부산항까지의 운송료 : 10,000달러
- 보험회사에 지급한 부산항까지의 보험료 : 1,000달러
- B상사에 지급한 중개수수료 : 4,000달러
- D보세창고에 지급한 창고보관료(수입신고 이전 발생분) : 2,000달러

① 101,000달러 ② 104,000달러
③ 105,000달러 ④ 107,000달러

해설 실제지급금액 → 90,000달러
법정가산금액 → 10,000달러(부산항까지의 운송료) + 1,000달러(부산항까지의 보험료) + 4,000달러(중개수수료)
과세가격 → 90,000달러 + 10,000달러 + 1,000달러 + 4,000달러 = 105,000달러
D보세창고에 지급한 창고보관료(2,000달러)는 수입신고 이전이라 할지라도 수입항에 도착하여 본선하역준비 완료 이후 발생된 금액으로 비과세 대상이다.

21 甲이 전산장비를 수입하면서 지급한 금액은 아래와 같다. 과세가격은? 2009 관세사

- 거래가격: FOB US $100,000
- 수입항 보세구역 창고료: US $10,000
- 제3자에게 지급한 중개수수료: US $1,000
- 해상운임: US $30,000
- 보험료: 비부보(단, CIF에서와 같이 최소담보조건 부보시 US $500)

① US $141,500 ② US $140,000
③ US $131,500 ④ US $131,000
⑤ US $130,000

해설 실제지급금액 → US $100,000
법정가산금액 → US $1,000(중개수수료) + US $30,000(해상운임)
과세가격 → US $100,000 + US $10,000 + US $30,000 = US $131,000
수입항 보세구역 창고료(US $10,000)는 수입항 도착 이후 국내에서 발생된 금액으로 비과세 대상이며, 보험료는 수입물품에 대하여 실제보험에 부보된 경우에만 과세가격에 포함한다.

정답 18. ③ 19. ③ 20. ③ 21. ④

22 □□□ **안양시에 소재하는 A업체가 미국에 소재하는 B업체로부터 'DAP 안양 US $25,000' 조건으로 물품을 수입하였다. DAP US $25,000 내역을 검토해보니 수입자가 부담한 비용은 다음과 같고, 그 세부내역은 무역서류에 구분하여 표기되어 있었다. 이 경우 관세의 과세표준은 얼마인가?** 2013 관세사

> 가. 물품 가격: US $20,000
> 나. 해상운임: US $3,000
> 다. 부산항에서의 하역료: US $500
> 라. 해상보험료: US $300
> 마. 선적항에서의 검사비용: US $100
> 바. 부산항에서 안양까지의 보세운송료: US $1,000
> 사. 부산항에서 안양까지의 보험료: US $100

① US $23,300　② US $23,400
③ US $23,900　④ US $24,900
⑤ US $25,000

해설 실제지급금액 → US $25,000
공제요소 → US $500(부산항 하역료) + US $1,000(안양까지의 보세운송료) + US $100(안양까지의 보험료)
과세가격 → US $25,000 − [US $500 + US $1,000 + US $100] = US $23,400

23 □□□ **관세법 제30조에서 과세가격 결정시 해당 수입물품의 대가로서 구매자가 지급하였거나 지급하여야 할 총금액에서 다음 어느 하나에 해당하는 금액을 명백히 구분할 수 있을 때에는 그 금액을 공제하게 되는데, 이때 공제하는 금액에 해당하는 것만을 모두 고르면?** 2020 관세직 9급

> ㄱ. 수입 후에 하는 해당 수입물품의 건설, 설치, 조립, 정비, 유지 또는 해당 수입물품에 관한 기술지원에 필요한 비용
> ㄴ. 수입항에 도착한 후 해당 수입물품을 운송하는 데에 필요한 운임・보험료와 그 밖에 운송과 관련되는 비용
> ㄷ. 해당 수입물품을 수입한 후 전매・처분 또는 사용하여 생긴 수익금액 중 판매자에게 직접 또는 간접으로 귀속되는 금액
> ㄹ. 우리나라에서 해당 수입물품에 부과된 관세 등의 세금과 그 밖의 공과금

① ㄱ, ㄴ, ㄷ　② ㄱ, ㄴ, ㄹ
③ ㄱ, ㄷ, ㄹ　④ ㄴ, ㄷ, ㄹ

해설 **관세법 제30조(과세가격 결정의 원칙)**
"구매자가 실제로 지급하였거나 지급하여야 할 가격"이란 해당 수입물품의 대가로서 구매자가 지급하였거나 지급하여야 할 총금액을 말하며, 구매자가 해당 수입물품의 대가와 판매자의 채무를 상계(相計)하는 금액, 구매자가 판매자의 채무를 변제하는 금액, 그 밖의 간접적인 지급액을 포함한다. 다만, 구매자가 지급하였거나 지급하여야 할 총금액에서 다음 어느 하나에 해당하는 금액을 명백히 구분할 수 있을 때에는 그 금액을 뺀 금액을 말한다.(법 제30조 제2항)

1. 수입 후에 하는 해당 수입물품의 건설, 설치, 조립, 정비, 유지 또는 해당 수입물품에 관한 기술지원에 필요한 비용
2. 수입항에 도착한 후 해당 수입물품을 운송하는 데에 필요한 운임·보험료와 그 밖에 운송과 관련되는 비용
3. 우리나라에서 해당 수입물품에 부과된 관세 등의 세금과 그 밖의 공과금
4. 연불조건(延拂條件)의 수입인 경우에는 해당 수입물품에 대한 연불이자

ㄷ. 해당 수입물품을 수입한 후 전매·처분 또는 사용하여 생긴 수익금액 중 판매자에게 직접 또는 간접으로 귀속되는 금액은 실제지급금액에 가산되는 법정가산 금액 중 하나이다.

24 관세법상 과세가격결정의 원칙과 관련하여 구매자가 지급하였거나 지급하여야 할 총금액에서 공제하는 것(단, 금액을 명백히 구분할 수 있을 때)이 아닌 것은? 2011 관세직 9급

① 수입 후에 행하여지는 해당 수입물품의 건설·설치·조립·정비·유지 또는 해당 수입물품에 관한 기술지원에 필요한 비용
② 구매자가 부담하는 구매수수료
③ 수입항에 도착한 후 해당 수입물품을 운송하는 데에 필요한 운임·보험료와 그 밖에 운송과 관련되는 비용
④ 우리나라에서 해당 수입물품에 부과된 관세 등의 세금과 그 밖의 공과금

해설 ② 구매자가 부담하는 수수료 중 구매수수료는 법정가산금액에 해당하지 않아 과세가격에 포함되지 않는 것이다.

25 관세법상 수입물품에 대한 관세의 과세가격 결정방법에 대한 설명으로 옳지 않은 것은? 2017 관세직 9급

① 우리나라에 수출하기 위하여 판매되는 물품에 대하여 구매자가 실제로 지급하였거나 지급하여야 할 가격에 객관적이고 수량화할 수 있는 자료에 근거한 관세법 제30조 제1항 각 호의 금액을 더하여 조정한 거래가격을 원칙적인 과세가격으로 한다.
② 수입 후에 하는 해당 수입물품의 건설, 설치, 조립, 정비, 유지 또는 해당 수입물품에 관한 기술지원에 필요한 비용으로 구매자가 판매자에게 별도로 지급한 금액이 있다면 이는 구매자가 실제로 지급하였거나 지급하여야 할 가격에 가산한다.
③ 해당 수입물품과 동일체로 취급되는 용기의 비용과 해당 수입물품의 포장에 드는 노무비와 자재비로 구매자가 부담하는 비용은 과세가격 산출 시 이를 가산한다. 다만, 가산은 객관적이고 수량화할 수 있는 자료에 근거하여야 한다.
④ 구매자와 판매자 간에 관세법령이 정한 특수관계가 있더라도 일정한 경우 해당 거래가격을 과세가격으로 인정할 수 있다.

해설 ② 수입 후에 하는 해당 수입물품의 건설, 설치, 조립, 정비, 유지 또는 해당 수입물품에 관한 기술지원에 필요한 비용은 구매자가 지급하였거나 지급하여야 할 총금액에서 명백히 구분할 수 있을 때에는 공제한다.
① (법 제30조 제1항)
③ (법 제30조 제1항 제2호)
④ (법 제30조 제3항 제4호)

정답 22. ② 23. ② 24. ② 25. ②

26 □□□ **관세법 제30조에 따라 구매자가 실제로 지급하였거나 지급하여야 할 총금액에서 공제할 요소에 해당하지 않는 것은?** 2012 관세사

① 수입물품의 거래조건으로 구매자가 지급하는 외국교육비
② 수입항 도착 후 해당 수입물품의 운송관련비용
③ 우리나라에서 해당 수입물품에 부과된 관세 등 세금
④ 연불조건의 수입인 경우에는 해당 수입물품에 대한 연불이자
⑤ 수입 후에 하는 해당 수입물품에 관한 기술지원비용

해설 ① 수입물품의 거래조건으로 구매자가 지급하는 외국훈련비 또는 외국교육비는 기타 간접적인 지급액(영 제20조의2 제1항)으로서, 실제지급금액의 일부를 구성하는 금액이다.

27 □□□ **관세법 제30조(과세가격 결정의 원칙)의 수입물품의 과세가격은 우리나라에 수출하기 위하여 판매되는 물품에 대하여 "구매자가 실제로 지급하였거나 지급하여야 할 가격"에서 더하거나 뺀 금액을 말한다. 이때 빼야 할 금액은?** 2015 관세사

① 실용신안권 사용 대가로 지급한 금액
② 해당 수입물품을 수입한 후 처분하여 생긴 수익금액 중 판매자에게 직접 또는 간접적으로 귀속되는 금액
③ 구매자가 부담하는 중개료 금액
④ 총금액에서 명백히 구분할 수 있는 경우로, 수입 후에 하는 해당 수입물품의 조립・정비 금액
⑤ 수입항까지의 운송 관련 비용 금액

해설 ① 법정가산금액(권리사용료)에 해당하며 실제지급금액에 더하여야 하는 금액이다.
② 법정가산금액(사후귀속이익)에 해당하며 실제지급금액에 더하여야 하는 금액이다.
③ 법정가산금액(수수료 및 중개료)에 해당하며 실제지급금액에 더하여야 하는 금액이다.
⑤ 법정가산금액(운임)에 해당하며 실제지급금액에 더하여야 하는 금액이다.

28 □□□ 甲이 4월 10일 미국의 A사와 거래한 장비가 관세법 제30조에 규정한 과세요건을 충족하지 못하여 동법 제31조(동종·동질물품의 거래가격을 기초로 한 과세가격의 결정) 제2항을 적용하여 과세하고자 한다. 조회결과 생산자, 거래단계, 거래수량 등은 동일하였으며, 국내의 乙, 丙, 丁이 동종·동질물품의 장비를 미국의 A사와 거래한 다음과 같은 거래실적이 있었다. 과세가격으로 채택하여야 할 거래가격은?

2007 관세사

거래일자	거래자	과세가격으로 인정된 거래가격
3월 15일	乙	US $11,000
3월 15일	丙	US $8,000
3월 20일	乙	US $6,000
4월 5일	乙	US $7,000
4월 5일	丙	US $8,000

① US $6,000
② US $7,000
③ US $8,000
④ US $10,000
⑤ US $11,000

해설 **관세법 제31조(동종·동질물품의 거래가격을 기초로 한 과세가격의 결정)**
동종·동질물품의 거래가격이 둘 이상 있는 경우에는 생산자, 거래 시기, 거래 단계, 거래 수량 등("거래내용등")이 해당 물품과 가장 유사한 것에 해당하는 물품의 가격을 기초로 하고, 거래내용등이 같은 물품이 둘 이상이 있고 그 가격도 둘 이상이 있는 경우에는 가장 낮은 가격을 기초로 하여 과세가격을 결정한다.(법 제31조 제3항)

29 □□□ 동종·동질물품의 거래가격을 기초로 한 과세가격의 결정에 대한 설명으로 옳지 않은 것은?

2012 관세직 7급

① 과세가격을 결정하려는 해당 물품의 생산국에서 생산된 것으로서 해당 물품의 선적일에 선적되거나 해당 물품의 선적일을 전후하여 가격에 영향을 미치는 시장조건이나 상관행에 변동이 없는 기간 중에 선적되어 우리나라에 수입된 것이어야 한다.
② 거래 단계, 거래 수량, 운송 거리, 운송 형태 등이 해당 물품과 같아야 하며, 두 물품 간에 차이가 있는 경우에는 그에 따른 가격차이를 조정한 가격이어야 한다.
③ 동종·동질물품의 거래가격에 둘 이상 있는 경우에는 거래내용 등(생산자, 거래 시기, 거래 단계, 거래 수량 등)이 해당 물품과 가장 유사한 것에 해당하는 물품의 가격을 기초로 한다.
④ 거래내용 등이 같은 물품이 둘 이상이 있고, 그 가격도 둘 이상이 있는 경우에는 가장 높은 가격을 기초로 하여 과세가격을 결정한다.

정답 26. ① 27. ④ 28. ② 29. ④

해설 **관세법 제31조(동종 · 동질물품의 거래가격을 기초로 한 과세가격의 결정)**

1방법으로 과세가격을 결정할 수 없는 경우에는 과세가격으로 인정된 사실이 있는 동종 · 동질물품의 거래가격으로서 다음 각 호의 요건을 갖춘 가격을 기초로 하여 과세가격을 결정한다.(법 제31조 제1항)

1. 과세가격을 결정하려는 해당 물품의 생산국에서 생산된 것으로서 해당 물품의 선적일에 선적되거나 해당 물품의 선적일을 전후하여 가격에 영향을 미치는 시장조건이나 상관행에 변동이 없는 기간 중에 선적되어 우리나라에 수입된 것일 것
2. 거래 단계, 거래 수량, 운송 거리, 운송 형태 등이 해당 물품과 같아야 하며, 두 물품 간에 차이가 있는 경우에는 그에 따른 가격차이를 조정한 가격일 것

과세가격으로 인정된 사실이 있는 동종 · 동질물품의 거래가격이라 하더라도 그 가격의 정확성과 진실성을 의심할만한 합리적인 사유가 있는 경우 그 가격은 과세가격 결정의 기초자료에서 제외한다.(법 제31조 제2항)

동종 · 동질물품의 거래가격이 둘 이상 있는 경우에는 생산자, 거래 시기, 거래 단계, 거래 수량 등이 해당 물품과 가장 유사한 것에 해당하는 물품의 가격을 기초로 하고, 거래내용등이 같은 물품이 둘 이상이 있고 그 가격도 둘 이상이 있는 경우에는 가장 낮은 가격을 기초로 하여 과세가격을 결정한다.(법 제31조 제3항)

30 「관세법」상 과세가격의 결정에 대한 설명으로 옳지 않은 것은? 2017 관세직 9급

□□□

① 수입물품의 과세가격 결정 시 연불조건의 수입인 경우 해당 수입물품에 대한 연불이자 금액을 명백히 구분할 수 있을 때에는 그 금액은 과세가격에 포함되지 아니한다.

② 과세가격으로 인정된 사실이 있는 동종 · 동질물품의 거래가격을 기초로 하여 과세가격을 결정할 때 거래내용 등이 같은 동종 · 동질물품이 둘 이상이 있고 그 가격도 둘 이상이 있는 경우에는 가장 높은 가격을 기초로 하여 과세가격을 결정한다.

③ 세관장은 납세의무자가 서면으로 요청하면 과세가격을 결정하는 데에 사용한 방법과 과세가격 및 그 산출근거를 그 납세의무자에게 서면으로 통보하여야 한다.

④ 관세청장 또는 세관장은 과세가격의 결정 · 조정 및 관세의 부과 · 징수를 위하여 필요한 경우에는 국세청장, 지방국세청장 또는 관할 세무서장에게 대통령령으로 정하는 정보 또는 자료를 요청할 수 있다.

해설 ② 동종 · 동질물품의 거래내용 등이 같은 물품이 둘 이상이 있고 그 가격도 둘 이상이 있는 경우에는 가장 낮은 가격을 기초로 하여 과세가격을 결정한다.

① (법 제30조 제2항 제4호)

③ (법 제36조)

④ (법 제37조의3)

Chapter 02

31 관세법령상 과세가격결정에 대한 설명으로 옳은 것은? 2020 관세직 7급

① 수입물품의 과세가격은 조정가격 산정 시 더할 금액의 산정에 필요한 객관적이고 수량화할 수 있는 자료가 없는 경우 구매자가 지급하여야 할 가격에 구매자가 부담하는 구매수수료를 더하여 조정한 거래가격으로 한다.
② 과세가격결정을 할 때 구매자가 지급하여야 할 가격은 수입물품의 대가로서 구매자가 지급하여야 할 총금액에서 구매자가 해당 수입물품의 대가로 판매자의 채무를 상계하는 금액을 뺀 금액을 말한다.
③ 유사물품의 거래가격을 기초로 한 과세가격을 결정할 수 없을 때에는 동종·동질물품의 거래가격을 기초로 과세가격을 결정한다.
④ 세관장은 납세의무자가 신고한 거래가격이 유사물품의 가격과 현저한 차이가 있는 등 과세가격으로 인정하기 곤란한 경우에는 대통령령으로 정하는 바에 따라 납세의무자에게 신고가격이 사실과 같음을 증명할 수 있는 자료를 제출할 것을 요구할 수 있다.

해설 ① 1방법 적용시 법정가산금액은 객관적이고 수량화할 수 있는 자료에 근거하여야 하며 그렇지 못한 경우 2방법 이하를 적용한다. 또한 구매자가 부담하는 구매수수료는 실제지급금액에 가산하여야 하는 수수료에서 제외된다.
② 구매자가 해당 수입물품의 대가로 판매자의 채무를 상계하는 금액은 간접지급액으로써 실제지급금액에 포함하여야 한다.
③ 동종·동질물품의 거래가격(2방법)을 기초로 한 과세가격을 결정할 수 없을 때에는 유사물품의 거래가격(3방법)을 기초로 과세가격을 결정한다.
④ (법 제30조 제4항)

32 관세법상 국내판매가격을 기초로 한 과세가격의 결정에서 공제할 금액에 관한 내용으로 옳지 않은 것은? 2016 관세사

① 국내판매와 관련하여 통상적으로 지급하였거나 지급하여야 할 것으로 합의된 수수료
② 해당 물품의 수입 및 국내판매와 관련하여 납부하였거나 납부하여야 하는 조세와 그 밖의 공과금
③ 동종·동류의 수입물품이 국내에서 판매되는 때에 통상적으로 부가되는 이윤 및 일반경비에 해당하는 금액
④ 수입항까지의 운임·보험료와 그 밖에 운송과 관련되는 비용
⑤ 수입항에 도착한 후 국내에서 발생한 통상의 운임·보험료와 그 밖의 관련 비용

해설 **법 제33조(국내판매가격을 기초로 한 과세가격의 결정)**
1방법부터 3방법으로 과세가격을 결정할 수 없을 때에는 다음 제1호의 금액에서 제2호부터 제4호까지의 금액을 뺀 가격을 과세가격으로 한다. 다만, 납세의무자가 요청하면 5방법에 따라 과세가격을 결정하되 5방법으로 결정할 수 없는 경우에는 4방법, 6방법 순서에 따라 과세가격을 결정한다.(법 제33조 제1항)
1. 해당 물품, 동종·동질물품 또는 유사물품이 수입된 것과 동일한 상태로 해당 물품의 수입신고일 또는 수입신고일과 거의 동시에 특수관계가 없는 자에게 가장 많은 수량으로 국내에서 판매되는 단위가격을 기초로 하여 산출한 금액
2. 국내판매와 관련하여 통상적으로 지급하였거나 지급하여야 할 것으로 합의된 수수료 또는 동종·동류의 수입물품이 국내에서 판매되는 때에 통상적으로 부가되는 이윤 및 일반경비에 해당하는 금액
3. 수입항에 도착한 후 국내에서 발생한 통상의 운임·보험료와 그 밖의 관련 비용
4. 해당 물품의 수입 및 국내판매와 관련하여 납부하였거나 납부하여야 하는 조세와 그 밖의 공과금

---

④ 수입항까지의 운임·보험료와 그 밖에 운송과 관련되는 비용은 1방법에서 실제지급금액에 가산되어야 하는 법정가산금액 중 하나이다.

정답 30. ② 31. ④ 32. ④

33 □□□ **국내판매가격을 기초로 과세가격을 결정할 때 관세법 제33조 제1항 제1호에서 규정하고 있는 국내판매가격에서 빼는 가격에 해당하지 않는 것은?** 2015 관세사

① 국내판매와 관련하여 통상적으로 지급하였거나 지급하여야 할 것으로 합의된 수수료
② 동종·동류의 수입물품이 국내에서 판매되는 때에 통상적으로 부가되는 이윤 및 일반경비에 해당하는 금액
③ 수입항에 도착한 후 국내에서 발생한 통상의 운임·보험료와 그 밖의 관련 비용
④ 해당 물품의 수입 및 국내판매와 관련하여 납부하였거나 납부하여야 하는 조세와 그 밖의 공과금
⑤ 기획재정부령으로 정하는 수입물품이 아닌 경우로서 운임·보험료와 그 밖에 운송과 관련되는 비용으로서 대통령령으로 정하는 바에 따라 결정된 금액

해설 ⑤ 1방법에 의한 수입물품의 과세가격은 우리나라에 수출하기 위하여 판매되는 물품에 대하여 구매자가 실제로 지급하였거나 지급하여야 할 가격에 수입항까지의 운임·보험료와 그 밖에 운송과 관련되는 비용으로서 대통령령으로 정하는 바에 따라 결정된 금액(다만, 기획재정부령으로 정하는 수입물품의 경우에는 이의 전부 또는 일부를 제외할 수 있다)을 더하여 조정한 거래가격으로 한다. 즉 1방법에서 실제지급금액에 가산되어야 하는 법정가산금액에 대한 설명이다.

34 □□□ **국내판매가격을 기초로 한 관세의 과세가격 결정에서 국내판매가격의 요건에 해당되지 않는 것은?** 2013 관세사

① 해당 물품, 동종·동질물품 또는 유사물품이 수입된 것과 동일한 상태로 국내에서 판매되는 단위가격이어야 한다.
② 해당 물품의 수입신고일 또는 수입신고일과 거의 동시에 국내에서 판매되는 단위가격이어야 한다.
③ 특수관계가 없는 자에게 국내에서 판매되는 단위가격이어야 한다.
④ 가장 많은 수량으로 국내에서 판매되는 단위가격이어야 한다.
⑤ 해당 물품을 특정인에게만 판매 또는 임대하도록 한다는 제한이 없이 국내에서 판매되는 단위가격이어야 한다.

해설 국내판매가격은 해당 물품, 동종·동질물품 또는 유사물품이 수입된 것과 동일한 상태로 해당 물품의 수입신고일 또는 수입신고일과 거의 동시에 특수관계가 없는 자에게 가장 많은 수량으로 국내에서 판매되는 단위가격을 기초로 하여 산출한 금액을 말한다.(법 제33조 제1항)

특정인에게만 판매 또는 임대하도록 한다는 제한은 1방법 적용배제 요건 중 하나이다.(영 제21조)

35 관세법상 산정가격을 기초로 한 과세가격의 결정에 관한 설명으로 옳지 않은 것은? 2014 관세사

① 해당 물품의 수입항까지의 소요되는 운임·보험료와 그 밖의 운송관련 비용으로서 결정된 금액은 산정가격에 포함한다.

② 우리나라에서 개발된 기술·설계·고안·디자인 또는 공예에 소요되는 비용을 생산자가 부담하는 경우에는 당해 비용이 산정가격에 포함되지 않는다.

③ 납세의무자가 산정가격의 기초금액을 확인하는 데 필요한 자료를 제출하지 않은 경우에는 산정가격을 기초로 한 과세가격의 결정방법을 적용하지 않을 수 있다.

④ 수출국 내에서 해당 물품과 동종·동류의 물품의 생산자가 우리나라에 수출하기 위하여 판매할 때 통상적으로 반영하는 이윤 및 일반경비에 해당하는 금액은 산정가격에 포함된다.

⑤ 해당 물품의 생산에 사용된 원자재 비용은 산정가격에 포함된다.

해설 **관세법 제34조(산정가격을 기초로 한 과세가격의 결정)**

1방법부터 4방법으로 과세가격을 결정할 수 없을 때에는 다음의 금액을 합한 가격을 기초로 하여 과세가격을 결정한다.

1. 해당 물품의 생산에 사용된 원자재 비용 및 조립이나 그 밖의 가공에 드는 비용 또는 그 가격
2. 수출국 내에서 해당 물품과 동종·동류의 물품의 생산자가 우리나라에 수출하기 위하여 판매할 때 통상적으로 반영하는 이윤 및 일반 경비에 해당하는 금액
3. 해당 물품의 수입항까지의 운임·보험료와 그 밖에 운송과 관련된 금액

관세법 시행령 제28조(산정가격을 기초로 한 과세가격의 결정)

산정가격을 기초로 한 과세가격 결정시 조립이나 그 밖의 가공에 드는 비용 또는 그 가격에는 해당 수입물품과 동일체로 취급되는 용기의 비용과 해당 수입물품의 포장에 드는 노무비와 자재비로서 구매자가 부담하는 비용금액이 포함되는 것으로 하며, 우리나라에서 개발된 기술·설계·고안·디자인 또는 공예에 드는 비용을 생산자가 부담하는 경우에는 해당 비용이 포함되는 것으로 한다.(영 제28조 제2항)

36 관세법령상 합리적 기준에 의한 과세가격의 결정에 있어서 기준으로 하여서는 아니 되는 가격으로 명시되어 있지 않은 것은? 2019 관세사

① 우리나라에서 생산된 물품의 국내판매가격

② 우리나라 외의 국가에 수출하는 물품의 가격

③ 자의적 또는 가공적인 가격

④ 수출국의 국내판매가격

⑤ 선택가능한 가격 중 반드시 낮은 가격을 과세가격으로 하여야 한다는 기준에 따라 결정하는 가격

해설 **시행령 제29조(합리적 기준에 의한 과세가격의 결정)**

합리적 기준에 의한 과세가격을 결정함에 있어서는 다음에 해당하는 가격을 기준으로 하여서는 아니 된다.(영 제29조 제2항)

1. 우리나라에서 생산된 물품의 국내판매가격
2. 선택가능한 가격 중 반드시 높은 가격을 과세가격으로 하여야 한다는 기준에 따라 결정하는 가격
3. 수출국의 국내판매가격
4. 동종·동질물품 또는 유사물품에 대하여 법 제34조의 규정에 의한 방법 외의 방법으로 생산비용을 기초로 하여 결정된 가격
5. 우리나라 외의 국가에 수출하는 물품의 가격
6. 특정수입물품에 대하여 미리 설정하여 둔 최저과세기준가격
7. 자의적 또는 가공적인 가격

정답 33. ⑤ 34. ⑤ 35. ② 36. ⑤

37 □□□ **관세법령상 합리적 기준에 따른 과세가격의 결정에 있어서 기준으로 하여서는 아니 되는 가격에 해당하는 것만을 모두 고르면?**

2019 관세직 9급

> ㄱ. 우리나라에 생산된 물품의 국내판매가격
> ㄴ. 우리나라 외의 국가에 수출하는 물품의 가격
> ㄷ. 국제거래시세 · 산지조사가격을 조정한 가격
> ㄹ. 선택 가능한 가격 중 반드시 높은 가격을 과세가격으로 하여야 한다는 기준에 따라 결정하는 가격

① ㄱ, ㄴ, ㄹ
② ㄱ, ㄷ, ㄹ
③ ㄴ, ㄷ, ㄹ
④ ㄱ, ㄴ, ㄷ, ㄹ

해설 **법 제35조(합리적 기준에 따른 과세가격의 결정)**

1방법부터 5방법까지에 규정된 방법으로 과세가격을 결정할 수 없을 때에는 대통령령으로 정하는 바에 따라 1방법부터 5방법까지에 규정된 원칙과 부합되는 합리적인 기준에 따라 과세가격을 결정한다.(법 제35조 제1항)

관세법 제35조 1항(합리적 기준에 따른 과세가격 결정)에 따라 과세가격을 결정할 수 없을 때에는 국제거래시세 · 산지조사가격을 조정한 가격을 적용하는 방법 등 거래의 실질 및 관행에 비추어 합리적으로 인정되는 방법에 따라 과세가격을 결정한다.(법 제35조 제2항)
즉, 6방법을 적용할 때 1방법부터 5방법까지에 규정된 원칙과 부합되는 합리적인 기준에 따라 과세가격을 결정하고 이에 따라 과세가격을 결정할 수 없을 때 비로소 국제거래시세 · 산지조사가격을 조정한 가격을 적용하는 방법 등 거래의 실질 및 관행에 비추어 합리적으로 인정되는 방법에 따라 과세가격을 결정한다.

38 □□□ **의류판매업체인 甲이 프랑스로부터 유행이 지난 의류 2,000여점을 저가로 수입해 국내에서 판매하고자 한다. 수입통관을 위해 甲이 우선 적용을 검토해야 하는 관세법상 과세가격 결정방법은?**

2021 관세사

① 甲이 실제로 지급하였거나 지급할 가격을 기초로 한 과세가격 결정방법
② 동종 · 동질물품의 거래가격을 기초로 한 과세가격 결정방법
③ 유사물품의 거래가격을 기초로 한 과세가격 결정방법
④ 국내판매가격을 기초로 한 과세가격 결정방법
⑤ 합리적 기준에 따른 과세가격 결정방법

해설 ① 원칙적인 과세가격 결정방법은 1방법이며, 구매자가 실제로 지급하였거나 지급하여야 할 가격에 법정가산금액을 더하여 조정한 거래가격으로 한다. 따라서 1방법 적용배제 요건에 해당하지 않는 한 저가 수입라는 사실자체만으로 예외적인(2방법부터 6방법) 과세가격 결정방법을 적용하는 것은 아니다.

39 □□□ **관세법령상 과세가격을 결정함에 있어서 관세청장 또는 세관장이 가산율 또는 공제율을 정하여 적용할 수 있는 「관세법 시행령」 제30조의 내용에 대한 설명으로 옳지 않은 것은?** 2017 관세직 9급

① 납세의무자의 편의와 신속한 통관업무를 위하여 필요하다고 인정되는 때에 적용할 수 있다.
② 장기간 반복하여 수입되는 물품에 대하여 적용할 수 있다.
③ 당해 물품에 대하여 통상적으로 인정되는 가산율 또는 공제율을 정하여 적용할 수 있다.
④ 납세의무자의 요청이 없더라도 필요하다고 인정되는 때에는 직권으로 적용할 수 있다.

해설 **관세법 시행령 제30조(가산율 또는 공제율의 적용)**

관세청장 또는 세관장은 장기간 반복하여 수입되는 물품에 대하여 1방법이나 4방법 규정을 적용함에 있어서 납세의무자의 편의와 신속한 통관업무를 위하여 필요하다고 인정되는 때에는 당해 물품에 대하여 통상적으로 인정되는 가산율 또는 공제율을 정하여 이를 적용할 수 있다.(영 제30조 제1항)

가산율 또는 공제율의 적용은 납세의무자의 요청이 있는 경우에 한한다.(영 제30조 제2항)

---

④ 가산율 또는 공제율의 적용은 납세의무자의 요청이 있는 경우에 한하여 적용할 수 있다.

40 □□□ **관세법령상 과세가격의 결정에 대한 설명으로 옳은 것은?** 2023 관세직 9급

① 수입물품의 과세가격 산정시 해당 수입물품과 동일체로 취급되는 용기의 비용과 해당 수입물품의 포장에 드는 노무비와 자재비로서 판매자가 부담하는 비용이 있는 경우, 구매자가 실제로 지급하였거나 지급하여야 할 가격에 이를 더하여 조정한 거래가격으로 한다.
② 「관세법」 제35조 규정에 의하여 합리적 기준에 따른 과세가격을 결정함에 있어서는 우리나라에서 생산된 물품의 국내판매가격과 우리나라외의 국가에 수출하는 물품의 가격을 기준으로 할 수 있다.
③ 세관장은 관세청장이 정하는 바에 따라 해당 수입물품의 특성, 거래 규모 등을 고려하여 동종·동류의 수입물품을 선정하고 이 물품이 국내에서 판매되는 때에 부가되는 이윤 및 일반경비의 평균값을 기준으로 동종·동류비율을 산출하여야 한다.
④ "유사물품"이라 함은 당해 수입물품의 수입국에서 판매되는 것으로서 모든 면에서 동일하지는 아니하지만 동일한 기능을 수행하고 대체사용이 가능할 수 있을 만큼 비슷한 특성과 비슷한 구성요소를 가지고 있는 물품을 말한다.

해설 **관세법 시행령 제27조(수입물품의 국내판매 가격 등)**

세관장은 관세청장이 정하는 바에 따라 해당 수입물품의 특성, 거래 규모 등을 고려하여 동종·동류의 수입물품을 선정하고 이 물품이 국내에서 판매되는 때에 부가되는 이윤 및 일반경비의 평균값을 기준으로 동종·동류비율을 산출하여야 한다.(영 제27조 제7항)

정답 37. ① 38. ① 39. ④ 40. ③

41 관세법령상 과세가격의 결정에 관한 내용으로 옳지 않은 것은? 2020 관세사

□□□

① 세관장은 납세의무자가 서면으로 요청하면 과세가격을 결정하는 데에 사용한 방법과 과세가격 및 그 산출근거를 그 납세의무자에게 서면으로 통보하여야 한다.

② 관세법 제38조 제1항에 따라 납세신고를 하여야 하는 자는 '특수관계가 있는 자들 간에 거래되는 물품의 과세가격 결정방법'에 대해 의문이 있을 때에는 가격신고를 하기 전에 대통령령으로 정하는 바에 따라 관세청장에게 미리 심사하여 줄 것을 신청할 수 있다.

③ 세관장은 장기간 반복하여 수입되는 물품에 대한 과세가격 결정에 있어 정하는 가산율 또는 공제율을 납세의무자의 요청이 없는 경우에도 적용하여야 한다.

④ 세관장은 과세가격의 결정을 위하여 필요한 경우에는 국세청장, 지방국세청장 또는 관할 세무서장에게 대통령령으로 정하는 정보 또는 자료를 요청할 수 있다.

⑤ 세관장은 관세법 제38조 제2항에 따른 세액심사시 특수관계에 있는 자가 수입하는 물품의 과세가격의 적정성을 심사하기 위하여 해당 특수관계자에게 과세가격결정자료를 제출할 것을 요구할 수 있다.

해설 ③ 가산율 또는 공제율의 적용은 납세의무자의 요청이 있는 경우에 한한다.

① (법 제36조)

② (법 제37조)

④ (법 제37조의3)

⑤ (법 제37조의4)

42 관세법령상 가격신고를 생략할 수 있는 물품이 아닌 것은? 2019 관세사

① 수출용 원재료

② 과세가격이 미화 3만불 이하인 물품

③ 정부조달물품

④ 정부 또는 지방자치단체가 수입하는 물품

⑤ 관세 및 내국세등이 부과되지 아니하는 물품

해설 **관세법 시행규칙 제2조(가격신고의 생략)**

가격신고를 생략할 수 있는 물품은 다음과 같다.(규칙 제2조 제1항)

1. 정부 또는 지방자치단체가 수입하는 물품
2. 정부조달물품
3. 「공공기관의 운영에 관한 법률」 제4조에 따른 공공기관이 수입하는 물품
4. 관세 및 내국세등이 부과되지 아니하는 물품
5. 방위산업용 기계와 그 부분품 및 원재료로 수입하는 물품. 다만, 당해 물품과 관련된 중앙행정기관의 장의 수입확인 또는 수입추천을 받은 물품에 한한다.
6. 수출용 원재료
7. 「특정연구기관 육성법」의 규정에 의한 특정연구기관이 수입하는 물품
8. 과세가격이 미화 1만불 이하인 물품. 다만, 개별소비세, 주세, 교통·에너지·환경세가 부과되는 물품과 분할하여 수입되는 물품은 제외한다.
9. 종량세 적용물품. 다만, 종량세와 종가세 중 높은 세액 또는 높은 세율을 선택하여 적용해야 하는 물품의 경우에는 제외한다.
10. 특수관계자간 과세가격 결정방법의 사전심사 결과가 통보된 물품. 다만, 「관세법 시행령」 제16조 제1항 각 호의 물품(잠정가격신고대상 물품)은 제외한다.

43 관세법령상 관세의 납세의무자가 가격신고를 생략할 수 있는 물품으로 명시되어 있지 않은 것은?

2020 관세사

① 수출용 원재료
② 정부조달물품
③ 관세 및 내국세등이 부과되지 아니하는 물품
④ 특정연구기관 육성법의 규정에 의한 특정연구기관이 수입하는 물품
⑤ 과세가격이 미화 2만불 미만인 물품. 다만, 개별소비세, 주세, 교통·에너지·환경세가 부과되는 물품과 분할하여 수입되는 물품은 제외한다.

해설 ⑤ 과세가격이 미화 1만불 이하인 물품(다만, 개별소비세, 주세, 교통·에너지·환경세가 부과되는 물품과 분할하여 수입되는 물품은 제외한다.)이 가격신고를 생략할 수 있다.

44 관세법상 과세가격의 신고 및 결정에 관한 설명으로 옳은 것은?

2017 관세사

① 동종·동질물품의 거래가격을 기초로 과세가격을 결정하는 것은 허용되나, 유사물품의 거래가격을 기초로 과세가격을 결정하는 것은 허용되지 않는다.
② 세관장은 납세의무자의 요청이 없더라도 과세가격을 결정하는 데에 사용한 방법과 과세가격 및 그 산출근거를 납세의무자에게 서면으로 통보하여야 한다.
③ 거래관행상 거래가 성립된 때부터 일정기간이 지난 후에 가격이 정하여지는 물품으로서 수입신고일 현재 그 가격이 정하여지지 아니한 경우에는 가격신고를 생략할 수 있다.
④ 통관의 능률을 높이기 위하여 필요하다고 인정되는 경우에는 대통령령으로 정하는 바에 따라 물품의 수입신고를 하기 전에 가격신고를 할 수 있다.
⑤ 수입물품의 과세가격은 우리나라에 수출하기 위하여 판매되는 물품에 대하여 구매자가 실제로 지급하였거나 지급하여야 할 가격에서 일정한 금액을 빼서 조정한 거래가격으로 한다.

해설 **관세법 제27조(가격신고)**

관세의 납세의무자는 수입신고를 할 때 대통령령으로 정하는 바에 따라 세관장에게 해당 물품의 가격에 대한 신고를 하여야 한다. 다만, 통관의 능률을 높이기 위하여 필요하다고 인정되는 경우에는 대통령령으로 정하는 바에 따라 물품의 수입신고를 하기 전에 가격신고를 할 수 있다.(법 제27조 제1항)

---

① 유사물품의 거래가격을 기초로 과세가격을 결정하는 방법(3방법) 또한 예외적인 과세가격결정방법 중 하나이다.
② 세관장은 납세의무자가 서면으로 요청하면 과세가격 및 산출근거등을 서면으로 통보하여야 한다.
③ 거래관행상 거래가 성립된 때부터 일정기간이 지난 후에 기격이 정하여지는 물품은 잠정가격신고 대상이다.
⑤ 수입물품의 과세가격은 실제지급금액에 법정가산금액을 더하여 조정한 거래가격을 기초로 과세가격을 결정한다.

정답 41. ③ 42. ② 43. ⑤ 44. ④

45 □□□ **관세법령상 가격신고에 대한 설명으로 옳은 것은?** 2018 관세직 9급

① 관세의 납세의무자는 수입신고를 할 때 대통령령으로 정하는 바에 따라 세관장에게 해당 물품의 가격에 대한 신고를 하여야 한다. 다만, 통관의 능률을 높이기 위하여 필요하다고 인정되는 경우에는 대통령령으로 정하는 바에 따라 물품의 수입신고를 하기 전에 가격신고를 할 수 있다.

② 세관장은 같은 물품을 같은 조건으로 반복적으로 수입하는 경우로서 세관장이 정하여 고시하는 경우에는 과세가격의 결정에 관계되는 서류의 전부 또는 일부를 제출하지 아니하게 할 수 있다.

③ 과세가격을 결정하기가 곤란하지 아니하다고 인정하여 대통령령으로 정하는 물품에 대하여는 가격신고를 생략할 수 있다.

④ 세관장은 가격신고를 하려는 자가 수입항까지의 운임 및 보험료 외에 우리나라에 수출하기 위하여 판매되는 물품에 대하여 구매자가 실제로 지급하였거나 지급하여야 할 가격에 가산할 금액이 없는 경우에는 가격신고를 일정기간 일괄하여 신고하게 할 수 있다.

해설 ① 관세의 납세의무자는 수입신고를 할 때 대통령령으로 정하는 바에 따라 세관장에게 해당 물품의 가격에 대한 신고를 하여야 한다. 다만, 통관의 능률을 높이기 위하여 필요하다고 인정되는 경우에는 대통령령으로 정하는 바에 따라 물품의 수입신고를 하기 전에 가격신고를 할 수 있다.(법 제27조 제1항)

② 세관장은 같은 물품을 같은 조건으로 반복적으로 수입하는 경우로서 관세청장이 정하여 고시하는 경우에는 과세가격의 결정에 관계되는 서류의 전부 또는 일부를 제출하지 아니하게 할 수 있다.(영 제15조 제2항)

③ 과세가격을 결정하기가 곤란하지 아니하다고 인정하여 기획재정부령으로 정하는 물품에 대하여는 가격신고를 생략할 수 있다.(법 제27조 제3항)

④ 세관장은 같은 물품을 같은 조건으로 반복적으로 수입하는 경우에는 가격신고를 일정기간 일괄하여 신고하게 할 수 있다.(영 제15조 제3항)

46 □□□ **관세법상 가격신고를 할 때에 제출하여야 하는 과세가격의 결정에 관계되는 과세자료로 대통령령에서 직접 규정하고 있는 것이 아닌 것은?** 2012 관세사

① 계약서

② 송품장

③ 수입물품의 사용설명서

④ 각종 비용의 금액 및 산출근거를 나타내는 증빙자료

⑤ 기타 가격신고의 내용을 입증하는데 필요한 자료

해설 **시행령 제15조(가격신고)**

가격신고를 할 때에 제출하여야 하는 과세자료는 다음과 같다. 다만, 당해 물품의 거래의 내용, 과세가격결정방법 등에 비추어 과세가격결정에 곤란이 없다고 세관장이 인정하는 경우에는 자료의 일부를 제출하지 아니할 수 있다.
(영 제15조 제5항)

1. 송품장
2. 계약서
3. 각종 비용의 금액 및 산출근거를 나타내는 증빙자료
4. 기타 가격신고의 내용을 입증하는 데에 필요한 자료

47 과세 가격의 신고 및 결정과 공표에 관한 설명으로 옳지 않은 것은? 2015 관세사

□□□

① 관세의 납세의무자는 수입신고를 할 때 대통령령으로 정하는 바에 따라 세관장에게 해당 물품의 가격에 대한 신고를 하여야 한다. 다만, 통관의 능률을 높이기 위하여 필요하다고 인정되는 경우에는 대통령령으로 정하는 바에 따라 물품의 수입신고를 하기 전에 가격신고를 할 수 있다.

② 가격신고를 할 때에는 관세청장이 정하는 바에 따라 과세가격의 결정에 관계되는 자료를 제출하여야 한다.

③ 과세가격을 결정하기가 곤란하지 아니하다고 인정하여 기획재정부령으로 정하는 물품에 대하여는 가격신고를 생략할 수 있다.

④ 납세의무자는 가격신고를 할 때 신고하여야 할 가격이 확정되지 아니한 경우로서 대통령령으로 정하는 경우에는 잠정가격으로 가격신고를 할 수 있다. 이 경우 신고의 방법과 그 밖에 필요한 사항은 대통령령으로 정한다.

⑤ 관세청장은 원활한 물자수급을 위하여 특정물품의 수입을 촉진시킬 필요가 있는 경우 국민생활에 긴요한 물품으로서 국내물품과 비교 가능한 수입물품의 평균 신고가격이나 반입 수량에 관한 자료를 대통령령으로 정하는 바에 따라 집계하여 공표할 수 있다.

해설 **관세법 제27조(가격신고)**

가격신고를 할 때에는 대통령령으로 정하는 바에 따라 과세가격의 결정과 관계되는 자료(과세가격결정자료)를 제출하여야 한다.(법 제27조 제2항)

---

② 가격신고를 할 때에는 관세청장이 아닌 대통령령으로 정하는 바에 따라 과세가격결정자료를 제출하여야 한다.

48 거래관행상 거래가 성립된 때부터 일정기간이 지난 후에 가격이 정하여지는 물품으로서 수입신고일 현재 그 가격이 정하여지지 아니하여 잠정가격으로 신고할 수 있는 물품이 아닌 것은? 2011 관세직 7급

□□□

① 원유　　② 자동차

③ 곡물　　④ 광석

해설 **관세법 시행령 제16조(잠정가격의 신고 등)**

가격신고를 할 때 신고하여야 할 가격이 확정되지 아니하여 잠정가격으로 가격신고를 할 수 있는 경우는 다음과 같다.(영 제16조 제1항)

1. 거래관행상 거래가 성립된 때부터 일정기간이 지난 후에 가격이 정하여지는 물품(기획재정부령으로 정하는 것으로 한정한다)으로서 수입신고일 현재 그 가격이 정하여지지 아니한 경우
2. 법 제30조 제1항 각 호에 따라 조정하여야 할 금액이 수입신고일부터 일정기간이 지난 후에 정하여 질 수 있음이 제2항에 따른 서류 등으로 확인되는 경우
3. 법 제37조 제1항 제3호에 따라 과세가격 결정방법의 사전심사를 신청한 경우
4. 제23조 제1항 각 호의 어느 하나에 해당하는 특수관계가 있는 구매자와 판매자 사이의 거래 중 법 제30조 제1항 본문에 따른 수입물품의 거래가격이 수입신고 수리 이후에 「국제조세조정에 관한 법률」 제8조에 따른 정상가격으로 조정될 것으로 예상되는 거래로서 기획재정부령으로 정하는 요건을 갖춘 경우
5. 계약의 내용이나 거래의 특성상 잠정가격으로 가격신고를 하는 것이 불가피한 경우로서 기획재정부령으로 정하는 경우

관세법 시행규칙 제3조(잠정가격신고 대상물품 등)

영 제16조 제1항 제1호에서 "기획재정부령으로 정하는 것"이란 원유 · 곡물 · 광석 그 밖의 이와 비슷한 1차산품을 말한다.

정답 45. ① 46. ③ 47. ② 48. ②

49 □□□ **관세법령상 가격신고 및 잠정가격의 신고 등에 대한 설명으로 옳지 않은 것은?** 2024 관세직 9급

① 가격신고를 할 때에 당해 물품의 거래의 내용, 과세가격결정방법 등에 비추어 과세가격결정에 곤란이 없다고 세관장이 인정하는 경우에는 과세자료의 일부를 제출하지 아니할 수 있다.
② 세관장은 구매자와 판매자 간의 거래계약내용이 변경되는 등 잠정가격을 확정할 수 없는 불가피한 사유가 있다고 인정되는 경우에는 납세의무자의 요청이 없더라도 확정된 가격에 대한 신고기간의 만료일부터 2년의 범위에서 신고기간을 연장할 수 있다.
③ 잠정가격으로 가격신고를 한 자는 2년의 범위 안에서 구매자와 판매자 간의 거래계약의 내용 등을 고려하여 세관장이 지정하는 기간 내에 확정된 가격을 신고하여야 한다.
④ 잠정가격으로 가격신고를 한 자는 관세청장이 정하는 바에 따라 확정된 가격에 대한 신고기간이 끝나기 30일 전까지 확정가격의 계산을 위한 가산율을 산정해 줄 것을 요청할 수 있다.

해설 ② 세관장은 구매자와 판매자간의 거래계약내용이 변경되는 등 잠정가격을 확정할 수 없는 불가피한 사유가 있다고 인정되는 경우로서 납세의무자의 요청이 있는 경우에는 기획재정부령으로 정하는 바에 따라 확정된 가격에 대한 신고기간을 연장할 수 있다. 이 경우 연장하는 기간은 확정된 가격에 대한 신고기간의 만료일부터 2년을 초과할 수 없다. (영 제16조 제4항)

50 □□□ **관세법 시행령 조문의 일부이다. (　　)에 들어갈 내용을 순서대로 옳게 나열한 것은?** 2020 관세사

> 제16조(잠정가격의 신고 등)
> ③ 잠정가격으로 가격신고를 한 자는 (　　)년의 범위 안에서 구매자와 판매자 간의 거래계약의 내용 등을 고려하여 세관장이 지정하는 기간 내에 확정된 가격을 신고하여야 한다. 이 경우 잠정가격으로 가격신고를 한 자는 관세청장이 정하는 바에 따라 전단에 따른 신고기간이 끝나기 30일 전까지 확정가격의 계산을 위한 가산율을 산정해 줄 것을 요청할 수 있다.
> ④ 세관장은 구매자와 판매자 간의 거래계약내용이 변경되는 등 잠정가격을 확정할 수 없는 불가피한 사유가 있다고 인정되는 경우로서 납세의무자의 요청이 있는 경우에는 기획재정부령으로 정하는 바에 따라 제3항 전단에 따른 신고기간을 연장할 수 있다. 이 경우 연장하는 기간은 제3항 전단에 따른 신고기간의 (　　)부터 (　　)년을 초과할 수 없다.

① 2, 시작일, 2　　② 2, 만료일, 2
③ 2, 만료일, 3　　④ 3, 시작일, 3
⑤ 3, 만료일, 3

해설 **관세법 시행령 제16조(잠정가격의 신고 등)**
잠정가격으로 가격신고를 한 자는 2년의 범위 안에서 구매자와 판매자 간의 거래계약의 내용 등을 고려하여 세관장이 지정하는 기간내에 확정된 가격을 신고하여야 한다. 이 경우 잠정가격으로 가격신고를 한 자는 관세청장이 정하는 바에 따라 전단에 따른 신고기간이 끝나기 30일 전까지 확정가격의 계산을 위한 가산율을 산정해 줄 것을 요청할 수 있다.(영 제16조 제3항)
세관장은 구매자와 판매자간의 거래계약내용이 변경되는 등 잠정가격을 확정할 수 없는 불가피한 사유가 있다고 인정되는 경우로서 납세의무자의 요청이 있는 경우에는 기획재정부령으로 정하는 바에 따라 확정가격 신고기간을 연장할 수 있다. 이 경우 연장하는 기간은 확정가격 신고기간의 만료일부터 2년을 초과할 수 없다.(영 제16조 제4항)

51 ( )에 들어갈 내용이 순서대로 옳은 것은? 2015 관세사

> 세액심사 시 특수관계에 있는 자가 수입하는 물품의 과세가격의 적정성을 심사하기 위해 관세법 규정에 따라 자료제출을 요구받은 자는 자료제출을 요구받은 날부터 ( )일 이내에 해당 자료를 제출하여야 한다. 다만, 대통령령으로 정하는 부득이한 사유로 제출기한의 연장을 신청하는 경우에는 세관장은 ( )차례만 ( )일까지 연장할 수 있다.

① 60, 두, 60
② 60, 한, 60
③ 60, 한, 30
④ 30, 두, 30
⑤ 60, 두, 30

해설 **관세법 제37조의4(특수관계자 수입물품 과세가격결정자료 제출)**
세관장으로부터 과세가격결정자료 또는 증명자료의 제출을 요구받은 자는 자료제출을 요구받은 날부터 60일 이내에 해당 자료를 제출하여야 한다. 다만, 대통령령으로 정하는 부득이한 사유로 제출기한의 연장을 신청하는 경우에는 세관장은 한 차례만 60일까지 연장할 수 있다.(법 제37조의4 제3항)

52 관세법령상 세관장은 세액심사시 특수관계에 있는 자가 수입하는 물품의 과세가격의 적정성을 심사하기 위하여 해당 특수관계자에게 과세가격결정자료를 제출할 것을 요구할 수 있다. 이에 대한 설명으로 옳은 것은? 2017 관세직 7급

① 자료제출을 요구받은 자는 자료제출을 요구받은 날부터 30일 이내에 해당 자료를 제출하여야 한다.
② 자료제출을 요구받은 자가 대통령령으로 정하는 부득이한 사유로 자료제출기한의 연장을 신청하는 경우에는 세관장은 한 차례만 60일까지 연장할 수 있다.
③ 자료제출을 요구받은 자는 해당 자료를 한글 또는 영문으로 작성하여 제출해야 하며, 세관장이 허용하는 경우에는 다른 외국어로 작성된 자료를 제출할 수 있다.
④ 세관장이 자료제출기한 연장신청이 접수된 날부터 7일 이내에 연장 여부를 신청인에게 통지를 하지 아니한 경우에는 연장 신청이 승인되지 아니한 것으로 본다.

해설 ① 자료제출을 요구받은 자는 자료제출을 요구받은 날부터 60일 이내에 해당자료를 제출하여야 한다.
③ 자료제출을 요구받은 자는 해당 자료를 한글 또는 영문으로 작성하여 제출해야 하며, 세관장이 허용하는 경우에는 영문으로 작성된 자료를 제출할 수 있다.(영 제31조의5 제2항)
④ 세관장은 자료제출기한 연장신청이 접수된 날부터 7일 이내에 연장 여부를 신청인에게 통지하여야 한다. 이 경우 7일 이내에 연장 여부를 신청인에게 통지를 하지 아니한 경우에는 연장신청한 기한까지 자료제출기한이 연장된 것으로 본다.(영 제31조의5 제5항)

정답 49. ② 50. ② 51. ② 52. ②

53 ☐☐☐ **과세가격 결정에 있어서 특수관계에 있는 자가 수입하는 물품의 과세가격의 적정성을 심사하기 위해 자료제출을 요구받은 특수관계자는 요구받은 날부터 관세법에서 규정한 기일 내에 해당 자료를 제출하여야 한다. 정당한 사유 없이 정한 기한까지 자료를 제출하지 아니하거나 거짓의 자료를 제출하는 경우 이에 해당하는 벌칙은?** 2015 관세사

① 1억원 이하 과태료
② 5천만원 이하 과태료
③ 3천만원 이하 과태료
④ 1천만원 이하 과태료
⑤ 500만원 이하 과태료

해설 세관장으로부터 자료제출을 요구받은 특수관계에 있는 자로서 천재지변등 정당한 사유 없이 정하여진 기한까지 자료를 제출하지 아니하거나 거짓의 자료를 제출하는 자에게는 1억원 이하의 과태료를 부과한다. 이 경우 제276조는 적용되지 아니한다.(법 제277조 제1항)

자료제출을 요구받은 자가 제277조 제1항에 따라 과태료를 부과받고도 자료를 제출하지 아니하거나 거짓의 자료를 시정하여 제출하지 아니하는 경우에는 미제출된 자료를 제출하도록 요구하거나 거짓의 자료를 시정하여 제출하도록 요구할 수 있고 이러한 자료제출을 요구받은 자는 그 요구를 받은 날부터 30일 이내에 그 요구에 따른 자료를 제출하여야 한다. 이를 위반한 자에게는 2억원 이하의 과태료를 부과한다. 이 경우 제276조는 적용되지 아니한다.(법 제277조 제2항)

54 ☐☐☐ **관세법령상 과세가격의 신고 및 결정에 관한 설명으로 옳은 것은?** 2023 관세사

① 구매자가 부담하는 중개료는 과세가격에 포함되지 않는다.
② 세관장은 과세가격을 결정하는 데에 사용한 방법과 과세가격 및 그 산출근거를 납세 의무자에게 구두 또는 서면으로 통보하여야 한다.
③ 과세가격의 신고는 관세청장에게 한다.
④ 납세의무자가 가격신고를 할 때 신고하여야 할 가격이 확정되지 아니한 경우로서 과세 가격 결정방법의 사전심사를 신청한 경우에는 잠정가격으로 가격신고를 할 수 있다.
⑤ 납세의무자가 동일한 공급자로부터 계속하여 수입하고 있음에도 불구하고 신고한 가격에 현저한 변동이 있는 경우는 과세가격으로 인정하기 곤란한 경우에 해당하지 않는다.

해설 ① 구매자가 부담하는 수수료와 중개료는 과세가격에 포함한다. 다만, 구매수수료는 제외한다.
② 세관장은 납세의무자가 서면으로 요청하면 과세가격을 결정하는 데에 사용한 방법과 과세가격 및 그 산출근거를 그 납세의무자에게 서면으로 통보하여야 한다.(법 제36조)
③ 과세가격의 신고는 세관장에게 한다.(법 제27조 제1항)
④ (영 제16조 제1항 제2의2호)

05 세율

01 관세법 제49조에 규정된 세율의 종류로 보기에 부적당한 것은 어느 것인가? 2008 관세사

① 농림축산물에 대한 특별긴급관세율
② 덤핑방지관세율
③ 상계관세율
④ 간이세율
⑤ 잠정세율

해설 **관세법 제49조(세율의 종류)**

1. 기본세율
2. 잠정세율
3. 제51조부터 제67조까지, 제67조의2 및 제68조부터 제77조까지의 규정에 따라 대통령령 또는 기획재정부령으로 정하는 세율

---

④ 간이세율은 관세율의 종류가 아닌 세율의 적용 방식 중 하나이다.

02 「관세법」상 관세율 적용순위에서 1순위로 우선 적용되는 세율이 아닌 것은? 2015 관세직 9급

① 덤핑방지관세
② 상계관세
③ 일반특혜관세
④ 보복관세

해설 **관세법 제50조(세율적용의 우선순위)**

관세율 적용순위	해당하는 관세	유의 사항
1	덤핑방지관세, 상계관세, 보복관세, 긴급관세, 특정국물품긴급관세, 농림축산물에 대한 특별긴급관세, 조정관세(2호)	최우선 적용
2	편익관세, 국제협력관세	후순위 세율보다 낮은 경우에 우선적용 다만, 제73조에 따라 국제기구와의 관세에 관한 협상에서 국내외의 가격차에 상당하는 율로 양허(讓許)하거나 국내시장 개방과 함께 기본세율보다 높은 세율로 양허한 농림축산물 중 대통령령으로 정하는 물품에 대하여 양허한 세율(시장접근물량에 대한 양허세율을 포함한다)은 기본세율 및 잠정세율에 우선하여 적용한다.
3	조정관세(1호, 3호, 4호), 할당관세, 계절관세	할당관세는 일반특혜관세율보다 낮은 경우에 한하여 우선적용
4	일반특혜관세	
5	잠정세율	
6	기본세율	

③ 일반특혜관세는 4순위 적용 세율이다.

정답 53. ① 54. ④ / 01. ④ 02. ③

03 □□□ **A사가 최빈개발도상국인 B국에서 수입하는 물품에 다음의 여러 관세율이 경합되는 경우 관세법 제50조에 따라 가장 우선하여 적용될 관세율은?** 2017 관세직 9급

① 기본관세 8%
② 일반특혜관세 0%
③ 상계관세 5%
④ 국제협력관세 3%

해설 ③ 상계관세는 최우선 적용되는 1순위 세율이다.

04 □□□ **관세법상 세율 적용의 우선순위에 관한 설명으로 옳은 것은?** 2016 관세사

① 기본세율과 잠정세율은 별표 관세율표에 따르되, 기본세율을 잠정세율에 우선하여 적용한다.
② 계절관세는 덤핑방지관세에 우선하여 적용한다.
③ 긴급관세는 상계관세에 우선하여 적용한다.
④ 편익관세는 국제협력관세에 우선하여 적용한다.
⑤ 보복관세는 할당관세에 우선하여 적용한다.

해설 ⑤ 보복관세(1순위)는 할당관세(3순위)에 우선하여 적용한다.
① 기본세율과 잠정세율은 별표 관세율표에 따르되, 잠정세율을 기본세율에 우선하여 적용한다.
② 덤핑방지관세(1순위)는 계절관세(3순위)에 우선하여 적용한다.
③ 긴급관세와 상계관세 모두 1순위 세율이며, 부과대상 등이 다르기 때문에 우선순위는 발생하지 않는다.
④ 편익관세와 국제협력관세는 모두 2순위 세율이며, 편익관세가 국제협력관세에 우선하여 적용하는 것은 아니다.

05 □□□ **농림축산물이 아닌 일반물품의 관세율이 경합될 경우에 적용할 세율로 옳지 않은 것은?** 2012 관세사

① 잠정세율이 10%이고 기본세율이 8%인 경우 잠정세율 10% 적용
② WTO협정에 의한 국제협력관세율이 10%이고 기본세율이 8%인 경우 국제협력관세율 10% 적용
③ 기본세율이 8%이고 할당관세율이 5%인 경우 할당관세율 5% 적용
④ 긴급관세율이 20%이고 국제협력관세율이 10%인 경우 긴급관세율 20% 적용
⑤ 덤핑방지관세율이 20%이고 기본세율이 10%인 경우 덤핑방지관세율 20% 적용

해설 **관세법 제50조(세율 적용의 우선순위)**
국제협력관세와 편익관세은 기본세율, 잠정세율, 조정관세, 할당관세, 계절관세, 일반특혜관세 세율보다 낮은 경우에만 우선하여 적용하고, 할당관세율은 일반특혜관세율보다 낮은 경우에만 우선하여 적용한다. 다만, 국제기구와의 관세에 관한 협상에서 국내외의 가격차에 상당하는 율로 양허하거나 국내시장 개방과 함께 기본세율보다 높은 세율로 양허한 농림축산물 중 대통령령으로 정하는 물품에 대하여 양허한 세율(시장접근물량에 대한 양허세율을 포함한다)은 기본세율 및 잠정세율에 우선하여 적용한다.(법 제50조 제3항)

---

② 국제협력관세율은 후순위 세율보다 낮은 경우에 우선 적용한다.

06 관세법규에 의한 잠정세율에 관한 다음 설명 중 그 내용이 맞지 않는 것은 어느 것인가?

2005 관세사

① 잠정세율은 국회의 의결로 확정되며 관세율표상의 기본세율과 함께 표시되어 있다.
② 잠정세율의 적용을 받는 물품과 관련이 있는 관계부처의 장은 그 적용을 정지할 수 있다.
③ 잠정세율을 적용받는 물품에 대하여는 대통령령으로 정하는 바에 따라 그 물품의 전부 또는 일부에 대하여 잠정세율의 적용을 정지할 수 있다.
④ 잠정세율을 적용받는 물품에 대하여는 대통령령으로 정하는 그 물품의 전부 또는 일부에 대하여 기본세율과의 세율차를 좁히도록 잠정세율을 인상하거나 인하할 수 있다.
⑤ 잠정세율은 관세법 별표 관세율표에 의하되 기본세율에 우선하여 적용한다.

해설 **관세법 시행령 제57조(잠정세율의 적용정지 등)**
잠정세율의 적용을 받는 물품과 관련이 있는 관계부처의 장 또는 이해관계인은 잠정세율의 적용정지나 잠정세율의 인상 또는 인하의 필요가 있다고 인정되는 때에는 이를 기획재정부장관에게 요청할 수 있다.

---

② 관계부처의 장 또는 이해관계인으로부터 잠정세율의 적용정지 요청을 받은 기획재정부장관이 그 적용을 정지할 수 있다.

07 관세법령상 세율을 대통령령으로 정하도록 하고 있는 관세의 종류로 옳은 것을 모두 고른 것은?

2019 관세사

ㄱ. 보복관세	ㄴ. 긴급관세	ㄷ. 조정관세
ㄹ. 편익관세	ㅁ. 계절관세	

① ㄱ, ㄴ
② ㄴ, ㄹ
③ ㄷ, ㅁ
④ ㄱ, ㄷ, ㄹ
⑤ ㄱ, ㄷ, ㄹ, ㅁ

해설 • 대통령령으로 정하는 관세율 : 일반특혜관세, 국제협력관세, 보복관세, 조정관세, 할당관세, 편익관세
• 기획재정부령으로 정하는 관세율 : 덤핑방지관세, 상계관세, 긴급관세, 특정국물품긴급관세, 농림축산물에 대한 특별긴급관세, 계절관세

정답 03. ③ 04. ⑤ 05. ② 06. ② 07. ④

08 기획재정부령으로 결정되는 관세율을 모두 고른 것은? 2015 관세사

□□□

ㄱ. 조정관세	ㄴ. 덤핑방지관세	ㄷ. 할당관세
ㄹ. 긴급관세	ㅁ. 계절관세	ㅂ. 편익관세
ㅅ. 일반특혜관세	ㅇ. 상계관세	

① ㄱ, ㄴ, ㄷ, ㅂ
② ㄱ, ㄴ, ㄹ, ㅇ
③ ㄴ, ㄹ, ㅁ, ㅇ
④ ㄷ, ㄹ, ㅁ, ㅅ
⑤ ㄷ, ㅁ, ㅂ, ㅅ

09 할당관세, 국제협력관세, 계절관세에 관한 설명으로 옳지 않은 것은? 2010 관세직 9급

□□□

① 수입가격이 급등한 물품의 국내가격 안정을 위해 필요한 경우에 100분의 50의 범위의 율을 기본세율에서 감하여 관세를 부과할 수 있다. 이 경우 필요하다고 인정되는 때에는 그 수량을 제한할 수 있다.

② 특정물품의 수입을 억제할 필요가 있는 때에는 일정한 수량을 초과하여 수입되는 분에 대하여 100분의 40의 범위의 율을 기본세율에 가산하여 관세를 부과할 수 있다.

③ 정부는 우리나라의 대외무역의 증진을 위하여 필요하다고 인정되는 때에는 특정국가 또는 국제기구와 관세에 관한 협상을 할 수 있으며 이 규정에 의한 협상을 수행함에 있어서 필요하다고 인정되는 때에는 관세를 양허할 수 있다. 다만, 특정국가와의 협상을 수행함에 있어서는 기본관세율의 100분의 50의 범위를 초과하여 관세를 양허할 수 없다.

④ 가격이 계절에 따라 현저하게 차이가 있는 물품으로서 동종물품·유사물품 또는 대체물품의 수입으로 국내시장이 교란되거나 생산기반이 붕괴될 우려가 있는 때에는 계절구분에 따라 해당 물품의 국내외가격차에 상당하는 율의 범위에서 기본세율보다 높게 관세를 부과하거나 100분의 40의 범위의 율을 기본세율에서 감하여 관세를 부과할 수 있다.

해설 **관세법 제71조(할당관세)**

다음 어느 하나에 해당하는 경우에는 100분의 40의 범위의 율을 기본세율에서 빼고 관세를 부과할 수 있다. 이 경우 필요하다고 인정될 때에는 그 수량을 제한할 수 있다.(법 제71조 제1항)

1. 원활한 물자수급 또는 산업의 경쟁력 강화를 위하여 특정물품의 수입을 촉진할 필요가 있는 경우
2. 수입가격이 급등한 물품 또는 이를 원재료로 한 제품의 국내가격을 안정시키기 위하여 필요한 경우
3. 유사물품 간의 세율이 현저히 불균형하여 이를 시정할 필요가 있는 경우

---

② (법 제71조 제2항)
③ (법 제73조 제1항, 제2항)
④ (법 제72조)

10 관세율에 관한 설명으로 옳지 않은 것은? 2010 관세사

□□□

① 수입가격이 급등한 물품 또는 이를 원재료로 한 제품의 국내가격의 안정을 위하여 필요한 경우에는 100분의 40의 범위의 율을 기본세율에서 감하여 관세를 부과할 수 있다. 이 경우 필요하다고 인정되는 때에는 그 수량을 제한할 수 있다.

② 가격이 계절에 따라 현저하게 차이가 있는 물품으로서 동종물품・유사물품 또는 대체물품의 수입으로 국내시장이 교란되거나 생산기반이 붕괴될 우려가 있는 때에는 계절구분에 따라 해당 물품의 국내외 가격차에 상당하는 율의 범위 안에서 기본 세율보다 높게 관세를 부과하거나 100분의 40의 범위의 율을 기본세율에서 감하여 관세를 부과할 수 있다.

③ 우리나라의 대외무역 증진을 위하여 필요하다고 인정되는 때 정부는 특정국가 또는 국제기구와 관세에 관한 협상을 할 수 있으며, 협상을 수행함에 있어서 필요하다고 인정되는 때에는 관세를 양허할 수 있다. 다만, 이 경우 특정국가와의 협상에서 기본관세율의 100분의 40의 범위를 초과하여 관세를 양허할 수 없다.

④ 특정물품의 수입증가로 인하여 동종물품 또는 직접적인 경쟁관계에 있는 물품을 생산하는 국내산업이 심각한 피해를 받거나 받을 우려가 있음이 조사를 통하여 확인되고 해당 국내산업을 보호할 필요가 있다고 인정되는 때에는 해당 물품에 대하여 심각한 피해 등을 방지하거나 치유하고 조정을 촉진하기 위하여 필요한 범위에서 관세를 추가하여 부과할 수 있다.

⑤ 산업구조의 변동 등으로 물품 간의 세율이 현저히 불균형하여 이를 시정할 필요가 있는 경우에는 100분의 100에서 해당 물품의 기본세율을 뺀 율을 기본세율에 가산한 율의 범위 안에서 관세를 부과할 수 있다.

해설 **관세법 제73조(국제협력관세)**

정부는 우리나라의 대외무역 증진을 위하여 필요하다고 인정될 때에는 특정 국가 또는 국제기구와 관세에 관한 협상을 할 수 있다.(법 제73조 제1항)

협상을 수행할 때 필요하다고 인정되면 관세를 양허할 수 있다. 다만, 특정 국가와 협상할 때에는 기본 관세율의 100분의 50의 범위를 초과하여 관세를 양허할 수 없다.(법 제73조 제2항)

---

① (법 제71조 제1항)
② (법 제72조 제1항)
④ (법 제65조 제1항)
⑤ (법 제69조 제1항)

정답 08. ③ 09. ① 10. ③

11 ☐☐☐ **관세법령상 덤핑 및 실질적 피해등의 조사에 관한 설명이다. (　　)에 들어갈 내용을 순서대로 바르게 나열한 것은?** 2018 관세사

> 무역위원회는 덤핑사실 및 그로 인한 실질적 피해 등의 사실이 있다고 추정되는 충분한 증거가 있는지에 관한 예비조사를 하여 그 결과를 기획재정부장관에게 제출하여야 한다. 무역위원회는 기획재정부령이 정하는 특별한 사유가 없는 한 예비조사결과를 (　　　)부터 본조사를 개시하여야 하며, 본조사 개시일부터 (　　)월 이내에 본조사결과를 기획재정부장관에게 제출하여야 한다.

① 제출한 날의 다음날, 1
② 제출한 날, 2
③ 제출한 날의 다음날, 2
④ 제출한 날, 3
⑤ 제출한 날의 다음날, 3

해설 **관세법 시행령 제61조(덤핑 및 실질적 피해등의 조사)**
무역위원회는 기획재정부령이 정하는 특별한 사유가 없는 한 예비조사결과를 제출한 날의 다음 날부터 본조사를 개시하여야 하며, 본조사개시일부터 3월 이내에 본조사결과를 기획재정부장관에게 제출하여야 한다.(영 제61조 제5항)

12 ☐☐☐ **관세법상 덤핑방지관세에 대한 설명으로 옳지 않은 것은?** 2009 관세직 7급

① 기획재정부장관은 덤핑방지관세를 부과함에 있어서 관련 산업의 경쟁력 제고, 물가안정, 통상협력 등을 고려할 필요가 있는 때에는 이를 조사하여 반영할 수 있다.
② 기획재정부장관은 필요하다고 인정되는 때에는 덤핑방지관세의 부과와 약속에 대하여 재심사를 할 수 있으며, 재심사의 결과에 따라 덤핑방지관세의 부과, 약속의 내용변경, 환급 등 필요조치를 할 수 있다.
③ 덤핑방지관세의 부과 여부를 결정하기 위한 예비조사결과 해당 물품에 대한 덤핑과 그로 인한 실질적 피해 등의 사실이 있는 것으로 판정된 경우 해당 물품의 수출자 또는 기획재정부장관은 덤핑으로 인한 피해가 제거될 정도의 가격수정이나 덤핑수출의 중지에 관한 약속을 제의할 수 있고, 약속이 수락된 경우 기획재정부장관은 잠정조치 또는 덤핑방지관세의 부과 없이 반드시 조사가 중지 또는 종결되도록 하여야 한다.
④ 덤핑방지관세의 부과나 수락된 약속은 기획재정부령으로 그 적용시한을 따로 정하는 경우를 제외하고는 해당 덤핑방지관세 또는 약속의 시행일로부터 5년이 지나면 그 효력을 잃게 된다.

해설 **관세법 제54조(덤핑방지관세와 관련된 약속의 제의)**
덤핑방지관세의 부과 여부를 결정하기 위하여 예비조사를 한 결과 해당 물품에 대한 덤핑 사실 및 그로 인한 실질적 피해등의 사실이 있는 것으로 판정된 경우 해당 물품의 수출자 또는 기획재정부장관은 대통령령으로 정하는 바에 따라 덤핑으로 인한 피해가 제거될 정도의 가격수정이나 덤핑수출의 중지에 관한 약속을 제의할 수 있다.
(법 제54조 제1항)
약속이 수락된 경우 기획재정부장관은 잠정조치 또는 덤핑방지관세의 부과 없이 조사가 중지 또는 종결되도록 하여야 한다. 다만, 기획재정부장관이 필요하다고 인정하거나 수출자가 조사를 계속하여 줄 것을 요청한 경우에는 그 조사를 계속할 수 있다.(법 제54조 제2항)

---

③ 약속이 수락된 경우 반드시 조사가 중지 또는 종결되어야 하는 것은 아니다. 수출자 등이 조사를 계속하여 줄 것을 요청한 경우에는 그 조사를 계속할 수 있다.

13 ☐☐☐ **관세법령상 덤핑방지관세의 부과여부를 결정하기 위한 조사가 개시된 물품의 수출자가 기획재정부장관에게 약속을 제의하는 경우 그 약속에 포함되어야 할 사항으로 옳은 것을 모두 고른 것은?**

2021 관세사

ㄱ. 약속수락 전까지 계약되거나 선적되는 물품에 관한 내용
ㄴ. 제3국이나 제3자를 통한 판매 등의 방법으로 사실상 약속을 위반하지 아니하겠다는 내용
ㄷ. 수출국안에서의 판매물량 및 판매가격과 우리나라로의 수출물량 및 수출가격에 대하여 관세청장에게 정기적으로 보고하겠다는 내용
ㄹ. 관련자료에 대한 검증을 허용하겠다는 내용

① ㄴ　　② ㄱ, ㄹ
③ ㄴ, ㄷ　　④ ㄱ, ㄴ, ㄹ
⑤ ㄱ, ㄴ, ㄷ, ㄹ

해설 **관세법 시행규칙 제19조(가격수정 · 수출중지 등의 약속)**

수출자가 기획재정부장관에게 약속을 제의하는 경우 그 약속에는 다음 각 호의 사항이 포함되어야 한다.
1. 수출자가 수출가격을 실질적 피해등이 제거될 수 있는 수준으로 인상한다는 내용 또는 기획재정부장관과 협의하여 정하는 기간 내에 덤핑수출을 중지한다는 내용
2. 약속수락 전까지 계약되거나 선적되는 물품에 관한 내용
3. 형식 · 모양 · 명칭 등의 변경이나 저급품의 판매 등의 방법으로 약속의 이행을 회피하는 행위를 하지 아니하겠다는 내용
4. 제3국이나 제3자를 통한 판매 등의 방법으로 사실상 약속을 위반하지 아니하겠다는 내용
5. 수출국 안에서의 판매물량 및 판매가격과 우리나라로의 수출물량 및 수출가격에 대하여 기획재정부장관에게 정기적으로 보고하겠다는 내용
6. 관련자료에 대한 검증을 허용하겠다는 내용
7. 그 밖의 상황변동의 경우에 기획재정부장관의 요구에 대하여 재협의할 수 있다는 내용

14 ☐☐☐ **관세법상 덤핑방지관세를 정률세의 방법으로 부과하는 경우 최대 덤핑방지 관세액은?**

2017 관세사

- 과세가격 : 200원
- 조정된 정상가격 : 280원
- 조정된 덤핑가격 : 180원

① 20원　　② 50원
③ 80원　　④ 100원
⑤ 200원

해설 **관세법 시행규칙 제17조(덤핑방지관세의 부과 등)**

덤핑률 = (조정된 정상가격 − 조정된 덤핑가격) / 과세가격 × 100
(280) − (180) / 200 × 100 → 50%
따라서 과세가격 200원의 50% 범위에서 덤핑방지관세를 추가로 부과할 수 있다.

정답 11. ⑤　12. ③　13. ④　14. ④

15 **관세법령상 덤핑방지관세 부과와 관련한 정상가격 및 덤핑가격에 대한 설명으로 옳지 않은 것은?**
□□□

2017 관세직 7급

① 당해 물품의 원산지국으로부터 직접 수입되지 아니하고 제3국을 거쳐 수입되는 경우에는 그 제3국 안에서 당해 물품을 단순히 옮겨 싣거나 동종물품의 생산실적이 없는 때 또는 그 제3국내에 통상거래가격으로 인정될 가격이 없는 때에는 우리나라의 통상거래가격을 정상가격으로 본다.

② 동종물품이 거래되지 아니하거나 특수한 시장상황 등으로 인하여 통상거래가격을 적용할 수 없는 때에는 당해 국가에서 제3국으로 수출되는 수출가격 중 대표적인 가격으로서 비교가능한 가격 또는 원산지국에서의 제조원가에 합리적인 수준의 관리비 및 판매비와 이윤을 합한 가격을 정상가격으로 본다.

③ 정상가격과 덤핑가격의 비교는 가능한 한 동일한 시기 및 동일한 거래단계(통상적으로 공장도 거래단계를 말한다)에서 비교하여야 한다.

④ 정상가격과 덤핑가격을 비교하는 때에는 원칙적으로 거래량을 가중치로 하여 가중산술평균한 가격으로 비교하여야 한다. 이 경우 개별 덤핑가격이 정상가격보다 높은 경우를 포함하여 모든 개별 덤핑가격을 가중산술평균한 가격을 덤핑가격으로 한다.

해설 **관세법 시행령 제58조(정상가격 및 덤핑가격의 비교)**

구분	정상가격 범위
일반적인 경우	① 공급국에서 소비되는 동종물품의 통상거래가격 ② 당해 국가에서 제3국으로 수출되는 수출가격 중 대표적인 가격으로서 비교가능한 가격 ③ 원산지국에서의 제조원가에 합리적인 수준의 관리비 및 판매비와 이윤을 합한 가격(구성가격)
제3국 경유	① 제3국의 통상거래가격 ② 원산지국의 통상거래가격(제3국 안에서 당해 물품을 단순히 옮겨 싣거나 동종물품의 생산 실적이 없는 때 또는 그 제3국 내에 통상거래가격으로 인정될 가격이 없는 때)
통제경제국가로부터의 수입시	① 우리나라를 제외한 시장경제국가에서 소비되는 동종물품의 통상거래가격 ② 우리나라를 제외한 시장경제국가에서 우리나라를 포함한 제3국으로의 수출가격 또는 구성가격(단, 시장경제로의 전환체제에 있는 경우 "일반적인 경우", "제3국 경유" 시 적용기준을 따른다.)

① 우리나라의 통상거래가격(×) → 원산지국의 통상거래가격(○)

16 관세법령상 덤핑방지관세에 대한 설명으로 옳지 않은 것은? 2018 관세직 7급

① 정상가격은 당해 물품의 공급국에서 소비되는 동종물품의 통상거래가격을 말하지만, 동종물품이 거래되지 아니하여 통상거래가격을 적용할 수 없을 때에는 당해 물품의 국가에서 제3국으로 수출되는 수출가격 중 대표적인 가격으로서 비교 가능한 가격 또는 원산지국에서의 제조원가에 합리적인 수준의 관리비 및 판매비와 이윤을 합한 가격을 정상가격으로 본다.

② 덤핑방지관세의 부과를 위하여 조사를 통해 확인되어야 하는 실질적 피해등은 국내산업이 실질적인 피해를 받거나 받을 우려가 있는 경우와 국내산업의 발전이 실질적으로 지연된 경우를 말한다.

③ 기획재정부장관은 덤핑방지관세를 부과할 때 관련 산업의 경쟁력 향상, 국내 시장구조, 물가안정, 통상협력 등을 고려할 필요가 있는 경우에는 이를 조사하여 반영할 수 있다.

④ 당해 물품의 원산지국으로부터 직접 수입되지 아니하고 동종물품의 생산실적이 없는 제3국을 거쳐 수입되는 경우에는 그 제3국의 통상거래가격을 정상가격으로 본다.

해설 **관세법 시행령 제58조(정상가격 및 덤핑가격의 비교)**
당해 물품의 원산지국으로부터 직접 수입되지 아니하고 제3국을 거쳐 수입되는 경우에는 그 제3국의 통상거래가격을 정상가격으로 본다. 다만, 그 제3국 안에서 당해 물품을 단순히 옮겨 싣거나 동종물품의 생산실적이 없는 때 또는 그 제3국내에 통상거래가격으로 인정될 가격이 없는 때에는 원산지국의 통상거래가격을 정상가격으로 본다.(영 제58조 제2항)

① (영 제58조 제1항)
② (법 제51조)
③ (법 제52조 제2항)

17 잠정조치가 적용된 물품으로서 덤핑방지관세가 부과되는 물품(관세법 시행령 제69조 제1항)으로서 올바르지 못한 것은? 2002 관세사

① 실질적 피해 등이 있다고 최종판정이 내려진 경우

② 실질적인 피해 등의 우려가 있다는 최종판정이 내려졌으나 잠정조치가 없었다면 실질적인 피해 등이 있다는 최종판정이 내려졌을 것으로 인정되는 경우에는 잠정조치가 적용된 기간 동안 수입된 물품

③ 비교적 단기간 내에 대량 수입되어 발생되는 실질적 피해 등의 재발을 방지하기 위하여 덤핑방지관세를 소급하여 부과할 필요가 있는 경우로서 해당 물품이 과거에 덤핑되어 실질적 피해 등을 입힌 사실이 있었던 경우 또는 수입자가 덤핑사실과 그로 인한 실질적 피해 등의 사실을 알았거나 할 수 있었을 경우에는 잠정조치를 적용한 날부터 90일 전 이후에 수입된 물품

④ 수출자가 가격수정 등의 약속을 위반하여 잠정조치가 적용된 물품의 수입으로 인한 실질적 피해 등의 사실이 인정되는 경우에는 잠정조치를 적용한 날부터 90일 전 이후에 수입된 물품. 이 경우 약속위반일 이전에 수입된 물품을 포함한다.

⑤ 국제협약에서 정하는 바에 따라 기획재정부장관이 정하는 기간에 수입된 물품

정답 15. ① 16. ④ 17. ④

해설 **관세법 시행령 제69조(덤핑방지관세의 소급부과)**

잠정조치가 적용된 물품으로서 덤핑방지관세가 부과되는 물품은 다음과 같다.(영 제69조 제1항)

1. 실질적 피해등이 있다고 최종판정이 내려진 경우 또는 실질적인 피해등의 우려가 있다는 최종판정이 내려졌으나 잠정조치가 없었다면 실질적인 피해등이 있다는 최종판정이 내려졌을 것으로 인정되는 경우에는 잠정조치가 적용된 기간 동안 수입된 물품
2. 비교적 단기간 내에 대량 수입되어 발생되는 실질적 피해등의 재발을 방지하기 위하여 덤핑방지관세를 소급하여 부과할 필요가 있는 경우로서 당해 물품이 과거에 덤핑되어 실질적 피해등을 입힌 사실이 있었던 경우 또는 수입자가 덤핑사실과 그로 인한 실질적 피해등의 사실을 알았거나 알 수 있었을 경우에는 잠정조치를 적용한 날부터 90일 전 이후에 수입된 물품
3. 법 제54조 제1항에 따른 약속(이하 이 호에서 "약속"이라 한다)을 위반하여 잠정조치가 적용된 물품의 수입으로 인한 실질적 피해등의 사실이 인정되는 경우에는 잠정조치를 적용한 날부터 90일 전 이후에 수입된 물품(기획재정부장관이 필요하다고 인정한 경우 약속을 위반한 물품으로 한정할 수 있다). 이 경우 약속위반일 이전에 수입된 물품을 제외한다.
4. 기타 국제협약에서 정하는 바에 따라 기획재정부장관이 정하는 기간에 수입된 물품

18 「관세법 시행령」상 실질적 피해등의 덤핑판정에 대한 근거기준으로 옳지 않은 것은? 2014 관세직 9급

□□□

① 실질적인 수입증가의 가능성을 나타내는 덤핑물품의 현저한 증가율

② 덤핑물품의 가격이 동종물품의 가격을 하락 또는 억제시킬 수 있는지 여부 및 추가적인 수입수요의 증대 가능성

③ 우리나라로 덤핑수출하는 수출국으로 수입되는 물량의 실질적 증가율

④ 덤핑물품의 재고 및 동종물품의 재고상태

해설 **관세법 시행령 제63조(실질적 피해등의 판정)**

무역위원회는 실질적 피해등의 사실을 조사·판정하는 때에는 다음의 사항을 포함한 실질적 증거에 근거하여야 한다.(영 제63조 제1항)

1. 덤핑물품의 수입물량(당해 물품의 수입이 절대적으로 또는 국내생산이나 국내소비에 대하여 상대적으로 뚜렷하게 증가되었는지 여부를 포함한다)
2. 덤핑물품의 가격(국내 동종물품의 가격과 비교하여 뚜렷하게 하락되었는지 여부를 포함한다)
3. 덤핑차액의 정도(덤핑물품의 수입가격이 수출국내 정상가격과 비교하여 뚜렷하게 하락되었는지 여부를 포함한다)
4. 국내산업의 생산량·가동률·재고·판매량·시장점유율·가격(가격하락 또는 인상억제의 효과를 포함한다)·이윤·생산성·투자수익·현금수지·고용·임금·성장·자본조달·투자능력·기술개발
5. 제1호 및 제2호의 내용이 국내산업에 미치는 실재적 또는 잠재적 영향

실질적인 피해 등을 조사·판정하는 경우 실질적 피해등을 받을 우려가 있는지에 관한 판정은 다음의 사항을 포함한 사실에 근거를 두어야 하며, 덤핑물품으로 인한 피해는 명백히 예견되고 급박한 것이어야 한다.(영 제63조 제2항)

1. 실질적인 수입증가의 가능성을 나타내는 덤핑물품의 현저한 증가율
2. 우리나라에 덤핑수출을 증가시킬 수 있는 생산능력의 실질적 증가(다른 나라에의 수출가능성을 감안한 것이어야 한다)
3. 덤핑물품의 가격이 동종물품의 가격을 하락 또는 억제시킬 수 있는지 여부 및 추가적인 수입수요의 증대 가능성
4. 덤핑물품의 재고 및 동종물품의 재고상태

무역위원회는 제1항의 규정에 의하여 실질적 피해등의 사실을 조사·판정함에 있어 2 이상의 국가로부터 수입된 물품이 동시에 조사대상물품이 되고 다음 각 호에 모두 해당하는 경우에는 그 수입으로부터의 피해를 누적적으로 평가할 수 있다.(영 제63조 제3항)

1. 덤핑차액 및 덤핑물품의 수입량이 기획재정부령이 정하는 기준에 해당하는 경우
2. 덤핑물품이 상호 경쟁적이고 국내 동종물품과 경쟁적인 경우

---

③ 우리나라에 덤핑수출을 증가시킬 수 있는 생산능력의 실질적 증가는 판정의 근거기준이 될 수 있으나, 우리나라로 덤핑수출하는 수출국으로 수입되는 물량의 실질적 증가율은 우리나라의 덤핑으로 인한 피해 판정의 근거가 아니다.

19 관세법령상 내용으로 옳지 않은 것은? 2013 관세직 9급

① 관세의 분할납부를 승인받은 물품을 동일한 용도로 사용하려는 자에게 양도한 경우에는 그 양수인이 관세를 납부하여야 하며, 해당 용도 외의 다른 용도로 사용하려는 자에게 양도한 경우에는 그 양도인이 관세를 납부하여야 한다. 이 경우 양도인으로부터 해당 관세를 징수할 수 없을 때에는 그 양수인으로부터 징수한다.

② 보세판매장의 운영인은 보세판매장에서 물품을 판매하는 때에는 판매사항 · 구매자 인적사항 기타 필요한 사항을 관세청장이 정하는 바에 따라 기록 · 유지하여야 한다.

③ 국경을 출입하려는 도로차량의 운전자는 해당 도로차량이 국경을 출입할 수 있음을 증명하는 서류를 세관장으로부터 발급받아야 한다.

④ 덤핑방지관세의 부과 여부를 결정하기 위하여 예비조사를 한 결과 해당 물품에 대한 덤핑사실 및 그로 인한 실질적 피해 등의 사실이 있는 것으로 판정된 경우 해당 물품의 수입자 또는 기획재정부장관은 대통령령으로 정하는 바에 따라 덤핑으로 인한 피해가 제거될 정도의 가격수정이나 덤핑수입의 중지에 관한 약속을 제의할 수 있다.

해설 **관세법 제54조(덤핑방지관세와 관련된 약속의 제의)**
덤핑방지관세의 부과 여부를 결정하기 위하여 예비조사를 한 결과 해당 물품에 대한 덤핑 사실 및 그로 인한 실질적 피해등의 사실이 있는 것으로 판정된 경우 해당 물품의 수출자 또는 기획재정부장관은 대통령령으로 정하는 바에 따라 덤핑으로 인한 피해가 제거될 정도의 가격수정이나 덤핑수출의 중지에 관한 약속을 제의할 수 있다.(법 제54조 제1항)

---

④ 덤핑방지관세에 대한 약속을 제의할 수 있는 주체는 "수출자" 및 "기획재정부장관"이다.
① (법 제107조)
② (영 제213조)
③ (법 제152조)

20 관세법상 덤핑방지관세에 관한 설명으로 옳지 않은 것은? 2024 관세사

① 기획재정부장관은 덤핑방지관세를 부과할 때 관련 산업의 경쟁력 향상, 국내 시장구조, 물가안정, 통상협력 등을 고려할 필요가 있는 경우에는 이를 조사하여 반영할 수 있다.

② 덤핑방지관세의 부과와 잠정조치는 각각의 조치일 이후 수입되는 물품에 대하여 적용되나, 잠정조치가 적용된 물품에 대하여 국제협약에서 달리 정하는 경우에는 그 물품에 대하여도 덤핑방지관세를 부과할 수 있다.

③ 기획재정부장관은 필요하다고 인정될 때에는 대통령령으로 정하는 바에 따라 덤핑방지조치에 대하여 재심사를 할 수 있다.

④ 기획재정부장관은 덤핑방지조치에 대한 재심사에 필요한 사항으로서 덤핑방지조치 물품의 수입 및 징수실적 등 대통령령으로 정하는 사항을 조사할 수 있다.

⑤ 덤핑방지조치는 기획재정부령으로 그 적용시한을 따로 정하는 경우를 제외하고는 해당 덤핑방지조치의 시행일부터 3년이 지나면 그 효력을 잃는다.

정답 18. ③ 19. ④ 20. ⑤

해설 ⑤ 덤핑방지조치는 기획재정부령으로 그 적용시한을 따로 정하는 경우를 제외하고는 해당 덤핑방지조치의 시행일부터 5년이 지나면 그 효력을 잃으며, 덤핑과 산업피해를 재심사하고 그 결과에 따라 내용을 변경할 때에는 기획재정부령으로 그 적용시한을 따로 정하는 경우를 제외하고는 변경된 내용의 시행일부터 5년이 지나면 그 효력을 잃는다. 다만, 대통령령으로 정하는 사유로 재심사하는 경우에는 재심사가 끝나기 전에 해당 덤핑방지조치의 적용시한이 종료되더라도 재심사기간 동안 그 덤핑방지조치는 효력을 잃지 아니한다.(법 제56조 제3항)

21 관세법령상 덤핑방지관세부과를 위한 공청회에 관한 설명으로 옳은 것은? 2021 관세사

□□□

① 무역위원회가 공청회를 개최하는 때에는 그 결과를 관세청장에게 통보하여야 한다.
② 관세청장이 공청회를 개최하고자 하는 때에는 공청회 개최일 30일 이전에 공고하여야 한다.
③ 신청인이 공청회에서 진술하는 때에는 한국어와 신청인 또는 이해관계자의 모국어를 동시에 사용하여야 한다.
④ 공청회에 참가하는 자는 공청회에서 진술한 내용과 관련되는 보완자료를 공청회 종료 후 7일 이내에 기획재정부장관 및 무역위원회에 서면으로 제출할 수 있다.
⑤ 신청인은 공청회에 대리인과 공동으로 참가하여 진술할 수 있지만, 이해관계인은 반드시 본인이 직접 참석하여 진술하여야 한다.

해설 **관세법 시행규칙 제16조(덤핑방지관세부과를 위한 공청회)**
공청회에 참가하는 자는 공청회에서 진술한 내용과 관련되는 보완자료를 공청회 종료 후 7일 이내에 기획재정부장관 및 무역위원회에 서면으로 제출할 수 있다.(규칙 제16조 제5항)

---

① 무역위원회는 공청회를 개최하는 때에는 그 계획 및 결과를 기획재정부장관에게 통보해야 한다.(규칙 제16조 제1항)
② 기획재정부장관 및 무역위원회는 공청회를 개최하고자 하는 때에는 신청인 및 이해관계인에게 공청회의 일시 및 장소를 개별통지하고, 관보 등 적절한 방법으로 공청회 개최일 30일 이전에 공고하여야 한다. 다만, 사안이 시급하거나 조사일정상 불가피한 때에는 7일 이전에 알려줄 수 있다.(규칙 제16조 제2항)
③ 신청인 또는 이해관계인은 공청회에서 진술하는 때에는 한국어를 사용하여야 한다.(규칙 제16조 제6항)
⑤ 신청인 또는 이해관계인은 공청회에 대리인과 공동으로 참가하여 진술하거나 필요한 때에는 대리인으로 하여금 진술하게 할 수 있다.(규칙 제16조 제4항)

22 □□□ **보조금등을 받은 물품의 수입 및 실질적 피해 등의 조사와 관련한 설명 중 잘못된 것은?**

2006 관세사

① 무역위원회는 상계관세의 부과에 관한 사항과 조사개시의 결정에 관한 사항이 관보에 게재된 날부터 3개월 이내에 보조금 등을 받은 물품의 수입사실 및 그로 인한 실질적 피해 등의 사실이 있다고 추정되는 충분한 증거가 있는지에 관한 예비조사를 하여 그 결과를 기획재정부장관에게 제출하여야 한다.

② 기획재정부장관은 예비조사결과가 제출된 날부터 1개월 이내에 잠정상계관세 부과 조치의 필요여부 및 내용에 관한 사항을 결정하여야 한다.

③ 무역위원회는 기획재정부령으로 정하는 특별한 사유가 없는 한 예비조사결과를 제출한 날의 다음 날부터 본조사를 개시하여야 한다.

④ 무역위원회는 조사와 관련하여 조사기간을 연장할 필요가 있거나 이해관계인이 정당한 사유를 제시하여 조사기간의 연장을 요청한 때에는 3개월의 범위에서 그 조사기간을 연장할 수 있다.

⑤ 기획재정부장관은 조사개시의 결정에 관한 사항을 관보에 게재한 날부터 1년 이내에 상계관세의 부과조치를 하여야 한다. 다만, 특별한 사유가 있다고 인정되는 때에는 관보게재일부터 18월 이내에 상계관세의 부과조치를 할 수 있다.

해설 **관세법 시행령 제75조(보조금등을 받은 물품의 수입 및 실질적 피해등의 조사)**
무역위원회는 예비조사 및 본조사 규정에 의한 조사와 관련하여 조사기간을 연장할 필요가 있거나 이해관계인이 정당한 사유를 제시하여 조사기간의 연장을 요청하는 때에는 2월의 범위내에서 그 조사기간을 연장할 수 있다.
(영 제75조 제6항)

---

① (영 제75조 제2항)
② (영 제75조 제3항)
③ (영 제75조 제5항)
⑤ (영 제75조 제7항)

23 □□□ **관세법상 보조금등의 특정성과 범위에 관한 설명으로 옳지 않은 것은?**

2014 관세사

① 특정성이라 함은 보조금등이 특정기업이나 산업 또는 특정기업군이나 산업군에 지급되는 경우를 말한다.

② 보조금등이 일부 기업 등에 대하여 제한적으로 지급되는 경우, 특정성이 있는 것으로 본다.

③ 보조금등의 금액은 수혜자가 실제로 받는 혜택을 기준으로 하여 기획재정부령이 정하는 바에 따라 계산한다.

④ 보조금등이 제한된 수의 기업 등에 의하여 사용되어지는 경우, 특정성이 없는 것으로 본다.

⑤ 지분참여의 경우 당해 지분참여와 통상적인 투자와의 차이에 의하여 발생하는 금액 상당액을 기준으로 하여 보조금등의 금액을 산정한다.

정답 21. ④ 22. ④ 23. ④

해 설 관세법 시행규칙 제21조(보조금등의 범위)

보조금등이 다음에 해당되는 경우 특정성이 있는 것으로 본다.(규칙 제21조 제2항)
1. 보조금등이 일부 기업 등에 대하여 제한적으로 지급되는 경우
2. 보조금등이 제한된 수의 기업 등에 의하여 사용되어지는 경우
3. 보조금등이 특정한 지역에 한정되어 지급되는 경우
4. 기타 국제협약에서 인정하고 있는 특정성의 기준에 부합되는 경우

---

① (영 제72조 제2항)
② (규칙 제21조 제2항)
③ (영 제72조 제3항)
⑤ (규칙 제21조 제3항)

24 「관세법」상 상계관세에 대한 설명으로 옳은 것은? 2016 관세직 7급

① 기획재정부장관은 국내산업의 보호를 위하여 상계관세의 부과 여부를 결정하기 위한 조사가 종결되기전이라도 그 물품의 수출자 또는 수출국 및 기간을 정하여 보조금등의 추정액에 상당하는 금액 이상의 잠정상계관세를 부과하도록 명하거나 담보를 제공하도록 명하는 조치를 할 수 있다.
② 상계관세의 부과와 잠정조치는 각각의 조치일 이후 수입되는 물품에 대하여 적용된다. 다만, 잠정조치가 적용된 물품에 대하여 국내법에서 달리 정하고 있는 경우와 그 밖에 대통령령으로 정하는 경우에는 그 물품에 대하여도 상계관세를 부과할 수 있다.
③ 상계관세와 관련된 약속이 수락된 경우 기획재정부장관은 잠정조치 또는 상계관세의 부과 없이 조사가 중지 또는 종결되도록 하여야 한다. 다만, 기획재정부장관이 필요하다고 인정하거나 수출자가 피해 조사를 계속하여 줄 것을 요청한 경우에는 그 조사를 계속할 수 있다.
④ 상계관세의 부과나 「관세법」 제60조(상계관세와 관련된 약속의 제의)에 따라 수락된 약속은 기획재정부령으로 그 적용시한을 따로 정하는 경우를 제외하고는 해당 상계관세 또는 약속의 시행일부터 5년이 지나면 그 효력을 잃는다.

해 설 관세법 제62조(상계관세에 대한 재심사 등)

상계조치는 기획재정부령으로 그 적용시한을 따로 정하는 경우를 제외하고는 해당 상계조치의 시행일부터 5년이 지나면 그 효력을 잃으며, 보조금등의 지급과 산업피해를 재심사하고 그 결과에 따라 내용을 변경할 때에는 기획재정부령으로 그 적용시한을 따로 정하는 경우를 제외하고는 변경된 내용의 시행일부터 5년이 지나면 그 효력을 잃는다. 다만, 대통령령으로 정하는 사유로 재심사하는 경우에는 재심사가 끝나기 전에 해당 상계조치의 적용시한이 종료되더라도 재심사기간 동안 그 상계조치는 효력을 잃지 아니한다.(법 제62조 제3항)

---

① 기획재정부장관은 국내산업의 보호를 위하여 상계관세의 부과 여부를 결정하기 위한 조사가 종결되기 전이라도 그 물품의 수출자 또는 수출국 및 기간을 정하여 보조금등의 추정액에 상당하는 금액 이하의 잠정상계관세를 부과하도록 명하거나 담보를 제공하도록 명하는 조치를 할 수 있다.(법 제59조 제1항)
② 상계관세의 부과와 잠정조치는 각각의 조치일 이후 수입되는 물품에 대하여 적용된다. 다만, 잠정조치가 적용된 물품에 대하여 국제협약에서 달리 정하고 있는 경우와 그 밖에 대통령령으로 정하는 경우에는 그 물품에 대하여도 상계관세를 부과할 수 있다.(법 제61조)
③ 약속이 수락된 경우 기획재정부장관은 잠정조치 또는 상계관세의 부과 없이 조사가 중지 또는 종결되도록 하여야 한다. 다만, 기획재정부장관이 필요하다고 인정하거나 수출국 정부가 피해 조사를 계속하여 줄 것을 요청한 경우에는 그 조사를 계속할 수 있다.(법 제60조 제2항)

25 관세법령상의 내용으로 옳지 않은 것은? 2016 관세직 9급

□□□

① 「관세법 시행령」 제249조(입항전 수입신고) 제1항에도 불구하고, 수입신고하는 때와 우리나라에 도착하는 때의 물품의 성질과 수량이 달라지는 물품으로서 관세청장이 정하는 물품은 해당 물품을 적재한 선박등이 우리나라에 도착된 후에 수입 신고하여야 한다.

② 「관세법」 제187조(보세공장 외 작업 허가) 제1항에 따라 허가를 받아 지정된 장소에 반입된 외국물품은 지정된 기간이 만료될 때까지의 보세공장에 있는 것으로 본다.

③ 외국에서 수출보조금을 받은 물품의 수입으로 인하여 국내 산업의 발전이 실질적으로 지연된 것으로 확인되어 해당 국내 산업을 보호할 필요가 있는 경우에는 100분의 100에서 해당 물품의 기본세율을 뺀 율을 기본세율에 더한 율의 범위에서 조정관세를 부과할 수 있다.

④ 지방자치단체가 직접 수입하는 물품에 대하여는 체납된 관세에 대하여 「관세법」에 따른 가산세를 징수하지 아니한다.

해설 ③ 외국에서 수출보조금을 받은 물품의 수입으로 인하여 국내 산업의 발전이 실질적으로 지연된 것으로 확인되어 해당 국내 산업을 보호할 필요가 있는 경우 보조금 등의 금액 이하의 관세를 추가하여 상계관세를 부과한다.

① (영 제249조 제3항)

② (법 제187조 제5항)

④ (법 제42조의2 제1항)

26 관세법령상 관세환급금과 상계관세에 대한 설명으로 옳지 않은 것은? 2021 관세직 7급

□□□

① 관세환급금의 환급은 「국가재정법」 제17조에도 불구하고 대통령령으로 정하는 바에 따라 「한국은행법」에 따른 한국은행의 해당 세관장의 소관 세입금에서 지급하며, 납세의무자의 관세환급금에 관한 권리는 대통령령으로 정하는 바에 따라 제3자에게 양도할 수 있다.

② 세관장은 납세의무자가 관세·가산세 또는 강제징수비로 납부한 금액 중 잘못 납부하거나 초과하여 납부한 금액의 환급을 청구할 때에는 대통령령으로 정하는 바에 따라 지체 없이 이를 관세환급금으로 결정하고 30일 이내에 환급하여야 하며, 세관장이 확인한 관세환급금은 납세의무자가 환급을 청구하지 아니하더라도 환급하여야 한다.

③ 상계관세의 부과나 「관세법」 제60조(상계관세와 관련된 약속의 제의)에 따라 수락된 약속은 대통령령으로 그 적용시한을 따로 정하는 경우를 제외하고는 해당 상계관세의 시행일 또는 약속한 날의 다음날로부터 5년이 지나면 그 효력을 잃는다.

④ 「관세법」 제57조(상계관세의 부과대상)의 규정에 의하여 상계관세를 부과하는 경우 상계관세는 보조금등의 금액을 과세가격으로 나누어 여기에 100을 곱하여 산정된 보조금률의 범위안에서 결정한 율을 과세가격에 곱하여 산출한다.

해설 **관세법 제62조(상계관세에 대한 재심사 등)**

상계조치는 기획재정부령으로 그 적용시한을 따로 정하는 경우를 제외하고는 해당 상계조치의 시행일부터 5년이 지나면 그 효력을 잃으며, 보조금등의 지급과 산업피해를 재심사하고 그 결과에 따라 내용을 변경할 때에는 기획재정부령으로 그 적용시한을 따로 정하는 경우를 제외하고는 변경된 내용의 시행일부터 5년이 지나면 그 효력을 잃는다. 다만, 대통령령으로 정하는 사유로 재심사하는 경우에는 재심사가 끝나기 전에 해당 상계조치의 적용시한이 종료되더라도 재심사기간 동안 그 상계조치는 효력을 잃지 아니한다.(법 제62조 제3항)

정답 24. ④ 25. ③ 26. ③

① (법 제46조 제3항, 제4항)
② (법 제46조 제1항)
④ (규칙 제29조 제1항)

27 □□□ **관세법상 보복관세와 편익관세에 대한 설명으로 옳지 않은 것은?** 2019 관세직 7급

① 교역상대국이 우리나라에 수출하는 특정 물품에 대하여 무역에 관한 국제협정에 규정된 우리나라의 권익을 부인하는 경우에는 그 나라로부터 수입되는 물품에 대하여 피해상당액의 범위에서 보복관세를 부과할 수 있다.

② 보복관세를 부과하여야 하는 대상 국가, 물품, 수량, 세율, 적용시한, 그 밖에 필요한 사항은 대통령령으로 정한다.

③ 기획재정부장관은 보복관세를 부과할 때 필요하다고 인정되는 경우에는 관련 국제기구 또는 당사국과 미리 협의할 수 있다.

④ 기획재정부장관은 편익관세의 적용으로 국민경제에 중대한 영향이 초래되는 경우에는 국가, 물품 및 기간을 지정하여 편익관세의 적용을 정지시킬 수 있다.

해설 **관세법 제63조(보복관세의 부과대상)**

교역상대국이 우리나라의 수출물품 등에 대하여 다음 각 호의 어느 하나에 해당하는 행위를 하여 우리나라의 무역이익이 침해되는 경우에는 그 나라로부터 수입되는 물품에 대하여 피해상당액의 범위에서 관세를 부과할 수 있다. (법 제63조 제1항)

1. 관세 또는 무역에 관한 국제협정이나 양자 간의 협정 등에 규정된 우리나라의 권익을 부인하거나 제한하는 경우
2. 그 밖에 우리나라에 대하여 부당하거나 차별적인 조치를 하는 경우

* 보복관세는 우리나라의 수출물품에 대하여 부당한 차별대우를 하는 국가로부터 수입되는 물품에 대하여 불공정 무역을 시정하기 위해 부과하는 관세이다.

28 □□□ **관세법상 특정물품의 수입증가로 인하여 동종물품 또는 직접적인 경쟁관계에 있는 물품을 생산하는 국내산업이 심각한 피해를 받거나 받을 우려가 있음이 조사를 통하여 확인되고 해당 국내산업을 보호할 필요가 있다고 인정되는 경우, 해당 물품에 대하여 심각한 피해 등을 방지하거나 치유하고 조정을 촉진하기 위하여 필요한 범위에서 추가하여 부과할 수 있는 관세는?** 2017 관세직 9급

① 조정관세 ② 덤핑방지관세
③ 보복관세 ④ 긴급관세

해설 **관세법 제65조(긴급관세의 부과대상 등)**

특정물품의 수입증가로 인하여 동종물품 또는 직접적인 경쟁관계에 있는 물품을 생산하는 국내산업이 심각한 피해를 받거나 받을 우려가 있음이 조사를 통하여 확인되고 해당 국내산업을 보호할 필요가 있다고 인정되는 경우에는 해당 물품에 대하여 심각한 피해등을 방지하거나 치유하고 조정을 촉진하기 위하여 필요한 범위에서 관세를 추가하여 부과할 수 있다. (법 제65조 제1항)

29 관세법상 긴급관세에 관한 설명으로 옳지 않은 것은? 2016 관세사

□□□

① 긴급관세 또는 잠정긴급관세를 부과하여야 하는 대상 물품, 세율, 적용기간, 수량, 수입관리방안, 그 밖에 필요한 사항은 대통령령으로 정한다.

② 기획재정부장관은 긴급관세를 부과하는 경우에는 이해당사국과 긴급관세부과의 부정적 효과에 대한 적절한 무역보상방법에 관하여 협의할 수 있다.

③ 기획재정부장관은 특정국물품 긴급관세를 부과할 때에는 이해당사국과 해결책을 모색하기 위하여 사전 협의를 할 수 있다.

④ 기획재정부장관은 필요하다고 인정되는 때에는 긴급관세의 부과결정에 대하여 재심사를 할 수 있으며, 재심사결과에 따라 부과내용을 변경할 수 있다. 이 경우 변경된 내용은 최초의 조치내용보다 더 강화되어서는 아니 된다.

⑤ 긴급관세는 해당 국내산업의 보호 필요성, 국제통상관계, 긴급관세 부과에 따른 보상 수준 및 국민경제 전반에 미치는 영향 등을 검토하여 부과 여부와 그 내용을 결정한다.

해설 **관세법 제65조(긴급관세의 부과대상 등)**

긴급관세 또는 잠정긴급관세를 부과하여야 하는 대상 물품, 세율, 적용기간, 수량, 수입관리방안, 그 밖에 필요한 사항은 기획재정부령으로 정한다.(법 제65조 제6항)

30 관세법령상 긴급관세의 부과대상 등에 관한 설명으로 옳은 것은? 2019 관세사

□□□

① 관세청장은 긴급관세 또는 잠정긴급관세의 부과 여부를 결정하기 위하여 필요하다고 인정되는 경우에는 관계 행정기관의 장 및 이해관계인 등에게 관련 자료의 제출 등 필요한 협조를 요청할 수 있다.

② 관세청장은 긴급관세를 부과하는 경우에는 이해당사국과 긴급관세부과의 부정적 효과에 대한 적절한 무역보상방법에 관하여 협의를 하여야 한다.

③ 긴급관세의 부과와 잠정긴급관세의 부과는 각각의 부과조치 결정 시행일 이후 수입되는 물품에 한정하여 적용한다.

④ 긴급관세의 부과기간은 3년을 초과할 수 없으며, 잠정긴급관세는 300일을 초과하여 부과할 수 없다.

⑤ 잠정긴급관세를 부과하여야 하는 대상 물품은 대통령령으로 정한다.

해설 ① 관세청장 → 기획재정부장관(법 제65조 제7항)
② 관세청장 → 기획재정부장관(법 제65조 제3항)
④ 긴급관세의 부과기간은 4년을 초과할 수 없으며, 잠정긴급관세는 200일을 초과하여 부과할 수 없다.(법 제65조 제5항)
⑤ 잠정긴급관세를 부과하여야 하는 대상 물품은 기획재정부령으로 정한다.(법 제65조 제6항)

정답 27. ① 28. ④ 29. ① 30. ③

구분	긴급관세	잠정긴급관세
부과여부결정기간	부과건의가 접수된 날부터 1개월 이내 (협의기간 불포함)	부과건의가 접수된 날부터 1개월 이내 (20일 범위 내 연장 가능)
부과기간	4년(최대 8년)	200일
부과시기	부과조치 결정 시행일 이후 수입되는 물품에 적용	

31 □□□ **관세법령상 내용으로 옳지 않은 것은?** 2021 관세직 9급

① 관세범에 관하여는「관세법」에 특별한 규정이 있는 것을 제외하고는「형사소송법」을 준용한다.
② 「관세법」에 따른 가산세는 관세의 세목으로 한다.
③ 「관세법」 제183조(보세창고) 제2항에 따른 내국물품으로서 장치기간이 지난 물품은 그 기간이 지난 후 10일 내에 그 운영인의 책임으로 반출하여야 한다.
④ 「관세법」 제65조(긴급관세의 부과대상 등) 제1항의 규정에 의한 긴급관세의 부과여부 및 그 내용은 무역위원회의 부과건의가 접수된 날부터 10일 이내에 결정하여야 한다.

해설 **관세법 시행령 제87조(긴급관세의 부과)**
긴급관세의 부과여부 및 그 내용은 무역위원회의 부과건의가 접수된 날부터 1월 이내에 결정하여야 한다. 다만, 주요이해당사국과 긴급관세의 부과에 관한 협의 등을 하기 위하여 소요된 기간은 이에 포함되지 아니한다.

32 □□□ **관세법령상 세율의 적용과 잠정조치 등에 대한 설명으로 옳지 않은 것은?** 2021 관세직 7급

① 국내시장 개방과 함께 기본세율보다 높은 세율로 양허한 농림축산물 중 대통령령으로 정하는 물품에 대하여 양허한 세율(시장접근물량에 대한 양허세율을 포함)은 기본세율 및 잠정세율에 우선하여 적용한다.
② 「관세법」 제66조(잠정긴급관세의 부과 등) 제1항의 규정에 의한 잠정긴급관세의 부과여부 및 그 내용은 관세청장의 부과건의가 접수된 날부터 1월 이내에 무역위원회가 결정하여야 한다.
③ 「관세법」 제53조(덤핑방지관세를 부과하기 전의 잠정조치) 제1항의 규정에 의한 잠정조치는 예비조사결과 덤핑사실 및 그로 인한 실질적 피해등의 사실이 있다고 추정되는 충분한 증거가 있다고 판정된 경우로서 당해 조사의 개시 후 최소한 60일이 경과된 날 이후부터 적용할 수 있다.
④ 조약에 따라 우리나라가 양허한 품목에 대하여 그 양허를 철회한 경우에는 해당 조약에 따라 철회의 효력이 발생한 날부터 「관세법」에 따른 세율을 적용한다.

해설 **관세법 시행령 제88조(잠정긴급관세의 부과 등)**
잠정긴급관세의 부과여부 및 그 내용은 무역위원회의 부과건의가 접수된 날부터 1월 이내에 (기획재정부장관은)결정하여야 한다. 다만, 기획재정부장관은 필요하다고 인정하는 경우에는 20일의 범위 내에서 그 결정기간을 연장할 수 있다.(영 제88조 제1항)

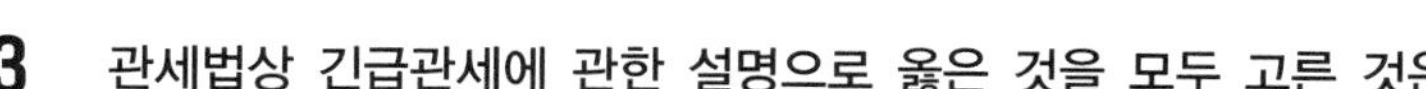

33 관세법상 긴급관세에 관한 설명으로 옳은 것을 모두 고른 것은? 2023 관세사

□□□

ㄱ. 긴급관세의 부과 또는 수입수량제한등의 조치 여부를 결정한 때에는 잠정긴급관세의 부과를 중단한다.
ㄴ. 긴급관세의 부과는 부과조치 결정 시행일부터 3개월 이전에 수입된 물품에 소급하여 적용한다.
ㄷ. 긴급관세에 대한 재심사 결과에 따라 부과내용이 변경될 수 있으며, 이 경우 변경된 내용은 최초의 조치내용보다 강화될 수 있다.

① ㄱ ② ㄴ
③ ㄱ, ㄴ ④ ㄴ, ㄷ
⑤ ㄱ, ㄴ, ㄷ

해설 ㄱ. 긴급관세의 부과 또는 수입수량제한등의 조치 여부를 결정한 때에는 제1항에 따른 잠정긴급관세의 부과를 중단한다.(법 제66조 제2항)
ㄴ. 긴급관세의 부과와 제66조제1항에 따른 잠정긴급관세의 부과는 각각의 부과조치 결정 시행일 이후 수입되는 물품에 한정하여 적용한다.(법 제65조 제4항)
ㄷ. 기획재정부장관은 필요하다고 인정되는 때에는 긴급관세의 부과결정에 대하여 재심사를 할 수 있으며, 재심사결과에 따라 부과내용을 변경할 수 있다. 이 경우 변경된 내용은 최초의 조치내용보다 더 강화되어서는 아니된다.(법 제67조)

34 관세법상 긴급관세부과에 관한 설명으로 옳지 않은 것은? 2015 관세사

□□□

① 긴급 관세의 부과기간은 5년을 초과할 수 없으며, 잠정긴급관세는 200일을 초과하여 부과할 수 없다. 다만, 재심사의 결과에 따라 부과기간을 연장하는 경우에는 총 적용기간은 8년을 초과할 수 없다.
② 긴급관세는 해당 국내산업의 보호 필요성, 국제통상관계, 긴급관세 부과에 따른 보상 수준 및 국민경제 전반에 미치는 영향 등을 검토하여 부과 여부와 그 내용을 결정한다.
③ 특정물품의 수입증가로 인하여 동종물품 또는 직접적인 경쟁관계에 있는 물품을 생산하는 국내산업이 심각한 피해를 받거나 받을 우려가 있음이 조사를 통하여 확인되고 해당 국내산업을 보호할 필요가 있다고 인정되는 경우에는 해당 물품에 대하여 심각한 피해 등을 방지하거나 치유하고 조정을 촉진하기 위하여 필요한 범위에서 관세를 추가하여 부과할 수 있다.
④ 긴급관세의 부과와 잠정긴급관세의 부과는 각각의 부과조치 결정 시행일 이후 수입되는 물품에 한정하여 적용한다.
⑤ 기획재정부장관은 긴급관세를 부과하는 경우에는 이해당사국과 긴급관세부과의 부정적 효과에 대한 적절한 무역보상방법에 관하여 협의를 할 수 있다.

해설 **관세법 제65조(긴급관세의 부과대상 등)**
긴급관세의 부과기간은 4년을 초과할 수 없으며, 잠정긴급관세는 200일을 초과하여 부과할 수 없다. 다만, 재심사의 결과에 따라 부과기간을 연장하는 경우에는 잠정긴급관세의 부과기간, 긴급관세의 부과기간, 「대외무역법」 제39조 제1항에 따른 수입수량제한 등의 적용기간 및 그 연장기간을 포함한 총 적용기간은 8년을 초과할 수 없다.

정답 31. ④ 32. ② 33. ① 34. ①

35 관세법령상 내용으로 옳은 것은? 2019 관세직 7급

□□□

① 세관장은 보조금을 받은 물품의 수입으로 인하여 국내산업에 피해가 발생할 우려가 있다고 판단될 때에는 담보를 제공하도록 명하는 조치를 할 수 있다.

② 기획재정부장관은 해당 물품에 대한 덤핑이 있다고 추정되는 경우 덤핑방지관세 부과 여부를 결정하기 위한 조사가 시작되기 전에도 추계된 덤핑차액을 잠정덤핑방지관세로 부과할 수 있다.

③ 교역상대국이 차별적인 조치를 하여 우리나라의 무역이익에 실질적 피해등이 있다고 추정되는 증거가 있는 경우 보복관세 부과 여부 결정을 위한 조사가 종결되기 전이라도 피해상당액의 범위에서 잠정보복관세를 부과할 수 있다.

④ 대외무역법에 따른 수입수량제한등의 조치 여부를 결정한 때에는 관세법 제66조 제1항에 따른 잠정긴급관세의 부과를 중단한다.

해설 **관세법 제66조(잠정긴급관세의 부과 등)**

긴급관세의 부과 또는 수입수량제한등의 조치 여부를 결정한 때에는 잠정긴급관세의 부과를 중단한다.(법 제66조 제2항)

---

① 기획재정부장관은 상계관세의 부과 여부를 결정하기 위하여 조사가 시작된 물품이 보조금등을 받아 수입되어 국내산업에 실질적 피해등이 발생한 사실이 있다고 추정되는 충분한 증거가 있음이 확인되는 경우 국내산업의 보호를 위하여 조사가 종결되기 전이라도 그 물품의 수출자 또는 수출국 및 기간을 정하여 보조금등의 추정액에 상당하는 금액 이하의 잠정상계관세를 부과하도록 명하거나 담보를 제공하도록 명하는 조치를 할 수 있다.

② 기획재정부장관은 덤핑방지관세의 부과 여부를 결정하기 위하여 조사가 시작된 경우로서 조사기간 중에 발생하는 피해를 방지하기 위하여 해당 조사가 종결되기 전이라도 그 물품과 공급자 또는 공급국 및 기간을 정하여 잠정적으로 추계된 덤핑차액에 상당하는 금액 이하의 잠정덤핑방지관세를 추가하여 부과하도록 명하거나 담보를 제공하도록 명하는 조치를 할 수 있다.

③ 보복관세는 부과를 위해 조사를 거쳐야 하는 것은 아니며 따라서 조사기간 중 발생하는 피해를 방지하기 위한 잠정보복관세 규정 또한 없다.

36 특정국물품 긴급관세의 부과에 대한 설명으로 옳지 않은 것은? 2014 관세직 7급

□□□

① 특정국물품 긴급관세는 해당 물품의 수입 증가가 국내시장의 교란 또는 교란우려의 중대한 원인이 되는 경우에 부과한다.

② '국내시장의 교란 또는 교란우려'란 특정국물품의 수입증가로 인하여 동종물품 또는 직접적인 경쟁관계에 있는 물품을 생산하는 국내 산업이 실질적 피해를 받거나 받을 우려가 있는 경우를 말한다.

③ 특정국물품 긴급관세 부과의 원인이 된 세계무역기구 회원국의 조치가 종료된 때에는 그 종료일부터 30일 이내에 특정국물품 긴급관세 부과를 중지하여야 한다.

④ 특정국물품 긴급관세 또는 관세법 제67조의2 제5항에 따른 특정국물품 잠정긴급관세를 부과하여야 하는 대상 물품, 세율, 적용기간, 수량, 수입관리방안 등에 관하여 필요한 사항은 대통령령으로 정한다.

해설 **관세법 제67조의2(특정국물품 긴급관세의 부과)**

특정국물품 긴급관세 또는 특정국물품 잠정긴급관세를 부과하여야 하는 대상 물품, 세율, 적용기간, 수량, 수입관리방안 등에 관하여 필요한 사항은 기획재정부령으로 정한다.(법 제67조의2 제3항)

---

① (법 제67조의2 제1항)
② (법 제67조의2 제2항)
③ (법 제67조의2 제7항)

37 국내외 가격차에 상당한 율로 양허한 농림축산물의 수입물량이 급증하거나 수입가격이 하락하는 경우에는 대통령령으로 정하는 바에 따라 양허한 세율을 초과하여 관세를 부과할 수 있다. 이러한 관세를 무엇이라 하는가? 2013 관세사

① 긴급관세
② 특정국물품 긴급관세
③ 농림축산물에 대한 조정관세
④ 할당관세
⑤ 농림축산물에 대한 특별긴급관세

해설 **관세법 제68조(농림축산물에 대한 특별긴급관세)**
국내외 가격차에 상당한 율로 양허한 농림축산물의 수입물량이 급증하거나 수입가격이 하락하는 경우에는 대통령령으로 정하는 바에 따라 양허한 세율을 초과하여 관세를 부과할 수 있다.(법 제68조 제1항)

38 당해 연도 수입량이 기준발동물량을 초과하는 경우에는 농림축산물에 대한 특별긴급관세를 부과할 수 있다. 이때 기준발동물량은 자료입수가 가능한 최근 3년간의 평균수입량에 다음의 구분에 의한 계수(이하 '기준발동계수'라 한다)를 곱한 것과 자료입수가 가능한 최근 연도의 당해 품목 국내소비량의 그 전년도 대비 변화량을 합한 물량으로 한다. 다음 중 상기의 기준발동계수로 옳지 않은 것은? 2013 관세직 7급

① 자료입수가 가능한 최근 3년 동안의 당해 물품 국내소비량에 대한 수입량 비율(이하 '시장점유율'이라 한다)이 100분의 10 이하인 때 : 100분의 125
② 시장점유율이 100분의 10 초과 100분의 30 이하인 때 : 100분의 110
③ 시장점유율이 100분의 30을 초과하는 때 : 100분의 105
④ 시장점유율을 산정할 수 없는 때 : 100분의 105

해설 **관세법 시행령 제90조(농림축산물에 대한 특별긴급관세)**
기준발동물량은 자료입수가 가능한 최근 3년간의 평균수입량에 다음 각 호의 구분에 의한 계수를 곱한 것과 자료입수가 가능한 최근 연도의 당해 품목 국내소비량의 그 전년도대비 변화량을 합한 물량(기준발동물량)으로 한다. 다만, 기준발동물량이 최근 3년간 평균수입량의 100분의 105 미만인 경우에는 기준발동물량을 최근 3년간 평균수입량의 100분의 105로 한다.(영 제90조 제2항)

1. 자료입수가 가능한 최근 3년 동안의 당해 물품 국내소비량에 대한 수입량 비율(시장점유율)이 100분의 10 이하인 때 : 100분의 125
2. 시장점유율이 100분의 10 초과 100분의 30 이하인 때 : 100분의 110
3. 시장점유율이 100분의 30을 초과하는 때 : 100분의 105
4. 시장점유율을 산정할 수 없는 때 : 100분의 125

즉, 시장점유율이 클수록 기준발동물량은 낮아지며 시장점유율을 산정할 수 없는 때의 기준발동물량은 100분의 125이다.

정답 35. ④ 36. ④ 37. ⑤ 38. ④

39 관세법 시행령상 농림축산물에 대한 특별긴급관세의 설명으로 옳은 것은? 2017 관세직 7급

□□□

① 특별긴급관세는 당해 연도 수입량이 기준발동물량을 초과하는 경우 또는 원화로 환산한 운임 및 보험료를 포함한 해당 물품의 수입가격이 1988년부터 1990년까지의 평균수입가격의 100분의 5를 초과하여 하락하는 경우 부과할 수 있다.

② 특별긴급관세를 부과하는 경우 부패하기 쉬운 물품에 대하여는 기준발동물량을 산정함에 있어서는 3년보다 짧은 기간을 적용하거나 기준가격 산정시 다른 기간 동안의 가격을 적용하는 등 당해 물품의 특성을 고려할 수 있다.

③ 당해 연도 수입량이 기준발동물량을 초과하여 부과하는 특별긴급관세는 국내외가격차에 상당한 율인 당해 양허세율에 그 양허세율의 2분의 1까지를 추가한 세율로 부과할 수 있으며 당해 연도 말까지 수입되는 분에 대하여서만 이를 적용한다.

④ 당해 연도 수입량이 기준발동물량을 초과하여 특별긴급관세를 부과하는 경우 특별긴급관세가 부과되기전에 계약이 체결되어 운송 중에 있는 물품도 특별긴급관세 부과대상에 포함된다.

해설 **관세법 시행령 제90조(농림축산물에 대한 특별긴급관세)**

부패하기 쉽거나 계절성이 있는 물품에 대하여는 기준발동물량을 산정함에 있어서는 3년보다 짧은 기간을 적용하거나 기준가격을 산정시 다른 기간동안의 가격을 적용하는 등 당해 물품의 특성을 고려할 수 있다.(영 제90조 제5항)

---

① 특별긴급관세는 당해 연도 수입량이 기준발동물량을 초과하는 경우 또는 원화로 환산한 운임 및 보험료를 포함한 해당 물품의 수입가격이 1988년부터 1990년까지의 평균수입가격의 100분의 10을 초과하여 하락하는 경우 부과할 수 있다.(영 제90조 제1항)

③ 당해 연도 수입량이 기준발동물량을 초과하여 부과하는 특별긴급관세는 국내외가격차에 상당한 율인 당해 양허세율에 그 양허세율의 3분의 1까지를 추가한 세율로 부과할 수 있으며 당해 연도 말까지 수입되는 분에 대하여서만 이를 적용한다.(영 제90조 제3항)

④ 특별긴급관세가 부과되기 전에 계약이 체결되어 운송중에 있는 물품은 특별긴급관세 부과대상에서 제외한다. 다만, 당해 물품은 다음 해에 특별긴급관세를 부과하기 위하여 필요한 수입량에는 산입할 수 있다.(영 제90조 제7항)

40 관세법령상 농림축산물에 부과하는 특별긴급관세에 대한 설명으로 옳은 것은? 2020 관세직 7급

□□□

① 당해 연도 수입량이 기준발동물량을 초과하는 경우 국내외 가격차에 상당한 율인 당해 양허세율에서 그 양허세율의 3분의 1을 뺀 세율로 부과할 수 있다.

② 기준가격과 대비한 수입가격 하락률이 100분의 10 초과 100분의 40 이하인 때에는 국내외가격차에 상당한 율인 해당 양허세율에 따른 관세에 기준가격×(하락률−10퍼센트포인트)×30퍼센의 금액을 추가하여 부과할 수 있다.

③ 관세법 시행령 제90조 제1항의 규정을 적용함에 있어서 부패하기 쉽거나 계절성이 있는 물품에 대하여는 기준발동물량을 산정함에 있어서 3년보다 짧은 기간을 적용하거나 기준가격을 산정시 다른 기간동안의 가격을 적용하는 등 당해 물품의 특성을 고려할 수 있다.

④ 관세법 제73조의 규정에 의하여 국제기구와 관세에 관한 협상에서 양허된 시장접근물량으로 수입되는 물품은 특별긴급관세 부과대상에 포함하지만, 그 물품은 특별긴급관세의 부과를 위한 수입량을 산정하는 때에는 이를 제외한다.

해설 ① 물량기준으로 특별긴급관세를 부과하는 경우 당해 양허세율에서 그 양허세율의 3분의 1까지를 추가한 세율로 부과할 수 있다.(영 제90조 제3항)

② 가격기준으로 특별긴급관세를 부과하는 경우에는 국내외가격차에 상당한 율인 해당 양허세율에 따른 관세에 다음 표의 금액을 추가하여 부과할 수 있다. 다만, 수입량이 감소하는 경우에는 기획재정부령으로 정하는 바에 따라 다음 표에 따른 특별긴급관세를 부과하지 않을 수 있다.(영 제90조 제4항)

기준가격과 대비한 수입가격하락률이 100분의 10초과 100분의 40 이하인 때
→ 기준가격×(하락률 − 10퍼센트포인트)×30퍼센트

기준가격과 대비한 수입가격하락률이 100분의 40초과 100분의 60 이하인 때
→ 기준가격×[9퍼센트 + (하락률 − 40퍼센트포인트)×50퍼센트]

기준가격과 대비한 수입가격하락률이 100분의 60초과 100분의 75이하인 때
→ 기준가격×[19퍼센트 + (하락률 − 60퍼센트포인트)×70퍼센트]

기준가격과 대비한 수입가격하락률이 100분의 75를 초과한 때
→ 기준가격×[29.5퍼센트 + (하락률 − 75퍼센트포인트)×90퍼센트]

④ 양허된 시장접근물량으로 수입되는 물품은 특별긴급관세 부과대상에서 제외한다. 다만, 그 물품은 특별긴급관세의 부과를 위하여 수입량을 산정하는 때에는 이를 산입한다.(영 제90조 제6항)

41 관세법령상 세율의 조정에 관한 설명으로 옳지 않은 것은? 2018 관세사

□□□

① 계절에 따라 가격의 차이가 심한 물품으로서 동종물품·유사물품 또는 대체물품의 수입으로 인하여 국내시장이 교란되거나 생산 기반이 붕괴될 우려가 있을 때에는 계절에 따라 해당 물품의 국내외 가격차에 상당하는 율의 범위에서 기본세율보다 높게 관세를 부과하거나 100분의 40의 범위의 율을 기본세율에서 빼고 관세를 부과할 수 있다.

② 기획재정부장관은 필요하다고 인정되는 때에는 긴급관세의 부과결정에 대한 재심사를 할 수 있고 부과내용을 변경할 수 있지만 최초의 조치내용보다 강화하여 변경해서는 안 된다.

③ 농림축수산물에 대한 특별긴급관세를 부과하여야 하는 대상 물품, 세율, 적용시한, 수량 등은 기획재정부령으로 정한다.

④ 농림축수산물이 아닌 특정물품의 수입을 억제할 필요가 있는 경우에는 일정한 수량을 초과하여 수입되는 분에 대하여 100분의 50의 범위의 율을 기본세율에 더하여 관세를 부과할 수 있다.

⑤ 국제협력관세와 관련하여 특정 국가와 협상할 때에는 기본 관세율의 100분의 50의 범위를 초과하여 관세를 양허할 수 없다.

해설 **관세법 제69조(조정관세의 부과대상)**

다음 어느 하나에 해당하는 경우에는 100분의 100에서 해당 물품의 기본세율을 뺀 율을 기본세율에 더한 율의 범위에서 관세를 부과할 수 있다. 다만, 농림축수산물 또는 이를 원재료로 하여 제조된 물품의 국내외 가격차가 해당 물품의 과세가격을 초과하는 경우에는 국내외 가격차에 상당하는 율의 범위에서 관세를 부과할 수 있다.(법 제69조 제1항)

1. 산업구조의 변동 등으로 물품 간의 세율 불균형이 심하여 이를 시정할 필요가 있는 경우
2. 공중도덕 보호, 인간·동물·식물의 생명 및 건강 보호, 환경보전, 한정된 천연자원 보존 및 국제평화와 안전보장 등을 위하여 필요한 경우
3. 국내에서 개발된 물품을 일정 기간 보호할 필요가 있는 경우
4. 농림축수산물 등 국제경쟁력이 취약한 물품의 수입증가로 인하여 국내시장이 교란되거나 산업기반이 붕괴될 우려가 있어 이를 시정하거나 방지할 필요가 있는 경우

---

④ 특정물품의 수입을 억제할 필요가 있는 경우에는 일정한 수량을 초과하여 수입되는 분에 대하여 100분의 40의 범위의 율을 기본세율에서 빼고 할당관세를 부과할 수 있다.

정답 39. ② 40. ③ 41. ④

42 관세법상 세율의 조정에 대한 설명으로 옳지 않은 것은? 2019 관세직 9급

① 덤핑방지관세의 부과와 잠정조치는 각각의 조치일 이후 수입되는 물품에 대하여 적용되지만, 잠정조치가 적용된 물품에 대하여 국제협약에서 달리 정하는 경우와 그 밖에 대통령령으로 정하는 경우에는 그 물품에 대하여도 덤핑방지관세를 부과할 수 있다.

② 긴급관세의 부과결정에 대한 재심사의 결과에 따라 부과기간을 연장하는 경우에는 잠정긴급관세의 부과기간, 긴급관세의 부과기간, 대외무역법 제39조 제1항에 따른 수입수량제한 등의 적용기간 및 그 연장기간을 포함한 총 적용기간은 8년을 초과할 수 없다.

③ 농림축수산물이 아닌 특정물품의 수입을 억제할 필요가 있는 경우에는 일정한 수량을 초과하여 수입되는 분에 대하여 100분의 40의 범위의 율을 기본세율에 더하여 할당관세를 부과할 수 있다.

④ 물품 간의 세율 불균형을 시정하기 위하여 100분의 100에서 해당 물품의 기본세율을 뺀 율을 기본세율에 더한 율의 범위에서 조정관세를 부과할 수 있다. 다만, 농림축수산물을 원재료로 하여 제조된 물품의 국내외 가격차가 해당 물품의 과세가격을 초과하는 경우에는 기본세율에 국내외 가격차에 상당하는 율을 더한 율의 범위에서 관세를 부과할 수 있다.

해설 ④ 물품 간의 세율 불균형이 심하여 이를 시정할 필요가 있는 경우 100분의 100에서 해당 물품의 기본세율을 뺀 율을 기본세율에 더한 율의 범위에서 조정관세를 부과할 수 있다. 다만, 농림축산물 또는 이를 원재료로 하여 제조된 물품의 국내외 가격차가 해당 물품의 과세가격을 초과하는 경우에는 국내외 가격차에 상당하는 율의 범위에서 관세를 부과할 수 있다.

43 관세법상 조정관세를 부과할 수 있는 경우를 모두 고른 것은? 2017 관세사

ㄱ. 산업구조의 변동 등으로 물품 간의 세율 불균형이 심하여 이를 시정할 필요가 있는 경우
ㄴ. 공중도덕 보호, 인간·동물·식물의 생명 및 건강 보호 등을 위하여 필요한 경우
ㄷ. 원활한 물자수급 또는 산업의 경쟁력 강화를 위하여 특정물품의 수입을 촉진할 필요가 있는 경우
ㄹ. 국내에서 개발된 물품을 일정 기간 보호할 필요가 있는 경우
ㅁ. 수입가격이 급등한 물품 또는 이를 원재료로 한 제품의 국내가격을 안정시키기 위하여 필요한 경우
ㅂ. 농림축수산물 등 국제경쟁력이 취약한 물품의 수입증가로 인하여 국내시장이 교란되거나 산업기반이 붕괴될 우려가 있어 이를 시정하거나 방지할 필요가 있는 경우

① ㄱ, ㄴ, ㄷ, ㄹ
② ㄱ, ㄴ, ㄷ, ㅁ
③ ㄱ, ㄴ, ㄹ, ㅂ
④ ㄴ, ㄷ, ㅁ, ㅂ
⑤ ㄷ, ㄹ, ㅁ, ㅂ

해설 ㄱ, ㄴ, ㄹ, ㅂ → 조정관세 부과대상(법 제69조 제1항)
ㄷ, ㅁ → 할당관세 부과대상(법 제71조 제1항)

44 관세법령상 조정관세의 부과대상으로 명시되어 있지 않은 것은? 2019 관세사

□□□

① 산업구조의 변동 등으로 물품 간의 세율 불균형이 심하여 이를 시정할 필요가 있는 경우
② 공중도덕 보호, 인간·동물·식물의 생명 및 건강 보호, 환경보전, 한정된 천연자원 보존 및 국제평화와 안전보장 등을 위하여 필요한 경우
③ 국내에서 개발된 물품을 일정 기간 보호할 필요가 있는 경우
④ 농림축수산물 등 국제경쟁력이 취약한 물품의 수입증가로 인하여 국내시장이 교란되거나 산업기반이 붕괴될 우려가 있어 이를 시정하거나 방지할 필요가 있는 경우
⑤ 원활한 물자수급 또는 산업의 경쟁력 강화를 위하여 특정물품의 수입을 촉진할 필요가 있는 경우

해설 ⑤ 원활한 물자수급 또는 산업의 경쟁력 강화를 위하여 특정물품의 수입을 촉진할 필요가 있는 경우 할당관세를 부과할 수 있다.(법 제71조 제1항)

45 「관세법」 제69조에 따른 조정관세에 대한 설명으로 옳지 않은 것은? 2017 관세직 9급

□□□

① 조정관세는 해당 국내산업의 보호 필요성, 국제통상관계, 국민 경제 전반에 미치는 영향 등을 검토하여 부과 여부와 그 내용을 정한다.
② 농림축수산물 등 국제경쟁력이 취약한 물품의 수입증가로 인하여 국내시장이 교란되거나 산업기반이 붕괴될 우려가 있어 이를 시정하거나 방지할 필요가 있는 경우 조정관세를 부과할 수 있다.
③ 원활한 물자수급 또는 산업의 경쟁력 강화를 위하여 특정 물품의 수입을 촉진할 필요가 있는 경우 조정관세를 부과할 수 있다.
④ 농림축수산물 또는 이를 원재료로 하여 제조된 물품의 국내외 가격차가 해당 물품의 과세가격을 초과하는 경우에는 국내외 가격차에 상당하는 율의 범위에서 조정관세를 부과할 수 있다.

해설 ③ 원활한 물자수급 또는 산업의 경쟁력 강화를 위하여 특정물품의 수입을 촉진할 필요가 있는 경우 할당관세를 부과할 수 있다.(법 제71조 제1항)

정답 42. ④ 43. ③ 44. ⑤ 45. ③

46 □□□ **관세법령상 관계부처의 장이 조정관세의 부과를 요청하려는 경우, 기획재정부장관에게 제출하여야 할 해당 물품과 관련된 사항에 관한 자료로 명시된 것만을 모두 고른 것은?** 2018 관세사

> (ㄱ) 해당 연도와 그 전후 1년간의 수급실적 및 계획
> (ㄴ) 최근 2년간의 분기별 주요 수입국별 수입가격 및 수입실적
> (ㄷ) 최근 2년간의 분기별 주요 국내제조업체별 공장도 가격 및 출고실적
> (ㄹ) 해당 물품의 제조용 투입원료 및 해당 물품을 원료로 하는 관련제품의 제조공정설명서 및 용도

① (ㄱ), (ㄴ)　② (ㄱ), (ㄹ)
③ (ㄴ), (ㄷ)　④ (ㄴ), (ㄷ), (ㄹ)
⑤ (ㄱ), (ㄴ), (ㄷ), (ㄹ)

해설 **관세법 시행령 제91조(조정관세)**
관계부처의 장 또는 이해관계인이 조정관세 부과 조치를 요청하려는 경우에는 해당 물품과 관련된 다음의 사항에 관한 자료를 기획재정부장관에게 제출해야 한다.(영 제91조 제1항)
1. 해당 물품의 관세율표 번호 · 품명 · 규격 · 용도 및 대체물품
2. 해당 물품의 제조용 투입원료 및 해당 물품을 원료로 하는 관련제품의 제조공정설명서 및 용도
3. 해당 연도와 그 전후 1년간의 수급실적 및 계획
4. 최근 1년간의 월별 주요 수입국별 수입가격 및 수입실적
5. 최근 1년간의 월별 주요 국내제조업체별 공장도가격 및 출고실적
6. 인상하여야 하는 세율 · 인상이유 및 그 적용기간
7. 세율 인상이 국내 산업, 소비자 이익, 물가 등에 미치는 영향(법 제69조 제2호에 해당하는 경우에 한정한다)

47 □□□ **「관세법」상 할당관세에 대한 설명으로 옳은 것은?** 2021 관세직 9급

① 농림축산물의 수입을 억제할 필요가 있는 경우에는 일정한 수량을 초과하여 수입되는 분에 대하여 100분의 100의 범위의 율을 기본세율에 더하여 관세를 부과한다.
② 공중도덕 보호, 인간 · 동물 · 식물의 생명 및 건강 보호, 환경보전 등을 위하여 필요한 경우 100분의 90에서 해당 물품의 기본세율을 더한 율을 기본세율에 더한 율의 범위에서 할당관세를 부과할 수 있다.
③ 수입가격이 급등한 물품을 원재료로 한 제품의 국내가격을 안정시키기 위하여 필요한 경우 100분의 40의 범위의 율을 기본세율에서 빼고 관세를 부과할 수 있다.
④ 관세청장은 매 회계연도 종료 후 6개월 이내에 할당관세의 전년도 부과 실적 및 그 결과를 국회에 보고하여야 한다.

해설 ① 농림축수산물인 경우에는 기본세율에 동종물품 · 유사물품 또는 대체물품의 국내외 가격차에 상당하는 율을 더한 율의 범위에서 할당관세를 부과할 수 있다.(법 제71조 제2항)
② 공중도덕 보호, 인간 · 동물 · 식물의 생명 및 건강 보호, 환경보전 등을 위하여 필요한 경우 100분의 100에서 해당 물품의 기본세율을 뺀 율을 기본세율에 더한 율의 범위에서 조정관세를 부과할 수 있다.(법 제69조)
④ 기획재정부장관은 매 회계연도 종료 후 5개월 이내에 할당관세의 전년도 부과 실적 및 그 결과(관세 부과의 효과 등을 조사 · 분석한 보고서를 포함한다)를 국회 소관 상임위원회에 보고하여야 한다.(법 제71조 제4항)

48 관세법령상 할당관세에 대한 내용으로 옳지 않은 것은? 2017 관세직 7급

□□□

① 관세법 제71조의 규정에 의한 일정수량의 할당은 당해 수량의 범위 안에서 주무부장관 또는 그 위임을 받은 자의 추천으로 행한다. 다만, 기획재정부장관이 정하는 물품에 있어서는 수입신고 순위에 따르되, 일정수량에 달하는 날의 할당은 그날에 수입신고되는 분을 당해 수량에 비례하여 할당한다.

② 산업의 경쟁력 강화를 위하여 특정물품의 수입을 촉진할 필요가 있을 경우에는 100분의 40의 범위의 율을 기본세율에서 빼고 관세를 부과할 수 있다.

③ 특정물품의 수입을 억제할 필요가 있는 경우에는 전체 수입 수량분에 대하여 100분의 40의 범위의 율을 기본세율에 더하여 관세를 부과할 수 있다.

④ 관세법 제71조의 규정에 의한 일정수량까지의 수입통관실적의 확인은 관세청장이 이를 행한다.

해설 **관세법 제71조(할당관세)**

특정물품의 수입을 억제할 필요가 있는 경우에는 일정한 수량을 초과하여 수입되는 분에 대하여 100분의 40의 범위의 율을 기본세율에 더하여 관세를 부과할 수 있다. 다만, 농림축수산물인 경우에는 기본세율에 동종물품 · 유사물품 또는 대체물품의 국내외 가격차에 상당하는 율을 더한 율의 범위에서 관세를 부과할 수 있다.(법 제71조 제2항)

① (영 제92조 제3항)
② (법 제71조 제1항)
④ (영 제92조 제5항)

49 관세법상 세율의 조정에 관한 설명으로 옳은 것은? 2016 관세사

□□□

① 덤핑방지관세의 부과와 잠정조치는 각각의 조치일 이전 수입되는 물품에 대하여 적용된다. 다만, 잠정조치가 적용된 물품에 대하여 국제협약에서 달리 정하는 경우와 그 밖에 대통령령으로 정하는 경우에는 그 물품에 대하여도 덤핑방지관세를 부과할 수 있다.

② 할당관세는 수입가격이 급등한 물품 또는 이를 원재료로 한 제품의 국내가격을 안정시키기 위하여 필요한 경우 부과할 수 있다.

③ 농림축산물에 대한 특별긴급관세를 부과하여야 하는 대상 물품, 세율, 적용시한, 수량, 국가 등은 대통령령으로 정한다.

④ 보복관세를 부과하여야 하는 대상국가, 물품, 수량, 세율, 적용시한, 그 밖에 필요한 사항은 기획재정부령으로 정한다.

⑤ 할당관세와 계절관세는 100분의 45의 범위의 율을 잠정세율에서 빼고 관세를 부과할 수 있다.

해설 **관세법 제71조(할당관세)**

다음 어느 하나에 해당하는 경우에는 100분의 40의 범위의 율을 기본세율에서 빼고 관세를 부과할 수 있다. 이 경우 필요하다고 인정될 때에는 그 수량을 제한할 수 있다.(법 제71조 제1항)

1. 원활한 물자수급 또는 산업의 경쟁력 강화를 위하여 특정물품의 수입을 촉진할 필요가 있는 경우
2. 수입가격이 급등한 물품 또는 이를 원재료로 한 제품의 국내가격을 안정시키기 위하여 필요한 경우
3. 유사물품 간의 세율이 현저히 불균형하여 이를 시정할 필요가 있는 경우

① 덤핑방지관세의 부과와 잠정조치는 각각의 조치일 이후 수입되는 물품에 대하여 적용된다.

정답 46. ② 47. ③ 48. ③ 49. ②

③ 농림축산물에 대한 특별긴급관세를 부과하여야 하는 대상물품, 세율, 적용시한 등은 기획재정부령으로 정한다.
④ 보복관세를 부과하여야 하는 대상국가, 물품, 수량, 세율, 적용시한 등은 기획재정부령으로 정한다.
⑤ ┌ 할당관세 인상 : 100분의 40의 범위의 율을 기본세율에 더하여 관세를 부과
└ 할당관세 인하 : 100분의 40의 범위의 율을 기본세율에서 빼고 관세를 부과
┌ 계절관세 인상 : 국내외 가격차에 상당하는 율의 범위에서 기본세율보다 높게 관세를 부과
└ 계절관세 인하 : 100분의 40의 범위의 율을 기본세율에서 빼고 관세 부과

50 다음 (　　) 안에 가장 적합한 관세에 해당하는 것은?

2011 관세사

> 정부는 기상이변, 국제 원자재가격 급등으로 인한 물가 상승에 대응하기 위해 오는 6월 1일부터 버터, 치즈 등 24개 품목에 새로 (　　)를 적용하기로 하였다.

① 할당관세
② 긴급관세
③ 상계관세
④ 편익관세
⑤ 조정관세

해설 수입가격이 급등한 물품 또는 이를 원재료로 한 제품의 국내가격을 안정시키기 위하여 필요한 경우 100분의 40의 범위의 율을 기본세율에서 빼는 할당관세를 부과할 수 있다.

51 할당관세의 적용대상이 아닌 경우는?

2015 관세직 7급

① 원활한 물자수급 또는 산업의 경쟁력 강화를 위하여 특정물품의 수입을 촉진할 필요가 있는 경우
② 수입가격이 급등한 물품 또는 이를 원재료로 한 제품의 국내가격을 안정시키기 위하여 필요한 경우
③ 유사물품 간의 세율이 현저히 불균형하여 이를 시정할 필요가 있는 경우
④ 국내에서 개발된 물품을 일정 기간 보호할 필요가 있는 경우

해설 ④ 국내에서 개발된 물품을 일정기간 보호할 필요가 있는 경우 조정관세를 부과할 수 있다.

52 관세법령상 할당관세의 부과대상으로 명시되어 있지 않은 것은?

2020 관세사

① 수입가격이 급등한 물품의 국내가격을 안정시키기 위하여 필요한 경우
② 인간·동물·식물의 생명 및 건강 보호 등을 위하여 필요한 경우
③ 원활한 물자수급을 위하여 특정물품의 수입을 촉진할 필요가 있는 경우
④ 산업의 경쟁력 강화를 위하여 특정물품의 수입을 촉진할 필요가 있는 경우
⑤ 유사물품 간의 세율이 현저히 불균형하여 이를 시정할 필요가 있는 경우

해설 ② 조정관세 부과 대상 물품이다.

조정관세 부과대상	할당관세(인하) 부과대상
1. 산업구조의 변동 등으로 물품 간의 세율 불균형이 심하여 이를 시정할 필요가 있는 경우 2. 공중도덕 보호, 인간·동물·식물의 생명 및 건강 보호, 환경보전, 한정된 천연자원 보존 및 국제평화와 안전보장 등을 위하여 필요한 경우 3. 국내에서 개발된 물품을 일정 기간 보호할 필요가 있는 경우 4. 농림축수산물 등 국제경쟁력이 취약한 물품의 수입증가로 인하여 국내시장이 교란되거나 산업기반이 붕괴될 우려가 있어 이를 시정하거나 방지할 필요가 있는 경우	1. 원활한 물자수급 또는 산업의 경쟁력 강화를 위하여 특정물품의 수입을 촉진할 필요가 있는 경우 2. 수입가격이 급등한 물품 또는 이를 원재료로 한 제품의 국내가격을 안정시키기 위하여 필요한 경우 3. 유사물품 간의 세율이 현저히 불균형하여 이를 시정할 필요가 있는 경우

53 □□□ **관세법령상 관계행정기관의 장 또는 이해관계인이 계절관세의 부과를 요청하고자 하는 때에 제출하여야 하는 자료가 아닌 것은?** 2024 관세사

① 품명·규격·용도 및 대체물품
② 계절관세를 적용하고자 하는 이유 및 그 적용기간
③ 최근 1년간의 월별 수입가격 및 주요 국제상품시장의 가격동향
④ 최근 1년간의 월별 동종물품·유사물품 또는 대체물품별 국내외 가격동향
⑤ 변경하고자 하는 세율과 그 산출내역

해설 **관세법 시행령 제93조(계절관세)**

관계행정기관의 장 또는 이해관계인이 법 제72조의 규정에 의한 계절관세(이하 "계절관세"라 한다)의 부과를 요청하고자 하는 때에는 당해 물품에 관련한 다음 각 호의 사항에 관한 자료를 기획재정부장관에게 제출하여야 한다.
1. 품명·규격·용도 및 대체물품
2. 최근 1년간의 월별 수입가격 및 주요 국제상품시장의 가격동향
3. 최근 1년간의 월별 주요국내제조업체별 공장도가격
4. 당해 물품 및 주요관련제품의 생산자물가지수·소비자물가지수 및 수입물가지수
5. 계절관세를 적용하고자 하는 이유 및 그 적용기간
6. 계절별 수급실적 및 전망
7. 변경하고자 하는 세율과 그 산출내역

정답 50. ① 51. ④ 52. ② 53. ④

54 관세법령상 국제협력관세에 대한 설명으로 옳지 않은 것은? 2018 관세직 7급

□□□

① 정부는 우리나라의 대외무역 증진을 위하여 필요하다고 인정될 때에는 특정 국가 또는 국제기구와 관세에 관한 협상을 할 수 있다.

② 정부는 국제협력관세 협상을 수행할 때 필요하다고 인정되면 관세를 양허할 수 있다. 다만, 특정 국가와 협상할 때에는 기본 관세율의 100분의 50의 범위를 초과하여 관세를 양허할 수 없다.

③ 국제협력관세를 부과하여야 하는 대상 물품, 세율 및 적용기간 등은 대통령령으로 정한다.

④ 국제협력관세 협상에서 국내외가격차에 상당한 율로 양허하거나 시장접근개방과 함께 기본세율보다 높은 세율로 양허한 농림축산물 중 시장접근물량 이내로 관련기관의 추천을 받은 자는 당해 추천서를 수입신고수리 후 5일 이내에 세관장에게 제출하여야 한다.

해설 **관세법 시행령 제94조(농림축산물에 대한 양허세율의 적용신청)**

관세법 제73조에 따라 국제기구와 관세에 관한 협상에서 국내외 가격차에 상당한 율로 양허하거나 국내시장 개방과 함께 기본세율보다 높은 세율로 양허한 농림축산물을 시장접근물량 이내로 수입하는 자로서 관련 기관의 추천을 받은 자는 해당 추천서를 수입신고 수리 전까지 세관장에게 제출해야 한다. 다만, 해당 농림축산물이 보세구역에서 반출되지 않은 경우에는 수입신고 수리일부터 15일이 되는 날까지 제출할 수 있다.

---

① (법 제73조 제1항)
② (법 제73조 제2항)
③ (법 제73조 제3항)

55 관세법상 국제협력관세율에 속하는 것은? 2012 관세사

□□□

① 조정관세율 ② 계절관세율
③ 보복관세율 ④ 상계관세율
⑤ 농림축산물에 대한 양허세율

해설 정부는 특정국가 또는 국제기구와 관세에 관한 협상을 할 수 있으며, 필요한 경우 관세를 양허하여 양허세율, 즉 국제협력관세를 부과할 수 있다.

56 관세법령상 관세에 관한 편익을 적용받을 수 있는 지역과 국가의 연결이 옳은 것은? 2023 관세사

□□□

① 아시아 – 네팔
② 중동 – 시리아
③ 대양주 – 뉴질랜드
④ 아프리카 – 가나
⑤ 유럽 – 리히텐슈타인

해설 **관세법 시행령 제95조(편익관세)**
관세에 관한 편익을 받을 수 있는 국가는 다음과 같다.(영 제95조 제1항)

지역	국가
1. 아시아	부탄
2. 중동	이란 · 이라크 · 레바논 · 시리아
3. 대양주	나우르
4. 아프리카	코모로 · 에티오피아 · 소말리아
5. 유럽	안도라 · 모나코 · 산마리노 · 바티칸 · 덴마크(그린란드 및 페로제도에 한정한다)

57 「관세법 시행령」 제95조(편익관세)에 따라 편익을 받을 수 있는 국가만을 나열한 것은? 2024 관세직9급

□□□

① 부탄, 이라크, 수단
② 앙골라, 코모로, 에티오피아
③ 이란, 잠비아, 산마리노
④ 시리아, 소말리아, 바티칸

해설 **관세법 시행령 제95조(편익관세) 참조**

58 관세법령상 편익관세를 부여할 수 있는 대상 국가는? 2018 관세사

□□□

① 바티칸
② 아랍에미레이트
③ 에콰도르
④ 코스타리카
⑤ 태국

해설 **관세법 시행령 제95조(편익관세)**
보기 중 관세에 관한 편익을 받을 수 있는 국가는 "바티칸"이다.

정답 54. ④ 55. ⑤ 56. ② 57. ④ 58. ①

59 □□□ **관세법령상 관세에 관한 편익을 받을 수 있는 국가에 해당하지 않는 것은?** 2020 관세사

① 코모로
② 나우루
③ 라오스
④ 바티칸
⑤ 모나코

해설 ③ 라오스는 편익관세를 받을 수 있는 국가에 해당하지 않는다.

60 □□□ **편익관세에 관한 설명으로 옳지 않은 것은?** 2014 관세사

① 관세에 관한 조약에 따른 편익을 받지 아니하는 나라의 생산물로서 우리나라에 수입되는 물품에 대하여 이미 체결된 외국과의 조약에 따른 편익의 한도에서 관세에 관한 편익을 부여할 수 있다.
② 편익관세를 부여할 수 있는 대상 국가, 대상 물품, 적용 세율, 적용 방법, 그 밖에 필요한 사항은 대통령령으로 정한다.
③ 관세에 관한 편익을 받을 수 있는 중동국가로는 이라크, 이란, 레바논, 시리아이다.
④ 기획재정부장관은 편익관세의 적용으로 국민경제에 중대한 영향이 초래되거나 초래될 우려가 있는 때는 편익관세의 적용을 정지시킬 수 있다.
⑤ 관세청장은 편익관세의 적용에 관하여 필요한 사항을 조사하기 위하여 필요하다고 인정되는 때에는 관계행정기관·수출자·수입자 기타 이해관계인에게 관계자료의 제출 기타 필요한 협조를 요청할 수 있다.

해설 **관세법 시행령 제95조(편익관세)**
기획재정부장관은 편익관세의 적용에 관하여 필요한 사항을 조사하기 위하여 필요하다고 인정되는 때에는 관계행정기관·수출자·수입자 기타 이해관계인에게 관계자료의 제출 기타 필요한 협조를 요청할 수 있다.(영 제95조 제5항)

61 □□□ **관세법령상 편익관세에 관한 설명으로 옳지 않은 것은?** 2021 관세사

① 모나코는 편익관세를 적용 받을 수 있는 국가이다.
② 바티칸의 생산물 중 세계무역기구협정 등에 의한 양허관세 규정 별표 1의 가 및 나에 따른 물품은 편익관세를 적용받을 수 있다.
③ 기획재정부장관은 편익관세의 적용으로 국민경제에 중대한 영향이 초래된 때에는 국가·물품 및 기간을 지정하여 편익관세의 적용을 정지시킬 수 있다.
④ 기획재정부장관은 편익관세의 적용에 관하여 필요한 사항을 조사하기 위하여 필요하다고 인정되는 때에는 관계행정기관·수출자·수입자 기타 이해관계인에게 관계자료의 제출 기타 필요한 협조를 요청할 수 있다.
⑤ 관세에 관한 조약에 따른 편익을 받지 아니하는 나라의 생산물로서 우리나라에 수입되는 물품에 대하여 이미 체결된 외국과의 조약에 따른 편익을 초과하는 것으로 편익관세를 적용할 수 있다.

해설 **관세법 제74조(편익관세의 적용기준 등)**

관세에 관한 조약에 따른 편익을 받지 아니하는 나라의 생산물로서 우리나라에 수입되는 물품에 대하여 이미 체결된 외국과의 조약에 따른 편익의 한도에서 관세에 관한 편익을 부여할 수 있다.(법 제74조 제1항)

---

① (영 제95조 제1항)
② (영 제95조 제2항)
③ (영 제95조 제4항)
④ (영 제95조 제5항)

62 관세법령상 일반특혜관세에 관한 내용으로 옳지 않은 것은? 2019 관세사

□□□

① 대통령령으로 정하는 개발도상국가를 원산지로 하는 물품 중 대통령령으로 정하는 물품에 대하여는 기본세율보다 낮은 세율의 관세를 부과할 수 있다.
② 일반특혜관세를 부과할 때 해당 특혜대상물품의 수입이 국내산업에 미치는 영향 등을 고려하여 그 물품에 적용되는 세율에 차등을 둘 수 있으나 특혜대상물품의 수입수량 등을 한정할 수 없다.
③ 국제연합총회의 결의에 따른 최빈(崔貧) 개발도상국 중 대통령령으로 정하는 국가를 원산지로 하는 물품에 대하여는 다른 특혜대상국보다 우대하여 일반특혜관세를 부과할 수 있다.
④ 기획재정부장관은 특정한 특혜대상 물품의 수입이 증가하여 이와 동종의 물품 또는 직접적인 경쟁관계에 있는 물품을 생산하는 국내산업에 중대한 피해를 주거나 줄 우려가 있는 등 일반특혜관세를 부과하는 것이 적당하지 아니하다고 판단될 때에는 대통령령으로 정하는 바에 따라 해당 물품과 그 물품의 원산지인 국가를 지정하여 일반특혜관세의 적용을 정지할 수 있다.
⑤ 특혜대상물품에 적용되는 세율 및 적용기간과 그 밖에 필요한 사항은 대통령령으로 정한다.

해설 **관세법 제76조(일반특혜관세의 적용기준)**

일반특혜관세를 부과할 때 해당 특혜대상물품의 수입이 국내산업에 미치는 영향 등을 고려하여 그 물품에 적용되는 세율에 차등을 두거나 특혜대상물품의 수입수량 등을 한정할 수 있다.(법 제76조 제2항)

---

① (법 제76조 제1항)
③ (법 제76조 제3항)
④ (법 제77조 제1항)
⑤ (법 제76조 제6항)

정답 59. ③ 60. ⑤ 61. ⑤ 62. ②

63 일반특혜관세의 적용기준 및 적용정지 등에 대한 설명으로 옳지 않은 것은? 2012 관세직 7급

□□□

① 대통령령으로 정하는 개발도상국가(특혜대상국)를 원산지로 하는 물품 중 기획재정부령으로 정하는 물품(특혜대상물품)에 대하여는 협정세율보다 낮은 세율의 관세(일반특혜관세)를 부과할 수 있다.

② 일반특혜관세를 부과할 때 해당 특혜대상물품의 수입이 국내산업에 미치는 영향 등을 고려하여 그 물품에 적용되는 세율에 차등을 두거나 특혜대상물품의 수입수량 등을 한정할 수 있다.

③ 국제연합총회의 결의에 따른 최빈개발도상국 중 대통령령으로 정하는 국가를 원산지로 하는 물품에 대하여는 다른 특혜 대상국보다 우대하여 일반특혜관세를 부과할 수 있다.

④ 기획재정부장관은 특정한 특혜대상 물품의 수입이 증가하여 이와 동종의 물품 또는 직접적인 경쟁관계에 있는 물품을 생산하는 국내산업에 중대한 피해를 주거나 줄 우려가 있는 등 일반특혜관세를 부과하는 것이 적당하지 아니하다고 판단될 때에는 대통령령으로 정하는 바에 따라 해당 물품과 그 물품의 원산지인 국가를 지정하여 일반특혜관세의 적용을 정지할 수 있다.

해설 **관세법 제76조(일반특혜관세의 적용기준)**

대통령령으로 정하는 개발도상국가를 원산지로 하는 물품 중 대통령령으로 정하는 물품에 대하여는 기본세율보다 낮은 세율의 관세를 부과할 수 있다.(법 제76조 제1항)

64 관세법상 일반특혜관세의 적용기준 및 적용정지 등에 관한 설명으로 옳지 않은 것은? 2016 관세사

□□□

① 대통령령으로 정하는 개발도상국가를 원산지로 하는 물품 중 대통령령으로 정하는 물품에 대하여는 기본세율보다 낮은 세율의 관세를 부과할 수 있다.

② 일반특혜관세를 부과할 때 해당 특혜대상물품의 수입이 국내산업에 미치는 영향 등을 고려하여 그 물품에 적용되는 세율에 차등을 두거나 특혜대상물품의 수입수량 등을 한정할 수 있다.

③ 국제연합총회의 결의에 따른 최빈(最貧) 개발도상국 중 대통령령으로 정하는 국가를 원산지로 하는 물품에 대하여는 다른 특혜대상국보다 우대하여 일반특혜관세를 부과할 수 있다.

④ 특혜대상물품에 적용되는 세율 및 적용기간과 그 밖에 필요한 사항은 기획재정부령으로 정한다.

⑤ 기획재정부장관은 특정한 특혜대상 물품의 수입이 증가하여 이와 동종의 물품 또는 직접적인 경쟁관계에 있는 물품을 생산하는 국내산업에 중대한 피해를 주거나 줄 우려가 있는 등 일반특혜관세를 부과하는 것이 적당하지 아니하다고 판단될 때에는 대통령령으로 정하는 바에 따라 해당 물품과 그 물품의 원산지인 국가를 지정하여 일반특혜관세의 적용을 정지할 수 있다.

해설 **관세법 제76조(일반특혜관세의 적용기준)**

특혜대상물품에 적용되는 세율 및 적용기간과 그 밖에 필요한 사항은 대통령령으로 정한다.(법 제76조 제4항)

65 □□□ **기획재정부장관이 일반특혜관세 적용을 배제할 필요가 있다고 하는 경우에 고려해야 하는 사유로 옳지 않은 것은?** 2003 관세직 9급

① 특정한 특혜대상국의 소득수준
② 우리나라의 총수입액 중 특정한 특혜대상국으로부터의 수입액이 차지하는 비중
③ 특정한 특혜대상국의 특정한 특혜대상물품이 지니는 국제경쟁력의 정도
④ 특정한 특혜대상물품의 수입증가로 인한 국내산업의 피해 정도

해설 **관세법 제77조(일반특혜관세의 적용 정지 등)**

기획재정부장관은 특정한 특혜대상 물품의 수입이 증가하여 이와 동종의 물품 또는 직접적인 경쟁관계에 있는 물품을 생산하는 국내산업에 중대한 피해를 주거나 줄 우려가 있는 등 일반특혜관세를 부과하는 것이 적당하지 아니하다고 판단될 때에는 대통령령으로 정하는 바에 따라 해당 물품과 그 물품의 원산지인 국가를 지정하여 일반특혜관세의 적용을 정지할 수 있다.(법 제77조 제1항)

기획재정부장관은 특정한 특혜대상국의 소득수준, 우리나라의 총수입액 중 특정한 특혜대상국으로부터의 수입액이 차지하는 비중, 특정한 특혜대상국의 특정한 특혜대상물품이 지니는 국제경쟁력의 정도, 그 밖의 사정을 고려하여 일반특혜관세를 부과하는 것이 적당하지 아니하다고 판단될 때에는 대통령령으로 정하는 바에 따라 해당 국가를 지정하거나 해당 국가 및 물품을 지정하여 일반특혜관세의 적용을 배제할 수 있다.(법 제77조 제2항)

66 □□□ **「관세법」상 내용으로 옳지 않은 것은?** 2018 관세직 9급

① 관세청장은 직권으로 또는 관계 중앙행정기관의 장이나 지방자치단체의 장, 그 밖에 종합보세구역을 운영하려는 자의 요청에 따라 무역진흥에의 기여 정도, 외국물품의 반입·반출 물량 등을 고려하여 일정한 지역을 종합보세구역으로 지정할 수 있다.
② 대통령령으로 정하는 개발도상국가를 원산지로 하는 물품 중 대통령령으로 정하는 물품(이하 "특혜대상물품"이라 한다)에 대하여는 기본세율보다 낮은 세율의 관세(이하 "편익관세"라 한다)를 부과할 수 있다. 편익관세를 부과할 때 해당 특혜 대상물품의 수입이 국내산업에 미치는 영향 등을 고려하여 그 물품에 적용되는 세율에 차등을 두거나 특혜대상물품의 수입수량 등을 한정할 수 있다.
③ 수입신고가 수리된 개인의 자가사용물품이 수입한 상태 그대로 수입신고 수리일부터 6개월 이내에 보세구역에 반입하였다가 다시 수출하는 경우에는 수입할 때 납부한 관세를 환급한다.
④ 내국물품을 국제무역선이나 국제무역기로 운송하려는 자는 대통령령으로 정하는 바에 따라 세관장에게 내국운송의 신고를 하여야 한다.

해설 ② 대통령령으로 정하는 개발도상국가를 원산지로 하는 물품 중 대통령령으로 정하는 물품에 대하여는 기본세율보다 낮은 세율의 관세("일반특혜관세")를 부과할 수 있다.
① (법 제197조 제1항)
③ (법 제106조의2 제1항)
④ (법 제221조 제1항)

정답 63. ① 64. ④ 65. ④ 66. ②

67 □□□ **관세법상 관세양허에 대한 조치에 관한 설명으로 옳지 않은 것은?** 2017 관세사

① 정부는 외국에서의 가격 하락이나 그 밖에 예상하지 못하였던 사정의 변화로 인하여 특정물품의 수입이 증가됨으로써 이와 동종의 물품을 생산하는 국내생산자에게 중대한 피해를 가져올 우려가 있다고 인정되는 경우에는 조약에 따라 관세를 양허하고 있는 경우 해당 조약에 따라 이루어진 특정물품에 대한 양허를 철회하거나 수정하여 관세법에 따른 세율이나 수정 후의 세율에 따라 관세를 부과하는 조치를 할 수 있다.

② 정부는 외국이 특정물품에 관한 양허의 철회·수정 또는 그 밖의 조치를 하려고 하거나 그 조치를 한 경우 해당 조약에 따라 대항조치를 할 수 있다고 인정될 때에는 특정물품에 대하여 관세법에 따른 관세 외에 그 물품의 과세가격 상당액의 범위에서 관세를 부과하는 조치를 할 수 있다.

③ 정부는 외국이 특정물품에 관한 양허의 철회·수정 또는 그 밖의 조치를 하려고 하거나 그 조치를 한 경우 해당 조약에 따라 대항조치를 할 수 있다고 인정될 때에는 특정물품에 대하여 관세의 양허를 하고 있는 경우에는 그 양허의 적용을 정지하고 관세법에 따른 세율의 범위에서 관세를 부과하는 조치를 할 수 있다.

④ 조약에 따라 우리나라가 양허한 품목에 대하여 그 양허를 철회한 경우에는 해당 조약에 따라 철회의 효력이 발생한 날부터 관세법에 따른 세율을 적용한다.

⑤ 양허의 철회에 대한 보상으로 우리나라가 새로 양허한 품목에 대하여는 그 양허의 효력이 발생한 날부터 관세법에 따른 양허세율을 적용한다.

해설 **관세법 제80조(양허 및 철회의 효력)**
양허의 철회에 대한 보상으로 우리나라가 새로 양허한 품목에 대하여는 그 양허의 효력이 발생한 날부터 관세법에 따른 세율을 적용하지 아니한다.(법 제80조 제2항)

---

① (법 제78조 제1항)
② (법 제79조 제1항 제1호)
③ (법 제79조 제1항 제2호)
④ (법 제80조 제1항)

68 관세법령상 세율의 조정에 관한 내용으로 옳지 않은 것은? 2020 관세사

① 기획재정부장관은 보복관세를 부과할 때 필요하다고 인정되는 경우에는 관련 국제기구와 미리 협의할 수 있다.
② 기획재정부장관은 필요하다고 인정되는 때에는 긴급관세의 부과결정에 대하여 재심사를 할 수 있다.
③ 기획재정부장관은 특정국물품 긴급관세를 부과할 때에는 이해당사국과 해결책을 모색하기 위하여 사전 협의를 할 수 있다.
④ 일반특혜관세를 부과할 때 해당 특혜대상물품의 수입이 국내산업에 미치는 영향 등을 고려하여 그 물품에 적용되는 세율에 차등을 둘 수 있다.
⑤ 조약에 따라 우리나라가 양허한 품목에 대하여 그 양허를 철회한 경우에는 해당 조약에 따라 철회의 효력이 발생한 날의 다음날부터 관세법에 따른 세율을 적용한다.

해설 **관세법 제80조(양허 및 철회의 효력)**
조약에 따라 우리나라가 양허한 품목에 대하여 그 양허를 철회한 경우에는 해당 조약에 따라 철회의 효력이 발생한 날부터 관세법에 따른 세율을 적용한다.(법 제80조 제1항)

69 외국이 특정물품에 관한 양허의 철회·수정 또는 그 밖의 조치를 하려고 하거나 그 조치를 한 경우 해당 조약에 따라 대항조치를 할 수 있다고 인정될 때 관세법상 정부가 할 수 있는 조치를 모두 고른 것은? 2021 관세사

ㄱ. 특정물품에 대하여 관세법에 따른 관세 외에 그 물품의 과세가격 상당액의 범위에서 관세를 부과하는 조치
ㄴ. 특정물품에 대하여 관세의 양허를 하고 있는 경우에는 그 양허의 적용을 정지하고 관세법에 따른 세율의 범위에서 관세를 부과하는 조치
ㄷ. 특정물품에 대하여 관세 양허품목을 추가하여 새로이 관세의 양허를 하고 수정 후의 세율을 적용하는 조치

① ㄱ
② ㄴ
③ ㄱ, ㄴ
④ ㄴ, ㄷ
⑤ ㄱ, ㄴ, ㄷ

해설 **관세법 제79조(대항조치)**
정부는 외국이 특정물품에 관한 양허의 철회·수정 또는 그 밖의 조치를 하려고 하거나 그 조치를 한 경우 해당 조약에 따라 대항조치를 할 수 있다고 인정될 때에는 다음의 조치를 할 수 있다.(법 제79조 제1항)
1. 특정물품에 대하여 관세법에 따른 관세 외에 그 물품의 과세가격 상당액의 범위에서 관세를 부과하는 조치
2. 특정물품에 대하여 관세의 양허를 하고 있는 경우에는 그 양허의 적용을 정지하고 관세법에 따른 세율의 범위에서 관세를 부과하는 조치

ㄷ. 우리나라가 양허의 철회·수정하는 경우 이에 대한 보상조치에 대한 설명이다.

정답 67. ⑤ 68. ⑤ 69. ③

70 □□□ **관세양허에 대한 내용 중 옳은 것만을 모두 고른 것은?** 2014 관세직 7급

ㄱ. 정부는 외국이 특정물품에 관한 양허의 철회·수정 또는 그 밖의 조치를 하려고 하거나 그 조치를 한 경우 해당 조약에 따라 대항조치를 할 수 있다.
ㄴ. 외국이 행한 특정물품에 관한 양허의 철회·수정 등에 대한 대항조치의 대상 국가, 시기, 내용 등은 관세청장이 정한다.
ㄷ. 조약에 따라 우리나라가 양허한 품목에 대하여 그 양허를 철회한 경우에는 해당 조약에 따라 철회의 효력이 발생한 날부터 「관세법」에 따른 세율을 적용한다.
ㄹ. 「관세법」 제80조 제1항에 따른 양허의 철회에 대한 보상으로 우리나라가 새로 양허한 품목에 대하여는 그 양허의 효력이 발생한 날부터 「관세법」에 따른 세율을 적용한다.

① ㄱ, ㄴ ② ㄴ, ㄷ
③ ㄴ, ㄹ ④ ㄱ, ㄷ

해설 ㄱ. (법 제79조 제1항)
ㄴ. "대항조치"의 대상 국가, 시기, 내용, 그 밖에 필요한 사항은 대통령령으로 정한다.(법 제79조 제3항)
ㄷ. (법 제89조 제1항)
ㄹ. "보상조치"로 새로 양허한 품목에 대하여는 그 양허의 효력이 발생한 날부터 관세법의 세율을 적용하지 않는다. 즉, 양허세율을 적용한다.(법 제80조 제2항)

71 □□□ **관세법상 탄력관세제도에 대한 설명으로 옳은 것은?** 2020 관세직 9급

① 상계관세의 부과나 수락된 약속은 기획재정부령으로 그 적용시한을 따로 정하는 경우를 제외하고는 해당 상계관세 또는 약속의 시행일부터 5년이 지나면 그 효력을 잃으며, 보조금등의 지급과 산업피해를 재심사하고 그 결과에 따라 내용을 변경할 때에는 기획재정부령으로 그 적용시한을 따로 정하는 경우를 제외하고는 변경된 내용의 시행일부터 5년이 지나면 그 효력을 잃는다.
② 계절에 따라 가격의 차이가 심한 물품으로서 동종물품·유사물품 또는 대체물품의 수입으로 인하여 국내시장이 교란되거나 생산기반이 붕괴될 우려가 있을 때에는 계절에 따라 해당 물품의 국내외 가격차에 상당하는 율의 범위에서 기본세율보다 높게 관세를 부과하거나 100분의 30의 범위의 율을 기본세율에서 빼고 관세를 부과할 수 있다.
③ 조정관세를 부과하여야 하는 대상 물품, 세율 및 적용시한등은 기획재정부령으로 정하며, 특별긴급관세를 부과하여야 하는 대상 물품, 세율, 적용시한, 수량 등은 대통령령으로 정한다.
④ 긴급관세의 부과기간은 5년을 초과할 수 없으며, 잠정긴급관세는 240일을 초과하여 부과할 수 없다. 다만, 재심사의 결과에 따라 부과기간을 연장하는 경우에는 잠정긴급관세의 부과기간, 긴급관세의 부과기간, 대외무역법 제39조 제1항에 따른 수입수량제한 등의 적용기간 및 그 연장기간을 포함한 총 적용기간은 8년을 초과할 수 없다.

해설 ① (법 제62조 제3항)
② 계절에 따라 가격의 차이가 심한 물품으로서 동종물품·유사물품 또는 대체물품의 수입으로 인하여 국내시장이 교란되거나 생산 기반이 붕괴될 우려가 있을 때에는 계절에 따라 해당 물품의 국내외 가격차에 상당하는 율의 범위에서 기본세율보다 높게 관세를 부과하거나 100분의 40의 범위의 율을 기본세율에서 빼고 관세를 부과할 수 있다.(법 제72조 제1항)

③ 조정관세 부과대상 등은 대통령령으로 정하며(법 제70조 제2항), 특정국물품 긴급관세 부과대상 등은 기획재정부령으로 정한다.(법 제67조의2 제3항)
④ 잠정긴급관세는 200일을 초과하여 부과할 수 없다.(법 제65조 제5항)

72 관세법령상 간이세율을 적용할 수 있는 물품에 해당하는 것은? 2018 관세사

① 수출용원재료
② 종량세가 적용되는 물품
③ 관세율이 무세인 물품과 관세가 감면되는 물품
④ 상업용으로 인정되는 수량의 물품으로서 관세청장이 정하는 물품
⑤ 외국을 오가는 운송수단의 승무원이 휴대하여 수입하는 물품으로서 개별소비세가 과세되는 고급 시계

해설

간이세율 적용 대상	1. 여행자 또는 외국을 오가는 운송수단의 승무원이 휴대하여 수입하는 물품 2. 우편물. 다만, 수입신고를 하여야 하는 것은 제외한다. 3. 탁송품 또는 별송품
간이세율 적용 배제 대상	1. 관세율이 무세인 물품과 관세가 감면되는 물품 2. 수출용원재료 3. 법 제11장의 범칙행위에 관련된 물품 4. 종량세가 적용되는 물품 5. 다음 각 목의 1에 해당하는 물품으로서 관세청장이 정하는 물품 가. 상업용으로 인정되는 수량의 물품 나. 고가품 다. 당해 물품의 수입이 국내산업을 저해할 우려가 있는 물품 라. 법 제81조 제4항의 규정에 의한 단일한 간이세율의 적용이 과세형평을 현저히 저해할 우려가 있는 물품 6. 화주가 수입신고를 할 때에 과세대상물품의 전부에 대하여 간이세율의 적용을 받지 아니할 것을 요청한 경우의 당해 물품

관세법 시행령 별표 2

품명	세율(%)
1. 다음 각 목의 어느 하나에 해당하는 물품 중 개별소비세가 과세되는 물품 가. 투전기, 오락용 사행기구 그 밖의 오락용품 나. 보석·진주·별갑·산호·호박 및 상아와 이를 사용한 제품, 귀금속 제품 다. 고급 시계, 고급 가방 2. 삭제	 47 721,200원 + 4,808,000원을 초과하는 금액의 45 288,450원 + 1,923,000원을 초과하는 금액의 45
3. 다음 각 목의 어느 하나에 해당하는 물품 중 기본관세율이 10 퍼센트 이상인 것으로서 개별소비세가 과세되지 아니하는 물품 가. 모피의류, 모피의류의 부속품 및 그 밖의 모피제품 나. 가죽제 또는 콤포지션레더제의 의류와 그 부속품, 방직용섬유, 신발류 다. 녹용	 19 18 21
4. 제1호부터 제3호까지에 해당하지 않는 물품. 다만, 고급모피와 그 제품, 고급융단, 고급가구, 승용자동차, 수렵용 총포류, 주류 및 담배는 제외한다.	15

⑤ 고급시계에 대한 간이세율은 288,450원+1,923,000원을 초과하는 금액의 45%이다.

정답 70. ④ 71. ① 72. ⑤

73 □□□ **관세법령상 간이세율을 적용하는 물품과 그 세율이 옳은 것을 모두 고른 것은? (단, 간이세율을 적용하지 아니하는 경우에 해당하지 않으며, 기본관세율이 10 퍼센트 이상인 것으로서 개별소비세가 과세되지 않음)** 2023 관세사

ㄱ. 모피의류 : 19% ㄴ. 신발류 : 18%. ㄷ. 녹용 : 21%

① ㄱ
② ㄴ
③ ㄱ,ㄷ
④ ㄴ,ㄷ
⑤ ㄱ,ㄴ,ㄷ

해설 ⑤ **관세법 시행령 별표2(간이세율)**

74 □□□ **관세법령상 여행자 휴대품임에도 불구하고 간이세율을 적용하지 않는 물품을 모두 고른 것은? (단, 제시되지 않은 조건은 고려하지 않음)** 2024 관세사

ㄱ. 개별소비세가 과세되는 고급 시계 ㄴ. 수출용원재료 ㄷ. 관세율이 무세인 물품과 관세가 감면되는 물품 ㄹ. 기본관세율이 10% 이상인 신발(개별소비세가 과세되지 않는 것)

① ㄱ
② ㄱ, ㄹ
③ ㄴ, ㄷ
④ ㄴ, ㄷ, ㄹ
⑤ ㄱ, ㄴ, ㄷ, ㄹ

해설 ③ **관세법 제81조(간이세율의 적용), 관세법 시행령 제96조(간이세율의 적용) 참조**

75 □□□ **「관세법」상 간이세율에 관한 설명으로 옳지 않은 것은?** 2017 관세사

① 간이세율은 수입물품에 대한 관세, 임시수입부가세 및 내국세의 세율을 기초로 하여 대통령령으로 정한다.
② 탁송품, 수입신고를 하여야 하는 우편물, 관세가 감면되는 물품에 대하여는 간이세율을 적용하지 아니한다.
③ 여행자 또는 외국을 오가는 운송수단의 승무원이 휴대하여 수입하는 물품으로서 그 총액이 대통령령으로 정하는 금액 이하인 물품에 대하여는 일반적으로 휴대하여 수입하는 물품의 관세, 임시수입부가세 및 내국세의 세율을 고려하여 단일한 세율로 할 수 있다.
④ 수출용원재료와 종량세가 적용되는 물품에 대하여는 간이세율을 적용하지 아니한다.
⑤ 화주가 수입신고를 할 때에 과세대상물품의 전부에 대하여 간이세율의 적용을 받지 아니할 것을 요청한 경우 간이세율을 적용하지 아니한다.

해설 ② 탁송품은 간이세율 적용대상이지만, 수입신고를 하여야 하는 우편물, 관세가 감면되는 물품은 간이세율적용제외 대상이다.

① (법 제81조 제3항)
③ (법 제81조 제4항)
④ (영 제96조 제2항 제2호)
⑤ (영 제96조 제2항 제6호)

76 세율의 적용에 관한 설명으로 옳은 것은? 2015 관세사

□□□

① 용도에 따라 세율을 다르게 정하는 물품을 세율이 낮은 용도에 사용하려는 자는 대통령령으로 정하는 바에 따라 관세청장에게 신청하여야 한다.
② 일괄하여 수입신고가 된 물품으로서 물품별 세율이 다른 물품에 대하여는 신고인의 신청에 따라 그 세율 중 산술 중간치의 세율을 적용할 수 있다.
③ 간이세율은 수입물품에 대한 실효관세율을 기초로 하여 정한다.
④ 수입신고를 하여야 하는 우편물은 간이세율적용 대상에 해당하지 아니한다.
⑤ 기본세율과 잠정세율은 별표 관세율표에 따르되 기본세율을 잠정세율에 우선하여 적용한다.

해설 ① 용도에 따라 세율을 다르게 정하는 물품을 세율이 낮은 용도에 사용하여 해당 물품에 그 낮은 세율의 적용을 받으려는 자는 대통령령으로 정하는 바에 따라 세관장에게 신청하여야 한다.(법 제83조 제1항)
② 일괄하여 수입신고가 된 물품으로서 물품별 세율이 다른 물품에 대하여는 신고인의 신청에 따라 그 세율 중 가장 높은 세율을 적용할 수 있다.(법 제82조 제1항)
③ 간이세율은 수입물품에 대한 관세, 임시수입부가세 및 내국세의 세율을 기초로 하여 대통령령으로 정한다.(법 제81조 제3항)
⑤ 잠정세율을 기본세율에 우선하여 적용한다.(법 제50조 제1항)

77 관세법령상 세율의 적용에 대한 설명으로 옳은 것은? 2019 관세직 9급

□□□

① 수입신고를 하여야 하는 우편물에 대하여는 다른 법령에도 불구하고 간이세율을 적용할 수 있다.
② 여행자가 휴대하여 수입하는 물품 중 관세가 감면되는 물품에 대하여는 간이세율을 적용한다.
③ 일괄하여 수입신고가 된 물품으로서 물품별 세율이 다른 물품에 대하여는 신고인의 신청에 따라 그 세율 중 가장 높은 세율을 적용할 수 있다.
④ 국내에서 개발된 물품을 보호하기 위하여 수입물품에 조정관세가 부과될 때 용도세율을 적용받고자 하는 자는 그 물품의 수입신고를 하기 전 미리 그 품명 · 용도 · 사용방법을 기재한 신청서를 제출하여야 한다.

해설 **관세법 제82조(합의에 따른 세율 적용)**
일괄하여 수입신고가 된 물품으로서 물품별 세율이 다른 물품에 대하여는 신고인의 신청에 따라 그 세율 중 가장 높은 세율을 적용할 수 있다.(법 제82조 제1항)

---

① 수입신고 대상 우편물은 간이세율 적용 제외에 해당한다.
② 여행자 휴대품은 간이세율 적용대상이지만 관세가 감면되는 물품은 제외에 해당한다.
④ 용도세율을 적용받으려는 자는 해당 물품을 수입신고하는 때부터 수입신고가 수리되기 전까지 그 품명 · 규격 · 수량 · 가격 · 용도 · 사용방법 및 사용장소를 기재한 신청서를 세관장에게 제출해야 한다. 다만, 해당 물품을 보세구역에서 반출하지 않은 경우에는 수입신고 수리일부터 15일이 되는 날까지 신청서를 제출할 수 있다.(영 제97조)

정답 73. ⑤ 74. ③ 75. ② 76. ④ 77. ③

06 품목분류

01 **「관세법」상 품목분류에 대한 설명으로 옳지 않은 것은?** 2016 관세직 9급

□□□

① 기획재정부장관은 「통일상품명 및 부호체계에 관한 국제협약」에 따른 관세협력이사회의 권고 또는 결정이나 새로운 상품의 개발 등으로 「관세법」 별표 관세율표 또는 「관세법」 제73조 및 제76조에 따라 대통령령으로 정한 품목분류를 변경할 필요가 있는 경우 그 세율이 변경되는 경우에는 대통령령으로 정하는 바에 따라 새로 품목분류를 하거나 다시 품목분류를 할 수 있다.

② 기획재정부장관은 대통령령으로 정하는 바에 따라 품목분류를 적용하는 데에 필요한 기준을 정할 수 있다.

③ 물품을 수출입하려는 자, 수출할 물품의 제조자 및 「관세사법」에 따른 관세사·관세법인 또는 통관취급법인은 「관세법」 제241조 제1항에 따른 수출입신고를 하기 전에 대통령령으로 정하는 서류를 갖추어 관세청장에게 해당 물품에 적용될 「관세법」 별표 관세율표상의 품목분류를 미리 심사하여 줄 것을 신청할 수 있다.

④ 관세청장은 「관세법」 제86조에 따라 사전심사 또는 재심사한 품목분류를 변경하여야 할 필요가 있거나 그 밖에 관세청장이 직권으로 한 품목분류를 변경하여야 할 부득이한 사유가 생겼을 때에는 해당 물품에 적용할 품목분류를 변경할 수 있다.

해설 **관세법 제84조(품목분류체계의 수정)**

기획재정부장관은 「통일상품명 및 부호체계에 관한 국제협약」에 따른 관세협력이사회의 권고 또는 결정 등 대통령령으로 정하는 사유로 다음 각 호에 따른 표 또는 품목분류의 품목을 수정할 필요가 있는 경우 그 세율이 변경되지 아니하는 경우에는 대통령령으로 정하는 바에 따라 품목을 신설 또는 삭제하거나 다시 분류할 수 있다.

1. 별표 관세율표
2. 제73조 및 제76조에 따라 대통령령으로 정한 품목분류
3. 「통일상품명 및 부호체계에 관한 국제협약」 및 별표 관세율표를 기초로 기획재정부장관이 품목을 세분하여 고시하는 관세·통계통합품목분류표(이하 "품목분류표"라 한다)

---

② (법 제85조 제1항)
③ (법 제86조 제1항)
④ (법 제87조 제1항)

02 관세법령상 설명으로 옳지 않은 것은? 2020 관세직 9급

□□□

① 관세의 분할납부를 승인받은 법인이 합병·분할 또는 분할합병된 경우에는 합병·분할 또는 분할합병 후에 존속하거나 합병·분할 또는 분할합병으로 설립된 법인이 연대하여 관세를 납부하여야 한다.

② 관세법 제240조의2 제1항에 따라 유통이력 신고의 의무가 있는 자는 유통이력을 장부에 기록(전자적 기록방식을 포함한다)하고, 그 자료를 거래일부터 1년간 보관하여야 한다.

③ 관세범인이 통고서의 송달을 받았을 때에는 그 날부터 15일 이내에 이를 이행하여야 하며, 이 기간 내에 이행하지 아니하였을 때에는 관세청장이나 세관장은 즉시 고발하여야 한다. 다만, 15일이 지난 후 고발이 되기 전에 관세범인이 통고처분을 이행한 경우에는 그러하지 아니하다.

④ 기획재정부장관은 통일상품명 및 부호체계에 관한 국제협약 제3조 제3항에 따라 수출입물품의 신속한 통관, 통계파악 등을 위하여 협약 및 관세법 시행령 별표 관세율표를 기초로 하여 품목을 세분한 관세·통계통합품목분류표를 고시할 수 있다.

해설 **관세법 시행령 제98조(품목분류표 등)**

기획재정부장관은 「통일상품명 및 부호체계에 관한 국제협약 제3조 제3항에 따라 수출입물품의 신속한 통관, 통계파악 등을 위하여 협약 및 관세법 별표 관세율표를 기초로 하여 품목을 세분한 관세·통계통합품목분류표를 고시할 수 있다.(영 제98조 제1항)

---

① (법 제107조 6항)
② (법 제240조의2 2항)
③ (법 제316조)
④ 관세법 시행령 별표가 아닌 관세법 별표 관세율표를 기초로 하여 품목분류표를 고시할 수 있다.

03 관세법령상 특정물품에 적용될 품목분류의 사전심사에 대한 설명으로 옳은 것은? 2019 관세직 7급

□□□

① 관세품목분류위원회에서 사전심사를 심의하는 경우 심사 결과의 통지 기간은 그 심의에 소요되는 기간을 포함하여 사전심사의 신청을 받은 날부터 30일이다.

② 사전심사의 결과를 통지받은 자는 통지받은 날부터 30일 이내에 기획재정부장관에게 재심사를 신청할 수 있다.

③ 관세청장이 심사하여 통지한 사전심사 결과의 유효기간은 통지한 날부터 3년으로 한다.

④ 세관장은 수출입신고가 된 물품이 사전심사 및 재심사하여 통지한 물품과 같을 때에는 그 통지 내용에 따라 품목분류를 적용하여야 한다.

해설 **관세법 제86조(특정물품에 적용될 품목분류의 사전심사)**

세관장은 수출입신고가 된 물품이 사전심사 및 재심사에 따라 통지한 물품과 같을 때에는 그 통지 내용에 따라 품목분류를 적용하여야 한다.(법 제86조 제5항)

① 사전심사의 신청을 받은 관세청장은 사전심사의 신청을 받은 날부터 30일(다음 각 호의 기간은 제외한다)을 말한다.(영 제106조 제4항)

정답 01. ① 02. ④ 03. ④

1. 법 제85조 제2항에 따라 관세품목분류위원회에서 사전심사를 심의하는 경우 해당 심의에 소요되는 기간
2. 보정기간
3. 해당 물품에 대한 구성재료의 물리적·화학적 분석이 필요한 경우로서 해당 분석에 소요되는 기간
4. 관세협력이사회에 질의하는 경우 해당 질의에 소요되는 기간
5. 전문기관에 기술 자문을 받는 경우 해당 자문에 걸리는 기간
6. 다른 기관의 의견을 들을 필요가 있는 경우 해당 의견을 듣는 데 걸리는 기간
7. 신청인의 의견 진술이 필요한 경우 관세청장이 정하는 절차를 거치는 데 걸리는 기간

② 사전심사결과 통지를 받은 자는 통지받은 날부터 30일 이내에 대통령령으로 정하는 서류를 갖추어 관세청장에게 재심사를 신청할 수 있다.(법 제86조 제3항)

③ 통지받은 사전심사 결과 또는 재심사 결과는 해당 물품에 적용된 품목분류가 변경되기 전까지 유효하다.(법 제86조 제7항)

04 □□□ **품목분류 사전심사와 이의신청에 관한 설명으로 옳지 않은 것은?** 2015 관세사

① 수출할 물품의 제조자는 품목분류 사전심사를 신청할 수 있다.

② 품목분류 사전심사 및 재심사의 절차, 방법과 그 밖에 필요한 사항은 대통령령으로 정한다.

③ 관세청장으로부터 결정내용 통지를 받은 자는 그 통지를 받은 날부터 30일 이내에 법령이 정한 서류를 갖추어 통관지 세관장에게 이의신청을 할 수 있다.

④ 관세청장으로부터 통지받은 품목분류 사전심사 또는 재심사 결과의 유효기간은 해당 물품에 적용된 품목분류를 변경하기 전까지 유효하다.

⑤ 관세청의 관세품목분류위원회는 관세법 제86조(특정물품에 적용될 품목분류의 사전심사)에 따른 특정물품에 적용될 품목분류의 사전심사 및 재심사를 심의한다.

해설 **관세법 제86조(특정물품에 적용될 품목분류의 사전심사)**
품목분류 사전심사결과 통지를 받은 자는 통지받은 날부터 30일 이내에 대통령령으로 정하는 서류를 갖추어 관세청장에게 재심사를 신청할 수 있다. 이 경우 관세청장은 해당 물품에 적용될 품목분류를 재심사하여 대통령령으로 정하는 기간 이내에 이를 신청인에게 통지하여야 하며, 제출자료의 미비 등으로 품목분류를 심사하기 곤란한 경우에는 그 뜻을 통지하여야 한다.(법 제86조 제3항)

05 □□□ **관세법령상 특정물품에 적용될 품목분류의 사전심사에 대한 설명으로 옳지 않은 것은?** 2018 관세직 9급

① 사전심사의 신청을 받은 관세청장은 해당 물품에 적용될 품목분류를 심사하여 사전심사의 신청을 받은 날부터 30일(보정기간은 제외한다) 이내에 이를 신청인에게 통지하여야 한다. 다만, 제출자료의 미비 등으로 품목분류를 심사하기 곤란한 경우에는 그 뜻을 통지하여야 한다.

② 사전심사를 위하여 제출된 신청서와 견본 및 그 밖의 설명 자료가 미비하여 품목분류를 심사하기가 곤란한 때에는 50일 이내의 기간을 정하여 보정을 요구할 수 있다.

③ 사전심사 결과의 통지를 받은 자는 통지받은 날부터 30일 이내에 대통령령으로 정하는 서류를 갖추어 관세청장에게 재심사를 신청할 수 있다.

④ 통지받은 사전심사 결과의 유효기간은 해당 물품에 적용된 품목분류를 변경하기 전까지 유효하다.

해설 **관세법 시행령 제106조(특정물품에 적용될 품목분류의 사전심사 등)**
관세청장은 제출된 신청서와 견본 및 그 밖의 설명자료가 미비하여 품목분류를 심사하기가 곤란한 때에는 20일 이내의 기간을 정하여 보정을 요구할 수 있다.(영 제106조 제2항)

---

① (법 제86조 제2항), (영 제106조 제4항)
③ (법 제86조 제3항)
④ (법 제86조 제7항)

06 **「관세법」 제86조 및 제87조에 따른 특정물품에 적용되는 품목분류에 대한 내용으로 옳지 않은 것은?** 2014 관세직 7급

① 「관세법」 제86조 및 제87조에 따른 특정물품에 적용될 관세율표상의 품목분류를 미리 심사해 줄 것을 신청할 수 있는 자는 관세법 제241조 제1항에 따른 수출입신고를 하기전에 기획재정부령으로 정하는 서류를 갖추어 관세청장에게 해당 물품에 적용될 별표 관세율표상의 품목분류를 미리 심사하여 줄 것을 신청할 수 있다.

② 관세청장은 「관세법」 제86조에 따라 심사한 품목분류를 변경하여야 할 필요가 있거나 그 밖에 관세청장이 직권으로 한 품목분류를 변경하여야 할 부득이한 사유가 생겼을 때에는 해당 물품에 적용할 품목분류를 변경할 수 있다.

③ 「관세법」 제86조 제1항에 따른 해당 물품에 적용될 관세율표상의 품목분류를 미리 심사해 줄 것을 신청할 수 있는 자는 물품을 수출입하려는 자, 수출할 물품의 제조자 및 「관세사법」에 따른 관세사·관세법인 또는 통관취급법인이다.

④ 「관세법」 제86조에 따른 사전심사신청인에게 자료제출의 미비 등의 책임 있는 사유가 없는 경우 수출입신고인에게 유리할 때에는 변경고시일전에 수출입신고가 수리된 물품에 대해서도 변경된 품목분류를 적용할 수 있다.

해설 **제86조(특정물품에 적용될 품목분류의 사전심사)**
물품을 수출입하려는 자, 수출할 물품의 제조자 및 「관세사법」에 따른 관세사·관세법인 또는 통관취급법인은 수출입신고를 하기 전에 대통령령으로 정하는 서류를 갖추어 관세청장에게 해당 물품에 적용될 별표 관세율표상의 품목분류를 미리 심사하여 줄 것을 신청할 수 있다.

---

② (법 제87조 제1항)
③ (법 제86조 제1항)
④ (법 제87조 제4항)

정답 04. ③ 05. ② 06. ①

07 관세법상 특정물품에 적용되는 품목분류의 변경 및 적용에 대한 내용으로 옳은 것은?

□□□

2014 관세사 변형

> 품목분류가 변경된 경우에는 제86조에 따른 신청인이 변경 내용을 통지받은 날과 변경 내용의 고시 또는 공표일 중 (㉠) 부터 변경된 품목분류를 적용한다. 다만, 다음 각 호의 구분에 따라 변경 내용을 달리 적용할 수 있다.
>
> 1. 변경일부터 (㉡)이 지나기 전에 우리나라에 수출하기 위하여 선적된 물품에 대하여 변경 전의 품목분류를 적용하는 것이 수입신고인에게 유리한 경우: 변경 전의 품목분류 적용
>
> 2. 다음 각 목의 어느 하나에 해당하는 경우: 제86조에 따라 품목분류가 결정된 이후 변경일 전까지 수출입신고가 수리된 물품에 대해서도 소급하여 변경된 품목분류 적용
>
> 가. 제86조에 따른 사전심사 또는 재심사 과정에서 거짓자료 제출 등 신청인에게 (㉢)(로) 해당 물품의 품목분류가 결정되었으나 이를 이유로 품목분류가 변경된 경우
>
> 나. 다음의 어느 하나에 해당하는 경우로서 수출입신고인에게 유리한 경우
>
> 1) 제86조에 따른 사전심사 또는 재심사 과정에서 신청인에게 자료제출 미비 등의 (㉣)(로) 해당 물품의 품목분류가 결정되었으나 다른 이유로 품목분류가 변경된 경우
>
> 2) 제86조에 따른 신청인이 아닌 자가 관세청장이 결정하여 고시하거나 공표한 품목분류에 따라 수출입신고를 하였으나 품목분류가 변경된 경우

① ㉠ : 빠른날 , ㉡ : 30일, ㉢ : 책임있는 사유, ㉣ : 책임있는 사유 없이
② ㉠ : 느린날 , ㉡ : 20일, ㉢ : 책임있는 사유 없이, ㉣ : 책임있는 사유 없이
③ ㉠ : 빠른날 , ㉡ : 20일, ㉢ : 책임있는 사유, ㉣ : 책임있는 사유 없이
④ ㉠ : 느린날 , ㉡ : 30일, ㉢ : 책임있는 사유 없이, ㉣ : 책임있는 사유 없이
⑤ ㉠ : 빠른날 , ㉡ : 30일, ㉢ : 책임있는 사유, ㉣ : 책임있는 사유

해설 **관세법 제87조(특정물품에 적용되는품목분류의 변경 및 적용)**

품목분류가 변경된 경우에는 제86조에 따른 신청인이 변경 내용을 통지받은 날과 변경 내용의 고시 또는 공표일 중 빠른 날(이하 "변경일"이라 한다)부터 변경된 품목분류를 적용한다. 다만, 다음 각 호의 구분에 따라 변경 내용을 달리 적용할 수 있다.(법 제87조 제5항)

1. 변경일부터 30일이 지나기 전에 우리나라에 수출하기 위하여 선적된 물품에 대하여 변경 전의 품목분류를 적용하는 것이 수입신고인에게 유리한 경우: 변경 전의 품목분류 적용
2. 다음 각 목의 어느 하나에 해당하는 경우: 제86조에 따라 품목분류가 결정된 이후 변경일 전까지 수출입신고가 수리된 물품에 대해서도 소급하여 변경된 품목분류 적용
   가. 제86조에 따른 사전심사 또는 재심사 과정에서 거짓자료 제출 등 신청인에게 책임 있는 사유로 해당 물품의 품목분류가 결정되었으나 이를 이유로 품목분류가 변경된 경우
   나. 다음의 어느 하나에 해당하는 경우로서 수출입신고인에게 유리한 경우

1) 제86조에 따른 사전심사 또는 재심사 과정에서 신청인에게 자료제출 미비 등의 책임 있는 사유 없이 해당 물품의 품목분류가 결정되었으나 다른 이유로 품목분류가 변경된 경우
2) 제86조에 따른 신청인이 아닌 자가 관세청장이 결정하여 고시하거나 공표한 품목분류에 따라 수출입신고를 하였으나 품목분류가 변경된 경우

08 관세법령상 특정물품에 적용되는 품목분류의 변경 및 적용에 관한 설명으로 옳은 것은?

□□□

2021 관세사

① 무역위원회는 덤핑조사 결과 품목분류를 변경하여야 할 필요가 있다고 인정하는 경우에는 관세청장에게 해당 물품에 적용할 품목분류의 변경을 요청하여야 한다.
② 관세청장은 법원의 판결로 품목분류 변경이 필요한 경우에는 그 판결이 확정된 날부터 1개월 이내에 이를 관세품목분류 위원회의 심의에 부쳐야 한다.
③ 관세청장이 사전심사한 품목분류를 변경하였을 때 그 변경 내용이 신청인의 영업 비밀에 관한 사항을 포함하는 경우에는 관세품목분류위원회의 심의를 거쳐 고시하여야 한다.
④ 관세청장은 신청인의 허위자료 제출 등으로 품목분류에 중대한 착오가 생긴 경우에는 해당 물품에 적용할 품목분류를 변경할 수 있다.
⑤ 협약에 따른 관세협력이사회의 결정이 있는 경우에는 별도의 절차 없이 품목분류가 변경된다.

해설 **관세법 시행령 제107조(품목분류의 변경)**

관세법 제87조 제1항에서 "관세청장이 직권으로 한 품목분류를 변경하여야 할 부득이한 사유가 생겼을 경우 등 대통령령으로 정하는 경우"란 다음의 경우를 말한다.
1. (삭제)
2. (삭제)
3. 신청인의 허위자료 제출 등으로 품목분류에 중대한 착오가 생긴 경우
4. 협약에 따른 관세협력이사회의 권고 또는 결정 및 법원의 확정판결이 있는 경우
5. 동일 또는 유사한 물품에 대하여 서로 다른 품목분류가 있는 경우
관세청장은 협약에 따른 관세협력이사회의 권고·결정이나 법원의 판결로 법 제87조 제1항에 따른 품목분류 변경이 필요한 경우에는 그 권고·결정이 있은 날 또는 판결이 확정된 날부터 3개월 이내에 이를 관세품목분류위원회의 심의에 부쳐야 한다.

---

① 관세청장은 품목분류 사전심사 또는 재심사한 품목분류를 변경하여야 할 필요가 있거나 그 밖에 관세청장이 직권으로 한 품목분류를 변경하여야 할 부득이한 사유가 생겼을 경우 등 대통령령으로 정하는 경우에는 해당 물품에 적용할 품목분류를 변경할 수 있다.(법 제87조 제1항)
② 관세청장은 협약에 따른 관세협력이사회의 권고·결정이나 법원의 판결로 법 제87조 제1항에 따른 품목분류 변경이 필요한 경우에는 그 권고·결정이 있은 날 또는 판결이 확정된 날부터 3개월 이내에 이를 관세품목분류위원회의 심의에 부쳐야 한다.(영 제107조 제2항)
③ 관세청장은 품목분류를 변경하였을 때에는 그 내용을 고시 또는 공표하고, 신청인에게는 그 내용을 통지하여야 한다. 다만, 신청인의 영업 비밀을 포함하는 등 해당 물품에 적용될 품목분류를 고시 또는 공표하는 것이 적당하지 아니하다고 인정되는 물품에 대해서는 고시 또는 공표하지 아니할 수 있다.(법 제87조 제2항)
⑤ 관세청장은 「통일상품명 및 부호체계에 관한 국제협약」에 따른 관세협력이사회의 권고·결정이나 법원의 판결로 법 제87조 제1항에 따른 품목분류 변경이 필요한 경우에는 그 권고·결정이 있은 날 또는 판결이 확정된 날부터 3개월 이내에 이를 관세품목분류위원회의 심의에 부쳐야 한다.(영 제107조 제2항)

정답 07. ① 08. ④

09 관세법령상 품목분류에 관한 내용으로 옳은 것은? (단, 권한의 위임 · 위탁은 고려하지 않음)

□□□

2020 관세사

① 품목분류의 사전심사의 신청을 받은 관세청장은 신청을 받은 날부터 20일 이내에 해당 물품에 적용될 품목분류를 심사하여 이를 신청인에게 통지하여야 하며, 제출자료의 미비 등으로 품목분류를 심사하기 곤란한 경우에는 신청을 반려할 수 있다.

② 관세청장은 법원의 판결로 품목분류 변경이 필요한 경우에는 판결이 확정된 날의 다음날부터 3개월 이내에 이를 관세품목분류위원회의 심의에 부쳐야 한다.

③ 관세품목분류위원회는 기획재정부령으로 정하는 바에 따라 품목분류를 적용하는 데에 필요한 기준을 정할 수 있다.

④ 관세청장은 관세법 제86조 제2항에 따라 품목분류를 심사하여 신청인에게 통지하는 경우에는 관할지 세무서장에게도 그 내용을 통지하여야 한다.

⑤ 관세청장은 관세법 제86조 제2항에 따라 품목분류를 심사할 때 신청인이 관세법 별표 관세율표에 따른 호 및 소호까지의 품목분류에 대한 심사를 요청하는 경우에는 해당 번호까지의 품목분류에 대해서만 심사하여 통지할 수 있다.

해설 **관세법 시행령 제106조(특정물품에 적용될 품목분류의 사전심사 등)**

관세청장은 법 제86조 제2항에 따라 품목분류를 심사할 때 신청인이 관세법 별표 관세율표에 따른 호 및 소호까지의 품목분류에 대한 심사를 요청하는 경우에는 해당 번호까지의 품목분류에 대해서만 심사하여 통지할 수 있다.
(영 제106조 제6항)

---

① 품목분류의 사전심사의 신청을 받은 관세청장은 사전심사의 신청을 받은 날부터 30일 이내에 해당 물품에 적용될 품목분류를 심사하여 이를 신청인에게 통지하여야 한다.(법 제86조 제2항), (영 제106조 제4항)
② 관세청장은 협약 따른 관세협력이사회의 권고 · 결정이나 법원의 판결로 품목분류 변경이 필요한 경우에는 그 권고 · 결정이 있은 날 또는 판결이 확정된 날부터 3개월 이내에 이를 관세품목분류위원회의 심의에 부쳐야 한다.(영 제107조 제2항)
③ 기획재정부장관은 대통령령으로 정하는 바에 따라 품목분류를 적용하는 데에 필요한 기준을 정할 수 있다.
(법 제85조 제1항)
④ 관세청장은 품목분류를 심사하여 신청인에게 통지하는 경우에는 통관예정세관장에게도 그 내용을 통지하여야 한다. 이 경우 설명자료를 함께 송부하여야 한다.(영 제106조 제5항)

정답 09. ⑤

관세의 부과·징수

관세의 부과 · 징수

01 납세의무의 확정

01 **관세법령상 신고납부에 관한 설명으로 옳지 않은 것은?** 2018 관세사

□□□

① 납세의무자는 납세신고한 세액을 납부하기 전에 그 세액이 과부족하다는 것을 알게 되었을 때에도 납세신고한 세액을 정정할 수 없다.

② 납세신고, 자율심사 및 관세법 제38조 제4항에 따른 세액의 정정과 관련하여 그 방법 및 절차 등 필요한 사항은 대통령령으로 정한다.

③ 세관장은 납세실적과 수입규모 등을 고려하여 관세청장이 정하는 요건을 갖춘 자가 신청할 때에는 납세신고한 세액을 자체적으로 심사하게 할 수 있다.

④ 물품(관세법 제39조에 따라 세관장이 부과고지하는 물품은 제외)을 수입하려는 자는 수입신고를 할 때에 세관장에게 관세의 납부에 관한 신고를 하여야 한다.

⑤ 관세의 납부에 관하여는 「국세징수법」 제12조 제1항 제3호, 같은 조 제2항 및 제3항을 준용하여 납세의무자가 신고하거나 세관장이 부과 또는 경정하여 고지한 세액은 신용카드, 직불카드 등으로 납부할 수 있다.

해설 **관세법 제38조(신고납부)**

납세의무자는 납세신고한 세액을 납부하기 전에 그 세액이 과부족하다는 것을 알게 되었을 때에는 납세신고한 세액을 정정할 수 있다. 이 경우 납부기한은 당초의 납부기한으로 한다.(법 제38조 제4항)

---

② (법 제38조 제5항)
③ (법 제38조 제3항)
④ (법 제38조 제1항)
⑤ (법 제38조 제6항), (영 제32조의5 제1항)

02 **관세법령상 '수입신고수리전 세액심사 대상물품'에 해당하지 않는 것은?** 2020 관세사

□□□

① 법률 또는 조약에 의하여 관세 또는 내국세를 감면받고자 하는 물품

② 관세법 제107조의 규정에 의하여 관세를 분할납부하고자 하는 물품

③ 10만원의 관세를 10일간 체납하고 있는 자가 신고하는 물품

④ 5만원의 관세를 체납하고 있는 자가 체납기간 7일 이내에 수입신고하는 물품

⑤ 납세자의 성실성 등을 참작하여 관세청장이 정하는 기준에 해당하는 불성실신고인이 신고하는 물품

해설 **관세법 시행규칙 제8조(수입신고수리전 세액심사 대상물품) 제1항**

1. 법률 또는 조약에 의하여 관세 또는 내국세를 감면받고자 하는 물품
2. 법 제107조의 규정에 의하여 관세를 분할납부하고자 하는 물품
3. 관세를 체납하고 있는 자가 신고하는 물품(체납액이 10만원 미만이거나 체납기간 7일 이내에 수입신고하는 경우를 제외한다)
4. 납세자의 성실성 등을 참작하여 관세청장이 정하는 기준에 해당하는 불성실신고인이 신고하는 물품
5. 물품의 가격변동이 큰 물품, 기타 수입신고수리후에 세액을 심사하는 것이 적합하지 아니하다고 인정하여 관세청장이 정하는 물품

03 관세법령상 수입신고수리전 세액심사에 대한 설명으로 옳지 않은 것은? 2017 관세직 9급

□□□

① 50만원의 관세를 1개월 체납하고 있는 자가 신고하는 물품의 세액에 대한 심사는 수입신고수리전에 한다.

② 법률 또는 조약에 의하여 관세를 감면받고자 하는 물품의 과세가격 및 세율 등에 대한 심사는 수입신고수리후에 한다.

③ 납세자의 성실성 등을 참작하여 관세청장이 정하는 기준에 해당하는 불성실신고인이 신고하는 물품의 세액심사는 수입신고수리전에 한다.

④ 「관세법」 제107조의 규정에 의하여 관세를 분할납부하고자 하는 물품의 과세가격 및 세율 등에 대한 심사는 수입신고수리전에 한다.

해설 **관세법 시행규칙 제8조(수입신고수리전 세액심사 대상물품)**

수입신고수리전에 세액심사를 하는 물품중 법률 또는 조약에 의하여 관세 또는 내국세를 감면받고자 하는 물품 및 관세를 분할납부하고자 하는 물품의 감면 또는 분할납부의 적정 여부에 대한 심사는 수입신고수리전에 하고, 과세가격 및 세율 등에 대한 심사는 수입신고수리후에 한다(규칙 제8조 제2항).

04 관세법령상 관세의 신고납부에 관한 설명으로 옳지 않은 것은? 2024 관세사

□□□

① 세관장의 세액심사는 수입신고 수리 전에는 할 수 없다.

② 세관장은 자율심사업체에게 수출입업무의 처리방법 및 체계 등에 관한 관세청장이 정한 자료를 제공하여야 한다.

③ 관세납부대행기관은 납세자로부터 신용카드등에 의한 관세납부대행용역의 대가로 기획재정부령으로 정하는 바에 따라 납부대행수수료를 받을 수 있다.

④ 납세의무자가 신고납부한 세액이 부족하여 수정신고한 경우에는 수정신고한 날의 다음 날까지 해당 관세를 납부하여야 한다.

⑤ 납세의무자는 납세신고한 세액을 납부하기 전에 그 세액이 과부족하다는 것을 알게 되었을 때에는 납세신고한 세액을 정정할 수 있고, 이 경우 납부기한은 당초의 납부기한으로 한다.

해설 ① 신고한 세액에 대하여 관세채권을 확보하기가 곤란하거나, 수입신고를 수리한 후 세액심사를 하는 것이 적당하지 아니하다고 인정하여 기획재정부령으로 정하는 물품의 경우에는 수입신고를 수리하기 전에 이를 심사한다.

정답 01. ① 02. ④ 03. ④ 04. ①

05 □□□ **수입신고수리전 세액심사 대상물품에 관한 설명으로 옳지 않은 것은?** 2009 관세사

① 납세자의 성실성 등을 참작하여 관세청장이 정하는 기준에 해당하는 불성실 신고인이 신고하는 물품은 수입신고수리전 세액심사 대상물품이다.

② 관세를 체납하고 있는 자가 신고하는 물품(체납액이 10만원 미만이거나 체납기간 7일 이내에 수입신고하는 경우를 제외한다.)은 수입신고수리전 세액심사 대상물품이다.

③ 관세법 제107조의 규정에 의하여 관세를 분할납부하고자 하는 물품은 수입신고수리전 세액심사 대상물품이다. 다만, 분할납부의 적정 여부에 대한 심사는 수입신고수리전에 하고, 과세가격 및 세율 등에 대한 심사는 수입신고수리후에 한다.

④ 법률 또는 조약에 의하여 관세 또는 내국세를 감면받고자 하는 물품은 수입신고수리전 세액심사 대상물품이다. 다만, 감면의 적정 여부에 대한 심사는 수입신고수리전에 하고, 과세가격 및 세율 등에 대한 심사는 수입신고수리후에 한다.

⑤ 물품의 가격변동이 큰 물품, 기타 수입신고 수리 후에 세액을 심사하는 것이 적합하지 아니하다고 인정하여 관세청장이 정하는 물품은 수입신고수리전 세액심사 대상물품이다. 다만, 과세가격의 적정 여부에 대한 심사는 수입신고수리전에 하고, 세율 등에 대한 심사는 수입신고수리후에 한다.

해설 ⑤ 수입신고수리전에 세액심사를 하는 물품 중 "감면" 또는 "분할납부"의 적정 여부에 대한 심사는 수입신고수리전에 하고, 과세가격 및 세율 등에 대한 심사는 수입신고수리후에 한다. 물품의 가격변동이 큰 물품으로써 기타 수입신고 수리 후에 세액을 심사하는 것이 적합하지 아니하다고 인정하여 관세청장이 정하는 물품은 수입신고수리 전에 납세신고에 대한 모든 사항을 심사한다.

06 □□□ **관세법상 세액의 확정에 관한 설명으로 옳지 않은 것은?** 2017 관세사

① 세관장은 납세신고를 받으면 수입신고서에 기재된 사항 등을 심사하되, 신고한 세액 등 납세신고내용에 대한 심사는 수입신고를 수리하기 전에 심사하여야 한다.

② 납세의무자는 납세신고한 세액을 납부하기 전에 그 세액이 과부족(過不足)하다는 것을 알게 되었을 때에는 납세신고한 세액을 정정할 수 있다.

③ 납세의무자는 신고납부한 세액이 부족하다는 것을 알게 되거나 세액산출의 기초가 되는 과세가격 또는 품목분류 등에 오류가 있는 것을 알게 되었을 때에는 신고납부한 날부터 6개월 이내에 해당 세액을 보정(補正)하여 줄 것을 세관장에게 신청할 수 있다.

④ 납세의무자는 신고납부한 세액이 부족한 경우에는 수정신고를 할 수 있는데, 이 경우 납세의무자는 수정신고한 날의 다음 날까지 해당 관세를 납부하여야 한다.

⑤ 납세의무자가 관세청장이 정하는 사유로 과세가격이나 관세율 등을 결정하기 곤란하여 부과고지를 요청하는 경우에는, 세관장이 관세를 부과・징수한다.

해설 **관세법 제38조(신고납부)**

세관장은 납세신고를 받으면 수입신고서에 기재된 사항과 이 법에 따른 확인사항 등을 심사하되, 신고한 세액 등 납세신고 내용에 대한 심사(세액심사)는 수입신고를 수리한 후에 한다. 다만, 신고한 세액에 대하여 관세채권을 확보하기가 곤란하거나, 수입신고를 수리한 후 세액심사를 하는 것이 적당하지 아니하다고 인정하여 기획재정부령으로 정하는 물품의 경우에는 수입신고를 수리하기 전에 이를 심사한다.(법 제38조 제2항)

---

② (법 제38조 제4항)
③ (법 제38조의2 제1항)
④ (법 제38조의3 제1항)
⑤ (법 제39조 제1항 제4호)

07 「관세법」상 납세의무의 확정방식에 대한 설명으로 옳지 않은 것은? 2015 관세직 9급

□□□

① 물품을 수입하려는 자는 세관장이 부과고지하는 물품을 제외한 모든 수입물품에 대하여 수입신고를 할 때에 세관장에게 관세의 납부에 관한 신고를 하여야 한다.
② 세관장은 납세신고를 받으면 수입신고서에 기재된 사항과 「관세법」에 따른 확인사항 등을 심사하되, 신고한 세액에 대하여는 대통령령으로 정하는 물품의 경우를 제외하고 수입신고를 수리하기 전에 심사한다.
③ 납세의무자는 납세신고한 세액을 납부하기 전에 그 세액이 과부족하다는 것을 알게 되었을 때에는 납세신고한 세액을 정정할 수 있다.
④ 보세건설장에서 건설된 시설로서 수입신고가 수리되기 전에 가동된 경우에는 세관장이 관세를 부과 징수한다.

해설 ② 수리전세액심사 대상은 기획재정부령에서 정하고 있다.

정답 05. ⑤ 06. ① 07. ②

08 관세의 신고납부와 관련하여 다음 표 A, B, C, D의 경우에 납세의무자가 취할 수 있는 조치를 옳게 열거한 것은? 2009 관세직 9급

납세 신고 후	납부 전	A	B
	납부일로부터 6개월 경과 후	C	D
		부족	과다
		세액	

	A	B	C	D
①	정정	정정	수정신고	경정청구
②	정정	보정	경정	수정신고
③	경정	보정	수정신고	경정청구
④	경정	정정	수정신고	경정청구

해설

납세의무자	정정 (납부 전 / 과부족)	보정신청 [납부 후(6개월까지) / 부족]	수정신고 (납부 후 / 부족)
		경정청구(납부 후 과다)	
세관장	경정		

09 「관세법」상 세액의 보정에 대한 설명으로 옳지 않은 것은? 2018 관세직 9급 변형

① 납세의무자는 신고납부한 세액이 부족하다는 것을 알게 되거나 세액산출의 기초가 되는 과세가격 또는 품목분류 등에 오류가 있는 것을 알게 되었을 때에는 신고납부한 날부터 6개월 이내(이하 보정기간이라 한다)에 대통령령으로 정하는 바에 따라 해당 세액을 보정하여 줄 것을 세관장에게 신청할 수 있다.

② 세관장은 신고납부한 세액이 부족하다는 것을 알게 되거나 세액산출의 기초가 되는 과세가격 또는 품목분류 등에 오류가 있다는 것을 알게 되었을 때에는 대통령령으로 정하는 바에 따라 납세의무자에게 해당 보정기간에 보정신청을 하도록 통지할 수 있다. 이 경우 세액보정을 신청하려는 납세의무자는 대통령령으로 정하는 바에 따라 세관장에게 신청하여야 한다.

③ 납세의무자가 부족한 세액에 대한 세액의 보정을 신청한 경우에는 해당 보정신청을 한 날부터 15일 이내에 해당 관세를 납부하여야 한다.

④ 세관장은 납세의무자의 신청에 따라 세액을 보정한 결과 부족한 세액이 있을 때에는(부당한 방법으로 과소신고한 경우를 제외한다) 납부기한 다음 날부터 보정신청을 한 날까지의 기간과 금융회사의 정기예금에 대하여 적용하는 이자율을 고려하여 대통령령으로 정하는 이율에 따라 계산한 금액을 더하여 해당 부족세액을 징수하여야 한다. 다만, 신고납부한 세액의 부족 등에 대하여 납세의무자에게 정당한 사유가 있는 경우에는 그러하지 아니하다.

해설 **관세법 제38조의2(보정)**

납세의무자가 부족한 세액에 대한 세액의 보정을 신청한 경우에는 해당 보정신청을 한 날의 다음 날까지 해당 관세를 납부하여야 한다.(법 제38조의2 제4항)

---

① (법 제38조의2 제1항)
② (법 제38조의2 제2항)
④ (법 제38조의2 제4항)

10 □□□ **관세법상 납세의무자에 관한 설명으로 옳지 않은 것은??** 2023 관세사

① 납세의무자는 신고납부한 세액이 부족하다는 것을 알게 된 때에는 신고납부한 날부터 1년 이내 해당 세액을 보정(補正)하여 줄 것을 세관장에게 신청할 수 있다.
② 우편으로 수입되는 물품인 경우에는 그 수취인이 납세의무자가 된다.
③ 보세운송물품이 도난품인 경우 보세운송을 신고하거나 승인을 받은 자가 납세의무자가 된다.
④ 다른 법령에 따라 관세의 납부를 보증한 자는 보증액의 범위에서 납세의무를 진다.
⑤ 납세의무자인 법인이 채무자 회생 및 파산에 관한 법률 제215조에 따라 신회사를 설립하는 경우 신회사가 관세·가산세 및 강제징수비를 연대하여 납부할 의무를 진다.

해설 ① 납세의무자는 신고납부한 날부터 6개월 이내에 보정신청을 할 수 있다.

11 □□□ **관세의 부과와 징수에 대한 설명으로 옳지 않은 것은?** 2015 관세직 7급

① 세관장은 납세의무자가 납부하여야 하는 세액이 1만원 미만인 경우에는 이를 징수하지 아니한다.
② 「관세법」에 따라 납세의무자가 신고하거나 세관장이 부과 또는 경정하여 고지한 세액(세관장이 관세와 함께 징수하는 내국세등의 세액을 포함한다)은 신용카드, 직불카드 등으로 납부할 수 있다.
③ 관세납부대행기관은 납세자로부터 신용카드등에 의한 관세납부 대행용역의 대가로 기획재정부령으로 정하는 바에 따라 납부 대행수수료를 받을 수 있다.
④ 납세의무자는 세액산출의 기초가 된 품목분류에 오류가 있는 것을 알았더라도 신고납부한 날부터 3개월이 경과한 때에는 세액을 보정하여 줄 것을 세관장에게 신청할 수 없다.

해설 ① (법 제40조)
② (영 제32조의5 제1항)
③ (영 제32조의5 제3항)
④ 납세의무자는 세액산출의 기초가 되는 품목분류에 오류가 있는 것을 알게 되었을 때에는 신고납부한 날부터 6개월 이내에 대통령령으로 정하는 바에 따라 해당 세액을 보정(補正)하여 줄 것을 세관장에게 신청할 수 있다.

정답 08. ① 09. ③ 10. ① 11. ④

12 「관세법」상 관세의 부과와 징수에 대한 설명으로 옳지 않은 것은? 2016 관세직 7급

□□□

① 세관장은 세액의 보정 결과 부족한 세액이 있을 때에는 납부기한일부터 보정신청을 한 날까지의 기간과 금융회사의 정기예금에 대하여 적용하는 이자율을 고려하여 대통령령으로 정하는 이율에 따라 계산한 금액을 더하여 해당 부족세액을 징수한다.

② 납세의무자가 납세신고한 세액을 납부하기 전에 그 세액이 과부족하다는 것을 알게 되어 납세신고한 세액을 정정한 경우 납부기한은 당초의 납부기한으로 한다.

③ 납세신고를 받은 세관장은 납세실적과 수입규모 등을 고려하여 관세청장이 정하는 요건을 갖춘 자가 신청할 때에는 납세신고한 세액을 자체적으로 심사하게 할 수 있다.

④ 납세신고를 받은 세관장은 수입신고를 수리한 후 세액심사를 하는 것이 적당하지 아니하다고 인정하여 기획재정부령으로 정하는 물품의 경우에는 수입신고를 수리하기 전에 신고한 세액에 대하여 심사한다.

해설 **관세법 제38조의2(보정)**

세관장은 세액을 보정한 결과 부족한 세액이 있을 때에는 제42조에도 불구하고 납부기한(제9조에 따른 납부기한을 말한다) 다음 날부터 보정신청을 한 날까지의 기간과 금융회사의 정기예금에 대하여 적용하는 이자율을 고려하여 대통령령으로 정하는 이율에 따라 계산한 금액을 더하여 해당 부족세액을 징수하여야 한다. 다만, 다음의 어느 하나에 해당하는 경우에는 그러하지 아니하다.(법 제38조의2 제5항)

1. 국가 또는 지방자치단체가 직접 수입하는 물품 등 대통령령으로 정하는 물품의 경우
2. 신고납부한 세액의 부족 등에 대하여 납세의무자에게 대통령령으로 정하는 정당한 사유가 있는 경우

그럼에도 불구하고 납세의무자가 제42조제2항에 따른 부정한 행위로 과소신고한 후 보정신청을 한 경우에는 세관장은 제42조제2항에 따른 가산세를 징수하여야 한다.(법 제38조의2 제6항)

13 「관세법」상 세액의 확정에 대한 설명으로 옳지 않은 것은? 2024 관세직 9급

□□□

① 세관장은 경정청구를 받은 날부터 2개월 내에 세액을 경정하거나 경정하여야 할 이유가 없다는 뜻을 청구인에게 통지하여야 한다.

② 과세가격 조정에 따른 경정청구에 대한 세관장의 통지에 이의가 있는 청구인은 그 통지를 받은 날(2개월 내에 통지를 받지 못한 경우에는 2개월이 지난 날)부터 30일 내에 기획재정부장관에게 국세의 정상가격과 관세의 과세가격 간의 조정을 신청할 수 있다.

③ 납세의무자가 부족한 세액에 대한 세액의 보정을 신청한 경우에는 해당 보정신청을 한 날의 다음 날까지 해당 관세를 납부하여야 한다.

④ 세관장은 납세의무자가 납부기한까지 납부하지 아니한 관세액을 징수하거나 부족한 관세액을 징수할 때에는 부족세액의 100분의 20과 대통령령으로 정하는 이자율을 합한 금액을 가산세로 징수한다.

해설 **관세법 제42조(가산세)**

① 세관장은 납세의무자가 제9조에 따른 납부기한(법정납부기한)까지 납부하지 아니한 관세액(미납부세액)을 징수하거나 제38조의3제1항 또는 제6항에 따라 부족한 관세액(부족세액)을 징수할 때에는 다음 각 호의 금액을 합한 금액을 가산세로 징수한다.

1. 부족세액의 100분의 10
2. 다음 각 목의 금액을 합한 금액
   가. 미납부세액 또는 부족세액 × 법정납부기한의 다음 날부터 납부일까지의 기간(납부고지일부터 납부고지서에 따른 납부기한까지의 기간은 제외한다) × 금융회사 등이 연체대출금에 대하여 적용하는 이자율 등을 고려하여 대통령령으로 정하는 이자율
   나. 법정납부기한까지 납부하여야 할 세액 중 납부고지서에 따른 납부기한까지 납부하지 아니한 세액 × 100분의 3(관세를 납부고지서에 따른 납부기한까지 완납하지 아니한 경우에 한정한다)

② 제1항에도 불구하고 납세자가 부정한 행위(납세자가 관세의 과세표준 또는 세액계산의 기초가 되는 사실의 전부 또는 일부를 은폐하거나 가장하는 것에 기초하여 관세의 과세표준 또는 세액의 신고의무를 위반하는 것으로서 대통령령으로 정하는 행위를 말한다)로 과소신고한 경우에는 세관장은 부족세액의 100분의 40에 상당하는 금액과 제1항제2호의 금액을 합한 금액을 가산세로 징수한다.

③ 세관장은 제16조제11호에 따른 물품에 대하여 관세를 부과・징수할 때에는 다음 각 호의 금액을 합한 금액을 가산세로 징수한다. 다만, 제241조제5항에 따라 가산세를 징수하는 경우와 천재지변 등 수입신고를 하지 아니하고 수입한 데에 정당한 사유가 있는 것으로 세관장이 인정하는 경우는 제외한다.

1. 해당 관세액의 100분의 20(제269조의 죄에 해당하여 처벌받거나 통고처분을 받은 경우에는 100분의 40)
2. 다음 각 목의 금액을 합한 금액
   가. 해당 관세액 × 수입된 날부터 납부일까지의 기간(납부고지일부터 납부고지서에 따른 납부기한까지의 기간은 제외한다) × 금융회사 등이 연체대출금에 대하여 적용하는 이자율 등을 고려하여 대통령령으로 정하는 이자율
   나. 해당 관세액 중 납부고지서에 따른 납부기한까지 납부하지 아니한 세액 × 100분의 3(관세를 납부고지서에 따른 납부기한까지 완납하지 아니한 경우에 한정한다)

④ 제1항부터 제3항까지의 규정을 적용할 때 납부고지서에 따른 납부기한의 다음 날부터 납부일까지의 기간이 5년을 초과하는 경우에는 그 기간은 5년으로 한다.

⑤ 체납된 관세(세관장이 징수하는 내국세가 있을 때에는 그 금액을 포함한다)가 150만원 미만인 경우에는 제1항제2호가목 및 제3항제2호가목의 가산세를 적용하지 아니한다.

⑥ 제1항제2호 및 제3항제2호에 따른 가산세(이하 "납부지연가산세"라 한다) 중 납부고지서에 따른 납부기한 후의 납부지연가산세를 징수하는 경우에는 납부고지서를 발급하지 아니할 수 있다.

⑦ 납부지연가산세(납부고지서에 따른 납부기한 후의 납부지연가산세에 한정한다)의 납세의무의 성립 및 확정에 관하여는 「국세기본법」 제21조제2항제11호나목・다목 및 제22조제4항제5호를 준용한다. 이 경우 「국세기본법」 제21조제2항제11호나목의 "제47조의4제1항제1호・제2호에 따른 납부지연가산세" 및 "법정납부기한"은 각각 "제1항제2호가목 및 제3항제2호가목에 따른 가산세" 및 "납부고지서에 따른 납부기한"으로, 같은 호 다목의 "제47조의4제1항제3호에 따른 납부지연가산세"는 "제1항제2호나목 및 제3항제2호나목에 따른 가산세"로 본다.

정답 12. ② 13. ④

14 □□□ **관세법령상 세액의 수정 및 경정에 대한 설명으로 옳지 않은 것은?** 2016 관세직 7급

① 세관장은 세액을 심사한 결과 세액의 경정을 하는 경우 이미 납부한 세액에 부족이 있거나 납부할 세액에 부족이 있는 경우에는 그 부족세액에 대하여 납부고지를 하여야 한다.

② 납세의무자는 최초의 신고를 할 때 장부 및 증거서류의 압수로 과세표준 및 세액을 계산할 수 없었으나 그 후 그 사유가 소멸하여 납부한 세액이 과다한 것을 알게 되었을 때에는 그 사유가 발생한 것을 안 날부터 2개월 이내에 대통령령으로 정하는 바에 따라 납부한 세액의 경정을 세관장에게 청구할 수 있다.

③ 납세의무자는 신고납부한 세액이 과다한 것을 알게 되었을 때에는 그날부터 5년 이내에 대통령령으로 정하는 바에 따라 세액의 경정을 세관장에게 청구할 수 있다.

④ 신고납부한 세액이 부족하여 수정신고를 한 납세의무자는 수정신고한 날의 다음 날까지 해당 관세를 납부하여야 한다.

해설 ③ 납세의무자는 신고납부한 세액, 보정신청한 세액 및 수정신고한 세액이 과다한 것을 알게 되었을 때에는 최초로 납세신고를 한 날부터 5년 이내에 대통령령으로 정하는 바에 따라 신고한 세액의 경정을 세관장에게 청구할 수 있다.(법 제38조의3 제2항)

① (영 제34조 제4항)

② (법 제38조의3 제3항)

④ (법 제38조의3 제1항)

15 □□□ **甲은 물품을 수입하면서 신고납부를 하고 통관하였으나, 수입통관 후 5개월 되는 시점에 3,000만 원의 관세를 과다납부한 사실을 알게 되었다. 이 경우 甲이 해당 관세를 환급받기 위한 관세법상 조치로 옳은 것은?** 2021 관세사

① 납부세액 조정신청 ② 조사신청

③ 수정신고 ④ 경정청구

⑤ 과오납신고

해설 관세환급금의 환급을 청구하기 위해서는 과다납부에 대한 확인을 받아야 하고 납세의무자는 신고납부한 세액이 과다한 것을 알게 되었을 때에는 최초로 납세신고를 한 날부터 5년 이내에 신고한 세액의 경정을 세관장에게 청구할 수 있다.

16 관세법상 납세의무자가 신고납부한 세액에 대한 수정신고 및 세관장의 경정에 관한 설명으로 옳은 것은?

□□□

2014 관세사

① 납세의무자는 신고납부한 세액이 과다한 것을 알게 되었을 때에는 최초로 납세 신고를 한 날부터 2년 이내에 신고한 세액의 경정을 청구할 수 있다.

② 세관장은 납세의무자가 신고납부한 세액, 납세신고한 세액, 경정청구한 세액을 심사한 결과 과부족하다는 것을 알게 되었을 때에는 대통령령으로 정하는 바에 따라 그 세액을 경정하여야 한다.

③ 수정신고를 한 납세의무자는 수정신고한 날까지 관세를 납부하여야 한다.

④ 납세의무자는 최초의 신고 또는 경정에서 과세표준 및 세액의 계산근거가 된 거래 또는 행위 등이 그에 관한 소송에 대한 판결에 의하여 다른 것으로 확정되어 납부한 세액이 과다한 것을 알게 되었을 때에는 그 사유가 발생한 것을 안 날부터 3개월 이내에 경정청구를 할 수 있다.

⑤ 경정의 청구를 받은 세관장은 그 청구를 받은 날부터 3개월 이내에 세액을 경정하거나 경정하여야 할 이유가 없다는 뜻을 청구한 자에게 통지하여야 한다.

해설 **관세법 제38조의3(수정 및 경정)**

세관장은 납세의무자가 신고납부한 세액, 납세신고한 세액 또는 제2항 및 제3항에 따라 경정청구한 세액을 심사한 결과 과부족하다는 것을 알게 되었을 때에는 대통령령으로 정하는 바에 따라 그 세액을 경정하여야 한다. (법 제38조의3 제6항)

---

① 납세의무자는 신고납부한 세액이 과다한 것을 알게 되었을 때에는 최초로 납세신고를 한 날부터 5년 이내에 신고한 세액의 경정을 청구할 수 있다.

③ 수정신고를 한 납세의무자는 수정신고한 날의 다음 날까지 관세를 납부하여야 한다.

④ 후발적 경정청구는 그 사유가 발생한 것을 안 날부터 2개월 이내에 경정청구를 할 수 있다.

⑤ 세관장은 경정의 청구를 받은 날부터 2개월 이내에 세액을 경정하거나 경정하여야 할 이유가 없다는 뜻을 그 청구를 한 자에게 통지하여야 한다.

정답 14. ③ 15. ④ 16. ②

17 관세법령상 세액의 수정 및 경정에 관한 설명으로 옳지 않은 것은? 2018 관세사

□□□

① 납세의무자는 신고납부한 세액이 부족한 경우에는 대통령령으로 정하는 바에 따라 수정신고(보정기간이 지난 날부터 관세법 제21조 제1항에 따른 기간이 끝나기 전까지로 한정)를 할 수 있다.

② 세관장은 관세법 제38조의3 제2항 또는 제3항에 따른 경정의 청구를 받은 날부터 3개월 이내에 세액을 경정하거나 경정하여야 할 이유가 없다는 뜻을 그 청구를 한 자에게 통지하여야 한다.

③ 납세의무자는 신고납부한 세액이 과다한 것을 알게 되었을 때에는 최초로 납세신고를 한 날부터 5년 이내에 대통령령으로 정하는 바에 따라 신고한 세액의 경정을 세관장에게 청구할 수 있다.

④ 관세법 제38조의3 제2항 또는 제3항에 따라 경정을 청구한 자가 제4항에 따라 2개월 이내에 통지를 받지 못한 경우에는 그 2개월이 되는 날의 다음 날부터 관세법에 따른 이의신청, 심사청구, 심판청구 또는 「감사원법」에 따른 심사청구를 할 수 있다.

⑤ 세관장은 납세의무자가 신고납부한 세액, 납세신고한 세액 또는 관세법 제38조의3 제2항 및 제3항에 따라 경정청구한 세액을 심사한 결과 과부족하다는 것을 알게 되었을 때에는 대통령령으로 정하는 바에 따라 그 세액을 경정하여야 한다.

해설 **관세법 제38조의3(수정 및 경정)**

세관장은 경정의 청구를 받은 날부터 2개월 이내에 세액을 경정하거나 경정하여야 할 이유가 없다는 뜻을 그 청구를 한 자에게 통지하여야 한다.(법 제38조의3 제4항), 경정을 청구한 자가 2개월 이내에 통지를 받지 못한 경우에는 그 2개월이 되는 날의 다음 날부터 이의신청, 심사청구, 심판청구 또는 「감사원법」에 따른 심사청구를 할 수 있다.
(법 제38조의3 제5항)

18 관세법령상 납부세액의 변경에 대한 설명으로 옳지 않은 것은? 2018 관세직 9급

□□□

① 세관장은 세액산출의 기초가 되는 과세가격 또는 품목분류 등에 오류가 있다는 것을 알게 되었을 때에는 대통령령으로 정하는 바에 따라 납세의무자에게 해당 보정기간에 보정신청을 하도록 통지할 수 있다.

② 세관장은 납세의무자가 신고납부한 세액을 심사한 결과 그 세액이 과부족하다는 것을 알게 되어 경정한 후에는 다시 경정하지 못한다.

③ 납세의무자는 최초의 신고에서 과세표준 및 세액의 계산근거가 된 거래 등이 그에 관한 판결과 같은 효력을 가지는 화해에 의하여 다른 것으로 확정되어 납부한 세액이 과다한 것을 알게 되었을 때에는 그 사유가 발생한 것을 안 날부터 2개월 이내에 납부한 세액의 경정을 세관장에게 청구할 수 있다.

④ 납세의무자로부터 경정의 청구를 받은 세관장은 그 청구를 받은 날부터 2개월 이내에 세액을 경정하거나 경정하여야 할 이유가 없다는 뜻을 그 청구를 한 자에게 통지하여야 한다.

해설 **관세법 시행령 제34조(세액의 경정)**

세관장은 경정을 한 후 그 세액에 과부족이 있는 것을 발견한 때에는 그 경정한 세액을 다시 경정한다.
(영 제34조 제5항)

19 □□□ **관세법상 수입물품의 과세가격 조정에 따른 경정에 대한 내용으로 옳지 않은 것은?** 2017 관세직 7급

① 경정청구를 받은 세관장은 대통령령으로 정하는 바에 따라 해당 수입물품의 거래가격 조정방법과 계산근거 등이 관세법 제30조부터 제35조까지의 규정에 적합하다고 인정하는 경우에는 세액을 경정할 수 있다.

② 세관장은 경정청구를 받은 날부터 2개월 내에 세액을 경정하거나 경정하여야 할 이유가 없다는 뜻을 청구인에게 통지하여야 한다.

③ 세관장의 통지에 이의가 있는 청구인은 그 통지를 받은 날(2개월 내에 통지를 받지 못한 경우에는 2개월이 경과한 날)부터 30일 내에 관세청장에게 국세의 과세가격과 관세의 정상가격 간의 조정을 신청할 수 있다. 이 경우 국제조세조정에 관한 법률 제10조의3을 준용한다.

④ 세관장은 세액을 경정하기 위하여 필요한 경우에는 관할 지방국세청장 또는 세무서장과 협의할 수 있다.

해설 **관세법 제38조의4(수입물품의 과세가격 조정에 따른 경정)**
세관장의 통지에 이의가 있는 청구인은 그 통지를 받은 날(2개월 내에 통지를 받지 못한 경우에는 2개월이 지난 날)부터 30일 내에 기획재정부장관에게 국세의 정상가격과 관세의 과세가격 간의 조정을 신청할 수 있다. 이 경우 「국제조세조정에 관한 법률」 제20조를 준용한다.(법 제38조의4 제4항)

① (법 제38조의4 제2항)
② (법 제38조의4 제3항)
④ (법 제38조의4 제6항)

20 □□□ **관세법령상 세액의 확정에 대한 설명으로 옳지 않은 것은?** 2021 관세직 9급

① 납세의무자는 신고납부한 세액이 부족하다는 것을 알게 되었을 때에는 신고납부한 날부터 6개월 이내에 대통령령으로 정하는 바에 따라 해당 세액을 보정하여 줄 것을 세관장에게 신청할 수 있다.

② 납세의무자는 신고납부한 세액이 과다한 것을 알게 되었을 때에는 최초로 납세신고를 한 날부터 5년 이내에 대통령령으로 정하는 바에 따라 신고한 세액의 경정을 세관장에게 청구할 수 있다.

③ 경정청구에 따른 세관장의 통지에 이의가 있는 청구인은 그 통지를 받은 날부터 2개월 이내에 관세청장에게 국세의 정상가격과 관세의 과세가격 간의 조정을 신청할 수 있다.

④ 세관장은 납세의무자가 납부하여야 하는 세액이 1만원 미만인 경우에는 이를 징수하지 아니한다.

해설 ③ 세관장의 통지에 이의가 있는 청구인은 그 통지를 받은 날(2개월 내에 통지를 받지 못한 경우에는 2개월이 지난 날)부터 30일 내에 기획재정부장관에게 국세의 정상가격과 관세의 과세가격 간의 조정을 신청할 수 있다.

정답 17. ② 18. ② 19. ③ 20. ③

21 「관세법」상 세액의 확정에 대한 설명으로 옳지 않은 것은? 2021 관세직 7급

□□□

① 납세의무자는 납세신고한 세액을 납부하기 전에 그 세액이 과부족하다는 것을 알게 되었을 때에는 납세신고한 세액을 정정할 수 있다.

② 납세의무자는 세액산출의 기초가 되는 과세가격 또는 품목분류 등에 오류가 있는 것을 알게 되었을 때에는 신고납부한 날부터 6개월 이내에 대통령령으로 정하는 바에 따라 해당 세액을 보정하여 줄 것을 세관장에게 신청할 수 있다.

③ 납세의무자는 신고납부한 세액이 과다한 것을 알게 되었을 때에는 최초로 납세신고를 한 날부터 5년 이내에 대통령령으로 정하는 바에 따라 신고한 세액의 경정을 세관장에게 청구할 수 있다.

④ 납세의무자는 「국제조세조정에 관한 법률」에 따라 국세청장이 해당 수입물품의 거래가격과 관련하여 소급하여 적용하도록 사전승인을 함에 따라 그 거래가격과 「관세법」에 따라 신고납부·경정한 세액의 산정기준이 된 과세가격 간 차이가 발생한 경우에는 그 결정·경정 처분 또는 사전승인이 있은 날부터 3개월 또는 최초로 경정신고를 한 날부터 5년 내에 세관장에게 세액의 경정을 청구할 수 있다.

해설 **관세법 제38조의4(수입물품의 과세가격 조정에 따른 경정)**

납세의무자는 「국제조세조정에 관한 법률」 제7조 제1항에 따라 관할 지방국세청장 또는 세무서장이 해당 수입물품의 거래가격을 조정하여 과세표준 및 세액을 결정·경정 처분하거나 같은 법 제14조 제3항(일방적 사전승인의 대상인 경우에 한정한다)에 따라 국세청장이 해당 수입물품의 거래가격과 관련하여 소급하여 적용하도록 사전승인을 함에 따라 그 거래가격과 관세법에 따라 신고납부·경정한 세액의 산정기준이 된 과세가격 간 차이가 발생한 경우에는 그 결정·경정 처분 또는 사전승인이 있음을 안 날(처분 또는 사전승인의 통지를 받은 경우에는 그 받은 날)부터 3개월 또는 최초로 납세신고를 한 날부터 5년 내에 대통령령으로 정하는 바에 따라 세관장에게 세액의 경정을 청구할 수 있다.(법 제38조의4 제1항)

---

④ 있은 날(×) / 안 날(○), 최초로 경정신고(×) / 최초로 납세신고(○)

22 세관장이 관세를 부과·징수하는 부과고지 제도의 적용대상이 아닌 경우는? 2010 관세직7급

□□□

① 수입신고전 즉시반출한 물품을 수입신고기간 내에 수입신고한 경우

② 보세구역에 반입된 물품이 수입신고가 수리되기 전에 반출된 경우

③ 보세건설장에서 건설된 시설로서 수입신고가 수리되기 전에 가동된 경우

④ 보세운송 신고를 하거나 승인을 받은 물품이 지정기간을 경과한 경우

해설 **관세법 제39조(부과고지)**

다음 어느 하나에 해당하는 경우에는 제38조에도 불구하고 세관장이 관세를 부과·징수한다.(법 제39조 제1항)

1. 제16조 제1호부터 제6호까지 및 제8호부터 제11호까지에 해당되어 관세를 징수하는 경우
2. 보세건설장에서 건설된 시설로서 제248조에 따라 수입신고가 수리되기 전에 가동된 경우
3. 보세구역(제156조 제1항에 따라 보세구역 외 장치를 허가받은 장소를 포함한다)에 반입된 물품이 제248조 제3항을 위반하여 수입신고가 수리되기 전에 반출된 경우
4. 납세의무자가 관세청장이 정하는 사유로 과세가격이나 관세율 등을 결정하기 곤란하여 부과고지를 요청하는 경우
5. 제253조에 따라 즉시 반출한 물품을 같은 조 제3항의 기간 내에 수입신고를 하지 아니하여 관세를 징수하는 경우
6. 그 밖에 제38조에 따른 납세신고가 부적당한 것으로서 기획재정부령으로 정하는 경우

규칙 제9조(부과고지 대상물품)

관세법 제39조 제1항 제6호의 규정에 의하여 세관장이 관세를 부과고지하는 물품은 다음과 같다.
1. 여행자 또는 승무원의 휴대품 및 별송품
2. 우편물(법 제258조 제2항에 해당하는 것을 제외한다)
3. 법령의 규정에 의하여 세관장이 관세를 부과·징수하는 물품
4. 제1호 내지 제3호외에 납세신고가 부적당하다고 인정하여 관세청장이 지정하는 물품

---

① 신고납부 규정에 따라 즉시반출신고를 하고 반출을 하는 자는 즉시반출신고를 한 날부터 10일 이내에 수입신고를 하여야 하며, 기간 내에 수입신고를 하지 않았을 경우에 한하여 부과고지 대상이 된다.

23 □□□ **관세법령상 부과고지에 대한 설명으로 옳지 않은 것은?** 2021 관세직 7급

① 수입신고전 즉시반출신고를 하고 반출한 물품을 즉시반출신고를 한 날부터 10일 이내에 수입신고를 하지 아니하여 관세를 징수하는 경우, 「관세법」 제38조(신고납부)에도 불구하고 세관장이 관세를 부과·징수한다.

② 납세의무자가 관세청장이 정하는 사유로 과세가격이나 관세율 등을 결정하기 곤란하여 부과고지를 요청하는 경우, 「관세법」 제38조(신고납부)에도 불구하고 세관장이 관세를 부과·징수한다.

③ 「관세법」 제43조(관세의 현장 수납)에 따라 물품을 검사한 공무원이 관세를 수납하는 경우에는 그 공무원으로 하여금 말로써 고지하게 할 수 있다.

④ 세관장은 「관세법」 제10조(천재지변 등으로 인한 기한의 연장)에 따라 납부기한을 연장한 때에는 납부고지를 생략할 수 있다.

해설 **관세법 시행령 제2조(천재지변 등으로 인한 기한의 연장)**

세관장은 천재지변 등으로 인한 기한의 연장에 따라 납부기한을 연장한 때에는 관세법 제39조에 따른 납부고지를 해야 한다.(영 제2조 제4항)

세관장은 천재지변 등으로 인한 납부기한연장을 취소한 때에는 15일 이내의 납부기한을 정하여 법 제39조에 따른 납부고지를 해야 한다.(영 제2조 제7항)

---

① (법 제39조 제1항 제5호)
② (법 제39조 제1항 제4호)
③ (영 제36조)

정답 21. ④ 22. ① 23. ④

24 부과고지에 관한 설명으로 옳은 것은? 2015 관세사

□□□

① 보세건설장에서 건설된 시설로서 제248(신고의 수리)에 따라 수입신고가 수리되기 전에 가동된 경우 관세청장이 관세를 부과・징수한다.

② 보세구역(제156조 제1항에 따라 보세구역 외 장치를 허가받은 장소를 포함한다)에 반입된 물품이 제248조(신고의 수리) 제3항을 위반하여 수입신고가 수리되기 전에 반출된 경우 관세청장이 관세를 부과・징수한다.

③ 납세의무자가 세관장이 정하는 사유로 과세가격이나 관세율 등을 결정하기 곤란하여 부과고지를 요청하는 경우 관세청장이 관세를 부과・징수한다.

④ 세관장은 과세표준, 세율, 관세의 감면 등에 관한 규정의 적용 착오 또는 그 밖의 사유로 이미 징수한 금액이 부족한 것을 알게 되었을 때에는 그 부족액을 징수한다.

⑤ 관세법 제38조(신고납부)에 따른 납세신고가 부적당한 것으로서 기획재정부령으로 정하는 경우 관세청장이 관세를 부과・징수한다.

 해설 **관세법 제39조(부과고지)**

세관장은 과세표준, 세율, 관세의 감면 등에 관한 규정의 적용 착오 또는 그 밖의 사유로 이미 징수한 금액이 부족한 것을 알게 되었을 때에는 그 부족액을 징수한다.(법 제39조 제2항)

---

①, ②, ③, ⑤ → 부과고지 대상에 해당하는 경우 세관장이 관세를 부과・징수한다.

25 관세법령상 관세의 부과와 징수에 관한 내용으로 옳은 것은? 2020 관세사

□□□

① 세관장은 납세의무자가 납부하여야 하는 세액이 3만원인 경우에는 이를 징수하지 아니한다.

② 세관장이 납세의무자가 납부하여야 하는 세액이 대통령령으로 정하는 금액 미만에 해당하여 이를 징수하지 아니하게 된 경우에는 당해 물품의 수입신고수리일을 그 납부일로 본다.

③ 관세납부대행기관이 받는 대행수수료는 관세청장이 관세납부대행기관의 운영경비 등을 종합적으로 고려하여 승인하되, 해당 관세의 1천분의 5를 초과할 수 없다.

④ 납세의무자는 세액산출의 기초가 되는 과세가격 또는 품목분류 등에 오류가 있는 것을 알게 되었을 때에는 신고납부한 날부터 1년 이내에 해당 세액을 보정하여 줄 것을 세관장에게 신청하여야 한다.

⑤ 납세의무자가 신고납부한 세액이 부족하다는 것을 알고, 이 부족한 세액에 대한 세액의 보정을 신청한 경우에는 해당 보정신청을 한 날까지 해당 관세를 납부하여야 한다.

해설 **관세법 시행령 제37조(징수금액의 최저한)**

납부하여야 하는 세액이 1만원 미만에 해당하여 관세를 징수하지 아니하게 된 경우에는 당해 물품의 수입신고수리일을 그 납부일로 본다.(영 제37조 제2항)

---

① 세관장은 납세의무자가 납부하여야 하는 세액이 1만원인 경우에는 이를 징수하지 아니한다.(영 제37조 제1항)
③ 신용카드 등에 의한 관세납부대행기관이 받는 대행수수료는 관세청장이 관세납부대행기관의 운영경비 등을 종합적으로 고려하여 승인하되, 해당 납부세액의 1천분의 10을 초과할 수 없다.(규칙 제8조의2 제2항)
④ 세액의 보정은 신고납부한 날부터 6개월 이내에 신청을 할 수 있다.(법 제38조의2 제1항)
⑤ 보정신청을 한 날의 다음 날까지 납부하여야 한다.(법 제38조의2 제3항)

26 □□□

관세법령상 관세의 부과 · 징수에 관한 설명으로 옳지 않은 것은? 2020 관세직 9급

① 납세의무자가 납부하여야 하는 세액이 3만원인 경우 세관장은 수입물품에 부과되는 세금을 징수하지 아니한다.

② 납세의무자는 납세신고한 세액을 납부하기 전에 그 세액이 과부족하다는 것을 알게 되었을 때에는 납세신고한 세액을 정정할 수 있다.

③ 잠정가격신고를 기초로 납세신고를 하고 이에 해당하는 세액을 납부한 경우 관세법 제42조 제1항 제1호 및 제2호의 금액을 합한 금액의 가산세를 감면한다. 단, 납세의무자가 제출한 자료가 사실과 다름이 판명되어 추징의 사유가 발생한 경우는 가산세 감면대상에서 제외한다.

④ 보험에 가입된 등기된 건물은 관세법에 따라 제공하는 담보물이 될 수 있다.

⑤ 세관장은 납세의무자가 경정청구한 세액을 심사한 결과 과부족하다는 것을 알게 되었을 때에는 그 세액을 경정하여야 한다.

해설 **관세법 시행령 제37조(징수금액의 최저한)**
관세법 제40조(징수금액의 최저한)의 규정에 의하여 세관장이 징수하지 아니하는 금액은 1만원으로 한다.
(영 제37조 제1항)

---

② (법 제38조 제4항)
③ (법 제42조의2 제1항 제2호)
④ (법 제24조 제1항 제6호)
⑤ (법 제38조의3 제6항)

27 □□□

「관세법」상 신고에 대한 설명으로 옳은 것은? 2024 관세직 9급

① 세관장은 대통령령으로 정하는 물품을 지정장치장에 반입하여 수입하는 자가 반입일부터 30일 이내에 수입신고를 하지 아니한 경우에는 해당 물품 과세가격의 100분의 2에 상당하는 금액의 범위에서 대통령령으로 정하는 금액을 가산세로 징수한다.

② 우리나라로 거주를 이전하기 위하여 입국하는 자가 입국할 때에 수입하는 이사물품을 신고하지 아니하여 과세하는 경우에는 해당 물품에 대하여 납부할 관세의 100분의 20에 상당하는 금액을 가산세로 징수한다.

③ 밀수출 등 불법행위가 발생할 우려가 높거나 감시단속을 위하여 필요하다고 인정하여 기획재정부령으로 정하는 물품은 관세청장이 정하는 장소에 반입한 후 수출의 신고를 하게 할 수 있다.

④ 입항전수입신고가 수리되고 보세구역 등으로부터 반출되지 아니한 물품은 해당 물품이 지정보세구역에 장치되어 있는 경우에 한하여 「관세법」 제106조(계약 내용과 다른 물품 등에 대한 관세 환급)를 준용한다.

해설 ① 수입하거나 반송하려는 물품을 지정장치장 또는 보세창고에 반입하거나 보세구역이 아닌 장소에 장치한 자는 그 반입일 또는 장치일부터 30일 이내에 수입신고 또는 반송신고를 하여야 한다. 위 기간 내에 수입신고 또는 반송신고를 하지 않을 경우 과세가격의 100분의 2에 상당하는 금액의 범위에서 가산세를 징수한다.
(법 제241조 제3항, 제4항)

정답 24. ④ 25. ② 26. ① 27. ①

② 우리나라로 거주를 이전하기 위하여 입국하는 자가 입국할 때에 수입하는 이사물품을 신고하지 아니하여 과세하는 경우에는 해당 물품에 대하여 납부할 세액(관세 및 내국세를 포함한다)의 100분의 20에 상당하는 금액을 가산세로 징수한다.(법 제241조 제5항)
③ 밀수출 등 불법행위가 발생할 우려가 높거나 감시단속을 위하여 필요하다고 인정하여 대통령령으로 정하는 물품은 관세청장이 정하는 장소에 반입한 후 수출의 신고를 하게 할 수 있다.(법 제243조 제4항)
④ 입항전수입신고가 수리되고 보세구역 등으로부터 반출되지 아니한 물품은 해당 물품이 지정보세구역에 장치되었는지 여부와 관계없이 「관세법」 제106조(계약 내용과 다른 물품 등에 대한 관세 환급)를 준용한다.(법 제244조 제5항)

28 □□□ **관세법령상 가산세를 감면하는 경우에 해당하는 것만을 모두 고르면?** 2018 관세직 7급

ㄱ. 납세의무자가 특수관계가 있는 자들 간에 거래되는 물품의 과세가격 결정방법에 관한 사전심사의 결과를 통보받고 그 통보일부터 2개월 이내에 통보된 과세가격 결정방법에 따라 해당 사전심사 결과를 통보받은 날 전에 신고납부한 세액을 수정신고하는 경우
ㄴ. 납세의무자가 해당 관세에 대하여 과세표준과 세액을 결정할 것을 미리 알고 수정신고서를 제출한 경우로서 납세의무자가 관세조사의 사전통지를 받은 후 수정신고서를 제출한 경우
ㄷ. 납세의무자가 수입신고가 수리되기전에 관세를 납부한 결과 부족세액이 발생한 경우로서 수입신고가 수리되기 전에 납세의무자가 당해 세액에 대하여 수정신고하는 경우

① ㄱ, ㄴ　　② ㄱ, ㄷ
③ ㄴ, ㄷ　　④ ㄱ, ㄴ, ㄷ

해설 **관세법 제42조의2(가산세의 감면)**
세관장은 다음의 어느 하나에 해당하는 경우에는 제42조 제1항에 따른 가산세액에서 다음 각 호에서 정하는 금액을 감면한다.(법 제42조의2 제1항)
1. 제9조 제2항에 따라 수입신고가 수리되기 전에 관세를 납부한 결과 부족세액이 발생한 경우로서 수입신고가 수리되기 전에 납세의무자가 해당 세액에 대하여 수정신고를 하거나 세관장이 경정하는 경우: 제42조 제1항 제1호 및 제2호의 금액을 합한 금액
2. 제28조 제1항에 따른 잠정가격신고를 기초로 납세신고를 하고 이에 해당하는 세액을 납부한 경우(납세의무자가 제출한 자료가 사실과 다름이 판명되어 추징의 사유가 발생한 경우는 제외한다): 제42조 제1항 제1호 및 제2호의 금액을 합한 금액
3. 제37조 제1항 제3호에 관한 사전심사의 결과를 통보받은 경우 그 통보일부터 2개월 이내에 통보된 과세가격의 결정방법에 따라 해당 사전심사의 결과를 통보받은 날 전에 신고납부한 세액을 수정신고하는 경우: 제42조 제1항 제1호의 금액
4. 제38조 제2항 단서에 따라 기획재정부령으로 정하는 물품 중 감면대상 및 감면율을 잘못 적용하여 부족세액이 발생한 경우: 제42조 제1항 제1호의 금액
5. 제38조의3 제1항에 따라 수정신고(제38조의2제1항에 따른 보정기간이 지난 날부터 1년 6개월이 지나기 전에 한 수정신고로 한정한다)를 한 경우에는 다음 각 목의 구분에 따른 금액. 다만, 해당 관세에 대하여 과세표준과 세액을 경정할 것을 미리 알고 수정신고를 한 경우로서 기획재정부령으로 정하는 경우는 제외한다.
   가. 제38조의2제1항에 따른 보정기간이 지난 날부터 6개월 이내에 수정신고한 경우: 제42조 제1항 제1호의 금액의 100분의 30
   나. 제38조의2제1항에 따른 보정기간이 지난 날부터 6개월 초과 1년 이내에 수정신고한 경우: 제42조 제1항 제1호의 금액의 100분의 20
   다. 제38조의2제1항에 따른 보정기간이 지난 날부터 1년 초과 1년 6개월 이내에 수정신고한 경우: 제42조 제1항 제1호의 금액의 100분의 10
6. 국가 또는 지방자치단체가 직접 수입하는 물품 등 대통령령으로 정하는 물품의 경우: 제42조 제1항 제1호 및 제2호의 금액을 합한 금액
7. 관세심사위원회가 기간 내에 과세전적부심사의 결정·통지를 하지 아니한 경우: 결정·통지가 지연된 기간에 대하여 부과되는 가산세(제42조 제1항 제2호 가목에 따른 계산식에 결정·통지가 지연된 기간을 적용하여 계산한 금액에 해당하는 가산세를 말한다) 금액의 100분의 50
8. 신고납부한 세액의 부족 등에 대하여 납세의무자에게 대통령령으로 정하는 정당한 사유가 있는 경우: 제42조 제1항 제1호 및 제2호의 금액을 합한 금액

29 □□□

관세법령상 납세자가 부당한 방법으로 과소신고한 경우에는 세관장은 해당 부족세액의 100분의 40에 상당하는 금액과 「관세법」 제42조 제1항 제2호의 금액을 합한 금액을 가산세로 징수하는데, 이때 대통령령으로 정하는 부당한 방법에 해당하지 않는 것은? 2018 관세직 9급

① 이중송품장 · 이중계약서 등 허위증명 또는 허위문서의 작성이나 수취
② 관세부과의 근거가 되는 행위나 거래의 조작 · 은폐
③ 관세를 지정한 납부기한 내에 납부하지 아니한 행위
④ 관세를 포탈하거나 환급 또는 감면을 받기 위한 부정한 행위

해설 **관세법 시행령 제39조(가산세)**

납세의무자가 부당한 방법으로 과소신고한 경우란 다음을 말한다.(영 제39조 제4항)
1. 이중송품장, 이중계약서 등 허위증명 또는 허위문서의 작성이나 수취
2. 세액심사에 필요한 자료의 파기
3. 관세부과의 근거가 되는 행위나 거래의 조작, 은폐
4. 그 밖에 관세를 포탈하거나 환급 또는 감면을 받기 위한 부정한 행위

30 □□□

납세의무자가 법정납부기한까지 납부하지 아니한 관세액을 징수하거나 관세법 제38조의3(수정 및 경정) 제1항 또는 제6항에 따라 부족한 관세액을 징수할 때에는 해당 부족세액의 100분의 10에 상당하는 금액과 일정한 계산식을 적용하여 계산한 금액을 합한 금액을 가산세로 징수한다. 이때 적용하는 계산식에 들어갈 수 있는 요소에 해당하지 않는 것은? 2017 관세직 7급 변형

① 1일 10만분의 22의 이자율
② 연 1천분의 35의 이자율
③ 법정납부기한의 다음 날부터 납부일까지의 기간(납부고지일부터 납부고지서에 따른 납부기한까지의 기간은 제외한다)
④ 법정납부기한까지 납부하여야 할 세액 중 납부고지서에 따른 납부기한까지 납부하지 아니한 세액의 3%

해설 **관세법 제42조(가산세)**

세관장은 납세의무자가 제9조에 따른 납부기한("법정납부기한")까지 납부하지 아니한 관세액("미납부세액")을 징수하거나 제38조의3 제1항 또는 제6항에 따라 부족한 관세액("부족세액")을 징수할 때에는 다음 각 호의 금액을 합한 금액을 가산세로 징수한다.(법 제42조 제1항)
1. 부족세액의 100분의 10
2. 다음 각 목의 금액을 합한 금액
   가. 미납부세액 또는 부족세액 × 법정납부기한의 다음 날부터 납부일까지의 기간(납부고지일부터 납부고지서에 따른 납부기한까지의 기간은 제외한다) × 금융회사 등이 연체대출금에 대하여 적용하는 이자율 등을 고려하여 대통령령으로 정하는 이자율
   나. 법정납부기한까지 납부하여야 할 세액 중 납부고지서에 따른 납부기한까지 납부하지 아니한 세액 × 100분의 3(관세를 납부고지서에 따른 납부기한까지 완납하지 아니한 경우에 한정한다)

---

② 연 1천분의 35의 이자율은 규칙 제9조의3에서 규정하고 있는 관세환급가산금 또는 보정이자 이율이다.

정답 28. ② 29. ③ 30. ②

31 관세법령상 가산세율에 관한 내용이다. ( )에 들어갈 숫자를 옳게 나열한 것은? 2024 관세사

□□□

> 법 제241조(수출 · 수입 또는 반송의 신고) 제4항의 규정에 의한 가산세액은 다음의 율에 의하여 산출한다.
> - 법 제241조 제3항의 규정에 의한 신고기한이 경과한 날부터 (ㄱ)일 내에 신고를 한 때에는 당해 물품의 과세가격의 1천분의 5
> - 신고기한이 경과한 날부터 50일내에 신고를 한 때에는 당해 물품의 과세가격의 1천 분의 (ㄴ)

① ㄱ : 20, ㄴ : 10
② ㄱ : 20, ㄴ : 15
③ ㄱ : 20, ㄴ : 20
④ ㄱ : 30, ㄴ : 15
⑤ ㄱ : 30, ㄴ : 20

해설 **관세법 시행령 제247조(가산세율)**

관세법 제241조 제4항의 규정에 의한 가산세액은 다음의 율에 의하여 산출한다.(영 제247조 제1항)
1. 법 제241조 제3항의 규정에 의한 기한이 경과한 날부터 20일 내에 신고를 한 때에는 당해 물품의 과세가격의 1천분의 5
2. 신고기한이 경과한 날부터 50일 내에 신고를 한 때에는 당해 물품의 과세가격의 1천분의 10
3. 신고기한이 경과한 날부터 80일 내에 신고를 한 때에는 당해 물품의 과세가격의 1천분의 15
4. 제1호 내지 제3호 외의 경우에는 당해 물품의 과세가격의 1천분의 20

32 수입업자 'A'는 부산항의 보세구역인 컨테이너 야드(CY)에 과세가격 5,000만원의 외국물품을 2009년 2월 1일에 반입하고 2009년 4월 11일에 수입신고를 하였다. 이때 수입신고 지연을 이유로 부과될 수 있는 가산세는 얼마인가? 2009 관세직 9급

□□□

① 100만원 ② 50만원
③ 150만원 ④ 250만원

해설 2월 1일부터 "30일" 이내에 수입신고 또는 반송신고를 하여야 한다. 4/11일에 수입신고가 이루어졌으므로 신고기한이 경과한 날부터 50일 이내에 신고가 이루어졌다. 따라서 해당 물품의 과세가격(5,000만원)의 1천분의 10에 해당하는 50만원의 가산세가 부과된다.

33 다음 관세법상 가산세에 대한 설명으로 옳지 않은 것은? 2012 관세직 9급

□□□

> • 수입하거나 반송하려는 물품을 지정장치장 또는 보세창고에 반입하거나 보세구역이 아닌 장소에 장치한 자는 그 반입일 또는 장치일부터 30일 이내에 신고를 하여야 한다.
> • 세관장은 대통령령으로 정하는 물품을 수입하거나 반송하는 자가 기간 내에 수입 또는 반송의 신고를 하지 아니한 경우에는 해당 물품 과세가격의 100분의 2에 상당하는 금액의 범위에서 대통령령으로 정하는 금액을 가산세로 징수한다.

① 신고기한이 경과한 날부터 20일 내에 신고를 한 때에는 해당 물품의 과세가격의 1천분의 5
② 신고기한이 경과한 날부터 50일 내에 신고를 한 때에는 해당 물품의 과세가격의 1천분의 10
③ 신고기한이 경과한 날부터 80일 내에 신고를 한 때에는 해당 물품의 과세가격의 1천분의 15
④ 가산세액은 1,000만원을 초과할 수 없다.

해설 ④ "수입·반송 신고지연가산세"의 상한금액은 500만원이다.(영 제247조 제2항)

34 밑줄 친 부분에 해당하는 물품만을 열거한 것은? 2011 관세사

□□□

> 소정의 물품은 그 물품의 특성으로 인하여 일정한 시설 또는 장치 등을 이용하여 수출·수입 또는 반송하는 자는 1개월을 단위로 하여 해당 물품에 대한 수출·수입 또는 반송신고 사항을 다음 달 10일까지 신고하여야 한다.

① 전기, 용수(用水), 전자
② 전기, 가스, 휘발유
③ 용수(用水), 용액, 철강
④ 수출용원재료, 부품류
⑤ 전기, 전자, 자동차

해설 **관세법 제241조(수출·수입 또는 반송의 신고)**

전기·유류 등 대통령령으로 정하는 물품을 그 물품의 특성으로 인하여 전선이나 배관 등 대통령령으로 정하는 시설 또는 장치 등을 이용하여 수출·수입 또는 반송하는 자는 1개월을 단위로 하여 해당 물품에 대한 신고사항을 대통령령으로 정하는 바에 따라 다음 달 10일까지 신고하여야 한다. 이 경우 기간 내에 수출·수입 또는 반송의 신고를 하지 아니하는 경우 과세가격의 100분의 2에 상당하는 금액의 범위에서 대통령령으로 정하는 금액을 가산세로 징수한다.(법 제241조 제6항)

관세법 시행령 제246조(수출·수입 또는 반송의 신고)

관세법 제241조 제6항 전단에서 "대통령령으로 정하는 물품"이란 다음의 어느 하나에 해당하는 것을 말한다.

1. 전기
2. 가스
3. 유류
4. 용수(用水)

정답 31. ① 32. ② 33. ④ 34. ②

35 □□□

관세법령상 수입신고에 대한 설명으로 옳지 않은 것은? 2020 관세직 9급

① 우편물(관세법 제258조 제2항에 해당하는 것을 제외한다)은 관세법 제241조 제2항에 따른 신고를 생략하게 할 수 있다. 다만, 관세법 제226조의 규정에 해당하는 물품을 제외한다.

② 세관장은 대통령령으로 정하는 물품을 수입하는 자가 관세법에 따른 기간 내에 수입의 신고를 하지 아니한 경우에는 해당 물품 과세가격의 100분의 2에 상당하는 금액의 범위에서 대통령령으로 정하는 금액을 가산세로 징수한다.

③ 관세법 제241조 제2항의 규정에 의한 수입물품 중 관세가 면제되거나 무세인 물품에 있어서는 그 검사를 마친 때에 당해 물품에 대한 수입신고가 수리된 것으로 본다.

④ 전기를 대통령령으로 정하는 시설 또는 장치 등을 이용하여 수입하는 자는 1개월을 단위로 하여 해당 물품에 대한 수입신고를 다음 달 15일까지 하여야 한다.

해설 ④ 전기를 대통령령으로 정하는 시설 또는 장치 등을 이용하여 수출·수입 또는 반송하는 자는 1개월을 단위로 하여 해당 물품에 대한 신고사항을 대통령령으로 정하는 바에 따라 다음 달 10일까지 신고하여야 한다.(법 제241조 제6항)
① (법 제241조 제2항)
② (법 제241조 제4항)
③ (영 제246조 제5항)

36 □□□

여행자가 휴대품(세관장이 타당하다고 인정하는 면세대상 물품은 제외)을 신고하지 아니하여 과세하는 경우 그 여행자의 휴대품에 대한 과세가격이 US $5,000, 납부할 세액(관세 및 내국세 포함)이 US $1,000이라고 가정할 경우 세관장이 징수하게 되는 가산세는 얼마인가? 2010 관세사

① US $1,500
② US $1,000
③ US $500
④ US $300
⑤ US $400

해설 **관세법 제241조(수출·수입 또는 반송의 신고)**
세관장은 다음의 어느 하나에 해당하는 경우에는 해당 물품에 대하여 납부할 세액(관세 및 내국세를 포함한다)의 100분의 20(제1호의 경우에는 100분의 40으로 하되, 반복적으로 자진신고를 하지 아니하는 경우 등 대통령령으로 정하는 사유에 해당하는 경우에는 100분의 60)에 상당하는 금액을 가산세로 징수한다.(법 제241조 제5항)
1. 여행자나 승무원이 휴대품(면세대상은 제외한다)을 신고하지 아니하여 과세하는 경우
2. 우리나라로 거주를 이전하기 위하여 입국하는 자가 입국할 때에 수입하는 이사물품(면세대상은 제외한다)을 신고하지 아니하여 과세하는 경우

37 입국여행자들에게 배포된 다음 〈보기〉 유의사항 부분의 ( ) 안에 들어갈 관세법령 내용을 순서대로 바르게 나열한 것은? 2011 관세사

<보기>

여행자(승무원) 세관신고서

(생략)

* 유의사항 : 허위신고하거나 불성실하게 신고할 경우 관세법에 따라 5년 이하의 징역에 처해지거나, 납부세액의 ( )%에 해당하는 ( )가(이) 부과됩니다. (생략)

① 10, 과태료
② 10, 가산세
③ 30, 과징금
④ 40, 가산세
⑤ 30, 과태료

해설 세관장은 여행자나 승무원이 휴대품(면세대상은 제외한다)을 신고하지 아니하여 과세하는 경우 납부세액의 40%에 상당하는 금액을 가산세로 징수한다.

38 관세법상 ㉠, ㉡에 들어갈 내용으로 옳은 것은? 2018 관세직 9급

수입신고 수리일부터 1년을 초과하여 수출하여야 할 부득이한 사유가 있는 물품으로서 기획재정부령으로 정하는 물품으로 세관장이 정하는 기간에 다시 수출하는 물품에 대하여는 그 관세를 면제할 수 있다. 세관장은 관세를 면제받은 물품 중 기획재정부령으로 정하는 물품이 기간 내에 수출되지 아니하는 경우에는 (㉠)을 넘지 아니하는 범위에서 해당 물품에 부과될 관세의 (㉡)에 상당하는 금액을 가산세로 징수한다.

	㉠	㉡
①	300만원	100분의 20
②	500만원	100분의 30
③	300만원	100분의 30
④	500만원	100분의 20

해설 **관세법 제97조(재수출면세)**

세관장은 재수출면세 규정에 따라 관세를 면제받은 물품 중 기획재정부령으로 정하는 물품이 규정된 기간 내에 수출되지 아니한 경우에는 500만원을 넘지 아니하는 범위에서 해당 물품에 부과될 관세의 100분의 20에 상당하는 금액을 가산세로 징수한다.(법 제97조 제4항)

정답 35. ④ 36. ⑤ 37. ④ 38. ④

39 □□□ **관세법상 재수출면세에 관한 규정의 일부이다. ( )에 들어갈 내용을 순서대로 옳게 나열한 것은?** 2019 관세사

> 세관장은 제1항에 따라 관세를 면제받은 물품 중 기획재정부령으로 정하는 물품이 같은 항에 규정된 기간 내에 수출되지 아니한 경우에는 (   )을 넘지 아니하는 범위에서 해당 물품에 부과될 관세의 100분의 20에 상당하는 금액을 (   )(으)로 징수한다.

① 500만원, 과태료
② 500만원, 가산세
③ 5,000만원, 과징금
④ 5,000만원, 가산세
⑤ 5,000만원, 과징금

해설 **관세법 제97조(재수출면세)**
세관장은 재수출면세 규정에 따라 관세를 면제받은 물품 중 기획재정부령으로 정하는 물품이 규정된 기간 내에 수출되지 아니한 경우에는 500만원을 넘지 아니하는 범위에서 해당 물품에 부과될 관세의 100분의 20에 상당하는 금액을 가산세로 징수한다.(법 제97조 제4항)

40 □□□ **「관세법」상 가산세 징수에 대한 설명으로 옳지 않은 것은?** 2023 관세직 9급

① 세관장은 납세의무자가 법정납부기한까지 납부하지 아니한 관세액을 징수하는 경우 가산세를 징수한다.
② 세관장은 「관세법」 제97조 제1항 재수출면세 규정에 따라 관세를 면제받은 물품 중 기획재정부령으로 정하는 물품이 같은 항에 규정된 기간 내에 수출되지 아니한 경우에는 1,000만원을 넘지 아니하는 범위에서 가산세를 징수한다.
③ 세관장은 「관세법」 제38조의3 제1항에 따라 수정신고를 한 경우 부족한 관세액을 징수할 때에는 가산세를 징수한다.
④ 세관장은 납세의무자가 「관세법」 제42조 제2항에 따른 부정한 행위로 과소신고한 후 보정신청을 한 경우 가산세를 징수한다.

해설 ② 재수출불이행 가산세는 500만원을 넘지 아니하는 범위에서 해당 물품에 부과될 관세의 100분의 20에 상당하는 금액을 부과한다.

41 관세법상 ㉠, ㉡에 들어갈 내용으로 옳은 것은? 2018 관세직 7급

□□□

> 수입하려는 물품을 수입신고 전에 운송수단, 관세통로, 하역통로 또는 「관세법」에 따른 장치장소로부터 즉시반출 신고를 하고 반출을 하는 자는 즉시반출신고를 한 날부터 (㉠) 이내에 수입신고를 하여야 한다. 세관장은 즉시 반출을 한 자가 기간 내에 수입신고를 하지 아니하는 경우에는 관세를 부과·징수한다. 이 경우 해당 물품에 대한 (㉡)에 상당하는 금액을 가산세로 징수한다.

	㉠	㉡		㉠	㉡
①	10일	관세의 100분의 20	②	10일	납부세액의 100분의 20
③	15일	관세의 100분의 20	④	15일	납부세액의 100분의 20

해설 **제253조(수입신고전의 물품 반출)**

세관장은 수입신고전 물품 반출을 한 자가 즉시반출신고를 한 날부터 10일 이내에 수입신고를 하지 아니하는 경우에는 관세를 부과·징수한다. 이 경우 해당 물품에 대한 관세의 100분의 20에 상당하는 금액을 가산세로 징수하고, 지정을 취소할 수 있다.(법 제253조 제4항)

42 관세법상 관세의 감면에 관한 내용이다. ( )에 들어갈 사항을 옳게 나열한 것은? 2024 관세사

□□□

> 세관장은 법 제97조(재수출면세) 제1항에 따라 관세를 면제받은 물품 중 (ㄱ)령으로 정하는 물품이 같은 항에 규정된 기간 내에 수출되지 아니한 경우에는(ㄴ)만원을 넘지 아니하는 범위에서 해당 물품에 부과될 관세의 100분의 (ㄷ)에 상당하는 금액을 가산세로 징수한다.

① ㄱ: 대통령 ㄴ: 300, ㄷ: 20
② ㄱ: 대통령 ㄴ: 500, ㄷ: 30
③ ㄱ: 기획재정부 ㄴ: 300, ㄷ: 20
④ ㄱ: 기획재정부 ㄴ: 500, ㄷ: 20
⑤ ㄱ: 기획재정부 ㄴ: 500, ㄷ: 30

해설 **관세법 제97조(재수출면세)**

세관장은 재수출면세 규정에 따라 관세를 면제받은 물품 중 기획재정부령으로 정하는 물품이 규정된 기간 내에 수출되지 아니한 경우에는 500만원을 넘지 아니하는 범위에서 해당 물품에 부과될 관세의 100분의 20에 상당하는 금액을 가산세로 징수한다.(법 제97조 제4항)

정답 39. ② 40. ② 41. ① 42. ④

43 □□□ 「관세법」상 관세의 현장 수납에 대한 설명으로 옳지 않은 것은? 2021 관세직 9급

① 조난 선박에 적재된 물품으로서 보세구역이 아닌 장소에 장치된 물품에 대한 관세는 그 물품을 검사한 공무원이 검사 장소에서 수납할 수 있다.

② 물품을 검사한 공무원이 관세를 수납할 때에는 부득이한 사유가 있는 경우라도 다른 공무원을 참여시켜야 한다.

③ 출납공무원이 아닌 공무원이 관세를 수납하였을 때에는 지체 없이 출납공무원에게 인계하여야 한다.

④ 출납공무원이 아닌 공무원이 선량한 관리자로서의 주의를 게을리하여 수납한 현금을 잃어버린 경우에는 변상하여야 한다.

해설 **관세법 제43조(관세의 현장 수납)**

다음의 어느 하나에 해당하는 물품에 대한 관세는 그 물품을 검사한 공무원이 검사 장소에서 수납할 수 있다.

1. 여행자의 휴대품
2. 조난 선박에 적재된 물품으로서 보세구역이 아닌 장소에 장치된 물품

물품을 검사한 공무원이 관세를 수납할 때에는 부득이한 사유가 있는 경우를 제외하고는 다른 공무원을 참여시켜야 한다. (법 제43조 제2항) 출납공무원이 아닌 공무원이 관세를 수납하였을 때에는 지체 없이 출납공무원에게 인계하여야 한다.(법 제43조 제3항) 출납공무원이 아닌 공무원이 선량한 관리자로서의 주의를 게을리하여 수납한 현금을 잃어버린 경우에는 변상하여야 한다.(법 제43조 제4항)

---

② 물품을 검사한 공무원이 관세를 수납할 때에는 부득이한 사유가 있는 경우를 제외하고는 다른 공무원을 참여시켜야 한다.

44 □□□ 「관세법」상 강제징수 등에 대한 설명으로 옳지 않은 것은? 2021 관세직 9급

① 세관장은 재산의 압류나 압류재산의 매각을 유예함으로써 사업을 정상적으로 운영할 수 있게 되어 체납액의 징수가 가능하다고 인정되는 경우에는 그 체납액에 대하여 강제징수에 의한 재산의 압류나 압류재산의 매각을 대통령령으로 정하는 바에 따라 유예할 수 있다.

② 세관장은 제43조의2(압류・매각의 유예) 제1항에 따라 유예하는 경우에 필요하다고 인정하면 이미 압류한 재산의 압류를 해제할 수 있다.

③ 압류의 유예를 받은 체납자가 체납액을 분납계획에 따라 납부하지 아니한 경우로서 정당한 사유가 있는 것으로 세관장이 인정하는 경우에는 압류의 유예를 취소하지 아니할 수 있다.

④ 재산상황이나 그 밖의 사정의 변화로 유예할 필요가 없다고 인정될 경우라도 정당한 사유가 있는 것으로 세관장이 인정하는 경우에는 압류의 유예를 취소하지 아니한다.

해설 **관세법 제43조의2(압류・매각의 유예)**

세관장은 압류 또는 매각의 유예를 받은 체납자가 다음의 어느 하나에 해당하는 경우에는 그 압류 또는 매각의 유예를 취소하고, 유예에 관계되는 체납액을 한꺼번에 징수할 수 있다. 다만, 제1호에 정당한 사유가 있는 것으로 세관장이 인정하는 경우에는 압류 또는 매각의 유예를 취소하지 아니할 수 있다.(법 제43조의2 제5항)

1. 체납액을 분납계획에 따라 납부하지 아니한 경우
2. 담보의 변경이나 그 밖에 담보 보전에 필요한 세관장의 명령에 따르지 아니한 경우
3. 재산상황이나 그 밖의 사정의 변화로 유예할 필요가 없다고 인정될 경우

4. 다음 각 목 중 어느 하나의 경우에 해당되어 그 유예한 기한까지 유예에 관계되는 체납액의 전액을 징수할 수 없다고 인정될 경우
   가. 국세 · 지방세 또는 공과금의 체납으로 강제징수 또는 체납처분이 시작된 경우
   나. 「민사집행법」에 따른 강제집행 · 담보권 실행 등을 위한 경매가 시작된 경우
   다. 「어음법」 및 「수표법」에 따른 어음교환소에서 거래정지처분을 받은 경우
   라. 「채무자 회생 및 파산에 관한 법률」에 따른 파산선고를 받은 경우
   마. 법인이 해산된 경우
   바. 관세의 체납이 발생되거나 관세를 포탈하려는 행위가 있다고 인정되는 경우

45 「관세법」상 강제징수 등에 대한 설명으로 옳지 않은 것은? 2024 관세직 9급

□□□

① 세관장은 압류의 유예 결정일 기준으로 최근 3년 이내에 「자유무역협정의 이행을 위한 관세법의 특례에 관한 법률」 위반으로 처벌받은 사실이 있는 체납자에 대해서는 재산의 압류를 유예하는 경우 그에 상당하는 납세담보의 제공을 요구할 수 있다.

② 체납자가 「어음법」에 따른 어음교환소에서 거래정지처분을 받은 경우에는 압류의 유예에 관계되는 체납액 전액을 징수할 수 있는지와 관계없이 압류의 유예를 취소하여야 한다.

③ 관세청장은 「관세법」 제43조의2(압류 · 매각의 유예)제4항에 따른 체납자의 「조세범 처벌법」 위반 사실을 확인하기 위하여 관계 기관의 장에게 범죄경력자료의 조회를 요청할 수 있다.

④ 세관장은 체납된 관세 및 내국세등과 관련하여 「관세법」에 따른 심판청구가 계류 중인 경우에는 체납자료의 제공을 요구한 신용정보집중기관에 체납자료를 제공하지 아니한다.

해설 ② 세관장은 체납자가 「어음법」에 따른 어음교환소에서 거래정지처분을 받은 경우에는 압류의 유예에 관계되는 체납액 전액을 징수할 수 없다고 인정될 경우 압류의 유예를 취소하여야 한다.

46 관세법상 세관장이 관세징수 또는 공익목적을 위하여 필요한 경우로서 신용정보회사 등의 요구에도 불구하고 체납자료를 제공하지 아니하는 사유가 아닌 것은? 2017 관세사

□□□

① 체납된 관세와 관련하여 관세법에 따른 심사청구가 계류 중인 경우

② 강제징수 절차가 진행 중인 경우

③ 전쟁 · 화재 등 재해나 도난으로 인하여 재산에 심한 손실을 입은 경우

④ 사업에 현저한 손실을 입은 경우

⑤ 사업이 중대한 위기에 처한 경우

해설 **관세법 제44조(체납자료의 제공)**

세관장은 관세징수 또는 공익목적을 위하여 필요한 경우로서 「신용정보의 이용 및 보호에 관한 법률」 제2조 제6호에 따른 신용정보집중기관, 그 밖에 대통령령으로 정하는 자가 다음 각 호의 어느 하나에 해당하는 체납자의 인적사항 및 체납액에 관한 자료를 요구한 경우에는 이를 제공할 수 있다. 다만, 체납된 관세 및 내국세등과 관련하여 관세법에 따른 이의신청 · 심사청구 또는 심판청구 및 행정소송이 계류 중인 경우나 그 밖에 대통령령으로 정하는 경우에는 체납자료를 제공하지 아니한다.(법 제44조 제1항)

1. 체납 발생일부터 1년이 지나고 체납액이 대통령령으로 정하는 금액 이상인 자
2. 1년에 3회 이상 체납하고 체납액이 대통령령으로 정하는 금액 이상인 자

정답 43. ② 44. ④ 45. ② 46. ②

관세법 시행령 제41조(체납자료의 제공 등)
관세법 제44조 제1항 각 호 외의 부분 단서에서 '대통령령으로 정하는 경우'란 다음의 어느 하나에 해당하는 경우를 말한다.
1. 관세법 시행령 제2조 제1항 제1호부터 제3호까지의 사유에 해당되는 경우
2. 압류 또는 매각이 유예된 경우

관세법 시행령 제2조(천재지변 등으로 인한 기한의 연장)
관세법 제10조에서 "대통령령으로 정하는 사유"란 다음 어느 하나에 해당하는 경우를 말한다.
1. 전쟁 · 화재 등 재해나 도난으로 인하여 재산에 심한 손실을 입은 경우
2. 사업에 현저한 손실을 입은 경우
3. 사업이 중대한 위기에 처한 경우
4. 그 밖에 세관장이 제1호부터 제3호까지의 규정에 준하는 사유가 있다고 인정하는 경우

47 관세법령상 부과와 징수에 대한 설명으로 옳지 않은 것은? 2023 관세직 9급

□□□

① 납세의무자는 최초의 신고 또는 경정에서 과세표준 및 세액의 계산근거가 된 거래 또는 행위 등이 그에 관한 소송에 대한 판결에 의하여 다른 것으로 확정되어 납부한 세액이 과다한 것을 알게 되었을 때에는 그 사유가 발생한 것을 안 날부터 2개월 이내에 납부한 세액의 경정을 세관장에게 청구할 수 있다.

② 「관세법」 제38조의4(수입물품의 과세가격 조정에 따른 경정) 제3항에 따른 세관장의 통지에 이의가 있는 청구인은 그 통지를 받은 날(2개월 내에 통지를 받지 못한 경우에는 2개월이 지난 날)부터 30일 내에 기획재정부장관에게 국세의 정상가격과 관세의 과세가격 간의 조정을 신청할 수 있다.

③ 세관장은 압류 또는 매각의 유예를 받은 체납자가 담보의 변경에 필요한 세관장의 명령에 따르지 아니한 정당한 사유가 있는 것으로 세관장이 인정한 경우에는 압류 또는 매각의 유예를 취소하지 아니할 수 있다.

④ 여행자의 휴대품을 검사한 공무원이 검사 장소에서 관세를 수납하는 경우에는 그 공무원으로 하여금 말로써 세목 · 세액 등을 고지하게 할 수 있다.

해설 ③ 세관장은 압류 또는 매각의 유예를 받은 체납자가 체납액을 분납계획에 따라 납부하지 아니한 정당한 사유가 있는 것으로 세관장이 인정하는 경우에는 압류 또는 매각의 유예를 취소하지 아니할 수 있다.

02 관세채권 확보 수단(담보)

01 관세법령상 납세담보의 종류가 아닌 것은? 2018 관세사

□□□

① 납세의무자가 발행한 보험증명서
② 보험에 가입된 등기된 건물
③ 납세보증보험증권
④ 지방채
⑤ 세관장이 인정하는 유가증권

해설 **관세법 제24조(담보의 종류 등)**

관세법에 따라 제공하는 담보의 종류는 다음과 같다.(법 제24조 제1항)

1. 금전
2. 국채 또는 지방채
3. 세관장이 인정하는 유가증권
4. 납세보증보험증권
5. 토지
6. 보험에 가입된 등기 또는 등록된 건물 · 공장재단 · 광업재단 · 선박 · 항공기 또는 건설기계
7. 세관장이 인정하는 보증인의 납세보증서

Chapter 03

02 관세법상 세관장이 인정하는 경우에 한하여 담보로 제공할 수 있는 것은? 2017 관세사

□□□

① 지방채
② 유가증권
③ 납세보증보험증권
④ 보험에 가입된 등기된 건물
⑤ 보험에 가입된 등록된 선박

해설 ② 관세법상 담보의 종류 중 세관장이 인정하는 경우에 한하여 담보로 제공할 수 있는 것은 “유가증권”, “보증인의 납세보증서”이다.

03 관세법에서 정한 담보의 종류로서 옳지 않은 것은? 2016 관세사

□□□

① 세관장이 인정하는 보증인의 납세보증서
② 국채 또는 지방채
③ 등기 또는 등록된 건물
④ 세관장이 인정하는 유가증권

해설 ③ 건물 · 공장재단 · 광업재단 · 선박 · 항공기 또는 건설기계는 보험에 가입되고 등기 또는 등록되어야 한다.

정답 47. ③ / 01. ① 02. ② 03. ③

04 □□□ **관세법령상 담보의 제공에 대한 설명으로 옳지 않은 것은?** 2017 관세직7급

① 세관장은 크기의 과다로 보세구역에 장치하기 부적당한 외국물품에 대하여 보세구역 외 장치를 허가하려는 때에는 그 물품의 관세에 상당하는 담보의 제공을 명할 수 있다.

② 세관장은 관세법 제213조에 따른 보세운송(간이 보세운송을 제외한다)의 신고를 하거나 승인을 받으려는 물품에 대하여 관세의 담보를 제공하게 할 수 있다.

③ 세관장은 필요하다고 인정할 경우 관세법 제95조에 따라 관세를 감면받은 환경오염방지물품에 대하여 그 물품을 수입할 때에 그 물품의 관세액에 상당하는 담보를 제공하게 할 수 있다.

④ 지방자치단체가 수입신고한 물품을 세관장의 수리 전에 그 물품이 장치된 장소로부터 반출하기 위하여 세관장의 승인을 받는 경우에는 납부하여야 할 관세에 상당하는 담보의 제공을 생략할 수 있다.

해설 **관세법 시행령 제131조(담보제공의 신고 등)**

관세법 제108조 제1항의(담보제공 및 사후관리) 규정에 의한 담보의 제공여부는 물품의 성질 및 종류, 관세채권의 확보가능성 등을 기준으로 하여 정하되, 다음의 어느 하나에 해당하는 경우에 한하여야 한다.(영 제131조 제1항)

1. 재수출면세 또는 재수출감면 규정에 의하여 관세를 감면받은 경우
2. 관세법 분할납부 규정에 의하여 분할납부승인을 받은 경우

세관장은 수입신고를 수리하는 때까지 담보를 제공하게 할 수 있다. 다만, 긴급한 사유로 금융기관이 업무를 수행할 수 없는 날에 수입하는 물품으로서 긴급성의 정도 등을 고려하여 관세청장이 정하여 고시하는 물품에 대하여는 수입신고를 수리하는 때 이후 최초로 금융기관이 업무를 수행하는 날까지 담보를 제공하게 할 수 있다.(영 제131조 제2항)

---

③ 관세법에 의한 감면 규정 중 재수출면세와 재수출감면세를 적용받을 때 담보를 제공하게 할 수 있다.
① (법 제156조 제1항)
② (법 제218조)
④ (법 제252조)

05 □□□ **관세법령상 관세를 납부해야 하는 물품에 대하여 세관장이 수입신고를 수리할 때에 관세에 상당하는 담보의 제공을 요구할 수 있는 자가 아닌 자는?** 2021 관세사

① 관세법을 위반하여 징역형의 집행유예를 선고받고 그 유예기간 중에 있는 자

② 수입신고일을 기준으로 최근 2년간 관세 등 조세를 체납한 사실이 있는 자

③ 개인회생절차 종료 후 2년이 지나지 아니한 자

④ 최근 2년간 계속해서 수입실적이 없는 자

⑤ 관세법을 위반하여 징역형의 실형을 선고받고 그 집행이 끝난 후 2년이 지나지 아니한 자

해설 **관세법 제248조(신고의 수리)**

세관장은 관세를 납부하여야 하는 물품에 대하여는 제241조 또는 제244조에 따른 신고를 수리할 때에 다음의 어느 하나에 해당하는 자에게 관세에 상당하는 담보의 제공을 요구할 수 있다.(법 제248조 제2항)

1. 관세법 또는 「수출용원재료에 대한 관세 등 환급에 관한 특례법」 제23조를 위반하여 징역형의 실형을 선고받고 그 집행이 끝나거나(집행이 끝난 것으로 보는 경우를 포함한다) 면제된 후 2년이 지나지 아니한 자
2. 관세법 또는 「수출용원재료에 대한 관세 등 환급에 관한 특례법」 제23조를 위반하여 징역형의 집행유예를 선고받고 그 유예기간 중에 있는 자
3. 제269조부터 제271조까지, 제274조, 제275조의2, 제275조의3 또는 「수출용원재료에 대한 관세 등 환급에 관한 특례법」 제23조에 따라 벌금형 또는 통고처분을 받은 자로서 그 벌금형을 선고받거나 통고처분을 이행한 후 2년이 지나지 아니한 자

4. 제241조 또는 제244조에 따른 수입신고일을 기준으로 최근 2년간 관세 등 조세를 체납한 사실이 있는 자
5. 수입실적, 수입물품의 관세율 등을 고려하여 대통령령으로 정하는 관세채권의 확보가 곤란한 경우에 해당하는 자

관세법 시행령 제252조(담보의 제공)

관세법 제248조 제2항 제5호에서 "대통령령으로 정하는 관세채권의 확보가 곤란한 경우에 해당하는 자"란 다음의 어느 하나에 해당하는 자를 말한다.

1. 최근 2년간 계속해서 수입실적이 없는 자
2. 파산, 청산 또는 개인회생절차가 진행 중인 자
3. 수입실적, 자산, 영업이익, 수입물품의 관세율 등을 고려할 때 관세채권 확보가 곤란한 경우로서 관세청장이 정하는 요건에 해당하는 자

06 다음 중 법률에서 관세에 대한 담보제공 사유로 규정하고 있는 내용이 아닌 것은? 2008 관세사 변형

□□□

① 관세감면 및 분할납부물품에 대한 담보제공
② 여행자의 휴대품 유치해제를 위한 담보제공
③ 지식재산권 침해물품의 통관을 위한 담보제공
④ 재산의 압류를 유예함으로써 체납액의 징수가 가능하다고 인정되는 경우에 대한 담보제공
⑤ 지식재산권 침해물품의 통관보류요청시의 담보제공

해설 ② 세관장이 유치한 여행자의 휴대품은 해당 사유가 없어졌거나 반송하는 경우에만 유치를 해제하며 담보를 제공해야 하는 것은 아니다.(법 제206조 제2항)

07 관세법령상 납세담보에 관한 설명으로 옳지 않은 것은? 2024 관세사

□□□

① 토지를 담보로 제공하려는 자는 저당권을 설정하는 데에 필요한 서류를 담보제공서에 첨부하여야 한다.
② 담보물인 토지 또는 건물의 평가는 「감정평가 및 감정평가사에 관한 법률」에 따른 감정평가법인등의 평가액에 따른다.
③ 세관장은 관세의 담보를 제공하고자 하는 자가 담보액의 확정일부터 10일 이내에 담보를 제공하지 아니하는 경우에는 납세의무자에게 납부고지를 할 수 있다.
④ 세관장은 관세의 납세의무자가 아닌 자가 관세의 납부를 보증한 경우 그 담보로 관세에 충당하고 남은 금액이 있을 때에는 그 보증인에게 이를 직접 돌려주어야 한다.
⑤ 납세보증보험증권을 담보로 제공하는 경우 담보가 되는 보험의 기간은 해당 담보를 필요로 하는 기간으로 하되, 납부기한이 확정되지 아니한 경우에는 관세청장이 정하는 기간으로 한다.

정답 04. ③ 05. ③ 06. ② 07. ②

해설 **관세법 시행령 제9조(담보물의 평가)**

담보의 종류	담보물의 평가 기준
거래소가 개설한 증권시장에 상장된 유가증권 중 매매사실이 있는 것	담보로 제공하는 날의 전날에 공표된 최종시세가액
기타 유가증권(국채, 지방채 포함)	담보로 제공하는 날의 전날에 「상속세 및 증여세법 시행령」 제58조 제1항 제2호를 준용하여 계산한 가액
토지 또는 건물	「상속세 및 증여세법」 제61조를 준용하여 평가한 가액
공장재단, 광업재단, 선박·항공기 또는 건설기계	부동산 가격공시 및 감정평가에 관한 법률」에 따른 감정평가업자의 평가액 또는 「지방세법」에 따른 시가표준액

08 담보의 제공절차에 대한 설명 중 잘못된 것은? 2006 관세사

□□□

① 국채 또는 지방채를 담보로 제공하려는 자는 해당 채권에 관하여 모든 권리를 행사할 수 있는 자의 위임장을 담보제공서에 첨부하여야 한다.

② 세관장이 인정하는 유가증권을 담보로 제공하려는 자는 해당 증권발행자의 증권확인서와 해당 증권에 관한 모든 권리를 행사할 수 있는 자의 위임장을 담보제공서에 첨부하여야 한다.

③ 토지, 건물·공장재단·광업재단·선박·항공기나 건설기계를 담보로 제공하려는 자는 저당권을 설정하는 데에 필요한 서류를 담보제공서에 첨부하여야 한다.

④ 보험에 든 건물·공장재단·광업재단·선박·항공기나 건설기계를 담보로 제공하려는 자는 그 보험증권을 제출하여야 한다. 이 경우에 그 보험기간은 담보를 필요로 하는 기간에 30일 이상을 더한 것이어야 한다.

⑤ 관세의 담보를 제공하고자 하는 자가 담보액의 확정일부터 15일 이내에 담보를 제공하지 아니하는 경우 세관장은 납부고지를 할 수 있다.

해설 **관세법 시행령 제10조(담보의 제공절차 등)**

담보의 종류	권리증명 서류
금전	국고금관리법 시행령 제11조 제1항 각 호의 금융기관 중 관세청장이 지정한 금융기관에 납입 확인서
국채 또는 지방채	해당 채권에 관하여 모든 권리를 행사할 수 있는 자의 위임장
세관장이 인정하는 유가증권	증권발행자의 증권확인서와 해당 증권에 관한 모든 권리를 행사할 수 있는 자의 위임장
납세보증보험증권 또는 세관장이 인정하는 보증인의 납세보증서	납세보증보험증권 또는 납세보증서
토지, 건물, 공장재단, 광업재단, 선박, 항공기, 건설기계	저당권을 설정하는 데에 필요한 서류
보험에 든 토지, 건물, 공장재단, 광업재단, 선박, 항공기, 건설기계	보험증권(보험기간은 담보를 필요로 하는 기간에 30일 이상을 더한 것)

세관장은 다음에 해당하는 경우에는 납부고지를 할 수 있다.(영 제10조 제9항)

1. 관세의 담보를 제공하고자 하는 자가 담보액의 확정일부터 10일 이내에 담보를 제공하지 아니하는 경우
2. 납세의무자가 수입신고 후 10일 이내에 담보를 제공하지 아니하는 경우

09 □□□

관세법령상 납세담보에 대한 설명으로 옳은 것은? 2015 관세직 7급

① 납세의무자는 「관세법」에 따라 계속하여 담보를 제공하여야 하는 사유가 있는 경우에는 일정 기간에 제공하여야 하는 담보를 포괄하여 미리 관세청장에게 제공할 수 있다.

② 세관장은 담보를 제공한 납세의무자가 그 납부기한까지 해당 관세를 납부하지 아니하면 기획재정부령으로 정하는 바에 따라 그 담보를 해당 관세에 충당할 수 있다.

③ 납세보증보험증권을 담보로 제공하려는 경우 담보가 되는 보험의 기간은 해당 담보를 필요로 하는 기간으로 하되, 납부기한이 확정되지 아니한 경우에는 세관장이 정하는 기간으로 한다.

④ 세관장은 관세의 납세의무자가 아닌 자가 관세의 납부를 보증한 경우 그 담보로 관세에 충당하고 남은 금액이 있을 때에는 납세의무자에게 직접 돌려주어야 한다.

해설 **관세법 제25조(담보의 관세충당)**

세관장은 담보를 제공한 납세의무자가 그 납부기한까지 해당 관세를 납부하지 아니하면 기획재정부령으로 정하는 바에 따라 그 담보를 해당 관세에 충당할 수 있다. 이 경우 담보로 제공된 금전을 해당 관세에 충당할 때에는 납부기한이 지난 후에 충당하더라도 제42조(가산세)를 적용하지 아니한다.(법 제25조 제1항)

---

① 납세의무자(관세의 납부를 보증한 자를 포함한다)는 관세법에 따라 계속하여 담보를 제공하여야 하는 사유가 있는 경우에는 관세청장이 정하는 바에 따라 일정 기간에 제공하여야 하는 담보를 포괄하여 미리 세관장에게 제공할 수 있다.(법 제24조 제4항)

③ 납세보증보험증권이나 세관장이 인정하는 보증인의 납세보증서를 담보로 제공하려는 자는 그 납세보증보험증권 또는 납세보증서를 담보제공서에 첨부하여야 한다. 이 경우 담보가 되는 보증 또는 보험의 기간은 해당 담보를 필요로 하는 기간으로 하되, 납부기한이 확정되지 아니한 경우에는 관세청장이 정하는 기간으로 한다.
(영 제10조 제5항)

④ 세관장은 관세의 납세의무자가 아닌 자가 관세의 납부를 보증한 경우 그 담보로 관세에 충당하고 남은 금액이 있을 때에는 그 보증인에게 이를 직접 돌려주어야 한다.(법 제25조 제3항)

10 □□□

관세법령상 납세담보에 대한 설명으로 옳은 것은? 2020 관세직 7급

① 담보로 제공된 금전을 해당 관세에 충당할 때 납부기한이 지난 후에 충당하는 경우에는 관세법 제42조(가산세)를 적용하여 미납부세액에 대한 가산세를 징수한다.

② 공장재단 또는 건설기계를 담보로 제공하려는 경우 납세의무자는 저당권의 설정을 위한 등기를 하여야 한다.

③ 세관장이 인정하는 유가증권을 담보로 제공하려는 자는 해당 증권발행자의 증권확인서와 해당 증권에 관한 모든 권리를 행사할 수 있는 자의 위임장을 담보제공서에 첨부하여야 한다.

④ 세관장은 관세의 납부기한 도래 전이라도 담보를 관세에 충당할 수 있고, 충당하고 남은 금액은 이를 납세의무자에게 돌려주어야 한다.

해설 ① 담보로 제공된 금전을 해당 관세에 충당하는 때에는 가산세를 징수하지 아니한다.(법 제25조 제1항)

② 납세의무자는 저당권 설정에 필요한 서류를 첨부하여야며, 세관장은 저당권 설정을 위한 등기 또는 등록의 절차를 밟아야 한다.(영 제10조 제6항)

④ 납부기한까지 해당 관세를 납부하지 아니하면 기획재정부령으로 정하는 바에 따라 그 담보를 해당 관세에 충당할 수 있다.

정답 08. ⑤ 09. ② 10. ③

11 납세담보와 체납처분에 관한 설명으로 옳지 않은 것은? 2015 관세사

□□□

① 세관장은 담보를 제공한 납세의무자가 그 납부기한까지 해당 관세를 납부하지 아니하면 기획재정부령으로 정하는 바에 따라 그 담보를 해당 관세에 충당할 수 있다.

② 세관장은 담보를 관세에 충당하고 남은 금액이 있을 때에는 담보를 제공한 자에게 이를 돌려주어야 하며, 돌려줄 수 없는 경우에는 이를 공탁할 수 있다.

③ 세관장은 관세의 납세의무자가 아닌 자가 관세의 납부를 보증한 경우 그 담보로 관세에 충당하고 남은 금액이 있을 때에는 이를 공탁할 수 있다.

④ 세관장은 관세의 강제징수를 할 때에는 재산의 압류, 보관, 운반 및 공매에 드는 비용에 상당하는 체납처분비를 징수할 수 있다.

⑤ 담보 제공이 없거나 징수한 금액이 부족한 관세의 징수에 관하여는 관세법에 규정된 것을 제외하고는 국세기본법과 국세징수법의 예에 따른다.

해설 **관세법 제25조(담보의 관세충당)**

세관장은 담보를 관세에 충당하고 남은 금액이 있을 때에는 담보를 제공한 자에게 이를 돌려주어야 하며, 돌려줄 수 없는 경우에는 이를 공탁할 수 있다.(법 제25조 제2항)

세관장은 관세의 납세의무자가 아닌 자가 관세의 납부를 보증한 경우 그 담보로 관세에 충당하고 남은 금액이 있을 때에는 그 보증인에게 이를 직접 돌려주어야 한다.(법 제25조 제3항)

12 관세법상 납세담보에 관한 설명으로 옳지 않은 것은? 2016 관세사

□□□

① 관세법에 따라 제공하는 담보의 종류에는 국채, 세관장이 인정하는 유가증권 및 납세보증보험증권 등이 포함된다.

② 납세보증보험증권 및 세관장이 인정하는 보증인의 납세보증서는 세관장이 요청하면 특정인이 납부하여야 하는 금액을 일정 기일 이후에는 언제든지 세관장에게 지급한다는 내용의 것이어야 한다.

③ 납세담보의 제공에 필요한 사항은 대통령령으로 정한다.

④ 관세청장은 납세담보를 관세에 충당하고 남은 금액이 있을 때에는 담보를 제공한 자에게 이를 돌려주어야 하며, 돌려줄 수 없는 경우에는 이를 국고귀속한다.

⑤ 세관장은 관세의 납세의무자가 아닌 자가 관세의 납부를 보증한 경우 그 담보로 관세에 충당하고 남은 금액이 있을 때에는 그 보증인에게 이를 직접 돌려주어야 한다.

해설 ④ 세관장은 담보를 관세에 충당하고 남은 금액이 있을 때에는 담보를 제공한 자에게 이를 돌려주어야 하며, 돌려줄 수 없는 경우에는 이를 공탁할 수 있다.

① (법 제24조 제1항)
② (법 제24조 제2항)
③ (법 제24조 제3항)
⑤ (법 제25조 제3항)

13 관세법령상 납세담보에 관한 설명으로 옳지 않은 것은? 2018 관세사

□□□

① 세관장은 관세의 납세의무자가 아닌 자가 관세의 납부를 보증한 경우 그 담보로 관세에 충당하고 남은 금액이 있을 때에는 그 보증인에게 이를 직접 돌려주어야 한다.

② 세관장은 담보를 관세에 충당하고 남은 금액이 있을 때에는 담보를 제공한 자에게 이를 돌려주어야 하며, 돌려줄 수 없는 경우에도 이를 공탁할 수 없다.

③ 세관장은 관세의 강제징수를 할 때에는 재산의 압류, 보관, 운반 및 공매에 드는 비용에 상당하는 강제징수비를 징수할 수 있다.

④ 세관장은 담보를 제공한 납세의무자가 그 납부기한까지 해당 관세를 납부하지 아니하면 기획재정부령으로 정하는 바에 따라 그 담보를 해당 관세에 충당할 수 있다.

⑤ 납세의무자(관세의 납부를 보증한 자를 포함)는 관세법에 따라 계속하여 담보를 제공하여야 하는 사유가 있는 경우에는 관세청장이 정하는 바에 따라 일정 기간에 제공하여야 하는 담보를 포괄하여 미리 세관장에게 제공할 수 있다.

해설 ② 세관장은 담보를 관세에 충당하고 남은 금액이 있을 때에는 담보를 제공한 자에게 이를 돌려주어야 하며, 돌려줄 수 없는 경우에는 이를 공탁할 수 있다. 세관장은 관세의 납세의무자가 아닌 자가 관세의 납부를 보증한 경우 그 담보로 관세에 충당하고 남은 금액이 있을 때에는 그 보증인에게 이를 직접 돌려주어야 한다.

14 관세법령상 납세담보에 관한 내용으로 옳지 않은 것은? 2019 관세사

□□□

① 세관장은 납세담보의 제공을 받은 관세 및 강제징수비가 납부되었을 때에는 지체 없이 담보해제의 절차를 밟아야 한다.

② 관세청장은 담보를 제공한 납세의무자가 그 납부기한까지 해당 관세를 납부하지 아니하면 대통령령으로 정하는 바에 따라 그 담보를 해당 관세에 충당할 수 있다.

③ 담보 제공이 없거나 징수한 금액이 부족한 관세의 징수에 관하여는 관세법에 규정된 것을 제외하고는 국세기본법과 국세징수법의 예에 따른다.

④ 관세의 담보를 제공한 자는 당해 담보물의 가격감소에 따라 세관장이 담보물의 증가 또는 변경을 통지한 때에는 지체없이 이를 이행하여야 한다.

⑤ 관세의 담보를 제공하고자 하는 자는 담보의 종류·수량·금액 및 담보사유를 기재한 담보제공서를 세관장에게 제출하여야 한다.

해설 ② 세관장은 담보를 제공한 납세의무자가 그 납부기한까지 해당 관세를 납부하지 아니하면 기획재정부령으로 정하는 바에 따라 그 담보를 해당 관세에 충당할 수 있다. 이 경우 담보로 제공된 금전을 해당 관세에 충당할 때에는 납부기한이 지난 후에 충당하더라도 제42조(가산세)를 적용하지 아니한다.

① (법 제26조의2)

③ (법 제26조 제1항)

④ (영 제12조 제1항)

⑤ (영 제10조 제1항)

정답 11. ③ 12. ④ 13. ② 14. ②

15 관세법령상 납세담보에 관한 내용으로 옳지 않은 것은? 2020 관세사

□□□

① 세관장은 납세담보의 제공을 받은 관세 및 강제징수비가 납부되었을 때에는 그 납부일로부터 10일 이내에 담보해제의 절차를 밟아야 한다.

② 국채 또는 지방채를 담보로 제공하려는 자는 해당 채권에 관하여 모든 권리를 행사할 수 있는 자의 위임장을 담보제공서에 첨부하여야 한다.

③ 관세가 확정되지 아니한 경우에 제공하고자 하는 담보의 금액은 관세청장이 정하는 금액으로 한다.

④ 세관장은 관세의 담보를 제공하고자 하는 자가 담보액의 확정일부터 10일 이내에 담보를 제공하지 아니하는 경우 관세법 제39조의 규정에 의한 납부고지를 할 수 있다.

⑤ 세관장은 납세의무자가 담보물의 매각예정일 1일 전까지 관세와 비용을 납부하는 때에는 담보물의 매각을 중지하여야 한다.

해설 ① 세관장은 납세담보의 제공을 받은 관세 및 강제징수비가 납부되었을 때에는 지체 없이 담보해제의 절차를 밟아야 한다.(법 제26조의2)

② (영 제10조 제3항)

③ (영 제10조 제8항)

④ (영 제10조 제9항 제1호)

⑤ (영 제14조 제2항)

16 「관세법」상 납세담보제도에 대한 설명으로 옳지 않은 것은? 2017 관세직 9급

□□□

① 세관장은 외국물품에 대하여 보세구역 외 장치의 허가를 하려는 때에는 그 물품의 관세에 상당하는 담보의 제공을 명할 수 있다.

② 정부 또는 지방자치단체가 수입신고한 물품을 세관장의 수입신고수리전에 반출하려는 경우 그 물품에 대하여는 담보의 제공을 생략할 수 있다.

③ 납세의무자가 그 납부기한까지 해당 관세를 납부하지 아니하여 세관장이 납부기한이 지난 후에 그 담보로 제공된 금전을 해당 관세에 충당할 경우 관세법 제42조(가산세)를 적용한다.

④ 세관장은 담보를 관세에 충당하고 남은 금액이 있을 때에는 담보를 제공한 자에게 이를 돌려주어야 하며 돌려줄 수 없는 경우에는 이를 공탁할 수 있다.

해설 ③ 세관장은 담보를 제공한 납세의무자가 그 납부기한까지 해당 관세를 납부하지 아니하면 기획재정부령으로 정하는 바에 따라 그 담보를 해당 관세에 충당할 수 있다. 이 경우 담보로 제공된 금전을 해당 관세에 충당할 때에는 납부기한이 지난 후에 충당하더라도 제42조(가산세)를 적용하지 아니한다.

17 관세법령상 납세담보에 대한 설명으로 옳은 것은? 2023 관세직 7급

□□□

① 세관장은 납세의무자가 매각예정일까지 관세와 비용을 납부하는 때에는 담보물의 매각을 중지하여야 한다.

② 관세의 담보를 제공한 자는 당해 담보물의 가격감소에 따라 세관장이 담보물의 변경을 통지한 때에는 그 통지일부터 10일 이내에 이를 이행하여야 한다.

③ 관세의 담보를 제공한 자는 담보물, 보증은행, 보증보험회사, 은행지급보증에 의한 지급기일 또는 납세보증보험기간을 변경하고자 하는 때에는 세관장의 허가를 얻어야 한다.

④ 세관장은 관세의 담보를 제공하고자 하는 자가 담보액의 확정일부터 10일 이내에 담보를 제공하지 아니하는 경우에는 납부고지를 할 수 있다.

해설 **관세법 시행령 제10조(담보의 제공절차 등)**

세관장은 다음 각 호의 어느 하나에 해당하는 경우에는 법 제39조에 따른 납부고지를 할 수 있다.(영 제10조 제9항)

1. 관세의 담보를 제공하고자 하는 자가 담보액의 확정일부터 10일 이내에 담보를 제공하지 아니하는 경우
2. 납세의무자가 수입신고후 10일 이내에 법 제248조제2항의 규정에 의한 담보를 제공하지 아니하는 경우

---

① 세관장은 납세의무자가 매각예정일 1일전까지 관세와 비용을 납부하는 때에는 담보물의 매각을 중지하여야 한다.(영 제14조 제2항)

② 관세의 담보를 제공한 자는 당해 담보물의 가격감소에 따라 세관장이 담보물의 증가 또는 변경을 통지한 때에는 지체없이 이를 이행하여야 한다.(영 제12조 제1항)

③ 관세의 담보를 제공한 자는 담보물, 보증은행, 보증보험회사, 은행지급보증에 의한 지급기일 또는 납세보증보험기간을 변경하고자 하는 때에는 세관장의 승인을 얻어야 한다.

18 관세법령상 관세의 납세담보에 관한 설명으로 옳은 것은? 2023 관세사

□□□

① 금전은 담보로 제공할 수 없다.

② 담보제공자가 세관장에게 제출하는 담보제공서에는 담보사유를 기재한다.

③ 담보물인 토지의 평가는 상속세 및 증여세법 제61조를 준용하여 평가한 가액으로 할 수 없다.

④ 보험에 든 건물을 담보로 제공하려는 경우 그 보험기간은 담보를 필요로 하는 기간으로 한다.

⑤ 담보물이 납세보증보험증권인 경우 이를 매각하는 방법으로 관세충당한다.

해설 ② 관세의 담보를 제공하고자 하는 자는 담보의 종류・수량・금액 및 담보사유를 기재한 담보제공서를 세관장에게 제출하여야 한다.(영 제10조 제1항)

정답 15. ① 16. ③ 17. ④ 18. ②

19 관세법상 담보의 종류 중 세관장이 요청하면 특정인이 납부하여야 하는 금액을 일정 기일 이후에는 언제든지 세관장에게 지급한다는 내용이어야 하는 것을 모두 고른 것은? 2024 관세사

ㄱ. 납세보증보험증권
ㄴ. 세관장이 인정하는 유가증권
ㄷ. 국채 또는 지방채
ㄹ. 세관장이 인정하는 보증인의 납세보증서

① ㄱ
② ㄱ, ㄹ
③ ㄴ, ㄷ
④ ㄴ, ㄷ, ㄹ
⑤ ㄱ, ㄴ, ㄷ, ㄹ

해설 ② 납세보증보험증권 및 제7호에 따른 납세보증서는 세관장이 요청하면 특정인이 납부하여야 하는 금액을 일정 기일 이후에는 언제든지 세관장에게 지급한다는 내용의 것이어야 한다. (법 제24조 제2항)

정답 19. ②

납세의무 완화·소멸

납세의무 완화 · 소멸

www.pmg.co.kr

01 납세의무 완화

01 관세의 감면에 관한 것이다. 연결 내용이 올바르지 못한 것은? 2007 관세사

□□□

① 종교용품 · 자선용품 · 장애인용품 – 감면
② 학술연구용품 – 감면
③ 세율불균형물품 – 면세
④ 정부용품 – 면세
⑤ 환경오염방지물품 – 감면

해설

무조건 감면	조건부 감면
외교관용물품 등의 면세	세율불균형물품의 면세
정부용품 등의 면세	학술연구용품의 감면
소액물품 등의 면세	종교용품 · 자선용품 · 장애인용품 등의 면세
여행자 휴대품, 이사물품 등의 감면	특정물품의 면세 등
재수입 면세	환경오염방지물품 등에 대한 감면
손상물품에 대한 감면	재수출 면세
해외임가공물품 등의 감면	재수출 감면

02 관세법령상 관세의 감면과 그 근거 조문의 연결로 옳지 않은 것은? 2020 관세사

□□□

① 폐기물 처리를 위하여 사용하는 기계로서 기획재정부령으로 정하는 물품이 수입될 때 : 관세법 제90조(학술연구용품의 감면)
② 국제적십자사가 국제평화봉사활동을 위하여 기증하는 물품이 수입될 때 : 관세법 제91조(종교용품, 자선용품, 장애인용품 등의 면세)
③ 우리나라에 있는 외국의 영사관 및 그 밖에 이에 준하는 기관의 업무용품이 수입될 때 : 관세법 제88조(외교관용 물품 등의 면세)
④ 수입신고한 물품이 수입신고가 수리되기 전에 변질되거나 손상되었을 때 : 관세법 제100조(손상물품에 대한 감면)
⑤ 우리나라를 방문하는 외국의 원수와 그 가족의 물품이 수입될 때 : 관세법 제93조(특정물품의 면세 등)

해설 ① 폐기물 처리를 위하여 사용하는 기계로서 기획재정부령으로 정하는 물품이 수입될 때 적용되는 감면규정은 환경오염방지물품 등에 대한 감면이다.

03 「관세법」상 감면에 대한 설명으로 옳은 것만을 모두 고르면? 2024 관세직 9급

> ㄱ. 상수도 수질을 측정하거나 이를 보전·향상하기 위하여 지방자치단체가 수입하는 물품으로서 기획재정부령으로 정하는 물품이 수입될 때에는 「관세법」 제95조(환경오염방지물품 등에 대한 감면)에 따라 그 관세를 감면할 수 있다.
> ㄴ. 우리나라와 외국 간에 건설될 교량, 통신시설, 그 밖에 이에 준하는 시설의 건설 또는 수리에 필요한 물품이 수입될 때에는 「관세법」 제93조(특정물품의 면세 등)에 따라 그 관세를 면제할 수 있다.
> ㄷ. 여행자가 휴대품을 기획재정부령으로 정하는 방법으로 자진신고하는 경우에는 30만원을 넘지 아니하는 범위에서 해당 물품에 부과될 관세의 100분의 20에 상당하는 금액을 경감할 수 있다.
> ㄹ. 세관장은 「관세법」 제97조(재수출면세) 제1항에 따라 관세를 면제받은 물품 중 기획재정부령으로 정하는 물품이 같은 항에 규정된 기간 내에 수출되지 아니한 경우에는 500만원을 넘지 아니하는 범위에서 해당 물품에 부과될 관세의 100분의 20에 상당하는 금액을 가산세로 징수한다.

① ㄱ, ㄴ　② ㄱ, ㄷ
③ ㄴ, ㄹ　④ ㄷ, ㄹ

해설 ㄱ. 정부용품 등의 면세(법 제92조)
ㄷ. 여행자가 휴대품 또는 별송품을 기획재정부령으로 정하는 방법으로 자진신고하는 경우에는 20만원을 넘지 아니하는 범위에서 해당 물품에 부과될 관세의 100분의 30에 상당하는 금액을 경감할 수 있다.

04 「관세법」상 관세의 감면에 대한 설명으로 옳지 않은 것은? 2016 관세직 9급

① 과학기술정보통신부장관이 국가의 안전보장을 위하여 긴요하다고 인정하여 수입하는 비상통신용 물품 및 전파관리용 물품이 수입될 때에는 그 관세를 면제할 수 있다.
② 우리나라의 선박이나 항공기가 매매계약상의 하자보수 보증기간 중에 외국에서 발생한 고장에 대하여 외국의 매도인의 부담으로 하는 수리 부분에 해당하는 물품이 수입될 때에는 그 관세를 면제할 수 있다.
③ 오염물질의 배출 방지 또는 처리를 위하여 사용하는 기계·기구·시설·장비로서 기획재정부령으로 정하는 것에 해당하는 물품 중 국내에서 제작하기 곤란한 물품이 수입될 때에는 그 관세를 감면할 수 있다.
④ 원재료 또는 부분품을 수출하여 기획재정부령으로 정하는 물품으로 제조하거나 가공한 물품이 수입될 때에는 대통령령으로 정하는 바에 따라 그 관세를 면제할 수 있다.

해설 ④ 원재료 또는 부분품을 수출하여 기획재정부령으로 정하는 물품으로 제조하거나 가공한 물품이 수입될 때에는 해외임가공 물품 등의 감면 규정에 따라 관세를 경감할 수 있다.

정답 01. ①　02. ①　03. ③　04. ④

05 □□□ **관세법상 관세를 감면받은 물품은 수입신고수리일부터 3년의 범위에서 대통령령으로 정하는 기준에 따라 관세청장이 정하는 기간에는 그 감면받은 용도 외의 다른 용도로 사용하거나 양도(임대를 포함한다)할 수 없다. 이에 해당하지 않는 물품은?** 2013 관세직 9급

① 「관세법」 제89조에 따라 관세를 감면받은 반도체 제조용 장비
② 「관세법」 제90조에 따라 관세를 감면받은 학술연구용품
③ 「관세법」 제91조에 따라 관세를 면제받은 종교용품 · 자선용품 · 장애인용품
④ 「관세법」 제92조에 따라 관세를 면제받은 정부가 직접 수입하는 간행물

해설 ④ 관세를 감면받은 물품은 수입신고수리일부터 3년의 범위에서 대통령령으로 정하는 기준에 따라 관세청장이 정하는 기간에는 그 감면받은 용도 외의 다른 용도로 사용하거나 양도할 수 없다는 것은 사후관리가 뒤따르는 '조건부감면'을 의미한다. 법 제92조 정부용품등의 면세는 사후관리가 뒤따르지 않는 '무조건부감면' 대상이다.

06 □□□ **관세감면대상물품에 대하여 과세표준 · 세율 · 감면규정 등의 적용 착오로 이미 징수한 금액에 부족이 있어 세관장이 부과 · 징수한 경우에 그 추징세액에 대한 감면 신청을 할 수 있다. 이때의 감면신청 시기로 올바른 것은?** 2003 관세사

① 수입신고수리일부터 5일 이내
② 부과고지한 날부터 5일 이내
③ 징수사유가 발생한 날부터 5일 이내
④ 납부고지를 받은 날부터 5일 이내
⑤ 수입신고를 한 날부터 5일 이내

해설 **관세법 시행령 제112조(관세감면 신청)**

원칙	해당 물품의 수입신고수리전	
예외	부과고지에 의하여 관세를 징수하는 경우	해당 납부고지를 받은 날부터 5일 이내
	그 밖에 수입신고수리 전까지 감면신청서를 제출하지 못하는 경우	해당 수입신고수리일부터 15일 이내 (해당 물품이 보세구역에서 반출되지 아니한 경우로 한정)

07 □□□ **관세법 제88조(외교관용 물품 등의 면세)에서 관세가 면제되는 물품으로 명시되어 있지 않은 것은?** 2019 관세사

① 우리나라에 있는 외국의 대사관 · 공사관 및 그 밖에 이에 준하는 기관의 업무용품
② 우리나라에 주재하는 외국의 대사 · 공사 및 그 밖에 이에 준하는 사절과 그 가족이 사용하는 물품
③ 우리나라에 있는 외국의 영사관 및 그 밖에 이에 준하는 기관의 업무용품
④ 정부와 체결한 사업계약을 수행하기 위하여 외국계약자와 그 가족이 사용하는 물품
⑤ 국제기구 또는 외국 정부로부터 우리나라 정부에 파견된 고문관 · 기술단원 및 그 밖에 기획재정부령으로 정하는 자가 사용하는 물품

해설 **관세법 제88조(외교관용 물품 등의 면세)**

다음 각 호의 어느 하나에 해당하는 물품이 수입될 때에는 그 관세를 면제한다.

1. 우리나라에 있는 외국의 대사관·공사관 및 그 밖에 이에 준하는 기관의 업무용품
2. 우리나라에 주재하는 외국의 대사·공사 및 그 밖에 이에 준하는 사절과 그 가족이 사용하는 물품
3. 우리나라에 있는 외국의 영사관 및 그 밖에 이에 준하는 기관의 업무용품
4. 우리나라에 있는 외국의 대사관·공사관·영사관 및 그 밖에 이에 준하는 기관의 직원 중 대통령령으로 정하는 직원과 그 가족이 사용하는 물품
5. 정부와 체결한 사업계약을 수행하기 위하여 외국계약자가 계약조건에 따라 수입하는 업무용품
6. 국제기구 또는 외국 정부로부터 우리나라 정부에 파견된 고문관·기술단원 및 그 밖에 기획재정부령으로 정하는 자가 사용하는 물품

08 □□□ **관세가 면제되는 외교관용 물품 등에 해당하지 않는 것은?** 2015 관세사

① 국제기구 또는 외국 정부로부터 우리나라 정부에 파견된 고문관·기술단원 및 그 밖에 기획재정부령으로 정하는 자가 사용하는 물품

② 우리나라에 주재하는 외국의 대사·공사 및 그 밖에 이에 준하는 사절과 그 가족이 사용하는 물품

③ 우리나라에 있는 외국의 영사관 및 그 밖에 이에 준하는 기관의 업무용품

④ 우리나라에 있는 외국의 대사관·공사관·영사관 및 그 밖에 이에 준하는 기관의 직원 중 관세청장이 정하는 직원과 그 가족이 사용하는 물품

⑤ 정부와 체결한 사업 계약을 수행하기 위하여 외국계약자가 계약조건에 따라 수입하는 업무용품

해설 ④ 우리나라에 있는 외국의 대사관·공사관·영사관 및 그 밖에 이에 준하는 기관의 직원 중 대통령령으로 정하는 직원과 그 가족이 사용하는 물품이 외교관용 물품 등의 면세 대상이다.

09 □□□ **「관세법」상 관세의 면제에 대한 설명으로 옳지 않은 것은?** 2023 관세직 9급

① 우리나라에 있는 외국의 대사관·공사관·영사관 및 그 밖에 이에 준하는 기관의 직원 중 기획재정부령으로 정하는 직원과 그 가족이 사용하는 물품이 수입될 때에는 그 관세를 면제한다.

② 우리나라로 거주를 이전하기 위하여 입국하는 자가 입국할 때 수입하는 이사물품으로서 거주 이전의 사유, 거주기간, 직업, 가족 수, 그 밖의 사정을 고려하여 기획재정부령으로 정하는 기준에 따라 세관장이 타당하다고 인정하는 물품이 수입될 때에는 그 관세를 면제할 수 있다.

③ 상수도 수질을 측정하거나 이를 보전·향상하기 위하여 국가나 지방자치단체가 수입하는 물품으로서 기획재정부령으로 정하는 물품이 수입될 때에는 그 관세를 면제할 수 있다.

④ 우리나라 수출물품의 품질, 규격, 안전도 등이 수입국의 권한 있는 기관이 정하는 조건에 적합한 것임을 표시하는 수출물품에 부착하는 증표로서 기획재정부령으로 정하는 물품이 수입될 때에는 그 관세를 면제할 수 있다.

정답 05. ④ 06. ④ 07. ④ 08. ④ 09. ①

해설 ① 우리나라에 있는 외국의 대사관 · 공사관 · 영사관 및 그 밖에 이에 준하는 기관의 직원 중 대통령령으로 정하는 직원과 그 가족이 사용하는 물품이 외교관용 물품 등의 면세 대상이다.
② (법 제96조 제1항 제2호)
③ (법 제92조 제7호)
④ (법 제93조 제12호)

10 □□□ **관세법령상 관세가 면제되는 외교관용 물품 등에 해당하지 않는 것은?** 2018 관세사

① 우리나라에 주재하는 외국 대사의 가족이 사용하는 물품
② 우리나라에 있는 외국 공사관의 3등 서기관의 가족이 사용하는 물품
③ 우리나라에 있는 외국 영사관의 명예총영사가 사용하는 물품
④ 우리나라에 있는 외국 영사관의 업무용품
⑤ 정부와 체결한 사업계약을 수행하기 위하여 외국계약자가 계약조건에 따라 수입하는 업무용품

해설 **관세법 시행령 제108조(대사관 등의 관원지정)**
관세법 제88조 제1항 제4호에서 "대통령령으로 정하는 직원"이란 다음의 어느 하나에 해당하는 직위 또는 이와 동등 이상이라고 인정되는 직위에 있는 사람을 말한다.
1. 대사관 또는 공사관의 참사관 · 1등서기관 · 2등서기관 · 3등서기관 및 외교관보
2. 총영사관 또는 영사관의 총영사 · 영사 · 부영사 및 영사관보(명예총영사 및 명예영사를 제외한다)
3. 대사관 · 공사관 · 총영사관 또는 영사관의 외무공무원으로서 제1호 및 제2호에 해당하지 아니하는 사람

11 □□□ **관세법상 외교관용 물품 등의 면세를 받은 물품으로서 양수가 제한되지 않는 것은?** 2016 관세사

① 엽총
② 피아노
③ 선박
④ 전자오르간
⑤ 골프채

해설 **관세법 시행규칙 제34조(외교관용 물품 등에 대한 면세 신청)**
관세법상 외교관용 물품 등의 면세를 받은 물품으로서 양수가 제한되는 물품은 "자동차(삼륜자동차와 이륜자동차를 포함)", "선박", "피아노", "전자오르간 및 파이프오르간", "엽총"이다.(규칙 제34조 제4항)

12 관세법상 수입 시 관세를 면제할 수 있는 물품으로 옳지 않은 것은? 2016 관세사

□□□

① 외국에 주둔하는 국군이나 재외공관으로부터 반환된 공용품
② 핵사고 또는 방사능 긴급사태 시 그 복구지원과 구호를 목적으로 외국으로부터 기증되는 물품으로서 대통령령으로 정하는 물품
③ 국가정보원장 또는 그 위임을 받은 자가 국가의 안전보장 목적의 수행상 긴요하다고 인정하여 수입하는 물품
④ 우리나라의 선박이나 항공기가 해외에서 사고로 발생한 피해를 복구하기 위하여 외국의 보험회사 또는 외국의 가해자의 부담으로 하는 수리 부분에 해당하는 물품
⑤ 피상속인이 사망하여 국내에 주소를 둔 자에게 상속되는 피상속인의 신변용품

해설 ①, ③ 법 제92조 정부용품 등의 면세
②, ④, ⑤ 법 제93조 특정물품의 면세
단, 핵사고 또는 방사능 긴급사태 시 그 복구지원과 구호를 목적으로 외국으로부터 기증되는 물품으로서 "기획재정부령"으로 정하는 물품이 특정물품의 면세 대상이다.

Chapter 04

13 관세법에 의한 관세감면이 가능한 물품이 아닌 것은? 2009 관세사

□□□

① 사료작물 재배용 귀리 종자
② 관세청이 수입하는 통관검색용 X-Ray 장비
③ 주한 독일영사관이 수입하는 업무용 컴퓨터
④ 문화체육관광부가 직접 수입하는 촬영된 필름
⑤ 외국에 거주하는 피상속인의 사망으로 인하여 국내에 주소를 둔 자에게 상속되는 피상속인의 신변용품

해설 **관세법 제92조(정부용품등의 면세)**

다음 어느 하나에 해당하는 물품이 수입될 때에는 그 관세를 면제할 수 있다.

1. 국가기관이나 지방자치단체에 기증된 물품으로서 공용으로 사용하는 물품. 다만, 기획재정부령으로 정하는 물품은 제외한다.
2. 정부가 외국으로부터 수입하는 군수품(정부의 위탁을 받아 정부 외의 자가 수입하는 경우를 포함한다) 및 국가원수의 경호용으로 사용하는 물품. 다만, 기획재정부령으로 정하는 물품은 제외한다.
3. 외국에 주둔하는 국군이나 재외공관으로부터 반환된 공용품
4. 과학기술정보통신부장관이 국가의 안전보장을 위하여 긴요하다고 인정하여 수입하는 비상통신용 물품 및 전파관리용 물품
5. 정부가 직접 수입하는 간행물, 음반, 녹음된 테이프, 녹화된 슬라이드, 촬영된 필름, 그 밖에 이와 유사한 물품 및 자료
6. 국가나 지방자치단체(이들이 설립하였거나 출연 또는 출자한 법인을 포함한다)가 환경오염(소음 및 진동을 포함한다)을 측정하거나 분석하기 위하여 수입하는 기계·기구 중 기획재정부령으로 정하는 물품
7. 상수도 수질을 측정하거나 이를 보전·향상하기 위하여 국가나 지방자치단체(이들이 설립하였거나 출연 또는 출자한 법인을 포함한다)가 수입하는 물품으로서 기획재정부령으로 정하는 물품
8. 국가정보원장 또는 그 위임을 받은 자가 국가의 안전보장 목적의 수행상 긴요하다고 인정하여 수입하는 물품

정부기관이 수입하는 모든 물품이 정부용품 등의 면세 대상에 해당하지는 않으며, 정부가 직접 수입하는 간행물, 음반, 녹음된 테이프, 녹화된 슬라이드, 촬영된 필름, 그 밖에 이와 유사한 물품 및 자료에 한하여 면세가 적용된다.
① (법 제93조 특정물품면세)
③ (법 제88조 외교관용물품 등의 면세)
④ (법 제92조 정부용품 등의 면세)
⑤ (법 제93조 특정물품의 면세)

정답 10. ③ 11. ⑤ 12. ② 13. ②

14 관세법령상 정부용품 등의 면세대상으로 명시되어 있지 않은 것은? 2020 관세사

□□□

① 외국에 주둔하는 국군이나 재외공관으로부터 반환된 공용품
② 정부가 직접 수입하는 간행물과 녹화된 슬라이드
③ 상수도 수질을 측정하기 위하여 지방자치단체가 수입하는 물품으로서 기획재정부령으로 정하는 물품
④ 우리나라와 외국 간에 건설될 교량, 해저통로, 그 밖에 이에 준하는 시설의 건설에 필요한 물품
⑤ 국가정보원장이 국가의 안전보장 목적의 수행상 긴요하다고 인정하여 수입하는 물품

해설 ④ 법 제93조(특정물품 등의 면세) 적용 대상이다.

15 「관세법」상 '정부용품 등의 면세'를 적용받을 수 있는 물품에 해당하지 않는 것은? 2021 관세직 9급

□□□

① 정보처리기술을 응용한 공장 자동화 기계・기구・설비 및 그 핵심부분품으로서 기획재정부령으로 정하는 물품
② 과학기술정보통신부장관이 국가의 안전보장을 위하여 긴요하다고 인정하여 수입하는 비상통신용 물품
③ 상수도 수질을 측정하기 위하여 지방자치단체가 수입하는 물품으로서 기획재정부령으로 정하는 물품
④ 국가정보원장이 국가의 안전보장 목적의 수행상 긴요하다고 인정하여 수입하는 물품

해설 ① 법 제95조(환경오염방지물품 등에 대한 감면) 적용 대상이다.

16 □□□ **관세법령상 정부용품과 특정물품의 면세에 관한 내용으로 옳지 않은 것은?** 2021 관세사

① 국가기관에 기증된 물품으로서 공용으로 사용할 관세율표 번호 제8703호에 해당하는 승용자동차가 수입될 때에는 관세를 면제할 수 없다.
② 정부가 외국으로부터 수입하는 군수품으로서 군수품관리법에 의한 통상품이 수입될 때에는 관세를 면제할 수 있다.
③ 국가정보원장이 국가 안정보장 목적의 수행상 긴요하다고 인정하여 수입하는 물품에 대해서는 관세를 면제할 수 있다.
④ 우리나라 선박이 외국의 선박과 협력하여 기획재정부령으로 정하는 방법으로 채집하거나 포획한 수산물로서 해양수산부장관이 추천하는 것이 수입될 때에는 관세를 면제할 수 있다.
⑤ 우리나라 선박이 외국 정부의 허가를 받아 외국의 영해에서 포획한 수산물이 수입될 때에는 관세를 면제할 수 있다.

해설 **관세법 시행규칙 제41조(관세가 면제되는 정부용품 등)**
정부가 외국으로부터 수입하는 군수품으로써 관세가 부과되는 물품은 「군수품관리법」 제3조의 규정에 의한 통상품으로 한다.(규칙 제41조 제2항)

17 □□□ **국가기관에서 수입하는 다음 물품 중 관세가 면제되는 것은?** 2012 관세사

① 경찰청장이 국가의 안전보장을 위하여 긴요하다고 인정하여 수입하는 비상통신용 물품
② 정부가 외국으로부터 수입하는 군수물품 중 군수관리법 제3조 규정에 의한 통상품
③ 국가기관이 사용할 학술연구용품 · 교육용품 및 실험실습용품으로서 개당 또는 세트당 과세가격이 50만원인 기기
④ 국가가 환경오염(소음 및 진동 포함)을 측정하거나 분석하기 위하여 수입하는 개당 또는 세트당 과세가격이 50만원인 기계 · 기구
⑤ 정부가 직접 수입하는 간행물, 음반, 녹음된 테이프, 촬영된 필름

해설 ① 과학기술정보통신부장관이 국가의 안전보장을 위하여 긴요하다고 인정하여 수입하는 비상통신용 물품 및 전파관리용 물품은 정부용품 등의 면세 적용 대상이다.
② 정부가 외국으로부터 수입하는 군수물품은 정부용품 등의 면세 적용대상이나, 군수품관리법 제3조의 규정에 의한 통상품은 관세가 부과된다.
③ 국가기관, 지방자치단체 및 기획재정부령으로 정하는 기관에서 사용할 학술연구용품 · 교육용품 및 실험실습용품으로서 개당 또는 셋트당 과세가격이 100만원 이상인 기기는 학술연구용품의 감면 적용대상이다.
④ 국가나 지방자치단체(이들이 설립하였거나 출연 또는 출자한 법인을 포함한다)가 환경오염(소음 및 진동을 포함한다)을 측정하거나 분석하기 위하여 수입하는 기계 · 기구 개당 또는 셋트당 과세가격이 100만원 이상인 기기와 그 기기의 부분품 및 부속품(사후에 보수용으로 따로 수입하는 물품을 포함한다)중 국내에서 제작하기 곤란한 것으로서 당해 물품의 생산에 관한 사무를 관장하는 주무부처의 장 또는 그가 지정하는 자가 추천하는 물품은 정부용품 등의 면세 적용대상이다.

정답 14. ④ 15. ① 16. ② 17. ⑤

18 관세법령상 수입될 때 관세를 면제할 수 있는 물품에 해당하지 않는 것은? 2017 관세직 9급

☐☐☐

① 우리나라의 거주자에게 수여된 훈장·기장 또는 이에 준하는 표창장 및 상패
② 과세가격이 미화 250달러인 물품으로서 상용견품으로 사용될 것으로 인정되는 물품
③ 우리나라 거주자가 받는 물품가격이 미화 200달러인 물품으로서 자가사용 물품으로 인정되는 것
④ 기록문서 또는 그 밖의 서류

해설 **관세법 제94조(소액물품 등의 면세)**

다음의 어느 하나에 해당하는 물품이 수입될 때에는 그 관세를 면제할 수 있다.
1. 우리나라의 거주자에게 수여된 훈장·기장(紀章) 또는 이에 준하는 표창장 및 상패
2. 기록문서 또는 그 밖의 서류
3. 상업용견본품 또는 광고용품으로서 기획재정부령으로 정하는 물품
4. 우리나라 거주자가 받는 소액물품으로서 기획재정부령으로 정하는 물품

관세법 시행규칙 제45조(관세가 면제되는 소액물품)

상업용 견본품 또는 광고용품으로서 관세가 면제되는 물품은 다음과 같다.(규칙 제45조 제1항)
1. 물품이 천공 또는 절단되었거나 통상적인 조건으로 판매할 수 없는 상태로 처리되어 견본품으로 사용될 것으로 인정되는 물품
2. 판매 또는 임대를 위한 물품의 상품목록·가격표 및 교역안내서 등
3. 과세가격이 미화 250달러 이하인 물품으로서 견본품으로 사용될 것으로 인정되는 물품
4. 물품의 형상·성질 및 성능으로 보아 견본품으로 사용될 것으로 인정되는 물품

우리나라 거주자가 받는 소액물품으로서 관세가 면제되는 물품은 다음과 같다.(규칙 제45조 제2항)
1. 물품가격(관세법 제30조부터 제35조까지의 규정에 따른 방법으로 결정된 과세가격에서 관세법 제30조 제1항 제6호 본문에 따른 금액을 뺀 가격. 다만, 관세법 제30조 제1항 제6호 본문에 따른 금액을 명백히 구분할 수 없는 경우에는 이를 포함한 가격으로 한다)이 미화 150달러 이하의 물품으로서 자가사용 물품으로 인정되는 것. 다만, 반복 또는 분할하여 수입되는 물품으로서 관세청장이 정하는 기준에 해당하는 것을 제외한다.
2. 박람회 기타 이에 준하는 행사에 참가하는 자가 행사장 안에서 관람자에게 무상으로 제공하기 위하여 수입하는 물품(전시할 기계의 성능을 보여주기 위한 원료를 포함한다). 다만, 관람자 1인당 제공량의 정상도착가격이 미화 5달러 상당액 이하의 것으로서 세관장이 타당하다고 인정하는 것에 한한다.

19 관세법령상 수입 시 관세가 면제될 수 있는 소액물품 등에 해당하지 않는 것은? (단, 상업용견본품 또는 광고용품임을 전제함) 2023 관세사

☐☐☐

① 판매를 위한 물품의 상품목록·가격표
② 과세가격이 미화 300달러인 물품으로서 견본품으로 사용될 것으로 인정되는 물품
③ 물품이 천공되어 견본품으로 사용될 것으로 인정되는 물품
④ 임대를 위한 물품의 교역안내서
⑤ 물품의 형상·성질 및 성능으로 보아 견본품으로 사용될 것으로 인정되는 물품

해설 ② 과세가격이 미화 250달러 이하인 물품으로서 견본품으로 사용될 것으로 인정되는 물품이 관세 면제 대상이다.

20 우리나라에 거주하는 甲은 소액물품 등을 수입하고자 한다. 관세법령상 이에 관한 설명으로 옳지 않은 것은? 2021 관세사

① 甲이 수입하는 기록문서는 관세가 면제될 수 있다.
② 甲이 과세가격이 미화 300달러인 상업용 견본품으로 사용될 것으로 인정되는 물품을 수입할 때에는 그 관세가 면제될 수 있다.
③ 甲이 판매를 위한 물품의 상품목록을 수입할 때에는 관세를 면제할 수 있다.
④ 박람회에 참가하는 甲이 행사장 안에서 관람자에게 무상으로 제공하기 위하여 수입하는 1인당 제공량의 정상도착가격이 미화 3달러로서 세관장이 타당하다고 인정하는 물품인 경우에는 관세를 면제할 수 있다.
⑤ 甲에게 수여된 훈장이 수입될 때에는 관세를 면제할 수 있다.

해설 ② 과세가격이 미화 250달러 이하인 물품으로서 견품으로 사용될 것으로 인정되는 물품을 수입할 때에는 그 관세를 면제할 수 있다.

21 관세법령상 소액물품 등의 면세대상으로 명시되어 있지 않은 것은? 2020 관세사

① 우리나라의 거주자에게 수여된 훈장
② 박람회에 사용하기 위하여 그 행사에 참가하는 자가 수입하는 물품 중 기획재정부령으로 정하는 물품
③ 광고용품으로서 기획재정부령으로 정하는 물품
④ 우리나라 거주자가 받는 소액물품으로서 기획재정부령으로 정하는 물품
⑤ 기록문서 또는 그 밖의 서류

해설 ② 우리나라 거주자가 받는 소액물품으로써 기획재정부령으로 정하고 있는 박람회 기타 이에 준하는 행사에 참가하는 자가 행사장 안에서 관람자에게 무상으로 제공하기 위하여 수입하는 물품(관람자 1인당 제공량의 정상도착가격이 미화 5달러 상당액 이하의 것으로서 세관장이 타당하다고 인정하는 것)이 소액물품 등의 면세 대상이다. (법 제94조 제4호), (규칙 제45조 제2항 제2호)
① (법 제94조 제1호)
③ (법 제94조 제3호)
④ (법 제94조 제4호)
⑤ (법 제94조 제2호)

정답 18. ③ 19. ② 20. ② 21. ②

22 관세법령상 관세가 면제되는 소액물품 등에 해당하는 것만을 모두 고른 것은? 2018 관세사

(ㄱ) 기록문서
(ㄴ) 우리나라의 거주자에게 수여된 훈장・기장
(ㄷ) 우리나라 거주자가 받는 소액물품이고 그 물품가격이 미화 200달러인 물품으로서 자가사용 물품으로 인정되는 것
(ㄹ) 상용견품이며 과세가격이 미화 200달러인 물품으로서 견본품으로 사용될 것으로 인정되는 물품

① (ㄱ), (ㄴ)
② (ㄴ), (ㄹ)
③ (ㄱ), (ㄴ), (ㄹ)
④ (ㄱ), (ㄷ), (ㄹ)
⑤ (ㄱ), (ㄴ), (ㄷ), (ㄹ)

해설 (ㄷ) 우리나라 거주자가 받는 소액물품으로서 기획재정부령으로 정하는 물품이 수입될 때에는 그 관세를 면제할 수 있다.(법 제94조 제4호) 기획재정부령에 따라 물품가격(관세법 제30조부터 제35조까지의 규정에 따른 방법으로 결정된 과세가격에서 관세법 제30조 제1항 제6호 본문에 따른 금액을 뺀 가격. 다만, 관세법 제30조 제1항 제6호 본문에 따른 금액을 명백히 구분할 수 없는 경우에는 이를 포함한 가격으로 한다)이 미화 150달러 이하의 물품으로서 자가사용 물품으로 인정되는 물품은 관세가 면제되나 다만, 반복 또는 분할하여 수입되는 물품으로서 관세청장이 정하는 기준에 해당하는 것을 제외한다.(규칙 제45조 제2항 제1호)

23 관세법령상 관세의 면제 또는 감면에 대한 설명으로 옳지 않은 것은? 2019 관세직 9급

① 정부와 체결한 사업계약을 수행하기 위하여 외국계약자가 계약조건에 따라 수입하는 업무용품이 수입될 때에는 외교관용 물품 등의 면세 규정에 따라 그 관세를 면제한다.
② 국가기관에서 사용할 학술연구용품으로서 기획재정부령으로 정하는 물품이 수입될 때에는 학술연구용품의 감면세 규정에 따라 그 관세를 감면할 수 있다.
③ 해외시험 및 연구를 목적으로 수출된 후 재수입되는 물품이 수입될 때에는 재수입면세 규정에 따라 그 관세를 면제할 수 있다.
④ 박람회에 참가하는 자가 행사장 안에서 관람자에게 판매하기 위해 수입하는 물품으로서 물품가격이 미화 5달러 상당액 이하인 물품이 수입될 때에는 소액물품의 면세 규정에 따라 그 관세를 면제한다.

해설 ④ 박람회 기타 이에 준하는 행사에 참가하는 자가 행사장 안에서 관람자에게 무상으로 제공하기 위하여 수입하는 물품(전시할 기계의 성능을 보여주기 위한 원료를 포함한다)이 소액물품 등 면세대상이다. 다만, 관람자 1인당 제공량의 정상도착가격이 미화 5달러 상당액 이하의 것으로서 세관장이 타당하다고 인정하는 것에 한한다.

24 관세법령상 물품이 수입될 때 관세의 면제 대상이 아닌 것은? 2024 관세사

① 기록문서 또는 그 밖의 서류
② 우리나라 선박이 외국 정부의 허가를 받아 외국의 영해에서 채집하거나 포획한 수산물
③ 정부와 체결한 사업계약을 수행하기 위하여 외국계약자가 계약조건에 따라 수입하는 업무용품
④ 우리나라 거주자가 받는 소액물품 중 물품가격이 미화 250달러의 물품으로서 자가사용 물품으로 인정되는 것
⑤ 천재지변 등 부득이한 사유가 있는 경우를 제외하고 여행자가 입국한 날부터 6월 이내에 도착한 여행자의 별송품으로서 여행자의 입국 사유 등을 고려하여 세관장이 타당하다고 인 정한 것

해설 ④ 우리나라 거주자가 받는 소액물품 중 물품가격이 미화 150달러의 물품으로서 자가사용 물품으로 인정되는 물품이 관세 면제 대상이다.

25 관세법령상 여행자 휴대품 중에서 관세가 면제되는 것이 아닌 것은? 2015 관세직 9급 변형

① 19세 이상인 사람이 반입하는 미화 200달러 이하인 1리터 이하의 술 2병
② 19세 이상인 사람이 반입하는 전자담배 니코틴용액 25밀리리터
③ 비거주자인 여행자가 반입하는 물품으로서 본인의 직업상 필요하다고 인정되는 직업용구일 것
④ 물품의 성질·수량·가격·용도 등으로 보아 통상적으로 여행자의 휴대품 또는 별송품인 것으로 인정되는 물품일 것

해설 **관세법 시행규칙 제48조(관세가 면제되는 휴대품 등)**

술·담배·향수에 대해서는 기본면세범위와 관계없이 다음 표에 따라 관세를 면제하되, 19세 미만인 사람(19세가 되는 해의 1월 1일을 맞이한 사람은 제외한다)이 반입하는 술·담배에 대해서는 관세를 면제하지 않고, 법 제196조 제1항 제1호 단서 및 같은 조 제2항에 따라 구매한 내국물품인 술·담배·향수가 포함되어 있을 경우에는 별도 면세범위에서 해당 내국물품의 구매수량을 공제한다. 이 경우 해당 물품이 다음 표의 면세한도를 초과하여 관세를 부과하는 경우에는 해당 물품의 가격을 과세가격으로 한다.

<table>
<tr><th>구분</th><th colspan="3">면세한도</th><th>비고</th></tr>
<tr><td>술</td><td colspan="3">2병</td><td>2병 합산하여 용량은 2리터(L) 이하, 가격은 미화 400달러 이하인 것으로 한정한다.</td></tr>
<tr><td rowspan="6">담배</td><td>궐련</td><td colspan="2">200개비</td><td rowspan="5">2 이상의 담배 종류를 반입하는 경우에는 한 종류로 한정한다.</td></tr>
<tr><td>엽궐련</td><td colspan="2">50개비</td></tr>
<tr><td rowspan="3">전자담배</td><td>궐련형</td><td>200개비</td></tr>
<tr><td>니코틴용액</td><td>20밀리리터</td></tr>
<tr><td>기타유형</td><td>110그램</td></tr>
<tr><td colspan="2">그 밖의 담배</td><td>250그램</td><td></td></tr>
<tr><td>향수</td><td colspan="3">100밀리리터(mL)</td><td></td></tr>
</table>

정답 22. ③ 23. ④ 24. ④ 25. ②

26 관세가 면제되는 여행자 휴대품의 범위에 해당되지 않는 것은? 2013 관세사

□□□

① 거주자인 여행자가 반입하는 물품으로서 대외무역법상 수입승인이 면제되는 미화 1천 달러 상당액의 물품
② 비거주자인 여행자가 반입하는 물품으로서 본인의 직업상 필요하다고 인정되는 직업용구
③ 물품의 성질·수량·가격·용도 등으로 보아 통상적으로 여행자의 휴대품 또는 별송품인 것으로 인정되는 물품
④ 세관장이 반출 확인한 물품으로서 재반입되는 물품
⑤ 여행자가 휴대하는 것이 통상적으로 필요하다고 인정하는 신변용품 및 신변장식품

해설 ① 관세의 면제 한도는 여행자 1명의 휴대품 또는 별송품으로서 각 물품의 과세가격 합계 기준으로 미화 800달러 이하로 한다.(규칙 제48조 제2항)

27 관세법상 여행자 휴대품의 관세 면제에 관한 설명으로 옳은 것은? 2017 관세사 변형

□□□

① 관세의 면제 한도는 여행자 1명의 휴대품 또는 별송품으로서 각 물품의 과세가격 합계 기준으로 미화 600달러 이하로 한다.
② 20세 미만인 사람이 반입하는 술·담배는 관세를 면제하지 아니한다.
③ 100밀리리터(mL)를 초과하는 향수를 반입하여 관세를 부과하는 경우에는 향수의 가격을 과세가격으로 한다.
④ 증류주는 1병, 포도주는 2병까지 관세를 면제한다.
⑤ 궐련의 경우 200개비까지 관세를 면제하지만, 전자담배 니코틴용액의 경우 관세면제 대상이 아니다.

해설 ① 미화 600달러(×) → 미화 800달러(○)
② 20세 미만(×) → 19세 미만(○)
④ 술은 2병이 면세한도이며, 2병 합산하여 용량은 2리터(L) 이하, 가격은 미화 400달러 이하인 것으로 한정한다.
⑤ 전자담배 니코틴용액의 경우 20밀리리터(mL)까지 면세 대상이다.

28 □□□

「관세법 시행규칙」 제48조에 따른, 20세인 여행자 1명의 휴대품 또는 별송품의 면세한도(농림축산물 등 관세청장이 따로 정한 면세한도를 적용할 수 있는 경우를 제외)에 대한 설명으로 옳지 않은 것은? 2017 관세직 9급 변형

① 기본면세 범위는 각 물품의 과세가격 합계 기준으로 미화 800달러 이하로 한다.
② 담배의 경우 권련 200개비, 엽권련 50개비, 전자담배 니코틴용액 20밀리리터(mL), 그 밖의 담배는 250그램으로 한다.
③ 술의 경우 2병으로, 2병 합산하여 용량은 2리터(L) 이하, 가격은 미화 600달러 이하인 것으로 한정한다.
④ 향수의 경우 100밀리리터(mL)로 한정한다.

해설 ③ 술의 경우 2병 합산하여 용량은 2리터(L) 이하, 가격은 미화 400달러 이하인 것으로 한정한다.

29 □□□

관세법령상 관세의 감면에 대한 설명으로 옳지 않은 것은? 2017 관세직 9급

① 국제기구 또는 외국 정부로부터 우리나라 정부에 파견된 고문관·기술단원 및 면세업무와 관련된 조약 등에 의하여 외교관에 준하는 대우를 받는 자로서 해당 업무를 관장하는 중앙행정기관의 장이 확인한 자가 사용하는 물품이 수입될 때에는 그 관세를 면제한다.
② 국제무역선 또는 국제무역기의 승무원이 휴대하여 수입하는 물품으로서 항행일수, 체재기간, 그 밖의 사정을 고려하여 세관장이 타당하다고 인정하는 물품이 수입될 때에는 그 관세를 면제할 수 있다. 다만, 자동차(이륜자동차와 삼륜자동차를 포함한다)·선박·항공기 및 개당 과세가격 50만원 이상의 보석·진주·별갑·산호·호박 및 상아와 이를 사용한 제품은 관세면제 대상에서 제외한다.
③ 가공 또는 수리할 목적으로 수출한 물품으로서 기획재정부령으로 정하는 기준에 적합한 물품이 수입될 때에는 그 관세를 경감할 수 있다.
④ 여행자가 휴대품 또는 별송품(여행자의 휴대품 또는 별송품으로 여행자의 입국 사유, 체재기간, 직업, 그 밖의 사정을 고려하여 기획재정부령으로 정하는 기준에 따라 세관장이 타당하다고 인정하는 물품은 제외)을 기획재정부령으로 정하는 방법으로 자진신고하는 경우에는 15만원을 넘지 아니하는 범위에서 해당 물품에 부과될 관세의 100분의 30에 상당하는 금액을 경감할 수 있다.

해설 **관세법 제96조(여행자 휴대품 및 이사물품 등의 감면)**

여행자가 휴대품 또는 별송품(여행자의 휴대품 또는 별송품으로서 여행자의 입국 사유, 체재기간, 직업, 그 밖의 사정을 고려하여 기획재정부령으로 정하는 기준에 따라 세관장이 타당하다고 인정하는 물품은 제외한다)을 기획재정부령으로 정하는 방법으로 자진신고하는 경우에는 20만원을 넘지 아니하는 범위에서 해당 물품에 부과될 관세(제81조에 따라 간이세율을 적용하는 물품의 경우에는 간이세율을 적용하여 산출된 세액을 말한다)의 100분의 30에 상당하는 금액을 경감할 수 있다.(법 제96조 제3항)

① (법 제88조 제1항 제6호), (규칙 제34조)
② (법 제96조 제1항 제3호), (규칙 제48조의3 제4항)
③ (법 제101조 제1항 제2호)

정답 26. ① 27. ③ 28. ③ 29. ④

30 □□□ **관세가 면제되는 휴대품 등에 관한 설명으로 옳은 것은?** 2014 관세사

① 우리나라 국민(재외영주권자 제외)으로서 외국에 주거를 설정하여 가족동반 없이 6개월 이상 거주한 사람이 반입하는 우리나라에서 수출된 국산 자동차는 면제된다.

② 우리나라 국민이 사망이나 질병 등 관세청장이 정하는 사유가 발생하여 반입하는 이사물품에 대해서는 3개월 이상의 외국 거주 조건을 갖출 경우 면제된다.

③ 1년 이상 외국에 거주하던 우리나라 국민이 다른 외국으로 주거를 이전하면서 우리나라로 반입하는 것으로서 통상 가정용으로 3개월 이상 사용하던 것으로 인정되는 물품은 면제된다.

④ 재외영주권자가 우리나라에 주거를 설정하여 1년 이상 거주하려는 사람이 반입하는 보석(개당 과세가격 300만원)은 면제된다.

⑤ 우리나라에 취재하기 위하여 수시로 입국하는 외국국적의 기자가 입국할 때마다 반입하는 취재용품은 면제된다.

해설 **관세법 시행규칙 제48조의2(관세가 면제되는 이사물품)**

관세법 제96조 제1항 제2호에 따라 관세가 면제되는 물품은 우리나라 국민(재외영주권자를 제외한다)으로서 외국에 주거를 설정하여 1년(가족을 동반한 경우에는 6개월) 이상 거주했거나 외국인 또는 재외영주권자로서 우리나라에 주거를 설정하여 1년(가족을 동반한 경우에는 6개월) 이상 거주하려는 사람이 반입하는 다음의 어느 하나에 해당하는 것으로 한다. 다만, 자동차(우리나라에서 수출된 물품이 반입된 경우로서 관세청장이 정하는 사용기준에 적합한 물품일 것 것은 제외한다), 선박, 항공기와 개당 과세가격이 500만원 이상인 보석·진주·별갑(鼈甲)·산호·호박(琥珀)·상아 및 이를 사용한 제품은 제외한다.(규칙 제48조의2 제1항)

1. 해당 물품의 성질·수량·용도 등으로 보아 통상적으로 가정용으로 인정되는 것으로서 우리나라에 입국하기 전에 3개월 이상 사용했고 입국한 후에도 계속하여 사용할 것으로 인정되는 것
2. 우리나라에 상주하여 취재하기 위하여 입국하는 외국국적의 기자가 최초로 입국할 때에 반입하는 취재용품으로서 문화체육관광부장관이 취재용임을 확인하는 물품일 것
3. 우리나라에서 수출된 물품(조립되지 않은 물품으로서 법 별표 관세율표상의 완성품에 해당하는 번호로 분류되어 수출된 것을 포함한다)이 반입된 경우로서 관세청장이 정하는 사용기준에 적합한 물품일 것
4. 외국에 거주하던 우리나라 국민이 다른 외국으로 주거를 이전하면서 우리나라로 반입(송부를 포함한다)하는 것으로서 통상 가정용으로 3개월 이상 사용하던 것으로 인정되는 물품일 것

---

① 재외영주권자를 제외한 우리나라 국민이 외국에 주거를 설정하고 우리나라에서 수출된 국산 자동차를 반입한 경우 관세가 면제될 수 있으나, 해외 거주기간이 가족을 동반하지 않은 경우 1년 이상이어야 한다.

② 사망이나 질병 등 관세청장이 정하는 사유가 발생하여 반입하는 이사물품에 대해서는 거주기간과 관계없이 관세를 면제할 수 있다.(규칙 제48조의2 제2항)

④ 개당 과세가격이 500만원 이상인 보석·진주·별갑(鼈甲)·산호·호박(琥珀)·상아 및 이를 사용한 제품은 관세가 면제되는 이사물품에서 제외한다.

⑤ 우리나라에 상주하여 취재하기 위하여 입국하는 외국국적의 기자가 최초로 입국할 때에 반입하는 취재용품으로서 문화체육관광부장관이 취재용임을 확인하는 물품은 관세가 면제될 수 있다.

31 관세법령상 이사물품과 관련한 관세의 면제에 대한 설명으로 옳지 않은 것은? 2015 관세직 7급

① 대한민국국적자(재외영주권자가 아님)가 가족을 동반하여 독일에 주거를 설정하여 1년 이상 거주한 후에 대한민국으로 이사하는 경우 이사물품 중 가정용으로 입국하기전 5개월간 사용한 TV(과세가격 60만원)로서 입국한 후에도 계속하여 사용할 것으로 인정되면 관세가 면제된다.

② 가족을 동반하여 1년 동안 독일에 주거를 설정하여 거주하던 대한민국국적자(재외영주권자가 아님)가 미국으로 주거를 이전하면서 대한민국으로 반입(송부를 포함한다)하는 2개월 사용한 가정용 냉장고(과세가격 100만원)는 관세가 면제된다.

③ 대한민국국적자(재외영주권자가 아님)가 가족과 동반하여 미국에 주거를 설정하여 7개월을 거주하였다가 대한민국으로 이사할 경우 이사물품 중 대한민국에서 수출된 자동차로서 관세청장이 정하는 사용기준에 적합하면 관세가 면제된다.

④ 대한민국에 주거를 설정하여 1년 이상 가족과 동반하여 상주하면서 취재하기 위하여 입국하는 프랑스국적의 기자가 최초로 입국할 때에 반입하는 취재용 카메라(과세가격 120만원)로서 문화체육관광부장관이 취재용임을 확인하는 물품이면 관세가 면제된다.

해설 ② 가족을 동반한 대한민국 국적자는 6개월 이상 외국에서 거주하고 통상적으로 가정용으로 인정되는 것으로서 우리나라에 입국하기전에 3개월 이상 사용하던 것으로 인정되는 물품은 수입시 관세가 면제된다.

32 관세법령상 「관세법」 제96조(여행자 휴대품 및 이사물품 등의 감면)에 대한 설명으로 옳은 것은?

2023 관세직 7급

① 세관장이 반출 확인한 물품으로서 재반입되는 물품은 「관세법」 제96조제1항제1호에 따라 관세가 면제되는 여행자의 휴대품 또는 별송품에 해당한다.

② 거주자인 여행자가 반입하는 물품으로서 본인의 직업상 필요하다고 인정되는 직업용구는 「관세법」 제96조 제1항 제1호에 따라 관세가 면제되는 여행자의 휴대품 또는 별송품에 해당한다.

③ 관세의 면제 한도는 여행자 1명의 휴대품 또는 별송품으로서 각 물품의 과세가격 합계 기준으로 미화 600달러 이하로 한다.

④ 관세가 면제되는 여행자의 별송품은 천재지변 등 부득이한 사유가 있는 경우를 제외하고는 여행자가 입국한 날부터 1년 이내에 도착한 것이어야 한다.

해설 ① (규칙 제48조 1항 제3호)
② (규칙 제48조 제1항 제2호)
③ (규칙 제48조 제2항)
④ (규칙 제48조 제6항)

정답 30. ③ 31. ② 32. ①

33 □□□ 관세법령상 이사물품 등의 감면에 관한 내용으로 (　　)에 들어갈 사항을 순서대로 옳게 나열한 것은? 2021 관세사

> 프랑스에 주거를 설정하여 (　　)동안 거주하던 유학생인 우리나라 국민 甲[재외영주권자 아님]이 우리나라로 주거를 이전하면서 반입하는 통상 (　　)으로 인정되는 냉장고는 입국하기 전 (　　)동안 사용하였고 입국한 후에도 계속하여 사용할 것이라고 인정된다면 관세를 면제할 수 있다.

① 3개월, 가정용, 3개월　　② 6개월, 영업용, 6개월
③ 6개월, 가정용, 1개월　　④ 1년, 영업용, 1년
⑤ 1년, 가정용, 3개월

해설 ⑤ 프랑스에 주거를 설정하여 1년 동안 거주하던 유학생인 우리나라 국민 甲이 우리나라로 주거를 이전하면서 반입하는 통상 가정용으로 인정되는 냉장고는 입국하기 전 3개월 동안 사용하였고 입국한 후에도 계속하여 사용할 것이라고 인정된다면 관세를 면제할 수 있다.

34 □□□ 다음 중 재수입면세가 가능한 물품은? 2010 관세사

① 해외에서 수리·가공을 하기 위하여 수출되어 수출신고수리일로부터 3년이 되는 시점에 수입되는 물품
② 해당 물품 또는 원자재에 대하여 관세의 감면을 받고 수출되었다가 수출신고수리일로부터 1년이 되는 시점에 재수입되는 물품
③ 해외시험을 목적으로 수출하였다가 수출신고 수리일로부터 1년이 되는 시점에 재수입되는 물품
④ 「수출용 원재료에 대한 관세 등 환급에 관한 특례법」에 의한 환급을 받고 수출하였다가 수출신고수리일로부터 2년 이내에 재수입되는 물품
⑤ 장치기간이 경과된 물품을 관세부과 없이 재수출조건으로 매각한 물품으로 수출신고 수리일로부터 1년이 되는 시점에 재수입되는 물품

해설 **관세법 제99조(재수입면세)**

대상	비고
우리나라에서 수출(보세가공수출을 포함한다)된 물품으로서 해외에서 제조·가공·수리 또는 사용(장기간에 걸쳐 사용할 수 있는 물품으로서 임대차계약 또는 도급계약 등에 따라 해외에서 일시적으로 사용하기 위하여 수출된 물품이나 박람회, 전시회, 품평회, 국제경기대회, 그 밖에 이에 준하는 행사에 출품 또는 사용된 물품 등 기획재정부령으로 정하는 물품의 경우는 제외한다)되지 아니하고 수출신고 수리일부터 2년 내에 다시 수입(이하 이 조에서 '재수입'이라 한다)되는 물품	다음 어느 하나에 해당하는 경우에는 관세를 면제하지 아니한다. 가. 해당 물품 또는 원자재에 대하여 관세를 감면받은 경우 나. 관세법 또는 「수출용원재료에 대한 관세 등 환급에 관한 특례법」에 따른 환급을 받은 경우 다. 관세법 또는 「수출용 원재료에 대한 관세 등 환급에 관한 특례법」에 따른 환급을 받을 수 있는 자 외의 자가 해당 물품을 재수입하는 경우. 다만, 재수입하는 물품에 대하여 환급을 받을 수 있는 자가 환급받을 권리를 포기하였음을 증명하는 서류를 재수입하는 자가 세관장에게 제출하는 경우는 제외한다. 라. 보세가공 또는 장치기간경과물품을 재수출조건으로 매각함에 따라 관세가 부과되지 아니한 경우
수출물품의 용기로서 다시 수입하는 물품	–
해외시험 및 연구를 목적으로 수출된 후 재수입되는 물품	–

① 해외에서 수리·가공을 하기 위하여 수출되어 수출신고수리일로부터 3년이 되는 시점에 수입되는 물품에 대하여 적용할 수 있는 감면은 해외임가공물품 등의 감면이다.

② 해당 물품 또는 원자재에 대하여 관세의 감면을 받고 수출된 경우 재수입시 재수입면세를 적용받을 수 없다.
④ 수출용 원재료에 대한 관세 등 환급에 관한 특례법에 의한 환급을 받고 수출된 경우 재수입시 재수입면세를 적용받을 수 없다.
⑤ 장치기간이 경과된 물품을 관세부과 없이 재수출조건으로 매각한 물품이 재수입시 재수입면세를 적용받을 수 없다.

35 □□□ **다음 질의에 대한 답변으로 적합하지 않은 것은?** 2011 관세직 7급

> 당사에서 수출한 100,000달러 상당의 물품에 클레임이 걸려서 반품이 될 예정입니다. 관세법 제99조에서 정하고 있는 재수입면세에 대해 자세히 설명해 주십시오.

① 만일 반품되는 물품이 수출물품의 용기라면 면세를 위한 재수입기간이 적용되지 않습니다.
② 귀사가 수출한 물품이 외국에서 추가적으로 제조 가공된 다음 수입하는 경우에도 관세법 제99조 제1호에 의해 재수입면세가 가능합니다.
③ 해당 물품 또는 원자재에 대하여 관세의 감면을 받은 경우에는 관세법 제99조 제1호에 의한 재수입면세가 될 수 없습니다.
④ 재수입면세 기한이 적용되는 물품은 수출신고수리일로부터 2년 내에 재수입되어야 합니다.

해설 ② 관세법 제99조(재수입면세) 제1호 적용 대상물품은 해외에서 제조, 가공, 수리, 사용(장기간에 걸쳐 사용할 수 있는 물품으로서 임대차계약 또는 도급계약 등에 따라 해외에서 일시적으로 사용하기 위하여 수출된 물품이나 박람회, 전시회, 품평회, 국제경기대회, 그 밖에 이에 준하는 행사에 출품 또는 사용된 물품 등 기획재정부령으로 정하는 물품의 경우는 제외한다)되지 아니하고 2년 내에 다시 수입되는 물품에 한하여 그 관세를 면제할 수 있다.

36 □□□ **우리나라에서 수출된 물품으로서 해외에서 제조·가공·수리 또는 사용되지 아니하고 수출신고수리일부터 2년 이내에 다시 수입되는 물품에 대해 재수입 면세를 받을 수 있는 경우에 관한 설명으로 옳은 것은?** 2014 관세사

① 해당 물품 또는 원자재에 대하여 관세를 감면받은 물품의 경우 재수입면세를 받을 수 있다.
② 보세가공 또는 장치기간경과물품을 재수출조건으로 매각함에 따라 관세가 부과되지 아니한 경우 재수입면세를 받을 수 있다.
③ 수출용 원재료에 대한 관세 등 환급에 관한 특례법에 따른 환급을 받은 물품의 경우 재수입면세를 받을 수 있다.
④ 재수입하는 물품에 대하여 관세법에 따른 환급을 받을 수 있는 자가 환급받을 권리를 포기하였음을 증명하는 서류를 재수입하는 자가 세관장에게 제출하는 경우 재수입면세를 받을 수 있다.
⑤ 관세법 또는 수출용 원재료에 대한 관세 등 환급에 관한 특례법에 따른 환급을 받을 수 있는 자 외의 자가 해당 물품을 재수입하는 경우 재수입면세를 받을 수 있는 것이 원칙이다.

해설 ④ 관세법 또는 수출용 원재료에 대한 관세 등 환급에 관한 특례법에 따른 환급을 받을 수 있는 자 외의 자가 해당 물품을 재수입하는 경우, 재수입면세를 적용 받을 수 없다. 다만, 재수입하는 물품에 대하여 환급을 받을 수 있는 자가 환급받을 권리를 포기하였음을 증명하는 서류를 재수입하는 자가 세관장에게 제출하는 경우는 제외한다.

정답 33. ⑤ 34. ③ 35. ② 36. ④

37 「관세법」상 관세의 감면에 대한 설명으로 옳지 않은 것은? 2015 관세직 9급

□□□

① 상수도 수질을 측정하거나 이를 보전·향상하기 위하여 국가나 지방자치단체가 수입하는 물품으로서 기획재정부령으로 정하는 물품이 수입될 때에는 그 관세를 면제할 수 있다.

② 폐기물 처리(재활용을 포함한다)를 위하여 사용하는 기계·기구 중에서 기획재정부령으로 정 하는 물품으로서 국내에서 제작하기 곤란한 물품이 수입될 때에는 그 관세를 감면할 수 있다.

③ 여행자가 휴대품 또는 별송품(여행자의 휴대품 또는 별송품으로서 여행자의 입국사유, 직업 등 사정을 고려하여 기획재정부령으로 정하는 기준에 따라 세관장이 타당하다고 인정하는 물품은 제외)을 기획재정부령으로 정하는 방법으로 자진신고하는 경우에는 15만원을 넘지 아니하는 범위에서 해당 물품에 부과될 관세의 100분의 30에 상당하는 금액을 경감할 수 있다.

④ 수입신고한 물품이 수입신고가 수리되기 전에 변질되거나 손상되었을 때에는 대통령령으로 정하는 바에 따라 그 관세를 면제할 수 있다.

해설 **관세법 제100조(손상물품에 대한 감면)**

수입신고한 물품이 수입신고가 수리되기 전에 변질되거나 손상되었을 때에는 대통령령으로 정하는 바에 따라 그 관세를 경감할 수 있다.(법 제100조 제1항)

관세법이나 그 밖의 법률 또는 조약·협정 등에 따라 관세를 감면받은 물품에 대하여 관세를 추징하는 경우 그 물품이 변질 또는 손상되거나 사용되어 그 가치가 떨어졌을 때에는 대통령령으로 정하는 바에 따라 그 관세를 경감할 수 있다.(법 제100조 제2항)

---

① 정부용품 등의 면세(법 제92조)
② 환경오염방지물품 등에 대한 감면(법 제95조)
③ 여행자 휴대품 및 이사물품 등의 감면(법 제96조)

38 관세법령상 관세의 감면에 대한 설명으로 옳지 않은 것은? 2017 관세직 7급

□□□

① 우리나라에 있는 외국의 영사관 및 그 밖에 이에 준하는 기관의 업무용품이 수입될 때에는 그 관세를 면제한다.

② 국가기관에서 사용할 학술연구용품으로서 표본, 참고품, 도서, 음반 등이 수입될 때에는 그 관세를 감면할 수 있다.

③ 외국에 주둔하는 국군이나 재외공관으로부터 반환된 공용품이 수입될 때에는 그 관세를 면제할 수 있다.

④ 수입신고한 물품은 수입신고가 수리되기 전에 변질되거나 손상되었더라도 그 관세를 경감할 수 없다.

해설 ① 외교관용 물품 등의 면세(법 제88조)
② 학술연구용품의 감면(법 제90조)
③ 정부용품 등의 면세(법 제92조)

39 관세법령상 관세의 감면에 대한 설명으로 옳지 않은 것은? 2019 관세직 7급

① 법률에 의하여 관세를 면제하는 경우 면제되는 관세의 범위에 대하여 특별한 규정이 없는 때에는 상계관세의 세율은 면제되는 관세의 범위에 포함되지 아니한다.

② 특정연구기관 육성법에 의한 연구기관이 연구·개발 대상물품을 제조하기 위하여 사용할 물품이 수입될 때에는 그 관세를 면제한다.

③ 정부와 체결한 사업계약을 수행하기 위하여 외국계약자가 계약조건에 따라 수입하는 업무용품이 수입될 때에는 그 관세를 면제한다.

④ 우리나라 선박이 외국 정부의 허가를 받아 외국의 영해에서 포획한 수산물을 원료로 하여 우리나라 선박에서 제조한 물품이 수입될 때에는 그 관세를 면제할 수 있다.

해설 ② 특정연구기관 육성법에 의한 연구기관이 연구·개발 대상 물품을 제조하기 위하여 사용할 물품이 수입될 때에는 학술연구용품의 감면(법 제90조) 규정에 따라 그 관세를 감면할 수 있다.

① (영 제111조 제2항)

③ (법 제88조)

④ (법 제93조)

40 관세법령상 해외임가공물품의 관세 감면에 관한 내용으로 (   )에 들어갈 사항으로 옳은 것은? 2021 관세사

> 가공 또는 수리하기 위하여 수출된 물품과 가공 또는 수리 후 수입된 물품의 품목분류표상 (   )의 품목번호가 일치하는 물품이 수입될 때에는 대통령령으로 정하는 바에 따라 그 관세를 경감할 수 있다.

① 2단위 ② 4단위

③ 6단위 ④ 8단위

⑤ 10단위

해설 **관세법 시행규칙 제56조(관세가 감면되는 해외임가공물품)**

관세법 제101조 제1항 제1호의 규정에 의하여 관세가 감면되는 물품은 관세법 별표 관세율표 제85류 및 제90류 중 제9006호에 해당하는 것으로 한다.(규칙 제56조 제1항)

관세법 제101조 제1항 제2호에서 "기획재정부령으로 정하는 기준에 적합한 물품"이란 가공 또는 수리하기 위하여 수출된 물품과 가공 또는 수리 후 수입된 물품의 품목분류표상 10단위의 품목번호가 일치하는 물품을 말한다. 다만, 수율·성능 등이 저하되어 폐기된 물품을 수출하여 용융과정 등을 거쳐 재생한 후 다시 수입하는 경우와 제품의 제작일련번호 또는 제품의 특성으로 보아 수입물품이 우리나라에서 수출된 물품임을 세관장이 확인할 수 있는 물품인 경우에는 품목분류표상 10단위의 품목번호가 일치하지 아니하더라도 관세법 제101조 제1항 제2호에 따라 관세를 경감할 수 있다.(규칙 제56조 제2항)

정답 37. ④ 38. ④ 39. ② 40. ⑤

41 관세법상 관세를 경감할 수 있는 해외임가공물품을 모두 고른 것은? 2017 관세사

□□□

> ㄱ. 원재료 또는 부분품을 수출하여 기획재정부령으로 정하는 물품으로 제조하거나 가공한 물품
> ㄴ. 가공할 목적으로 수출한 물품으로서 기획재정부령으로 정하는 기준에 적합한 물품
> ㄷ. 보세가공 또는 장치기간경과물품을 재수출조건으로 매각함에 따라 관세가 부과되지 아니한 물품
> ㄹ. 관세법에 따른 환급을 받은 물품
> ㅁ. 「수출용원재료에 대한 관세 등 환급에 관한 특례법」에 따른 환급을 받은 물품
> ㅂ. 수리할 목적으로 수출한 물품으로서 기획재정부령으로 정하는 기준에 적합한 물품

① ㄱ, ㄴ, ㄹ
② ㄱ, ㄴ, ㅂ
③ ㄱ, ㄷ, ㅁ
④ ㄴ, ㄷ, ㄹ
⑤ ㄴ, ㄹ, ㅁ

해설 **관세법 제101조(해외임가공물품 등의 감면)**

다음 어느 하나에 해당하는 물품이 수입될 때에는 대통령령으로 정하는 바에 따라 그 관세를 경감할 수 있다.
1. 원재료 또는 부분품을 수출하여 기획재정부령으로 정하는 물품으로 제조하거나 가공한 물품
2. 가공 또는 수리할 목적으로 수출한 물품으로서 기획재정부령으로 정하는 기준에 적합한 물품
(법 제101조 제1항)

다음 어느 하나에 해당하는 경우에는 그 관세를 경감하지 아니한다.
1. 해당 물품 또는 원자재에 대하여 관세를 감면받은 경우. 다만, 제1항 제2호의 경우는 제외한다.
2. 관세법 또는 「수출용원재료에 대한 관세 등 환급에 관한 특례법」에 따른 환급을 받은 경우
3. 보세가공 또는 장치기간경과물품을 재수출조건으로 매각함에 따라 관세가 부과되지 아니한 경우
(법 제101조 제2항)

42 A사는 최초수입물품이 매매계약상의 하자보수보증 기간 내(수입신고수리 후 1년 내)에 고장이 발생하여 외국의 매도인 부담으로 수리하기 위하여 수출하였고, 이후 수리된 당해 물품의 수입 시 해외임가공물품 감면을 신청하고자 한다. 다음과 같이 가격 및 비용이 정해진 경우 해외임가공물품에 대한 관세경감액은? 2014 관세사

□□□

> • 최초수입신고가격: 1,000,000
> • 수출신고가격: 900,000
> • 수출물품의 양륙항까지의 운임·보험료: 10,000
> • 수리 후 물품의 선적항에서 국내 수입항까지의 운임·보험료: 100,000
> • 국내 수입항에서 A사 공장까지의 운임·보험료: 100,000
> • 수입물품에 적용되는 관세율: 8%

① 1,000,000 × 0.08
② 1,010,000 × 0.08
③ 1,020,000 × 0.08
④ 1,110,000 × 0.08
⑤ 1,120,000 × 0.08

해설 **관세법 시행령 제119조(해외임가공물품에 대한 관세경감액)**

관세법 제101조 제1항에 따라 경감하는 관세액은 다음과 같다.

1. 관세법 제101조 제1항 제1호의 물품 : 수입물품의 제조 · 가공에 사용된 원재료 또는 부분품의 수출신고가격에 당해 수입물품에 적용되는 관세율을 곱한 금액
2. 관세법 제101조 제1항 제2호의 물품: 가공 · 수리물품의 수출신고가격에 해당 수입물품에 적용되는 관세율을 곱한 금액. 다만, 수입물품이 매매계약상의 하자보수보증 기간(수입신고수리 후 1년으로 한정한다) 중에 하자가 발견되거나 고장이 발생하여 외국의 매도인 부담으로 가공 또는 수리하기 위하여 수출된 물품에 대하여는 다음의 금액을 합한 금액에 해당 수입물품에 적용되는 관세율을 곱한 금액으로 한다.
   가. 수출물품의 수출신고가격
   나. 수출물품의 양륙항까지의 운임 · 보험료
   다. 가공 또는 수리 후 물품의 선적항에서 국내 수입항까지의 운임 · 보험료
   라. 가공 또는 수리의 비용에 상당하는 금액

{수출물품의 수출신고가격(900,000) + 수출물품의 양륙항까지의 운임 · 보험료(10,000) + 가공 또는 수리 후 물품의 선적항에서 국내 수입항까지의 운임 · 보험료(100,000)} × 수입물품에 적용되는 관세율(8%)

43 관세법령상 세율불균형물품의 면세에 대한 설명으로 옳지 않은 것은? 2020 관세직 7급

□□□

① 세율불균형을 시정하기 위하여 조세특례제한법 제5조 제1항에 따른 중소기업이 대통령령으로 정하는 바에 따라 세관장이 지정하는 공장에서 항공기를 제조 또는 수리하기 위하여 사용하는 부분품과 원재료 중 기획재정부령으로 정하는 물품에 대하여는 그 관세를 면제할 수 있다.

② 장비 제조업자가 반도체 제조용 장비의 제조에 사용하기 위하여 수입하는 부분품 및 원재료 중 산업통상자원부장관 또는 그가 지정하는 자가 추천하는 물품은 관세가 감면되는 물품이다.

③ 관세법 시행령 제113조 제1항의 규정에 의한 제조 · 수리공장의 지정 신청을 받은 세관장은 그 감시 · 단속에 지장이 없다고 인정되는 때에는 3년의 범위 내에서 기간을 정하여 제조 · 수리공장의 지정을 하여야 한다.

④ 세관장은 관세법 제89조 제1항에 따라 제조 · 수리공장의 지정을 받은 자가 1년 이상 휴업하여 세관장이 지정된 공장의 설치목적을 달성하기 곤란하다고 인정하는 경우 그 지정을 취소하여야 한다.

해설 **관세법 제89조(세율불균형물품의 면세)**

다음의 어느 하나에 해당하는 자는 제조 · 수리공장의 지정을 받을 수 없다.(법 제89조 제2항)

1. 제175조 제1호부터 제5호까지 및 제7호의 어느 하나에 해당하는 자
2. 제4항에 따라 지정이 취소(제175조 제1호부터 제3호까지의 어느 하나에 해당하여 취소된 경우는 제외한다)된 날부터 2년이 지나지 아니한 자
3. 제1호 또는 제2호에 해당하는 사람이 임원(해당 공장의 운영업무를 직접 담당하거나 이를 감독하는 자로 한정한다)으로 재직하는 법인

세관장은 제조 · 수리공장의 지정을 받은 자가 다음의 어느 하나에 해당하는 경우에는 그 지정을 취소할 수 있다. 다만, 제1호 또는 제2호에 해당하는 경우에는 지정을 취소하여야 한다.(법 제89조 4항)

1. 제2항 각 호의 어느 하나에 해당하는 경우. 다만, 제2항 제3호에 해당하는 경우로서 제175조 제2호 또는 제3호에 해당하는 사람을 임원으로 하는 법인이 3개월 이내에 해당 임원을 변경하는 경우에는 그러하지 아니하다.
2. 거짓이나 그 밖의 부정한 방법으로 지정을 받은 경우
3. 1년 이상 휴업하여 세관장이 지정된 공장의 설치목적을 달성하기 곤란하다고 인정하는 경우

---

④ 세관장은 관세법 제89조 제1항에 따라 제조 · 수리공장의 지정을 받은 자가 1년 이상 휴업하여 세관장이 지정된 공장의 설치목적을 달성하기 곤란하다고 인정하는 경우 그 지정을 취소할 수 있다.

정답 41. ② 42. ② 43. ④

44 관세법령상 감면세에 대한 설명으로 옳지 않은 것은? 2021 관세직 7급

① 세관장은 휴대품 등에 대한 관세를 면제받고자 하는 자가 통관명세서를 제출하지 아니한 경우로서 그 주요 물품의 통관명세를 입국지 관할 세관장으로부터 확인할 수 있는 경우에는 통관명세서를 제출하지 아니하게 할 수 있다.

② 「관세법」 제90조(학술연구용품의 감면) 제2항에 의한 관세의 감면율은 100분의 60으로 한다. 다만, 공공의료기관 및 학교부설의료기관에서 사용할 물품에 대한 관세의 감면율은 100분의 80으로 한다.

③ 세관장은 관세법 제97조(재수출면세) 제1항에 따라 관세를 면제받은 물품 중 기획재정부령으로 정하는 물품이 같은 항에 규정된 기간 내에 수출되지 아니한 경우에는 500만원을 넘지 아니하는 범위에서 해당 물품에 부과될 관세의 100분의 20에 상당하는 금액을 가산세로 징수한다.

④ 「여신전문금융업법」에 따른 시설대여업자가 「관세법」에 따라 관세가 감면되거나 분할납부되는 물품을 수입할 때에는 대여시설 이용자를 납세의무자로 하여 수입신고를 할 수 있다.

해설 **관세법 시행규칙 제37조(관세가 감면되는 학술연구용품)**

관세법 제90조 제2항의 규정에 의한 관세의 감면율은 100분의 80으로 한다. 다만, 공공의료기관(국립암센터 및 국립중앙의료원은 제외한다) 및 학교부설의료기관에서 사용할 물품에 대한 관세의 감면율은 100분의 50으로 한다.
(규칙 제37조 제5항)

45 관세의 감면에 관한 설명으로 옳지 않은 것은? 2013 관세사

① 외국에 주둔하는 국군으로부터 반환된 공용품이 수입될 때에는 그 관세를 면제할 수 있다.

② 국가정보원장의 위임을 받은 자가 국가의 안전보장 목적의 수행상 긴요하다고 인정하여 수입하는 물품은 그 관세를 면제한다.

③ 교회의 예배용품을 구매하여 수입할 때에는 관세법 제91조의 종교용품 면세규정에 따라 그 관세를 면제할 수 있다.

④ 우리나라의 거주자에게 수여된 기장(記章)이 수입될 때에는 그 관세를 면제할 수 있다.

⑤ 중소기업이 항공기를 제조 또는 수리하기 위하여 사용하는 부분품과 원재료 중 기획재정부령으로 정하는 물품에 대하여는 그 관세를 면제할 수 있다.

해설 **관세법 제91조(종교용품, 자선용품, 장애인용품 등의 면세)**

다음의 어느 하나에 해당하는 물품이 수입될 때에는 그 관세를 면제한다.

1. 교회, 사원 등 종교단체의 의식(儀式)에 사용되는 물품으로서 외국으로부터 기증되는 물품. 다만, 기획재정부령으로 정하는 물품은 제외한다.
2. 자선 또는 구호의 목적으로 기증되는 물품 및 기획재정부령으로 정하는 자선시설·구호시설 또는 사회복지시설에 기증되는 물품으로서 해당 용도로 직접 사용하는 물품. 다만, 기획재정부령으로 정하는 물품은 제외한다.
3. 국제적십자사·외국적십자사 및 기획재정부령으로 정하는 국제기구가 국제평화봉사활동 또는 국제친선활동을 위하여 기증하는 물품
4. 시각장애인, 청각장애인, 언어장애인, 지체장애인, 만성신부전증환자, 희귀난치성질환자 등을 위한 용도로 특수하게 제작되거나 제조된 물품 중 기획재정부령으로 정하는 물품

5. 장애인복지법 제58조에 따른 장애인복지시설 및 장애인의 재활의료를 목적으로 국가 · 지방자치단체 또는 사회복지법인이 운영하는 재활 병원 · 의원에서 장애인을 진단하고 치료하기 위하여 사용하는 의료용구

---

① (법 제92조 제3호 정부용품 등의 면세)
② (법 제92조 제8호 정부용품 등의 면세)
④ (법 제94조 제1호 소액물품 등의 면세)
⑤ (법 제89조 제1항 제1호 세율불균형물품의 면세)

46 관세감면 대상물품에 관한 설명으로 옳지 않은 것은? 2012 관세사

□□□

① 세율불균형을 시정하기 위하여 대통령령으로 정하는 바에 따라 세관장이 지정하는 공장에서 항공기제조업자 또는 수리업자가 항공기와 그 부분품의 제조 또는 수리에 사용하기 위하여 수입하는 부분품 및 원재료는 관세법 제89조(세율불균형물품의 면세)의 면세 대상이다.
② 관세율표 제92류에 해당하는 파이프오르간은 교회, 사원 등 종교단체의 예배용품과 식전용품으로서 외국으로부터 기증되는 물품에 해당되어도 관세법 제91조(종교용품 등의 면세)의 면세 대상이 아니다.
③ 관세율표 제8703호에 해당하는 승용자동차는 국가기관이나 지방자치단체에 기증된 물품으로서 공용으로 사용하는 물품이라도 관세법 제92조(정부용품 등의 면세)의 면세 대상이 아니다.
④ 물품가격이 미화 150달러 상당액 이하의 물품으로서 자가사용물품으로 인정되는 것이라 하더라도 반복 또는 분할하여 수입되는 물품으로서 관세청장이 정하는 기준에 해당하는 것은 관세법 제94조(소액물품 등의 면세)의 면세 대상이 아니다.
⑤ 비거주자인 여행자가 반입하는 물품으로서 본인의 직업상 필요하다고 인정되는 직업용구로 세관장이 타당하다고 인정하는 물품은 면세 대상이다.

해설 **관세법 시행규칙 제39조(종교 · 자선 · 장애인용품에 대한 관세의 부과)**

교회, 사원 등 종교단체의 의식(儀式)에 사용되는 물품으로서 외국으로부터 기증되는 물품 중 관세가 부과되는 물품은 다음과 같다.(규칙 제39조 제1항)

1. 관세율표 번호 제8518호에 해당하는 물품
2. 관세율표 번호 제8531호에 해당하는 물품
3. 관세율표 번호 제8519호 · 제8521호 · 제8522호 · 제8523호 및 제92류에 해당하는 물품(파이프오르간은 제외한다)ㅈ

정답 44. ② 45. ③ 46. ②

47 □□□ **한국에 소재하는 A 교회는 미국 뉴욕시에 소재하는 종교단체로부터 예배용품을 기증받았다. A 교회가 동 물품을 수입함에 있어 관세법 제91조(종교용품, 자선용품, 장애인용품 등의 면세)에 근거하여 관세를 면제받고자 할 때, 그 기증목적에 관해 누구의 확인을 받아야 하는가?** 2015 관세사

① 주미 한국대사
② A 교회가 소재하는 지역의 시장 또는 도지사
③ 주한 미국대사
④ 문화체육관광부장관
⑤ 미국 뉴욕시장

해설 **관세법 시행규칙 제40조(종교 · 자선 · 장애인용품에 대한 관세면제신청)**

관세법 제91조 제1호에 따라 관세를 면제받으려는 자는 해당 기증목적에 관하여 문화체육관광부장관의 확인을 받아야 한다.(규칙 제40조 제2항)

관세법 제91조 제2호에 따라 관세를 면제받고자 하는 자가 국가 또는 지방자치단체 외의 자인 때에는 해당 시설 및 사업에 관하여 보건복지부장관이나 시장 또는 군수가 발급한 증명서 또는 그 사본을 신청서에 첨부하여야 한다.(규칙 제40조 제3항)

관세법 제91조 제3호의 규정에 의하여 관세를 면제받고자 하는 자가 국가 · 지방자치단체 또는 대한적십자사 외의 자인 때에는 당해 기증목적에 관하여 외교부장관의 확인을 받아야 한다.(규칙 제40조 제4항)

48 □□□ **관세법령상 관세를 면제할 수 있는 특정물품에 해당하지 않는 것은?** 2018 관세사

① 동식물의 번식 · 양식 및 종자개량을 위한 물품으로서 사료작물 재배용 종자인 호밀
② 우리나라 선박이 외국의 선박과 협력하여 기획재정부령으로 정하는 방법으로 채집하거나 포획한 수산물로서 해양수산부장관이 추천하는 것
③ 우리나라의 선박이나 그 밖의 운송수단이 조난으로 인하여 해체된 경우 그 해체재 및 장비
④ 우리나라의 선박이 매매계약상의 하자보수 보증기간 중에 국내에서 발생한 고장에 대하여 외국의 매도인의 부담으로 하는 수리 부분에 해당하는 물품
⑤ 피상속인이 사망하여 국내에 주소를 둔 자에게 상속되는 피상속인의 신변용품

해설 **관세법 제93조(특정물품의 면세 등)**

1. 동식물의 번식 · 양식 및 종자개량을 위한 물품 중 기획재정부령으로 정하는 물품
2. 박람회, 국제경기대회, 그 밖에 이에 준하는 행사 중 기획재정부령으로 정하는 행사에 사용하기 위하여 그 행사에 참가하는 자가 수입하는 물품 중 기획재정부령으로 정하는 물품
3. 핵사고 또는 방사능 긴급사태 시 그 복구지원과 구호를 목적으로 외국으로부터 기증되는 물품으로서 기획재정부령으로 정하는 물품
4. 우리나라 선박이 외국 정부의 허가를 받아 외국의 영해에서 채집하거나 포획한 수산물(이를 원료로 하여 우리나라 선박에서 제조하거나 가공한 것을 포함한다)
5. 우리나라 선박이 외국의 선박과 협력하여 기획재정부령으로 정하는 방법으로 채집하거나 포획한 수산물로서 해양수산부장관이 추천하는 것
6. 해양수산부장관의 허가를 받은 자가 기획재정부령으로 정하는 요건에 적합하게 외국인과 합작하여 채집하거나 포획한 수산물 중 해양수산부장관이 기획재정부장관과 협의하여 추천하는 것
7. 우리나라 선박 등이 채집하거나 포획한 수산물과 제5호 및 제6호에 따른 수산물의 포장에 사용된 물품으로서 재사용이 불가능한 것 중 기획재정부령으로 정하는 물품
8. 「중소기업기본법」 제2조에 따른 중소기업이 해외구매자의 주문에 따라 제작한 기계 · 기구가 해당 구매자가 요구한 규격 및 성능에 일치하는지를 확인하기 위하여 하는 시험생산에 필요한 원재료로서 기획재정부령으로 정하는 요건에 적합한 물품
9. 우리나라를 방문하는 외국의 원수와 그 가족 및 수행원의 물품
10. 우리나라의 선박이나 그 밖의 운송수단이 조난으로 인하여 해체된 경우 그 해체재(解體材) 및 장비
11. 우리나라와 외국 간에 건설될 교량, 통신시설, 해저통로, 그 밖에 이에 준하는 시설의 건설 또는 수리에 필요한 물품

12. 우리나라 수출물품의 품질, 규격, 안전도 등이 수입국의 권한 있는 기관이 정하는 조건에 적합한 것임을 표시하는 수출물품에 부착하는 증표로서 기획재정부령으로 정하는 물품
13. 우리나라의 선박이나 항공기가 해외에서 사고로 발생한 피해를 복구하기 위하여 외국의 보험회사 또는 외국의 가해자의 부담으로 하는 수리 부분에 해당하는 물품
14. 우리나라의 선박이나 항공기가 매매계약상의 하자보수 보증기간 중에 외국에서 발생한 고장에 대하여 외국의 매도인의 부담으로 하는 수리 부분에 해당하는 물품
15. 국제올림픽 · 장애인올림픽 · 농아인올림픽 및 아시아운동경기 · 장애인아시아운동경기 종목에 해당하는 운동용구(부분품을 포함한다)로서 기획재정부령으로 정하는 물품
16. 국립묘지의 건설 · 유지 또는 장식을 위한 자재와 국립묘지에 안장되는 자의 관 · 유골함 및 장례용 물품
17. 피상속인이 사망하여 국내에 주소를 둔 자에게 상속되는 피상속인의 신변용품
18. 보석의 원석 및 나석으로서 기획재정부령으로 정하는 것

---

④ 우리나라의 선박이나 항공기가 매매계약상의 하자보수 보증기간 중에 외국에서 발생한 고장에 대하여 외국의 매도인의 부담으로 하는 수리 부분에 해당하는 물품이 특정물품 면세 대상이다.

Chapter 04

49 □□□ **관세법 제93조(특정물품의 면세 등)에서 관세를 면제할 수 있는 물품으로 명시되어 있지 않은 것은?**

2019 관세사

① 국립묘지의 건설 · 유지 또는 장식을 위한 자재와 국립묘지에 안장되는 자의 관 · 유골함 및 장례용 물품
② 핵사고 또는 방사능 긴급사태 시 그 복구지원과 구호를 목적으로 외국으로부터 기증되는 물품으로서 기획재정부령으로 정하는 물품
③ 동식물의 번식 · 양식 및 종자개량을 위한 물품 중 해양수산부장관이 정하는 물품
④ 피상속인이 사망하여 국내에 주소를 둔 자에게 상속되는 피상속의 신변용품
⑤ 우리나라의 선박이나 항공기가 해외에서 사고로 발생한 피해를 복구하기 위하여 외국의 보험회사 또는 외국의 가해자의 부담으로 하는 수리 부분에 해당하는 물품

해설 ③ 동식물의 번식 · 양식 및 종자개량을 위한 물품 중 기획재정부령으로 정하는 물품이 특정물품의 면세 대상이다.

50 □□□ **「관세법」 제93조(특정물품의 면세 등)를 적용받을 수 있는 물품에 해당하지 않는 것은?**

2021 관세직 7급

① 우리나라의 거주자에게 수여된 훈장 · 기장 또는 이에 준하는 표창장 및 상패
② 우리나라와 외국 간에 건설될 교량, 통신시설, 해저통로, 그 밖에 이에 준하는 시설의 건설 또는 수리에 필요한 물품
③ 국제올림픽 · 장애인올림픽 종목에 해당하는 운동용구로서 기획재정부령으로 정하는 물품
④ 핵사고 또는 방사능 긴급사태 시 그 복구지원과 구호를 목적으로 외국으로부터 기증되는 물품으로서 기획재정부령으로 정하는 물품

해설 ① 소액물품 등의 면세(법 제94조) 적용 대상이다.

정답 47. ④ 48. ④ 49. ③ 50. ①

51 □□□ **관세법령상 특정물품의 면세와 관련하여 동식물의 번식·양식 및 종자개량을 위한 물품으로 수입될 때 관세를 면제할 수 있는 물품이 아닌 것은?** 2011 관세직 9급

① 호밀
② 귀리
③ 조
④ 수수

해설 **관세법 시행규칙 제43조(관세가 면제되는 특정물품)**
관세법 제93조 제1호(동식물의 번식·양식 및 종자개량을 위한 물품)에 따라 관세를 면제하는 물품은 사료작물 재배용 종자(호밀·귀리 및 수수에 한한다)로 한다.(규칙 제43조 제1항)

52 □□□ **관세법령상 관세가 면제되는 특정물품에 부착하는 증표에 해당하지 않는 것은?** 2014 관세직 9급

① 호주 공인검사기관에서 발행하는 에스·에이·에이(S.A.A)증표
② 미국 공인검사기관에서 발행하는 유·엘(U.L)증표
③ 일본 공인검사기관에서 발행하는 제이·에스·에이(J.S.A)증표
④ 유럽공동체 공인검사기관에서 발행하는 이·시(E.C)증표

해설 **관세법 시행규칙 제43조(관세가 면세되는 특정물품)**
관세법 제93조 제12호(우리나라 수출물품의 품질·규격)에 따라 관세가 면제되는 증표는 다음과 같다.(규칙 제43조 제9항)

1. 캐나다 공인검사기관에서 발행하는 시·에스·에이(C.S.A)증표
2. 호주 공인검사기관에서 발행하는 에스·에이·에이(S.A.A)증표
3. 독일 공인검사기관에서 발행하는 브이·디·이(V.D.E)증표
4. 영국 공인검사기관에서 발행하는 비·에스·아이(B.S.I)증표
5. 불란서 공인검사기관에서 발행하는 엘·시·아이·이(L.C.I.E)증표
6. 미국 공인검사기관에서 발행하는 유·엘(U.L)증표
7. 유럽경제위원회 공인검사기관에서 발행하는 이·시·이(E.C.E)증표
8. 유럽공동시장 공인검사기관에서 발행하는 이·이·시(E.E.C)증표
9. 유럽공동체 공인검사기관에서 발행하는 이·시(E.C)증표

53 □□□ **한국의 A사는 러시아 정부의 허가를 받아 러시아 영해에서 A사 소유 선박으로 포획한 수산물을 해당 선박에서 1차 가공하여 우리나라에 반입한다. 동 물품은 우리나라에서 식품으로 추가 가공된 다음 그중 일부가 수출될 예정이다. 만일 A사가 반입물품에 대해 관세를 면제받으려면 어떤 관세법 조항을 적용해야 하는가?** 2015 관세사

① 관세법 제92조(정부용품 등의 면세)
② 관세법 제93조(특정물품의 면세 등)
③ 관세법 제97조(재수출면세)
④ 관세법 제99조(재수입면세)
⑤ 관세법 제101조(해외임가공물품 등의 감면)

해설 ② 우리나라 선박이 외국 정부의 허가를 받아 외국의 영해에서 채집하거나 포획한 수산물(이를 원료로 하여 우리나라 선박에서 제조하거나 가공한 것을 포함한다)은 관세법상 특정물품 면세 대상이다.

54 관세법 제93조(특정물품의 면세 등)와 관련하여 물품이 수입될 때에 관세를 면제받을 수 있는 것이 아닌 것은? 2014 관세사

① 우리나라 선박이 외국 정부의 허가를 받아 외국의 영해에서 채집하거나 포획한 수산물
② 우리나라의 선박이나 항공기가 매매계약상의 하자보수 보증기간 중에 외국에서 발생한 고장에 대하여 우리나라 매수인의 부담으로 하는 수리 부분에 해당하는 물품
③ 피상속인이 사망하여 국내에 주소를 둔 자에게 상속되는 피상속인의 신변용품
④ 우리나라와 외국 간에 건설될 교량, 통신시설, 해저통로, 그 밖에 이에 준하는 시설의 건설 또는 수리에 필요한 물품
⑤ 우리나라의 선박이나 그 밖의 운송수단이 조난으로 인하여 해체된 경우 그 해체재 및 장비

해설 ② 우리나라의 선박이나 항공기가 매매계약상의 하자보수 보증기간 중에 외국에서 발생한 고장에 대하여 외국의 매도인의 부담으로 하는 수리부분에 해당하는 물품이 수입될 때에는 그 관세를 면제할 수 있다.

55 「관세법」상 감면에 대한 설명으로 옳지 않은 것은? 2023 관세직 7급

① 지방자치단체에서 사용할 학술연구용품·교육용품으로서 기획재정부령으로 정하는 물품이 수입될 때에는 「관세법」 제90조(학술연구용품의 감면)에 따라 그 관세를 감면할 수 있다.
② 핵사고 시 그 복구지원과 구호를 목적으로 외국으로부터 기증되는 물품으로서 기획재정부령으로 정하는 물품이 수입될 때에는 「관세법」 제95조(환경오염방지물품 등에 대한 감면)에 따라 그 관세를 감면할 수 있다.
③ 상수도 수질을 측정하기 위하여 지방자치단체가 출연한 법인이 수입하는 물품으로서 기획재정부령으로 정하는 물품이 수입될 때에는 「관세법」 제92조(정부용품 등의 면세)에 따라 그 관세를 면제할 수 있다.
④ 우리나라의 거주자에게 수여된 훈장·기장 또는 이에 준하는 표창장 및 상패가 수입될 때에는 「관세법」 제94조(소액물품 등의 면세)에 따라 그 관세를 면제할 수 있다.

해설 ② 핵사고 또는 방사능 긴급사태 시 그 복구지원과 구호를 목적으로 외국으로부터 기증되는 물품으로서 기획재정부령으로 정하는 물품이 수입될 때에는 관세법 제93조(특정물품면세)에 따라 그 관세를 면제할 수 있다.

정답 51. ③ 52. ③ 53. ② 54. ② 55. ②

56 관세법 제95조 환경오염방지 물품 등에 대한 감면 대상물품으로 옳지 않은 것은? 2006 관세직 9급

□□□

① 오염물질의 배출방지기구
② 상수도 수질측정기구
③ 공장 자동화 기계
④ 폐기물 처리기계

해설 **관세법 제95조(환경오염방지 물품 등의 감면 대상)**

1. 오염물질(소음 및 진동을 포함한다)의 배출 방지 또는 처리를 위하여 사용하는 기계·기구·시설·장비로서 기획재정부령으로 정하는 것
2. 폐기물 처리(재활용을 포함한다)를 위하여 사용하는 기계·기구로서 기획재정부령으로 정하는 것
3. 기계·전자기술 또는 정보처리기술을 응용한 공장 자동화 기계·기구·설비(그 구성기기를 포함한다) 및 그 핵심부분품으로서 기획재정부령으로 정하는 것

---

② 상수도 수질을 측정하거나 이를 보전·향상하기 위하여 국가나 지방자치단체(이들이 설립하였거나 출연 또는 출자한 법인을 포함한다)가 수입하는 물품으로서 기획재정부령으로 정하는 물품은 정부용품 등의 면세 대상이다.

57 재수출 또는 재수입되는 물품의 면세에 관한 설명으로 옳지 않은 것은? 2011 관세사

□□□

① 수입신고일부터 1년을 초과하여 수출하여야 할 부득이한 사유가 있는 물품으로서 세관장이 정하는 기간에 다시 수출하는 물품에 대하여는 그 관세를 면제할 수 있다.
② 재수출면세를 받은 물품은 세관장이 정하는 재수출기간 내에 재수출면제 규정에서 정한 용도 외에 다른 용도로 사용될 수 없으나 미리 세관장의 승인을 받았을 때에는 용도 외 사용이 가능하다.
③ 세관장은 재수출면세 물품이 세관장이 정하는 재수출기간 내에 수출되지 아니한 경우에는 500만원을 넘지 아니하는 범위 내에서 그 물품의 종류와 과세가격을 고려하여 일정한 금액을 가산세로 징수한다.
④ 수출물품의 용기로서 다시 수입하는 물품은 수입될 때 그 관세를 면제할 수 있다.
⑤ 해외시험 및 연구를 목적으로 수출된 후 다시 수입되는 물품은 수입될 때 그 관세를 면제할 수 있다.

해설 **관세법 제97조(재수출면세)**

수입신고 수리일부터 다음의 어느 하나의 기간에 다시 수출하는 물품에 대하여는 그 관세를 면제할 수 있다. (법 제97조 제1항)

1. 기획재정부령으로 정하는 물품: 1년의 범위에서 대통령령으로 정하는 기준에 따라 세관장이 정하는 기간. 다만, 세관장은 부득이한 사유가 있다고 인정될 때에는 1년의 범위에서 그 기간을 연장할 수 있다.
2. 1년을 초과하여 수출하여야 할 부득이한 사유가 있는 물품으로서 기획재정부령으로 정하는 물품: 세관장이 정하는 기간

---

① 수입신고 수리일로부터 일정기간 내에 재수출되는 경우에 한하여 재수출면세 적용이 가능하다.
② (법 제97조 제2항)
③ (법 제97조 제4항)
④ (법 제99조 제2호)
⑤ (법 제99조 제3호)

58

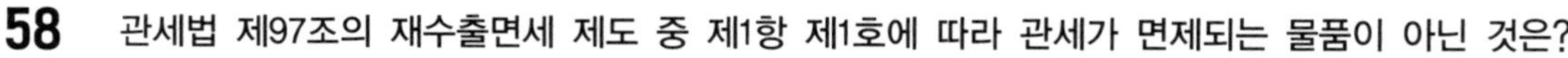

관세법 제97조의 재수출면세 제도 중 제1항 제1호에 따라 관세가 면제되는 물품이 아닌 것은?

2013 관세직 9급

① 수송기기의 하자를 보수하거나 이를 유지하기 위한 부분품
② 주문수집을 위한 물품, 시험용 물품 및 제작용 견품
③ 수출물품 및 수입물품의 검사 또는 시험을 위한 기계·기구
④ 관세청장이 정하는 수출입물품·환적물품을 운송하기 위한 차량

해설 **관세법 시행규칙 제50조(재수출면세대상물품 및 가산세징수대상물품)**

관세법 제97조 제1항 제1호에 따라 관세가 면제되는 물품과 같은 조 제4항에 따라 가산세가 징수되는 물품은 다음 과 같다.(시행규칙 제50조 제1항)

1. 수입물품의 포장용품. 다만, 관세청장이 지정하는 물품을 제외한다.
2. 수출물품의 포장용품. 다만, 관세청장이 지정하는 물품을 제외한다.
3. 우리나라에 일시입국하는 자가 본인이 사용하고 재수출할 목적으로 몸에 직접 착용 또는 휴대하여 반입하거나 별도로 반입하는 물품. 다만, 관세청장이 지정하는 물품을 제외한다.
4. 우리나라에 일시입국하는 자가 본인이 사용하고 재수출할 목적으로 직접 휴대하여 반입하거나 별도로 반입하는 직업용품 및 「신문 등의 진흥에 관한 법률」 제28조에 따라 지사 또는 지국의 설치등록을 한 자가 취재용으로 반입하는 방송용의 녹화되지 아니한 비디오테이프
5. 관세청장이 정하는 시설에서 국제해운에 종사하는 외국선박의 승무원의 후생을 위하여 반입하는 물품과 그 승무원이 숙박기간중 당해 시설에서 사용하기 위하여 선박에서 하역된 물품
6. 박람회·전시회·공진회·품평회나 그 밖에 이에 준하는 행사에 출품 또는 사용하기 위하여 그 주최자 또는 행사에 참가하는 자가 수입하는 물품 중 해당 행사의 성격·규모 등을 고려하여 세관장이 타당하다고 인정하는 물품
7. 국제적인 회의·회합 등에서 사용하기 위한 물품
8. 법 제90조 제1항 제2호에 따른 기관 및 「국방과학연구소법」에 따른 국방과학연구소에서 학술연구 및 교육훈련을 목적으로 사용하기 위한 학술연구용품
9. 법 제90조 제1항 제2호에 따른 기관 및 「국방과학연구소법」에 따른 국방과학연구소에서 과학기술연구 및 교육훈련을 위한 과학장비용품
10. 주문수집을 위한 물품, 시험용 물품 및 제작용 견본품
11. 수리를 위한 물품[수리를 위하여 수입되는 물품과 수리 후 수출하는 물품이 영 제98조 제1항에 따른 관세·통계통합품목분류표상 10단위의 품목번호가 일치할 것으로 인정되는 물품만 해당한다]
12. 수출물품 및 수입물품의 검사 또는 시험을 위한 기계·기구
13. 일시입국자가 입국할 때에 수송하여 온 본인이 사용할 승용자동차·이륜자동차·캠핑카·캬라반·트레일러·선박 및 항공기와 관세청장이 정하는 그 부분품 및 예비품
14. 관세청장이 정하는 수출입물품·반송물품 및 환적물품을 운송하기 위한 차량
15. 이미 수입된 국제운송을 위한 컨테이너의 수리를 위한 부분품
16. 수출인쇄물 제작원고용 필름(빛에 노출되어 현상된 것에 한한다)
17. 광메모리매체 제조용으로 정보가 수록된 마스터테이프 및 니켈판(생산제품을 수출할 목적으로 수입되는 것임을 당해 업무를 관장하는 중앙행정기관의 장이 확인한 것에 한한다)
18. 항공기 및 그 부분품의 수리·검사 또는 시험을 위한 기계·기구
19. 항공 및 해상화물운송용 파렛트
20. 수출물품 규격확인용 물품
21. 항공기의 수리를 위하여 일시 사용되는 엔진 및 부분품
22. 산업기계의 수리용 또는 정비용의 것으로서 무상으로 수입되는 기계 또는 장비
23. 외국인투자기업이 자체상표제품을 생산하기 위하여 일시적으로 수입하는 금형 및 그 부분품
24. 반도체 제조설비와 함께 수입되는 물품으로서 다음 각 목의 어느 하나에 해당하는 물품
    가. 반도체 제조설비 운반용 카트
    나. 반도체 제조설비의 운송과정에서 해당 설비의 품질을 유지하거나 상태를 측정·기록하기 위해 해당 설비에 부착하는 기기

정답 56. ② 57. ① 58. ①

관세법 제97조 제1항 제2호에 따라 관세가 면제되는 물품과 같은 조 제4항에 따라 가산세가 징수되는 물품은 다음 과 같다.(시행규칙 제50조 제2항)
1. 수송기기의 하자를 보수하거나 이를 유지하기 위한 부분품
2. 외국인 여행자가 연 1회 이상 항해조건으로 반입한 후 지방자치단체에서 보관・관리하는 요트(모터보트를 포함한다)

---

① 수송기기의 하자를 보수하거나 이를 유지하기 위한 부분품은 관세법 제97조 제1항 제2호에 해당하는 물품이다.

59 관세법상 재수출면세기간에 관한 설명으로 옳지 않은 것은? 2017 관세사

□□□

① 일시 입국하는 자가 본인이 사용하고 재수출할 목적으로 직접 휴대하여 수입하거나 별도로 수입하는 신변용품・취재용품 및 이와 유사한 물품의 경우에는 입국 후 처음 출국하는 날까지의 기간을 재수출면세기간으로 한다.
② 박람회・전시회・품평회 기타 이에 준하는 행사에 출품 또는 사용하기 위하여 수입하는 물품은 박람회 등의 행사기간종료일에 당해 물품을 재수출하는데 필요한 기일을 더한 기간을 재수출면세기간으로 한다.
③ 가공 또는 수리를 위한 물품 및 그 재료는 가공 또는 수리에 소요되는 것으로 인정되는 기간을 재수출면세기간으로 한다.
④ 기타의 물품이 반입계약에 관한 증빙서류에 의하여 기간을 확인할 수 없는 때에는 당해 물품의 성질・용도・수입자・내용연수 등을 고려하여 당사자 간의 합의로 정하는 기간을 재수출면세기간으로 한다.
⑤ 재수출면세물품이 행정당국에 의하여 압류된 경우에는 당해 압류기간은 재수출 면세기간에 산입하지 아니한다.

해설 **관세법 시행령 제115조(재수출면세기간)**

세관장은 관세법 제97조 제1항의 규정에 의하여 재수출면세기간을 정하고자 하는 때에는 다음의 기간을 재수출면세기간으로 한다. 이 경우 재수출면세물품이 행정당국에 의하여 압류된 경우에는 해당 압류기간은 재수출면세 기간에 산입하지 아니한다.(영 제115조 제1항)
1. 일시 입국하는 자가 본인이 사용하고 재수출할 목적으로 직접 휴대하여 수입하거나 별도로 수입하는 신변용품・취재용품 및 이와 유사한 물품의 경우에는 입국후 처음 출국하는 날까지의 기간
2. 박람회・전시회・품평회 기타 이에 준하는 행사에 출품 또는 사용하기 위하여 수입하는 물품은 박람회 등의 행사기간종료일에 당해 물품을 재수출하는데 필요한 기일을 더한 기간
3. 수리를 위한 물품 및 그 재료는 수리에 소요되는 것으로 인정되는 기간
4. 기타의 물품은 당해 물품의 반입계약에 관한 증빙서류에 의하여 확인되는 기간으로 하되, 반입계약에 관한 증빙서류에 의하여 확인할 수 없는 때에는 당해 물품의 성질・용도・수입자・내용연수 등을 고려하여 세관장이 정하는 기간

---

④ 기타의 물품이 반입계약에 관한 증빙서류에 의하여 기간을 확인할 수 없는 때에는 당해 물품의 성질・용도・수입자・내용연수 등을 고려하여 세관장이 정하는 기간을 재수출면세 기간으로 한다.

60 □□□ **관세법령상 재수출면세기간에 대한 설명으로 옳지 않은 것은?** 2021 관세직 7급

① 일시 입국하는 자가 본인이 사용하고 재수출할 목적으로 직접 휴대하여 수입하거나 별도로 수입하는 신변용품의 경우에는 입국 후 처음 출국하는 날까지의 기간을 재수출면세기간으로 한다.

② 박람회에 출품 또는 사용하기 위하여 수입하는 물품은 박람회 등의 행사기간종료일에 당해 물품을 재수출하는데 필요한 기일을 더한 기간을 재수출면세기간으로 한다.

③ 가공 또는 수리를 위한 물품 및 그 재료는 가공 또는 수리에 소요되는 것으로 인정되는 기간을 재수출면세기간으로 한다.

④ 기타의 물품은 당해 물품의 반입계약에 관한 증빙서류에 의하여 확인되는 기간에 재수출하는데 필요한 기일을 더한 기간으로 하되, 반입계약에 관한 증빙서류에 의하여 확인할 수 없는 때에는 당해 물품의 성질·용도 등을 고려하여 세관장이 정하는 기간을 재수출면세기간으로 한다.

해설 ④ 기타의 물품은 당해 물품의 반입계약에 관한 증빙서류에 의하여 확인되는 기간으로 하되, 반입계약에 관한 증빙서류에 의하여 확인할 수 없는 때에는 당해 물품의 성질·용도·수입자·내용연수 등을 고려하여 세관장이 정하는 기간을 재수출면세 기간으로 한다.(영 제115조 제1항 제4호)

61 □□□ **재수출 감면율에 대한 설명으로 가장 올바른 것은?** 2014 관세직 9급

① 재수출기간이 6개월 이내인 경우에는 그 물품에 대한 관세액의 100분의 80
② 재수출기간이 6개월 초과 1년 이내인 경우 : 해당 물품에 대한 관세액의 100분의 75
③ 재수출기간이 1년 초과 2년 이내인 경우 : 해당 물품에 대한 관세액의 100분의 55
④ 재수출기간이 2년 초과 3년 이내인 경우 : 해당 물품에 대한 관세액의 100분의 45
⑤ 재수출기간이 3년 초과 4년 이내인 경우 : 해당 물품에 대한 관세액의 100분의 35

해설 **관세법 제98조(재수출 감면)**

장기간에 걸쳐 사용할 수 있는 물품으로서 그 수입이 임대차계약에 의하거나 도급계약 또는 수출계약의 이행과 관련하여 국내에서 일시적으로 사용하기 위하여 수입하는 물품 중 기획재정부령으로 정하는 물품이 그 수입신고 수리일부터 2년(장기간의 사용이 부득이한 물품으로서 기획재정부령으로 정하는 것 중 수입하기 전에 세관장의 승인을 받은 것은 4년의 범위에서 대통령령으로 정하는 기준에 따라 세관장이 정하는 기간을 말한다) 이내에 재수출되는 것에 대해서는 다음의 구분에 따라 그 관세를 경감할 수 있다. 다만, 외국과 체결한 조약·협정 등에 따라 수입되는 것에 대해서는 상호 조건에 따라 그 관세를 면제한다.(법 제98조 제1항)

1. 재수출기간이 6개월 이내인 경우 : 해당 물품에 대한 관세액의 100분의 85
2. 재수출기간이 6개월 초과 1년 이내인 경우 : 해당 물품에 대한 관세액의 100분의 70
3. 재수출기간이 1년 초과 2년 이내인 경우 : 해당 물품에 대한 관세액의 100분의 55
4. 재수출기간이 2년 초과 3년 이내인 경우 : 해당 물품에 대한 관세액의 100분의 40
5. 재수출기간이 3년 초과 4년 이내인 경우 : 해당 물품에 대한 관세액의 100분의 30

정답 59. ④ 60. ④ 61. ①

62 □□□ **관세법상 재수출감면에 관한 설명으로 옳지 않은 것은?** 2016 관세사

① 재수출기간이 6개월 이내인 경우 감면율은 해당 물품에 대한 관세액의 100분의 85이다.
② 재수출기간이 1년 초과 2년 이내인 경우 감면율은 해당 물품에 대한 관세액의 100분의 80이다.
③ 재수출기간이 6개월 초과 1년 이내인 경우 감면율은 해당 물품에 대한 관세액의 100분의 70이다.
④ 재수출기간이 2년 초과 3년 이내인 경우 감면율은 해당 물품에 대한 관세액의 100분의 40이다.
⑤ 재수출기간이 3년 초과 4년 이내인 경우 감면율은 해당 물품에 대한 관세액의 100분의 30이다.

해설 ② 재수출기간이 1년 초과 2년 이내인 경우의 재수출 감면율은 해당 물품에 대한 관세액의 100분의 55이다.

63 □□□ **관세법령상 재수출감면 대상물품에 해당하기 위해 갖추어야 할 요건의 일부이다. (ㄱ), (ㄴ)에 들어갈 사항으로 옳은 것은?** 2023 관세사

> ○ 법인세법 시행규칙 제15조의 규정에 의한 내용연수가 (ㄱ)년 (금형의 경우에는 2년) 이상인 물품
> ○ 개당 또는 셋트당 관세액이 (ㄴ)만원 이상인 물품 최초의 조치내용보다 강화될 수 있다.

① ㄱ : 3, ㄴ : 300
② ㄱ : 3, ㄴ : 500
③ ㄱ : 5, ㄴ : 500
④ ㄱ : 5, ㄴ : 700
⑤ ㄱ : 5, ㄴ : 1,000

해설 **관세법 시행규칙 제52조(재수출감면 및 가산세징수 대상물품)**

법 제98조제1항의 규정에 의하여 관세가 감면되거나 동조 제2항의 규정에 의하여 가산세가 징수되는 물품은 다음 각 호의 요건을 갖춘 물품으로서 국내제작이 곤란함을 당해 물품의 생산에 관한 업무를 관장하는 중앙행정기관의 장 또는 그 위임을 받은 자가 확인하고 추천하는 기관 또는 기업이 수입하는 물품에 한한다.
1. 「법인세법 시행규칙」 제15조의 규정에 의한 내용연수가 5년(금형의 경우에는 2년) 이상인 물품
2. 개당 또는 셋트당 관세액이 500만원 이상인 물품

64 □□□ **관세법령상 관세감면물품의 사후관리에 대한 설명으로 옳은 것은?** 2019 관세직 9급

① 종교용품은 수입신고 수리일부터 5년 동안 그 감면받은 용도 외의 다른 용도로 사용할 수 없다.
② 관세감면물품의 사후관리기간은 대통령령으로 정하는 기준에 따라 관세청장이 정한다.
③ 학술연구용품을 감면받은 용도 외의 다른 용도로 사용하거나 양도하려면 수입신고 수리일부터 3년 이내에 관세청장의 승인을 받아야 한다.
④ 관세감면물품이 재해로 멸실되면 멸실된 날부터 15일 이내에 감면된 관세를 징수한다.

해설 **관세법 제102조(관세감면물품의 사후관리)**

관세 제89조부터 제91조까지와 제93조 및 제95조에 따라 관세를 감면받은 물품은 수입신고 수리일부터 3년의 범위에서 대통령령으로 정하는 기준에 따라 관세청장이 정하는 기간에는 그 감면받은 용도 외의 다른 용도로 사용하거나 양도(임대를 포함한다)할 수 없다. 다만, 기획재정부령으로 정하는 물품과 대통령령으로 정하는 바에 따라 미리 세관장의 승인을 받은 물품의 경우에는 그러하지 아니하다.(법 제102조 제1항)

다음의 어느 하나에 해당하면 그 용도 외의 다른 용도로 사용한 자나 그 양도인(임대인을 포함한다)으로부터 감면된 관세를 즉시 징수하며, 양도인으로부터 해당 관세를 징수할 수 없을 때에는 양수인(임차인을 포함한다)으로부터 감면된 관세를 징수한다. 다만, 재해나 그 밖의 부득이한 사유로 멸실되었거나 미리 세관장의 승인을 받아 폐기하였을 때에는 그러하지 아니하다.(법 제102조 제2항)

1. 제1항에 따라 관세를 감면받은 물품을 제1항에 따른 기간에 감면받은 용도 외의 다른 용도로 사용한 경우
2. 제1항에 따라 관세를 감면받은 물품을 제1항에 따른 기간에 감면받은 용도 외의 다른 용도로 사용하려는 자에게 양도한 경우

---

① 종교용품(법 제91조)은 수입신고 수리일부터 3년 동안 그 감면받은 용도 외의 다른 용도로 사용할 수 없다.
③ 학술연구용품(법 제90조)을 감면받은 용도 외의 다른 용도로 사용하거나 양도하려면 세관장의 승인을 받아야 한다.
④ 관세 감면물품이 재해나 그 밖의 부득이한 사유로 멸실되었거나 미리 세관장의 승인을 받아 폐기하였을 때에 관세를 징수하지 아니한다.

65 □□□ **다음 중 감면물품의 용도 외 사용 금지기간에 대한 내용으로 잘못된 것은?** 2008 관세사

① 장애인 등 특정인만이 사용하거나 금형과 같이 성격상 다른 용도로 사용될 수 없는 물품의 경우에는 1년 이내이다.
② 박람회·전시회 등 특정행사에 사용되는 물품의 경우에는 해당 용도 또는 행사가 소멸 또는 종료되는 때까지이다.
③ 관세감면물품이 원재료·부분품인 경우 감면받은 용도에 사용되지 아니하고 1년 이상 보관하는 경우에는 해당 물품의 최초로 사용되는 날까지이다.
④ 내용연수가 5년 이상인 물품으로서 학술연구용품감면세의 규정에 의해 관세의 감면을 받은 물품의 경우는 2년이다.
⑤ 내용연수가 4년인 물품의 사후관리 기간은 2년이다.

해설 **관세법 시행령 제110조(감면물품의 용도외 사용 등의 금지기간)**

관세청장은 관세감면물품의 용도 외 사용의 금지기간 및 양수·양도의 금지기간(사후관리기간)을 정하려는 경우에는 다음의 기준에 따르며, 각 호의 기준을 적용한 결과 동일물품에 대한 사후관리기간이 다르게 되는 경우에는 그중 짧은 기간으로 할 수 있다.

1. 물품의 내용연수(「법인세법 시행령」 제28조에 따른 기준내용연수를 말한다)를 기준으로 하는 사후관리기간
   가. 내용연수가 5년 이상인 물품 : 3년. 다만, 법 제90조의 규정에 의하여 관세의 감면을 받는 물품의 경우는 2년으로 한다.

정답 62. ② 63. ③ 64. ② 65. ①

나. 내용연수가 4년인 물품: 2년

다. 내용연수가 3년 이하인 물품: 1년 이내의 기간에서 관세청장이 정하여 고시하는 기간

2. 관세감면물품이 다른 용도로 사용될 가능성이 적은 경우의 사후관리기간: 1년 이내의 기간에서 관세청장이 정하여 고시하는 기간. 다만, 장애인 등 특정인만이 사용하거나 금형과 같이 성격상 다른 용도로 사용될 수 없는 물품의 경우에는 수입신고수리일까지로 하며, 박람회 · 전시회 등 특정행사에 사용되는 물품의 경우에는 당해 용도 또는 행사가 소멸 또는 종료되는 때까지로 한다.
3. 관세감면물품이 원재료 · 부분품 또는 견본품인 경우의 사후관리기간: 1년 이내의 기간에서 관세청장이 정하여 고시하는 기간. 다만, 원재료 · 부분품 또는 견본품 등이 특정용도로 사용된 후 사실상 소모되는 물품인 경우에는 감면용도에 사용하기 위하여 사용장소로 반입된 사실이 확인된 날까지로 하며, 해당 기간이 경과될 때까지 감면받은 용도로 사용되지 않고 보관되는 경우에는 해당 물품이 모두 사용된 날까지로 한다.
4. 관세감면물품에 대한 법 제50조의 규정에 의한 세율에 감면율을 곱한 율을 기준으로 하는 사후관리기간: 3퍼센트 이하인 경우에는 1년 이내의 기간에서 관세청장이 정하여 고시하는 기간, 3퍼센트 초과 7퍼센트 이하인 경우에는 2년 이내의 기간에서 관세청장이 정하여 고시하는 기간

---

① 장애인 등 특정인만이 사용하거나 금형과 같이 성격상 다른 용도로 사용될 수 없는 물품의 사후관리기간은 수입신고수리일까지로 한다.

66 □□□ **관세법 제103조 제2항에 따르면 특정의 관세감면 물품을 「대 · 중소기업 상생협력 촉진에 관한 법률」 제2조 제4호에 따른 수탁 · 위탁거래의 관계에 있는 기업에 양도할 수 있는데, 다음 중에서 이 감면 승계의 적용을 받을 수 없는 물품은?** 2005 관세사

① 학술연구용품 감면세 대상물품(관세법 제90조)
② 특정물품의 면세 대상물품(관세법 제93조)
③ 환경오염 방지물품 등에 대한 감면 대상물품(관세법 제95조)
④ 재수출 감면 대상물품(관세법 제98조)
⑤ 재수입 면세 대상물품(관세법 제99조)

해설 **관세법 제103조(관세감면물품의 용도 외 사용)**

관세법에 따라 관세를 감면받은 물품(학술연구용품 감면, 특정물품의 면세, 환경오염방지물품 등에 대한 감면, 재수출 감면)을 대 · 중소기업 상생협력 촉진에 관한 법률에 따라 수탁, 위탁 거래의 관계에 있는 기업에 양도할 수 있으며 이 경우, 용도 외 사용으로 보지 않아 관세를 추징하지 않는다.(법 제103조 제2항)

67 관세법상 관세감면에 관한 설명으로 옳은 것은? 2014 관세사

□□□

① 관세를 감면받으려는 자는 해당 물품의 수입신고수리 전에 신청서를 세관장에게 제출하여야 한다.
② 사후관리 대상인 관세감면 물품을 세관장의 승인 없이 감면받은 용도 외 사용하거나 양도하는 경우 1천만원 이하의 벌금에 처하고, 과실인 경우에는 500만원 이하의 벌금에 처한다.
③ 국제적인 회의에서 사용하기 위한 물품으로 재수출면세를 받은 물품이 기간 내에 재수출되지 아니한 경우에는 300만원을 넘지 아니하는 범위에서 해당 물품에 부과될 관세의 100분의 10에 상당하는 금액을 가산세로 징수한다.
④ 수입신고수리일부터 1년을 초과하여 수출하여야 할 부득이한 사유가 있는 물품으로서 관세청장이 정하는 기간에 다시 수출하는 물품에 대하여는 그 관세를 면제할 수 있다.
⑤ 수입신고한 물품이 수입신고가 수리되기 전에 변질되거나 손상되더라도 그 관세를 경감할 수 없다.

해설 **관세법 시행령 제112조(관세감면신청)**

관세법 기타 관세에 관한 법률 또는 조약에 따라 관세를 감면받으려는 자는 해당 물품의 수입신고 수리 전에 다음 각 호의 사항을 적은 신청서를 세관장에게 제출하여야 한다. 다만, 관세청장이 정하는 경우에는 감면신청을 간이한 방법으로 하게 할 수 있다.(영 제112조 제1항)

1. 감면을 받고자 하는 자의 주소 · 성명 및 상호
2. 사업의 종류(업종에 따라 감면하는 경우에는 구체적으로 기재하여야 한다)
3. 품명 · 규격 · 수량 · 가격 · 용도와 설치 및 사용장소
4. 감면의 법적 근거
5. 기타 참고사항

---

② (법 제276조 제3항 제3호) 2천만원 이하의 벌금(과실인 경우에는 300만원)
③ 500만원을 넘지 아니하는 범위 내에서 관세의 100분의 20에 상당하는 금액을 가산세로 징수한다.
④ 수입신고수리일부터 1년을 초과하여 수출하여야 할 부득이한 사유가 있는 물품으로서 세관장이 정하는 기간에 다시 수출하는 물품에 대하여는 재수입면세를 적용하여 그 관세를 면제할 수 있다.
⑤ 수입신고한 물품이 수입신고가 수리되기 전에 변질되거나 손상된 경우 손상물품에 대한 감면을 적용할 수 있다.

68 관세법상 관세의 감면 · 환급 및 분할납부에 대한 설명으로 옳지 않은 것은? 2020 관세직7급

□□□

① 관세의 분할납부를 승인받은 물품을 동일한 용도로 사용하려는 자에게 양도한 경우에는 그 양수인이 관세를 납부하여야 한다.
② 관세를 감면받은 물품을 해외시험 및 연구 목적으로 수출한 후 다시 수입할 때 "해외시험 및 연구 목적으로 수출된 후 재수입되는 물품"으로서 관세를 면제받은 경우에는 사후관리를 종결한다.
③ 수입신고가 수리된 개인의 자가사용물품을 수입신고 수리일부터 6개월 이내에 보세구역에 반입하였다가 수입한 상태 그대로 다시 수출하는 경우에는 수입할 때 납부한 관세를 환급한다.
④ 학교에서 수입하는 물품으로서 기획재정부령으로 정하는 물품이 수입될 때에는 세관장은 기획재정부령으로 정하는 바에 따라 5년을 넘지 아니하는 기간을 정하여 관세의 분할납부를 승인할 수 있다.

정답 66. ⑤ 67. ① 68. ②

해설 **관세법 제108조(담보 제공 및 사후관리)**

용도세율을 적용받거나 관세를 감면받은 물품을 세관장의 승인을 받아 수출한 경우에는 관세법을 적용할 때 용도 외의 사용으로 보지 아니하고 사후관리를 종결한다. 다만, 용도세율을 적용받거나 관세를 감면받은 물품을 가공하거나 수리할 목적으로 수출한 후 다시 수입하거나 해외시험 및 연구를 목적으로 수출한 후 다시 수입하여 재수입면세 또는 해외임가공물품 감면 규정에 따른 감면을 받은 경우에는 사후관리를 계속한다.(법 제108조 제4항)

69 관세법상의 관세환급 대상이 아닌 것은? 2012 관세사

□□□

① 환급요건을 충족하는 계약상이물품을 수출한 경우
② 환급요건을 충족하는 계약상이물품을 세관장의 승인을 받아 폐기한 경우
③ 수입신고수리된 물품이 지정보세구역에 계속 장치 중 재해로 멸실·변질된 경우
④ 재수출이행기간이 경과한 재수출조건면세 물품에 대하여 관세납부 후 재수출한 경우
⑤ 신고납부한 물품에 대하여 과오납한 경우

해설

관세법상 환급의 종류	
관세환급금의 환급	(제46조)
계약내용과 다른 물품에 대한 관세 환급	(제106조)
수입한 상태 그대로 수출되는 자가사용물품에 대한 관세 환급	(제106조의2)
지정보세구역 장치물품의 멸실·손상으로 인한 관세 환급	(제106조 제4항)
종합보세구역 판매물품에 대한 관세 환급	(제199조의2)

70 관세법령상 관세환급금의 환급 등에 관한 내용으로 옳은 것은? 2019 관세사

□□□

① 세관장이 확인한 관세환급금은 납세의무자가 환급을 청구하지 아니하더라도 환급하여야 한다.
② 세관장은 관세환급금을 환급하는 경우에 환급받을 자가 세관에 납부하여야 하는 관세와 그 밖의 세금, 가산세 또는 강제징수비가 있을 때에도 환급하여야 하는 금액에서 이를 충당할 수 없다.
③ 한국은행은 관세청장이 환급금지급계정에 이체된 금액으로부터 당해 회계연도의 환급통지서 발행금액중 다음 회계연도 1월 30일까지 지급하지 못한 환급금을 세관환급금 지급미필이월계정에 이월하여 정리하여야 한다.
④ 세관장은 납세의무자가 환급세액의 환급을 청구할 때에는 기획재정부령에 따라 지체 없이 이를 관세환급금으로 결정하고 60일 이내에 환급하여야 한다.
⑤ 세관장은 관세환급금의 과다환급액을 징수할 때에는 과다환급을 한 날부터 징수결정을 하는 날까지의 기간에 대하여 한국은행이 정하는 이율에 따라 계산한 금액을 과다환급액에 더하여야 한다.

해설 **관세법 제46조(관세환급금의 환급)**

세관장은 납세의무자가 관세·가산세 또는 강제징수비로 납부한 금액 중 잘못 납부하거나 초과하여 납부한 금액 또는 이 법에 따라 환급하여야 할 환급세액의 환급을 청구할 때에는 대통령령으로 정하는 바에 따라 지체 없이 이를 관세환급금으로 결정하고 30일 이내에 환급하여야 하며, 세관장이 확인한 관세환급금은 납세의무자가 환급을 청구하지 아니하더라도 환급하여야 한다.(법 제46조 제1항)

---

② 세관장은 관세환급금을 환급하는 경우에 환급받을 자가 세관에 납부하여야 하는 관세와 그 밖의 세금, 가산세 또는 강제징수비가 있을 때에는 환급하여야 하는 금액에서 이를 충당할 수 있다.(법 제46조 제2항)
③ 한국은행은 세관장이 환급금지급계정에 이체된 금액으로부터 당해 회계연도의 환급통지서 발행금액 중 다음 회계연도 1월 15일까지 지급하지 못한 환급금을 세관환급금지급미필이월계정에 이월하여 정리하여야 한다. (시행령 제55조 제1항)
④ 세관장이 확인한 관세환급금은 납세의무자가 환급을 청구하지 아니하더라도 환급하여야 한다.(법 제46조 제1항)
⑤ 세관장은 관세환급금의 과다환급액을 징수할 때에는 과다환급을 한 날의 다음 날부터 징수결정을 하는 날까지의 기간에 대하여 대통령령으로 정하는 이율에 따라 계산한 금액을 과다환급액에 더하여야 한다.(법 제47조 제2항)

Chapter 04

71 **관세법상 관세환급금의 환급 등에 관한 설명으로 옳지 않은 것은?** 2016 관세사

□□□

① 세관장은 납세의무자가 관세·가산세 또는 강제징수비로 납부한 금액 중 잘못 납부하거나 초과하여 납부한 금액 또는 관세법에 따라 환급하여야 할 환급세액의 환급을 청구할 때에는 기획재정부령으로 정하는 바에 따라 지체 없이 이를 관세환급금으로 결정하고 60일 이내에 환급하여야 하며, 세관장이 확인한 관세환급금은 납세의무자가 환급을 청구하지 아니하더라도 환급하여야 한다.
② 세관장은 관세환급금을 환급하는 경우에 환급받을 자가 세관에 납부하여야 하는 관세와 그 밖의 세금, 가산세 또는 강제징수비가 있을 때에는 환급하여야 하는 금액에서 이를 충당할 수 있다.
③ 세관장은 관세환급금의 환급에 있어서 그 환급액이 과다한 것을 알게 되었을 때에는 해당 관세환급금을 지급받은 자로부터 과다지급된 금액을 징수하여야 한다.
④ 세관장은 관세환급금의 과다환급액을 징수할 때에는 과다환급을 한 날의 다음 날부터 징수결정을 하는 날까지의 기간에 대하여 대통령령으로 정하는 이율에 따라 계산한 금액을 과다환급액에 더하여야 한다.
⑤ 납세의무자의 관세환급금에 관한 권리는 대통령령으로 정하는 바에 따라 제3자에게 양도할 수 있다.

해설 **관세법 제46조(관세환급금의 환급)**

세관장은 납세의무자가 관세·가산세 또는 강제징수비로 납부한 금액 중 잘못 납부하거나 초과하여 납부한 금액 또는 이 법에 따라 환급하여야 할 환급세액의 환급을 청구할 때에는 대통령령으로 정하는 바에 따라 지체 없이 이를 관세환급금으로 결정하고 30일 이내에 환급하여야 하며, 세관장이 확인한 관세환급금은 납세의무자가 환급을 청구하지 아니하더라도 환급하여야 한다.(법 제46조 제1항)

---

② (법 제46조 제2항)
③ (법 제47조 제1항)
④ (법 제47조 제2항)
⑤ (법 제46조 제3항)

정답 69. ④ 70. ① 71. ①

72 □□□ **관세법 시행규칙 제9조의3(관세 등 환급가산금의 이율)의 내용이다. ( )에 들어갈 숫자는?**

2024 관세사

> 관세법 시행령 제56조(관세환급가산금 등의 결정) 제2항에서 "기획재정부령으로 정하는 이자율"이란 연 1천분의 ( ) 을/를 말한다.

① 10
② 12
③ 19
④ 24
⑤ 35

해설 **관세법 시행규칙 제9조의3(환급가산금의 이율)**
영 제56조제2항에서 "기획재정부령으로 정하는 이자율"이란 연 1천분의 35를 말한다.

73 □□□ **관세법령상 관세환급금에 관한 권리를 제3자에게 양도하고자 하는 자가 세관장에게 제출해야 하는 문서의 기재사항으로 옳은 것을 모두 고른 것은?**

2019 관세사

> ㄱ. 환급금액
> ㄴ. 양도인의 주소와 성명
> ㄷ. 환급사유
> ㄹ. 양수인의 주소와 성명

① ㄱ
② ㄴ, ㄷ
③ ㄱ, ㄴ, ㄹ
④ ㄴ, ㄷ, ㄹ
⑤ ㄱ, ㄴ, ㄷ, ㄹ

해설 **관세법 시행령 제53조(관세환급금의 양도)**
관세법 제46조 제3항에 따라 관세환급금에 관한 권리를 제3자에게 양도하고자 하는 자는 다음의 사항을 적은 문서를 세관장에게 제출해야 한다.
1. 양도인의 주소와 성명
2. 양수인의 주소와 성명
3. 환급사유
4. 환급금액

74 □□□

관세법상 관세환급금의 환급 등에 관한 설명으로 옳은 것은? 2017 관세사

① 관세환급금은 납세의무자가 환급을 청구한 경우에 한하여 환급될 수 있다.
② 납세의무자의 관세환급금에 관한 권리는 일신전속적인 권리로서 제3자에게 양도할 수 없다.
③ 세관장은 납세의무자가 관세로 납부한 금액 중 잘못 납부하거나 초과하여 납부한 금액 환급을 청구한 때에는 30일 이내에 이를 과세환급금으로 결정하고, 지체 없이 환급하여야 한다.
④ 관세환급금의 환급은 「국가재정법」 제17조에도 불구하고 대통령령으로 정하는 바에 따라 「한국은행법」에 따른 한국은행의 해당 세관장의 소관 세입금에서 지급한다.
⑤ 세관장은 관세환급금의 환급에 있어서 그 환급액이 과다한 것을 알게 되었을 때에는 해당 관세환급금을 지급받은 자로부터 과다지급된 금액을 징수할 수 있으나, 이에 가산금을 더할 수는 없다.

해설 **관세법 제46조(관세환급금의 환급)**

관세환급금의 환급은 「국가재정법」 제17조에도 불구하고 대통령령으로 정하는 바에 따라 「한국은행법」에 따른 한국은행의 해당 세관장의 소관 세입금에서 지급한다.(법 제46조 제4항)

---

① 세관장이 확인한 관세환급금은 납세의무자가 환급을 청구하지 아니하더라도 환급하여야 한다.
② 납세의무자의 관세환급금에 관한 권리는 대통령령으로 정하는 바에 따라 제3자에게 양도할 수 있다
③ 세관장은 납세의무자가 납부한 금액 중 잘못 납부하거나 초과하여 납부한 금액 환급을 청구할 때에는 대통령령으로 정하는 바에 따라 지체 없이 이를 관세환급금으로 결정하고 30일 이내에 환급하여야 한다.
⑤ 세관장은 관세환급금의 환급에 있어서 그 환급액이 과다한 것을 알게 되었을 때에는 해당 관세환급금을 지급받은 자로부터 과다지급된 금액을 징수하여야 한다. 관세환급금의 과다환급액을 징수할 때에는 과다환급을 한 날의 다음 날부터 징수결정을 하는 날까지의 기간에 대하여 대통령령으로 정하는 이율에 따라 계산한 금액을 과다환급액에 더하여야 한다.

75 □□□

관세법령상 관세환급금의 환급 등에 관한 설명으로 옳은 것은? 2020 관세사

① 세관장은 관세환급금결정액계산서와 그 증빙서류를 감사원장이 정하는 바에 따라 감사원에 제출하여야 한다.
② 세관장은 분기별 관세환급금결정액보고서를 작성하여 관세청장에게 제출하여야 한다.
③ 관세환급금을 환급받을 자가 환급통지서를 받은 날부터 6개월 내에 환급금을 지급받지 못한 때에는 세관장에게 다시 환급절차를 밟을 것을 요구하여야 한다.
④ 한국은행은 세관장이 환급금지급계정에 이체된 금액으로부터 당해 회계연도의 환급통지서 발행금액 중 다음 회계연도 1월 31일까지 지급하지 못한 환급금을 세관환급금지급미필이월계정에 이월하여 정리하여야 한다.
⑤ 세관장은 관세환급금의 과다환급액을 징수할 때에는 과다환급을 한 날부터 징수결정을 하는 날까지의 기간에 대하여 대통령령으로 정하는 이율에 따라 계산한 금액을 과다환급액에 더하여야 한다.

해설 **관세법 시행령 제51조(관세환급의 통지)**

세관장은 관세환급금결정액계산서와 그 증빙서류를 감사원장이 정하는 바에 따라 감사원에 제출하여야 한다.
(영 제51조 제4항)

정답 72. ⑤ 73. ⑤ 74. ④ 75. ①

② 세관장은 매월 관세환급금결정액보고서를 작성하여 기획재정부장관에게 제출하여야 한다.(영 제51조 제3항)
③ 관세환급금을 환급받을 자가 환급통지서발행일부터 1년내에 환급금을 지급받지 못한 때에는 세관장에게 다시 환급절차를 밟을 것을 요구할 수 있으며, 세관장은 이를 조사·확인하여 그 지급에 필요한 조치를 하여야 한다.
(영 제55조 제3항)
④ 한국은행은 세관장이 환급금지급계정에 이체된 금액으로부터 당해 회계연도의 환급통지서 발행금액 중 다음 회계연도 1월 15일까지 지급하지 못한 환급금을 세관환급금지급미필이월계정에 이월하여 정리하여야 한다.
(영 제55조 제1항)
⑤ 과다환급을 한 날의 다음 날부터 징수결정을 하는 날까지의 기간에 대하여 대통령령으로 정하는 이율에 따라 계산한 금액을 과다환급액에 더하여야 한다.(법 제47조 제2항)

76 □□□ **관세법령상 관세환급금의 환급에 관한 설명으로 옳지 않은 것은?** 2023 관세사

① 세관장은 납세의무자가 환급세액의 환급을 청구할 때에는 대통령령으로 정하는 바에 따라 지체 없이 이를 관세환급금으로 결정하고 30일 이내에 환급하여야 한다.
② 세관장이 확인한 관세환급금은 납세의무자가 환급을 청구하지 아니하더라도 환급하여야 한다.
③ 관세환급금에 관한 권리는 제3자에게 양도할 수 있다.
④ 관세환급금을 환급받을 자가 환급통지서발행일부터 1년 내에 환급금을 지급받지 못한 때에는 세관장에게 다시 환급절차를 밟을 것을 요구할 수 있다.
⑤ 세관장은 분기별 관세환급금결정액보고서를 작성하여 기획재정부장관에게 제출하여야 한다.

해설 ⑤ 세관장은 매월 관세환급금결정액보고서를 작성하여 기획재정부장관에게 제출하여야 한다.

77 □□□ **관세법령상 관세환급금의 환급 등에 관한 설명으로 옳지 않은 것은?** 2024 관세사

① 세관장이 확인한 관세환급금은 납세의무자가 환급을 청구하지 아니하더라도 환급하여야 한다.
② 세관장은 관세환급금의 과다환급액을 징수할 때에는 과다환급을 한 날의 다음 날부터 징수결정을 하는 날까지의 기간에 대하여 대통령령으로 정하는 이율에 따라 계산한 금액을 과다환급액에 더하여야 한다.
③ 세관장은 환급금지급계정에 이체된 금액으로부터 당해 회계연도의 환급통지서 발행금액중 다음 회계연도 1월 15일까지 지급하지 못한 환급금을 세관환급금지급미필이월계정에 이월하여 정리하여야 한다.
④ 세관환급금지급미필이월계정에 이월한 금액중 환급통지서발행일부터 1년 내에 지급하지 못한 금액은 그 기간이 만료한 날이 속하는 회계연도의 세입에 편입하여야 한다.
⑤ 관세환급금을 환급받을 자가 환급통지서발행일부터 1년 내에 환급금을 지급받지 못한 때에는 세관장에게 다시 환급절차를 밟을 것을 요구할 수 있으며, 세관장은 이를 조사·확인하여 그 지급에 필요한 조치를 하여야 한다.

해설 ③ 한국은행은 세관장이 환급금지급계정에 이체된 금액으로부터 당해 회계연도의 환급통지서 발행금액 중 다음 회계연도 1월 15일까지 지급하지 못한 환급금을 세관환급금지급미필이월계정에 이월하여 정리하여야 한다.
(영 제55조 제1항)

78 □□□ **관세법령상 관세의 부과와 징수에 대한 설명으로 옳지 않은 것은?** 2018 관세직 9급

① 세관장은 자율심사업체에게 수출입업무의 처리방법 및 체계등에 관한 관세청장이 정한 자료를 제공하여야 한다.

② 세관장은 관세의 과오납금을 확인한 경우 관세심사위원회의 심의를 거쳐 환급결정을 하고 그 결정일로부터 30일 이내에 환급하여야 한다.

③ 조약에 의하여 관세의 감면을 받는 경우 그 감면액과 법적 근거는 물품(세관장이 부과고지하는 물품은 제외)을 수입하기 위하여 납세신고를 하고자 하는 자가 수입신고서에 기재하여야 하는 사항이다.

④ 수입신고를 수리한 후 세액심사를 하는 것이 적당하지 아니하다고 인정하여 기획재정부령으로 정하는 물품의 납세신고를 받은 세관장은 신고한 세액에 대하여는 수입신고를 수리하기 전에 이를 심사한다.

해설 ② 세관장은 납세의무자가 관세 환급을 청구할 때에는 대통령령으로 정하는 바에 따라 지체 없이 이를 관세환급금으로 결정하고 30일 이내에 환급하여야 하며, 세관장이 확인한 관세환급금은 납세의무자가 환급을 청구하지 아니하더라도 환급하여야 한다. 관세심사위원회의 심의를 거쳐 결정해야 하는 사항은 아니다.

79 □□□ **「관세법 시행령」상 관세환급가산금의 기산일에 대한 설명으로 옳지 않은 것은?** 2017 관세직 9급

① 환급세액을 신청하지 아니하였으나 세관장이 직권으로 결정한 환급세액을 환급하는 경우 : 해당 결정일로부터 30일이 지난 날의 다음 날

② 적법하게 납부된 후 법률이 개정되어 발생한 관세환급금 : 납부일의 다음 날

③ 적법하게 납부된 관세의 감면으로 발생한 관세환급금 : 감면 결정일의 다음 날

④ 납부(2회 이상 분할납부된 것인 경우는 제외) 후 그 납부의 기초가 된 신고 또는 부과를 경정하거나 취소함에 따라 발생한 관세환급금 : 납부일의 다음 날

해설 **관세법 시행령 제56조(관세환급가산금 등의 결정)**

관세환급가산금 기산일이란 다음의 구분에 따른 날의 다음 날로 한다.(영 제56조 제3항)

1. 착오납부, 이중납부 또는 납부 후 그 납부의 기초가 된 신고 또는 부과를 경정하거나 취소함에 따라 발생한 관세환급금 : 납부일. 다만, 2회 이상 분할납부된 것인 경우에는 그 최종 납부일로 하되, 관세환급금액이 최종 납부된 금액을 초과하는 경우에는 관세환급금액이 될 때까지 납부일의 순서로 소급하여 계산한 관세환급금의 각 납부일로 한다.
2. 적법하게 납부된 관세의 감면으로 발생한 관세환급금 : 감면 결정일
3. 적법하게 납부된 후 법률이 개정되어 발생한 관세환급금 : 개정된 법률의 시행일
4. 관세법에 따라 신청한 환급세액(잘못 신청한 경우 이를 경정한 금액을 말한다)을 환급하는 경우 : 신청을 한 날부터 30일이 지난 날. 다만, 환급세액을 신청하지 아니하였으나 세관장이 직권으로 결정한 환급세액을 환급하는 경우에는 해당 결정일로부터 30일이 지난 날로 한다.
5. 「자유무역협정의 이행을 위한 관세법의 특례에 관한 법률」 제9조 제5항에 따른 관세환급금 : 같은 조 제4항 후단에 따른 협정관세 적용 등의 통지일

정답 76. ⑤ 77. ③ 78. ② 79. ②

80 □□□ **관세법상 관세환급금의 환급 등에 대한 설명으로 옳지 않은 것은?** 2019 관세직 7급

① 세관장은 납세의무자가 관세 · 가산세로 납부한 금액 중 잘못 납부하거나 초과하여 납부한 금액의 환급을 청구할 때에는 대통령령으로 정하는 바에 따라 지체 없이 이를 관세환급금으로 결정하고 30일 이내에 환급하여야 한다.

② 납세의무자의 관세환급금에 관한 권리는 대통령령으로 정하는 바에 따라 제3자에게 양도할 수 있다.

③ 세관장은 관세환급금의 환급액이 과다한 것을 알게 되었을 때에는 해당 관세환급금을 지급받은 자로부터 과다지급된 금액을 징수하여야 한다.

④ 세관장은 관세환급금의 과다환급액을 징수할 때에는 과다환급을 한 날부터 징수결정을 하는 날까지의 기간에 대하여 대통령령으로 정하는 이율에 따라 계산한 금액을 과다환급액에 더하여야 한다.

해설 **관세법 제47조(과다환급관세의 징수)**
세관장은 관세환급금의 과다환급액을 징수할 때에는 과다환급을 한 날의 다음 날부터 징수결정을 하는 날까지의 기간에 대하여 대통령령으로 정하는 이율에 따라 계산한 금액을 과다환급액에 더하여야 한다.(법 제47조 제2항)

81 □□□ **관세법령상 관세환급금의 환급 등에 대한 설명으로 옳지 않은 것은?** 2016 관세직 9급

① 세관장은 납세의무자가 「관세법」에 따라 환급하여야 할 환급 세액의 환급을 청구할 때에는 대통령령으로 정하는 바에 따라 지체 없이 이를 관세환급금으로 결정하고 30일 이내에 환급하여야 하며, 세관장이 확인한 관세환급금은 납세의무자가 환급을 청구하지 아니하더라도 환급하여야 한다.

② 세관장은 관세환급금을 결정한 때에는 즉시 환급금 해당액을 환급받을 자에게 지급할 것을 내용으로 하는 지급지시서를 한국은행(국고대리점을 포함한다)에 송부하고, 그 환급받을 자에게 환급내용 및 방법 등을 기재한 환급통지서를 송부하여야 한다.

③ 세관장은 관세환급금의 과다환급액을 징수할 때에는 과다환급을 한 날의 다음 날부터 징수결정을 하는 날까지의 기간에 대하여 대통령령으로 정하는 이율에 따라 계산한 금액을 과다환급액에 더하여야 한다.

④ 세관장은 관세를 환급받을 자가 세관에 납부하여야 하는 관세가 있더라도 그 권리자에게 사전에 충당의 통지를 이행하지 아니하면 환급하여야 하는 금액에서 이를 충당할 수 없다.

해설 **관세법 제46조(관세환급금의 환급)**
세관장은 관세환급금을 환급하는 경우에 환급받을 자가 세관에 납부하여야 하는 관세와 그 밖의 세금, 가산세 또는 강제징수비가 있을 때에는 환급하여야 하는 금액에서 이를 충당할 수 있다.(법 제46조 제2항)

관세법 시행령 제52조(관세환급금의 충당통지)
세관장은 법 제46조 2항의 규정에 의하여 관세환급금을 충당한 때에는 그 사실을 권리자에게 통보하여야 한다. 다만, 권리자의 신청에 의하여 충당한 경우에는 그 통지를 생략한다.

82 관세법 및 동법 시행령상 관세환급금의 환급 등에 대한 내용으로 옳지 않은 것은? 2017 관세직 7급

① 세관장은 관세환급금을 환급하는 경우에 환급받을 자가 세관에 납부하여야 하는 관세와 그 밖의 세금, 가산세 또는 체납처분비가 있을 때에는 환급하여야 하는 금액에서 이를 충당할 수 있다.

② 납세의무자의 관세환급금에 관한 권리는 대통령령으로 정하는 바에 따라 제3자에게 양도할 수 있다.

③ 관세법 제46조 제1항에 따른 관세환급금의 환급을 받고자 하는 자는 당해 물품의 품명·규격·수량·수입신고수리연월일·신고번호 및 환급사유와 환급받고자 하는 금액을 기재한 신청서를 세관장에게 제출하여야 한다.

④ 세관장은 관세법 제46조 제2항의 규정에 의하여 관세환급금을 충당한 때에는 권리자의 신청에 의하여 충당한 경우를 포함하여 그 사실을 권리자에게 통보하여야 한다.

해설 ④ 세관장은 관세환급금을 충당한 때에는 그 사실을 권리자에게 통보하여야 한다. 다만, 권리자의 신청에 의하여 충당한 경우에는 그 통지를 생략한다.(영 제52조)

Chapter 04

83 다음 (   ) 안에 들어갈 내용으로 옳은 것을 모두 고른 것은? 2012 관세사

> 세관장은 납세의무자 (   )·(   ) 또는 (   ) 관세환급금의 환급을 청구할 때에는 대통령령으로 정하는 바에 따라 지체 없이 이를 관세환급금으로 결정하고 30일 이내에 환급하여야 하며, 세관장이 확인한 관세환급금은 납세의무자가 환급을 청구하지 아니하더라도 환급하여야 한다.

① 관세, 가산세, 강제징수비
② 관세, 수수료, 부가가치세
③ 관세, 가산세, 과징금
④ 관세, 과태료, 가산세
⑤ 관세, 가산세, 체납액

해설 **관세법 제46조(관세환급금의 환급) 참조**

정답 80. ④ 81. ④ 82. ④ 83. ①

84 □□□ **관세법상 계약내용과 다른 물품(이하 "위약물품"이라 한다) 등의 관세환급에 대한 설명으로 옳은 것은?**

2009 관세사

① 위약물품 관세환급시 해당 물품이 보세공장에서 생산된 경우에는 최초 수입신고된 보세공장에 다시 반입하여야만 그 관세를 환급한다.

② 수입신고가 수리된 물품이 그 수리 후 계속 지정보세창고에 장치되어 있는 중에 재해로 인하여 멸실된 경우 그 관세를 환급할 수 있다.

③ 위약물품의 관세환급시 해당 물품이 외국으로부터 반입된 경우 반드시 보세구역에 반입하여 수출하여야만 관세를 환급받을 수 있다.

④ 위약물품의 관세환급시 당초 계약 내용과 상이하면 수입신고 당시의 성질 또는 형태가 변경된 경우에도 관세환급이 가능하다.

⑤ 위약물품의 관세환급시 관세 분할납부기간이 끝나지 아니하여 해당 물품에 대한 관세가 징수되지 아니한 경우에는 세관장은 해당 관세의 부과를 취소할 수 있다.

해설 **관세법 제106조(계약 내용과 다른 물품 등에 대한 관세 환급)**

수입물품에 대한 관세의 납부기한이 종료되기 전이거나 징수유예 중 또는 분할납부기간이 끝나지 아니하여 해당 물품에 대한 관세가 징수되지 아니한 경우에는 세관장은 해당 관세의 부과를 취소할 수 있다.(법 제106조 제5항)

---

① 위약물품 관세환급시 해당 물품이 보세공장에서 생산된 경우에는 최초 수입신고된 보세공장이 아닌 다른 보세공장에 반입하여도 관세를 환급한다.
② 수입신고가 수리된 물품이 수입신고 수리 후에도 지정보세구역에 계속 장치되어 있는 중에 재해로 멸실되거나 변질 또는 손상되어 그 가치가 떨어졌을 때에는 대통령령으로 정하는 바에 따라 그 관세의 전부 또는 일부를 환급할 수 있다.
③ 수입물품의 수출을 갈음하여 이를 폐기하는 것이 부득이하다고 인정하여 세관장의 승인을 받아 폐기하였을 때에는 그 관세를 환급한다.
④ 수입신고 당시의 성질이나 형태가 변경되지 아니한 경우에 한하여 관세환급이 가능하다.

85 「관세법」상 관세의 감면 · 환급 및 분할납부 등에 대한 설명으로 옳지 않은 것은? 2016 관세직 9급

① 「관세법」 제89조부터 제91조까지와 제93조 및 제95조에 따라 관세를 감면받은 물품은 수입신고 수리일부터 3년의 범위에서 대통령령으로 정하는 기준에 따라 관세청장이 정하는 기간에는 그 감면받은 용도 외의 다른 용도로 사용하거나 양도할 수 없다. 다만, 기획재정부령으로 정하는 물품과 대통령령으로 정하는 바에 따라 미리 세관장의 승인을 받은 물품의 경우에는 그러하지 아니하다.

② 「여신전문금융업법」에 따른 시설대여업을 하는 자가 「관세법」에 따라 관세가 감면되거나 분할납부되는 물품을 수입할 때에는 「관세법」 제19조에도 불구하고 대여시설 이용자를 납세의무자로 하여 수입신고를 할 수 있다. 이 경우 납세의무자는 대여시설 이용자가 된다.

③ 외국으로부터 수입되어 수입신고가 수리된 물품이 계약 내용과 다르고 수입신고 당시의 성질이나 형태가 변경되지 아니한 경우 해당물품이 수입신고 수리일부터 1년 이내에 보세구역에 반입되었을 때 그 관세를 환급한다.

④ 수입신고가 수리된 물품이 수입신고 수리 후에도 지정보세구역에 계속 장치되어 있는 중에 재해로 멸실되거나 변질 또는 손상되어 그 가치가 떨어졌을 때에는 대통령령으로 정하는 바에 따라 그 관세의 전부 또는 일부를 환급할 수 있다.

해설 **관세법 제106조(계약 내용과 다른 물품 등에 대한 관세 환급)**

수입신고가 수리된 물품이 계약 내용과 다르고 수입신고 당시의 성질이나 형태가 변경되지 아니한 경우 해당 물품이 수입신고 수리일부터 1년 이내에 다음의 어느 하나에 해당하면 그 관세를 환급한다.(법 제106조 제1항)

1. 외국으로부터 수입된 물품: 보세구역(제156조 제1항에 따라 세관장의 허가를 받았을 때에는 그 허가받은 장소를 포함한다.)또는「자유무역지역의 지정 및 운영에 관한 법률」에 따른 자유무역지역 중 관세청장이 수출물품을 일정기간 보관하기 위하여 필요하다고 인정하여 고시하는 장소에 해당 물품을 반입(수입신고 수리일부터 1년 이내에 반입한 경우로 한정한다)하였다가 다시 수출한 경우
2. 보세공장에서 생산된 물품 : 수입신고 수리일부터 1년 이내에 보세공장에 해당 물품을 다시 반입한 경우

③ 외국으로부터 수입되어 수입신고가 수리된 물품이 계약 내용과 다르고 수입신고 당시의 성질이나 형태가 변경되지 아니한 경우 해당 물품이 수입신고 수리일부터 1년 이내에 보세구역에 반입하여 다시 수출할 경우 관세를 환급한다.

86 관세법령상 관세의 환급에 관한 설명이다. ( )에 들어갈 내용을 순서대로 바르게 나열한 것은? 2018 관세사

> 수입신고가 수리된 개인의 자가사용물품이 수입한 상태 그대로 수출되는 경우로서 ( )부터 ( )개월 이내에 관세청장이 정하는 바에 따라 세관장의 확인을 받고 다시 수출하는 경우에는 수입할 때 납부한 관세를 환급한다.

① 수입일, 6
② 수입신고 수리일, 3
③ 수입신고일, 3
④ 수입신고 수리일, 6
⑤ 수입신고일, 6

정답 84. ⑤ 85. ③ 86. ④

해설 **관세법 제106조의2(수입한 상태 그대로 수출되는 자가사용물품 등에 대한 관세 환급)**
수입신고가 수리된 개인의 자가사용물품이 수입한 상태 그대로 수출되는 경우로서 다음 각 호의 어느 하나에 해당하는 경우에는 수입할 때 납부한 관세를 환급한다. 이 경우 수입한 상태 그대로 수출되는 경우의 기준은 대통령령으로 정한다. (법 제106조의2 제1항)
1. 수입신고 수리일부터 6개월 이내에 보세구역 또는 「자유무역지역의 지정 및 운영에 관한 법률」에 따른 자유무역지역 중 관세청장이 수출물품을 일정기간 보관하기 위하여 필요하다고 인정하여 고시하는 장소에 반입하였다가 다시 수출하는 경우
2. 수입신고 수리일부터 6개월 이내에 관세청장이 정하는 바에 따라 세관장의 확인을 받고 다시 수출하는 경우
3. 제241조제2항에 따라 수출신고가 생략되는 탁송품 또는 우편물로서 기획재정부령으로 정하는 금액 이하인 물품을 수입신고 수리일부터 6개월 이내에 수출한 후 관세청장이 정하는 바에 따라 세관장의 확인을 받은 경우

관세법 시행규칙 제58조의2(수입한 상태 그대로 수출되는 자가사용물품에 대한 관세 환급)
법 제106조의2제1항제3호에서 "기획재정부령으로 정하는 금액 이하인 물품"이란 영 제246조제3항제1호에 따른 수출신고가격이 200만원 이하인 물품을 말한다.

87 다음 사례에서 국내 수입자 A가 취해야 할 수출입 통관절차 등에 대한 설명으로 옳은 것은?

□□□

2011 관세직 7급

> 국내 수입자 A는 인쇄기 10대를 미국에서 반입하여 관세를 납부하고 수입통관을 완료하였다. 통관 후 확인 결과 그중 인쇄기 2대가 계약과 다른(위약) 물품임을 확인하고, 미국 수출자에게 클레임을 제기하였다. 이에 대해 미국 수출자가 자신의 실수를 인정하고 해당 인쇄기를 미국으로 보내주면 다른 인쇄기로 대체하여 주겠다고 약속하였다.

① 클레임이 제기된 인쇄기 2대를 '해외에서 수리'를 이유로 수출하고 미국에서 수입되는 새 인쇄기는 재수입면세를 받는 것으로 수입통관을 한다.
② 클레임이 제기된 인쇄기 2대를 위약물품으로 수출하여 관세법 제106조에 따른 환급을 받고, 이와는 별개로 미국에서 수입되는 새 인쇄기는 관세를 납부하고 수입통관을 한다.
③ 클레임이 제기된 인쇄기 2대를 위약물품으로 반송통관하여 관세법 제106조에 따른 환급을 받고, 미국에서 수입되는 새 인쇄기는 재수입면세를 받는 것으로 수입통관을 한다.
④ 클레임이 제기된 인쇄기 2대를 '클레임 발생'을 이유로 반송 통관하고, 이와는 별개로 미국에서 수입되는 새 인쇄기는 관세를 납부하고 수입통관을 진행한다.

해설 ② 수입신고가 수리되고 관세를 납부하였으므로 관세법상 수입통관절차를 거치지 아니하고 다시 외국을 반출되는 반송통관이 아닌 수출신고 후 관세환급신청을 하여야 한다.

88 □□□ **관세법상 수입한 상태 그대로 수출되는 자가사용물품에 대한 관세 환급에 관한 설명으로 옳은 것은?**

2017 관세사

① 수입신고가 수리된 개인의 자가사용물품이 수입한 상태 그대로 수출되는 경우로서 수입 신고일부터 1년 이내에 보세구역에 반입하였다가 다시 수출하는 경우에는 수입할 때 납부한 관세를 환급한다.

② 수입신고가 수리된 개인의 자가사용물품이 수입한 상태 그대로 수출되는 경우로서 수입 신고일부터 6개월 이내에 관세청장이 정하는 바에 따라 세관장의 확인을 받고 다시 수출하는 경우에는 수입할 때 납부한 관세를 환급한다.

③ 자가사용물품은 해당 물품이 국내에서 사용된 사실이 없다고 세관장이 인정하지 않아도 해당 물품이 수입신고 당시의 성질 또는 형태가 변경되지 아니한 상태로 수출되면 수입할 때 납부한 관세를 환급한다.

④ 수입한 상태 그대로 수출되는 자가사용물품에 대한 관세 환급에 관하여는 관세법 제47조(과다환급관세의 징수)를 준용한다.

⑤ 자가사용물품을 수입한 상태 그대로 전부 수출하는 경우에는 이미 납부한 관세액에서 내국세와 행정비용을 제외한 금액을 환급한다.

해설 **관세법 제106조의2(수입한 상태 그대로 수출되는 자가사용물품 등에 대한 관세 환급)**
수입신고가 수리된 개인의 자가사용물품이 수입한 상태 그대로 수출되는 경우로서 다음 각 호의 어느 하나에 해당하는 경우에는 수입할 때 납부한 관세를 환급한다. 이 경우 수입한 상태 그대로 수출되는 경우의 기준은 대통령령으로 정한다.(법 제106조의2 제1항)
1. 수입신고 수리일부터 6개월 이내에 보세구역 또는 「자유무역지역의 지정 및 운영에 관한 법률」에 따른 자유무역지역 중 관세청장이 수출물품을 일정기간 보관하기 위하여 필요하다고 인정하여 고시하는 장소에 반입하였다가 다시 수출하는 경우
2. 수입신고 수리일부터 6개월 이내에 관세청장이 정하는 바에 따라 세관장의 확인을 받고 다시 수출하는 경우
3. 제241조제2항에 따라 수출신고가 생략되는 탁송품 또는 우편물로서 기획재정부령으로 정하는 금액 이하인 물품을 수입신고 수리일부터 6개월 이내에 수출한 후 관세청장이 정하는 바에 따라 세관장의 확인을 받은 경우

수입한 상태 그대로 수출되는 자가사용물품 등에 대한 관세 환급에 관하여는 관세법 제46조(관세환급금의 환급), 관세법 제47조(과다환급관세의 징수) 및 제106조 제2항·제5항을 준용한다.(법 제106조의2 제3항)

관세법 시행령 제124조의2(수입한 상태 그대로 수출되는 자가사용물품에 대한 관세 환급)
수입한 상태 그대로 수출되는 자가사용물품은 다음의 요건을 모두 갖춘 물품으로 한다.(영 제124조의2 제1항)
1. 해당 물품이 수입신고 당시의 성질 또는 형태가 변경되지 아니한 상태로 수출될 것
2. 해당 물품이 국내에서 사용된 사실이 없다고 세관장이 인정할 것

관세법 제106조의2제1항 및 제2항에 따라 환급하는 관세액은 다음의 구분에 따른 금액으로 한다.(영 제124조의2 제3항)
1. 물품을 전부 수출하거나 환불하는 경우: 이미 납부한 관세의 전액
2. 물품의 일부를 수출하거나 환불하는 경우: 그 일부 물품에 해당하는 관세

---

① 수입신고가 수리된 개인의 자가사용물품이 수입한 상태 그대로 수출되는 경우로서 수입신고 수리일부터 6개월 이내에 보세구역에 반입하였다가 다시 수출하는 경우에는 수입할 때 납부한 관세를 환급한다.
② 수입신고가 수리된 개인의 자가사용물품이 수입한 상태 그대로 수출되는 경우로서 수입신고 수리일부터 6개월 이내에 관세청장이 정하는 바에 따라 세관장의 확인을 받고 다시 수출하는 경우에는 수입할 때 납부한 관세를 환급한다.
③ 수입한 상태 그대로 수출되는 자가사용물품은 해당 물품이 수입신고 당시의 성질 또는 형태가 변경되지 아니한 상태로 수출되고 해당 물품이 국내에서 사용된 사실이 없다고 세관장이 인정한 것을 말한다.
⑤ 자가사용물품을 수입한 상태 그대로 전부 수출하는 경우에는 이미 납부한 관세의 전액을 환급하고 수입물품에 대하여 세관장이 부과한 내국세는 관세법상 환급 규정을 준용한다.

정답 87. ② 88. ④

89 □□□ **관세법상 관세의 환급 및 분할납부에 대한 설명으로 옳은 것은?** 2019 관세직 9급

① 수입신고가 수리된 개인의 자가사용물품이 수입한 상태 그대로 수출되는 경우로서 수입신고 수리일부터 6개월 이내에 보세구역에 반입되었다가 다시 수출되는 경우에는 수입할 때 납부한 관세를 환급한다.

② 보세공장에서 생산된 물품이 수입신고 당시의 성질이나 형태가 변경되지 아니하고 수입신고 수리일부터 2년 이내에 보세공장에 다시 반입된 경우 그 관세를 환급한다.

③ 세관장은 천재지변의 사유로 관세법에 따른 신고 또는 징수를 정하여진 기한까지 할 수 없다고 인정할 때에는 5년을 넘지 아니하는 기간을 정하여 관세를 분할하여 납부하게 할 수 있다.

④ 관세의 분할납부를 승인받은 물품을 해당 용도 외의 다른 용도로 사용하려는 자에게 양도한 경우에는 그 양수인이 관세를 납부하여야 하며, 양수인으로부터 해당 관세를 징수할 수 없을 때에는 그 양도인으로부터 관세를 징수한다.

해설 ② 보세공장에서 생산된 물품이 수입신고 당시의 성질이나 형태가 변경되지 아니하고 수입신고 수리일부터 1년 이내에 보세공장에 다시 반입된 경우 그 관세를 환급한다.(법 제106조 제1항 제2호)
③ 세관장은 천재지변이나 그 밖에 대통령령으로 정하는 사유로 관세법에 따른 신고, 신청, 청구, 그 밖의 서류의 제출, 통지, 납부 또는 징수를 정하여진 기한까지 할 수 없다고 인정될 때에는 1년을 넘지 아니하는 기간을 정하여 대통령령으로 정하는 바에 따라 관세를 분할하여 납부하게 할 수 있다.(법 제107조 제1항)
④ 관세의 분할납부를 승인받은 물품을 동일한 용도로 사용하려는 자에게 양도한 경우에는 그 양수인이 관세를 납부하여야 하며, 해당 용도 외의 다른 용도로 사용하려는 자에게 양도한 경우에는 그 양도인이 관세를 납부하여야 한다. 이 경우 양도인으로부터 해당 관세를 징수할 수 없을 때에는 그 양수인으로부터 징수한다.(법 제107조 제5항)

90 □□□ **관세법령상 관세의 환급과 분할납부 등에 대한 설명으로 옳은 것은?** 2023 관세직 7급

① 수입물품의 수출을 갈음하여 폐기하기 위해 수입신고 수리일부터 1년 내에 보세구역에 반입한 물품의 경우에는 세관장의 승인을 받지 않고 폐기하더라도 그 관세를 환급한다.

② 분할납부를 승인받은 법인이 파산선고를 받은 경우에는 그 관세를 납부하여야 하는 자는 파산선고를 받은 날부터 10일 이내에 그 사유를 세관장에게 신고하여야 한다.

③ 수입신고가 수리된 개인의 자가사용물품이 수입신고 수리일부터 6개월 이내에 관세청장이 정하는 바에 따라 세관장의 확인을 받고 다시 수입한 상태 그대로 수출되는 경우에는 수입할 때 납부한 관세를 환급한다.

④ 분할납부의 승인을 받은 자가 해당 물품의 분할납부기간 내에 그 사용 장소를 변경하려는 경우에는 변경 후의 관할지 세관장에게 사용장소변경신고서를 제출하고, 그 제출일부터 3개월 이내에 해당 물품을 변경된 장소에 반입해야 한다.

해설 ① 수입물품의 수출을 갈음하여 이를 폐기하는 것이 부득이하다고 인정하여 그 물품을 수입신고 수리일부터 1년 내에 보세구역에 반입하여 미리 세관장의 승인을 받아 폐기하였을 때에는 그 관세를 환급한다.
② 분할납부를 승인받은 법인이 파산선고를 받은 경우에는 납부하지 아니한 관세의 전액을 즉시징수한다.
④ 분할납부의 승인을 받은 자는 분할납부기간 내에 그 설치 또는 사용 장소를 변경하려는 경우에는 변경 전의 관할지 세관장에게 설치 또는 사용장소변경신고서를 제출하고, 제출일부터 1개월 이내에 해당 물품을 변경된 설치 또는 사용 장소에 반입해야 한다.

91 과오납금에 대한 관세환급청구권을 행사할 수 있는 날에 관한 내용으로 옳은 것은? 2013 관세사

□□□

① 경정으로 인한 환급의 경우에는 경정결정일의 다음날

② 관세의 이중납부로 인한 환급의 경우에는 그 납부일

③ 수입신고를 하고 관세를 납부한 후 신고가 각하된 경우에는 수입신고수리일

④ 계약과 상이한 물품 등에 대한 환급의 경우에는 당해 물품의 수출신고수리일의 다음날

⑤ 착오납부로 인한 환급의 경우에는 수입신고수리일

해설 **관세법 시행령 제7조(관세징수권 소멸시효의 기산일)**

관세환급청구권을 행사할 수 있는 날은 다음 각 호의 날로 한다.

1. 경정으로 인한 환급의 경우에는 경정결정일
2. 착오납부 또는 이중납부로 인한 환급의 경우에는 그 납부일
3. 계약과 상이한 물품 등에 대한 환급의 경우에는 당해 물품의 수출신고수리일 또는 보세공장반입신고일
4. 폐기, 멸실, 변질, 또는 손상된 물품에 대한 환급의 경우에는 해당 물품이 폐기, 멸실, 변질 또는 손상된 날
5. 수입한 상태 그대로 수출되는 자가사용물품에 대한 환급의 경우에는 수출신고가 수리된 날. 다만, 수출신고가 생략되는 물품의 경우에는 운송수단에 적재된 날로 한다.
6. 국제무역선, 국제무역기 또는 보세판매장에서 구입한 후 환불한 물품에 대한 환급의 경우에는 해당 물품이 환불된 날
7. 종합보세구역에서 물품을 판매하는 자가 환급받고자 하는 경우에는 동규정에 의한 환급에 필요한 서류의 제출일
8. 수입신고 또는 입항전수입신고를 하고 관세를 납부한 후 신고가 취하 또는 각하된 경우에는 신고의 취하일 또는 각하일
9. 적법하게 납부한 후 법률의 개정으로 인하여 환급하는 경우에는 그 법률의 시행일

---

① 경정으로 인한 환급의 경우에는 경정결정일이 관세환급청구권 기산일이다.

③ 수입신고를 하고 관세를 납부한 후 신고가 각하된 경우에는 각하일이 관세환급청구권 기산일이다.

④ 계약과 상이한 물품 등에 대한 환급의 경우에는 당해 물품의 수출신고수리일 또는 보세공장반입신고일이 관세환급청구권 기산일이다.

⑤ 착오납부로 인한 환급의 경우에는 납부일이 관세환급청구권 기산일이다.

92 관세법령상 관세환급청구권의 소멸시효 기산일로 옳지 않은 것은? 2023 관세직 9급

□□□

① 「관세법」 제38조의3 제6항에 따른 경정으로 인한 환급의 경우에는 경정청구일

② 「관세법」 제106조 제1항에 따른 계약과 상이한 물품 등에 대한 환급의 경우에는 당해 물품의 수출신고수리일 또는 보세공장 반입신고일

③ 착오납부 또는 이중납부로 인한 환급의 경우에는 그 납부일

④ 적법하게 납부한 후 법률의 개정으로 인하여 환급하는 경우에는 그 법률의 시행일

해설 ① 경정으로 인한 환급의 경우 관세환급청구권의 소멸시효 기산일은 경정결정일이다.

정답 89. ① 90. ③ 91. ② 92. ①

Chapter 04

93 □□□ **관세법령상 관세의 납세의무자 및 부과와 징수 등에 대한 설명으로 옳지 않은 것은?** 2017 관세직 9급

① 수입신고가 수리되기 전에 소비하거나 사용하는 물품(관세법규정에 따라 소비 또는 사용을 수입으로 보지 아니하는 물품은 제외한다)에 대해서는 그 물품의 소비자 또는 사용자가 납세의무자가 된다.

② 납세의무자가 관세・가산세 및 강제징수비를 체납한 경우 그 납세의무자에게 국세기본법 제42조 제2항에 따른 양도담보재산이 있을 때에는 그 납세의무자의 다른 재산에 대하여 체납처분을 집행하여도 징수하여야 하는 금액에 미치지 못한 경우에만 국세징수법 제13조를 준용하여 그 양도담보 재산으로써 납세의무자의 관세・가산세 및 강제징수비를 징수할 수 있다. 다만, 그 관세의 납세신고일(관세법 제39조에 따라 부과고지하는 경우에는 그 납부고지서의 발송일) 전에 담보의 목적이 된 양도담보재산에 대하여는 그러하지 아니하다.

③ 납세의무자가 신고납부한 세액을 세관장이 심사한 결과 세액에 과다함이 있음을 알게 되어 세관장이 경정하는 경우의 환급 청구권을 행사할 수 있는 날과 착오납부 또는 이중납부로 인한 환급의 경우 환급청구권을 행사할 수 있는 날은 모두 그 납부일이다.

④ 세관장은 관세의 납세의무자가 아닌 자가 관세의 납부를 보증한 경우 그 담보로 관세에 충당하고 남은 금액이 있을 때에는 그 보증인에게 이를 직접 돌려주어야 한다.

해설 ③ 경정으로 인한 환급의 경우에는 경정결정일, 착오납부 또는 이중납부로 인한 환급의 경우에는 그 납부일이 환급청구권을 행사할 수 있는 날이다.

94 □□□ **관세법에 의한 관세의 환급 및 분할납부에 관한 설명으로 옳지 않은 것은?** 2011 관세사

① 수입신고가 수리된 물품이 수입신고 수리 후에도 지정보세구역에 계속 장치되어 있는 중에 재해로 멸실되거나 변질 또는 손상되어 그 가치가 떨어졌을 때에는 그 관세의 전부 또는 일부를 환급할 수 있다.

② 보세공장에서 생산된 물품으로 수입신고가 수리된 물품이 계약 내용과 다른 경우 수입신고 당시의 성질이나 형태가 변경되지 아니한 상태에서 수입신고수리일부터 1년 이내에 보세공장에 이를 반입하였다가 재수출해야 그 관세가 환급될 수 있다.

③ 세관장이 관세의 분할납부를 승인한 때에는 그 납부기한별로 납부고지를 하여야 한다.

④ 관세의 분할납부를 승인받은 자가 해당 물품의 용도를 변경하거나 그 물품을 양도하려는 경우에는 미리 세관장의 승인을 받아야 한다.

⑤ 관세의 분할납부를 승인받은 자가 파산선고를 받은 경우에는 그 파산관재인이 관세를 납부하여야 한다.

해설 ② 보세공장에서 생산된 물품으로 수입신고가 수리된 물품이 계약 내용과 다른 경우 수입신고 당시의 성질이나 형태가 변경되지 아니한 상태에서 수입신고수리일부터 1년 이내에 보세공장에 이를 반입하면 관세를 환급한다. 재수출해야 그 관세가 환급될 수 있는 것은 아니다.

① (법 제106조 제4항)
③ (영 제127조 제1항)
④ (법 제107조 제3항)
⑤ (법 제107조 제7항)

95 **관세법령상 관세의 분할납부에 관한 설명으로 옳지 않은 것은?** 2021 관세사

□□□

① 관세의 분할납부를 승인받은 자가 해당 물품의 용도를 변경하려는 경우에는 미리 세관장의 승인을 받아야 한다.

② 관세의 분할납부승인을 얻고자 하는 자는 당해 물품의 수입신고시부터 수입신고수리전까지 그 물품의 품명·규격·수량·가격·용도·사용장소와 사업의 종류를 기재한 신청서를 세관장에게 제출하여야 한다.

③ 세관장이 관세의 분할납부를 승인한 때에는 납세의무자가 납부기한 별로 신고납부를 하여야 한다.

④ 세관장은 법인이 해산하여 관세를 징수하는 때에는 15일 이내의 납부기한을 정하여 관세법에 의한 납부고지를 하여야 한다.

⑤ 분할납부의 승인을 받은 자는 부득이한 반입 지연사유가 있는 경우에는 관세청장이 정하는 바에 따라 세관장에게 반입 기한의 연장을 신청할 수 있다.

해설 **관세법 시행령 제127조(관세의 분할납부고지)**

세관장은 관세의 분할납부를 승인한 때에는 납부기한 별로 납부고지를 해야 한다.(영 제127조 제1항)

---

① (법 제107조 제3항)
② (영 제126조)
④ (영 제127조 제2항)
⑤ (영 제129조 제2항)

정답 93. ③ 94. ② 95. ③

96 □□□ **관세법령상 관세의 분할납부에 대한 설명으로 옳지 않은 것은?** 2023 관세직 9급

① 시설기계류, 기초설비품, 건설용 재료 및 그 구조물과 공사용 장비로서 기획재정부장관이 고시하는 물품이 수입될 때에는 세관장은 기획재정부령으로 정하는 바에 따라 5년을 넘지 아니하는 기간을 정하여 관세의 분할납부를 승인할 수 있다. 다만, 기획재정부령으로 정하는 업종에 소요되는 물품은 제외한다.

② 관세의 분할납부를 승인받은 법인이 합병·분할 또는 분할합병된 경우에는 합병·분할 또는 분할합병 후에 존속하거나 합병·분할 또는 분할합병으로 설립된 법인이 연대하여 관세를 납부하여야 한다.

③ 「관세법」 제107조 제2항의 규정에 의하여 관세의 분할납부승인을 얻고자 하는 자는 당해 물품의 수입신고를 하기 전까지 그 물품의 품명·규격·수량·가격·용도·사용장소와 사업의 종류를 기재한 신청서를 세관장에게 제출하여야 한다.

④ 관세의 분할납부를 승인받은 물품을 해당 용도 외의 다른 용도로 사용하려는 자에게 양도한 경우에는 그 양도인이 관세를 납부하여야 하며, 이 경우 양도인으로부터 해당 관세를 징수할 수 없을 때에는 그 양수인으로부터 징수한다.

해설 **관세법 시행령 제126조(관세의 분할납부 승인신청)**

법 제107조 제2항의 규정에 의하여 관세의 분할납부승인을 얻고자 하는 자는 당해 물품의 수입신고시부터 수입신고수리전까지 그 물품의 품명·규격·수량·가격·용도·사용장소와 사업의 종류를 기재한 신청서를 세관장에게 제출하여야 한다.

97 □□□ **관세법상 관세의 환급 및 분할납부에 관한 설명으로 옳지 않은 것은?** 2016 관세사

① 세관장은 천재지변이나 그 밖에 대통령령으로 정하는 사유로 관세법에 따른 신고, 신청, 청구, 그 밖의 서류의 제출, 통지, 납부 또는 징수를 정하여진 기한까지 할 수 없다고 인정될 때에는 1년을 넘지 아니하는 기간을 정하여 대통령령으로 정하는 바에 따라 관세를 분할하여 납부하게 할 수 있다.

② 정부나 지방자치단체가 수입하는 물품으로서 기획재정부령으로 정하는 물품이 수입될 때에는 세관장은 기획재정부령으로 정하는 바에 따라 5년을 넘지 아니하는 기간을 정하여 관세의 분할납부를 승인할 수 있다.

③ 관세의 분할납부를 승인받은 물품을 동일한 용도로 사용하려는 자에게 양도한 경우에는 그 양수인이 관세를 납부하여야 하며, 해당 용도 외의 다른 용도로 사용하려는 자에게 양도한 경우에는 그 양도인이 관세를 납부하여야 한다. 이 경우 양도인으로부터 해당 관세를 징수할 수 없을 때에는 그 양수인으로부터 징수한다.

④ 학교나 직업훈련원에서 수입하는 물품과 비영리법인이 공익사업을 위하여 수입하는 물품이 수입될 때에는 세관장은 대통령령으로 정하는 바에 따라 7년을 넘지 아니하는 기간을 정하여 관세의 분할납부를 승인할 수 있다.

⑤ 관세의 분할납부를 승인받은 자가 파산선고를 받은 경우에는 그 파산관재인이 관세를 납부하여야 한다.

해설 **관세법 제107조(관세의 분할납부)**

다음의 어느 하나에 해당하는 물품이 수입될 때에는 세관장은 기획재정부령으로 정하는 바에 따라 5년을 넘지 아니하는 기간을 정하여 관세의 분할납부를 승인할 수 있다.(법 제107조 제2항)

1. 시설기계류, 기초설비품, 건설용 재료 및 그 구조물과 공사용 장비로서 기획재정부장관이 고시하는 물품. 다만, 기획재정부령으로 정하는 업종에 소요되는 물품은 제외한다.
2. 정부나 지방자치단체가 수입하는 물품으로서 기획재정부령으로 정하는 물품
3. 학교나 직업훈련원에서 수입하는 물품과 비영리법인이 공익사업을 위하여 수입하는 물품으로서 기획재정부령으로 정하는 물품
4. 의료기관 등 기획재정부령으로 정하는 사회복지기관 및 사회복지시설에서 수입하는 물품으로서 기획재정부장관이 고시하는 물품
5. 기획재정부령으로 정하는 기업부설연구소, 산업기술연구조합 및 비영리법인인 연구기관, 그 밖에 이와 유사한 연구기관에서 수입하는 기술개발연구용품 및 실험실습용품으로서 기획재정부장관이 고시하는 물품
6. 기획재정부령으로 정하는 중소제조업체가 직접 사용하려고 수입하는 물품. 다만, 기획재정부령으로 정하는 기준에 적합한 물품이어야 한다.
7. 기획재정부령으로 정하는 기업부설 직업훈련원에서 직업훈련에 직접 사용하려고 수입하는 교육용품 및 실험실습용품 중 국내에서 제작하기가 곤란한 물품으로서 기획재정부장관이 고시하는 물품

정답 96. ③ 97. ④

98 관세법령상 세관장이 5년을 넘지 아니하는 기간을 정하여 관세의 분할납부를 승인할 수 있는 물품으로 명시되어 있지 않은 것은? 2018 관세사

① 지방자치단체가 수입하는 물품으로서 기획재정부령으로 정하는 물품
② 영리법인이 공익사업을 위하여 수입하는 물품으로서 기획재정부령으로 정하는 물품
③ 기획재정부령으로 정하는 기업부설 직업훈련원에서 직업훈련에 직접 사용하려고 수입하는 교육용품 중 국내에서 제작하기가 곤란한 물품으로서 기획재정부장관이 고시하는 물품
④ 기획재정부령으로 정하는 중소제조업체가 직접 사용하려고 수입하는 물품으로서 기획재정부령으로 정하는 기준에 적합한 물품
⑤ 의료기관 등 기획재정부령으로 정하는 사회복지기관 및 사회복지시설에서 수입하는 물품으로서 기획재정부장관이 고시하는 물품

해설 ② 세관장은 비영리법인이 공익사업을 위하여 수입하는 물품으로서 기획재정부령으로 정하는 물품이 수입될 때에는 5년을 넘지 아니하는 기간을 정하여 관세의 분할납부를 승인할 수 있다.

99 관세법상 물품이 수입될 때 세관장은 5년을 넘지 아니하는 기간을 정하여 관세의 분할납부를 승인할 수 있다. 이러한 물품에 해당하지 않는 것은? 2020 관세직 9급

① 정부나 지방자치단체가 수입하는 물품으로서 기획재정부령으로 정하는 물품
② 학교나 직업훈련원에서 수입하는 물품과 비영리법인이 공익사업을 위하여 수입하는 물품으로서 기획재정부령으로 정하는 물품
③ 의료기관 등 대통령령으로 정하는 사회복지기관 및 사회복지시설에서 수입하는 물품으로서 기획재정부장관이 고시하는 물품
④ 기획재정부령으로 정하는 중소제조업체가 직접 사용하려고 수입하는 물품. 다만, 기획재정부령으로 정하는 기준에 적합한 물품이어야 한다.

해설 ③ 세관장은 의료기관 등 기획재정부령으로 정하는 사회복지기관 및 사회복지시설에서 수입하는 물품으로서 기획재정부장관이 고시하는 물품이 수입될 때에는 5년을 넘지 아니하는 기간을 정하여 관세의 분할납부를 승인할 수 있다.

100 □□□ **관세법령상 관세의 분할납부에 관한 내용으로 옳지 않은 것은?** 2019 관세사

① 관세의 분할납부를 승인받은 법인이 해산한 경우에는 그 청산인이 관세를 납부하여야 한다.
② 정부나 지방자치단체가 수입하는 물품으로서 기획재정부령으로 정하는 물품이 수입될 때에는 관세청장은 대통령령으로 정하는 바에 따라 3년을 넘지 아니하는 기간을 정하여 관세의 분할납부를 승인할 수 있다.
③ 관세의 분할납부를 승인받은 자가 해당 물품의 용도를 변경하거나 그 물품을 양도하려는 경우에는 미리 세관장의 승인을 받아야 한다.
④ 관세의 분할납부를 승인받은 자가 파산선고를 받은 경우에는 그 파산관재인이 관세를 납부하여야 한다.
⑤ 법인이 해산한 경우에는 납부하지 아니한 관세의 전액을 즉시 징수한다.

해설 ② 정부나 지방자치단체가 수입하는 물품으로서 기획재정부령으로 정하는 물품이 수입될 때에는 세관장은 5년을 넘지 아니하는 기간을 정하여 관세의 분할납부를 승인할 수 있다.
① (법 제107조 제8항)
③ (법 제107조 제3항)
④ (법 제107조 제7항)
⑤ (법 제109조 제9항)

101 □□□ **관세법령상 분할납부에 대한 내용으로 옳지 않은 것은?** 2014 관세직 9급

① 관세의 분할납부승인을 얻고자 하는 자는 당해 물품의 수입신고전까지 그 물품의 품명·규격·수량·가격·용도·사용·장소와 사업의 종류를 기재한 신청서를 세관장에게 제출하여야 한다.
② 관세의 분할납부를 승인받은 물품을 동일한 용도로 사용하려는 자에게 양도한 경우에는 그 양수인이 관세를 납부하여야 하며, 해당 용도 외의 다른 용도로 사용하려는 자에게 양도한 경우에는 그 양도인이 관세를 납부하여야 한다. 이 경우 양도인으로부터 해당 관세를 징수할 수 없을 때에는 그 양수인으로부터 징수한다.
③ 관세의 분할납부를 승인받은 법인이 합병·분할 또는 분할합병된 경우에는 합병·분할 또는 분할합병 후에 존속하거나 합병·분할 또는 분할합병으로 설립된 법인이 연대하여 관세를 납부하여야 한다.
④ 관세의 분할납부를 승인받은 자가 파산선고를 받은 경우에는 그 파산관재인이 관세를 납부하여야 한다.

해설 **관세법 시행령 제125조(천재·지변 등으로 인한 관세의 분할납부)**
천재지변이나 그 밖에 대통령령으로 정하는 사유로 관세를 분할납부하고자 하는 자는 신청서를 납부기한내에 세관장에게 제출하여야 한다.(영 제125조 제1항)

관세법 시행령 제126조(관세의 분할납부 승인신청)
특정물품의 수입으로 관세의 분할납부승인을 얻고자 하는 자는 당해 물품의 수입신고시부터 수입신고수리전까지 그 물품의 품명·규격·수량·가격·용도·사용장소와 사업의 종류를 기재한 신청서를 세관장에게 제출하여야 한다.

① 천재·지변 등으로 인한 관세의 분할납부 신청은 납부기한내에, 특정물품의 수입으로 인한 관세의 분할탑부 신청은 수입신고시부터 수입신고수리전까지이다.

정답 98. ② 99. ③ 100. ② 101. ①

102 **관세법령상 관세의 분할납부에 관한 설명으로 옳은 것은?** 2020 관세사

□□□

① 세관장은 천재지변으로 관세납부 등을 정하여진 기한까지 할 수 없다고 인정될 때에는 5년을 넘지 아니하는 기간을 정하여 기획재정부령으로 정하는 바에 따라 관세를 분할하여 납부하게 할 수 있다.

② 지방자치단체가 수입하는 물품으로서 기획재정부령으로 정하는 물품이 수입될 때에는 세관장은 대통령령으로 정하는 바에 따라 1년을 넘지 아니하는 기간을 정하여 관세의 분할납부를 승인할 수 있다.

③ 관세의 분할납부를 승인받은 법인이 해산한 경우에는 그 청산인이 관세를 납부하여야 한다.

④ 관세의 분할납부를 승인받은 물품을 동일한 용도로 사용하려는 자에게 양도한 경우에는 그 양도인이 관세를 납부하여야 한다.

⑤ 분할납부를 승인받은 자는 기획재정부령으로 정하는 바에 따라 해당 조건의 이행 여부를 확인하는 데에 필요한 서류를 관세청장에게 제출하여야 한다.

해설 **관세법 제107조(관세의 분할납부)**

관세의 분할납부를 승인받은 법인이 해산한 경우에는 그 청산인이 관세를 납부하여야 한다.(법 제107조 제8항)

---

① 세관장은 천재지변으로 관세납부 등을 정하여진 기한까지 할 수 없다고 인정될 때에는 1년을 넘지 아니하는 기간을 정하여 대통령령으로 정하는 바에 따라 관세를 분할하여 납부하게 할 수 있다.(법 제107조 제1항)

② 지방자치단체가 수입하는 물품으로서 기획재정부령으로 정하는 물품이 수입될 때에는 세관장은 기획재정부령으로 정하는 바에 따라 5년을 넘지 아니하는 기간을 정하여 관세의 분할납부를 승인할 수 있다.(법 제107조 제2항)

④ 관세의 분할납부를 승인받은 물품을 동일한 용도로 사용하려는 자에게 양도한 경우에는 그 양수인이 관세를 납부하여야 한다.(법 제107조 제5항)

⑤ 관세법이나 그 밖의 법률 · 조약 · 협정 등에 따라 용도세율을 적용받거나 관세의 감면 또는 분할납부를 승인받은 자는 대통령령으로 정하는 바에 따라 해당 조건의 이행 여부를 확인하는 데에 필요한 서류를 세관장에게 제출하여야 한다.(법 제108조 제2항)

103 관세법 시행령 조문의 일부이다. ( )에 들어갈 내용을 옳게 나열한 것은? 2020 관세사

> 제129조(관세감면 및 분할납부 승인물품의 반입 및 변경신고) …… 법 제107조의 규정에 의하여 관세의 분할납부의 승인을 얻은 물품을 그 분할납부기간 만료 전에 그 설치 또는 사용장소를 변경하고자 하는 때에는 변경 전의 (ㄱ)에게 다음 각 호의 사항을 기재한 설치 또는 사용장소변경신고서를 제출하고, 제출일부터 (ㄴ) 내에 변경된 설치 또는 사용장소에 이를 반입하여야 한다. 다만, 재해 · 노사분규 등의 긴급한 사유로 자기소유의 국내의 다른 장소로 당해 물품의 설치 또는 사용장소를 변경하고자 하는 경우에는 (ㄷ)에게 신고하고, 변경된 설치 또는 사용장소에 반입한 후 (ㄹ) 이내에 설치 또는 사용장소변경신고서를 제출하여야 한다.

① (ㄱ) 관할지 세관장, (ㄴ) 1월, (ㄷ) 관할지 세관장, (ㄹ) 1월
② (ㄱ) 관할지 세관장, (ㄴ) 30일, (ㄷ) 관할지 세관장, (ㄹ) 30일
③ (ㄱ) 통관지 세관장, (ㄴ) 1월, (ㄷ) 통관지 세관장, (ㄹ) 1월
④ (ㄱ) 통관지 세관장, (ㄴ) 30일, (ㄷ) 통관지 세관장, (ㄹ) 30일
⑤ (ㄱ) 통관지 세관장, (ㄴ) 1월, (ㄷ) 관할지 세관장, (ㄹ) 30일

해설 **관세법 시행령 제129조(관세감면 및 분할납부 승인물품의 반입 및 변경신고)**

용도세율의 적용, 관세의 감면 또는 분할납부의 승인을 받은 자는 기간 내에 그 설치 또는 사용 장소를 변경하려는 경우에는 변경 전의 관할지 세관장에게 설치 또는 사용장소변경신고서를 제출하고, 제출일부터 1개월 이내에 해당 물품을 변경된 설치 또는 사용 장소에 반입해야 한다. 다만, 재해 · 노사분규 등의 긴급한 사유로 국내에 소재한 자기 소유의 다른 장소로 해당 물품의 설치 또는 사용 장소를 변경하려는 경우에는 관할지 세관장에게 신고하고, 변경된 설치 또는 사용 장소에 반입한 후 1개월 이내에 설치 또는 사용장소변경신고서를 제출해야 한다.(영 제129조 제5항)

104 관세법 제107조(관세의 분할납부) 제2항 제1호의 시설기계류 · 기초설비품 · 건설용 재료 및 그 구조물과 공사용 장비로서 기획재정부장관이 고시하는 물품에 대한 관세분할납부의 요건 등에 관한 설명으로 옳지 않은 것은? 2009 관세사

① 세관장은 기획재정부령으로 정하는 바에 따라 5년을 초과하지 아니하는 기간을 정하여 관세의 분할 납부를 승인할 수 있다.
② 관세법 별표 관세율표에서 부분품으로 분류되지 아니할 것
③ 관세법 기타 관세에 관한 법률 또는 조약에 의하여 관세를 감면받지 아니할 것
④ 해당 관세액이 300만원 이상일 것. 다만, 중소기업기본법 제2조 제1항의 규정에 의한 중소기업이 수입하는 경우에는 100만원 이상일 것
⑤ 관세법 제51조(덤핑방지관세의 부과대상) 내지 제72조(계절관세)의 규정을 적용받는 물품이 아닐 것

해설 **관세법 시행규칙 제59조(관세분할납부의 요건)**

시설기계류, 기초설비품, 건설용 재료 및 그 구조물과 공사용 장비로써 관세를 분할납부할 수 있는 물품은 다음의 요건을 갖추어야 한다.(규칙 제59조 제1항)

정답 102. ③ 103. ① 104. ④

1. 관세법 별표 관세율표에서 부분품으로 분류되지 아니할 것
2. 관세법 기타 관세에 관한 법률 또는 조약에 의하여 관세를 감면받지 아니할 것
3. 당해 관세액이 500만원 이상일 것. 다만, 「중소기업기본법」 제2조 제1항의 규정에 의한 중소기업이 수입하는 경우에는 100만원 이상일 것
4. 관세법 제51조 내지 제72조의 규정을 적용받는 물품이 아닐 것

중소제조업체가 직접 사용하려고 수입하는 물품으로써 관세를 분할납부할 수 있는 물품은 관세법 별표 관세율표 제84류 · 제85류 및 제90류에 해당하는 물품으로서 다음의 요건을 갖추어야 한다.(규칙 제59조 제4항)
1. 관세법 기타 관세에 관한 법률 또는 조약에 의하여 관세의 감면을 받지 아니할 것
2. 당해 관세액이 100만원 이상일 것
3. 관세법 제51조(덤핑방지관세) 내지 제72조(계절관세)의 규정을 적용받는 물품이 아닐 것
4. 국내에서 제작이 곤란한 물품으로서 당해 물품의 생산에 관한 사무를 관장하는 주무부처의 장 또는 그 위임을 받은 기관의 장이 확인한 것일 것

105 □□□ **甲은 중소기업으로 공장설비 증설을 위하여 미국으로부터 기계장비를 도입하고자 한다. 甲은 납세로 인한 자금부담 완화를 위해 분할납부제도를 적용하고 싶다. 이 경우 분할납부에 대한 설명으로 가장 잘못된 것은?** 2007 관세사

① 甲이 수입하는 물품에 대해 분할납부가 가능하려면 그 요건의 하나로 관세액이 적어도 100만원 이상이어야 한다.

② 甲이 관세법의 다른 조항에 의해 관세감면을 받았다면 감면 후 납부하여야 할 관세액이 얼마이냐를 불문하고 분할납부제도 적용이 불가능하다.

③ 甲이 수입하는 물품이 할당관세가 적용되는 물품이라 하더라도 이를 이유로 분할납부 적용대상에서 제외되는 것은 아니다.

④ 甲이 분할납부를 하고자 한다면 수입신고가 수리되기전까지 세관장에게 분할납부 승인신청을 하여 세관장의 승인을 받아야 한다.

해설 ③ 중소제조업체가 직접 사용하려고 수입하는 물품으로써 관세를 분할납부 하려는 물품은 관세법 제51조(덤핑방지관세) 내지 제72조(계절관세)의 규정을 적용받는 물품이 아니여야 하므로, 할당관세(법 제71조)가 적용되는 물품은 대상에서 제외된다.

106 □□□ **관세법상 세관장이 관세의 분할납부를 승인할 수 있는 시설기계류로 인정되기 위한 요건에 해당하지 않는 것은?** 2014 관세사

① 관세법 별표 관세율표에서 부분품으로 분류되지 아니하여야 한다.

② 관세법 기타 관세에 관한 법률 또는 조약에 의하여 관세를 감면받지 아니하여야 한다.

③ 중소기업기본법에 의한 중소기업이 수입하는 경우에는 관세액이 100만원 이상이어야 한다.

④ 계절관세의 적용을 받는 물품이 아니어야 한다.

⑤ 편익관세의 적용을 받는 물품이 아니어야 한다.

해설 ⑤ 시설기계류로써 관세를 분할납부 하려는 물품은 관세법 제51조(덤핑방지관세) 내지 제72조(계절관세)의 규정을 적용받는 물품이 아니여야 한다. 편익관세는 관세법 제74조에서 규정하고 있다.

107 「관세법」상의 내용으로 옳은 것은? 2015 관세직 9급

① 납세의무자의 관세환급금에 관한 권리는 대통령령으로 정하는 바에 따라 제3자에게 양도할 수 없다.

② 세관장은 납세의무자가 관세·가산세 등의 납부한 금액 중 잘못 납부하거나 초과하여 납부한 금액 환급을 청구할 때에는 지체 없이 이를 관세환급금으로 결정하고 15일 이내에 환급하여야 한다.

③ 세관에 설치된 관세품목분류위원회에서는 품목분류의 적용기준의 신설 또는 변경과 관련하여 세관장이 관세청장에게 요청할 사항 등을 심의한다.

④ 세관장은 천재지변 등의 사유로 「관세법」에 따른 신고, 납부 등을 정하여진 기한까지 할 수 없다고 인정될 때에는 1년을 넘지 아니하는 기간을 정하여 대통령령으로 정하는 바에 따라 관세를 분할하여 납부하게 할 수 있다.

해설 ① 납세의무자의 관세환급금에 관한 권리는 대통령령으로 정하는 바에 따라 제3자에게 양도할 수 있다.(법 제46조 제3항)

② 세관장은 납세의무자가 관세·가산세 등의 환급을 청구할 때에는 지체없이 이를 관세환급금으로 결정하고 30일 이내에 환급하여야 한다.(법 제46조 제1항)

③ 관세품목분류위원회는 관세청에 설치되며, 품목분류 적용기준의 신설 또는 변경과 관련하여 관세청장이 기획재정부장관에게 요청할 사항 등을 심의한다.(법 제85조 제2항)

108 「관세법」상 관세환급 및 분할납부에 대한 설명으로 옳지 않은 것은? 2016 관세직 7급

① 수입신고가 수리된 물품이 수입신고 수리 후에도 지정보세구역에 계속 장치되어 있는 중에 재해로 멸실되거나 변질 또는 손상되어 그 가치가 떨어졌을 때에는 대통령령으로 정하는 바에 따라 그 관세의 전부 또는 일부를 환급할 수 있다.

② 수입신고가 수리된 개인의 자가사용물품이 수입한 상태 그대로 수출되는 경우로서 수입신고 수리일부터 6개월 이내에 관세청장이 정하는 바에 따라 세관장의 확인을 받고 다시 수출하는 경우에는 수입할 때 납부한 관세를 환급한다.

③ 관세의 분할납부를 승인받은 물품을 해당 용도 외의 다른 용도로 사용하려는 자에게 양도한 경우에는 그 양도인이 관세를 납부하여야 하며, 양도인으로부터 해당 관세를 징수할 수 없을 때에는 그 양수인으로부터 징수한다.

④ 정부가 수입하는 물품으로서 기획재정부령으로 정하는 물품이 수입될 때에는 세관장은 대통령령으로 정하는 바에 따라 5년을 넘지 아니하는 기간을 정하여 관세의 분할납부를 승인할 수 있다.

해설 ④ 세관장은 정부나 지방자치단체가 수입하는 물품으로서 기획재정부령으로 정하는 물품이 수입될 때에는 기획재정부령으로 정하는 바에 따라 5년을 넘지 아니하는 기간을 정하여 관세의 분할납부를 승인할 수 있다.

정답 105. ③ 106. ⑤ 107. ④ 108. ④

109 관세법상 관세의 분할납부를 승인받은 자로부터 납부하지 아니한 관세의 전액을 즉시 징수하는 경우가 아닌 것은? 2017 관세사

□□□

① 관세의 분할납부를 승인받은 물품을 분할납부기간에 해당 용도 외의 다른 용도로 사용하거나 해당 용도 외의 다른 용도로 사용하려는 자에게 양도한 경우

② 관세를 지정된 기한까지 납부하지 아니한 경우(다만, 관세청장이 부득이한 사유가 있다고 인정하는 경우는 제외)

③ 파산선고를 받은 경우

④ 법인이 분할한 경우

⑤ 법인이 해산한 경우

해설 **관세법 제107조(관세의 분할납부)**

다음 어느 하나에 해당하는 경우에는 납부하지 아니한 관세의 전액을 즉시 징수한다.(법 제107조 제9항)

1. 관세의 분할납부를 승인받은 물품을 분할납부기간에 해당 용도 외의 다른 용도로 사용하거나 해당 용도 외의 다른 용도로 사용하려는 자에게 양도한 경우
2. 관세를 지정된 기한까지 납부하지 아니한 경우. 다만, 관세청장이 부득이한 사유가 있다고 인정하는 경우는 제외한다.
3. 파산선고를 받은 경우
4. 법인이 해산한 경우

---

④ 관세의 분할납부를 승인받은 법인이 합병·분할 또는 분할합병된 경우에는 합병·분할 또는 분할합병 후에 존속하거나 합병·분할 또는 분할합병으로 설립된 법인이 연대하여 관세를 납부하여야 한다.(법 제107조 제6항)

02 납세의무 소멸

01 관세법 제20조(납부의무의 소멸)에서 납부의무가 소멸하는 때로 명시되어 있지 않은 것은? 2019 관세사

□□□

① 납세의무자의 국적이 변경된 때

② 관세부과가 취소된 때

③ 관세를 납부하거나 관세에 충당한 때

④ 관세법 제21조(관세부과의 제척기간)에 따라 관세를 부과할 수 있는 기간에 관세가 부과되지 아니하고 그 기간이 만료된 때

⑤ 관세법 제22조(관세징수권 등의 소멸시효)에 따라 관세징수권의 소멸시효가 완성된 때

해설 **관세법 제20조(납부의무의 소멸)**

관세 또는 강제징수비를 납부하여야 하는 의무는 다음의 어느 하나에 해당되는 때에는 소멸한다.

1. 관세를 납부하거나 관세에 충당한 때
2. 관세부과가 취소된 때
3. 관세를 부과할 수 있는 기간에 관세가 부과되지 아니하고 그 기간이 만료된 때
4. 관세징수권의 소멸시효가 완성된 때

02 관세법상 관세의 납세의무가 소멸되는 사유로 옳은 것은? 2017 관세직 9급

□□□

① 관세징수권의 소멸시효가 정지된 때
② 관세부과가 취소된 때
③ 관세청장 또는 세관장이 통고처분을 한 때
④ 관세포탈죄로 벌금 처벌을 받은 때

해설 ② 관세부과가 취소되면 납세의무가 소멸된다.
① 관세징수권의 소멸시효가 정지되면 정지사유가 발생하는 동안 징수권을 행사하지 못할 뿐 납세의무가 소멸되는 것은 아니다.
③ 통고처분을 하면 관세징수권의 소멸시효가 중단될 뿐 납세의무가 소멸되는 것은 아니다.
④ 관세의 납세의무와 관세형벌의 벌금은 별개이며 벌금을 납부하여도 납세의무는 소멸하지 않는다.

03 관세법상 관세 납부의무가 소멸하는 때가 아닌 것은? 2017 관세사

□□□

① 관세를 납부하거나 관세에 충당한 때
② 관세 부과가 취소된 때
③ 부정한 방법으로 관세를 포탈한 경우 해당 관세를 부과할 수 있는 날부터 5년이 지나도록 관세를 부과하지 아니한 때
④ 5억원 이상의 관세에 대하여 징수권을 행사할 수 있는 날부터 10년 동안 징수권을 행사하지 아니한 때
⑤ 5억원 미만의 관세에 대하여 징수권을 행사할 수 있는 날부터 5년 동안 징수권을 행사하지 아니한 때

해설 ③ 부정한 방법으로 관세를 포탈하였거나 환급 또는 감면받은 경우 해당 관세를 부과할 수 있는 날부터 10년이 지나면 관세를 부과할 수 없다.

04 (　)에 들어갈 내용이 순서대로 옳은 것은? 2016 관세사, 2017년 9급

□□□

> 관세는 해당 관세를 부과할 수 있는 날부터 (　)년이 지나면 부과할 수 없다. 다만, 부정한 방법으로 관세를 포탈하였거나 환급 또는 감면받은 경우에는 관세를 부과할 수 있는 날부터 (　)년이 지나면 부과할 수 없다.

① 1, 3
② 2, 3
③ 3, 8
④ 5, 7
⑤ 5, 10

해설 **관세법 제21조(관세부과의 제척기간)**
관세는 해당 관세를 부과할 수 있는 날부터 5년이 지나면 부과할 수 없다. 다만, 부정한 방법으로 관세를 포탈하였거나 환급 또는 감면받은 경우에는 관세를 부과할 수 있는 날부터 10년이 지나면 부과할 수 없다.(법 제21조 제1항)

정답 109. ④ / 01. ① 02. ② 03. ③ 04. ⑤

05 관세 부과의 제척기간 등에 관한 설명으로 옳지 않은 것은? 2015 관세사

□□□

① 부정한 방법으로 관세를 포탈하였거나 환급 또는 감면받은 경우가 아니라면 관세는 해당 관세를 부과할 수 있는 날부터 5년이 지나면 부과할 수 없다.

② 관세법 규정에 따른 압수물품의 반환결정이 있은 경우에는 해당 결정 통지일로부터 2개월이 지나기 전까지는 해당 결정에 따라 경정이나 그 밖에 필요한 처분을 할 수 있다.

③ 감사원법에 따른 심사청구에 대한 결정이 있은 경우에는 결정이 확정된 날부터 1년이 지나기 전까지는 해당 결정에 따라 경정이나 그 밖에 필요한 처분을 할 수 있다.

④ 이의신청, 심사청구 또는 심판청구에 대한 결정이 있은 경우에는 결정이 확정된 날부터 1년이 지나기 전까지는 해당 결정에 따라 경정이나 그 밖에 필요한 처분을 할 수 있다.

⑤ 행정소송법에 따른 소송에 대한 판결이 있은 경우 판결이 확정된 날부터 1년이 지나기 전까지는 해당 판결에 따라 경정이나 그 밖에 필요한 처분을 할 수 있다.

해설

구분	내용	제척기간
원칙	일반적인 경우	5년
예외	부정한 방법으로 관세를 포탈하였거나 환급 또는 감면받은 경우	10년
특례	① 이의신청, 심사청구, 심판청구에 대한 결정이 있은 경우 ② 감사원 법에 따른 심사청구에 대한 결정이 있은 경우 ③ 소송에 대한 판결이 있은 경우 ④ 압수물품의 반환결정이 있은 경우	결정, 판결이 확정된 날부터 1년 ①,②,③ 에 따라 명의대여 사실이 확인된 경우에는 당초의 부과처분을 취소하고 그 결정 또는 판결이 확정된 날부터 1년 이내에 실제로 사업을 경영한 자에게 경정이나 그 밖에 필요한 처분을 할 수 있다.
	⑤ 원산지증명서 등의 진위여부, 정확성 등의 확인을 요청하여 회신을 받은 경우	회신을 받은날 또는 회신기간이 종료된날 중 먼저 도래하는 날부터 1년
	⑥ 일반적, 후발적인 경정청구 또는 과세가격 조정에 따른 경정청구가 있는 경우 ⑦ 과세가격 조정신청에 대한 결정통지가 있는 경우	경정청구일 및 결정통지일부터 2개월

② 관세법 규정에 따른 압수물품의 반환결정이 있은 경우에는 해당 결정 통지일로부터 1년 지나기 전까지는 해당 결정에 따라 경정이나 그 밖에 필요한 처분을 할 수 있다.(법 제21조 제2항)

06 관세법령상 관세부과의 제척기간과 그 기산일에 대한 설명으로 옳은 것만을 모두 고르면?

2019 관세직 7급

ㄱ. 부정한 방법으로 감면받은 관세의 경우 관세부과의 제척기간은 그 관세를 부과할 수 있는 날부터 10년이다.
ㄴ. 관세부과의 제척기간을 산정할 때 분실물품에 관세를 부과하는 경우에는 수입신고한 날의 다음 날을 관세를 부과할 수 있는 날로 한다.
ㄷ. 감사원법에 따른 심사청구에 대한 결정이 있은 경우에는 그 결정이 확정된 날부터 5년이 지나기 전까지는 해당 결정에 따라 경정 등 필요한 처분을 할 수 있다.
ㄹ. 관세부과의 제척기간을 산정할 때 의무불이행 등의 사유로 감면된 관세를 징수하는 경우에는 그 사유가 발생한 날의 다음 날을 관세를 부과할 수 있는 날로 한다.

① ㄱ, ㄷ
② ㄱ, ㄹ
③ ㄱ, ㄴ, ㄹ
④ ㄴ, ㄷ, ㄹ

해설 ㄱ. 부정한 방법으로 관세를 포탈하였거나 환급 또는 감면받은 경우에는 관세를 부과할 수 있는 날부터 10년이 지나면 부과할 수 없다.
ㄴ. 분실물품에 대한 관세부과 제척기간 기산일은 그 사실이 발생한 날의 다음 날이다.
ㄷ. 감사원법에 따른 심사청구에 대한 결정이 있는 경우 그 결정이 확정된 날부터 1년 이내에 필요한 처분을 할 수 있다.
ㄹ. 의무불이행 등의 사유로 감면된 관세를 징수하는 경우 관세부과제척기간의 기산일은 그 사유가 발생한 날의 다음 날이다.

07 관세법령상 관세부과 제척기간의 기산일에 관한 규정의 일부이다. 옳은 것을 모두 고른 것은?

2024 관세사

법 제21조제1항에 따른 관세부과의 제척기간을 산정할 때 (ㄱ) 수입신고한 날의 다음날을 관세를 부과할 수 있는 날로 한다. 다만, 다음 각 호의 경우에는 해당 호에 규정된 날을 관세를 부과할 수 있는 날로 한다.

<생략>

의무불이행 등의 사유로 감면된 관세를 징수하는 경우에는 (ㄴ) 그 사유가 발생한 날

<생략>

과다환급 또는 부정환급 등의 사유로 관세를 징수하는 경우에는 (ㄷ) 환급한 날의 다음날

<생략>

① ㄴ
② ㄱ,ㄴ
③ ㄱ,ㄷ
④ ㄴ,ㄷ
⑤ ㄱ, ㄴ, ㄷ

정답 05. ② 06. ② 07. ③

해설 **관세법 시행령 제6조(관세부과 제척기간의 기산일)**

관세부과의 제척기간을 산정할 때 수입신고한 날의 다음 날을 관세를 부과할 수 있는 날로 한다. 다만, 다음의 경우에는 해당 호에 규정된 날을 관세를 부과할 수 있는 날로 한다.

1. 관세법 제16조 제1호 내지 제11호에 해당되는 경우에는 그 사실이 발생한 날의 다음 날
2. 의무불이행 등의 사유로 감면된 관세를 징수하는 경우에는 그 사유가 발생한 날의 다음 날
3. 보세건설장에 반입된 외국물품의 경우에는 다음 각목의 날중 먼저 도래한 날의 다음 날
   가. 건설공사완료보고를 한 날
   나. 특허보세구역 특허기간(특허기간을 연장한 경우에는 연장기간을 말한다)이 만료되는 날
4. 과다환급 또는 부정환급 등의 사유로 관세를 징수하는 경우에는 환급한 날의 다음 날
5. 잠정가격을 신고한 후 확정된 가격을 신고한 경우에는 확정된 가격을 신고한 날의 다음 날(다만, 기간 내에 확정된 가격을 신고하지 아니하는 경우에는 해당 기간의 만료일의 다음 날)

08 ( ) 안에 들어갈 내용이 옳은 것은? 2014 관세사

□□□

> 잠정가격신고를 하였으나 관세법령에서 정하고 있는 기간 내에 확정된 가격을 신고하지 아니하는 경우에는 (   )의 다음날부터 5년이 지나면 관세를 부과할 수 없다.

① 수입신고일
② 수입신고 수리일
③ 잠정가격 신고일
④ 잠정가격신고 수리일
⑤ 해당 기간의 만료일

해설 ⑤ 관세법 제28조에 따라 잠정가격을 신고한 후 확정된 가격을 신고한 경우에는 확정된 가격을 신고한 날의 다음 날(다만, 관세법 제28조 제2항에 따른 기간 내에 확정된 가격을 신고하지 아니하는 경우에는 해당 기간의 만료일의 다음 날)

09 관세법령상 관세부과의 제척기간에 관한 설명으로 옳은 것은? 2021 관세사

□□□

① 부정한 방법으로 관세를 포탈한 경우 관세부과의 제척기간은 5년이다.
② 관세법을 위반하여 납세의무자가 고발되더라도 관세의 부과 제척기간이 중단되거나 정지되지 아니한다.
③ 이의신청이나 심사청구, 심판청구에 대한 결정이 있은 경우 그 결정이 확정된 날부터 2년 이내에는 예외적으로 해당 결정이나 경정청구에 따라 경정이나 그 밖에 필요한 처분을 할 수 있다.
④ 관세법에 따라 잠정가격을 신고한 경우 관세부과 제척기간의 기산일은 잠정가격신고를 한 날의 다음날이다.
⑤ 관세를 감면받은 물품에 대해 의무불이행 등을 이유로 감면된 관세를 징수하는 경우에는 납부기한이 종료한 날의 다음날이 관세부과 제척기간의 기산일이 된다.

해설 ① 부정한 방법으로 관세를 포탈하였거나 환급 또는 감면받은 경우에는 관세를 부과할 수 있는 날부터 10년이 지나면 부과할 수 없다.(법 제21조 제1항)
② 고발하면 관세징수권은 중단되나, 관세부과 제척기간은 만료의 특례가 있을 뿐 중단과 정지 규정이 없다.
③ 이의신청이나 심사청구, 심판청구에 대한 결정이 있은 경우 그 결정이 확정된 날부터 1년 이내에는 예외적으로 해당 결정이나 경정청구에 따라 경정이나 그 밖에 필요한 처분을 할 수 있다.
④ 관세법에 따라 잠정가격을 신고한 경우 관세부과 제척기간의 기산일은 확정된 가격을 신고한 날의 다음 날(다만, 기간 내에 확정된 가격을 신고하지 아니하는 경우에는 해당 기간의 만료일의 다음 날)이다.
⑤ 관세를 감면받은 물품에 대해 의무불이행 등을 이유로 감면된 관세를 징수하는 경우에는 그 사유가 발생한 날의 다음 날이 관세부과 제척기간의 기산일이 된다.

10 관세법령상 납세의무자와 납세의무에 대한 설명으로 옳은 것은? 2016 관세직 7급

□□□

① 수입을 위탁받아 수입업체가 대행수입한 물품인 경우 수입 신고를 한 물품의 화주가 불분명할 때에는 그 물품의 수입을 위탁받은 자가 원칙적인 관세의 납세의무자이다.
② 관세부과의 제척기간을 산정할 때 과다환급 또는 부정환급 등의 사유로 관세를 징수하는 경우에는 환급한 날의 다음날을 관세를 부과할 수 있는 날로 한다.
③ 「국세기본법」 제38조부터 제41조까지의 규정에 따른 제2차 납세의무자는 관세의 담보로 제공된 것이 없거나 관세의 납부를 보증한 자가 납세의무를 이행하지 아니하는 경우에 납세의무를 진다.
④ 관세를 체납한 납세의무자에게 납세신고일 후에 담보의 목적이 된 양도담보재산이 있을 때에는 그 납세의무자의 다른 재산에 우선하여 양도담보재산으로써 관세를 징수할 수 있다.

해설 ① 그 물품의 수입을 위탁한 자가 납세의무자이다.(법 제19조 제1항)
③ 2차 납세의무자는 관세의 담보로 제공된 것이 없고, 관세의 납부를 보증한 자가 납세의무를 이행하지 아니하는 경우에 납세의무를 진다.(법 제19조 제9항)
④ 양도담보권자의 물적납세의무는 보충적 납세의무로써 납세의무자의 다른 재산에 대하여 체납처분을 집행하여도 징수하여야 하는 금액에 미치지 못한 경우에 적용된다.(법 제19조 제10항)

11 관세법령상 관세부과의 제척기간에 관한 설명으로 옳지 않은 것은? 2023 관세사

□□□

① 감사원법에 따른 심사청구에 대한 결정이 있은 경우 그 결정이 확정된 날부터 1년까지는 해당 결정이나 경정청구에 따라 경정이나 그 밖에 필요한 처분을 할 수 있다.
② 부정한 방법으로 관세를 감면받은 경우 관세부과의 제척기간은 10년이다.
③ 이의신청에 대한 결정이 있은 경우 그 결정이 확정된 날부터 1년까지는 해당 결정이나 경정청구에 따라 경정이나 그 밖에 필요한 처분을 할 수 있다.
④ 관세의 납부독촉이 있더라도 관세부과의 제척기간은 중단되지 않는다.
⑤ 관세법에 따라 잠정가격을 신고한 경우 관세부과 제척기간의 기산일은 잠정가격신고를 한 날의 다음날이다.

해설 ⑤ 관세법에 따라 잠정가격을 신고한 경우 관세부과 제척기간의 기산일은 확정된 가격을 신고한 날의 다음 날(다만, 기간 내에 확정된 가격을 신고하지 아니하는 경우에는 해당 기간의 만료일의 다음 날)이다.

정답 08. ⑤ 09. ② 10. ② 11. ⑤

12 □□□ **관세의 징수권은 이를 행사할 수 있는 날부터 (A)년간 행사하지 않으면 소멸시효가 완성되며, 납세의무자의 관세환급금 또는 그 밖의 관세의 환급청구권은 이를 행사할 수 있는 날부터 (B)년간 행사하지 아니하면 소멸시효가 완성되는데, 여기에서 괄호 안에 들어갈 내용을 순서대로 바르게 표시한 것은?** 2007 관세사

	(A)	(B)		(A)	(B)
①	5	5	②	2	5
③	5	2	④	3	3
⑤	2	2			

해설 **관세법 제22조(관세징수권 등의 소멸시효)**

관세의 징수권은 이를 행사할 수 있는 날부터 다음의 구분에 따른 기간 동안 행사하지 아니하면 소멸시효가 완성된다.(법 제22조 제1항)

1. 5억원 이상의 관세(내국세를 포함한다) : 10년
2. 제1호 외의 관세 : 5년

납세자가 납부한 금액 중 잘못 납부하거나 초과하여 납부한 금액 또는 그 밖의 관세의 환급청구권은 그 권리를 행사할 수 있는 날부터 5년간 행사하지 아니하면 소멸시효가 완성된다.(법 제22조 제2항)

13 □□□ **관세법령상 관세징수권 및 관세환급청구권의 소멸시효에 관한 내용으로 옳지 않은 것은?** 2020 관세사

① 관세의 징수권은 5억원 이상의 관세(내국세를 포함한다)의 경우 이를 행사할 수 있는 날부터 10년 동안 행사하지 아니하면 소멸시효가 완성된다.
② 납부고지가 있는 경우 관세징수권의 소멸시효는 중단된다.
③ 관세의 환급청구권은 그 권리를 행사할 수 있는 날부터 3년간 행사하지 아니하면 소멸시효가 완성된다.
④ 환급청구권의 소멸시효는 환급청구권의 행사로 중단된다.
⑤ 적법하게 관세를 납부한 후 법률의 개정으로 인하여 환급하는 경우에는 그 법률의 시행일이 관세환급청구권 소멸시효의 기산일이 된다.

해설 **관세법 제22조(관세징수권 등의 소멸시효)**

납세자의 납부한 금액 중 잘못 납부하거나 초과하여 납부한 금액 또는 그 밖의 관세의 환급청구권은 그 권리를 행사할 수 있는 날부터 5년간 행사하지 아니하면 소멸시효가 완성된다.(법 제22조 제2항)

---

① (법 제22조 제1항)
② (법 제23조 제1항)
④ (법 제23조 제2항)
⑤ (영 제7조 제2항)

14 관세법령상 관세징수권 및 환급청구권의 소멸시효에 관한 설명으로 옳은 것은? 2023 관세사

□□□

① 압류는 관세징수권 소멸시효의 정지사유에 해당한다.

② 7억원의 관세(내국세를 포함한다)의 징수권에 대한 소멸시효는 7년이다.

③ 관세징수권의 소멸시효는 관세징수권을 행사할 수 있는 날의 다음 날부터 기산한다.

④ 부과고지하는 관세의 경우 납부고지를 받은 날부터 15일이 경과한 날이 관세징수권 소멸시효의 기산일이다.

⑤ 착오납부로 인한 환급의 경우 그 납부일이 관세환급청구권 소멸시효의 기산일이다.

해설 ① 압류는 관세징수권 소멸시효 중단사유이다.

② 7억원의 관세의 징수권에 대한 소멸시효는 10년이다.

③ 관세징수권의 소멸시효는 관세징수권을 행사할 수 있는 날부터 기산한다.

④ 부과고지하는 관세의 경우 납부고지를 받은 날부터 15일이 경과한 날의 다음날이 관세징수권 소멸시효의 기산일이다.

15 「관세법」상 납세의무의 소멸 등에 대한 설명으로 옳은 것은? 2023 관세직 7급

□□□

① 압수물품의 반환결정이 있은 경우에는 그 결정통지일부터 2개월까지는 해당 결정에 따라 경정이나 그 밖에 필요한 처분을 할 수 있다.

② 조약에서 정한 바에 따라 양허세율의 적용여부 확정을 위하여 원산지증명서를 발급한 국가의 세관에게 그 진위의 확인을 요청한 경우에는 그 요청에 따른 회신을 받은 날부터 1년까지는 회신결과에 따라 경정이나 그 밖에 필요한 처분을 할 수 있다.

③ 「감사원법」에 따른 심사청구에 대한 결정이 있은 경우에는 그 결정통지일부터 1년까지는 해당 결정에 따라 경정이나 그 밖에 필요한 처분을 할 수 있다.

④ 관세징수권의 소멸시효는 관세의 분할납부기간, 징수유예기간, 압류·매각의 유예기간 중에는 진행하지 아니한다.

해설 **관세법 제23조(시효의 중단 및 정지)**

관세징수권의 소멸시효는 관세의 분할납부기간, 징수유예기간, 압류·매각의 유예기간 또는 사해행위(詐害行爲) 취소소송기간 중에는 진행하지 아니한다.(법 제23조 제3항)

사해행위 취소소송으로 인한 시효정지의 효력은 소송이 각하, 기각 또는 취하된 경우에는 효력이 없다.(법 제23조 제4항)

정답 12. ① 13. ③ 14. ⑤ 15. ④

16 □□□ **관세법령상 관세부과 제척기간의 기산일과 관세징수권 소멸시효의 기산일에 대한 설명으로 옳은 것만을 모두 고르면?** 2023 관세직 7급

> ㄱ. 과다환급 또는 부정환급 등의 사유로 관세를 징수하는 경우에는 환급한 날의 다음날이 관세부과 제척기간의 기산일이다.
> ㄴ. 보세건설장에 반입된 외국물품의 경우에는 건설공사완료보고를 한 날의 다음날이 관세부과 제척기간의 기산일이다.
> ㄷ. 월별납부의 경우에는 수입신고가 수리된 날부터 15일이 경과한 날의 다음날이 관세징수권 소멸시효의 기산일이다.
> ㄹ. 「관세법」 제253조(수입신고전의 물품반출)제3항의 규정에 의하여 납부하는 관세에 있어서는 수입신고한 날부터 15일이 경과한 날의 다음날이 관세징수권 소멸시효의 기산일이다.

① ㄱ, ㄷ ② ㄱ, ㄹ
③ ㄴ, ㄷ ④ ㄴ, ㄹ

해설 ㄴ. 건설공사완료보고를 한날 과 특허기간이 만료되는 날 중 먼저 도래한 날의 다음날이 기산이다.
ㄷ. 월별납부 기한(납부기한이 동일한 달에 속하는 달의 말일)이 경과한 날의 다음날이 기산일이다.

17 □□□ **관세징수권 소멸시효의 기산일에 관한 설명으로 옳은 것은?** 2013 관세사

① 신고납부한 세액이 부족한 경우로서 수정신고를 하고 납부하는 관세에 있어서는 수정신고일의 다음날의 다음날
② 부과고지하는 관세에 있어서는 납부고지를 받은 날부터 15일이 경과한 날의 다음날의 다음날
③ 부족한 세액에 대해 보정을 신청하고 납부하는 관세에 있어서는 부족세액에 대한 보정신청일의 다음날
④ 즉시반출신고를 하고 반출을 한 다음 수입신고를 하고 신고납부하는 관세에 있어서는 수입신고가 수리된 날부터 15일이 경과한 날의 다음날의 다음날
⑤ 기타 법령에 의하여 납부고지하여 부과하는 관세에 있어서 납부기한을 정한 때에는 그 납부기한이 만료된 날의 다음날의 다음날

해설 **관세법 시행령 제7조(관세징수권 소멸시효의 기산일)**
관세징수권을 행사할 수 있는 날은 다음의 날로 한다.(영 제7조 제1항)
1. 신고납부하는 관세에 있어서는 수입신고가 수리된 날부터 15일이 경과한 날의 다음 날. 다만, 제1조의5에 따른 월별납부의 경우에는 그 납부기한이 경과한 날의 다음 날로 한다.
2. 보정신청에 의하여 납부하는 관세에 있어서는 부족세액에 대한 보정신청일의 다음 날의 다음 날
3. 수정신고에 의하여 납부하는 관세에 있어서는 수정신고일의 다음 날의 다음 날
4. 부과고지하는 관세의 경우 납부고지를 받은 날부터 15일이 경과한 날의 다음 날
5. 즉시반출신고한물에 대하여 납부하는 관세에 있어서는 수입신고한 날부터 15일이 경과한 날의 다음 날
6. 그 밖의 법령에 따라 납부고지하여 부과하는 관세의 경우 납부기한을 정한 때에는 그 납부기한이 만료된 날의 다음 날

18 관세법상 관세징수권의 소멸시효 중단 사유에 해당하지 않는 것은? 2021 관세사

□□□

① 통고처분 ② 경정처분
③ 과태료처분 ④ 교부청구
⑤ 납부독촉

해설

관세징수권 소멸시효 중단 사유(법 제23조 제1항)	관세징수권 소멸시효 정지 사유(법 제23조 제3항)
1. 납부고지 2. 경정처분 3. 납세독촉 4. 통고처분 5. 고발 6. 「특정범죄 가중처벌 등에 관한 법률」 제16조에 따른 공소제기 7. 교부청구 8. 압류	1. 분할납부기간 2. 징수유예기간 3. 압류ㆍ매각유예기간 4. 사해행위 취소소송기간(사해행위 취소소송으로 인한 시효정지의 효력은 소송이 각하, 기각 또는 취하된 경우에는 효력이 없다)

19 관세법상 시효의 중단 및 정지에 대한 설명으로 옳지 않은 것은? 2017 관세직 7급

□□□

① 경정처분은 관세징수권의 소멸시효 중단 사유에 해당한다.
② 환급청구권의 소멸시효는 환급청구권의 행사로 중단된다.
③ 관세징수권의 소멸시효는 관세의 분할납부기간 중에도 진행된다.
④ 사해행위 취소소송으로 인한 관세징수권 시효정지의 효력은 소송이 취하된 경우에는 효력이 없다.

해설 ③ 관세징수권의 소멸시효는 관세의 분할납부기간 중에는 진행하지 아니한다.

20 관세법령상 관세부과의 제척기간과 관세징수권의 소멸시효에 관한 설명으로 옳은 것은? 2024 관세사

□□□

① 부정환급을 이유로 관세를 징수하는 경우에는 환급한 날을 제척기간의 기산일로 한다.
② 납부독촉을 하면 제척기간은 중단된다.
③ 사해행위 취소소송으로 인한 소멸시효 정지의 효력은 소송이 취하된 경우에는 소멸되나 각하된 경우에는 지속된다.
④ 가압류를 한 경우에는 소멸시효가 중단된다.
⑤ 소멸시효는 관세의 분할납부기간 중에는 진행하지 아니한다.

해설 ① 부정환급 등의 사유로 관세를 징수하는 경우에는 환급한 날의 다음날을 제척기간의 기산일로 한다.
② 납부독촉을 하면 관세징수권의 소멸시효가 중단된다.
③ 사해행위 취소소송으로 인한 시효정지의 효력은 소송이 각하, 기각 또는 취하된 경우에는 효력이 없다.
④ 압류를 한 경우에는 관세징수권의 소멸시효가 중단된다.

정답 16. ② 17. ① 18. ③ 19. ③ 20. ⑤

21 □□□ **관세법상 관세징수권의 소멸시효의 중단 사유에 해당하지 않는 것은?** 2017 관세사

① 납부최고
② 통고처분
③ 고발
④ 「특정범죄 가중처벌 등에 관한 법률」 제16조에 따른 공소제기
⑤ 사해행위 취소소송 제기

해설 ⑤ 사해행위 취소소송 기간에는 관세징수권의 진행하지 아니한다.

22 □□□ **관세법령상 시효의 중단 및 정지에 관한 설명으로 옳지 않은 것은?** 2018 관세사

① 환급청구권의 소멸시효는 환급청구권의 행사로 중단된다.
② 관세징수권의 소멸시효는 관세의 분할납부기간, 징수유예기간, 압류・매각 유예기간 또는 사해행위 취소소송기간 중에는 진행하지 아니한다.
③ 납부고지는 관세징수권의 소멸시효 중단사유에 해당된다.
④ 통고처분은 관세징수권의 소멸시효 중단사유에 해당된다.
⑤ 교부청구는 관세징수권의 소멸시효 중단사유에 해당되지 않는다.

해설 ⑤ 교부청구는 관세징수권의 소멸시효 중단사유 중 하나이다.

23 □□□ **관세법령상 관세징수권의 소멸시효에 대한 설명으로 옳은 것은?** 2017 관세직 7급

① 5억 원 미만의 관세의 징수권은 이를 행사할 수 있는 날부터 시효의 중단 및 정지 사유 없이 5년 동안 행사하지 아니하면 소멸시효가 완성된다.
② 신고납부하는 관세에 있어서 관세징수권 소멸시효의 기산일은 수입신고가 수리된 날부터 15일이 경과한 날이다.
③ 관세징수권의 소멸시효는 납부고지에 의해 정지된다.
④ 사해행위 취소소송으로 인한 관세징수권의 소멸시효 정지의 효력은 그 소송이 기각된 경우에도 효력이 있다.

해설 ② 신고납부하는 관세에 있어서 관세징수권 소멸시효의 기산일은 수입신고가 수리된 날부터 15일이 경과한 날의 다음 날이다.(영 제7조 제1항)
③ 관세징수권의 소멸시효는 납부고지에 의해 중단된다.(법 제23조 제1항)
④ 사해행위 취소소송으로 인한 관세징수권의 소멸시효 정지의 효력은 그 소송이 기각된 경우에는 효력이 없다.
(법 제23조 제4항)

정답 21. ⑤ 22. ⑤ 23. ①

납세자 권리 및 불복절차

Chapter 05 납세자 권리 및 불복절차

www.pmg.co.kr

01 납세자 권리

01 □□□ **관세법령상 세관공무원이 납세자권리헌장의 내용이 수록된 문서를 납세자에게 교부하여야 하는 경우로 명시되어 있지 않은 것은?** 2019 관세사

① 관세범에 관한 조사를 하는 경우
② 관세조사를 하는 경우
③ 징수권의 확보를 위하여 압류를 하는 경우
④ 보세판매장에 대한 조사를 하는 경우
⑤ 납세담보의 제공을 요구하는 경우

해설 **관세법 제110조(납세자권리헌장의 제정 및 교부)**
세관공무원은 다음의 어느 하나에 해당하는 경우에는 납세자권리헌장의 내용이 수록된 문서를 납세자에게 내주어야 하며, 조사사유, 조사기간, 납세자보호위원회에 대한 심의 요청사항·절차 및 권리구제 절차 등을 설명하여야 한다.(법 제110조 제2항)
1. 제283조에 따른 관세범(「수출용 원재료에 대한 관세 등 환급에 관한 특례법」 제23조 제1항부터 제4항까지의 규정에 따른 죄를 포함한다)에 관한 조사를 하는 경우
2. 관세조사를 하는 경우
3. 징수권의 확보를 위하여 압류를 하는 경우
4. 보세판매장에 대한 조사를 하는 경우

세관공무원은 납세자를 긴급히 체포·압수·수색하는 경우 또는 현행범인 납세자가 도주할 우려가 있는 등 조사목적을 달성할 수 없다고 인정되는 경우에는 납세자권리헌장을 내주지 아니할 수 있다.(법 제110조 제3항)

02 □□□ **관세법령상 납세자권리헌장의 내용이 수록된 문서를 납세자에게 내주지 않아도 되는 경우는?** 2020 관세사

① 징수권의 확보를 위하여 압류를 하는 경우
② 보세판매장에 대한 조사를 하는 경우
③ 관세법 제283조에 따른 관세범에 관한 조사를 하는 경우
④ 관세조사를 하는 경우
⑤ 현행범인 납세자가 도주할 우려가 있는 등 조사목적을 달성할 수 없다고 인정되는 경우

해설 ⑤ 현행범인 납세자가 도주할 우려가 있는 등 조사목적을 달성할 수 없다고 인정되는 경우 납세자권리헌장을 내주지 아니할 수 있다.

03 □□□ **관세법상 납세자가 세관공무원에게 조사를 받는 때에 관세사로 하여금 조사에 참여하게 하거나 의견을 진술하게 할 수 있는 경우에 해당하는 것을 모두 고른 것은?** 2021 관세사

> ㄱ. 관세범에 관한 조사를 하는 경우
> ㄴ. 관세조사를 하는 경우
> ㄷ. 징수권의 확보를 위하여 압류를 하는 경우
> ㄹ. 보세판매장에 대한 조사를 하는 경우

① ㄱ, ㄷ
② ㄴ, ㄹ
③ ㄱ, ㄴ, ㄹ
④ ㄴ, ㄷ, ㄹ
⑤ ㄱ, ㄴ, ㄷ, ㄹ

해설 납세자는 법 제110조 제2항(납세자 권리헌장 교부사유)에 해당하여 세관공무원에게 조사를 받는 경우에 변호사, 관세사로 하여금 조사에 참여하게 하거나 의견을 진술하게 할 수 있다.(법 제112조) "ㄱ","ㄴ","ㄷ","ㄹ" 모두 납세자 권리헌장 교부사유이다.

04 □□□ **관세법상 납세자의 권리보호에 대한 설명으로 옳지 않은 것은?** 2017 관세직 7급

① 세관공무원은 납세자를 긴급히 체포・압수・수색하는 경우에 납세자권리헌장을 내주어야 한다.
② 세관공무원은 적정하고 공평한 과세를 실현하고 통관의 적법성을 보장하기 위하여 필요한 최소한의 범위에서 관세조사를 하여야 하며 다른 목적 등을 위하여 조사권을 남용하여서는 아니 된다.
③ 세관장은 납세자로부터 납세증명서의 발급신청을 받았을 때에는 그 사실을 확인하고 즉시 납세증명서를 발급하여야 한다.
④ 세관공무원은 납세자가 납세자의 권리행사에 필요한 정보를 요구하면 신속하게 제공하여야 한다.

해설 ① 납세자를 긴급히 체포・압수・수색하는 경우에는 납세자권리헌장 교부 생략 대상이다.
② (법 제111조 제1항)
③ (법 제116조의3 제2항)
④ (법 제117조)

정답 01. ⑤ 02. ⑤ 03. ⑤ 04. ①

05 □□□ **관세법상 세관공무원이 납세자권리헌장의 내용이 수록된 문서를 납세자에게 내주어야 하는 경우에 해당하는 것은?** 2017 관세직 9급

① 수출용 원재료에 대한 관세 등 환급에 관한 특례법 제23조 제1항에 따른 부정환급에 대한 범칙사건을 조사하는 경우
② 관세징수권의 확보를 위하여 납세의무자에게 담보제공을 요구하는 경우
③ 신고납부한 세액이 과다한 것을 알게 된 납세의무자가 신고한 세액의 경정을 세관장에게 청구하는 경우
④ 보세전시장에 대한 조사를 하는 경우

해설 ② 징수권의 확보를 위하여 압류를 하는 경우가 납세자권리헌장 교부 사유이다.
③ 납세의무자가 경정을 청구하면 청구를 받은 날부터 2개월 이내에 세액을 경정하거나 경정하여야 할 이유가 없다는 뜻을 그 청구를 한 자에게 통지하여야 하는 것이지 납세자권리헌장을 교부하는 것은 아니다.
④ 보세전시장이 아닌 보세판매장에 대한 조사를 하는 경우가 납세자권리헌장 교부 사유이다.

06 □□□ **관세법령상 정기선정에 의한 관세조사 대상에 해당하는 것은?** 2019 관세사

① 납세자가 관세법에서 정하는 신고·신청, 과세가격결정자료의 제출 등의 납세협력의무를 이행하지 아니한 경우
② 수출입업자에 대한 구체적인 탈세제보 등이 있는 경우
③ 신고내용에 탈세나 오류의 혐의를 인정할 만한 자료가 있는 경우
④ 납세자가 세관공무원에게 직무와 관련하여 금품을 제공하거나 금품제공을 알선한 경우
⑤ 무작위추출방식으로 표본조사를 하려는 경우

해설 **관세법 제110조의3(관세조사 대상자 선정)**
세관장은 다음의 어느 하나에 해당하는 경우에 정기적으로 신고의 적정성을 검증하기 위하여 대상을 선정하여 조사를 할 수 있다. 이 경우 세관장은 객관적 기준에 따라 공정하게 그 대상을 선정하여야 한다.(법 제110조의3 제1항)
1. 관세청장이 수출입업자의 신고 내용에 대하여 정기적으로 성실도를 분석한 결과 불성실 혐의가 있다고 인정하는 경우
2. 최근 4년 이상 조사를 받지 아니한 납세자에 대하여 업종, 규모 등을 고려하여 대통령령으로 정하는 바에 따라 신고 내용이 적정한지를 검증할 필요가 있는 경우
3. 무작위추출방식으로 표본조사를 하려는 경우

세관장은 정기선정에 의한 조사 외에 다음의 어느 하나에 해당하는 경우에는 조사를 할 수 있다.(법 제110조의3 제2항)
1. 납세자가 관세법에서 정하는 신고·신청, 과세가격결정자료의 제출 등의 납세협력의무를 이행하지 아니한 경우
2. 수출입업자에 대한 구체적인 탈세제보 등이 있는 경우
3. 신고내용에 탈세나 오류의 혐의를 인정할 만한 자료가 있는 경우
4. 납세자가 세관공무원에게 직무와 관련하여 금품을 제공하거나 금품제공을 알선한 경우

---

①, ②, ③, ④는 수시선정 조사 대상이다.

07 관세법상 납세자의 권리에 대한 설명으로 옳지 않은 것은? 2019 관세직 9급

□□□

① 세관공무원은 현행범인 납세자가 도주할 우려가 있는 등 조사 목적을 달성할 수 없다고 인정되는 경우에는 납세자권리헌장을 내주지 아니할 수 있다.

② 세관장은 최근 3년 동안 조사를 받지 아니한 납세자에 대하여 신고 내용이 적정한지를 검증할 필요가 있는 경우 정기선정에 의한 조사를 하여야 한다.

③ 세관공무원은 관세포탈 등의 혐의를 인정할 만한 명백한 자료가 있는 경우 해당 사안에 대하여 이미 조사받은 자를 다시 조사할 수 있다.

④ 세관공무원은 신고내용에 탈세나 오류의 혐의를 인정할 만한 자료가 있는 경우에는 조사목적에 필요한 최소한의 범위에서 보관자 등 정당한 권한이 있는 자가 임의로 제출한 장부등을 납세자의 동의를 받아 세관관서에 일시 보관할 수 있다.

해설 ② 세관장은 최근 4년 이상 조사를 받지 아니한 납세자에 대하여 업종, 규모 등을 고려하여 대통령령으로 정하는 바에 따라 신고 내용이 적정한지를 검증할 필요가 있는 경우 정기적으로 신고의 적정성을 검증하기 위하여 조사를 할 수 있다.(법 제110조의3 제1항)

① (법 제110조 제3항)

③ (법 제111조 제2항)

④ (법 제114조의2 제2항)

Chapter 05

08 관세법령상 관세조사에 대한 설명으로 옳지 않은 것은? 2016 관세직 9급

□□□

① 관세청장이 수출입업자의 신고 내용에 대하여 정기적으로 성실도를 분석한 결과 불성실 혐의가 있다고 인정하는 경우 세관장은 정기적으로 신고의 적정성을 검증하기 위하여 대상을 선정하여 조사를 할 수 있다.

② 세관공무원은 관세포탈 등의 혐의를 인정할 만한 명백한 자료가 있는 경우에는 해당 사안에 대하여 이미 조사받은 자를 다시 조사할 수 있다.

③ 세관장은 「관세법」 제39조 제1항에 따라 부과고지를 하는 경우 과세표준과 세액을 결정하기 위한 조사를 할 수 있다.

④ 세관장은 최근 2년간 수출입신고 실적이 30억원 이하이거나 최근 4년 이내에 관세 및 내국세를 체납한 사실이 없는 사업자에 대하여는 정기선정에 의한 관세조사를 할 수 없다.

해설 **관세법 시행령 제135조의4(소규모 성실사업자에 대한 관세조사 면제)**

세관장은 다음의 요건을 모두 충족하는 자에 대해서는 정기선정 조사를 하지 아니할 수 있다.

1. 최근 2년간 수출입신고 실적이 30억원 이하일 것
2. 최근 4년 이내에 다음 어느 하나에 해당하는 사실이 없을 것
   가. 수출입 관련 법령을 위반하여 통고처분을 받거나 벌금형 이상의 형의 선고를 받은 사실
   나. 관세 및 내국세를 체납한 사실
   다. 신고납부한 세액이 부족하여 세관장으로부터 경정을 받은 사실

---

① (법 제110조의3 제1항)

② (법 제111조 제2항)

③ (법 제110조의3 제3항)

정답 05. ① 06. ⑤ 07. ② 08. ④

09 □□□ **관세법 시행령상 소규모 성실사업자에 대한 관세조사 면제대상이 되기 위하여 충족해야 하는 요건에 해당하지 않는 것은?** 2017 관세직 9급

① 최근 4년 이내에 파산선고를 받고 복권되지 아니한 사실이 없을 것
② 최근 4년 이내에 수출입 관련 법령을 위반하여 통고처분을 받거나 벌금형 이상의 형의 선고를 받은 사실이 없을 것
③ 최근 4년 이내에 관세 및 내국세를 체납한 사실이 없을 것
④ 최근 4년 이내에 관세법 제38조의3 제6항에 따라 신고납부한 세액이 부족하여 세관장으로부터 경정을 받은 사실이 없을 것

해설 **관세법 시행령 제135조의4(소규모 성실사업자에 대한 관세조사 면제)**
세관장은 다음의 요건을 모두 충족하는 자에 대해서는 정기선정 조사를 하지 아니할 수 있다.
1. 최근 2년간 수출입신고 실적이 30억원 이하일 것
2. 최근 4년 이내에 다음 어느 하나에 해당하는 사실이 없을 것
  가. 수출입 관련 법령을 위반하여 통고처분을 받거나 벌금형 이상의 형의 선고를 받은 사실
  나. 관세 및 내국세를 체납한 사실
  다. 신고납부한 세액이 부족하여 세관장으로부터 경정을 받은 사실

10 □□□ **관세법 제110조의3의 관세조사 대상자 선정에 대한 설명으로 옳지 않은 것은?** 2020 관세직 9급

① 세관장은 최근 4년 이상 조사를 받지 아니한 납세자에 대하여 업종, 규모 등을 고려하여 대통령령으로 정하는 바에 따라 신고 내용이 적정한지를 검증할 필요가 있는 경우 관세조사 대상자로 선정하여 조사할 수 있다.
② 세관장이 수출입업자의 신고 내용에 대하여 정기적으로 성실도를 분석한 결과 불성실 혐의가 있다고 인정하는 경우 관세조사 대상자로 선정하여 조사할 수 있다.
③ 세관장은 최근 2년간 수출입신고 실적이 일정금액 이하인 경우 등 대통령령으로 정하는 요건을 충족하는 자에 대해서는 관세법 제110조의3 제1항에 따른 조사를 하지 아니할 수 있다. 다만, 객관적인 증거자료에 의하여 과소 신고한 것이 명백한 경우에는 그러하지 아니하다.
④ 납세자가 세관공무에게 직무와 관련하여 금품을 제공하거나 금품제공을 알선한 경우 세관장은 조사를 할 수 있다.

해설 ② 세관장은 관세청장이 수출입업자의 신고 내용에 대하여 정기적으로 성실도를 분석한 결과 불성실 혐의가 있다고 인정하는 경우 정기선정 조사를 할 수 있다.

11 □□□

관세법령상 납세자의 권리에 대한 설명으로 옳지 않은 것은? 2023 관세직 9급

① 세관공무원은 적정하고 공평한 과세를 실현하고 통관의 적법성을 보장하기 위하여 필요한 최소한의 범위에서 관세조사를 하여야 한다.

② 세관공무원은 관세탈루 등의 혐의를 인정할 만한 명백한 자료가 있는 경우 해당 사안에 대하여 이미 조사받은 자를 다시 조사할 수 있다.

③ 세관공무원은 조세채권의 확보 등을 위하여 긴급히 조사할 필요가 있는 경우에 신고납부세액과 「관세법」 및 다른 법령에서 정하는 수출입 관련 의무 이행과 관련하여 그 권한에 속하는 사항을 통합하여 조사하는 것을 원칙으로 한다.

④ 세관공무원 상호간에 관세를 부과・징수, 통관 또는 질문・검사하는 데에 필요하여 과세정보를 요구하는 경우 세관공무원은 그 사용 목적에 맞는 범위에서 납세자의 과세정보를 제공할 수 있다.

해설 **관세법 제110조의2(통합조사의 원칙)**

세관공무원은 특정한 분야만을 조사할 필요가 있는 등 대통령령으로 정하는 경우를 제외하고는 신고납부세액과 이 법 및 다른 법령에서 정하는 수출입 관련 의무 이행과 관련하여 그 권한에 속하는 사항을 통합하여 조사하는 것을 원칙으로 한다.

관세법 시행령 제135조의2(통합조사 원칙의 예외)

법 제110조의2에서 "특정한 분야만을 조사할 필요가 있는 등 대통령령으로 정하는 경우"란 다음 각 호의 어느 하나에 해당하는 경우를 말한다.

1. 세금탈루 혐의, 수출입 관련 의무위반 혐의, 수출입업자 등의 업종・규모 등을 고려하여 특정 사안만을 조사할 필요가 있는 경우
2. 조세채권의 확보 등을 위하여 긴급히 조사할 필요가 있는 경우
3. 그 밖에 조사의 효율성, 납세자의 편의 등을 고려하여 특정 분야만을 조사할 필요가 있는 경우로서 기획재정부령으로 정하는 경우

12 □□□

관세법령상 세관공무원이 해당 사안에 대하여 이미 조사받은 자를 다시 조사할 수 있는 경우에 해당하지 않는 것은? 2020 관세직 7급

① 납세자가 세관공무원에게 직무와 관련하여 금품제공을 알선한 경우

② 이미 조사받은 자의 거래상대방을 조사할 필요가 있는 경우

③ 수출입 관련 법령 위반을 이유로 재판절차가 진행 중인 경우

④ 밀수출입, 부정・불공정무역 등 경제질서 교란 등을 통한 탈세혐의가 있는 자에 대하여 일제조사를 하는 경우

해설 **관세법 제111조(관세조사권 남용 금지)**

세관공무원은 다음에 해당하는 경우를 제외하고는 해당 사안에 대하여 이미 조사받은 자를 다시 조사할 수 없다. (법 제111조 제2항)

1. 관세탈루 등의 혐의를 인정할 만한 명백한 자료가 있는 경우
2. 이미 조사받은 자의 거래상대방을 조사할 필요가 있는 경우
3. 과세전적부심사, 이의신청・심사청구 또는 심판청구가 이유 있다고 인정되어 내려진 재조사 결정에 따라 재조사를 하는 경우(결정서 주문에 기재된 범위의 재조사에 한정한다)
4. 납세자가 세관공무원에게 직무와 관련하여 금품을 제공하거나 금품제공을 알선한 경우
5. 밀수출입, 부정・불공정무역 등 경제질서 교란 등을 통한 탈세혐의가 있는 자에 대하여 일제조사를 하는 경우

정답 09. ① 10. ② 11. ③ 12. ③

13 □□□ **관세법 제111조(관세조사권 남용 금지) 규정에 따라 세관공무원이 해당 사안에 대하여 이미 조사받은 자라도 다시 조사할 수 있는 경우에 해당하지 않는 것은?** 2015 관세사 변형

① 관세탈루 등의 혐의를 인정할 만한 명백한 자료가 있는 경우
② 이미 조사받은 자의 거래 상대방을 조사할 필요가 있는 경우
③ 관세법에 따른 이의신청·심사청구 또는 심판청구가 이유 있다고 인정되어 내려진 재조사 결정에 따라 재조사를 하는 경우
④ 수출입업자에 대한 구체적인 탈세제보 등이 접수된 경우
⑤ 밀수출입, 부정·불공정무역 등 경제질서 교란 등을 통한 탈세혐의가 있는 자에 대하여 일제조사를 하는 경우

해설 ④ 정기선정 조사 외의 조사 대상(법 제110조의3 제2항) 중 하나이다.

14 □□□ **「관세법」상 납세자의 권리에 대한 설명으로 옳지 않은 것은?** 2018 관세직 7급

① 세관공무원은 관세범에 관한 조사를 하는 경우에는 납세자권리헌장의 내용이 수록된 문서를 납세자에게 내주어야 한다.
② 세관공무원은 특정한 분야만을 조사할 필요가 있는 등 대통령령으로 정하는 경우를 제외하고는 신고납부세액과 「관세법」 및 다른 법령에서 정하는 수출입 관련 의무 이행과 관련하여 그 권한에 속하는 사항을 통합하여 조사하는 것을 원칙으로 한다.
③ 세관공무원은 납세자가 납세자의 권리행사에 필요한 정보를 요구하면 신속하게 제공하여야 한다. 이 경우 세관공무원은 납세자가 요구한 정보와 관련되어 있어 관세청장이 정하는 바에 따라 납세자가 반드시 알아야 한다고 판단되는 그 밖의 정보도 함께 제공하여야 한다.
④ 이미 조사받은 자의 거래상대방을 조사할 필요가 있는 경우 세관공무원은 해당 사안에 대하여 이미 조사받은 자를 다시 조사할 수 없다.

해설 ④ 세관공무원은 이미 조사받은 자를 다시 조사할 수 없으나, 이미 조사받은 자의 거래상대방을 조사할 필요가 있는 경우 조사를 할 수 있다.
① (법 제110조 제2항)
② (법 제110조의2)
③ (법 제117조)

15 관세법령상 관세조사에 대한 설명으로 옳은 것은? 2021 관세직 7급

□□□

① 세관공무원은 이미 조사받은 자의 거래상대방을 조사할 필요가 있는 경우 해당 사안에 대하여 이미 조사받은 자를 다시 조사할 수 있다.

② 최근 2년 이내에 관세 및 내국세를 체납한 사실이 없는 자에 대하여는 관세조사를 면제할 수 있다.

③ 조세채권의 확보 등을 위하여 긴급히 조사할 필요가 있는 경우에 세관공무원은 신고납부세액과 수출입관련 의무 이행과 관련하여 그 권한에 속하는 사항을 통합하여 조사하여야 한다.

④ 방문하여 관세조사를 실시하는 경우 그 조사기간은 30일 이내로 하되, 관세청장의 승인을 받아 1회에 한하여 20일 이내에서 그 기간을 연장할 수 있다.

해설 ② 최근 2년간 수출입신고 실적이 30억원 이하이고, 최근 4년 이내에 다음 어느 하나에 해당하는 사실이 없는 경우 세관장은 정기선정 조사를 하지 아니할 수 있다.(영 제135조의4)

가. 수출입 관련 법령을 위반하여 통고처분을 받거나 벌금형 이상의 형의 선고를 받은 사실
나. 관세 및 내국세를 체납한 사실
다. 신고납부한 세액이 부족하여 세관장으로부터 경정을 받은 사실

③ 조세채권의 확보 등을 위하여 긴급히 조사할 필요가 있는 경우에 세관공무원은 특정한 분야만을 조사할 수 있다.(법 제110조의2), (영 제135조의2)

④ 관세조사기간은 조사대상자의 수출입 규모, 조사 인원 · 방법 · 범위 및 난이도 등을 종합적으로 고려하여 최소한이 되도록 하되, 방문하여 조사하는 경우에 그 조사기간은 20일 이내로 한다. 그럼에도 불구하고 특정사유에 해당하면 20일 이내의 범위에서 조사기간을 연장할 수 있다. 이 경우 2회 이상 연장하는 경우에는 관세청장의 승인을 받아 각각 20일 이내에서 연장할 수 있다.(영 제139조의2)

Chapter 05

16 관세법령상 관세조사에 대한 설명으로 옳은 것은? 2024 관세직 9급

□□□

① 세관공무원은 부정 · 불공정무역 등 경제질서 교란 등을 통한 탈세혐의가 있는 자에 대하여 일제조사를 하는 경우 해당 사안에 대하여 이미 조사받은 자를 다시 조사할 수 있다.

② 최근 2년간 수출입신고 실적이 30억원 이하인 자에 대해서는 관세를 체납한 사실이 있더라도 과소신고한 것이 명백하지 아니하면 정기선정에 의한 관세조사를 하지 아니한다.

③ 세관공무원은 수입업자에 대한 탈세제보가 있는 경우 보관자 등 정당한 권한이 있는 자가 제출한 장부를 납세자의 동의 여부에 관계없이 세관관서에 일시 보관할 수 있다.

④ 세관공무원은 정기선정에 의한 관세조사의 목적으로 납세자의 장부 · 서류 또는 그 밖의 물건을 세관관서에 임의로 보관할 수 있다.

해설 ① (법 제111조)

② 최근 2년간 수출입신고 실적이 30억원 이하이고 최근 4년 이내에 관세 및 내국세를 체납한 사실없는 자에 대해서는 정기선정에 의한 관세조사를 하지 아니할 수 있다.

③ 세관공무원은 수출입업자에 대한 구체적인 탈세제보 등이 있는 경우에는 조사목적에 필요한 최소한의 범위에서 납세자, 소지자 또는 보관자 등 정당한 권한이 있는 자가 임의로 제출한 장부등을 납세자의 동의를 받아 세관관서에 일시 보관할 수 있다.

④ 세관공무원은 관세조사의 목적으로 납세자의 장부 · 서류 또는 그 밖의 물건을 세관관서에 임의로 보관할 수 없다.

정답 13. ④ 14. ④ 15. ① 16. ①

17 관세법령상 '납세자의 성실성 추정 등의 배제사유'로 명시되어 있지 않은 경우는? 2020 관세사

□□□

① 납세자가 관세법에서 정하는 신고 및 신청 등의 납세협력의무를 이행하지 아니한 경우
② 신고내용에 탈루의 혐의를 인정할 만한 명백한 자료가 있는 경우
③ 신고내용에 오류의 혐의를 인정할 만한 명백한 자료가 있는 경우
④ 납세자 또는 이해관계자에 대한 일반적인 탈세혐의가 제시되는 경우
⑤ 납세자의 신고내용이 관세청장이 정한 기준과 비교하여 불성실하다고 인정되는 경우

해설 **관세법 제113조(납세자의 성실성 추정 등)**

세관공무원은 납세자가 관세법에 따른 신고 등의 의무를 이행하지 아니한 경우 또는 납세자에게 구체적인 관세포탈 등의 혐의가 있는 경우 등 다음의 경우를 제외하고는 납세자가 성실하며 납세자가 제출한 신고서 등이 진실한 것으로 추정하여야 한다.(법 제113조 제1항), (영 제138조 제1항)

1. 납세자가 관세법에서 정하는 신고 및 신청, 과세자료의 제출 등의 납세협력의무를 이행하지 아니한 경우
2. 납세자에 대한 구체적인 탈세정보가 있는 경우
3. 신고내용에 탈루나 오류의 혐의를 인정할 만한 명백한 자료가 있는 경우
4. 납세자의 신고내용이 관세청장이 정한 기준과 비교하여 불성실하다고 인정되는 경우

---

④ 납세자에 대한 일반적인 탈세혐의가 아닌 구체적인 탈세정보가 있는 경우 성실성 추정을 배제한다.

18 관세법상 납세자의 권리에 대한 내용으로 옳은 것은? 2013 관세직 9급

□□□

① 납세자는 세관공무원에게 조사를 받는 경우에 관세사 이외의 자로 하여금 조사에 참여하게 하거나 의견을 진술하게 할 수 없다.
② 세관공무원은 납세자를 긴급히 체포·압수·수색하는 경우 또는 현행범인 납세자가 도주할 우려가 있는 등 조사목적을 달성할 수 없다고 인정되는 경우에는 납세자권리헌장 교부 의무를 준수해야 한다.
③ 세관공무원은 납세자가 「관세법」에 따른 신고 등의 의무를 이행하지 아니한 경우 또는 납세자에게 구체적인 관세포탈 등의 혐의가 있는 경우 등 대통령령으로 정하는 경우를 제외하고는 납세자가 성실하며 납세자가 제출한 신고서 등이 진실한 것으로 추정하여야 한다.
④ 과세전적부심사제도에 의해 세관장은 제270조에 따른 관세 포탈죄로 고발되어 포탈세액을 징수하는 경우에는 미리 납세의무자에게 그 내용을 서면으로 통지하여야 한다.

해설 **관세법 제113조(납세자의 성실성 추정 등)**

세관공무원은 납세자가 이 법에 따른 신고 등의 의무를 이행하지 아니한 경우 또는 납세자에게 구체적인 관세포탈 등의 혐의가 있는 경우 등 대통령령으로 정하는 경우를 제외하고는 납세자가 성실하며 납세자가 제출한 신고서 등이 진실한 것으로 추정하여야 한다.(법 제113조 제1항)

---

① 세관공무원에게 조사를 받는 경우에 변호사, 관세사로 하여금 조사에 참여하게 하거나 의견을 진술하게 할 수 있다.(법 제112조)
② 세관공무원은 납세자를 긴급히 체포·압수·수색하는 경우 또는 현행범인 납세자가 도주할 우려가 있는 등 조사목적을 달성할 수 없다고 인정되는 경우에는 납세자권리헌장을 내주지 아니할 수 있다.(법 제110조 제3항)
④ 관세 포탈죄로 고발되어 포탈세액을 징수하는 경우는 과세전통지 생략사유 중 하나이다.(법 제118조 제1항)

19 □□□ **관세법령상 관세조사와 납세자의 권리 등에 대한 설명으로 옳지 않은 것은?** 2017 관세직 7급

① 세관장은 최근 4년 이상 조사를 받지 않은 납세자에 대하여 업종, 규모 등을 고려하여 대통령령으로 정하는 바에 따라 신고 내용이 적정한지를 검증할 필요가 있는 경우 정기선정에 의한 조사를 할 수 있다.

② 세관장은 납세자가 관세법에서 정하는 신고·신청, 과세가격결정자료의 제출 등의 납세협력의무를 이행하지 않은 경우에는 조사를 할 수 있다.

③ 세관공무원은 밀수출입, 부정·불공정무역 등 경제질서 교란 등을 통한 탈세혐의가 있는 자에 대하여 일제조사를 하는 경우 해당 사안에 대하여 이미 조사받은 자라도 다시 조사할 수 있다.

④ 세관공무원은 범칙사건에 대한 조사를 하기 위하여 해당장부, 서류 등을 조사하는 경우에는 조사를 받게 될 납세자에게 조사 시작 10일전에 조사 대상, 조사 사유, 그 밖에 대통령령으로 정하는 사항을 통지하여야 한다.

해설 **관세법 제114조(관세조사의 사전통지와 연기신청)**

세관공무원은 관세조사 등을 하기 위하여 해당 장부, 서류, 전산처리장치 또는 그 밖의 물품 등을 조사하는 경우에는 조사를 받게 될 납세자(그 위임을 받은 자를 포함한다.)에게 조사 시작 15일 전에 조사 대상, 조사 사유, 그 밖에 대통령령으로 정하는 사항을 통지하여야 한다. 다만, 다음 어느 하나에 해당하는 경우에는 그러하지 아니하다.(법 제114조 제1항)
1. 범칙사건에 대하여 조사하는 경우
2. 사전에 통지하면 증거인멸 등으로 조사 목적을 달성할 수 없는 경우

---

① (법 제110조의3 제1항)
② (법 제110조의3 제2항)
③ (법 제111조 제2항)

20 □□□ **「관세법」상 관세조사의 사전통지와 연기신청에서 조사기간은 조사대상자의 수출입 규모 등을 종합적으로 고려하여 최소한이 되도록 하되, 방문하여 조사하는 경우에는 그 조사기간을 20일 이내로 한다. 그럼에도 불구하고 20일 이내의 범위에서 조사기간을 연장할 수 있는 사유가 있다. 그 연장사유에 해당하지 않는 것은?** 2015 관세직 9급

① 화재나 그 밖의 재해로 사업상 심한 어려움이 있는 경우

② 조사대상자가 장부·서류 등을 은닉하거나 그 제출을 지연 또는 거부하는 등 조사를 기피하는 행위가 명백한 경우

③ 조사범위를 다른 품목이나 거래상대방 등으로 확대할 필요가 있는 경우

④ 천재지변이나 노동쟁의로 조사가 중단되는 경우

해설 **관세법 시행령 제139조의2(관세조사기간)**

다음의 어느 하나에 해당하는 경우에는 20일 이내의 범위에서 조사기간을 연장할 수 있다. 이 경우 2회 이상 연장하는 경우에는 관세청장의 승인을 받아 각각 20일 이내에서 연장할 수 있다.
1. 조사대상자가 장부·서류 등을 은닉하거나 그 제출을 지연 또는 거부하는 등 조사를 기피하는 행위가 명백한 경우
2. 조사범위를 다른 품목이나 거래상대방 등으로 확대할 필요가 있는 경우
3. 천재지변이나 노동쟁의로 조사가 중단되는 경우

정답 17. ④ 18. ③ 19. ④ 20. ①

4. 제1호부터 제3호까지에 준하는 사유로 사실관계의 확인이나 증거 확보 등을 위하여 조사기간을 연장할 필요가 있는 경우
5. 납세자보호관 또는 담당관이 세금탈루 혐의와 관련하여 추가적인 사실 확인이 필요하다고 인정하는 경우
6. 관세조사 대상자가 세금탈루 혐의에 대한 해명 등을 위하여 관세조사 기간의 연장을 신청한 경우로서 납세자보호관등이 이를 인정하는 경우

---

① 영 제140조 관세조사의 연기 사유 중 하나이다.

21 □□□ **관세법령상 납세자의 권리에 관한 설명으로 옳지 않은 것은?** 2018 관세사

① 세관공무원은 특정한 분야만을 조사할 필요가 있는 등 대통령령으로 정하는 경우를 제외하고는 신고납부세액과 관세법 및 다른 법령에서 정하는 수출입 관련 의무이행과 관련하여 그 권한에 속하는 사항을 통합하여 조사하는 것을 원칙으로 한다.

② 세관공무원은 납세자를 긴급히 체포・압수・수색하는 경우 또는 현행범인 납세자가 도주할 우려가 있는 등 조사목적을 달성할 수 없다고 인정되는 경우에는 납세자권리헌장을 내주지 아니할 수 있다.

③ 납세자가 폐업한 경우, 세관공무원이 관세조사를 종료하였을 때에는 종료 후 30일 이내에 그 조사 결과를 서면 또는 유선상으로 납세자에게 통지하여야 한다.

④ 세관공무원은 적정하고 공평한 과세를 실현하고 통관의 적법성을 보장하기 위하여 필요한 최소한의 범위에서 관세 조사를 하여야 하며 다른 목적 등을 위하여 조사권을 남용하여서는 아니 된다.

⑤ 세관공무원은 납세자가 관세법에 따른 신고 등의 의무를 이행하지 아니한 경우 또는 납세자에게 구체적인 관세포탈 등의 혐의가 있는 경우 등 대통령령으로 정하는 경우를 제외하고는 납세자가 성실하며 납세자가 제출한 신고서 등이 진실한 것으로 추정하여야 한다.

해설 **관세법 제115조(관세조사의 결과 통지)**

세관공무원은 관세조사를 종료하였을 때에는 종료 후 20일 이내에 그 조사 결과를 서면으로 납세자에게 통지하여야 한다. 다만, 납세자가 폐업한 경우 등 대통령령으로 정하는 경우에는 그러하지 아니하다.

---

① (법 제110조의2)
② (법 제110조 제3항)
④ (법 제111조 제1항)
⑤ (법 제113조 제1항)

22 관세법령상 납세자의 권리 등에 대한 설명으로 옳지 않은 것은? 2017 관세직 9급

① 세관공무원은 납세자를 긴급히 체포·압수·수색하는 경우 또는 현행범인 납세자가 도주할 우려가 있는 등 조사목적을 달성할 수 없다고 인정되는 경우에는 납세자권리헌장을 내주지 아니할 수 있다.

② 세관공무원은 특정한 분야만을 조사할 필요가 있는 등 대통령령으로 정하는 경우를 제외하고는 신고납부세액과 「관세법」 및 다른 법령에서 정하는 수출입 관련 의무 이행과 관련하여 그 권한에 속하는 사항을 통합하여 조사하는 것을 원칙으로 한다.

③ 관세청장이 수출입업자의 신고 내용에 대하여 정기적으로 성실도를 분석한 결과 불성실 혐의가 있다고 인정하는 경우 세관장은 정기적으로 신고의 적정성을 검증하기 위하여 대상을 선정하여 조사를 할 수 있다.

④ 세관공무원이 「관세법」 제270조에 따른 관세포탈에 대한 범칙사건의 조사를 종료한 후 납세자에게 통고처분을 하는 경우에는 그 조사결과를 서면으로 납세자에게 통지하여야 한다.

해설 세관공무원은 조사를 종료하였을 때에는 종료 후 20일 이내에 그 조사 결과를 서면으로 납세자에게 통지하여야 한다. 다만, 다음의 경우에는 그러하지 아니하다.(법 제115조), (영 제141조)

1. 납세자에게 통고처분을 하는 경우
2. 범칙사건을 고발하는 경우
3. 폐업한 경우
4. 납세자의 주소 및 거소가 불명하거나 그 밖의 사유로 통지를 하기 곤란하다고 인정되는 경우

23 관세법령상 과세정보의 제공을 요구할 때 당사자의 동의를 받지 않더라도 그 사용 목적에 맞는 범위에서 납세자의 과세정보를 제공할 수 있는 경우만을 모두 고르면? 2023 관세직 7급

ㄱ. 세관공무원 상호간에 관세를 부과·징수, 통관 또는 질문·검사하는 데에 필요하여 과세정보를 요구하는 경우
ㄴ. 「대한무역투자진흥공사법」에 따른 대한무역투자진흥공사가 급부·지원 등의 대상자 선정 및 그 자격을 조사·심사하는데 필요한 과세정보를 요구하는 경우
ㄷ. 법원의 제출명령에 따라 과세정보를 요구하는 경우
ㄹ. 「은행법」에 따른 은행이 「대외무역법」 제2조제3호에 따른 무역거래자의 거래, 지급, 수령 등을 확인하는데 필요한 과세정보를 요구하는 경우

① ㄱ, ㄷ
② ㄴ, ㄹ
③ ㄱ, ㄷ, ㄹ
④ ㄴ, ㄷ, ㄹ

해설 **관세법 제116조(비밀유지)**

세관공무원은 납세자가 이 법에서 정한 납세의무를 이행하기 위하여 제출한 자료나 관세의 부과·징수 또는 통관을 목적으로 업무상 취득한 자료 등(이하 "과세정보"라 한다)을 타인에게 제공하거나 누설하여서는 아니 되며, 사용 목적 외의 용도로 사용하여서도 아니 된다. 다만, 다음 각 호의 어느 하나에 해당하는 경우에는 그 사용 목적에 맞는 범위에서 납세자의 과세정보를 제공할 수 있다.

정답 21. ③ 22. ④ 23. ①

1. 국가기관이 관세에 관한 쟁송이나 관세범에 대한 소추(訴追)를 목적으로 과세정보를 요구하는 경우
2. 법원의 제출명령이나 법관이 발부한 영장에 따라 과세정보를 요구하는 경우
3. 세관공무원 상호간에 관세를 부과·징수, 통관 또는 질문·검사하는 데에 필요하여 과세정보를 요구하는 경우
4. 통계청장이 국가통계작성 목적으로 과세정보를 요구하는 경우
5. 다음 각 목에 해당하는 자가 급부·지원 등의 대상자 선정 및 그 자격을 조사·심사하는데 필요한 과세정보를 당사자의 동의를 받아 요구하는 경우
   가. 국가행정기관 및 지방자치단체
   나. 「공공기관의 운영에 관한 법률」에 따른 공공기관 중 대통령령으로 정하는 공공기관
   다. 「은행법」에 따른 은행
   라. 그 밖에 급부·지원 등의 업무와 관련된 자로서 대통령령으로 정하는 자
6. 제5호 나목 또는 다목에 해당하는 자가 「대외무역법」 제2조제3호에 따른 무역거래자의 거래, 지급, 수령 등을 확인하는 데 필요한 과세정보를 당사자의 동의를 받아 요구하는 경우
7. 다른 법률에 따라 과세정보를 요구하는 경우

24 □□□ **관세법령상 납세자의 권리에 관한 설명으로 옳지 않은 것은?** 2024 관세사

① 은행이 급부·지원 등의 대상자 선정 및 그 자격을 조사·심사하는데 필요한 과세정보를 요구하는 때에는 은행이 당사자의 동의를 받지 않은 경우라도 세관공무원은 과세정보를 제공할 수 있다.

② 세관공무원이 납세자의 장부등을 세관관서에 일시 보관하는 경우에는 납세자로부터 일시 보관 동의서를 받아야 하며, 일시 보관증을 교부하여야 한다.

③ 세관공무원은 부정·불공정무역 등 경제질서 교란 등을 통한 탈세혐의가 있는 자에 대하여 일제조사를 하는 경우에는 해당 사안에 대하여 이미 조사를 받은 자를 다시 조사할 수 있다.

④ 납세자는 세관공무원에게 관세조사를 받는 경우에 관세사로 하여금 조사에 참여하게 할 수 있다.

⑤ 관세청장은 체납액의 부과결정의 취소에 따라 체납된 관세(세관장이 부과·징수하는 내국세 등을 포함)가 5천만원 미만이 된 경우 즉시 법무부장관에게 해당 체납자의 출국금지 또는 출국정지의 해제를 요청하여야 한다.

해설 ① 은행이 당사자의 동의를 받아 급부·지원 등의 대상자 선정 및 그 자격을 조사·심사하는데 필요한 과세정보를 요구하는 경우 세관공무원은 과세정보를 제공할 수 있다.

25 ( )에 들어갈 내용이 순서대로 옳은 것은? 2016 관세사

□□□

> 관세청장은 체납발생일부터 ( )년이 지난 관세 및 내국세등(이하 "체납관세등"이라 한다)이 ( )억원 이상인 체납자에 대하여는 그 인적사항과 체납액 등을 공개할 수 있다. 다만, 체납관세등에 대하여 이의신청 · 심사청구 등 불복청구가 진행 중이거나 체납액의 일정금액 이상을 납부한 경우 등 대통령령으로 정하는 사유에 해당하는 경우에는 그러하지 아니하다.

① 1, 2
② 1, 3
③ 1, 5
④ 2, 3
⑤ 2, 5

해설 **관세법 제116조의2(고액 · 상습체납자 등의 명단 공개)**

관세청장은 제116조에도 불구하고 다음 각 호의 구분에 따라 해당 사항을 공개할 수 있다.

1. 체납발생일부터 1년이 지난 관세 및 내국세등이 2억원 이상인 체납자: 해당 체납자의 인적사항과 체납액 등. 다만, 체납관세등에 대하여 이의신청 · 심사청구 등 불복청구가 진행 중이거나 체납액의 일정금액 이상을 납부한 경우 등 대통령령으로 정하는 사유에 해당하는 경우에는 그러하지 아니하다.
2. 제270조제1항 · 제4항 및 제5항에 따른 범죄로 유죄판결이 확정된 자로서 같은 조에 따른 포탈, 감면, 면탈 또는 환급받은 관세 및 내국세등의 금액이 연간 2억원 이상인 자: 해당 관세포탈범의 인적사항과 포탈관세액 등. 다만, 제2항에 따른 관세정보위원회가 공개할 실익이 없거나 공개하는 것이 부적절하다고 인정하는 경우 등 대통령령으로 정하는 사유에 해당하는 경우에는 그러하지 아니하다.

26 고액 · 상습체납자 명단 공개에 대한 내용 중 옳지 않은 것은? 2014 관세직 7급

□□□

① 체납발생일로부터 1년이 지난 관세 및 내국세 등이 2억원 이상인 체납자에 대하여는 그 인적사항과 체납액 등을 공개할 수 있다.

② 체납관세 등에 대하여 이의신청 · 심사청구 등 불복청구가 진행 중이거나 체납액의 일정금액 이상을 납부한 경우 등 대통령령으로 정하는 사유에 해당하는 경우에는 체납자의 인적사항과 체납액 등을 공개할 수 없다.

③ 관세청장은 관세정보위원회의 심의를 거친 공개대상 예정자에게 체납자 명단 공개 대상예정자임을 통지한 날부터 3개월이 지나면 동 심의위원회로 하여금 체납액의 납부이행 등을 고려하여 체납자의 명단 공개 여부를 재심의하게 한다.

④ 체납자의 인적사항 · 체납액 등의 공개는 관보에 게재하거나 관세청장이 지정하는 정보통신망 또는 관할 세관의 게시판에 게시하는 방법으로 한다.

해설 **관세법 제116조의2(고액 · 상습체납자의 명단 공개)**

관세청장은 제3항에 따라 통지한 날부터 6개월이 지나면 심의위원회로 하여금 체납액 또는 포탈관세액의 납부이행 등을 고려하여 체납자 또는 관세포탈범의 명단 공개 여부를 재심의하게 한다.(법 제116조의2 제4항)

---

① (법 제116조의2 제1항)
② (법 제116조의2 제1항)
④ (법 제116조의2 제4항)

정답 24. ① 25. ① 26. ③

27 관세법령상 납세자의 권리에 대한 설명으로 옳지 않은 것은? 2016 관세직 7급

□□□

① 관세조사의 통지를 받은 납세자는 권한있는 기관에 의하여 장부 및 증빙서류가 압수 또는 영치되어 조사를 받기가 곤란한 경우에는 대통령령으로 정하는 바에 따라 해당 세관장에게 조사를 연기하여 줄 것을 신청할 수 있다.

② 세관공무원은 현행범인 납세자가 도주할 우려가 있는 등 조사목적을 달성할 수 없다고 인정되는 경우에는 납세자권리헌장을 내주지 아니할 수 있다.

③ 체납발생일부터 1년이 지난 관세로서 체납액이 2억원 이상인 경우에는 체납관세에 대한 체납자의 심사청구 등 불복절차가 진행되어도 관세청장은 체납자의 인적사항과 체납액을 공개할 수 있다.

④ 국가기관이 관세범에 대한 소추를 목적으로 업무상 취득한 자료를 요구하는 경우 세관공무원은 그 사용 목적에 맞는 범위에서 그 자료를 제공할 수 있다.

해설 **관세법 시행령 제141조의5(고액·상습체납자 등의 명단공개)**

① "체납관세등에 대하여 이의신청·심사청구 등 불복청구가 진행 중이거나 체납액의 일정금액 이상을 납부한 경우 등 대통령령으로 정하는 사유"란 다음의 어느 하나에 해당하는 경우를 말한다.

1. 다음 계산식에 따라 계산한 최근 2년간의 체납액 납부비율이 100분의 50 이상인 경우

$$\text{최근 2년간의 체납액 납부 비율} = \frac{B}{A+B}$$

A : 명단 공개 예정일이 속하는 연도의 직전 연도 12월 31일 당시 명단 공개 대상 예정자의 체납액

B : 명단 공개 예정일이 속하는 연도의 직전 2개 연도 동안 명단 공개 대상 예정자가 납부한 금액

2. 「채무자 회생 및 파산에 관한 법률」 제243조에 따른 회생계획인가의 결정에 따라 체납된 세금의 징수를 유예받고 그 유예기간 중에 있거나 체납된 세금을 회생계획의 납부일정에 따라 납부하고 있는 경우

3. 재산상황, 미성년자 해당여부 및 그 밖의 사정 등을 고려할 때 법 제116조의2제2항에 따른 관세정보위원회가 공개할 실익이 없거나 공개하는 것이 부적절하다고 인정하는 경우

② 법 제116조의2제1항제2호 단서에서 "제2항에 따른 관세정보위원회가 공개할 실익이 없거나 공개하는 것이 부적절하다고 인정하는 경우 등 대통령령으로 정하는 사유"란 법 제116조의2제2항에 따른 관세정보위원회가 공개할 실익이 없거나 공개하는 것이 부적절하다고 인정하는 경우를 말한다.

③ 관세청장은 법 제116조의2제3항에 따라 공개대상예정자에게 명단공개 대상예정자임을 통지하는 때에는 그 체납하거나 포탈한 세금의 납부촉구와 명단공개 제외사유에 해당되는 경우 이에 관한 소명자료를 제출하도록 각각 안내하여야 한다.

④ 체납자 명단공개시 공개할 사항은 체납자의 성명·상호(법인의 명칭을 포함한다)·연령·직업·주소, 체납액의 세목·납기 및 체납요지 등으로 하고, 체납자가 법인인 경우에는 법인의 대표자를 함께 공개한다.

⑤ 법 제116조의2제1항제2호에 따라 관세포탈범의 명단을 공개할 때 공개할 사항은 관세포탈범의 성명·상호(법인의 명칭을 포함한다), 나이, 직업, 주소, 포탈관세액 등의 세목·금액, 판결 요지 및 형량 등으로 한다. 이 경우 관세포탈범의 범칙행위가 법 제279조제1항 본문에 해당하는 경우에는 해당 법인의 명칭·주소·대표자 또는 해당 개인의 성명·상호·주소를 함께 공개한다.

⑥ 관세청장이 법 제116조의2제5항에 따라 명단을 관세청장이 지정하는 정보통신망 또는 관할 세관의 게시판에 게시하는 방법으로 공개하는 경우 그 공개 기간은 게시일부터 다음 각 호의 구분에 따른 기간이 만료하는 날까지로 한다.

1. 법 제116조의2제1항제2호에 따른 범죄(「특정범죄 가중처벌 등에 관한 법률」 제6조제8항에 따른 상습범은 제외한다)로 유죄판결이 확정된 자의 경우: 5년

2. 법 제116조의2제1항제2호에 따른 범죄(「특정범죄 가중처벌 등에 관한 법률」 제6조제8항에 따른 상습범만 해당한다)로 유죄판결이 확정된 자의 경우: 10년

⑦ 제6항에도 불구하고 같은 항 각 호에 따른 자가 그 공개 기간의 만료일 현재 다음 각 호의 어느 하나에 해당하는 경우에는 해당 호에서 정하는 날까지 계속하여 공개한다.

1. 법에 따라 납부해야 할 세액, 과태료 또는 벌금을 납부하지 않은 경우: 그 세액 등을 완납하는 날

2. 형의 집행이 완료되지 않은 경우: 그 형의 집행이 완료되는 날

---

③ 체납관세에 대한 체납자의 심사청구 등 불복절차가 진행 중인 경우 체납자의 인적사항과 체납액 등을 공개할 수 없다.

28 관세법상 고액 · 상습체납자의 명단을 공개할 수 있는 경우는? 2017 관세사

① 체납관세등에 대하여 이의신청 · 심사청구 등 불복청구가 진행 중인 경우
② 재산상황, 미성년자 해당 여부 및 그 밖의 사정 등을 고려할 때 관세정보위원회가 공개하는 것이 부적절하다고 인정하는 경우
③ 「채무자 회생 및 파산에 관한 법률」에 따른 회생계획인가의 결정에 따라 체납된 세금의 징수를 유예받고 그 유예기간 중에 있는 경우
④ 재산상황, 미성년자 해당 여부 및 그 밖의 사정 등을 고려할 때 관세정보위원회가 공개할 실익이 없다고 인정하는 경우
⑤ 체납발생일부터 1년이 지난 관세가 2억원 이상인 체납자가 체납액의 100분의 20을 납부한 경우

해설 ⑤ 다음 계산식에 따라 계산한 최근 2년간의 체납액 납부비율이 100분의 50 이상인 경우 명단공개를 할 수 없다.
*최근 2년간의 체납액 납부비율 = B/A+B
A : 명단 공개 예정일이 속하는 연도의 직전 연도 12월 31일 당시 명단공개 대상 예정자의 체납액
B : 명단 공개 예정일이 속하는 연도의 직전 2개 연도 동안 명단 공개 대상 예정자가 납부한 금액

29 「관세법」상 고액 · 상습체납자의 감치에 대한 조문의 일부이다. (가)~(다)에 들어갈 숫자로 옳은 것은? 2021 관세직 7급

> ○ 법원은 검사의 청구에 따라 체납자가 다음 각 호의 사유에 모두 해당하는 경우 결정으로 30일의 범위에서 체납된 관세(세관장이 부과 · 징수하는 내국세등을 포함한다. 이하 이 조에서 같다)가 납부될 때까지 그 체납자를 감치(監置)에 처할 수 있다.
> 1. 관세를 (가) 회 이상 체납하고 있고, 체납발생일부터 각 (나) 년이 경과하였으며, 체납금액의 합계가 (다) 억원 이상인 경우
> 2. 체납된 관세의 납부능력이 있음에도 불구하고 정당한 사유 없이 체납한 경우
> 3. 제116조의2 제2항에 따른 관세정보위원회의 의결에 따라 해당 체납자에 대한 감치 필요성이 인정되는 경우

	(가)	(나)	(다)
①	2	1	3
②	2	2	2
③	3	1	2
④	3	2	3

해설 **관세법 제116조의4(고액 · 상습체납자의 감치)**
법원은 검사의 청구에 따라 체납자가 다음의 사유에 모두 해당하는 경우 결정으로 30일의 범위에서 체납된 관세(세관장이 부과 · 징수하는 내국세등을 포함한다)가 납부될 때까지 그 체납자를 감치(監置)에 처할 수 있다.(법 제116조의4 제1항)
1. 관세를 3회 이상 체납하고 있고, 체납발생일부터 각 1년이 경과하였으며, 체납금액의 합계가 2억원 이상인 경우
2. 체납된 관세의 납부능력이 있음에도 불구하고 정당한 사유 없이 체납한 경우
3. 제116조의2 제2항에 따른 관세정보위원회의 의결에 따라 해당 체납자에 대한 감치 필요성이 인정되는 경우

정답 27. ③ 28. ⑤ 29. ③

30 관세법상 고액·상습체납자의 감치(監置)에 관한 설명으로 옳지 않은 것은? 2023 관세사

□□□

① 법원은 체납자를 30일의 범위에서 감치할 수 있다.

② 세관장이 부과·징수하는 내국세는 감치의 대상이 되는 체납 관세에 포함되지 않는다.

③ 법원의 감치 결정에 대해서는 즉시항고를 할 수 있다.

④ 관세를 5회 체납하고 있고 체납금액의 합계가 1억원인 경우는 감치의 대상이 아니다.

⑤ 관세청장은 체납자의 감치를 신청하기 전에 체납자에게 소명자료를 제출하거나 의견을 진술할 수 있는 기회를 주어야 한다.

해설 ② 법원은 검사의 청구에 따라 30일의 범위에서 체납된 관세(세관장이 부과·징수하는 내국세등을 포함한다)가 납부될 때까지 그 체납자를 감치(監置)에 처할 수 있다.

31 「관세법」상 납세자의 권리에 대한 설명으로 옳은 것은? 2023 관세직 7급

□□□

① 법원은 관세정보위원회의 의결에 따라 해당 체납자에 대한 감치 필요성이 인정되는 경우 관세청장의 신청에 따라 체납된 관세가 납부될 때까지 그 체납자를 감치에 처할 수 있다.

② 관세청장은 관세·법률·재정 분야의 전문지식과 경험을 갖춘 자이면 세관공무원으로 퇴직한 지 3년이 지나지 아니한 사람이라도 납세자보호관으로 임명할 수 있다.

③ 세관장은 출국금지된 관세의 체납자가 체납액을 일부 납부하여 체납된 관세가 5천만원이 된 경우에는 즉시 법무부장관에게 출국금지의 해제를 요청하여야 한다.

④ 관세청장은 관세정보위원회의 심의를 거친 공개대상예정자에게 체납자 명단 공개대상예정자임을 통지한 날부터 6개월이 지나면 관세정보위원회로 하여금 체납액의 납부이행 등을 고려하여 체납자의 명단 공개 여부를 재심의하게 한다.

해설 **제116조의2(고액·상습체납자의 명단 공개)**

관세청장은 명단공개 대상예정자에게 통지한 날부터 6개월이 지나면 심의위원회로 하여금 체납액의 납부이행 등을 고려하여 체납자의 명단 공개 여부를 재심의하게 한다.(법 제116조의2 제4항)

---

① 법원은 검사의 청구에 따라 체납자를 감치에 처할 수 있다.

② 관세청장은 납세자보호관을 개방형직위로 운영하고 관세·법률·재정 분야의 전문지식과 경험을 갖춘 사람으로서 세관공무원, 세관공무원으로 퇴직한 지 3년이 지나지 아니한 사람을 대상으로 공개모집한다.

③ 관세청장은 출국금지된 관세의 체납자가 체납액을 일부 납부하여 체납된 관세가 5천만원이 된 경우에는 즉시 법무부장관에게 출국금지의 해제를 요청하여야 한다.

32 □□□ 「관세법」상 고액·상습체납자의 감치 및 출국금지에 대한 설명으로 옳은 것은? 2024 관세직 9급

① 체납금액의 합계가 1억원인 체납자가 체납된 관세의 납부능력이 있음에도 불구하고 정당한 사유 없이 체납한 경우 관세청장은 체납자의 주소를 관할하는 지방검찰청에 체납자의 감치를 신청할 수 있다.

② 체납자는 관세정보위원회의 의결에 따른 관세청장의 감치 신청 및 검사의 감치 청구 결정에 대하여 즉시항고할 수 있다.

③ 관세청장은 체납자의 감치를 신청하기 전에 체납자에게 대통령령으로 정하는 바에 따라 소명자료를 제출하거나 의견을 진술할 수 있는 기회를 주어야 한다.

④ 관세청장은 5천만원 이상의 관세를 체납하여 출국금지된 자에 대하여는 관세징수권의 소멸시효가 완성된 경우에도 법무부장관에게 즉시 출국금지의 해제를 요청할 수 없다.

해설 ① 법원은 검사의 청구에 따라 체납자가 감치사유에 모두 해당하는 경우 30일의 범위에서 체납된 관세가 납부될 때까지 그 체납자를 감치(監置)에 처할 수 있다.
② 체납자는 법원의 감치 결정에 대하여 즉시항고할 수 있다.
④ 관세청장은 관세징수권의 소멸시효가 완성된 경우에는 즉시 법무부장관에게 출국금지 또는 출국정지의 해제를 요청하여야 한다.

Chapter 05

33 □□□ 관세법령상 본부세관에 두는 납세자보호위원회의 위원 구성에 관한 내용이다. (ㄱ), (ㄴ)에 들어갈 사항으로 옳은 것은? 2023 관세사

> ○ (ㄱ) 1명
> ○ 해당 본부세관의 5급 이상의 공무원 중 (ㄴ)이 임명하는 7명 이내의 사람

① ㄱ: 납세자보호관, ㄴ: 본부 세관장
② ㄱ: 납세자보호관, ㄴ: 관세청장
③ ㄱ: 납세자보호담당관 ㄴ: 본부 세관장
④ ㄱ: 납세자보호담당관, ㄴ: 관세청장
⑤ ㄱ: 납세자보호담당관, ㄴ: 기획재정부장

해설 **관세법 시행령 제144조의3(납세자보호위원회의 위원)**
① 법 제118조의4제1항에 따른 납세자보호위원회는 같은 조 제5항에 따른 위원장 1명을 포함하여 다음 각 호의 구분에 따른 위원으로 구성한다.
1. 본부세관에 두는 위원회: 160명 이내의 위원
2. 관세청에 두는 위원회: 45명 이내의 위원
② 위원회의 위원은 다음 각 호의 구분에 따른 사람이 된다.
1. 본부세관에 두는 위원회: 다음 각 목의 사람
가. 납세자보호담당관 1명
나. 해당 본부세관의 5급 이상의 공무원 중 본부세관장이 임명하는 7명 이내의 사람
다. 관세청장이 정하는 일선세관(본부세관 외의 세관을 말한다. 이하 같다)의 5급 이상의 공무원 중 본부세관장이 임명하는 40명 이내의 사람(일선세관별 임명 위원은 5명 이내로 한다)

정답 30. ② 31. ④ 32. ③ 33. ③

라. 관세·법률·재정 분야에 관한 전문적인 학식과 경험이 풍부한 사람으로서 본부세관장이 성별을 고려하여 위촉하는 32명 이내의 사람

마. 관세·법률·재정 분야에 관한 전문적인 학식과 경험이 풍부한 사람으로서 일선세관장이 성별을 고려하여 추천한 사람 중에서 본부세관장이 위촉하는 80명 이내의 사람(일선세관별 위촉 위원은 10명 이내로 한다)

2. 관세청에 두는 위원회 다음 각 목의 사람

가. 납세자보호관 1명

나. 관세청의 3급 또는 고위공무원단에 속하는 공무원 중에서 관세청장이 임명하는 9명 이내의 사람

다. 관세·법률·재정 분야의 전문가 중에서 관세청장이 성별을 고려하여 위촉하는 22명 이내의 사람(기획재정부장관이 추천하여 위촉하는 7명 이내의 사람을 포함한다)

라. 「관세사법」 제21조에 따른 관세사회의 장이 추천하는 5년 이상 경력을 가진 관세사 중에서 관세청장이 위촉하는 사람 3명

마. 「세무사법」 제18조에 따른 한국세무사회의 장이 추천하는 5년 이상 경력을 가진 세무사 또는 「공인회계사법」 제41조에 따른 한국공인회계사회의 장이 추천하는 5년 이상의 경력을 가진 공인회계사 중에서 관세청장이 위촉하는 사람 3명

바. 「변호사법」에 따른 대한변호사협회의 장이 추천하는 5년 이상 경력을 가진 변호사 중에서 관세청장이 위촉하는 사람 3명

사. 「비영리민간단체 지원법」 제2조에 따른 비영리민간단체가 추천하는 5년 이상의 경력을 가진 관세·법률·재정 분야의 전문가 중에서 관세청장이 위촉하는 사람 4명

34 「관세법」상 납세자의 권리에 대한 설명으로 옳지 않은 것은?

□□□ 2021 관세직 7급

① 세관공무원은 제283조(관세범)에 따른 관세범 조사를 하는 경우에는 납세자권리헌장의 내용이 수록된 문서를 납세자에게 내주어야 하며, 조사사유, 조사기간, 납세자보호위원회에 대한 심의 요청사항·절차 및 권리구제 절차 등을 설명하여야 한다.

② 세관공무원은 관세조사 목적으로 납세자의 동의를 받아 일시 보관하고 있는 장부 등에 대하여 납세자가 반환을 요청한 경우라도 조사목적을 달성하기 위하여 필요한 경우에는 납세자보호위원회의 심의를 거쳐 한 차례만 14일 이내의 범위에서 보관 기간을 연장할 수 있다.

③ 관세청장은 정당한 사유 없이 3천만원 이상의 관세 및 내국세를 체납한 자 중 대통령령으로 정하는 자에 대하여 법무부장관에게 「출입국관리법」에 따라 출국금지 또는 출국정지를 즉시 요청하여야 한다.

④ 납세자의 권리보호를 위하여 관세청에 납세자 권리보호업무를 총괄하는 납세자보호관을 두고, 대통령령으로 정하는 세관에 납세자 권리보호업무를 수행하는 담당관을 각각 1명을 둔다.

해설 **관세법 제116조의5(출국금지 요청 등)**

관세청장은 정당한 사유 없이 5천만원 이상의 관세(세관장이 부과·징수하는 내국세등을 포함한다)를 체납한 자 중 대통령령으로 정하는 자에 대하여 법무부장관에게 「출입국관리법」 제4조 제3항 및 같은 법 제29조 제2항에 따라 출국금지 또는 출국정지를 즉시 요청하여야 한다.(법 제116조의5 제1항)

02 과세전적부심사 및 심사청구 등

01 □□□ 다음 「관세법」 조항에서 밑줄 친 경우에 해당하지 않는 것은? 2023 관세직 9급

> 세관장은 「관세법」 제38조의3 제6항 또는 제39조 제2항에 따라 납부세액이나 납부하여야 하는 세액에 미치지 못한 금액을 징수하려는 경우에는 미리 납세의무자에게 그 내용을 서면으로 통지하여야 한다. 다만, 다음 각 호의 어느 하나에 해당하는 경우에는 통지를 생략할 수 있다.

① 「관세법」 제28조제2항에 따라 납세의무자가 확정가격을 신고한 경우
② 통지하려는 날부터 1년 이내에 「관세법」 제21조에 따른 관세부과의 제척기간이 만료되는 경우
③ 「관세법」 제38조제2항 단서에 따라 수입신고 수리 전에 세액을 심사하는 경우로서 그 결과에 따라 부족세액을 징수하는 경우
④ 「관세법」 제270조에 따른 관세포탈죄로 고발되어 포탈세액을 징수하는 경우

해설 **관세법 제118조(과세전적부심사)**
세관장은 추징 또는 경정에 따라 납부세액이나 납부하여야 하는 세액에 미치지 못한 금액을 징수하려는 경우에는 미리 납세의무자에게 그 내용을 서면으로 통지하여야 한다. 다만, 다음 어느 하나에 해당하는 경우에는 통지를 생략할 수 있다.(법 제118조 제1항)
1. 통지하려는 날부터 3개월 이내에 제21조에 따른 관세부과의 제척기간이 만료되는 경우
2. 납세의무자가 확정가격을 신고한 경우
3. 수입신고 수리 전에 세액을 심사하는 경우로서 그 결과에 따라 부족세액을 징수하는 경우
4. 사후관리 위반으로 면제된 관세를 징수하거나 감면된 관세를 징수하는 경우
5. 관세포탈죄로 고발되어 포탈세액을 징수하는 경우
6. 납부세액의 계산착오 등 명백한 오류에 의하여 부족하게 된 세액을 징수하는 경우
7. 「감사원법」 제33조에 따른 감사원의 시정요구에 따라 징수하는 경우
8. 납세의무자가 부도 · 휴업 · 폐업 또는 파산한 경우
9. 관세품목분류위원회의 의결에 따라 결정한 품목분류에 의하여 수출입물품에 적용할 세율이나 품목분류의 세번이 변경되어 부족한 세액을 징수하는 경우
10. 과세전적부심사 청구에 대한 결정 및 이의신청, 심사청구 결정에 따른 재조사 결과에 따라 해당 처분의 취소 · 경정을 하거나 필요한 처분을 하는 경우

02 □□□ **「관세법」 제118조 제1항에서 세관장은 「관세법」 제38조의3 제6항 또는 「관세법」 제39조 제2항에 따라 납부세액이나 납부하여야 하는 세액에 미치지 못한 금액을 징수하려는 경우에 미리 납세의무자에게 그 내용을 서면으로 통지하여야 하는데, 과세전서면통지를 생략하는 경우가 있다. 이에 해당하지 않는 것은?** 2018 관세직 9급

① 「관세법」 제28조 제2항에 따라 납세의무자가 확정가격을 신고한 경우
② 「관세법」 제270조에 따른 관세포탈죄로 고발되어 포탈세액을 징수하는 경우
③ 통지하려는 날부터 3개월 이내에 「관세법」 제22조에 따른 관세징수의 소멸시효가 완성되는 경우
④ 「관세법」 제38조 제2항 단서에 따라 수입신고 수리전에 세액을 심사하는 경우로서 그 결과에 따라 부족세액을 징수하는 경우

해설 ③ 통지하려는 날부터 3개월 이내에 관세징수의 소멸시효가 아닌, 관세부과의 제척기간이 만료되는 경우에 과세전통지를 생략한다.

정답 34. ③ / 01. ② 02. ③

03 관세법상 세관장이 과세전 통지를 생략할 수 없는 경우는? 2017 관세사

□□□

① 관세품목분류위원회의 의결에 따라 결정한 품목분류에 의하여 수출입물품에 적용할 세율이나 품목분류의 세번이 변경되어 부족한 세액을 징수하는 경우

② 통지하려는 날부터 4개월 이후에 관세부과의 제척기간이 만료되는 경우

③ 잠정가격으로 가격신고를 한 후 납세의무자가 확정가격을 신고한 경우

④ 관세법 제38조(신고납부) 제2항 단서에 따라 수입신고 수리전에 세액을 심사하는 경우로서 그 결과에 따라 부족세액을 징수하는 경우

⑤ 관세포탈죄로 고발되어 포탈세액을 징수하는 경우

해설 ② 통지하려는 날부터 3개월 이내에 관세부과의 제척기간이 만료되는 경우에 과세전통지를 생략한다.

04 관세법상 과세전적부심사에 대한 설명으로 옳은 것은? 2019 관세직 9급

□□□

① 과세전적부심사를 청구받은 세관장이나 관세청장은 그 청구를 받은 날부터 1월 이내에 관세심사위원회의 심사 결과에 따른 결정을 하고, 그 결과를 청구인에게 통지하여야 한다.

② 세관장은 잠정가격으로 가격신고를 한 납세의무자가 대통령령으로 정하는 기간 내에 해당 물품의 확정된 가격을 세관장에게 신고함에 따라 납부하여야 하는 세액에 미치지 못한 금액을 징수하려는 경우에는 미리 납세의무자에게 그 내용을 서면으로 통지하여야 한다.

③ 과세전적부심사 청구기간이 지난 후 과세전적부심사청구가 제기된 경우 그 심사를 청구받은 세관장이나 관세청장은 심사하지 아니한다는 결정을 한다.

④ 납부세액에 미치지 못한 금액의 징수에 대한 통지를 받은 납세의무자는 통지한 세관장에게 과세전적부심사를 청구하지 아니하면 그 세관장에게 통지받은 내용의 전부 또는 일부에 대하여 조기에 경정해 줄 것을 신청할 수 없다.

해설 **관세법 제118조(과세전적부심사)**

과세전적부심사 청구에 대한 결정은 다음의 구분에 따른다.(법 제118조 제4항)

1. 청구가 이유 없다고 인정되는 경우 : 채택하지 아니한다는 결정
2. 청구가 이유 있다고 인정되는 경우 : 청구의 전부 또는 일부를 채택하는 결정. 이 경우 구체적인 채택의 범위를 정하기 위하여 사실관계 확인 등 추가적으로 조사가 필요한 경우에는 제1항 본문에 따른 통지를 한 세관장으로 하여금 이를 재조사하여 그 결과에 따라 당초 통지 내용을 수정하여 통지하도록 하는 재조사 결정을 할 수 있다.
3. 청구기간이 지났거나 보정기간 내에 보정하지 아니하는 경우 또는 적법하지 아니한 청구를 하는 경우 : 심사하지 아니한다는 결정

---

① 과세전적부심사를 청구받은 세관장이나 관세청장은 그 청구를 받은 날부터 30일 이내에 관세심사위원회의 심사를 거쳐 결정을 하고, 그 결과를 청구인에게 통지하여야 한다. 다만, 과세전적부심사 청구기간이 지난 후 과세전적부심사청구가 제기된 경우 등 대통령령으로 정하는 사유에 해당하는 경우에는 관세심사위원회의 심사를 거치지 아니하고 결정할 수 있다.(법 제118조 제3항)

② 잠정가격으로 가격 신고 후 납세의무자가 확정가격을 신고하는 경우 과세전통지를 생략한다.(법 제118조 제1항)

④ 과세전통지를 받은 자는 과세전적부심사를 청구하지 아니하고 통지를 한 세관장에게 통지받은 내용의 전부 또는 일부에 대하여 조기에 경정해 줄 것을 신청할 수 있다.(법 제118조 제5항)

05 관세법령상 과세전적부심사에 대한 설명으로 옳지 않은 것은? 2019 관세직 7급

□□□

① 세관장이나 관세청장은 과세전적부심사 청구기간이 지난 후 그 청구가 제기된 경우에는 관세심사위원회의 심사를 거치지 아니하고 결정할 수 있다.

② 동일 납세의무자가 동일한 사안에 대하여 둘 이상의 세관장에게 관세전적부심사를 청구하여야 하는 경우에는 관세청장에게 심사를 청구할 수 있다.

③ 청구가 이유 있다고 인정되는 경우 청구의 전부를 채택하는 결정을 하여야 하고 일부를 채택하는 결정이나 재조사 결정은 할 수 없다.

④ 청구기간이 지났거나 보정기간 내에 보정하지 아니하는 경우 또는 적법하지 아니한 청구를 하는 경우 그 청구에 대하여는 심사하지 아니한다는 결정을 한다.

해설 ③ 청구가 이유 있다고 인정되는 경우 청구의 전부 또는 일부를 채택하는 결정을 할 수 있다. 이 경우 구체적인 채택의 범위를 정하기 위하여 사실관계 확인 등 추가적으로 조사가 필요한 경우에는 과세전통지를 한 세관장으로 하여금 이를 재조사하여 그 결과에 따라 당초 통지 내용을 수정하여 통지하도록 하는 재조사 결정을 할 수 있다.

06 관세법령상 과세전적부심사와 관련된 설명으로 옳지 않은 것은? 2017 관세직 7급

□□□

① 세관장은 관세법 제38조의3 제6항의 경정 또는 제39조 제2항의 부족세액 징수규정에 따라 납부세액이나 납부하여야 하는 세액에 미치지 못한 금액을 징수하려는 경우에는 미리 납세의무자에게 그 내용을 서면으로 통지하여야 한다. 다만, 제97조 제3항 또는 제102조 제2항에 따라 감면된 관세를 징수하는 경우에는 그러하지 아니하다.

② 납세의무자는 관세법 제118조 제1항에 따른 통지를 받았을 때에는 그 통지를 받은 날부터 30일 이내에 기획재정부령으로 정하는 세관장에게 통지 내용이 적법한지에 대한 과세전적부심사를 청구할 수 있다. 다만, 법령에 대한 관세청장의 유권해석을 변경하여야 하거나 새로운 해석이 필요한 경우 등 대통령령으로 정하는 경우에는 관세청장에게 이를 청구할 수 있다.

③ 과세전적부심사를 청구받은 세관장이나 관세청장은 과세전적부심사청구의 대상이 되는 통지의 내용이나 쟁점 등이 이미 관세심사위원회의 심의를 거쳐 결정된 사항과 동일한 경우 해당 세관의 심사를 거쳐 결정하여야 한다.

④ 과세전적부심사의 방법과 그 밖에 필요한 사항은 대통령령으로 정한다.

해설 **관세법 제118조(과세전적부심사)**

과세전적부심사를 청구받은 세관장이나 관세청장은 그 청구를 받은 날부터 30일 이내에 관세심사위원회의 심사를 거쳐 결정을 하고, 그 결과를 청구인에게 통지하여야 한다. 다만, 과세전적부심사 청구기간이 지난 후 과세전적부심사청구가 제기된 경우 등 대통령령으로 정하는 사유에 해당하는 경우에는 관세심사위원회의 심사를 거치지 아니하고 결정할 수 있다.(법 제118조 제3항)

관세법 시행령 제144조(관세심사위원회의 심사를 생략할 수 있는 사유)

관세법 제118조 제3항 단서에서 "과세전적부심사 청구기간이 지난 후 과세전적부심사청구가 제기된 경우 등 대통령령으로 정하는 사유"란 다음 어느 하나에 해당하는 사유를 말한다.

1. 과세전적부심사 청구기간이 지난 후 과세전적부심사청구가 제기된 경우
2. 법 제118조 제1항 각 호 외의 부분 본문에 따른 통지가 없는 경우
3. 법 제118조 제1항 각 호 외의 부분 본문에 따른 통지가 청구인에게 한 것이 아닌 경우

정답 03. ② 04. ③ 05. ③ 06. ③

4. 법 제118조 제6항에 따라 준용되는 법 제123조 제1항 본문에 따른 보정기간 내에 보정을 하지 아니한 경우
5. 과세전적부심사청구의 대상이 되는 통지의 내용이나 쟁점 등이 이미 관세심사위원회의 심의를 거쳐 결정된 사항과 동일한 경우

---

③ 과세전적부심사청구의 대상이 되는 통지의 내용이나 쟁점 등이 이미 관세심사위원회의 심의를 거쳐 결정된 사항과 동일한 경우 관세심사위원회의 심사를 거치지 아니하고 결정할 수 있다.

07 **관세법 제118조(과세전적부심사) 제2항 단서에서 규정하고 있는 '법령에 대한 관세청장의 유권해석을 변경하여야 하거나 새로운 해석이 필요한 경우 등 대통령령으로 정하는 경우'에 해당하지 않는 것은?** 2013 관세직 7급 변형

① 관세청장의 훈령·예규·고시 등과 관련하여 새로운 해석이 필요한 경우
② 관세청장의 업무감사결과 또는 업무지시에 따라 세액을 경정하거나 부족한 세액을 징수하는 경우
③ 과세전적부심사 청구금액이 10억원 이상인 경우
④ 동일 납세의무자가 동일한 사안에 대하여 둘 이상의 세관장에게 과세전적부심사를 청구하여야 하는 경우

해설 **관세법 시행령 제143조(과세전적부심사의 범위 및 청구절차 등)**

법 제118조제2항 단서에서 "법령에 대한 관세청장의 유권해석을 변경하여야 하거나 새로운 해석이 필요한 경우 등 대통령령으로 정하는 경우"란 다음 각 호의 어느 하나에 해당하는 경우를 말한다.(영 제143조 제1항)

1. 관세청장의 훈령·예규·고시 등과 관련하여 새로운 해석이 필요한 경우
2. 관세청장의 업무감사결과 또는 업무지시에 따라 세액을 경정하거나 부족한 세액을 징수하는 경우
3. 관세평가분류원장의 품목분류 및 유권해석에 따라 수출입물품에 적용할 세율이나 물품분류의 관세율표 번호가 변경되어 세액을 경정하거나 부족한 세액을 징수하는 경우
4. 동일 납세의무자가 동일한 사안에 대하여 둘 이상의 세관장에게 과세전적부심사를 청구하여야 하는 경우
5. 제1호부터 제4호까지의 규정에 해당하지 아니하는 경우로서 과세전적부심사 청구금액이 5억원 이상인 것

납세의무자가 법 제118조제2항에 따른 과세전적부심사를 청구한 경우 세관장은 그 청구 부분에 대하여 같은 조 제3항에 따른 결정이 있을 때까지 경정을 유보(留保)해야 한다. 다만, 다음 각 호의 어느 하나에 해당하는 경우에는 그렇지 않다.(영 제143조 제2항)

1. 과세전적부심사를 청구한 날부터 법 제21조에 따른 관세부과의 제척기간 만료일까지 남은 기간이 3개월 이하인 경우
2. 법 제118조제1항 각 호의 어느 하나에 해당하는 경우
3. 납세의무자가 과세전적부심사를 청구한 이후 세관장에게 조기에 경정해 줄 것을 신청한 경우

08 관세청장에게 청구할 수 있는 과세전적부심사의 범위에 해당하지 않는 것은? 2011 관세사

□□□

① 관세청장의 업무감사 결과 또는 업무지시에 따라 세액을 경정하거나 부족한 세액을 징수하는 경우
② 동일 납세의무자가 동일한 사안에 대하여 둘 이상의 세관장에게 과세전적부심사를 청구하여야 하는 경우
③ 과세전적부심사 청구금액이 5억원 이상인 경우
④ 납세의무자가 과세가격 결정에 의문이 있어 세관장에게 미리 과세가격을 확인한 경우
⑤ 관세평가분류원장의 품목분류 및 유권해석에 따라 수출입물품에 적용할 세율이나 물품분류의 관세율표번호가 변경되어 세액을 경정하거나 부족한 세액을 징수하는 경우

해설 ④ 납세의무자는 결정과 관련하여 의문이 있을 때에는 가격신고를 하기 전에 대통령령으로 정하는 바에 따라 관세청장에게 미리 심사하여 줄 것을 신청할 수 있고 있다. 과세가격결정방법 사전심사 청구와 과세전적부심사 청구는 다른 제도이다.

09 과세전적부심사제도에 관한 설명 중 가장 옳지 않은 것은? 2009 관세직 9급

□□□

① 과세전적부심사의 청구는 납세의무자가 과세전 통지를 받은 때에, 통지를 받은 날부터 30일 이내에, 통지내용에 대한 적법성 여부를 심사해 줄 것을 청구하는 것이다.
② 안산세관장의 과세전 통지에 대한 과세전적부심사청구는 서울세관장에게 하여야 한다.
③ 과세전적부심사결과 청구가 이유 없다고 인정되어 채택하지 아니한다는 결정이 내려진 경우 세관장은 과세처분을 할 수 있다.
④ 과세전적부심사의 청구를 받은 세관장 또는 관세청장은 그 청구를 받은 날부터 30일 이내에 관세심사위원회의 심사를 거쳐 결정을 하고, 그 결과를 청구인에게 통지해야 한다.

해설 **관세법 시행규칙 제61조(과세전적부심사의 청구)**
과세전적부심사를 청구하는 세관장은 다음의 구분에 의한다.

인천공항세관장 · 김포공항세관장	인천공항세관장
서울세관장 · 안양세관장 · 천안세관장 · 청주세관장 · 성남세관장 · 파주세관장 · 속초세관장 · 동해세관장 및 대전세관장통지에 대한 과세전적부심사인 경우	서울세관장
부산세관장 · 김해공항세관장 · 용당세관장 · 양산세관장 · 창원세관장 · 마산세관장 · 경남남부세관장 및 경남서부세관장 통지에 대한 과세전적부심사인 경우	부산세관장
인천세관장 · 평택세관장 · 수원세관장 및 안산세관장의 통지에 대한 과세전적부심사인 경우	인천세관장
대구세관장 · 울산세관장 · 구미세관장 및 포항세관장의 통지에 대한 과세전적부심사인 경우	대구세관장
광주세관장 · 광양세관장 · 목포세관장 · 여수세관장 · 군산세관장 · 제주세관장 및 전주세관장의 통지에 대한 과세전적부심사인 경우	광주세관장

② 안산세관장의 과세전 통지에 대한 과세전적부심사청구는 인천세관장에게 하여야 한다.
① (법 제118조 제2항)
③ (법 제118조 제4항)
④ (법 제118조 제3항)

정답 07. ③ 08. ④ 09. ②

10 관세법령상 납세자의 권리 및 불복절차에 대한 설명으로 옳지 않은 것은? 2016 관세직 9급

□□□

① 우편물에 대하여 수입할 수 없다고 한 세관장의 결정에 따라 통관우체국의 장이 그 우편물을 수취인에게 내어 주지 아니한 경우, 그 결정사항에 관한 이의신청은 결정사항에 관한 통지를 직접 우송한 우체국의 장에게 이의신청서를 제출함으로써 할 수 있다.

② 처분에 대한 이의신청이 있는 경우 해당 재결청이 필요하다고 인정할 때에는 그 처분의 집행을 중지하게 하거나 중지할 수 있다.

③ 과세전적부심사 청구기간이 지난 후 과세전적부심사청구가 제기된 경우 그 심사를 청구받은 관세청장은 관세심사위원회의 심사를 거쳐 결정을 하여야 하고, 청구를 받은 날부터 30일 이내에 그 결과를 청구인에게 통지하여야 한다.

④ 관세청장은 심사청구의 내용이나 절차가 「관세법」상 관련 규정에 적합하지 아니하지만 보정할 수 있다고 인정되는 경우에는 20일 이내의 기간을 정하여 해당 사항을 보정할 것을 요구할 수 있다. 다만, 보정할 사항이 경미한 경우에는 직권으로 보정할 수 있다.

해설 ③ 과세전적부심사 청구기간이 지난 후 과세전적부심사청구가 제기된 경우에는 관세심사위원회의 심사를 거치지 아니하고 결정할 수 있다.

① (법 제132조 제1항)

② (법 제125조 제1항)

④ (법 제123조 제1항)

11 관세법령상 심사청구에 관한 설명으로 옳은 것은? 2024 관세사

□□□

① 심사청구서를 제출받은 세관장은 이를 받은 날부터 7일 내에 그 심사청구서에 의견서를 첨부하여 관세청장에게 보내야 한다.

② 관세청장은 심사청구의 내용이나 절차가 보정할 수 있다고 인정되는 경우에는 30일 이내 의 기간을 정하여 해당 사항을 보정할 것을 요구할 수 있다.

③ 심사청구인은 청구의 대상이 3천만원 미만인 경우라도 배우자를 대리인으로 선임할 수 없다.

④ 관세심사위원회의 위원장은 위원회의 의결에 따라 심사청구에 대한 결정을 하여야 한다.

⑤ 심사청구는 해당 처분이 내려진 날부터 90일 이내에 제기하여야 한다.

해설 ② 관세청장은 심사청구의 내용이나 절차가 적합하지 아니하지만 보정할 수 있다고 인정되는 경우에는 20일 이내의 기간을 정하여 해당 사항을 보정할 것을 요구할 수 있다.

③ 이의신청인, 심사청구인 또는 심판청구인은 신청 또는 청구의 대상이 3천만원 미만인 경우에는 배우자, 4촌 이내의 혈족 또는 배우자의 4촌 이내의 혈족을 대리인으로 선임할 수 있다.

④ 심사청구가 있으면 관세청장은 관세심사위원회의 의결에 따라 결정하여야 한다.

⑤ 심사청구는 해당 처분을 한 것을 안 날(처분하였다는 통지를 받았을 때에는 통지를 받은 날을 말한다)부터 90일 이내에 제기하여야 한다.

12 □□□ **관세법상 불복절차에 대한 설명으로 옳지 않은 것은?** 2018 관세직 9급

① 수입물품에 부과하는 내국세 등의 부과, 징수, 감면, 환급 등에 관한 세관장의 처분에 불복하는 자는 이의신청·심사청구 및 심판청구를 할 수 있다.

② 심사청구를 할 수 있는 기한 내에 우편으로 제출(「국세기본법」 제5조의2에서 정한 날을 기준으로 한다)한 심사청구서가 청구기간이 지나 세관장 또는 관세청장에게 도달한 경우에는 그 기간의 만료일에 적법하게 청구된 것으로 본다.

③ 심사청구서를 제출받은 세관장은 이를 받은 날부터 7일 내에 그 심사청구서에 의견서를 첨부하여 관세청장에게 보내야 한다.

④ 관세청장은 심사청구의 내용이나 절차가 적합하지 아니하지만 보정할 수 있다고 인정되는 경우와 보정할 사항이 경미한 경우에는 직권으로 보정할 수 있다.

해설 **관세법 제123조(심사청구서의 보정)**
관세청장은 심사청구의 내용이나 절차가 이 절에 적합하지 아니하지만 보정할 수 있다고 인정되는 경우에는 20일 이내의 기간을 정하여 해당 사항을 보정할 것을 요구할 수 있다. 다만, 보정할 사항이 경미한 경우에는 직권으로 보정할 수 있다. (법 제123조 제1항)

13 □□□ **「관세법」상 심사와 심판에 대한 설명으로 옳지 않은 것은?** 2021 관세직 9급

① 관세청장은 심사청구의 내용이나 절차가 적합하지 아니하지만 보정할 수 있다고 인정되는 경우에는 10일 이내의 기간을 정하여 해당 사항을 보정할 것을 요구하여야 한다.

② 관세청장은 심사청구에 대한 결정을 할 때 심사청구를 한 처분보다 청구인에게 불리한 결정을 하지 못한다.

③ 이의신청인, 심사청구인 또는 심판청구인은 관세청장 또는 조세심판원장이 운영하는 정보통신망을 이용하여 이의신청서, 심사청구서 또는 심판청구서를 제출할 수 있다.

④ 해당 재결청이 처분의 집행 또는 절차의 속행 때문에 이의신청인, 심사청구인 또는 심판청구인에게 중대한 손해가 생기는 것을 예방할 긴급한 필요성이 있다고 인정할 때에는 처분의 집행 또는 절차 속행의 전부 또는 일부의 정지를 결정할 수 있다.

해설 ① 관세청장은 심사청구의 내용이나 절차가 이 절에 적합하지 아니하지만 보정할 수 있다고 인정되는 경우에는 20일 이내의 기간을 정하여 해당 사항을 보정할 것을 요구할 수 있다. 다만, 보정할 사항이 경미한 경우에는 직권으로 보정할 수 있다.(법 제123조 제1항)
② (법 제128조의2 제2항)
③ (법 제129조의2 제1항)
④ (법 제125조 제1항)

정답 10. ③ 11. ① 12. ④ 13. ①

14 관세법령상 불복절차에 관한 내용으로 옳은 것은? 2019 관세사

□□□

① 동일한 처분에 대하여는 심사청구와 심판청구를 중복하여 제기할 수 없다.

② 이의신청을 거친 후 심사청구를 하려는 경우에는 해당 처분을 한 것을 안 날부터 100일 내에 하여야 한다.

③ 심사청구 또는 심판청구를 하면 즉시 해당 처분의 집행을 중지하는 효력이 발생한다.

④ 심사청구인 또는 심판청구인은 변호사 또는 세무사를 대리인으로 선임할 수 있다.

⑤ 심사청구 또는 심판청구의 대상이 되는 것은 관세법령에 따른 처분으로 위법한 처분에 한한다.

 **관세법 제119조(불복의 신청)**

동일한 처분에 대하여는 심사청구와 심판청구를 중복하여 제기할 수 없다.(법 제119조 제10항)

---

② 이의신청을 거친 후 심사청구를 하려는 경우에는 이의신청에 대한 결정을 통지받은 날부터 90일 이내에 하여야 한다. 다만, 결정기간 내에 결정을 통지받지 못한 경우에는 결정을 통지받기 전이라도 그 결정기간이 지난 날부터 심사청구를 할 수 있다.(법 제129조 제2항)

③ 이의신청 · 심사청구 또는 심판청구는 법령에 특별한 규정이 있는 경우를 제외하고는 해당 처분의 집행에 효력을 미치지 아니한다. 다만, 해당 재결청이 처분의 집행 또는 절차의 속행 때문에 이의신청인, 심사청구인 또는 심판청구인에게 중대한 손해가 생기는 것을 예방할 긴급한 필요성이 있다고 인정할 때에는 처분의 집행 또는 절차 속행의 전부 또는 일부의 정지를 결정할 수 있다. 재결청은 집행정지 또는 집행정지의 취소에 관하여 심리 · 결정하면 지체 없이 당사자에게 통지하여야 한다.(법 제125조 제1항)

④ 이의신청인, 심사청구인 또는 심판청구인은 변호사나 관세사를 대리인으로 선임할 수 있다.(법 제126조 제1항)

⑤ 관세법이나 그 밖의 관세에 관한 법률 또는 조약에 따른 처분으로서 위법한 처분 또는 부당한 처분을 받거나 필요한 처분을 받지 못하여 권리나 이익을 침해당한 자는 이 절의 규정에 따라 그 처분의 취소 또는 변경을 청구하거나 필요한 처분을 청구할 수 있다. 다만, 다음 각 호의 처분에 대해서는 그러하지 아니하다.(법 제119조 제1항)

1. 관세법에 따른 통고처분
2. 「감사원법」에 따라 심사청구를 한 처분이나 그 심사청구에 대한 처분
3. 관세법이나 그 밖의 관세에 관한 법률에 따른 과태료 부과처분

15 관세법상 납세자의 권리 및 불복절차에 관한 설명으로 옳은 것은? 2014 관세사

□□□

① 이의신청인 · 심사청구인 또는 심판청구인은 변호사, 관세사, 공인회계사를 대리인으로 선임할 수 있다.

② 이의신청 · 심사청구 또는 심판청구는 법령에 특별한 규정이 있는 경우를 제외하고는 해당 처분의 집행에 효력을 미치지 않는 것이 원칙이다.

③ 용도 외 사용으로 인하여 감면된 관세를 징수하는 경우, 세관장은 과세하기 전에 미리 납세의무자에게 그 내용을 서면으로 통지하여야 한다.

④ 관세법이나 그 밖의 관세에 관한 법률 또는 조약에 따른 처분으로서 위법한 처분을 받아 권리 또는 이익을 침해당한 경우 행정심판법을 적용한다.

⑤ 관세법에 따른 처분으로서 위법한 처분을 받아서 권리를 침해당한 자가 심판청구를 하기 위해서는 관세청에 심사청구를 먼저 하여야 한다.

해설 ① 이의신청인, 심사청구인 또는 심판청구인은 변호사나 관세사를 대리인으로 선임할 수 있다.(법 제126조 제1항)
③ 용도 외 사용으로 인하여 감면된 관세를 징수하는 경우 과세전통지를 생략한다.(법 제118조 제1항)
④ 관세법 제119조에 따른 처분에 대하여는 「행정심판법」을 적용하지 아니한다.(법 제120조 제1항)
⑤ 심사청구 또는 심판청구에 앞서 이의신청을 할 수 있고, 동일한 처분에 대하여는 심사청구와 심판청구를 중복하여 제기할 수 없다.(법 제119조 제10항)

16 「관세법」상 심사와 심판에 대한 설명으로 옳지 않은 것은?

2016 관세직 9급

□□□

① 심사청구는 대통령령으로 정하는 바에 따라 불복하는 사유를 심사청구서에 적어 해당 처분을 하였거나 하였어야 하는 세관장을 거쳐 관세청장에게 하여야 한다.
② 심사청구가 이유 없다고 인정되는 경우 부득이한 사유가 있는 경우를 제외하면 심사청구를 받은 날부터 90일 이내에 그 청구를 각하하는 결정을 하여야 한다.
③ 이의신청의 재결청은 결정서에 "결정서를 받은 날부터 90일 이내에 심사청구 또는 심판청구를 제기할 수 있다는 뜻"을 함께 적어야 한다.
④ 심사청구는 해당 처분을 한 것을 안 날(처분하였다는 통지를 받았을 때에는 통지를 받은 날을 말한다)부터 90일 이내에 제기하여야 한다.

해설 **관세법 제128조(결정)**

심사청구에 대한 결정은 다음의 구분에 따른다.(법 제128조 제1항)
1. 심사청구가 다음 각 목의 어느 하나에 해당하는 경우: 그 청구를 각하하는 결정
   가. 심판청구를 제기한 후 심사청구를 제기(같은 날 제기한 경우도 포함한다)한 경우
   나. 심사청구 기간이 지난 후에 심사청구를 제기한 경우
   다. 보정기간 내에 필요한 보정을 하지 아니한 경우
   라. 적법하지 아니한 심사청구를 제기한 경우
   마. 가목부터 라목까지의 규정에 따른 경우와 유사한 경우로서 대통령령으로 정하는 경우
2. 심사청구가 이유 없다고 인정되는 경우: 그 청구를 기각하는 결정
3. 심사청구가 이유 있다고 인정되는 경우: 그 청구의 대상이 된 처분의 취소·경정 또는 필요한 처분의 결정. 이 경우 취소·경정 또는 필요한 처분을 하기 위하여 사실관계 확인 등 추가적으로 조사가 필요한 경우에는 처분청으로 하여금 이를 재조사하여 그 결과에 따라 취소·경정하거나 필요한 처분을 하도록 하는 재조사 결정을 할 수 있다.

---

② 심사청구가 이유 없다고 인정되는 경우 그 청구를 기각하는 결정을 하여야 한다.

정답 14. ① 15. ② 16. ②

17 「관세법」상 이의신청과 심사청구에 대한 설명으로 옳은 것은? 2018 관세직 9급 변형

□□□

① 이의신청은 처분을 한 것을 안 날(처분하였다는 통지를 받았을 때에는 처분을 한 날을 말한다)부터 30일 이내에 제기하여야 한다.

② 이의신청에 대한 결정은 이의신청을 받은 날부터 60일 이내(부득이한 사유가 있을 때에는 그러하지 아니하다)에 하여야 한다.

③ 심사청구는 처분을 한 것을 안 날(처분하였다는 통지를 받았을 때에는 통지를 받은 날을 말한다)부터 90일 이내에 제기하여야 한다.

④ 심사청구에 대한 결정은 특별한 사유가 없으면 그 청구를 접수한 날부터 90일 이내(부득이한 사유가 있을 때에는 그러하지 아니하다)에 하여야 한다.

해설 **관세법 제121조(심사청구기간)**

심사청구는 해당 처분을 한 것을 안 날(처분하였다는 통지를 받았을 때에는 통지를 받은 날을 말한다)부터 90일 이내에 제기하여야 한다.(법 제121조 제1항)

---

① 이의신청은 처분을 한 것을 안 날(처분하였다는 통지를 받았을 때에는 통지를 받은 날을 말한다)부터 90일 이내에 제기하여야 한다.(법 제132조 제4항)

② 이의신청에 대한 결정은 이의신청을 받은 날부터 30일 이내(이의신청인이 송부받은 의견서에 대하여 반대되는 증거서류 또는 증거물을 세관장에게 제출하는 경우에는 60일)에 하여야 한다.(법 제132조 제4항)

④ 심사청구에 대한 결정은 심사청구를 받은 날부터 90일 이내에 하여야 한다. 다만, 부득이한 사유가 있을 때에는 그러하지 아니하다.(법 제128조 제2항)

18 심사청구기간에 대한 내용으로 옳은 것은? 2014 관세직 7급

□□□

① 심사청구는 해당 처분을 한 것을 안 날부터 120일 이내에 제기하여야 한다.

② 이의신청을 거친 후 심사청구를 하려는 경우에는 이의신청에 대한 결정을 통지 받은 날부터 90일 이내에 하여야 한다.

③ 심사청구가 있으면 기획재정부령으로 정하는 바에 따라 세관장은 관세심사위원회의 심의를 거쳐 이를 결정하여야 한다.

④ 심사청구는 기획재정부령으로 정하는 바에 따라 불복하는 사유를 심사청구서에 적어 세관장에게 하여야 한다.

해설 **관세법 제121조(심사청구기간)**

이의신청을 거친 후 심사청구를 하려는 경우에는 이의신청에 대한 결정을 통지받은 날부터 90일 이내에 하여야 한다. 다만, 제132조 제4항 단서에 따른 결정기간 내에 결정을 통지받지 못한 경우에는 결정을 통지받기 전이라도 그 결정기간이 지난 날부터 심사청구를 할 수 있다.(법 제121조 제2항)

---

① 심사청구는 해당 처분을 한 것을 안 날(처분하였다는 통지를 받았을 때에는 통지를 받은 날을 말한다)부터 90일 이내에 제기하여야 한다.(법 제121조 제1항)

③ 심사청구가 있으면 관세청장은 관세심사위원회의 의결에 따라 결정하여야 한다. 다만, 심사청구기간이 지난 후 심사청구가 제기된 경우 등 대통령령으로 정하는 사유에 해당하는 경우에는 그러하지 아니하다.(법 제127조 제1항)

④ 심사청구는 대통령령으로 정하는 바에 따라 불복하는 사유를 심사청구서에 적어 해당 처분을 하였거나 하였어야 하는 세관장을 거쳐 관세청장에게 하여야 한다.(법 제122조 제1항)

19 □□□

관세법령상 심사청구와 심판청구 등에 대한 설명으로 옳지 않은 것은? 2019 관세직 7급

① 심사청구는 해당 처분을 한 날(처분하였다는 통지를 받았을 때에는 통지를 한 날을 말한다)부터 90일 이내에 제기하여야 한다.

② 심판청구인은 청구의 대상이 대통령령으로 정하는 금액 미만인 경우에는 4촌 이내의 혈족을 대리인으로 선임할 수 있다.

③ 심사청구는 대통령령으로 정하는 바에 따라 불복하는 사유를 심사청구서에 적어 해당 처분을 하였거나 하였어야 하는 세관장을 거쳐 관세청장에게 하여야 한다.

④ 수입물품에 부과하는 내국세등의 부과, 징수, 감면, 환급 등에 관한 세관장의 처분에 불복하는 자는 이의신청·심사청구 및 심판청구를 할 수 있다.

해설 ① 심사청구는 해당 처분을 한 것을 안 날(처분하였다는 통지를 받았을 때에는 통지를 받은 날을 말한다)부터 90일 이내에 제기하여야 한다.(법 제121조 제1항)
② (법 제126조 제2항)
③ (법 제122조 제1항)
④ (법 제119조 제8항)

20 □□□

관세법상 심사와 심판에 관한 설명으로 옳은 것은? 2014 관세사

① 심사청구나 심판청구에 따른 결정을 결정기간 내에 통지받지 못한 경우에는 결정기간이 경과하더라도 행정소송을 제기할 수 없다.

② 세관장이 수입물품에 부과하는 내국세 등의 부과, 징수, 감면, 환급 등에 관한 불복청구는 국세청장에게 하여야 한다.

③ 심사청구는 대통령령으로 정하는 바에 따라 불복하는 사유를 심사청구서에 적어 해당 처분을 하였거나 하였어야 하는 세관장을 거쳐 관세청장에게 하여야 한다.

④ 행정소송은 심사청구나 심판청구에 따른 결정을 통지받은 날부터 60일 이내에 제기하여야 하며, 이는 불변기간이다.

⑤ 심사청구를 청구기한 내에 우편으로 제출하는 경우라도 청구기간 내에 심사청구서가 세관장 또는 관세청장에게 반드시 도달하여야 효력이 있다.

해설 ① 심사청구 또는 심판청구의 재결청은 해당 신청 또는 청구에 대한 결정기간이 지날 때까지 결정을 하지 못한 경우에는 지체 없이 신청인이나 청구인에게 결정을 통지받기 전이라도 그 결정기간이 지난 날부터 행정소송을 제기할 수 있다는 뜻을 서면으로 통지하여야 한다.(법 제129조 제2항)
② 수입물품에 부과하는 내국세등의 부과, 징수, 감면, 환급 등에 관한 세관장의 처분에 불복하는 자는 관세법에 따른 이의신청(세관장)·심사청구(관세청장) 및 심판청구(조세심판원장)를 할 수 있다.(법 제119조 제8항)
④ 심사청구를 거친 처분에 대한 행정소송은 행정소송법에도 불구하고 그 심사청구에 대한 결정을 통지받은 날부터 90일 내에 처분청을 당사자로 하여 제기하여야 한다.(법 제119조 제6항) 동 기간은 불변기간으로 한다.(법 제119조 제7항)
⑤ 기한 내에 우편으로 제출(「국세기본법」 제5조의2에서 정한 날을 기준으로 한다)한 심사청구서가 청구기간이 지나 세관장 또는 관세청장에게 도달한 경우에는 그 기간의 만료일에 청구된 것으로 본다.(법 제121조 제2항)

정답 17. ③ 18. ② 19. ① 20. ③

21 관세법령상 심사와 심판에 관한 설명으로 옳은 것은? 2018 관세사

□□□

① 심사청구는 대통령령으로 정하는 바에 따라 불복하는 사유를 심사청구서에 적어 해당 처분을 하였거나 하였어야 하는 세관장을 거쳐 관세청장에게 하여야 한다.

② 심사청구서를 제출받은 세관장은 이를 받은 날부터 10일 내에 그 심사청구서에 의견서를 첨부하여 관세청장에게 보내야 한다.

③ 관세청장은 세관장의 의견서를 받은 때에는 이를 받은 날부터 10일 내에 해당 의견서의 원본을 심사청구인에게 송부하여야 한다.

④ 이의신청인, 심사청구인 또는 심판청구인은 신청 또는 청구의 대상이 대통령령으로 정하는 금액 미만인 경우에는 배우자, 4촌 이내의 혈족 또는 배우자의 4촌 이내의 혈족을 대리인으로 선임할 수 없다.

⑤ 이의신청을 받은 세관장은 이의신청을 받은 날부터 14일 이내에 이의신청의 대상이 된 처분에 대한 의견서를 이의신청인에게 송부하여야 한다.

해설 **관세법 제122조(심사청구절차)**

심사청구는 대통령령으로 정하는 바에 따라 불복하는 사유를 심사청구서에 적어 해당 처분을 하였거나 하였어야 하는 세관장을 거쳐 관세청장에게 하여야 한다.(법 제122조 제1항)

---

② 심사청구서를 제출받은 세관장은 이를 받은 날부터 7일 내에 그 심사청구서에 의견서를 첨부하여 관세청장에게 보내야 한다.(법 제122조 제3항)

③ 관세청장은 세관장의 의견서를 받은 때에는 지체 없이 해당 의견서의 부본을 심사청구인에게 송부하여야 한다.(법 제122조 제4항)

④ 이의신청인, 심사청구인 또는 심판청구인은 신청 또는 청구의 대상이 대통령령으로 정하는 금액 미만인 경우에는 배우자, 4촌 이내의 혈족 또는 배우자의 4촌 이내의 혈족을 대리인으로 선임할 수 있다.(법 제126조 제2항)

⑤ 이의신청을 받은 세관장은 이의신청을 받은 날부터 7일 이내에 이의신청의 대상이 된 처분에 대한 의견서를 이의신청인에게 송부하여야 한다.(법 제132조 제5항)

22 관세법령상 심사청구인의 대리인에 관한 설명으로 옳지 않은 것은? 2023 관세사

□□□

① 심사청구인은 관세사를 대리인으로 선임할 수 있다.

② 심사청구인은 청구의 대상이 3천만원인 경우 배우자를 대리인으로 선임할 수 있다.

③ 대리인은 본인을 위해 청구에 관한 모든 행위를 할 수 있으나, 청구의 취하는 특별한 위임을 받은 경우에만 할 수 있다.

④ 대리인을 해임하였을 때에는 그 뜻을 서면으로 해당 재결청에 신고하여야 한다.

⑤ 대리인의 권한은 서면으로 증명하여야 한다.

해설 **관세법 제126조(대리인)**

① 이의신청인, 심사청구인 또는 심판청구인은 변호사나 관세사를 대리인으로 선임할 수 있다.
② 이의신청인, 심사청구인 또는 심판청구인은 신청 또는 청구의 대상이 대통령령으로 정하는 금액(3천만원) 미만인 경우에는 배우자, 4촌 이내의 혈족 또는 배우자의 4촌 이내의 혈족을 대리인으로 선임할 수 있다.
③ 대리인의 권한은 서면으로 증명하여야 한다.
④ 대리인은 본인을 위하여 청구에 관한 모든 행위를 할 수 있다. 다만, 청구의 취하는 특별한 위임을 받은 경우에만 할 수 있다.
⑤ 대리인을 해임하였을 때에는 그 뜻을 서면으로 해당 재결청에 신고하여야 한다.

23 관세법령상 불복절차의 대리인에 대한 설명으로 옳지 않은 것은?

□□□ 2020 관세직 7급

① 심판청구인은 청구의 대상이 3천만원 미만인 경우에 배우자, 4촌 이내의 혈족 또는 배우자의 4촌 이내의 혈족을 대리인으로 선임할 수 있다.
② 심사청구인의 대리인의 특별한 위임을 받은 경우에만 심사청구를 취하할 수 있다.
③ 심판청구인이 대리인을 선임할 때에는 그 뜻을 재결청에 신고하여야 하지만, 대리인을 해임한 때에는 신고할 의무가 없다.
④ 이의신청인은 변호사나 관세사를 대리인으로 선임할 수 있다.

해설 ③ 대리인을 해임하였을 때에는 그 뜻을 서면으로 해당 재결청에 신고하여야 한다.

24 관세법령에 대한 설명으로 옳은 것은?

□□□ 2018 관세직 7급

① 보세구역에 장치된 외국물품의 전부 또는 일부를 견본품으로 반출하려는 자는 세관장에게 신고하여야 하고, 세관공무원은 보세구역에 반입된 물품에 대하여 검사상 필요하면 그 물품의 일부를 견본품으로 채취할 수 있다.
② 이의신청인, 심사청구인 또는 심판청구인은 신청 또는 청구의 대상이 3천만원 미만인 경우에는 배우자, 4촌 이내의 혈족 또는 배우자의 4촌 이내의 혈족을 대리인으로 선임할 수 있다.
③ 세관장은 특허보세구역의 운영인이 거짓이나 그 밖의 부정한 방법으로 특허를 받은 경우에는 그 특허를 취소할 수 있다.
④ 세관장은 관세 보전을 위하여 필요하다고 인정할 때에는 기획재정부령으로 정하는 바에 따라 수입하는 물품에 통관표지를 첨부할 것을 명할 수 있다.

해설 ① 보세구역에 장치된 외국물품의 전부 또는 일부를 견본품으로 반출하려는 자는 세관장의 허가를 받아야 한다.(법 제161조 제1항)
③ 세관장은 특허보세구역의 운영인이 거짓이나 그 밖의 부정한 방법으로 특허를 받은 경우에는 그 특허를 취소하여야 한다.(법 제178조 제2항)
④ 세관장은 관세 보전을 위하여 필요하다고 인정할 때에는 대통령령으로 정하는 바에 따라 수입하는 물품에 통관표지를 첨부할 것을 명할 수 있다.(법 제228조)

정답 21. ① 22. ② 23. ③ 24. ②

25 □□□ **관세법령상 심사청구에 관한 설명으로 옳은 것은?** 2019 관세사

① 심판청구를 제기한 날과 같은 날에 심사청구를 제기한 경우에는 심사청구를 기각한다.
② 심사청구가 이유 없다고 인정되는 경우에는 그 청구를 각하한다.
③ 심사청구의 재결청은 결정서를 받은 날부터 120일 이내에 행정소송을 제기할 수 있다는 뜻을 통지하여야 한다.
④ 심사청구의 대리인은 본인을 위하여 청구에 관한 모든 행위를 할 수 있다. 다만, 청구의 취하는 특별한 위임을 받은 경우에만 할 수 있다.
⑤ 관세청장은 관세심사위원회의 심의를 거쳐 심사청구에 대한 결정을 하여야 하며, 관세심사위원회의 회의는 공개를 원칙으로 한다.

해설 **관세법 제126조(대리인)**
대리인은 본인을 위하여 청구에 관한 모든 행위를 할 수 있다. 다만, 청구의 취하는 특별한 위임을 받은 경우에만 할 수 있다.(법 제126조 제4항)

---

① 동일한 처분에 대하여는 심사청구와 심판청구를 중복하여 제기할 수 없으며, 심사청구가 이유 없다고 인정되는 경우 그 청구를 "기각"하는 결정을 할 수 있지만 심판청구와 같은 날에 제기한 경우에 심사청구를 기각한다는 규정은 없다.
② 심사청구가 이유 없다고 인정되는 경우에는 그 청구를 기각한다.(법 제128조 제1항)
③ 심사청구의 재결청은 결정서를 받은 날부터 90일 이내에 행정소송을 제기할 수 있다는 뜻을 통지하여야 한다.
(법 제129조 제1항)
⑤ 관세심사위원회의 회의는 공개하지 아니한다. 다만, 관세심사위원회의 위원장이 필요하다고 인정할 때에는 공개할 수 있다.(법 제127조 제3항)

26 □□□ **「관세법 시행령」상 심사청구에 있어서 '대통령령으로 정하는 이해관계인'이 아닌 것은?** 2014 관세직 9급

① 법인이 분할되어 물적 납세의무를 지는 자로서 납부고지서를 받은 자
② 지정관세사
③ 제2차 납세의무자로서 납부통지서를 받은 자
④ 납세보증인

해설 **관세법 시행령 제145조(심사청구)**
관세법 제119조 제9항 전단에서 "관세법이나 그 밖의 관세에 관한 법률 또는 조약에 따른 처분으로 권리나 이익을 침해받게 되는 제2차 납세의무자 등 대통령령으로 정하는 이해관계인"이란 다음의 어느 하나에 해당하는 자를 말한다.(영 제145조 제9항)
1. 제2차 납세의무자로서 납부고지서를 받은 자
2. 법 제19조 제10항에 따라 물적 납세의무를 지는 자로서 납부고지서를 받은 자
3. 납세보증인
4. 그 밖에 기획재정부령으로 정하는 자

27 관세법령상 심사청구와 심판청구에 대한 설명으로 옳지 않은 것은? 2017 관세직 9급

① 납세보증인은 관세법이 아닌 조약에 따른 처분으로 권리나 이익을 침해받게 되더라도 그 처분에 대하여 심사청구 또는 심판청구를 할 수 없다.

② 관세청장은 심사청구의 내용이나 절차가 관세법령의 규정에 적합하지 아니하지만 보정할 수 있다고 인정되는 경우에는 20일 이내의 기간을 정하여 해당 사항을 보정할 것을 요구할 수 있고, 보정사항이 경미한 경우에는 직권으로 보정할 수 있다.

③ 심사청구는 해당 처분을 한 것을 안 날(처분하였다는 통지를 받았을 때에는 통지를 받은 날)부터 90일 이내에 제기하여야 함이 원칙이다.

④ 심사청구서를 제출받은 세관장은 이를 받은 날부터 7일 내에 그 심사청구서에 의견서를 첨부하여 관세청장에게 보내야 한다.

해설 **관세법 제119조(불복의 신청)**

관세법이나 그 밖의 관세에 관한 법률 또는 조약에 따른 처분으로 권리나 이익을 침해받게 되는 제2차 납세의무자 등 대통령령으로 정하는 이해관계인은 그 처분에 대하여 이 절에 따른 심사청구 또는 심판청구를 하여 그 처분의 취소 또는 변경이나 그 밖에 필요한 처분을 청구할 수 있다.(법 제119조 제9항)

관세법 시행령 제145조(심사청구)

관세법 제119조 제9항 전단에서 "관세법이나 그 밖의 관세에 관한 법률 또는 조약에 따른 처분으로 권리나 이익을 침해받게 되는 제2차 납세의무자 등 대통령령으로 정하는 이해관계인"이란 다음의 어느 하나에 해당하는 자를 말한다.(영 제145조 제9항)

1. 제2차 납세의무자로서 납부고지서를 받은 자
2. 법 제19조 제10항에 따라 물적 납세의무를 지는 자로서 납부고지서를 받은 자
3. 납세보증인
4. 그 밖에 기획재정부령으로 정하는 자

28 관세법상 심사청구에 대한 설명으로 옳지 않은 것은? 2012 관세직 9급

① 심사청구인이 신고, 신청, 청구 그 밖의 서류의 제출 및 통지에 관한 기한연장의 사유로 기간 내에 심사청구를 할 수 없을 때에는 그 사유가 소멸한 날부터 14일 이내에 심사청구를 할 수 있다.

② 심사청구 기한 내에 우편으로 제출할 심사청구서가 청구기간이 지나 세관장 또는 관세청장에게 도달한 경우에는 그 기간의 만료일에 적법하게 청구된 것으로 본다.

③ 관세청장은 심사청구의 내용이나 절차가 규정에 적합하지 아니하지만 보정할 수 있다고 인정되는 경우에는 20일 이내의 기간을 정하여 해당 사항을 보정할 것을 요구할 수 있다.

④ 심사청구는 법령에 특별한 규정이 있는 경우를 제외하고는 해당 처분의 집행에 효력을 미친다. 다만, 해당 재결청이 처분의 집행 또는 절차의 속행 때문에 이의신청인, 심사청구인 또는 심판청구인에게 중대한 손해가 생기는 것을 예방할 긴급한 필요성이 있다고 인정할 때에는 처분의 집행 또는 절차 속행의 전부 또는 일부의 정지를 결정할 수 있다.

정답 25. ④ 26. ② 27. ① 28. ④

Chapter 05

해설 **관세법 제125조(심사청구 등이 집행에 미치는 효력)**

이의신청·심사청구 또는 심판청구는 법령에 특별한 규정이 있는 경우를 제외하고는 해당 처분의 집행에 효력을 미치지 아니한다. 다만, 해당 재결청이 처분의 집행 또는 절차의 속행 때문에 이의신청인, 심사청구인 또는 심판청구인에게 중대한 손해가 생기는 것을 예방할 긴급한 필요성이 있다고 인정할 때에는 처분의 집행 또는 절차 속행의 전부 또는 일부의 정지(집행정지)를 결정할 수 있다.(법 제125조 제1항)

---

① (법 제121조 제4항)
② (법 제121조 제3항)
③ (법 제123조 제1항)

29 □□□ **관세법상 심사청구에 관한 설명으로 옳지 않은 것은?** 2015 관세사

① 심사청구는 대통령령으로 정하는 바에 따라 불복하는 사유를 심사청구서에 적어 해당 처분을 하였거나 하였어야 하는 세관장을 거쳐 관세청장에게 하여야 한다.
② 이의신청을 거친 후 심사청구를 하려는 경우에는 이의신청에 대한 결정을 통지받은 날부터 30일 이내에 하여야 한다. 다만, 제132조(이의신청) 제4항 단서에 따른 결정기간 내에 결정을 통지받지 못한 경우에는 결정을 통지받기 전이라도 그 결정기간이 지난 날부터 심사청구를 할 수 있다.
③ 심사청구는 해당 처분을 한 것을 안 날(처분하였다는 통지를 받았을 때에는 통지를 받은 날을 말한다)부터 90일 이내에 제기하여야 한다.
④ 관세청장은 심사청구의 내용이나 절차가 이 절에 적합하지 아니하지만 보정할 수 있다고 인정되는 경우에는 20일 이내의 기간을 정하여 해당 사항을 보정할 것을 요구할 수 있다. 다만, 보정할 사항이 경미한 경우에는 직권으로 보정할 수 있다.
⑤ 이의신청·심사청구 또는 심판청구는 법령에 특별한 규정이 있는 경우를 제외하고는 해당 처분의 집행에 효력을 미치지 아니한다.

해설 **관세법 제121조(심사청구기간)**

이의신청을 거친 후 심사청구를 하려는 경우에는 이의신청에 대한 결정을 통지받은 날부터 90일 이내에 하여야 한다. 다만, 결정기간 내에 결정을 통지받지 못한 경우에는 결정을 통지받기 전이라도 그 결정기간이 지난 날부터 심사청구를 할 수 있다.(법 제121조 제2항)

30 관세법상 관세부과 처분과 관련하여 그 청구인 또는 신청인의 주장이 채택되지 않거나 기각되었을 때, 행정소송을 제기할 수 있는 단계를 모두 고른 것은? 2012 관세직 9급

가. 세관장에게 제기한 이의신청
나. 관세청장에게 제기한 과세전적부심사청구
다. 관세청장에게 제기한 심사청구
라. 조세심판원장에게 제기한 심판청구
마. 감사원장에게 제기한 심사청구

① 가, 나, 다
② 가, 나, 마
③ 나, 다, 라
④ 다, 라, 마

해설 행정소송은 관세법에 따른 심사청구 또는 심판청구와 그에 대한 결정을 거치지 아니하면 제기할 수 없다. 다만, 심사청구 또는 심판청구에 대한 재조사 결정에 따른 처분청의 처분에 대한 행정소송은 그러하지 아니하다.(법 제120조 제2항) 행정소송은 「행정소송법」 제20조에도 불구하고 심사청구나 심판청구에 따른 결정을 통지받은 날부터 90일 이내에 제기하여야 한다. 다만, 제128조 제2항 본문 또는 제131조에 따른 결정기간 내에 결정을 통지받지 못한 경우에는 결정을 통지받기 전이라도 그 결정기간이 지난 날부터 행정소송을 제기할 수 있다.(법 제120조 제3항)

31 「관세법」상 심사청구와 심판청구에 대한 설명으로 옳지 않은 것은? 2015 관세직 7급

① 동일한 처분에 대하여는 심사청구와 심판청구를 중복하여 제기할 수 없다.
② 심사청구를 하고자 하는 자는 세관장과 관세청장을 거쳐 조세심판원장에게 청구서를 제출하여야 한다.
③ 이의신청·심사청구 또는 심판청구는 법령에 특별한 규정이 있는 경우를 제외하고는 해당 처분의 집행에 효력을 미치지 아니하나, 해당 재결청이 인정할 때에는 그 처분의 집행을 중지하게 하거나 중지할 수 있다.
④ 「관세법」에 따른 통고처분은 심사청구 또는 심판청구의 대상에 포함되지 아니한다.

해설 ② 심사청구는 불복하는 사유를 심사청구서에 적어 해당 처분을 하였거나 하였어야 하는 세관장을 거쳐 관세청장에게 하여야 한다.(법 제122조 제1항)

정답 29. ② 30. ④ 31. ②

32 관세법상 심사청구에 대한 설명으로 옳지 않은 것은? 2017 관세직 7급

□□□

① 관세법에 따른 통고처분은 심사청구를 할 수 있는 처분에 포함되지 아니한다.

② 심사청구기간을 계산할 때에는 대통령령으로 정하는 바에 따라 불복하는 사유를 심사청구서에 적어 해당 처분을 하였어야 하는 세관장 외의 세관장에게 제출한 경우에도 심사청구가 된 것으로 본다.

③ 관세청장은 심사청구의 내용이나 절차가 관세법 제5장 제2절(심사와 심판)에 적합하지 아니하지만 그 보정할 사항이 경미하고 보정이 가능한 경우에는 직권으로 보정할 수 있다.

④ 청구기한 내에 우편으로 제출한 심사청구서가 청구기간이 지나 세관장 또는 관세청장에게 도달한 경우에는 우편을 발송한 날에 청구된 것으로 본다.

해설 **관세법 제121조(심사청구기간)**

기한 내에 우편으로 제출(「국세기본법」 제5조의2에서 정한 날을 기준으로 한다)한 심사청구서가 청구기간이 지나 세관장 또는 관세청장에게 도달한 경우에는 그 기간의 만료일에 청구된 것으로 본다.(법 제121조 제3항)

---

① (법 제119조 제1항)
② (법 제122조 제2항)
③ (법 제123조 제1항)

33 관세법령상 불복신청에 관한 설명으로 옳은 것은? 2021 관세사

□□□

① 관세법에 따른 부당한 과태료 부과처분을 받아 권리나 이익을 침해당한 자는 그 처분의 변경을 청구할 수 있다.

② 심사청구에 대한 재조사 결정에 따른 처분청의 처분에 대해서는 해당 재조사 결정을 한 재결청에 심사청구를 제기할 수 있다.

③ 관세청장이 심사청구의 내용이나 절차의 보정을 요구하는 때에는 구두 또는 문서에 의하여야 한다.

④ 심판청구인은 청구의 대상이 3천만원인 경우에는 배우자를 대리인으로 선임할 수 있다.

⑤ 관세청장은 심사청구에 따른 결정을 할 때 공익상의 이유로 심사청구를 한 처분보다 청구인에게 불리한 결정을 할 수 있다.

해설 **관세법 제119조(불복의 신청)**

심사청구 또는 심판청구에 대한 처분에 대해서는 이의신청, 심사청구 또는 심판청구를 제기할 수 없다. 다만, 재조사 결정에 따른 처분청의 처분에 대해서는 해당 재조사 결정을 한 재결청에 심사청구 또는 심판청구를 제기할 수 있다.(법 제119조 제3항)

---

① 관세법에 의한 과태료 부과 처분은 불복청구대상이 아니다.(법 제119조 제1항)
③ 보정요구를 받은 심사청구인은 보정할 사항을 서면으로 작성하여 관세청장에게 제출하거나, 관세청에 출석하여 보정할 사항을 말하고 그 말한 내용을 세관공무원이 기록한 서면에 서명 또는 날인함으로써 보정할 수 있다.(법 제123조 제2항)
④ 청구의 대상이 3천만원 미만인 경우에는 배우자 등을 대리인으로 선임할 수 있다.(법 제126조 제2항)
⑤ 관세청장은 심사청구에 따른 결정을 할 때 심사청구를 한 처분보다 청구인에게 불리한 결정을 하지 못한다. (법 제128조의2 제2항)

34 「관세법」상 다음 사례에 대한 설명으로 옳은 것만을 모두 고르면? (단, 사례의 처분은 심사청구의 대상임)

2023 관세직 7급

세관장 A는 甲에게 「관세법」에 따른 처분을 하였고, 甲은 처분을 하였다는 A의 통지를 2023. 6. 7. 받았다. 이에 甲은 그 처분이 위법하여 자신의 권리나 이익을 침해당한 것으로 생각하고 관세청장 B에게 심사청구를 하고자 관세법령에 정한 바에 따라 심사청구서를 작성한 후 그 심사청구서를 2023. 8. 10. A에게 제출하였다.

ㄱ. 甲의 심사청구서는 심사청구기간 내에 제출된 것으로 볼 수 있다.
ㄴ. 만약 甲이 A가 아닌 다른 세관장에게 심사청구서를 제출한 경우라면 심사청구기간을 계산할 때 그 심사청구서가 제출된 때에 심사청구가 된 것으로 볼 수 없다.
ㄷ. A는 심사청구서를 받은 날부터 7일 내에 그 심사청구서를 B에게 보내야 하며, 필요하다고 인정하면 심사청구서에 의견서를 첨부할 수 있다.
ㄹ. B는 심사청구서에 첨부된 A의 의견서를 받은 때에는 지체 없이 그 의견서의 부본을 甲에게 송부하여야 한다.

① ㄱ, ㄷ
② ㄱ, ㄹ
③ ㄴ, ㄷ
④ ㄴ, ㄹ

해설 ㄴ.심사청구기간을 계산할 때에는 심사청구서가 세관장에게 제출된 때에 심사청구가 된 것으로 본다. 해당 심사청구서가 해당 세관장 외의 세관장이나 관세청장에게 제출된 경우에도 또한 같다.(법 제122조 제2항)
ㄷ. 심사청구서를 제출받은 세관장은 이를 받은 날부터 7일 내에 그 심사청구서에 의견서를 첨부하여 관세청장에게 보내야 한다.(법 제122조 제3항)

Chapter 05

정답 32. ④ 33. ② 34. ②

MEMO

운송수단

운송수단

01 관세법령상 지정된 국제항이 아닌 것은? 2009 관세직 9급

□□□

① 대산항 ② 청주공항
③ 옥포항 ④ 광주공항

해설 **관세법 시행령 제155조(국제항의 지정)**
국제항은 대통령령으로 지정한 다음의 공항 또는 항구를 말한다.

구분	국제항명
항구	인천항, 부산항, 마산항, 여수항, 목포항, 군산항, 제주항, 동해·묵호항, 울산항, 통영항, 삼천포항, 장승포항, 포항항, 장항항, 옥포항, 광양항, 평택·당진항, 대산항, 삼척항, 진해항, 완도항, 속초항, 고현항, 경인항, 보령항
공항	인천공항, 김포공항, 김해공항, 제주공항, 청주공항, 대구공항, 무안공항, 양양공항

02 관세법령상 지정된 국제항에 해당하지 않는 것은? 2020 관세사

□□□

① 옥포항 ② 대산항
③ 고현항 ④ 양양항
⑤ 무안공항

해설 ④ 양양공항은 관세법상 국제항으로 지정된 공항이지만, 양양항은 국제항으로 지정된 항구에 해당하지 않는다.

03 관세법령상 국제항만으로 묶인 것이 아닌 것은? 2013 관세직 9급

□□□

① 제주공항 – 동해·묵호항 – 삼천포항
② 청주공항 – 주문진항 – 평택·당진항
③ 무안공항 – 옥포항 – 광양항
④ 대구공항 – 삼척항 – 진해항

해설 ② 주문진항은 관세법상 국제항으로 지정된 항구에 해당하지 않는다.

04 관세법 시행령상 국제항의 지정요건에 대한 설명으로 옳지 않은 것은? 2017 관세직 7급

□□□

① 선박의 입항 및 출항 등에 관한 법률 또는 공항시설법에 의하여 국제무역선(기)이 상시 입출항할 수 있을 것

② 국내선과 구분되는 국제선 전용통로 및 그 밖에 출입국업무를 처리하는 행정기관의 업무수행에 필요한 인력·시설·장비를 확보할 수 있을 것

③ 공항의 경우, 정기여객기가 주 6회 이상 입항하거나 입항할 것으로 예상될 것 또는 여객기로 입국하는 여객수가 연간 3만명 이상일 것 중 어느 하나의 기준을 갖출 것

④ 항구의 경우, 국제무역선인 5천톤급 이상의 선박이 연간 50회 이상 입항하거나 입항할 것으로 예상될 것

해설 **관세법 시행령 제155조의2(국제항의 지정요건 등)**

관세법 제133조 제2항에 따른 국제항의 지정요건은 다음과 같다.(영 제155조의2 제1항)

1. 「선박의 입항 및 출항 등에 관한 법률」 또는 「공항시설법」에 따라 국제무역선(기)이 항상 입출항할 수 있을 것
2. 국내선과 구분되는 국제선 전용통로 및 그 밖에 출입국업무를 처리하는 행정기관의 업무수행에 필요한 인력·시설·장비를 확보할 수 있을 것
3. 공항 및 항구의 여객수 또는 화물량 등에 관한 다음 각 목의 구분에 따른 기준을 갖출 것
   가. 공항의 경우: 다음의 어느 하나의 요건을 갖출 것
      1) 정기여객기가 주 6회 이상 입항하거나 입항할 것으로 예상될 것
      2) 여객기로 입국하는 여객수가 연간 4만명 이상일 것
   나. 항구의 경우: 국제무역선인 5천톤급 이상의 선박이 연간 50회 이상 입항하거나 입항할 것으로 예상될 것

Chapter 06

05 관세법령상 운송수단과 관련하여 세관장의 허가가 필요한 경우가 아닌 것은? 2019 관세사

□□□

① 국제무역선이 국제항에 입항하려는 경우

② 국제무역선이 국제항을 출항하려는 경우

③ 국제무역선이 국제항의 바깥에서 물품을 하역하거나 환적하려는 경우

④ 국제무역선 안에서 판매하는 물품을 국제무역선에 하역하거나 환적하려는 경우

⑤ 국경출입차량이 통관역 또는 통관장을 출발하려는 경우

해설 ① 국제무역선이 국제항에 입항하려는 경우 세관장에게 입항보고를 하여야 한다.(법 제135조 제1항)

② (법 제136조 제1항)

③ (법 제142조 제1항)

④ (법 제143조 제1항)

⑤ (법 제150조 제1항)

정답 01. ④ 02. ④ 03. ② 04. ③ 05. ①

06 다음 중 세관장의 허가가 필요한 것은? 2009 관세사

□□□

① 국제무역선의 출항
② 부패, 손상으로 인한 보세구역 장치물품의 폐기
③ 보세구역 장치된 외국물품의 도난 또는 분실
④ 보세창고의 설치 운영
⑤ 검역을 요하는 물품의 보세운송

해설 **관세법 제136조(출항절차)**
국제무역선이나 국제무역기가 국제항을 출항하려면 선장이나 기장은 출항하기 전에 세관장에게 출항허가를 받아야 한다.(법 제136조 제1항)

---

② (법 제160조) – 세관장의 승인을 받아야 한다.
③ 도난 또는 분실을 위한 별도의 행정절차는 없다.
④ (법 제174조 제1항) – 세관장의 특허를 받아야 한다.
⑤ (법 제213조 제2항) – 세관장의 승인을 받아야 한다.

07 관세법상 운송수단의 입출항절차에 관한 설명으로 옳지 않은 것은? 2009 관세직 7급 / 2014 관세직 9급

□□□

① 세관장은 신속한 입항 및 통관절차의 이행을 위하여 필요한 때에는 입항하는 선박이 소속된 선박회사로 하여금 여객명부・적재화물목록을 입항하기 전에 제출하게 할 수 있다.
② 국제무역선이 국제항을 출항하고자 하는 때에는 선장은 출항하기 전에 세관장의 출항허가를 받아야 한다.
③ 세관장은 국제무역선이 국제항에 입항하여 물품을 하역하지 아니하고 입항한 때부터 48시간 이내에 출항하는 경우 간이입출항 절차를 적용할 수 있다.
④ 세관장은 국제무역선이 국제항에 입항하여 입항절차를 완료한 후 다시 우리나라의 다른 국제항에 입항하는 때에는 간이입출항절차를 적용할 수 있다.

해설 **관세법 제137조(간이 입출항절차)**
국제무역선이나 국제무역기가 국제항에 입항하여 물품(선박용품 또는 항공기용품과 승무원의 휴대품은 제외한다)을 하역하지 아니하고 입항한 때부터 24시간 이내에 출항하는 경우 세관장은 제135조에 따른 적재화물목록, 선박용품 또는 항공기용품의 목록, 여객명부, 승무원명부, 승무원 휴대품목록 또는 제136조에 따른 적재화물목록의 제출을 생략하게 할 수 있다.(법 제137조 제1항)

08 「관세법」상 입출항절차 등에 대한 설명으로 옳지 않은 것은? 2017 관세직 9급

□□□

① 국제무역기가 국제항에 입항하였을 때에는 기장은 대통령령으로 정하는 사항이 적힌 항공기용품의 목록, 여객명부, 여객 휴대품목록, 승무원명부, 승무원 휴대품목록과 적재화물목록을 첨부하여 지체 없이 세관장에게 입항보고를 하여야 한다.

② 국제무역선은 국제항에 입항하였을 때 「관세법」이 정한 서류를 첨부하여 지체 없이 세관장에게 입항보고를 하여야 하며 선박국적증서와 최종 출발항의 출항면장이나 이를 갈음할 서류를 제시하여야 한다.

③ 국제무역선이 국제무역기가 국제항을 출항하려면 선장이나 기장은 출항하기 전에 세관장에게 출항허가를 받아야 한다.

④ 국제무역선이나 국제무역기가 국제항이 아닌 지역에 출입하려는 경우 대통령령으로 정하는 바에 따라 허가를 받아야 한다.

해설 **관세법 제135조(입항절차)**

국제무역선이나 국제무역기가 국제항(제134조 제1항 단서에 따라 출입허가를 받은 지역을 포함한다)에 입항하였을 때에는 선장이나 기장은 대통령령으로 정하는 사항이 적힌 선박용품 또는 항공기용품의 목록, 여객명부, 승무원명부, 승무원 휴대품목록과 적재화물목록을 첨부하여 지체 없이 세관장에게 입항보고를 하여야 하며, 국제무역선은 선박국적증서와 최종 출발항의 출항허가증이나 이를 갈음할 서류를 제시하여야 한다. 다만, 세관장은 감시·단속에 지장이 없다고 인정될 때에는 선박용품 또는 항공기용품의 목록이나 승무원 휴대품목록의 첨부를 생략하게 할 수 있다.(법 제135조 제1항)

---

① 여객 휴대품목록은 해당하지 않는다.
② (법 제135조 제1항)
③ (법 제136조 제1항)
④ (법 제134조 제1항)

09 관세법령상 항공기의 입항보고서에 기재되어야 하는 사항으로 명시되어 있지 않은 것은? 2020 관세사

□□□

① 항공기의 출항지 및 입항일시
② 적재물품의 적재지·개수 및 톤수
③ 항공기의 종류
④ 항공기의 등록기호
⑤ 항공기의 총톤수 및 순톤수

해설 **관세법 시행령 제157조(입항보고서 등의 기재사항)**

항공기의 입항보고서에는 다음의 사항을 기재하여야 한다.(영 제157조 제7항)
1. 항공기의 종류·등록기호·명칭·국적·출항지 및 입항일시
2. 적재물품의 적재지·개수 및 톤수
3. 여객·승무원·통과여객의 수

정답 06. ① 07. ③ 08. ① 09. ⑤

10 관세법령상 국제무역선이나 국제무역기의 입출항에 대한 설명으로 옳지 않은 것은? 2019 관세직 9급

□□□

① 국제무역선이나 국제무역기가 국제항에 입항하였을 때에는 선장이나 기장은 대통령령으로 정하는 사항이 적힌 선박용품 또는 항공기용품의 목록, 여객명부, 승무원명부, 승무원 휴대품목록과 적재화물목록을 첨부하여 지체 없이 세관장에게 입항보고를 하여야 하며, 국제무역선은 선박국적증서와 최종 출발항의 출항면장이나 이를 갈음할 서류를 제시하여야 한다. 다만, 세관장은 감시·단속에 지장이 없다고 인정될 때에는 선박용품 또는 항공기용품의 목록 및 승무원 명부의 첨부를 생략하게 할 수 있다.

② 선장이 세관장의 출항허가를 받아 국제항을 출항하고자 하는 때에는 선박의 종류·등록기호·명칭·국적·총톤수 및 순톤수, 여객·승무원·통과여객의 수, 적재물품의 개수 및 톤수, 선적지·목적지 및 출항일시 사항을 기재한 신청서를 세관장에게 제출하여야 한다.

③ 국제무역기는 국제항에 한정하여 운항할 수 있다. 다만, 대통령령으로 정하는 바에 따라 국제항이 아닌 지역에 대한 출입의 허가를 받은 경우에는 그러하지 아니하다.

④ 국제항의 출항허가 신청을 받은 세관장은 신청을 받은 날부터 10일 이내에 허가 여부를 신청인에게 통지하여야 한다.

해설 ① 입항보고시 세관장은 감시·단속에 지장이 없다고 인정될 때에는 선박용품 또는 항공기용품의 목록이나 승무원 휴대품목록의 첨부를 생략하게 할 수 있다.(법 제135조 제1항)

11 관세법상 운송수단에 대한 설명으로 옳지 않은 것은? 2019 관세직 7급

□□□

① 국제항이 대통령령으로 정한 시설기준 등에 미치지 못하게 된 경우 기획재정부장관은 그 시설 등의 개선을 명할 수 있다.

② 국제무역선이 국제항에 입항할 때에는 선박국적증서와 최초 출발항의 출항허가증이나 이를 갈음할 서류를 제시하여야 한다.

③ 재해로 국내운항선이 외국에 임시 정박 또는 착륙하고 우리나라로 되돌아왔을 때에는 선장은 지체 없이 그 사실을 세관장에게 보고하여야 하며, 외국에서 적재한 물품이 있을 때에는 그 목록을 제출하여야 한다.

④ 통관장에서 외국물품을 차량에 하역하려는 자는 세관장에게 신고를 하고, 현장에서 세관공무원의 확인을 받아야 한다. 다만, 세관공무원이 확인할 필요가 없다고 인정할 때에는 그러하지 아니하다.

해설 ② 국제무역선이 국제항에 입항할 때에는 국제무역선은 선박국적증서와 최종 출발항의 출항허가증이나 이를 갈음할 서류를 제시하여야 한다.

12 관세법상 운송수단에 대한 설명으로 옳지 않은 것은? 2018 관세직 9급

□□□

① 국제무역선이나 국제무역기는 국제항에 한정하여 운항할 수 있다. 다만, 대통령령으로 정하는 바에 따라 국제항이 아닌 지역에 대한 출입의 허가를 받은 경우에는 그러하지 아니하다.

② 세관장은 신속한 입항 및 통관절차의 이행과 효율적인 감시·단속을 위하여 필요한 때에는 관세청장이 정하는 바에 따라 입항하는 해당 선박 또는 항공기가 소속된 선박회사 또는 항공사(그 업무를 대행하는 자를 포함한다)로 하여금 여객명부·적재화물목록 등을 입항하기 전에 제출하게 할 수 있다. 다만, 「관세법」 제222조 제1항 제2호에 따른 화물운송주선업자(「관세법」 제254조의2 제1항에 따른 탁송품 운송업자는 제외한다)로서 대통령령으로 정하는 요건을 갖춘 자가 작성한 적재화물목록은 관세청장이 정하는 바에 따라 해당 화물운송주선업자로 하여금 제출하게 할 수 있다.

③ 선장이나 기장은 출항허가를 받으려면 그 국제항에서 적재한 물품의 목록을 제출하여야 한다. 다만, 세관장이 출항절차를 신속하게 진행하기 위하여 필요하다고 인정하여 출항허가 후 7일의 범위에서 따로 기간을 정하는 경우에는 그 기간 내에 그 목록을 제출할 수 있다.

④ 국제무역선이나 국제무역기가 국제항에 입항하여 물품(선박용품 또는 항공기용품과 승무원의 휴대품은 제외한다)을 하역하지 아니하고 입항한 때부터 24시간 이내에 출항하는 경우 세관장은 「관세법」 제135조에 따른 적재화물목록, 선박용품 또는 항공기용품의 목록, 여객명부, 승무원명부, 승무원 휴대품목록 또는 「관세법」 제136조에 따른 적재 물품의 목록의 제출을 생략하게 할 수 있다.

해설 **관세법 제135조(입항절차)**

세관장은 신속한 입항 및 통관절차의 이행과 효율적인 감시·단속을 위하여 필요할 때에는 관세청장이 정하는 바에 따라 입항하는 해당 선박 또는 항공기가 소속된 선박회사 또는 항공사(그 업무를 대행하는 자를 포함한다)로 하여금 여객명부·적재화물목록 등을 입항하기 전에 제출하게 할 수 있다. 다만, 제222조 제1항 제2호에 따른 화물운송주선업자(제254조의2 제1항에 따른 탁송품 운송업자로 한정한다)로서 대통령령으로 정하는 요건을 갖춘 자가 작성한 적재화물목록은 관세청장이 정하는 바에 따라 해당 화물운송주선업자로 하여금 제출하게 할 수 있다.(법 제135조 제2항)

---

① (법 제134조 제1항)
③ (법 제136조 제2항)
④ (법 제137조 제1항)

정답 10. ① 11. ② 12. ②

13 □□□ **관세법령상 국제무역선이 국제항이 아닌 지역에 출입하는 경우 받아야 할 허가에 관한 설명으로 옳지 않은 것은?** 2023 관세사

① 출입허가 수수료의 산정 금액이 3만원에 미달하는 경우에는 3만원으로 한다.

② 출입허가 신청서는 국제무역선 항행의 편의도모나 그 밖의 특별한 사정이 있는 경우에는 관할 세관장이 아닌 다른 세관장에게 제출할 수 있다.

③ 세관장은 출입허가의 신청을 받은 날부터 10일 이내에 허가 여부를 신청인에게 통지 하여야 한다.

④ 출입허가 수수료의 총액은 50만원을 초과하지 못한다.

⑤ 국제항의 협소 등 입항여건을 고려하여 관세청장이 정하는 일정한 장소에 입항하는 경우에는 출입허가 수수료를 징수하지 않는다.

해설 ① 국제항이 아닌 지역에 출입하기 위하여 내야 하는 수수료는 다음 표에 따라 계산하되, 산정된 금액이 1만원에 미달하는 경우에는 1만원으로 한다.

14 □□□ **관세법령상 국제항과 입출항 절차 등에 대한 설명으로 옳지 않은 것은?** 2015 관세직 7급

① 국제무역기가 국제항이 아닌 지역에 출입하기 위하여 내야 하는 수수료는 출입횟수 1회 기준으로 해당 항공기의 자체 무게 1톤 기준으로 1천원을 납부하며, 이 경우 수수료의 총액은 100만원을 초과하지 못한다.

② 선장이나 기장이 세관장에게 출항허가를 받으려면 그 국제항에서 적재한 물품의 목록을 제출하여야 하나, 세관장이 출항절차를 신속하게 진행하기 위하여 필요하다고 인정하여 출항허가 후 7일의 범위에서 따로 기간을 정하는 경우에는 그 기간 내에 그 목록을 제출할 수 있다.

③ 세관공무원은 보존승객예약자료를 열람하려는 때에는 관세청장이 정하는 바에 따라 미리 세관장의 승인을 얻어야 한다.

④ 세관장은 신속한 입항 및 통관절차의 이행과 효율적인 감시・단속을 위하여 필요할 때에는 관세청장이 정하는 바에 따라 입항하는 해당 선박 또는 항공기가 소속된 선박회사 또는 항공사(그 업무를 대항하는 자를 포함한다)로 하여금 여객명부・적재화물목록 등을 입항하기 전에 제출하게 할 수 있다.

해설 **관세법 시행규칙 제62조(국제항이 아닌 지역에 대한 출입허가수수료)**
국제항이 아닌 지역에 출입하기 위하여 내야 하는 수수료는 다음 표에 따라 계산하되, 산정된 금액이 1만원에 미달하는 경우에는 1만원으로 한다. 이 경우 수수료의 총액은 50만원을 초과하지 못한다.(규칙 제62조 제1항)

구분	출입 횟수 기준	적용 무게 기준	수수료
국제무역선	1회	해당 선박의 순톤수 1톤	100원
국제무역기	1회	해당 항공기의 자체무게 1톤	1천2백원

15 □□□

관세법령상 국제항 및 입출항 절차에 관한 설명으로 옳지 않은 것은? 2018 관세사

① 국제무역선이나 국제무역기가 국제항을 출항하려면 선장이나 기장은 출항하기전에 세관장에게 출항허가를 받아야 한다.

② 국제항은 대통령령으로 지정한다.

③ 국제항의 시설기준 등에 관하여 필요한 사항은 대통령령으로 정한다.

④ 국제무역선이나 국제무역기는 국제항에 한정하여 운항할 수 있다. 다만, 대통령령으로 정하는 바에 따라 국제항이 아닌 지역에 대한 출입의 허가를 받은 경우에는 그러하지 아니하다.

⑤ 승객예약자료를 열람할 수 있는 사람은 선장과 관세청장이 지정하는 선원 및 항공사 담당직원으로 한정한다.

해설 **관세법 제137조의2(승객예약자료의 요청)**

승객예약자료를 열람할 수 있는 사람은 관세청장이 지정하는 세관공무원으로 한정한다.(법 제137조의2 제3항)

16 □□□

수출입금지물품을 수출입한 자(하려는 자)에 대하여 항공사에 승객예약자료의 열람 및 제출을 요청하는 것과 관련된 설명으로 옳지 않은 것은? 2012 관세직 9급

① 세관장은 승객이 입항 또는 출항한 날부터 1개월이 경과한 때에는 해당 승객의 승객예약자료를 다른 승객의 승객예약 자료와 구분하여 관리하여야 한다.

② 승객예약자료에는 여행경로 및 여행사에 대한 자료도 포함된다.

③ 검사업무 대상자 본인 이외의 동반탑승자에 관한 정보는 요청할 수 없다.

④ 제공받은 승객예약자료를 열람할 수 있는 사람은 관세청장이 지정하는 세관공무원으로 한다.

해설 **관세법 제137조의2(승객예약자료의 요청)**

세관장이 열람이나 제출을 요청할 수 있는 승객예약자료는 다음의 자료로 한정한다.(법 제137조의2 제2항)

1. 국적, 성명, 생년월일, 여권번호 및 예약번호
2. 주소 및 전화번호
3. 예약 및 탑승수속 시점
4. 항공권 또는 승선표의 번호 · 발권일 · 발권도시 및 대금결제방법
5. 여행경로 및 여행사
6. 동반탑승자 및 좌석번호
7. 수하물 자료
8. 항공사 또는 선박회사의 회원으로 가입한 경우 그 회원번호 및 등급과 승객주문정보

---

③ 승객예약자료에는 동반탑승자와 좌석번호 등이 포함된다.

Chapter 06

정답 13. ① 14. ① 15. ⑤ 16. ③

17 □□□ **관세법상 세관장이 열람이나 제출을 요청할 수 있는 승객예약자료를 모두 고른 것은?** 2016 관세사

ㄱ. 주소 및 전화번호	ㄴ. 직업 및 종교	ㄷ. 수하물 자료
ㄹ. 여행경로 및 여행사	ㅁ. 예약 및 탑승수속 시점	

① ㄱ, ㄴ
② ㄴ, ㄷ
③ ㄱ, ㄷ, ㄹ
④ ㄱ, ㄴ, ㄷ, ㅁ
⑤ ㄱ, ㄷ, ㄹ, ㅁ

해설 ㄴ. 직업 및 종교는 세관장이 열람할 수 있는 승객예약자료에 해당하지 않는다.

18 □□□ **관세법령상 세관장이 승객예약자료를 요청한 경우 해당 선박회사 또는 항공사가 제출해야 할 시한으로 옳지 않은 것은?** 2023 관세사

① 출항하는 선박은 출항 후 3시간 이내
② 출항하는 항공기는 출항 후 3시간 이내
③ 입항하는 선박은 운항예정시간이 2시간인 경우 입항 30분 전까지
④ 입항하는 항공기는 운항예정시간이 5시간인 경우 입항 30분 전까지
⑤ 입항하는 항공기는 운항예정시간이 7시간인 경우 입항 1시간 전까지

해설 ④ 운항예정시간이 5시간 이내인 항공기의 경우 입항하기 1시간 전까지 승객예약자료를 제출해야 한다.

19 □□□ **관세법령상 운송수단에 대한 설명으로 옳지 않은 것은?** 2021 관세직 9급

① 국제무역선이나 국제무역기는 국제항에 한정하여 운항할 수 있다. 다만, 대통령령으로 정하는 바에 따라 국제항이 아닌 지역에 대한 출입의 허가를 받은 경우에는 그러하지 아니하다.
② 국제무역선이나 국제무역기가 국제항을 출항하려면 선장이나 기장은 출항하기 전에 세관장에게 출항허가를 받아야 한다.
③ 출항하는 선박의 승객예약자료 제출시한은 출항 30분 전까지이다.
④ 세관공무원은 보존승객예약자료를 열람하려는 때에는 관세청장이 정하는 바에 따라 미리 세관장의 승인을 얻어야 한다.

해설 **관세법 시행규칙 제62조의3(승객예약자료 제출시한)**

관세법 제137조의2 제1항에 따른 승객예약자료의 제출시한은 다음의 구분에 의한다.

1. 출항하는 선박 또는 항공기의 경우: 출항 후 3시간 이내
2. 입항하는 선박 또는 항공기의 경우: 입항 1시간 전까지. 다만, 운항예정시간이 3시간 이내인 경우에는 입항 30분 전까지 할 수 있다.

---

① (법 제134조 제1항)
② (법 제136조 제1항)
④ (영 제158조의2 제4항)

20 관세법령상 운송수단에 관한 설명으로 옳은 것은? 2024 관세사

□□□

① 국제무역선이 국제항이 아닌 지역에 출입하기 위하여 내야 하는 수수료의 총액은 50만원을 초과하지 못한다.

② 통관역은 국외와 연결되고 국경에 근접한 철도역 중에서 세관장이 지정하고, 통관장은 관세통로에 접속한 장소 중에서 관세청장이 지정한다.

③ 관세청장이 출항절차를 신속하게 진행하기 위하여 필요하다고 인정하여 출항허가 후 10일의 범위에서 따로 기간을 정하는 경우 국제무역선의 선장은 그 기간 내에 적재화물목록을 제출할 수 있다.

④ 국제무역선인 5천톤급 이상의 선박이 연간 40회 이상 입항하거나 입항할 것으로 예상되어야 국제항으로 지정될 수 있다.

⑤ 국제무역선이 국제항의 바깥에서 물품을 하역하거나 환적하려는 경우 납부하여야 하는 항외하역에 관한 허가수수료는 하역 1일마다 3만원으로 한다.

해설 ② 통관역은 국외와 연결되고 국경에 근접한 철도역 중에서 관세청장이 지정하고, 통관장은 관세통로에 접속한 장소 중에서 세관장이 지정한다.
③ 세관장이 출항절차를 신속하게 진행하기 위하여 필요하다고 인정하여 출항허가 후 7일의 범위에서 따로 기간을 정하는 경우에는 그 기간 내에 그 목록을 제출할 수 있다.
④ 국제무역선인 5천톤급 이상의 선박이 연간 50회 이상 입항하거나 입항할 것으로 예상되어야 국제항으로 지정될 수 있다.
⑤ 항외하역에 관한 허가수수료는 하역 1일마다 4만원으로 한다. 다만, 수출물품에 대한 하역인 경우에는 하역 1일마다 1만원으로 한다.

21 관세법의 내용으로 옳지 않은 것은? 2013 관세직 7급

□□□

① 통관역은 국외와 연결되고 국경에 근접한 철도역 중에서 관세청장이 지정한다.

② 관세징수권의 소멸시효는 경정처분으로 중단되며 환급청구권의 소멸시효는 환급청구권의 행사로 중단된다.

③ 세관공무원은 관세범 조사에 필요하다고 인정할 때에는 피의자·증인 또는 참고인을 조사할 수 있다.

④ 국제무역선이나 국제무역기가 국제항에 입항하여 물품(선박용품 또는 항공기용품을 포함한다)을 하역하지 아니하고 입항한 때부터 24시간 이내에 출항하는 경우 세관장은 관세법 제136조에 따른 적재물품의 목록의 제출을 생략하게 할 수 있다.

해설 ④ 국제무역선이나 국제무역기가 국제항에 입항하여 물품(선박용품 또는 항공기용품을 제외)을 하역하지 아니하고 입항한 때부터 24시간 이내에 출항하는 경우 세관장은 관세법 제136조에 따른 적재물품의 목록의 제출을 생략하게 할 수 있다.(법 제137조 제1항)

정답 17. ⑤ 18. ④ 19. ③ 20. ① 21. ④

22 「관세법」상 물품의 하역 등에 대한 설명으로 옳지 않은 것은? 2017 관세직 9급

□□□

① 국제무역선이나 국제무역기는 「관세법」 제135조에 따른 입항 절차를 마친 후가 아니면 물품을 하역하거나 환적할 수 없다.

② 외국물품을 운송수단으로부터 일시적으로 육지에 내려 놓으려는 경우 세관장에게 신고를 하고 현장에서 세관공무원의 확인을 받아야 한다. 다만, 관세청장이 감시·단속에 지장이 없다고 인정하여 따로 정하는 경우에는 간소한 방법으로 신고 또는 확인하거나 이를 생략하게 할 수 있다.

③ 국제무역선이 국제항의 바깥에서 물품을 하역하거나 환적하려는 경우에는 선장은 세관장에게 신고하고 현장에서 세관공무원의 확인을 받아야 한다.

④ 「관세법」 제143조 제1항의 선박용품 또는 항공기용품이 외국으로부터 우리나라에 도착한 외국물품일 때에는 보세구역으로부터 국제무역선 또는 국제무역기에 적재하는 경우에만 그 외국물품을 그대로 적재할 수 있다.

해설 **관세법 제142조(항외 하역)**

국제무역선이 국제항의 바깥에서 물품을 하역하거나 환적하려는 경우에는 선장은 세관장의 허가를 받아야 한다. (법 제142조 제1항)

---

① (법 제140조 제1항)
② (법 제141조)
④ (법 제143조 제2항)

23 관세법령상 물품의 하역에 대한 설명으로 옳은 것은? 2018 관세직 7급

□□□

① 내국물품은 세관장에게 신고하고 국제무역선에 적재할 수 있으나, 외국물품은 세관장의 허가와 무관하게 국내운항선에는 적재할 수 없다.

② 국제무역기에 물품을 하역하거나 환적하려면 세관장에게 신고하고 현장에 세관공무원의 확인을 받아야 하지만, 관세청장이 감시에 지장이 없다고 인정하는 경우 세관장에 대한 신고를 생략할 수 있다.

③ 국제무역선이 국제항의 바깥에서 물품을 하역하거나 환적하려는 경우에는 선장은 세관장의 허가를 받아야 하고, 그 허가를 받으려면 선장은 기획재정부령이 정하는 바에 따라 허가수수료를 납부하여야 한다.

④ 국제무역기 안에서 판매하는 물품이 외국으로부터 우리나라에 도착한 외국물품일 때에는 보세구역 외의 장소로부터 국제무역기에 적재하는 경우에만 그 물품을 그대로 적재할 수 있다.

해설 **관세법 제142조(항외 하역)**

국제무역선이 국제항의 바깥에서 물품을 하역하거나 환적하려는 경우에는 선장은 세관장의 허가를 받아야 한다. (법 제142조 제1항)
선장은 허가를 받으려면 기획재정부령으로 정하는 바에 따라 허가수수료를 납부하여야 한다.(법 제142조 제2항)

---

① 국제무역선이나 국제무역기에는 내국물품을 적재할 수 없으며, 국내운항선이나 국내운항기에는 외국물품을 적재할 수 없다. 다만, 세관장의 허가를 받았을 때에는 그러하지 아니하다.(법 제140조 제6항)
② 국제무역선이나 국제무역기에 물품을 하역하거나 환적하려면 세관장에게 신고하고 현장에서 세관공무원의 확인을 받아야 한다. 다만, 세관공무원이 확인할 필요가 없다고 인정하는 경우에는 그러하지 아니하다.(법 제140조 제4항)

④ 선박용품 또는 항공기용품, 국제무역선 또는 국제무역기 안에서 판매하는 물품, 원양어선에 무상으로 송부하기 위하여 반출하는 물품은 외국으로부터 우리나라에 도착한 외국물품일 때에는 보세구역으로부터 국제무역선 또는 국제무역기에 적재하는 경우에만 그 외국물품을 그대로 적재할 수 있다.(법 제143조 제2항)

24 물품의 하역에 관한 설명으로 옳지 않은 것은?

□□□ 2015 관세사

① 세관장의 허가를 받은 경우에는 국제무역선이나 국제무역기가 입항절차를 마치기 전이라도 물품을 하역하거나 환적할 수 있다.

② 국제무역선이나 국제무역기에 물품을 하역하거나 환적할 때 세관공무원이 확인할 필요가 없다고 인정하는 경우에는 세관장에게 신고하기만 하면 하역하거나 환적할 수 있다.

③ 세관장은 감시와 단속을 위하여 국제무역선이나 국제무역기에서 물품을 하역하는 장소, 통로 기간을 제한하여야 한다.

④ 세관장의 허가를 받으면 국제무역선이나 국제무역기에는 내국물품을 적재할 수 있다.

⑤ 세관장의 허가를 받으면 국내운항선이나 국내운항기에는 외국물품을 적재할 수 있다.

해설 **관세법 제140조(물품의 하역)**

세관장은 감시 · 단속을 위하여 필요할 때에는 제4항에 따라 물품을 하역하는 장소 및 통로와 기간을 제한할 수 있다.(법 제140조 제5항)

---

① (법 제140조 제1항)
② (법 제140조 제4항)
④, ⑤ (법 제140조 제6항)

25 관세법상 외국 물품의 일시 양륙에 해당하지 않는 것은?

□□□ 2014 관세사

① 외국물품을 운송수단으로부터 일시적으로 육지에 내려놓으려는 경우

② 해당 운송수단의 여객 · 승무원 또는 운전자가 아닌 자가 타려는 경우

③ 선박용품 · 항공기용품을 운송수단 안에서 그 용도에 따라 소비하거나 사용하는 경우

④ 외국물품을 적재한 운송수단에서 다른 운송수단으로 물품을 환적 또는 복합환적하려는 경우

⑤ 외국물품을 적재한 운송수단에서 다른 운송수단으로 사람을 이동시키는 경우

해설 **관세법 제141조(외국물품의 일시양륙 등)**

다음 의 어느 하나에 해당하는 행위를 하려면 세관장에게 신고를 하고, 현장에서 세관공무원의 확인을 받아야 한다. 다만, 관세청장이 감시 · 단속에 지장이 없다고 인정하여 따로 정하는 경우에는 간소한 방법으로 신고 또는 확인하거나 이를 생략하게 할 수 있다.

1. 외국물품을 운송수단으로부터 일시적으로 육지에 내려 놓으려는 경우
2. 해당 운송수단의 여객 · 승무원 또는 운전자가 아닌 자가 타려는 경우
3. 외국물품을 적재한 운송수단에서 다른 운송수단으로 물품을 환적 또는 복합환적하거나 사람을 이동시키는 경우

---

③ 선박용품 · 항공기용품을 운송수단 안에서 그 용도에 따라 소비하거나 사용하는 경우는 수입으로 보지 않는 소비 또는 사용에 대한 설명이다.

정답 22. ③ 23. ③ 24. ③ 25. ③

26 관세법상 운송수단 등에 대한 설명으로 옳지 않은 것은? 2011 관세직 7급

□□□

① 정부를 대표하는 외교사절이 전용하는 외국 운항 선박 또는 항공기에 대하여는 관세법상의 국제무역선이나 국제무역기에 관한 규정이 준용되지 아니한다.

② 국내운항기를 국제무역기로 전환하려면 기장은 관세청장의 승인을 받아야 한다.

③ 항공기용품을 국제무역기에 하역하려면 세관장의 허가를 받아야 한다.

④ 세관장이 관세법에 따라 열람이나 제출을 요청할 수 있는 승객예약자료는 탑승수속 시점도 포함한다.

해설 **관세법 제144조(국제무역선의 국내운항선으로의 전환 등)**
국제무역선 또는 국제무역기를 국내운항선 또는 국내운항기로 전환하거나, 국내운항선 또는 국내운항기를 국제무역선 또는 국제무역기로 전환하려면 선장이나 기장은 세관장의 승인을 받아야 한다.

---

① (영 제168조)
③ (법 제143조 제1항)
④ (법 제137조의2 제2항)

27 관세법령상 물품의 하역에 대한 설명으로 옳은 것은? 2023 관세직 7급

□□□

① 세관장이 물품의 하역 허가 신청을 받은 날부터 10일 이내에 허가 여부를 신청인에게 통지하지 아니하면 그 기간이 끝난 날에 허가한 것으로 본다.

② 외국물품을 운송수단으로부터 일시적으로 육지에 내려 놓고자 하는 경우에는 선박 또는 항공기의 종류·명칭·국적, 육지에 내려 놓고자 하는 물품의 최종도착지 등을 기재한 신고서를 세관장에게 제출하고 그 신고필증을 현장 세관공무원에게 제시하여야 한다.

③ 국제무역선에 환적하는 선박용품의 종류와 수량, 사용 또는 판매내역관리, 환적절차 등에 관하여 필요한 사항은 기획재정부령으로 다.

④ 일시적으로 양륙하는 외국물품을 장치할 수 있는 장소의 범위 등에 관한 사항은 대통령령으로 정한다.

해설 **관세법 시행령** 제162조(외국물품의 일시양륙 등 신고)
법 제141조제1호의 규정에 의하여 외국물품을 일시적으로 육지에 내려 놓고자 하는 경우에는 다음 각호의 사항을 기재한 신고서를 세관장에게 제출하고 그 신고필증을 현장세관공무원에게 제시하여야 한다.(영 제162조 제1항)
1. 선박 또는 항공기의 종류·명칭·국적
2. 입항연월일
3. 육지에 내려 놓고자 하는 일시 및 기간
4. 육지에 내려 놓고자 하는 물품의 품명·수량 및 가격과 그 포장의 종류·기호·번호·개수
5. 육지에 내려 놓고자 하는 물품의 최종도착지
6. 육지에 내려 놓고자 하는 장소
육지에 내려 놓고자 하는 외국물품을 장치할 수 있는 장소의 범위 등에 관하여는 관세청장이 정한다.(영 제162조 제2항)

---

① 그 기간이 끝난 날의 다음날에 허가를 한 것으로 본다.
③ 허가를 받아야 하는 물품의 종류와 수량, 사용 또는 판매내역관리, 하역 또는 환적절차 등에 관하여 필요한 사항은 관세청장이 정하여 고시한다.(법 제143조 제7항)

28 □□□ **관세법상 내용으로 옳지 않은 것은?** 2017 관세직 7급

① 세관장은 관세의 납세의무자의 주소, 거소, 영업소 또는 사무소가 모두 분명하지 아니하여 관세의 납부고지서를 송달할 수 없을 때에는 해당 세관의 게시판이나 그 밖의 적당한 장소에 납부고지사항을 공시할 수 있다.

② 세관장은 관세의 납세의무자가 아닌 자가 관세의 납부를 보증한 경우 그 담보로 관세에 충당하고 남은 금액이 있을 때에는 그 보증인에게 이를 직접 돌려주어야 한다.

③ 수입신고가 수리된 개인의 자가사용물품이 수입한 상태 그대로 수출되는 경우로서 수입신고 수리일부터 6개월 이내에 보세구역에 반입하였다가 다시 수출하는 경우 수입할 때 납부한 관세를 환급한다.

④ 국제무역선 또는 국제무역기를 국내운항선 또는 국내운항기로 전환하거나, 국내운항선 또는 국내운항기를 국제무역선 또는 국제무역기로 전환하려면 선장이나 기장은 세관장의 허가를 받아야 한다.

해설 ④ 국제무역선 또는 국제무역기를 국내운항선 또는 국내운항기로 전환하거나, 국내운항선 또는 국내운항기를 국제무역선 또는 국제무역기로 전환하려면 선장이나 기장은 세관장의 승인을 받아야 한다.
① (법 제11조 제2항)
② (법 제25조 제3항)
③ (법 제106조의2 제1항)

29 □□□ **국제무역선의 선장 甲은 국제항의 바깥에서 물품을 하역하려고 한다. 관세법령상 이에 관한 설명으로 옳은 것은?** 2021 관세사

① 세관공무원이 확인할 필요가 없다고 인정하는 경우, 甲은 세관장의 허가 없이 물품을 하역할 수 있다.

② 甲이 하역하려는 물품이 수입물품인 경우, 甲이 납부해야 하는 하역에 대한 허가수수료는 1일마다 1만원이다.

③ 甲이 물품의 하역 허가를 신청한 경우, 세관장은 허가의 신청을 받은 날부터 20일 이내에 허가 여부를 甲에게 통지하여야 한다.

④ 甲이 물품의 하역 허가를 받기 위해서는 당해 물품의 포장의 종류·기호·번호 및 개수 등을 기재한 신청서를 세관장에게 제출해야 한다.

⑤ 甲이 과실로 하역 허가를 받지 않고 물품을 하역하였다면, 甲의 행위는 과태료 부과대상이다.

해설 **관세법 시행령 제165조(항외하역에 관한 허가의 신청)**

국제항의 바깥에서 하역 또는 환적하기 위하여 법 제142조 제1항에 따른 허가를 받으려는 자는 다음 각 호의 사항을 기재한 신청서를 세관장에게 제출해야 한다.

1. 국제항의 바깥에서 하역 또는 환적하려는 장소 및 일시
2. 선박의 종류·명칭·국적·총톤수 및 순톤수
3. 당해 물품의 내외국물품별 구분과 품명·수량 및 가격
4. 당해 물품의 포장의 종류·기호·번호 및 개수
5. 신청사유

정답 26. ② 27. ② 28. ④ 29. ④

① 국제항의 바깥에서 물품을 하역하거나 환적하려는 경우에는 선장은 세관장의 허가를 받아야 한다.(법 제142조 제1항)
② 항외하역 허가수수료는 하역 1일마다 4만원으로 한다. 다만 수출물품에 대한 하역인 경우에는 하역 1일마다 1만원으로 한다.(규칙 제63조)
③ 세관장은 항외하역 허가의 신청을 받은 날부터 10일 이내에 허가 여부를 신청인에게 통지하여야 한다. (법 제142조 제3항)
⑤ 항외하역 허가를 받지 않고 물품을 하역하였다면, 1천만원 이하 벌금 대상이다.(법 제276조 제4항)

30 「관세법」상 물품의 하역 등에 대한 설명으로 옳지 않은 것은?

□□□ 2015 관세직 7급

① 세관장은 감시·단속을 위하여 필요할 때에는 물품을 하역하는 장소 및 통로와 기간을 제한할 수 있다.
② 국제무역선 또는 국제무역기 안에서 판매하는 물품을 국제무역선 또는 국제무역기에 하역하거나 환적하려면 세관장 허가를 받아야 하며, 하역 또는 환적허가의 내용대로 하역하거나 환적하여야 한다.
③ 국제무역선 또는 국제무역기 안에서 판매할 물품이 하역허가의 내용대로 운송수단에 적재되지 아니한 경우에는 해당 운송업자로부터 즉시 그 관세를 징수한다.
④ 차량용품과 국경출입차량 안에서 판매할 물품을 해당 차량에 하역하거나 환적하는 경우에는 선박용품 및 항공기용품의 하역 등을 규정한 「관세법」 제143조를 준용한다.

해설 **관세법 제143조(선박용품 및 항공기용품의 하역 등)**
선박용품 또는 항공기용품이 외국으로부터 우리나라에 도착한 외국물품일 때에는 운송수단으로부터 하역하거나 환적하려면 세관장의 허가를 받아야 하며 외국물품이 하역 또는 환적허가의 내용대로 운송수단에 적재되지 아니한 경우에는 해당 허가를 받은 자로부터 즉시 그 관세를 징수한다. 다만, 다음 어느 하나에 해당하는 경우에는 그러하지 아니하다.(법 제143조 제6항)
1. 세관장이 지정한 기간 내에 그 물품이 다시 보세구역에 반입된 경우
2. 재해나 그 밖의 부득이한 사유로 멸실된 경우
3. 미리 세관장의 승인을 받고 폐기한 경우

---

① (법 제140조 제5항)
② (법 제143조 제1항)
③ (법 제151조 제2항)

31 「관세법」상의 내용으로 옳은 것은?

□□□ 2023 관세직 7급

① 세관장은 항공기용품을 국제무역기에 하역하려는 자로부터 하역 허가의 신청을 받은 경우 그 신청을 받은 날부터 10일 이내에 허가 여부를 신청인에게 통지하여야 한다.
② 국제무역선 안에서 판매하는 물품을 국제무역선에 환적하려면 세관장의 승인을 받아야 하며, 승인의 내용대로 환적하여야 한다.
③ 국제무역기의 여객이 아닌 자가 그 국제무역기에 타려는 경우 세관장의 허가를 받아야 한다.
④ 국제무역선이 국제항의 바깥에서 물품을 하역하려는 경우 선장은 세관장에게 신고하고, 세관공무원의 확인을 받아야 한다.

해설 ② 세관장의 허가를 받아야 한다.
③ 세관장에게 신고를 하여야 한다.
④ 세관장의 허가를 받아야 한다.

32 □□□ **관세법상 설명으로 옳지 않는 것은?** 2020 관세직 9급

① 세관장은 자율관리보세구역의 지정을 받은 자가 관세법에 따른 의무를 위반하거나 세관감시에 지장이 있다고 인정되는 경우 등 대통령령으로 정하는 사유가 발생한 경우에는 자율관리보세구역의 지정을 취소할 수 있다.
② 외국물품인 항공기용품이 하역 또는 환적 허가의 내용대로 운송수단에 적재되지 않고 세관장이 지정한 기간 내에 그 물품이 다시 보세구역에 반입된 경우 해당 허가를 받은 자로부터 즉시 그 관세를 징수한다.
③ 관세청장이 정하는 보세구역에 반입되어 수입신고가 수리된 물품의 화주 또는 반입자는 관세법 제177조에도 불구하고 그 수입신고 수리일부터 15일 이내에 해당 물품을 보세구역으로부터 반출하여야 한다. 다만, 외국물품을 장치하는 데에 방해가 되지 아니하는 것으로 인정되어 세관장으로부터 해당 반출기간의 연장승인을 받았을 때에는 그러하지 아니하다.
④ 보세전시장의 운영인이 장치물품에 대한 관세를 납부할 자금능력이 없다고 인정되는 경우 세관장은 관세청장이 정하는 바에 따라 6개월의 범위에서 보세전시를 정지시킬 수 있다.

해설 ② 외국물품인 항공기용품이 하역 또는 환적 허가의 내용대로 운송수단에 적재되지 아니한 경우에는 해당 허가를 받은 자로부터 즉시 그 관세를 징수한다. 다만, 세관장이 지정한 기간 내에 그 물품이 다시 보세구역에 반입된 경우에는 그러하지 아니하다.(법 제143조 제6항)
① (법 제164조 제6항)
③ (법 제157조의2)
④ (법 제178조 제1항)

33 □□□ **관세법상 선박용품 및 항공기용품의 하역 등에 관한 설명으로 옳지 않은 것은?** 2017 관세사

① 선박용품을 국제무역선에 하역하거나 환적하려면 세관장의 승인을 받아야 한다.
② 항공기용품을 국제무역기에 하역하거나 환적하려고 세관장의 허가를 받아야 하는 경우, 허가를 받아야 하는 물품의 종류와 수량, 사용 또는 판매내역관리, 하역 또는 환적절차 등에 관하여 필요한 사항은 관세청장이 고시한다.
③ 항공기용품을 국제무역기에 하역하는 경우 물품의 종류와 수량은 항공기의 종류, 무게, 운행일수, 여객과 승무원의 수 등을 고려하여 세관장이 타당하다고 인정하는 범위이어야 한다.
④ 선박용품이 외국으로부터 우리나라에 도착한 외국물품일 때에는 보세구역으로부터 국제무역선에 적재하는 경우에만 그 외국물품을 그대로 적재할 수 있다.
⑤ 외국물품인 항공기용품이 하역 또는 환적허가의 내용대로 운송수단에 적재되지 아니한 경우라도 세관장이 지정한 기간 내에 그 물품이 다시 보세구역에 반입된 때에는 해당 허가를 받은 자로부터 즉시 그 관세를 징수하지 아니한다.

정답 30. ③ 31. ① 32. ② 33. ①

해설 **관세법 제143조(선박용품 및 항공기용품 등의 하역 등)**

다음의 어느 하나에 해당하는 물품을 국제무역선·국제무역기 또는 「원양산업발전법」 제2조 제6호에 따른 조업에 사용되는 선박(원양어선)에 하역하거나 환적하려면 세관장의 허가를 받아야 하며, 하역 또는 환적허가의 내용대로 하역하거나 환적하여야 한다.(법 제143조 제1항)

1. 선박용품 또는 항공기용품
2. 국제무역선 또는 국제무역기 안에서 판매하는 물품
3. 「원양산업발전법」 제6조 제1항, 제17조 제1항 및 제3항에 따라 해양수산부장관의 허가·승인 또는 지정을 받은 자가 조업하는 원양어선에 무상으로 송부하기 위하여 반출하는 물품으로서 해양수산부장관이 확인한 물품

---

② (법 제143조 7항)
③ (법 제143조 3항)
④ (법 제143조 2항)
⑤ (법 제143조 6항)

34 □□□ **관세법령상 물품의 하역 등에 대한 설명으로 옳지 않은 것은?** 2021 관세직 7급

① 세관장의 허가를 받았을 때에는 국내운항선이나 국내운항기에 외국물품을 적재할 수 있다.
② 내국물품을 국제무역선이나 국제무역기로 운송하려는 자는 대통령령으로 정하는 바에 따라 세관장에게 내국운송의 신고를 하여야 한다.
③ 환승전용국내운항기에서 환적하려는 항공기용품이 우리나라에 도착한 외국물품일 때에는 보세구역으로부터 환승전용국내운항기에 적재하는 경우에만 그 외국물품을 그대로 적재할 수 있다.
④ 수출물품에 대한 하역인 경우에는 납부하여야 하는 항외하역에 관한 허가수수료는 하역 1일마다 1만원으로 한다.

해설 **관세법 제146조(그 밖의 선박 또는 항공기)**

환승전용국내운항기에 대해서는 제143조 제2항은 적용하지 아니하며 효율적인 통관 및 감시·단속을 위하여 필요한 사항은 대통령령으로 따로 정할 수 있다.(법 제146조 제2항)

관세법 제143조(선박용품 및 항공기용품 등의 하역 등)

관세법 제143조 제1항 어느 하나에 해당하는 물품이 외국으로부터 우리나라에 도착한 외국물품일 때에는 보세구역으로부터 국제무역선·국제무역기 또는 원양어선에 적재하는 경우에만 그 외국물품을 그대로 적재할 수 있다.
(법 제143조 제2항)

---

① (법 제140조 제6항)
② (법 제221조 제1항)
④ (규칙 제63조)

35 □□□ **관세법령상 차량에 대한 설명으로 옳지 않은 것은?** 2024 관세직 9급

① 관세통로는 육상국경으로부터 통관역에 이르는 철도와 육상국경으로부터 통관장에 이르는 육로 또는 수로 중에서 세관장이 지정한다.

② 모래·자갈 등 골재를 일정 기간에 일정량으로 나누어 반복적으로 운송하는 데에 사용되는 도로차량의 운전자는 「관세법」 제152조(도로차량의 국경출입)제2항에 따라 사증(査證)을 받는 것으로 최종 도착보고를 대신할 수는 없다.

③ 세관장은 국외와 연결되고 국경에 근접한 철도역 중에서 통관역을 지정하고, 관세통로에 접속한 장소 중에서 통관장을 지정한다.

④ 국경을 출입하려는 도로차량의 운전자는 해당 도로차량이 국경을 출입할 수 있음을 증명하는 서류를 세관장으로부터 발급받아야 한다.

해설 ③ 통관역은 국외와 연결되고 국경에 근접한 철도역 중에서 관세청장이 지정한다.(법 제148조 제3항)

36 □□□ **「관세법」상 관세통로에 대한 설명으로 옳지 않은 것은?** 2016 관세직 9급

① 국경을 출입하는 차량은 관세통로를 경유하여야 하며, 통관역이나 통관장에 정차하여야 한다.

② 「관세법」 제148조 제1항에 따른 관세통로는 육상국경으로부터 통관역에 이르는 철도와 육상국경으로부터 통관장에 이르는 육로 또는 수로 중에서 관세청장이 지정한다.

③ 통관역은 국외와 연결되고 국경에 근접한 철도역 중에서 관세청장이 지정한다.

④ 통관장은 관세통로에 접속한 장소 중에서 세관장이 지정한다.

해설 ② 관세통로는 육상국경(陸上國境)으로부터 통관역에 이르는 철도와 육상국경으로부터 통관장에 이르는 육로 또는 수로 중에서 세관장이 지정한다.(법 제148조 제2항)

37 □□□ **관세법령상 관세통로에 관한 설명으로 옳지 않은 것은?** 2018 관세사

① 국경을 출입하는 차량은 관세통로를 경유하여야 한다.

② 국경을 출입하는 차량은 통관역이나 통관장에 정차하여야 한다.

③ 통관역은 국외와 연결되고 국경에 근접한 철도역 중에서 관세청장이 지정한다.

④ 통관장은 관세통로에 접속한 장소 중에서 세관장이 지정한다.

⑤ 관세통로는 육상국경으로부터 통관장에 이르는 철도와 육상국경으로부터 통관역에 이르는 육로 또는 항로 중에서 관세청장이 지정한다.

해설 ⑤ 관세통로는 육상국경(陸上國境)으로부터 통관역에 이르는 철도와 육상국경으로부터 통관장에 이르는 육로 또는 수로 중에서 세관장이 지정한다.(법 제148조 제2항)

정답 34. ③ 35. ③ 36. ② 37. ⑤

38 관세법상 관세통로 등에 관한 내용으로 ( )에 들어갈 사항을 순서대로 옳게 나열한 것은? 2021 관세사

□□□

> 통관역은 국외와 연결되고 국경에 근접한 철도역 중에서 ( )이 지정한다.
> 국경출입차량이 통관역이나 통관장을 출발하려면 통관역장이나 도로차량의 운전자는 출발하기 전에 ( )에게 출발보고를 하고 출발 ( )을(를)받아야 한다.

① 관세청장, 세관장, 허가
② 관세청장, 세관장, 승인
③ 관세청장, 관세청장, 허가
④ 세관장, 세관장, 허가
⑤ 세관장, 관세청장, 승인

해설 **관세법 제148조(관세통로)**

통관역은 국외와 연결되고 국경에 근접한 철도역 중에서 관세청장이 지정한다.(법 제148조 제3항)

관세법 제150조(국경출입차량의 출발절차)

국경출입차량이 통관역이나 통관장을 출발하려면 통관역장이나 도로차량의 운전자는 출발하기 전에 세관장에게 출발보고를 하고 출발허가를 받아야 한다.(법 제150조 제1항)

39 「관세법」상 차량에 대한 설명으로 옳은 것은? 2021 관세직 7급

□□□

① 국경을 출입하는 철도차량이 통관역에 도착하면 그 철도차량의 운전자는 최종 출발지의 출발허가서 또는 이를 갈음하는 서류를 제시하여 지체 없이 세관장에게 도착보고를 하여야 한다.
② 세관장은 신속한 입국 및 통관절차의 이행과 효율적인 감시・단속을 위하여 필요한 경우에는 관세청장이 정하는 바에 따라 도착하는 해당 차량이 소속된 회사로 하여금 여객명부・적재화물목록 등을 도착하기 전에 제출하게 할 수 있다.
③ 모래・자갈 등 골재를 일정 기간에 일정량으로 나누어 반복적으로 운송하는 데에 사용되는 도로차량의 운전자는 「관세법」에 따라 사증을 받는 것으로 최초 출발보고 및 최초 출발허가를 대신할 수 있다.
④ 통관장에서 외국으로부터 우리나라에 도착한 외국물품인 차량용품을 해당 차량에 하역하려는 자는 세관장에게 신고를 하고, 사후에 세관공무원의 확인을 받아야 한다.

해설 **관세법 제149조(국경출입차량의 도착절차)**

세관장은 신속한 입국 및 통관절차의 이행과 효율적인 감시・단속을 위하여 필요한 경우에는 관세청장이 정하는 바에 따라 도착하는 해당 차량이 소속된 회사(그 업무를 대행하는 자를 포함한다)로 하여금 여객명부・적재화물목록 등을 도착하기 전에 제출하게 할 수 있다.(법 제149조 제2항)

---

① 국경출입차량이 통관역이나 통관장에 도착하면 통관역장이나 도로차량의 운전자는 차량용품목록・여객명부・승무원명부 및 승무원 휴대품목록과 관세청장이 정하는 적재화물목록을 첨부하여 지체 없이 세관장에게 도착보고를 하여야 하며, 최종 출발지의 출발허가서 또는 이를 갈음하는 서류를 제시하여야 한다. 다만, 세관장은 감시・단속에 지장이 없다고 인정될 때에는 차량용품목록이나 승무원 휴대품목록의 첨부를 생략하게 할 수 있다.
③ 물품을 일정 기간에 일정량으로 나누어 반복적으로 운송하는 데에 사용되는 도로차량의 운전자는 사증을 받는 것으로 출발보고 및 출발허가를 대신할 수 있다. 다만, 최초 출발보고와 최초 출발허가의 경우는 제외한다.
④ 차량용품과 국경출입차량 안에서 판매할 물품을 해당 차량에 하역하거나 환적하는 경우에는 세관장의 허가를 받아야 하며, 하역 또는 환적허가의 내용대로 하역하거나 환적하여야 한다.

정답 38. ① 39. ②

보세구역

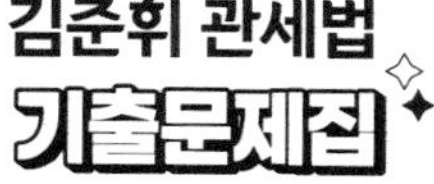

보세구역

www.pmg.co.kr

01 보세구역 통칙

01 □□□ **관세법상 특허보세구역에 해당하는 것을 모두 고른 것은?** 2014 관세사

ㄱ. 경제자유구역	ㄴ. 종합보세구역	ㄷ. 보세건설장
ㄹ. 세관검사장	ㅁ. 보세전시장	ㅂ. 지정장치장

① ㄱ, ㄴ
② ㄷ, ㅁ
③ ㄹ, ㅂ
④ ㄴ, ㄷ, ㅁ
⑤ ㄷ, ㅁ, ㅂ

해설

지정보세구역	특허보세구역	종합보세구역
지정장치장 세관검사장	보세창고 보세공장 보세전시장 보세건설장 보세판매장	

02 □□□ **관세법령상 보세구역에 관한 설명으로 옳지 않은 것은?** 2018 관세사

① 세관장은 보세구역에 반입할 수 있는 물품의 종류를 제한할 수 없다.
② 보세구역은 지정보세구역·특허보세구역 및 종합보세구역으로 구분한다.
③ 지정보세구역은 지정장치장 및 세관검사장으로 구분한다.
④ 보세구역에 물품을 반입하거나 반출하려는 자는 대통령령으로 정하는 바에 따라 세관장에게 신고하여야 한다.
⑤ 특허보세구역은 보세창고·보세공장·보세전시장·보세건설장 및 보세판매장으로 구분한다.

해설 **관세법 제157조(물품의 반입·반출)**
세관장은 보세구역에 반입할 수 있는 물품의 종류를 제한할 수 있다.(법 제157조 제3항)

03 관세법상 보세구역에 대한 설명으로 옳지 않은 것은? 2017 관세직 7급

□□□

① 검역물품인 외국물품과 내국운송의 신고를 하려는 내국물품은 보세구역이 아닌 장소에 장치할 수 없다.

② 보세구역에 장치된 외국물품이 멸실되거나 폐기되었을 때에는 그 운영인이나 보관인으로부터 즉시 그 관세를 징수한다. 다만, 재해나 그 밖의 부득이한 사유로 멸실된 때와 미리 세관장의 승인을 받아 폐기한 때에는 예외로 한다.

③ 보세구역에 장치된 물품 중 부패·손상되거나 그 밖의 사유로 승인을 받아 폐기한 외국물품 중 폐기 후에 남아 있는 부분에 대하여는 폐기 후의 성질과 수량에 따라 관세를 부과한다.

④ 보세구역에 장치된 물품에 대하여는 그 원형을 변경하거나 해체·절단 등의 작업을 할 수 있으며, 그러한 작업을 할 수 있는 물품의 종류는 관세청장이 정한다.

해설 **관세법 제155조(물품의 장치)**

외국물품과 내국운송의 신고를 하려는 내국물품은 보세구역이 아닌 장소에 장치할 수 없다. 다만, 다음 어느 하나에 해당하는 물품은 그러하지 아니하다.

1. 수출신고가 수리된 물품
2. 크기 또는 무게의 과다나 그 밖의 사유로 보세구역에 장치하기 곤란하거나 부적당한 물품
3. 재해나 그 밖의 부득이한 사유로 임시로 장치한 물품
4. 검역물품
5. 압수물품
6. 우편물품

---

② (법 제160조 제2항)
③ (법 제160조 제3항)
④ (법 제159조 제5항)

04 「관세법」상 보세구역과 관련하여 세관장의 승인과 허가에 대한 설명으로 옳지 않은 것은? 2016 관세직 9급

□□□

① 부패·손상되거나 그 밖의 사유로 보세구역에 장치된 물품을 폐기하려는 자는 세관장의 승인을 받아야 한다.

② 보세구역에 장치된 외국물품의 전부 또는 일부를 견본품으로 반출하려는 자는 세관장의 승인을 받아야 한다.

③ 보세구역에 장치된 물품의 원형을 변경하거나 해체·절단 등의 작업을 하려는 자는 세관장의 허가를 받아야 한다.

④ 크기 또는 무게의 과다나 그 밖의 사유로 보세구역에 장치하기 곤란하거나 부적당한 외국물품을 보세구역이 아닌 장소에 장치하려는 자는 세관장의 허가를 받아야 한다.

해설 **관세법 제161조(견본품 반출)**

보세구역에 장치된 외국물품의 전부 또는 일부를 견본품으로 반출하려는 자는 세관장의 허가를 받아야 한다. 국제무역선에서 물품을 하역하기 전에 외국물품의 일부를 견본품으로 반출하려는 경우에도 또한 같다.(법 제161조 제1항)

---

① (법 제160조 제1항)
③ (법 제159조 제1항)
④ (법 제156조 제1항)

정답 01. ② 02. ① 03. ① 04. ②

05 「관세법」상 보세구역에 대한 설명으로 옳지 않은 것은? 2015 관세직 9급

□□□

① 외국물품이 크기 또는 무게가 과다하여 보세구역에 장치하기 곤란한 경우에는 세관장의 허가를 받아 보세구역이 아닌 장소에 장치할 수 있다.

② 보세구역에 물품을 반입하거나 반출하려는 자는 대통령령으로 정하는 바에 따라 관세청장에게 신고하여야 한다.

③ 세관장은 수입통관 후 보세공장에서 사용하게 될 물품에 대하여는 보세공장에 직접 반입하여 수입신고를 하게 할 수 있다.

④ 보세구역에 장치된 물품에 대하여는 그 원형을 변경하거나 해체·절단 등의 작업을 할 수 있으며 이 경우 작업을 할 수 있는 물품의 종류는 관세청장이 정한다.

해설 **관세법 제157조(물품의 반입·반출)**

보세구역에 물품을 반입하거나 반출하려는 자는 대통령령으로 정하는 바에 따라 세관장에게 신고하여야 한다. (법 제157조 제1항)

---

① (법 제156조 제1항)
③ (법 제185 제6항)
④ (법 제159조 제5항)

06 보세구역 외 장치허가에 관한 설명으로 옳지 않은 것은? 2015 관세사

□□□

① 세관장은 외국물품에 대하여 보세구역 외 장치의 허가를 하려는 때에는 그 물품의 관세에 상당하는 담보의 제공, 필요한 시설의 설치 등을 명할 수 있다.

② 장치장소 및 장치사유는 보세구역 외 장치의 허가신청서의 기재사항의 일부이다.

③ 보세구역 외 장치의 허가를 받으려는 자는 신청서에 송품장과 선하증권·항공화물운송장 또는 이에 갈음하는 서류를 첨부하여 세관장에게 제출하여야 한다.

④ 보세구역 외 장치허가수수료는 1만 8천원을 원칙으로 하되, 동일한 선박 또는 항공기로 수입된 동일한 화주의 화물을 동일한 장소에 반입하는 경우, 각 건별로 보세구역 외 장치허가신청을 한 것으로 보아 허가수수료를 징수한다.

⑤ 협정에 의하여 관세가 면제되는 물품을 수입하는 때에는 보세구역 외 장치허가수수료를 면제한다.

해설 **관세법 시행규칙 제65조(보세구역외 장치허가수수료)**

관세법 제156조 제3항의 규정에 의하여 납부하여야 하는 보세구역 외 장치허가수수료는 1만8천원으로 한다. 이 경우 동일한 선박 또는 항공기로 수입된 동일한 화주의 화물을 동일한 장소에 반입하는 때에는 1건의 보세구역 외 장치허가신청으로 보아 허가수수료를 징수한다.(규칙 제65조 제1항)

국가 또는 지방자치단체가 수입하거나 협정에 의하여 관세가 면제되는 물품을 수입하는 때에는 제1항의 규정에 의한 보세구역 외 장치허가수수료를 면제한다.(규칙 제65조 제2항)

---

① (법 제156조 제2항)
②, ③ (영 제175조)
⑤ (규칙 제65조 제2항)

07 □□□ **관세법령상 보세구역에 대한 설명으로 옳지 않은 것은?** 2023 관세직 9급

① 보세구역에 물품을 반입하거나 반출하려는 자는 대통령령으로 정하는 바에 따라 세관장에게 신고하여야 한다.

② 보세구역에 장치된 외국물품의 전부 또는 일부를 견본품으로 반출하려는 자는 세관장의 허가를 받아야 한다.

③ 종합보세구역에서 종합보세기능을 수행하려는 자는 그 기능을 정하여 세관장에게 종합보세사업장의 설치·운영에 관한 신고를 하여야 한다.

④ 물품을 보세구역이 아닌 장소에 장치 허가를 받으려는 자는 보세구역 외 장치허가수수료 2만 8천원을 납부하여야 한다.

해설 ④ 관세법 제156조 제3항의 규정에 의하여 납부하여야 하는 보세구역 외 장치허가수수료는 1만8천원으로 한다.

08 □□□ **관세법령상 수출신고가 수리된 물품을 보세구역에 반입하는 경우 신고서에 기재해야 하는 사항이 아닌 것은? (단, 세관장에 의한 신고서 제출의 면제 또는 기재사항의 생략은 고려하지 않음)** 2020 관세사

① 물품의 반입일시
② 물품의 품명
③ 포장의 종류
④ 장치위치와 장치기간
⑤ 선하증권번호

해설 **관세법 시행령 제176조(물품의 반출입신고)**

관세법 제157조 제1항에 따른 물품의 반입신고는 다음의 사항을 기재한 신고서로 해야 한다.(영 제176조 제1항)

1. 외국물품(수출신고가 수리된 물품은 제외한다)의 경우
   가. 당해 물품을 외국으로부터 운송하여 온 선박 또는 항공기의 명칭·입항일자·입항세관·적재항
   나. 물품의 반입일시, 선하증권번호 또는 항공화물운송장번호와 화물관리번호
   다. 물품의 품명, 포장의 종류, 반입개수와 장치위치
2. 내국물품(수출신고가 수리된 물품을 포함한다)의 경우
   가. 물품의 반입일시
   나. 물품의 품명, 포장의 종류, 반입개수, 장치위치와 장치기간

Chapter 07

정답 05. ② 06. ④ 07. ④ 08. ⑤

09 「관세법」상 보세구역 및 물품의 하역에 대한 내용으로 옳은 것은? 2018 관세직 9급

□□□

① 관세청장이 정하는 보세구역에 반입되어 수입신고가 수리된 물품의 화주 또는 반입자는 「관세법」 제177조에도 불구하고 그 수입신고 수리일부터 15일 이내에 해당 물품을 보세구역으로부터 반출하여야 한다. 다만, 외국물품을 장치하는 데에 방해가 되지 아니하는 것으로 인정되어 세관장으로부터 해당 반출기간의 연장승인을 받았을 때에는 그러하지 아니하다.

② 통관역이나 통관장에서 외국물품을 차량에 하역하려는 자는 세관장에게 신고를 하고, 현장에서 세관공무원의 승인을 받아야 한다. 다만, 세관공무원이 승인할 필요가 없다고 인정할 때에는 그러하지 아니하다.

③ 보세구역에 장치된 물품에 대하여 그 원형을 변경하거나 해체·절단 등의 작업을 하려는 자는 세관장의 허가를 받아야 한다. 이러한 작업을 할 수 있는 물품의 종류는 세관장이 정한다.

④ 보세구역에 장치된 외국물품의 전부 또는 일부를 견본품으로 반출하려는 자는 세관장의 확인을 받아야 한다.

해설 **관세법 제157조의2(수입신고수리물품의 반출)**

관세청장이 정하는 보세구역에 반입되어 수입신고가 수리된 물품의 화주 또는 반입자는 관세법 제177조에도 불구하고 그 수입신고 수리일부터 15일 이내에 해당 물품을 보세구역으로부터 반출하여야 한다. 다만, 외국물품을 장치하는 데에 방해가 되지 아니하는 것으로 인정되어 세관장으로부터 해당 반출기간의 연장승인을 받았을 때에는 그러하지 아니하다.

---

② 세관장에게 신고를 하고, 세관공무원의 확인을 받아야 한다. 다만, 세관공무원의 확인할 필요가 없다고 인정하는 경우에는 그러하지 아니하다.(법 제151조)

③ 보세구역에 장치된 물품에 대하여는 그 원형을 변경하거나 해체, 절단 등의 작업을 하려는 자는 세관장의 허가를 받아야 한다. 작업을 할 수 있는 물품의 종류는 관세청장이 정한다.(법 제159조)

④ 보세구역에 장치된 외국물품의 전부 또는 일부를 견본품으로 반출하려는 자는 세관장의 허가를 받아야 한다. (법 제161조)

10 관세법상 보세구역에 장치된 물품에 대한 보수작업과 관련된 설명으로 옳지 않은 것은? 2012 관세직 9급

□□□

① 외국물품은 수입될 물품의 보수작업의 재료로 사용할 수 있다.

② 보세구역에 장치된 물품에 대한 보수작업을 하려는 자는 세관장의 승인을 받아야 한다.

③ 보세구역에 장치된 물품에 대한 보수작업으로 외국물품에 부가된 내국물품은 외국물품으로 본다.

④ 보세구역에 장치된 물품은 그 현상을 유지하기 위하여 필요한 보수작업과 그 성질을 변하지 아니하게 하는 범위에서 포장을 바꾸거나 구분·분할·합병을 하거나 그 밖의 비슷한 보수작업을 할 수 있다.

해설 **관세법 제158조(보수작업)**

외국물품은 수입될 물품의 보수작업의 재료로 사용할 수 없다.(법 제158조 제6항)

11 □□□ **관세법령상 보세구역에 장치된 물품의 보수작업에 관한 설명으로 옳은 것은?** 2018 관세사

① 보세구역에 장치된 물품은 그 현상을 변경하기 위하여 필요한 보수작업과 그 성질을 일정부분 변하게 하는 범위에서 포장을 바꾸거나 구분 · 분할 · 합병을 하거나 그 밖의 비슷한 보수작업을 할 수 있다.

② 보세구역에서의 보수작업이 곤란하다고 세관장이 인정할 때에는 기간과 장소를 지정받아 보세구역 밖에서 보수작업을 할 수 있다.

③ 보수작업을 하려는 자는 세관장의 승인 없이 보수작업을 할 수 있다.

④ 보수작업으로 외국물품에 부가된 내국물품은 외국물품으로 보지 않는다.

⑤ 외국물품은 수입될 물품의 보수작업의 재료로 사용할 수 있다.

해설 **관세법 제158조(보수작업)**

보세구역에 장치된 물품은 그 현상을 유지하기 위하여 필요한 보수작업과 그 성질을 변하지 아니하게 하는 범위에서 포장을 바꾸거나 구분 · 분할 · 합병을 하거나 그 밖의 비슷한 보수작업을 할 수 있다. 이 경우 보세구역에서의 보수작업이 곤란하다고 세관장이 인정할 때에는 기간과 장소를 지정받아 보세구역 밖에서 보수작업을 할 수 있다. (법 제158조 제1항)

---

① 보수작업은 그 현상을 유지하거나 그 성질을 변하지 아니하게 하는 범위내에서의 작업을 말한다.(법 제158조 제1항)
③ 보수작업을 하려는 자는 세관장의 승인을 받아야 한다.(법 제158조 제2항)
④ 보수작업으로 외국물품에 부가된 내국물품은 외국물품으로 본다.(법 제158조 제5항)
⑤ 외국물품은 수입될 물품의 보수작업의 재료로 사용할 수 없다.(법 제158조 제6항)

Chapter 07

12 □□□ **보세구역에 장치된 물품에 대해 화주는 장치기간 동안 해당 물품의 보관상태를 검사하고 부패 · 손상 등을 방지하기 위한 보존작업을 할 수 있다. 보세구역에 장치된 물품에 대한 보수작업과 절단작업 등에 관한 설명으로 옳지 않은 것은?** 2010 관세사

① 외국물품은 수입될 물품의 보수작업 재료로 사용할 수 없다. 이를 위반하면 200만원 이하의 과태료 부과대상이 된다.

② 보수작업은 세관의 엄격한 통제를 받는다. 즉, 보수작업을 하고자 하는 자는 세관장의 승인을 받아야 하며, 이를 위반하면 200만원 이하의 과태료 부과대상이 된다.

③ 보세구역 바깥에서 작업허가를 받은 후 지정된 기간이 경과한 경우 해당 보세구역 바깥의 작업장에 허가된 외국물품 또는 그 제품이 있는 때에는 해당 물품의 허가를 받은 보세구역의 운영인으로부터 그 관세를 즉시 징수한다.

④ 보세구역에 장치된 물품은 수입신고전에 그 원형을 변경하거나 해체 · 절단 등의 작업을 할 수 있으며, 이러한 작업을 할 수 있는 물품의 종류는 세관장이 정한다.

⑤ 세관장은 수입신고한 물품에 대하여 필요하다고 인정되는 때에는 화주 또는 그 위임을 받은 자에게 그 원형을 변경하거나 해체 · 절단작업을 명할 수 있다.

정답 09. ① 10. ① 11. ② 12. ④

해설 **관세법 제159조(해체 · 절단 등의 작업)**
보세구역에 장치된 물품에 대하여 그 원형을 변경하거나 해체 · 절단 등의 작업을 할 수 있는 물품의 종류는 관세청장이 정한다.(법 제159조 제5항)

---

① (법 제158조 제6항), (법 제277조 제5항)
② (법 제158조 제2항), (법 제277조 제5항)
③ (법 제19조 제1항 제3호)
⑤ (법 제159조 제6항)

13 관세법상 보세구역의 통칙에 대한 설명으로 옳지 않은 것은? 2019 관세직 7급

□□□

① 관세청장은 부정한 방법으로 보세사 전형에 응시한 사람에 대하여는 해당 전형을 정지시키거나 무효로 하고, 그 처분이 있는 날부터 5년간 전형 응시자격을 정지한다.
② 세관장은 보세구역에 장치된 물품에 대한 해체 · 절단 작업의 허가 신청을 받은 경우 지체 없이 허가 여부를 신청인에게 통지하여야 한다.
③ 다른 법률에 따라 실시하는 검사 등을 위하여 견본품으로 채취된 물품으로서 세관장의 확인을 받은 물품이 사용 · 소비된 경우에는 수입신고를 하여 관세를 납부하고 수리된 것으로 본다.
④ 보세구역에 출입하는 자는 물품 및 보세구역감시에 관한 세관장의 명령을 준수하고 세관공무원의 지휘를 받아야 한다.

해설 **관세법 제159조(해체 · 절단 등의 작업)**
세관장은 보세구역에 장치된 물품에 대한 해체 · 절단 작업의 허가 신청을 받은 경우 허가의 신청을 받은 날부터 10일 이내에 허가 여부를 신청인에게 통지하여야 한다.(법 제159조 제3항)

---

① (법 제165조 제6항)
③ (법 제161조 제5항)
④ (법 제162조)

14 관세법상 보세구역에 대한 설명으로 옳지 않은 것은? 2019 관세직 9급

□□□

① 외국물품과 관세법 제221조 제1항에 따른 내국운송의 신고를 하려는 내국물품은 보세구역이 아닌 장소에 장치할 수 없다. 다만, 관세법 제241조 제1항에 따른 수출신고가 수리된 물품, 크기 또는 무게의 과다나 그 밖의 사유로 보세구역에 장치하기 곤란하거나 부적당한 물품, 우편물품은 그러하지 아니하다.
② 부패 · 손상되거나 그 밖의 사유로 보세구역에 장치된 물품을 폐기하려는 자는 세관장의 승인을 받아야 한다.
③ 보세구역에 물품을 반입하거나 반출하려는 자는 대통령령으로 정하는 바에 따라 세관장에게 신고하여야 한다.
④ 보세구역에 장치된 물품은 그 현상을 유지하기 위하여 필요한 보수작업과 그 성질을 변하지 아니하게 하는 범위에서 포장을 바꾸거나 구분 · 분할 · 합병을 할 수 있다. 이 경우 보수작업을 하려는 자는 세관장에게 신고하여야 한다.

해설 ④ 보수작업을 하려는 자는 세관장의 승인을 받아야 한다. 다만, 종합보세구역에 장치된 물품에 대하여 보수작업을 하려는 자는 세관장에게 신고하여야 한다.

15 관세법상 장치물품의 폐기에 관한 설명으로 옳지 않은 것은? 2016 관세사

□□□

① 부패·손상되거나 그 밖의 사유로 보세구역에 장치된 물품을 폐기하려는 자는 관세청장의 승인을 받아야 한다.

② 보세구역에 장치된 외국물품이 멸실되거나 폐기되었을 때에는 그 운영인이나 보관인으로부터 즉시 그 관세를 징수한다. 다만, 재해나 그 밖의 부득이한 사유로 멸실된 때와 미리 세관장의 승인을 받아 폐기한 때에는 예외로 한다.

③ 장치물품의 폐기 승인을 받은 외국물품 중 폐기 후에 남아 있는 부분에 대하여는 폐기 후의 성질과 수량에 따라 관세를 부과한다.

④ 세관장이 물품을 폐기하거나 화주등이 물품을 폐기 또는 반송한 경우 그 비용은 화주등이 부담한다.

⑤ 장치물품의 폐기승인신청의 승인을 얻은 자는 폐기작업을 종료한 때에는 잔존하는 물품의 품명·규격·수량 및 가격을 세관장에게 보고하여야 한다.

해설 ① 부패·손상되거나 그 밖의 사유로 보세구역에 장치된 물품을 폐기하려는 자는 세관장의 승인을 받아야 한다. (법 제160조 제1항)

② (법 제160조 제2항)
③ (법 제160조 제3항)
④ (법 제160조 제6항)
⑤ (영 제179조 제2항)

16 관세법상 보세구역에 장치된 물품의 폐기에 대한 내용으로 옳지 않은 것은? 2013 관세직 9급

□□□

① 부패·손상되거나 그 밖의 사유로 보세구역에 장치된 물품을 폐기하려는 자는 세관장의 승인을 받아야 한다.

② 보세구역에 장치된 외국물품이 멸실되거나 폐기되었을 때에는 그 운영인이나 보관인으로부터 즉시 그 관세를 징수한다. 다만, 재해나 그 밖의 부득이한 사유로 멸실된 때와 미리 세관장의 승인을 받아 폐기한 때에는 예외로 한다.

③ 보세구역 운영인은 보세구역에 장치된 물품 중 사람의 생명이나 재산에 해를 끼칠 우려가 있는 물품은 화주 등에게 통고한 후 이를 폐기할 수 있다. 다만, 급박하여 통고할 여유가 없는 경우에는 폐기한 후 즉시 통고하여야 한다.

④ 세관장이 물품을 폐기하거나 화주등이 물품을 폐기 또는 반송한 경우 그 비용은 화주등이 부담한다.

해설 **관세법 제160조(장치물품의 폐기)**

세관장은 보세구역에 장치된 물품 중 다음 어느 하나에 해당하는 것은 화주, 반입자, 화주 또는 반입자의 위임을 받은 자나 「국세기본법」 제38조부터 제41조까지의 규정에 따른 제2차 납세의무자에게 이를 반송 또는 폐기할 것을 명하거나 화주등에게 통고한 후 폐기할 수 있다. 다만, 급박하여 통고할 여유가 없는 경우에는 폐기한 후 즉시 통고하여야 한다.(법 제160조 제4항)

1. 사람의 생명이나 재산에 해를 끼칠 우려가 있는 물품
2. 부패하거나 변질된 물품
3. 유효기간이 지난 물품

정답 13. ② 14. ④ 15. ① 16. ③

4. 상품가치가 없어진 물품
5. 제1호부터 제4호까지에 준하는 물품으로서 관세청장이 정하는 물품

---

③ 장치물품의 폐기를 명하거나 통고하는 것은 운영인이 아닌 세관장이 한다.

17 □□□ **관세법상 보세제도와 관련된 설명으로 옳은 것은?** 2010 관세사

① 내국물품을 국제무역선으로 운송하고자 하는 경우 운송목적물은 외국물품이 아니므로 원칙적으로 보세구역이 아닌 장소에 장치하여도 무방하다.

② 보세구역에 장치된 물품에 대하여는 그 성질을 변하지 아니하는 범위에서 구분・분할・합병 기타 이와 비슷한 보수작업을 할 수 있으며, 보수작업 원재료로 내국물품이 사용되었더라도 외국물품에 부가된 해당 내국물품은 외국물품으로 보지 않는다.

③ 보세창고 운영인과 보세화물의 화주가 서로 다른 물품을 보세창고에 장치 중 외국물품이 멸실되거나 폐기된 때에는 해당 물품의 화주로부터 즉시 그 관세를 징수한다.

④ 보세구역에 장치된 외국물품 중 세관검사상 필요하여 채취한 견품이 사용・소비된 경우에는 비록 수입신고를 한 사실이 없더라도 수입신고를 하여 관세를 납부하고 수리된 것으로 본다.

⑤ 지정장치장은 통관을 하고자 하는 물품을 검사하기 위한 장소로서 세관장이 지정하는 장소를 말한다.

해설 **관세법 제161조(견본품 반출)**

다음 어느 하나에 해당하는 물품이 사용・소비된 경우에는 수입신고를 하여 관세를 납부하고 수리된 것으로 본다.
1. 세관공무원은 보세구역에 반입된 물품에 대하여 검사상 필요에 따라 채취된 물품
2. 다른 법률에 따라 실시하는 검사・검역 등을 위하여 견본품으로 채취된 물품으로서 세관장의 확인을 받은 물품
(법 제161조 제5항)

---

① 외국물품과 내국운송의 신고를 하려는 내국물품은 보세구역이 아닌 장소에 장치할 수 없다.
② 보수작업으로 외국물품에 부가된 내국물품은 외국물품으로 본다.
③ 화주 또는 신고인과 특별납세의무자가 경합되는 경우에는 특별납세의무자로 규정된 자를 납세의무자로 한다.
⑤ 통관을 하고자 하는 물품을 검사하기 위한 장소로서 세관장이 지정하는 장소는 "세관검사장"이다.

18 □□□ **「관세법」상 보세구역에 장치된 물품의 폐기에 대한 설명으로 옳지 않은 것은?** 2023 관세직 9급

① 세관장이 물품을 폐기하거나 화주등이 물품을 폐기 또는 반송한 경우 그 비용은 화주등이 부담한다.

② 보세구역에 장치된 물품으로 폐기승인을 받은 외국물품 중 폐기 후 남아 있는 부분에 대하여는 관세를 부과하지 않는다.

③ 세관장은 보세구역에 장치된 물품 중 유효기간이 지난 물품의 경우 화주등에게 이를 반송 또는 폐기할 것을 명하거나 화주등에게 통고한 후 폐기할 수 있다. 다만, 급박하여 통고할 여유가 없는 경우에는 폐기한 후 즉시 통고하여야 한다.

④ 세관장은 관세법령에 따라 보세구역에 장치된 물품의 폐기를 통고할 때 화주등의 주소나 거소를 알 수 없거나 그 밖의 사유로 통고할 수 없는 경우에는 공고로써 이를 갈음할 수 있다.

해설 ② 보세구역 장치물품의 폐기 승인을 받은 외국물품 중 폐기 후에 남아 있는 부분에 대하여는 폐기 후의 성질과 수량에 따라 관세를 부과한다.(법 제160조 제2항)

19 관세법상 세관장의 허가 또는 승인을 받아야 하는 것만을 모두 고르면? 2020 관세직 7급

ㄱ. 크기 또는 무게의 과다나 그 밖의 사유로 보세구역에 장치하기 곤란하거나 부적당한 외국물품을 보세구역이 아닌 장소에 장치하려는 경우
ㄴ. 보세구역에 장치된 물품의 현상을 유지하기 위하여 필요한 보수작업을 보세구역 밖에서 하려는 경우
ㄷ. 보세공장 외에서 외국물품을 원료 또는 재료로 하거나 외국물품과 내국물품을 원료 또는 재료로 하여 제조·가공하거나 그 밖에 이와 비슷한 작업을 하려는 경우
ㄹ. 종합보세구역에 장치된 물품에 대하여 보수작업을 하거나 종합보세구역 밖에서 보세작업을 하려는 경우

① ㄱ, ㄹ
② ㄴ, ㄹ
③ ㄱ, ㄴ, ㄷ
④ ㄴ, ㄷ, ㄹ

해설 ㄱ. 세관장 허가(법 제156조)
ㄴ. 세관장 승인(법 제158조)
ㄷ. 세관장 허가(법 제187조)
ㄹ. 세관장 신고(법 제202조)

20 관세법상 보세구역의 자율관리에 대한 설명으로 옳은 것은? 2017 관세직 7급

① 자율관리보세구역에 장치한 물품은 관세법 제157조에 따른 세무공무원의 참여와 세관장이 정하는 절차를 생략한다.
② 자율관리보세구역의 지정 신청은 보세구역의 운영인이 하여야 하므로 보세구역의 화물관리인은 보세구역의 운영인을 통해서만 그 지정을 신청할 수 있다.
③ 자율관리보세구역의 지정을 받은 자는 그 지정 후 5년 이상 관세행정 경력이 있는 사람을 보세사로 채용할 수 있지만, 징역형의 집행유예기간 중에 있는 자를 보세사로 채용하여서는 아니 된다.
④ 세관장은 자율관리보세구역의 지정을 받은 자의 의무위반이 없더라도 세관감시에 지장이 있다고 인정되는 사유가 발생한 경우에는 자율관리보세구역의 지정을 취소할 수 있다.

해설 **제164조(보세구역의 자율관리)**
세관장은 자율관리보세구역의 지정을 받은 자가 관세법에 따른 의무를 위반하거나 세관감시에 지장이 있다고 인정되는 경우 등 대통령령으로 정하는 사유가 발생한 경우에는 보세구역 자율관리 지정을 취소할 수 있다.
(법 제164조 제6항)

---

① 보세구역 중 물품의 관리 및 세관감시에 지장이 없다고 인정하여 관세청장이 정하는 바에 따라 세관장이 지정하는 보세구역에 장치한 물품은 제157조에 따른 세관공무원의 참여와 관세법에 따른 절차 중 관세청장이 정하는 절차를 생략한다.
② 보세구역의 화물관리인이나 운영인은 자율관리보세구역의 지정을 받으려면 세관장에게 지정을 신청하여야 한다.
③ 운영인의 결격사유에 해당하지 아니하는 사람으로서 보세사 시험에 합격한 사람은 보세사의 자격이 있다.

정답 17. ④ 18. ② 19. ③ 20. ④

21 관세법상 보세구역에 관한 내용이다. ( )에 들어갈 사항을 옳게 나열한 것은? 2024 관세사

□□□

> (ㄱ)이 정하는 보세구역에 반입되어 수입신고가 수리된 물품의 화주 또는 반입 자는 그 (ㄴ)부터 15일 이내에 해당 물품을 보세구역으로부터 반출하여야 한다.
>
> 보세구역의 화물관리인이나 운영인은 자율관리보세구역의 지정을 받으려면 (ㄷ)에게 지정을 신청하여야 한다.

① ㄱ : 관세청장, ㄴ : 수입신고일, ㄷ : 세관장
② ㄱ : 관세청장, ㄴ : 수입신고수리일, ㄷ : 관세청장
③ ㄱ : 관세청장, ㄴ : 수입신고수리일, ㄷ : 세관장
④ ㄱ : 세관장, ㄴ : 수입신고수리일, ㄷ : 세관장
⑤ ㄱ : 세관장, ㄴ : 수입신고일, ㄷ : 관세청장

해설 **관세법 제157조의2(수입신고수리물품의 반출)**
관세청장이 정하는 보세구역에 반입되어 수입신고가 수리된 물품의 화주 또는 반입자는 제177조에도 불구하고 그 수입신고 수리일부터 15일 이내에 해당 물품을 보세구역으로부터 반출하여야 한다. 다만, 외국물품을 장치하는 데에 방해가 되지 아니하는 것으로 인정되어 세관장으로부터 해당 반출기간의 연장승인을 받았을 때에는 그러하지 아니하다.

제164조(보세구역의 자율관리)
보세구역의 화물관리인이나 운영인은 자율관리보세구역의 지정을 받으려면 세관장에게 지정을 신청하여야 한다.

22 관세법령상 보세사의 직무에 대한 설명으로 옳지 않은 것은? 2015 관세직 9급

□□□

① 보세구역출입문의 개폐 및 열쇠관리의 감독과 보세구역의 출입자 관리의 감독인 보세사의 직무에 해당한다.
② 견품의 반출 및 회수는 보세사의 직무에 해당한다.
③ 보세사는 관세청장이 정하는 바에 따라 그 업무수행에 필요한 교육을 받아야 한다.
④ 관세청장은 보세화물의 관리업무에 관한 전형을 실시할 때에는 그 전형의 일시, 장소, 방법 및 그 밖에 필요한 사항을 전형 시행일 60일전까지 공고하여야 한다.

해설 **관세법 시행령 제185조(보세사의 직무 등)**
관세청장은 보세화물의 관리업무에 관한 전형을 실시할 때에는 그 전형의 일시, 장소, 방법 및 그 밖에 필요한 사항을 전형 시행일 90일 전까지 공고하여야 한다.(영 제185조 제8항)

---

①, ② (영 제185조 제1항)
③ (영 제185조 제4항)

23 「관세법」상 보세사에 대한 설명으로 옳지 않은 것은? 2016 관세직 7급

□□□

① 보세사의 자격을 갖춘 사람이 보세사로 근무하려면 해당 보세구역을 관할하는 세관장에게 등록하여야 한다.

② 세관장은 보세사 등록을 한 사람이 파산선고를 받고 복권되지 아니한 자인 경우 등록의 취소, 6개월 이내의 업무정지 또는 그 밖에 필요한 조치를 할 수 있다.

③ 관세청장은 부정한 방법으로 전형에 응시한 사람에 대하여는 해당 전형을 정지시키거나 무효로 하고, 그 처분이 있는 날부터 5년간 전형 응시자격을 정지한다.

④ 보세사의 직무, 보세사의 전형 및 등록절차와 그 밖에 필요한 사항은 대통령령으로 정한다.

해설 **관세법 제165조(보세사의 자격 등)**

세관장은 보세사 등록을 한 사람이 다음 어느 하나에 해당하는 경우에는 등록의 취소, 6개월 이내의 업무정지, 견책 또는 그 밖에 필요한 조치를 할 수 있다. 다만, 제1호 및 제2호에 해당하면 등록을 취소하여야 한다.(법 제165조 제5항)

1. 관세법 제175조 제1호부터 제7호까지의 어느 하나에 해당하게 된 경우
2. 사망한 경우
3. 관세법이나 관세법에 따른 명령을 위반한 경우

---

② 보세사 등록을 한 사람이 파산선고를 받고 복권되지 아니한 자인 경우 등록을 취소하여야 한다.

24 관세법령상 보세사에 대한 설명으로 옳은 것은? 2023 관세직 9급

□□□

① 관세청장은 보세화물의 관리업무에 관한 시험에서 부정한 행위를 한 사람에 대하여는 해당 시험을 정지시키거나 무효로 하고, 그 처분이 있는 날부터 3년간 시험 응시자격을 정지한다.

② 보세사징계위원회는 위원장 1명을 포함하여 10명 이상 20명 이하의 위원으로 구성하며, 위원장은 세관장 또는 해당 세관 소속 4급 이상 공무원으로서 세관장이 지명하는 사람이 된다.

③ 보세사징계위원회의 위원장이 보세사징계위원회의 회의를 소집하려는 경우에는 회의 개최일 7일 전까지 각 위원과 해당 보세사에게 회의의 소집을 구두나 서면으로 통지해야 한다.

④ 보세화물의 관리업무에 관한 시험 과목은 수출입통관절차, 보세구역관리, 화물관리, 수출입안전관리, 자율관리 및 관세벌칙이고, 해당 시험의 합격자는 매과목 100점을 만점으로 하여 매과목 40점 이상, 전과목 평균 60점 이상을 득점한 사람으로 결정한다.

해설 **관세법 시행령 제185조(보세사의 직무 등)**

보세화물의 관리업무에 관한 시험의 과목은 다음 각 호와 같고, 해당 시험의 합격자는 매과목 100점을 만점으로 하여 매과목 40점 이상, 전과목 평균 60점 이상을 득점한 사람으로 결정한다.(영 제185조 제5항)

1. 수출입통관절차
2. 보세구역관리
3. 화물관리
4. 수출입안전관리
5. 자율관리 및 관세벌칙

---

① 관세청장은 시험에서 부정한 행위를 한 사람에 대하여는 해당 시험을 정지시키거나 무효로 하고, 그 처분이 있는 날부터 5년간 시험 응시자격을 정지한다.(법 제165조 제6항)
② 보세사징계위원회는 위원장 1명을 포함하여 5명 이상 10명 이하의 위원으로 구성한다.(영 제185조의3 제2항)
③ 보세사징계위원회의 위원장이 보세사징계위원회의 회의를 소집하려는 경우에는 회의 개최일 7일 전까지 각 위원과 해당 보세사에게 회의의 소집을 서면으로 통지해야 한다.(영 제185조의4 제4항)

정답 21. ③ 22. ④ 23. ② 24. ④

02 지정보세구역 · 특허보세구역 · 종합보세구역

01 □□□ **관세법상 지정보세구역에 관한 설명으로 옳지 않은 것은?** 2016 관세사

① 지정장치장에 물품을 장치하는 기간은 3개월의 범위에서 세관장이 정한다. 다만, 관세청장이 정하는 기준에 따라 세관장은 6개월의 범위에서 그 기간을 연장할 수 있다.

② 세관검사장은 통관하려는 물품을 검사하기 위한 장소로서 세관장이 지정하는 지역으로 한다.

③ 세관장은 수출입물량이 감소하거나 그 밖의 사유로 지정보세구역 전부 또는 일부를 보세구역으로 존속시킬 필요가 없어졌다고 인정될 때에는 그 지정을 취소하여야 한다.

④ 세관장은 해당 세관장이 관리하지 아니하는 토지 등을 지정보세구역으로 지정하려면 해당 토지 등의 소유자나 관리자의 동의를 받아야 한다. 이 경우 세관장은 임차료 등을 지급할 수 있다.

⑤ 지정장치장은 통관을 하려는 물품을 일시 장치하기 위한 장소로서 세관장이 지정하는 구역으로 한다.

해설 ① 지정장치장에 물품을 장치하는 기간은 6개월의 범위에서 관세청장이 정한다. 다만, 관세청장이 정하는 기준에 따라 세관장은 3개월의 범위에서 그 기간을 연장할 수 있다.

<table>
<tr><th>보세구역 종류</th><th colspan="3">장치기간</th></tr>
<tr><td>지정장치장</td><td colspan="3">6개월 범위에서 관세청장이 정하는 기간. 다만, 관세청장이 정하는 기준에 따라 세관장은 3개월의 범위에서 그 기간을 연장할 수 있다.</td></tr>
<tr><td>특허보세구역
(보세창고 제외)</td><td colspan="3">해당 특허보세구역의 특허기간</td></tr>
<tr><td rowspan="3">보세창고</td><td rowspan="2">비축물품이 아닌 경우</td><td>외국물품</td><td>1년의 범위에서 관세청장이 정하는 기간
다만, 세관장이 필요하다고 인정하는 경우, 1년의 범위에서 그 기간을 연장할 수 있다.</td></tr>
<tr><td>내국물품</td><td>1년의 범위에서 관세청장이 정하는 기간</td></tr>
<tr><td>정부비축용품 등</td><td colspan="2">비축에 필요한 기간</td></tr>
<tr><td>종합보세구역</td><td colspan="3">별도의 장치기간 없음. 다만, 보세창고의 기능을 수행하는 장소 중에서 관세청장이 수출입물품의 원활한 유통을 촉진하기 위하여 필요하다고 인정하여 지정한 장소에 반입되는 물품의 장치기간은 1년의 범위에서 관세청장이 정하는 기간으로 한다.</td></tr>
</table>

02 관세법상 지정보세구역에 대한 설명으로 옳지 않은 것은? 2017 관세직 7급

① 세관장은 국가, 지방자치단체, 공항시설 또는 항만시설을 관리하는 법인이 소유하거나 관리하는 토지·건물 또는 그 밖의 시설을 지정보세구역으로 지정할 수 있다.

② 지정장치장에 물품을 장치하는 기간은 6개월의 범위에서 세관장이 정한다. 다만, 관세청장은 3개월의 범위에서 그 기간을 연장할 수 있다.

③ 세관장이 관리하는 시설인 지정장치장의 질서유지와 화물의 안전관리를 위하여 필요하다고 인정할 때에는 세관장은 화주를 갈음하여 보관의 책임을 지는 화물관리인을 지정할 수 있다.

④ 세관장은 관세청장이 정하는 바에 따라 검사를 받을 물품의 전부 또는 일부를 세관검사장에 반입하여 검사할 수 있으며, 이 경우 세관검사장에 반입되는 물품의 채취·운반 등에 필요한 비용은 화주가 부담한다.

해설 **관세법 제170조(장치기간)**

지정장치장에 물품을 장치하는 기간은 6개월의 범위에서 관세청장이 정한다. 다만, 관세청장이 정하는 기준에 따라 세관장은 3개월의 범위에서 그 기간을 연장할 수 있다.

---

① (법 제166조 제1항)
③ (법 제172조 제2항)
④ (법 제173조 제3항)

03 관세법상 지정보세구역의 지정을 받은 토지·건물 또는 그 밖의 시설의 소유자나 관리자가 행위를 하려면 미리 세관장과 협의(해당 행위가 지정보세구역으로서의 사용에 지장을 주지 아니하거나 지정보세구역으로 지정된 토지·건물 또는 그 밖의 시설의 소유자가 국가 또는 지방자치단체인 경우에는 그러하지 아니하다)하여야 하는 것으로만 묶은 것은? 2020 관세직 7급

ㄱ. 해당 토지·건물 또는 그 밖의 시설의 양도, 교환, 임대 또는 그 밖의 처분이나 그 용도의 변경
ㄴ. 해당 토지에 통관하려는 물품의 일시 장치
ㄷ. 해당 지정보세구역에 있는 토지에 물품을 6개월 범위에서 장치
ㄹ. 해당 건물 또는 그 밖의 시설의 개축·이전·철거나 그 밖의 공사

① ㄱ, ㄴ ② ㄱ, ㄹ
③ ㄴ, ㄷ ④ ㄷ, ㄹ

해설 **관세법 제168조(지정보세구역의 처분)**

지정보세구역의 지정을 받은 토지 등의 소유자나 관리자는 다음 어느 하나에 해당하는 행위를 하려면 미리 세관장과 협의하여야 한다. 다만, 해당 행위가 지정보세구역으로서의 사용에 지장을 주지 아니하거나 지정보세구역으로 지정된 토지 등의 소유자가 국가 또는 지방자치단체인 경우에는 그러하지 아니하다.(법 제168조 제1항)
1. 해당 토지 등의 양도, 교환, 임대 또는 그 밖의 처분이나 그 용도의 변경
2. 해당 토지에 대한 공사나 해당 토지 안에 건물 또는 그 밖의 시설의 신축
3. 해당 건물 또는 그 밖의 시설의 개축·이전·철거나 그 밖의 공사

ㄴ. 지정보세구역 통관하려는 물품을 장치하기 위해서는 세관장에게 신고하여야 하며, 소유자나 관리자가 미리 협의를 해야 하는 것은 아니다.
ㄷ. 지정장치장의 기능이 물품을 장치하는 것이므로, 장치하기 위해 소유자나 관리자가 미리 협의를 해야 하는 것은 아니다.

정답 01. ① 02. ② 03. ②

04 관세법상 지정보세구역에 관한 설명으로 옳지 않은 것은? 2021년 관세사

□□□

① 세관장이 관리하지 아니하는 토지를 지정보세구역으로 지정한 경우 임차료 등을 지급할 수 있다.

② 지정보세구역을 보세구역으로 존속시킬 필요가 없어졌다는 이유로 세관장이 지정보세구역의 지정을 취소하려면 해당 토지 소유자의 동의를 받아야 한다.

③ 지정장치장은 통관을 하려는 물품을 일시 장치하기 위한 장소로서 세관장이 지정하는 구역으로 한다.

④ 지정장치장에 반입한 물품은 화주 또는 반입자가 그 보관의 책임을 진다.

⑤ 세관장은 관세청장이 정하는 바에 따라 검사를 받을 물품의 전부 또는 일부를 세관검사장에 반입하여 검사할 수 있다.

해설 **관세법 제167조(지정보세구역 지정의 취소)**

세관장은 수출입물량이 감소하거나 그 밖의 사유로 지정보세구역의 전부 또는 일부를 보세구역으로 존속시킬 필요가 없어졌다고 인정될 때에는 그 지정을 취소하여야 한다.

---

② 지정보세구역을 취소하기 위해 토지 소유자의 동의를 받아야 하는 것은 아니다.

05 관세법령상 지정보세구역에 대한 설명으로 옳지 않은 것은? 2017 관세직 7급

□□□

① 지정장치장에 물품을 장치하는 기간은 6개월의 범위에서 관세청장이 정한다. 다만, 관세청장이 정하는 기준에 따라 세관장은 3개월의 범위에서 그 기간을 연장할 수 있다.

② 보세화물의 관리와 관련 있는 비영리법인은 지정장치장의 화물관리인으로 지정받을 수 있다.

③ 세관장은 관세청장이 정하는 바에 따라 검사를 받을 물품의 전부 또는 일부를 세관검사장에 반입하여 검사할 수 있는데, 반입되는 물품의 채취·운반 등에 필요한 비용은 화주가 부담한다.

④ 지정장치장의 화물관리인 지정의 유효기간은 7년 이내로 한다.

해설 ④ 화물관리인 지정의 유효기간은 5년 이내로 한다.(영 제187조 제4항)

① (법 제170조)

② (영 제187조 제1항)

③ (법 제174조 제2항, 제3항)

06 관세법령상 지정보세구역에 대한 설명으로 옳은 것은? 2021 관세직 7급

□□□

① 지방자치단체가 소유하고 있는 토지에 지정된 지정보세구역에 건물을 신축하기 위해서는 세관장과 사전에 협의하여야 한다.

② 지정장치장에 물품을 장치하는 기간은 3개월의 범위에서 관세청장이 정한다. 다만, 관세청장이 정하는 기준에 따라 세관장은 6개월의 범위에서 그 기간을 연장할 수 있다.

③ 지정장치장의 화물관리인은 화물관리에 필요한 비용(법 제323조에 따른 세관설비 사용료를 포함)을 화주로부터 징수할 수 있다. 다만, 그 요율에 대하여는 세관장의 승인을 받아야 한다.

④ 세관장은 지정장치장의 질서유지와 화물의 안전관리를 위하여 필요하다고 인정할 때에는 화주를 갈음하여 보관의 책임을 지는 화물관리인을 10년의 범위 내에서 지정할 수 있다.

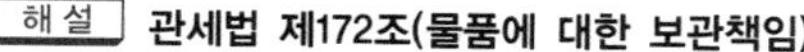

해설 **관세법 제172조(물품에 대한 보관책임)**

지정장치장의 화물관리인은 화물관리에 필요한 비용(관세법 제323조에 따른 세관설비 사용료를 포함한다)을 화주로부터 징수할 수 있다. 다만, 그 요율에 대하여는 세관장의 승인을 받아야 한다.(법 제172조 제3항)

---

① 지정보세구역의 지정을 받은 토지등의 소유자나 관리자는 건물의 신축 등의 행위를 하려면 미리 세관장과 협의하여야 한다. 다만, 해당 행위가 지정보세구역으로서의 사용에 지장을 주지 아니하거나 지정보세구역으로 지정된 토지 등의 소유자가 국가 또는 지방자치단체인 경우에는 그러하지 아니하다.(법 제168조)
② 지정장치장에 물품을 장치하는 기간은 6개월의 범위에서 관세청장이 정한다. 다만, 관세청장이 정하는 기준에 따라 세관장은 3개월의 범위에서 그 기간을 연장할 수 있다.(법 제170조)
④ 화물관리인 지정의 유효기간은 5년 이내로 한다.(영 제187조 제4항)

07 관세법 시행령상 지정장치장의 화물관리인에 대한 설명으로 옳지 않은 것은?

2020 관세직 7급

□□□

① 직접 물품관리를 하는 국가기관의 장은 화물관리인으로 지정받을 수 있다.
② 세관장은 거짓이나 그 밖의 부정한 방법으로 지정을 받은 경우 화물관리인의 지정을 취소할 수 있다.
③ 화물관리인으로 재지정을 받으려는 자는 화물관리인 지정의 유효기간이 끝나기 1개월 전까지 세관장에게 재지정을 신청하여야 한다.
④ 세관장을 화물관리인의 취소요청에 따라 그 지정을 취소하려는 경우에 청문을 하여야 한다.

해설 **관세법 시행령 제187조의2(화물관리인의 지정 취소)**

세관장은 다음 어느 하나에 해당하는 사유가 발생한 경우에는 화물관리인의 지정을 취소할 수 있다. 이 경우 제1항 제3호에 해당하는 자에 대한 지정을 취소할 때에는 해당 시설의 소유자 또는 관리자에게 미리 그 사실을 통보하여야 한다.(영 제187조의2 제1항)

1. 거짓이나 그 밖의 부정한 방법으로 지정을 받은 경우
2. 화물관리인이 법 제175조 각 호의 어느 하나에 해당하는 경우
3. 화물관리인이 세관장 또는 해당 시설의 소유자・관리자와 맺은 화물관리업무에 관한 약정을 위반하여 해당 지정장치장의 질서유지 및 화물의 안전관리에 중대한 지장을 초래하는 경우
4. 화물관리인이 그 지정의 취소를 요청하는 경우

세관장은 영 제187조의2 제1항 제1호부터 제3호까지의 규정에 따라 화물관리인의 지정을 취소하려는 경우에는 청문을 하여야 한다.(영 제187조의2 제2항)

---

④ 세관장은 화물관리인의 지정을 취소할 때에는 미리 그 사실을 통보하여야 하고, 청문을 하여야 한다. 다만 화물관리인이 지정의 취소를 요청하는 경우 청문을 거치지 아니한다.

08 관세법상 지정장치장에 대한 설명으로 옳지 않은 것은?

2020 관세직 9급

□□□

① 세관장은 지정장치장이 세관장이 관리하는 시설이 아닌 경우에는 해당시설의 소유자나 관리자와 협의하여 화물관리인을 지정할 수 있으며 화물관리인의 지정기준 관세청장이 정한다.
② 지정장치장의 화물관리인은 화물관리에 필요한 비용을 화주로부터 징수할 수 있다. 다만, 그 요율은 세관장의 승인을 받아야 한다.
③ 지정장치장에 물품을 장치하는 기간은 6개월의 범위 내에서 관세청장이 정한다. 다만, 관세청장이 정하는 기준에 따라 세관장은 3개월의 범위에서 그 기간을 연장할 수 있다.
④ 지정장치장에 반입한 물품은 화주 또는 반입자가 그 보관의 책임을 진다.

정답 04. ② 05. ④ 06. ③ 07. ④ 08. ①

Chapter 07

해설 ① 화물관리인의 지정기준, 지정절차, 지정의 유효기간, 재지정 및 지정 취소 등에 필요한 사항은 대통령령으로 정한다.(법 제172조 제6항)
② (법 제172조 제3항)
③ (법 제170조)
④ (법 제172조 제1항)

09 **관세법령상 물품의 보관책임에 대한 설명으로 옳지 않은 것은?** 2023 관세직 7급

□□□

① 세관장은 지정장치장의 질서유지와 화물의 안전관리를 위하여 필요하다고 인정할 때에는 화주를 갈음하여 보관의 책임을 지는 화물관리인을 지정할 수 있다. 다만, 세관장이 관리하는 시설이 아닌 경우에는 해당 시설의 소유자나 관리자가 화물관리인을 지정할 수 있다.
② 지정장치장의 화물관리인은 화물관리에 필요한 비용을 화주로부터 징수할 수 있다. 다만, 그 요율에 대하여는 세관장의 승인을 받아야 한다.
③ 보세화물의 관리와 관련 있는 비영리법인은 지정장치장의 화물관리인으로 지정받을 수 있는 자에 해당한다.
④ 세관장은 불가피한 사유로 지정장치장의 화물관리인을 지정할 수 없을 때에는 화주를 대신하여 직접 화물관리를 할 수 있고, 이 경우 화물관리에 필요한 비용을 화주로부터 징수할 수 있다.

해설 **관세법 제172조(물품에 대한 보관책임)**
세관장은 지정장치장의 질서유지와 화물의 안전관리를 위하여 필요하다고 인정할 때에는 화주를 갈음하여 보관의 책임을 지는 화물관리인을 지정할 수 있다. 다만, 세관장이 관리하는 시설이 아닌 경우에는 세관장은 해당 시설의 소유자나 관리자와 협의하여 화물관리인을 지정하여야 한다.(법 제172조 제2항)

10 **관세법령상 화물관리인에 관한 설명으로 옳지 않은 것은?** 2023년 관세사

□□□

① 세관장이 관리하는 시설이 아닌 경우에는 세관장은 해당 시설의 소유자나 관리자와 협의하여 화물관리인을 지정하여야 한다.
② 세관장은 불가피한 사유로 화물관리인을 지정할 수 없을 때에는 화주를 대신하여 직접 화물관리를 할 수 있다.
③ 관세행정 또는 보세화물의 관리와 관련 있는 비영리법인은 화물관리인으로 지정받을 수 있다.
④ 세관장은 직접 물품관리를 하는 국가기관의 장이 세관장의 화물관리인 지정 요청을 승낙하면 그를 화물관리인으로 지정한다.
⑤ 세관장은 화물관리인이 그 지정의 취소를 요청하여 지정을 취소하는 경우 청문을 하여야 한다.

해설 ⑤ 세관장은 화물관리인의 지정을 취소할 때에는 미리 그 사실을 통보하여야 하고, 청문을 하여야 한다. 다만 화물관리인이 지정의 취소를 요청하는 경우 청문을 거치지 아니한다.(영 제187조의2 제2항)

11 □□□

「관세법」상 보세구역에 대한 설명으로 옳은 것은? 2016 관세직 7급

① 세관장은 특허보세구역의 운영인이 장치물품에 대한 관세를 납부할 자금능력이 없다고 인정되는 경우에는 기획재정부령으로 정하는 바에 따라 6개월의 범위에서 해당 특허보세구역에의 물품반입 등을 정지시킬 수 있다.

② 특허보세구역의 설치·운영에 관한 특허를 받으려는 자, 특허보세구역을 설치·운영하는 자, 이미 받은 특허를 갱신하려는 자는 기획재정부령으로 정하는 바에 따라 수수료를 납부하여야 한다.

③ 세관장은 수입통관 후 보세공장에서 사용하게 될 물품에 대하여는 보세공장에 직접 반입하여 사용신고를 하게 할 수 있으며, 보세공장에서는 세관장의 허가를 받지 아니하고는 외국물품만을 원료로 하거나 재료로 하여 제조·가공하거나 그 밖에 이와 비슷한 작업을 할 수 있다.

④ 지정장치장의 화물관리인은 화물관리에 필요한 비용을 화주로부터 징수할 수 있다. 다만, 그 요율에 대하여는 화주와 협의하여 세관장의 허가를 받아야 한다.

해설 **관세법 제174조(특허보세구역의 설치·운영에 관한 특허)**

특허보세구역의 설치·운영에 관한 특허를 받으려는 자, 특허보세구역을 설치·운영하는 자, 이미 받은 특허를 갱신하려는 자는 기획재정부령으로 정하는 바에 따라 수수료를 납부하여야 한다.(법 제174조 제2항)

---

① 세관장은 특허보세구역의 운영인이 장치물품에 대한 관세를 납부할 자금능력이 없다고 인정되는 경우에는 관세청장이 정하는 바에 따라 6개월의 범위에서 해당 특허보세구역에 물품반입 등을 정지시킬 수 있다.(법 제178조 제1항)

③ 보세공장에서는 세관장의 허가를 받지 아니하고는 내국물품만을 원료로 하거나 재료로 하여 제조·가공하거나 그 밖에 이와 비슷한 작업을 할 수 없다.(법 제185조 제2항)

④ 지정장치장의 화물관리인은 화물관리에 필요한 비용을 화주로부터 징수할 수 있다. 다만, 그 요율에 대하여는 세관장의 승인을 받아야 한다.(법 제172조 제3항)

12 □□□

관세법상 특허보세구역에 대한 설명으로 옳은 것은? 2019 관세직 7급

① 특허보세구역의 운영인은 30일 이상 특허보세구역의 운영을 휴지하고자 하는 때에는 휴지사유 및 휴지기간을 관세청장에게 통보하여야 한다.

② 관세청장은 연 2회 이상 보세화물의 반출입량·판매량 등을 파악하기 위하여 보세판매장에 대한 조사를 실시할 수 있다.

③ 관세청장은 기획재정부장관의 국회 소관 상임위원회에 대한 보세판매장 별 매출액 보고를 위하여 매 회계연도 종료 후 3월 말일까지 전국 보세판매장의 매장별 매출액을 기획재정부장관에게 보고하여야 한다.

④ 특허보세구역의 운영인이 법인인 경우에 그 본점의 소재지를 변경한 때에는 지체 없이 그 요지를 관세청장에게 통보하여야 한다.

해설 **관세법 시행령 제192조의7(보세판매장의 매출액 보고)**

관세청장은 기획재정부장관의 국회 소관 상임위원회에 대한 보고를 위하여 매 회계연도 종료 후 3월 말일까지 전국 보세판매장의 매장별 매출액을 기획재정부장관에게 보고해야 한다.

---

① 특허보세구역의 운영인은 30일 이상 계속하여 특허보세구역의 운영을 휴지하고자 하는 때에는 세관장에게 통보하여야 하며, 특허보세구역의 운영을 다시 개시하고자 하는 때에는 그 사실을 세관장에게 통보하여야 한다. (영 제193조 제2항)

정답 09. ① 10. ⑤ 11. ② 12. ③

② 세관장은 연 2회 이상 보세화물의 반출입량 · 판매량 · 외국반출현황 · 재고량 등을 파악하기 위하여 보세판매장에 대한 조사를 실시할 수 있다.(영 제213조 제4항)
④ 특허보세구역의 운영인이 법인인 경우에 그 등기사항을 변경한 때에는 지체 없이 그 요지를 세관장에게 통보하여야 한다.(영 제190조 제2항)

13 □□□ 「관세법」상 특허보세구역 운영인의 결격사유에 해당하지 않는 자는? 2021 관세직 9급

① 파산선고를 받고 복권되지 아니한 자
② 「관세법」을 위반하여 징역형의 실형을 선고받고 그 집행이 끝난 후 1년 6개월이 된 자
③ 「관세법」을 위반하여 징역형의 집행유예를 선고받고 그 유예기간이 끝난 후 1년이 된 자
④ 미성년자

해설 **관세법 제175조(운영인의 결격사유)**
다음 어느 하나에 해당하는 자는 특허보세구역을 설치 · 운영할 수 없다. 다만, 제6호에 해당하는 자의 경우에는 같은 호 각 목의 사유가 발생한 해당 특허보세구역을 제외한 기존의 다른 특허를 받은 특허보세구역에 한정하여 설치 · 운영할 수 있다.
1. 미성년자
2. 피성년후견인과 피한정후견인
3. 파산선고를 받고 복권되지 아니한 자
4. 관세법을 위반하여 징역형의 실형을 선고받고 그 집행이 끝나거나(집행이 끝난 것으로 보는 경우를 포함한다) 면제된 후 2년이 지나지 아니한 자
5. 관세법을 위반하여 징역형의 집행유예를 선고받고 그 유예기간 중에 있는 자
6. 다음 각 목의 어느 하나에 해당하는 경우에는 해당 목에서 정한 날부터 2년이 지나지 아니한 자. 이 경우 동일한 사유로 다음 각 목 모두에 해당하는 경우에는 그 중 빠른 날을 기준으로 한다.
   가. 제178조 제2항에 따라 특허보세구역의 설치 · 운영에 관한 특허가 취소(이 조 제1호부터 제3호까지의 규정 중 어느 하나에 해당하여 특허가 취소된 경우는 제외한다)된 경우: 해당 특허가 취소된 날
   나. 제276조 제3항 제3호의2 또는 같은 항 제6호(제178조 제2항 제1호 · 제5호에 해당하는 자만 해당한다)에 해당하여 벌금형 또는 통고처분을 받은 경우: 벌금형을 선고받은 날 또는 통고처분을 이행한 날
7. 제268조의2, 제269조, 제270조, 제270조의2, 제271조, 제274조, 제275조의2 또는 제275조의3에 따라 벌금형 또는 통고처분을 받은 자로서 그 벌금형을 선고받거나 통고처분을 이행한 후 2년이 지나지 아니한 자. 다만, 제279조에 따라 처벌된 개인 또는 법인은 제외한다.
8. 제2호부터 제7호까지에 해당하는 자를 임원(해당 보세구역의 운영업무를 직접 담당하거나 이를 감독하는 자로 한정한다)으로 하는 법인

---

③ 관세법을 위반하여 징역형의 집행유예를 선고 받고 그 유예기간 중에 있는 자가 운영인의 결격사유에 해당하며, 유예기간이 끝난 후 1년이 된 자는 운영인의 결격사유에 해당하지 않는다.

14 보세구역의 특허기간 또는 보세구역 반입물품의 장치기간에 관한 설명으로 옳은 것은?

2013 관세사

① 보세창고에 외국물품을 장치하는 경우의 장치기간은 3년의 범위에서 관세청장이 정하는 기간(세관장이 필요하다고 인정할 경우 1년의 범위에서 연장 가능)
② 보세건설장의 특허기간은 해당 건설공사 기간을 고려하여 세관장이 정하는 기간
③ 보세전시장의 특허기간은 해당 박람회 등의 기간을 고려하여 관세청장이 정하는 기간
④ 보세창고에 내국물품을 장치하는 경우의 장치기간은 1년의 범위에서 관세청장이 정하는 기간(세관장이 필요하다고 인정할 경우 1년의 범위에서 연장가능)
⑤ 보세판매장의 특허기간은 20년의 범위 내에서 관세청장이 정하는 기간

해설 **특허보세구역 특허기간**

특허보세구역 종류	특허기간	비고
보세창고 보세공장 보세판매장	10년의 범위 내에서 신청인이 신청한 기간	관세청장은 합리적 운영을 위하여 필요한 경우에는 신청인이 신청한 기간과 달리 특허기간을 정할 수 있다.
보세전시장	해당 박람회 등의 기간을 고려하여 세관장이 정하는 기간	세관장은 전시목적을 달성하기 위하여 부득이하다고 인정할 만한 사유가 있을 때에는 그 기간을 연장할 수 있다.
보세건설장	해당 건설공사의 기간을 고려하여 세관장이 정하는 기간	세관장은 공사를 진척하기 위하여 부득이하다고 인정할 만한 사유가 있을 때에는 그 기간을 연장할 수 있다.

특허보세구역 장치기간

보세창고	외국물품	1년의 범위에서 관세청장이 정하는 기간(다만 세관장이 필요하다고 인정하는 경우에는 1년의 범위에서 그 기간을 연장할 수 있다)
	내국물품	1년의 범위에서 관세청장이 정하는 기간
	비축물품 국제물류의 촉진을 위하여 관세청장이 정하는 물품	비축에 필요한 기간
보세창고 이외의 특허보세구역		해당 1년의 특허기간

정답 13. ③ 14. ②

15 관세법령상 특허보세구역에 대한 설명으로 옳지 않은 것은? 2017 관세직 9급

□□□

① 「관세법」을 위반하여 징역형의 실형을 선고받고 그 집행이 끝나거나(집행이 끝난 것으로 보는 경우를 포함) 면제된 후 2년이 지나지 아니한 자는 특허보세구역을 설치·운영할 수 없다.

② 보세전시장의 특허기간은 10년의 범위 내에서 신청인이 신청한 기간으로 한다. 다만, 관세청장은 보세구역의 합리적 운영을 위하여 필요한 경우에는 신청인이 신청한 기간과 달리 특허 기간을 정할 수 있다.

③ 특허보세구역의 운영인은 다른 사람에게 자신의 성명·상호를 사용하여 특허보세구역을 운영하게 해서는 아니 된다.

④ 운영인이 특허보세구역을 운영하지 아니하게 된 경우 특허보세구역의 설치·운영에 관한 특허는 그 효력을 상실한다.

해설 ② 보세전시장의 특허기간은 해당 박람회 등의 기간을 고려하여 세관장이 정하는 기간으로 한다.
① (법 제175조)
③ (법 제177조의2)
④ (법 제179조)

16 다음 (　　)에 들어갈 내용으로 순서대로 나열된 것을 고르시오. 2008 관세사

□□□

> 보세창고에서 외국물품의 장치기간은 (　　　)의 범위에서 관세청장이 정하는 기간으로 하되, (　　　)이 필요하다고 인정하는 경우에는 (　　　)의 범위에서 그 기간을 연장할 수 있으며, 내국물품의 장치기간은 (　　　)의 범위에서 관세청장이 정하는 기간으로 한다.

① 1년, 세관장, 1년, 1년
② 2년, 관세청장, 2년, 2년
③ 1년, 관세청장, 1년, 1년
④ 2년, 세관장, 2년, 2년
⑤ 2년, 세관장, 1년, 1년

해설 **관세법 제177조(장치기간)**

특허보세구역에 물품을 장치하는 기간은 다음 각 호의 구분에 따른다.(법 제177조 제1항)

1. 보세창고: 다음 어느 하나에서 정하는 기간
   가. 외국물품(다목에 해당하는 물품은 제외한다): 1년의 범위에서 관세청장이 정하는 기간. 다만, 세관장이 필요하다고 인정하는 경우에는 1년의 범위에서 그 기간을 연장할 수 있다.
   나. 내국물품(다목에 해당하는 물품은 제외한다): 1년의 범위에서 관세청장이 정하는 기간
   다. 정부비축용물품, 정부와의 계약이행을 위하여 비축하는 방위산업용물품, 장기간 비축이 필요한 수출용원재료와 수출품보수용 물품으로서 세관장이 인정하는 물품, 국제물류의 촉진을 위하여 관세청장이 정하는 물품: 비축에 필요한 기간
2. 그 밖의 특허보세구역: 해당 특허보세구역의 특허기간

17 □□□ **관세법 규정에 의한 특허보세구역에의 물품반입 정지사유와 특허취소사유의 설명으로 옳지 않은 것은?**

2005, 2010 관세사

① 장치물품에 대한 관세를 납부할 자금능력이 없다고 인정되는 경우 : 반입정지
② 본인 또는 그 사용인이 관세법 또는 관세법에 의한 명령에 위반한 경우 : 특허취소
③ 해당 시설의 미비 등으로 특허보세구역의 설치목적을 달성하기 곤란하다고 인정되는 경우 : 반입정지
④ 2년 이상 물품의 반입실적이 없어서 세관장이 특허보세구역의 설치목적을 달성하기 곤란하다고 인정하는 경우 : 특허 취소
⑤ 1년 이내에 3회 이상 물품반입의 정지처분을 받은 경우 : 특허취소

해설 **관세법 제178조(반입정지 등과 특허의 취소)**
세관장은 특허보세구역의 운영인이 다음 어느 하나에 해당하는 경우에는 관세청장이 정하는 바에 따라 6개월의 범위에서 해당 특허보세구역에의 물품반입 또는 보세건설 · 보세판매 · 보세전시 등을 정지시킬 수 있다.(법 제178조 제1항)
1. 장치물품에 대한 관세를 납부할 자금능력이 없다고 인정되는 경우
2. 본인이나 그 사용인이 관세법 또는 관세법에 따른 명령을 위반한 경우
3. 해당 시설의 미비 등으로 특허보세구역의 설치 목적을 달성하기 곤란하다고 인정되는 경우
4. 관세법 시행령 제207조에 따른 재고조사 결과 원자재소요량 관리가 적정하지 않은 경우
5. 1년 동안 계속하여 물품의 반입 · 반출 실적이 없거나, 6개월 이상 보세작업을 하지 않은 경우
6. 운영인이 최근 1년 이내에 법에 따른 절차 등을 위반한 경우 등 관세청장이 정하는 사유에 해당하는 경우

세관장은 특허보세구역의 운영인이 다음 어느 하나에 해당하는 경우에는 그 특허를 취소할 수 있다. 다만, 제1호, 제2호 및 제5호에 해당하는 경우에는 특허를 취소하여야 한다.(법 제178조 제2항)
1. 거짓이나 그 밖의 부정한 방법으로 특허를 받은 경우
2. 운영인의 결격사유 어느 하나에 해당하게 된 경우. 다만, 관세법 제175조 제8호에 해당하는 경우로서 같은 조 제2호 또는 제3호에 해당하는 사람을 임원으로 하는 법인이 3개월 이내에 해당 임원을 변경한 경우에는 그러하지 아니하다.
3. 1년 이내에 3회 이상 물품반입등의 정지처분(과징금 부과처분을 포함한다)을 받은 경우
4. 2년 이상 물품의 반입실적이 없어서 세관장이 특허보세구역의 설치 목적을 달성하기 곤란하다고 인정하는 경우
5. 관세법 제177조의2를 위반하여 명의를 대여한 경우

18 □□□ **관세법상 세관장은 특허보세구역의 운영인이 특정 사유에 해당하는 경우 관세청장이 정하는 바에 따라 6개월의 범위에서 해당 특허보세구역에의 물품반입 등을 정지시킬 수 있다. 이에 해당하지 않는 것은?**

2013 관세직 9급

① 장치물품에 대한 관세를 납부할 자금능력이 없다고 인정되는 경우
② 본인이나 그 사용인이 「관세법」 또는 「관세법」에 따른 명령을 위반한 경우
③ 거짓이나 그 밖의 부정한 방법으로 특허를 받은 경우
④ 해당 시설의 미비 등으로 특허보세구역의 설치 목적을 달성하기 곤란하다고 인정되는 경우

해설 ③ 거짓이나 그 밖의 부정한 방법으로 특허를 받은 경우는 특허 취소 사유이다.

정답 15. ② 16. ① 17. ② 18. ③

Chapter 07

19 ( )에 들어갈 내용이 순서대로 옳은 것은? 2016 관세사

□□□

> 특허보세구역의 설치·운영에 관한 특허의 효력이 상실되었을 때에는 해당 특허보세구역에 있는 외국물품의 종류와 수량 등을 고려하여 ( ) 개월의 범위에서 ( )이 지정하는 기간 동안 그 구역은 특허보세구역으로 보며, 운영인이나 그 상속인에 대하여는 해당 구역과 장치물품에 관하여 특허보세구역의 설치·운영에 관한 특허가 있는 것으로 본다.

① 1, 관세청장
② 3, 세관장
③ 3, 관세청장
④ 6, 세관장
⑤ 6, 관세청장

해설 **관세법 제182조(특허의 효력상실 시 조치 등)**

특허보세구역의 설치·운영에 관한 특허의 효력이 상실되었을 때에는 해당 특허보세구역에 있는 외국물품의 종류와 수량 등을 고려하여 6개월의 범위에서 세관장이 지정하는 기간 동안 그 구역은 특허보세구역으로 보며, 운영인이나 그 상속인 또는 승계법인에 대해서는 해당 구역과 장치물품에 관하여 특허보세구역의 설치·운영에 관한 특허가 있는 것으로 본다.(법 제182조 제2항)

20 관세법상 특허보세구역에 관한 설명으로 옳은 것은? 2017 관세사 변형

□□□

① 세관장은 특허보세구역의 운영인이 장치물품에 대한 관세를 납부할 자금능력이 없다고 인정되는 경우에는 관세청장이 정하는 바에 따라 1년의 범위에서 해당 특허보세구역에의 물품반입을 정지시킬 수 있다.
② 세관장은 특허보세구역 운영인이 1년 이내에 3회 이상 물품반입등의 정지처분(과징금 부과처분 포함)을 받은 경우 그 특허를 취소하여야 한다.
③ 세관장은 물품반입등의 정지처분이 그 이용자에게 심한 불편을 주거나 공익을 해칠 우려가 있는 경우에는 특허보세구역의 운영인에게 물품반입등의 정지처분을 갈음하여 해당 특허보세구역 운영에 따른 매출액의 100분의 3 이상의 과징금을 부과할 수 있다.
④ 과징금 부과통지를 받은 특허보세구역 운영자는 납부통지일부터 15일 이내에 과징금을 관세청장이 지정하는 수납기관에 납부하여야 한다.
⑤ 과징금을 납부하여야 할 특허보세구역 운영자가 납부기한까지 납부하지 아니한 경우 과징금의 징수에 관하여는 관세법 제26조(담보 등이 없는 경우의 관세징수)를 준용한다.

해설 **관세법 제178조(반입정지 등과 특허취소)**

과징금을 납부하여야 할 자가 납부기한까지 납부하지 아니한 경우 과징금의 징수에 관하여는 제26조(담보 등이 없는 경우의 관세징수)를 준용한다.(법 제178조 제4항)

---

① 세관장은 특허보세구역의 운영인이 장치물품에 대한 관세를 납부할 자금능력이 없다고 인정되는 경우에는 관세청장이 정하는 바에 따라 6개월의 범위에서 해당 특허보세구역에의 물품반입을 정지시킬 수 있다.
② 세관장은 특허보세구역 운영인이 1년 이내에 3회 이상 물품반입등의 정지처분(과징금 부과처분 포함)을 받은 경우 그 특허를 취소할 수 있다.
③ 세관장은 물품반입등의 정지처분이 그 이용자에게 심한 불편을 주거나 공익을 해칠 우려가 있는 경우에는 특허보세구역의 운영인에게 물품반입등의 정지처분을 갈음하여 해당 특허보세구역 운영에 따른 매출액의 100분의 3 이하의 과징금을 부과할 수 있다.
④ 과징금 납부통지일부터 20일 이내에 과징금을 관세청장이 지정하는 수납기관에 납부하여야 한다.

21 관세법령상 보세창고에 대한 내용으로 옳지 않은 것은? 2011 관세직 9급

□□□

① 내국물품의 장치신고를 하고자 하는 자는 생산지 또는 제조지 등을 기재한 신고서를 세관장에게 제출하여야 한다.

② 운영인은 미리 세관장에게 신고를 하고 보세창고에 내국물품을 장치할 수 있으며, 다만 동일한 보세창고에 장치되어 있는 기간 동안 수입신고가 수리된 물품은 신고하고 계속하여 장치할 수 있다.

③ 내국물품으로서 장치기간이 지난 물품은 그 기간이 지난 후 10일 이내에 그 운영인의 책임으로 반출하여야 한다.

④ 내국물품만을 장치하기 위해 세관장의 승인을 받아 장치하는 물품에 대하여는 반출입신고를 생략하게 할 수 있다.

해설 **관세법 제183조(보세창고)**

운영인은 미리 세관장에게 신고를 하고 물품의 장치에 방해되지 아니하는 범위에서 보세창고에 내국물품을 장치할 수 있다. 다만, 동일한 보세창고에 장치되어 있는 동안 수입신고가 수리된 물품은 신고 없이 계속하여 장치할 수 있다.(법 제183조 제2항)

22 「관세법」상 보세창고와 보세공장에 대한 설명으로 옳은 것은? 2021 관세직 7급

□□□

① 동일한 보세창고에 장치되어 있는 동안 수입신고가 수리된 물품은 신고 없이 계속하여 장치할 수 있다.

② 운영인은 보세창고에 6개월 이상 계속하여 내국물품만을 장치하려면 세관장의 허가를 받아야 한다.

③ 세관장은 보세공장 작업 허가의 신청을 받은 날부터 5일 이내에 허가 여부를 신청인에게 통지하여야 한다.

④ 보세공장 중 수입하는 물품을 제조·가공하는 것을 목적으로 하는 보세공장의 업종은 대통령령으로 정하는 바에 따라 제한할 수 있다.

해설 **관세법 제183조(보세창고)**

운영인은 미리 세관장에게 신고를 하고 물품의 장치에 방해되지 아니하는 범위에서 보세창고에 내국물품을 장치할 수 있다. 다만, 동일한 보세창고에 장치되어 있는 동안 수입신고가 수리된 물품은 신고 없이 계속하여 장치할 수 있다.(법 제183조 제2항)

---

② 운영인은 보세창고에 1년(보세창고에 장치되어 있는 동안 수입신고가 수리된 물품은 6개월) 이상 계속하여 내국물품만을 장치하려면 세관장의 승인을 받아야 한다.(법 제183조 제3항)

③ 세관장은 보세공장 작업 허가의 신청을 받은 날부터 10일 이내에 허가여부를 신청인에게 통지하여야 한다.(법 제185조 제3항)

④ 기획재정부령으로 정하는 바에 따라 제한할 수 있다.(법 제185조 제5항)

정답 19. ④ 20. ⑤ 21. ② 22. ①

Chapter 07

23 「관세법」상 특허보세구역에 대한 설명으로 옳지 않은 것은? 2018 관세직 9급

□□□

① 특허보세구역을 설치·운영하려는 자는 세관장의 특허를 받아야 하며, 기존의 특허를 갱신하려는 경우에도 또한 같다.

② 특허보세구역의 특허기간은 10년 이내로 한다. 다만, 보세전시장의 특허기간은 해당 박람회 등의 기간을 고려하여 세관장이 정하는 기간으로 하되 세관장은 전시목적을 달성하기 위하여 부득이하다고 인정할 만한 사유가 있을 때에는 그 기간을 연장할 수 있다.

③ 보세공장에서는 세관장의 허가를 받지 아니하고는 내국물품만을 원료로 하거나 재료로 하여 제조·가공하거나 그 밖에 이와 비슷한 작업을 할 수 없다.

④ 보세창고에는 외국물품이나 통관을 하려는 물품을 장치하고, 운영인은 미리 세관장의 허가를 받아 외국물품이나 통관을 하려는 물품의 장치에 방해되지 아니하는 범위에서 보세창고에 내국물품을 장치할 수 있다.

해설 **관세법 제183조(보세창고)**

운영인은 미리 세관장에게 신고를 하고 외국물품이나 통관을 하려는 물품의 장치에 방해되지 아니하는 범위에서 보세창고에 내국물품을 장치할 수 있다. 다만, 동일한 보세창고에 장치되어 있는 동안 수입신고가 수리된 물품은 신고 없이 계속하여 장치할 수 있다.(법 제183조 제2항)

24 관세법령상 수입물품을 제조·가공하는 것을 목적으로 하는 보세공장의 업종에서 제외되는 것을 모두 고른 것은? 2023 관세사

□□□

ㄱ. 외국원료만을 원재료로 하여 물품을 제조·가공하는 업종
ㄴ. 관세법 제73조의 규정에 의하여 국내외 가격차에 상당하는 율로 양허한 농·임·축산물을 원재료로 하는 물품을 제조·가공하는 업종
ㄷ. 보세공장의 운영인으로 하여금 보세작업으로 생산된 제품에 소요된 원자재소요량을 계산하여야 하는 업종
ㄹ. 국민보건 또는 환경보전에 지장을 초래하거나 풍속을 해하는 물품을 제조·가공하는 업종으로 세관장이 인정하는 업종

① ㄱ, ㄴ
② ㄴ, ㄹ
③ ㄱ, ㄴ, ㄹ
④ ㄱ, ㄷ, ㄹ
⑤ ㄱ, ㄴ, ㄷ, ㄹ

해설 **관세법 시행규칙 제69조(보세공장업종의 제한)**

법 제185조제5항에 따른 수입물품을 제조·가공하는 것을 목적으로 하는 보세공장의 업종은 다음 각 호에 규정된 업종을 제외한 업종으로 한다.

1. 법 제73조의 규정에 의하여 국내외 가격차에 상당하는 율로 양허한 농·임·축산물을 원재료로 하는 물품을 제조·가공하는 업종
2. 국민보건 또는 환경보전에 지장을 초래하거나 풍속을 해하는 물품을 제조·가공하는 업종으로 세관장이 인정하는 업종

25 □□□

관세법상 보세공장에서 보세작업을 하기 위하여 반입되는 원료 또는 재료(이하 '보세공장원재료'라 함)에 관한 설명으로 옳은 것은?

2014 관세사

① 당해 보세공장에서 생산하는 제품의 포장용품은 보세공장원재료에 포함되지 않는다.
② 당해 보세공장에서 생산하는 제품에 물리적으로 결합되는 물품은 보세공장원재료에 포함되지 않는다.
③ 당해 보세공장에서 생산하는 제품의 제조·가공 공정에 투입되어 소모되는 물품은 보세공장원재료에 포함되지 않는다.
④ 기계·기구 등의 작동 및 유지를 위한 물품 등 제품의 생산에 간접적으로 투입되어 소모되는 물품은 보세공장원재료에 포함된다.
⑤ 당해 보세공장에서 생산하는 제품에 소요되는 수량을 객관적으로 계산할 수 있는 물품이어야 보세공장원재료로 인정받을 수 있다.

해설 **관세법 시행령 제199조(보세공장원재료의 범위 등)**

관세법 제185조에 따라 보세공장에서 보세작업을 하기 위하여 반입되는 원료 또는 재료는 다음 어느 하나에 해당하는 것을 말한다. 다만, 기계·기구 등의 작동 및 유지를 위한 연료, 윤활유 등 제품의 생산·수리·조립·검사·포장 및 이와 유사한 작업에 간접적으로 투입되어 소모되는 물품은 제외한다.(영 제199조 제1항)

1. 당해 보세공장에서 생산하는 제품에 물리적 또는 화학적으로 결합되는 물품
2. 해당 보세공장에서 생산하는 제품을 제조·가공하거나 이와 비슷한 공정에 투입되어 소모되는 물품
3. 해당 보세공장에서 수리·조립·검사·포장 및 이와 유사한 작업에 직접적으로 투입되는 물품

보세공장원재료는 당해 보세공장에서 생산하는 제품에 소요되는 수량을 객관적으로 계산할 수 있는 물품이어야 한다.(영 제199조 제2항)

26 □□□

관세법령상 보세구역에 대한 설명으로 옳지 않은 것은?

2014 관세직 9급 변형

① 운영인은 미리 세관장에게 신고를 하고 외국물품이나 통관하려는 물품의 장치에 방해되지 아니하는 범위에서 보세창고에 내국물품을 장치할 수도 있지만, 동일한 보세창고에 장치되어 있는 동안 수입신고가 수리된 물품은 신고 없이 계속하여 장치할 수 있다.
② 보세공장에 일단 반입된 물품을 제조·가공 등에 사용하기 위해서는 사전에 세관장에게 사용신고를 할 필요가 없으나 작업이 종료된 때에는 세관장의 확인을 받아야 한다.
③ 운영인은 보세건설장에 외국물품을 반입하였을 때에는 사용전에 해당물품에 대하여 수입 신고를 하고 세관공무원의 검사를 받아야 하나, 세관공무원이 검사가 필요없다고 인정하는 경우에는 검사를 아니할 수 있다.
④ 세관장은 연 2회 이상 보세화물의 반출입량·판매량·외국반출현황·재고량 등을 파악하기 위하여 보세판매장에 대한 조사를 실시할 수 있다.

해설 **관세법 제186조(사용신고 등)**

운영인은 보세공장에 반입된 물품을 그 사용 전에 세관장에게 사용신고를 하여야 한다. 이 경우 세관공무원은 그 물품을 검사할 수 있다.(법 제186조 제1항)

---

① (법 제183조 제2항)
③ (법 제192조)
④ (영 제213조 제4항)

정답 23. ④ 24. ② 25. ⑤ 26. ②

27 「관세법」상 보세구역과 관련한 관세의 부과, 비용의 부담 등에 대한 설명으로 옳지 않은 것은?

□□□ 2021 관세직 7급

① 보세구역에 장치된 외국물품을 미리 세관장의 승인을 받아 폐기한 때에는 폐기 후에 남아 있는 부분에 대하여 폐기 후의 성질과 수량에 따라 관세를 부과한다.

② 세관공무원이 보세구역에 반입된 물품에 대하여 검사상 필요하여 그 일부를 견본품으로 채취한 물품이 사용·소비된 경우 수입신고를 하여 관세를 납부하고 수리된 것으로 본다.

③ 보세공장 외에서의 외국물품 가공 허가기간이 지난 경우 해당 공장외작업장에 허가된 외국물품이 있을 때에는 해당 물품의 허가를 받은 보세공장의 운영인으로부터 그 관세를 즉시 징수한다.

④ 보세공장에서 제조된 물품을 수입하는 경우 「관세법」 제186조(사용신고 등)에 따른 사용신고 전에 미리 세관장에게 해당 물품의 원료인 외국물품에 대한 과세의 적용을 신청한 경우에는 수입신고를 할 때의 그 원료의 성질 및 수량에 따라 관세를 부과한다.

해설 **관세법 제189조(원료과세)**

보세공장에서 제조된 물품을 수입하는 경우 사용신고 전에 미리 세관장에게 해당 물품의 원료인 외국물품에 대한 과세의 적용을 신청한 경우에는 사용신고를 할 때의 그 원료의 성질 및 수량에 따라 관세를 부과한다.(법 제189조 제1항)

28 관세법상 보세공장에 대한 설명으로 옳은 것은? 2017 관세직 7급

□□□

① 보세공장에서는 세관장에게 신고하지 아니하고는 내국물품만을 원료로 하여 제조·가공하거나 그 밖에 이와 비슷한 작업을 할 수 없다.

② 화주는 보세공장에 반입된 물품을 그 사용전에 세관장에게 사용신고를 하여야 하며, 이 경우 세관공무원은 그 물품을 검사할 수 있다.

③ 대통령령으로 정하는 바에 따라 세관장의 승인을 받고 외국물품과 내국물품을 혼용하는 경우에는 그로써 생긴 제품 중 해당 외국물품의 수량 또는 가격에 상응하는 것은 외국으로부터 우리나라에 도착한 물품으로 본다.

④ 보세공장에서 제조된 물품을 수입하는 경우 세관장은 대통령령으로 정하는 기준에 해당하는 보세공장에 대하여는 2년의 범위에서 원료별, 제품별 또는 보세공장 전체에 대하여 원료과세 신청을 하게 할 수 있다.

해설 **관세법 제188조(제품과세)**

외국물품이나 외국물품과 내국물품을 원료로 하거나 재료로 하여 작업을 하는 경우 그로써 생긴 물품은 외국으로부터 우리나라에 도착한 물품으로 본다. 다만, 대통령령으로 정하는 바에 따라 세관장의 승인을 받고 외국물품과 내국물품을 혼용하는 경우에는 그로써 생긴 제품 중 해당 외국물품의 수량 또는 가격에 상응하는 것은 외국으로부터 우리나라에 도착한 물품으로 본다.

---

① 보세공장에서는 세관장의 허가를 받지 아니하고는 내국물품만을 원료로 하거나 재료로 하여 제조·가공하거나 그 밖에 이와 비슷한 작업을 할 수 없다.(법 제185조 제2항)

② 운영인은 보세공장에 반입된 물품을 그 사용 전에 세관장에게 사용신고를 하여야 한다. 이 경우 세관공무원은 그 물품을 검사할 수 있다.(법 제186조 제1항)

④ 세관장은 대통령령으로 정하는 기준에 해당하는 보세공장에 대하여는 1년의 범위에서 원료별, 제품별 또는 보세공장 전체에 대하여 제1항에 따른 신청을 하게 할 수 있다.(법 제189조 제2항)

29 관세법령상 특허보세구역에 대한 설명으로 옳지 않은 것은? 2019 관세직 9급

□□□

① 보세창고 운영인은 미리 세관장에게 신고를 하고 외국물품이나 통관을 하려는 물품의 장치에 방해되지 아니하는 범위에서 보세창고에 내국물품을 장치할 수 있다. 다만, 동일한 보세창고에 장치되어 있는 동안 수입신고가 수리된 물품은 신고 없이 계속하여 장치할 수 있다.

② 세관장은 관세법에 따른 허가를 받은 보세공장 외 작업에 사용될 물품을 관세청장이 정하는 바에 따라 공장외작업장에 직접 반입하게 할 수 있다.

③ 세관장은 최근 2년간 생산되어 판매된 물품 중 수출된 물품의 가격 비율이 100분의 50 이상인 보세공장에 대하여는 2년의 범위에서 원료별, 제품별 또는 보세공장 전체에 대하여 원료과세 적용 신청을 하게 할 수 있다.

④ 보세건설장 운영인은 보세건설장에 외국물품을 반입하였을 때에는 사용 전에 해당 물품에 대하여 수입신고를 하고 세관공무원의 검사를 받아야 한다. 다만, 세관공무원이 검사가 필요 없다고 인정하는 경우에는 검사를 하지 아니할 수 있다.

해설 **관세법 시행령 제205조(원료과세 적용신청 방법 등)**

세관장은 대통령령으로 정하는 기준에 해당하는 보세공장에 대하여는 1년의 범위에서 원료별, 제품별 또는 보세공장 전체에 대하여 신청을 하게 할 수 있다.(영 제205조 제3항)

1. 최근 2년간 생산되어 판매된 물품 중 수출된 물품의 가격 비율이 100분의 50 이상일 것
2. 관세법 제255조의2제1항에 따라 수출입 안전관리 우수업체로 공인된 업체가 운영할 것

30 관세법령상의 내용으로 옳은 것은? 2019 관세직 9급

□□□

① 선장이나 기장은 세관장에게 신고하고 국제무역선 또는 국제무역기를 국내운항선 또는 국내운항기로 전환할 수 있다.

② 수입되는 물품의 관세를 면제하는 경우 면제되는 관세의 범위에 대하여 특별한 규정이 없는 때에는 덤핑방지관세, 상계관세 보복관세의 세율은 면제되는 관세의 범위에 포함된다.

③ 우리나라로 거주를 이전하기 위하여 입국하는 자가 입국할 때에 수입하는 이사물품으로서 거주 이전의 사유, 거주기간, 직업, 가족 수, 그 밖의 사정을 고려하여 기획재정부령으로 정하는 기준에 따라 세관장이 타당하다고 인정하는 물품을 신고하지 아니한 경우에는 관세액의 100분의 20에 상당하는 금액을 가산세로 징수한다.

④ 보세공장에서 대통령령으로 정하는 바에 따라 세관장의 승인을 받고 외국물품과 내국물품을 혼용하는 경우에는 그로써 생긴 제품 중 해당 외국물품의 수량 또는 가격에 상응하는 것은 외국으로부터 우리나라에 도착한 물품으로 본다.

해설 ④ 외국물품이나 외국물품과 내국물품을 원료로 하거나 재료로 하여 작업을 하는 경우 그로써 생긴 물품은 외국으로부터 우리나라에 도착한 물품으로 본다. 다만, 대통령령으로 정하는 바에 따라 세관장의 승인을 받고 외국물품과 내국물품을 혼용하는 경우에는 그로써 생긴 제품 중 해당 외국물품의 수량 또는 가격에 상응하는 것은 외국으로부터 우리나라에 도착한 물품으로 본다.(법 제188조)

① 선장이나 기장은 세관장의 승인을 받아 국제무역선 또는 국제무역기를 국내운항선 또는 국내운항기로 전환할 수 있다.(법 제144조)

정답 27. ④ 28. ③ 29. ③ 30. ④

② 관세법 기타 법률 또는 조약에 의하여 관세를 면제하는 경우 면제되는 관세의 범위에 대하여 특별한 규정이 없는 때에는 1순위 적용세율은 면제되는 관세의 범위에 포함되지 아니한다.(영 제111조 제2항)
③ 우리나라로 거주를 이전하기 위하여 입국하는 자가 입국할 때에 수입하는 면세범위 초과 이사물품을 신고하지 아니하여 과세하는 경우 납부할 세액의 100분의 20에 상당하는 금액을 가산세로 징수한다.(법 제241조 제5항)

31 □□□ **「관세법」상 지정보세구역과 특허보세구역에 대한 설명으로 옳지 않은 것은?** 2016 관세직 9급

① 세관장은 수출입물량이 감소하거나 그 밖의 사유로 지정보세구역의 전부 또는 일부를 보세구역으로 존식시킬 필요가 없어졌다고 인정될 때에는 그 지정을 취소하여야 한다.
② 지정장치장에 물품을 장치하는 기간은 6개월의 범위에서 관세청장이 정한다. 다만, 관세청장이 정하는 기준에 따라 세관장은 3개월의 범위에서 그 기간을 연장할 수 있다.
③ 세관장은 특허보세구역의 운영인이 장치물품에 대한 관세를 납부할 자금능력이 없다고 인정되는 경우에는 관세청장이 정하는 바에 따라 6개월의 범위에서 해당 특허보세구역에의 물품반입 또는 보세건설·보세판매·보세전시 등을 정지시킬 수 있다.
④ 보세공장 중 수입하는 물품을 제조·가공하는 것을 목적으로 하는 보세공장의 업종은 대통령령으로 정하는 바에 따라 제한할 수 있다.

해설 **관세법 제185조(보세공장)**
보세공장 중 수입하는 물품을 제조, 가공하는 것을 목적으로 하는 보세공장의 업종은 기획재정부령으로 정하는 바에 따라 제한할 수 있다.(법 제185조 제5항)

32 □□□ **보세공장에서 세관장의 승인을 받은 후 다음과 같이 외국물품과 내국물품을 혼용하여 제품을 생산하였다. 제품과세를 한다면 과세가격은 얼마인가?** 2011 관세사

- 내국원재료 가격 : US $100
- 외국원재료 가격 : US $400
- 제품가격 : US $1,000

① US $100
② US $400
③ US $500
④ US $800
⑤ US $1,000

해설 세관장의 승인을 받고 외국물품과 내국물품을 혼용하는 경우에는 그로써 생긴 제품 중 해당 외국물품의 수량 또는 가격에 상응하는 것은 외국으로부터 우리나라에 도착한 물품으로 본다.
US $1,000(제품가격) × US $400(외국원재료가격) / US $500(내국원재료가격 + 외국원재료가격)

33 관세법 제191조(보세건설장)에 관한 설명으로 옳지 않은 것은? 2009 관세사

① 운영인은 보세건설장에 외국물품을 반입하였을 때에는 사용 전에 해당 물품에 대하여 수입신고를 하고 세관공무원의 검사를 받아야 한다. 다만, 세관공무원이 검사가 필요 없다고 인정하는 경우에는 검사를 하지 아니할 수 있다.
② 보세건설장에 반입된 외국물품의 경우에는 사용 전 수입신고가 수리된 날의 법령을 적용한다.
③ 보세건설장에 반입된 외국물품의 과세환율 적용시점은 사용 전 수입신고가 수리된 날이다.
④ 보세건설장의 운영인은 사용 전 수입신고를 한 물품을 사용한 건설공사가 완료된 때에는 지체 없이 이를 세관장에게 보고하여야 한다.
⑤ 세관장은 보세작업상 필요하다고 인정하는 때에는 대통령령으로 정하는 바에 따라 기간, 장소, 물품 등을 정하여 해당 보세건설장 외에서의 보세작업을 허가할 수 있다.

해설 ③ 보세건설장에 적용 법령시점은 사용전 수입신고가 수리된 날이며, 과세환율 적용시점은 수입신고를 한 날이 속하는 날이다.

34 보세건설장에 관한 설명으로 옳지 않은 것은? 2011 관세사

① 보세건설장 운영인은 수입신고를 한 물품을 사용한 건설공사가 완료된 때에는 지체 없이 세관장에게 완료 보고를 하고 가동할 수 있다.
② 보세건설장에 반입할 수 있는 물품은 외국물품 및 이와 유사한 물품으로서 해당 산업시설의 건설에 필요하다고 세관장이 인정하는 물품에 한한다.
③ 세관장은 보세작업상 필요하다고 인정되는 때에는 기간, 장소, 물품 등을 정하여 해당 보세건설장 외에서의 보세작업을 허가할 수 있다.
④ 보세건설장은 세관장으로부터 특허를 받아야 설치·운영될 수 있다.
⑤ 세관장은 보세건설장에 반입된 외국물품에 대하여 필요하다고 인정될 때에는 보세건설장 안에서 그 물품을 장치할 장소를 제한할 수 있다.

해설 **관세법 제194조(보세건설물품의 가동 제한)**
운영인은 보세건설장에서 건설된 시설을 사용전 수입신고가 수리되기 전에 가동하여서는 아니 된다.

---

② (영 제210조)
③ (법 제195조 제1항)
④ (법 제174조 제1항)
⑤ (법 제193조)

Chapter 07

정답 31. ④ 32. ④ 33. ③ 34. ①

35 보세판매장의 권리에 대한 설명으로 옳은 것은? 2012 관세직 7급 변형

□□□

① 운영인은 보세판매장에서 판매할 수 있는 물품의 수량, 장치장소 등을 제한할 수 있다.
② 세관장은 보세화물이 보세판매장에서 불법적으로 반출되지 아니하도록 하기 위하여 반입·반출의 절차 그 밖에 필요한 사항을 정할 수 있다.
③ 관세청장은 연 2회 이상 보세화물의 반출입량·판매량·외국반출현황·재고량 등을 파악하기 위하여 보세판매장에 대한 조사를 심사할 수 있다.
④ 관세청장은 보세판매장에서의 판매방법, 구매자에 대한 인도 방법 등을 정할 수 있다.

해설 **보세판매장의 관리**

운영인	1. 보세판매장에서 물품을 판매하는 때에는 판매사항·구매자인적사항 기타 필요한 사항을 관세청장이 정하는 바에 따라 기록·유지하여야 한다. 2. 외국에서 국내로 입국하는 사람에게 물품(술·담배·향수는 제외)을 판매하는 때에는 미화 800달러의 한도에서 판매하여야 하며 술·향수는 별도면세범위에서 판매할 수 있다.
세관장	1. 세관장은 보세판매장에서 판매할 수 있는 물품의 수량, 장치장소 등을 제한할 수 있다. 다만, 보세판매장에서 판매할 수 있는 물품의 종류, 판매한도는 기획재정부령으로 정한다. 2. 연 2회 이상 보세화물의 반출입량·판매량·외국반출현황·재고량 등을 파악하기 위하여 보세판매장에 대한 조사를 실시할 수 있다.
관세청장	1. 보세판매장에서의 판매방법, 구매자에 대한 인도방법 등을 정할 수 있다. 2. 보세화물이 보세판매장에서 불법적으로 반출되지 아니하도록 하기 위하여 반입·반출의 절차 기타 필요한 사항을 정할 수 있다.

36 관세법령상 관세청장이 보세판매장에 대한 특허 심사 평가기준을 정할 때 고려 요소가 아닌 것은?

□□□

2024 관세사

① 중소기업제품의 판매 실적 등 경제·사회 발전을 위한 공헌도
② 관세 관계 법령에 따른 의무·명령 등의 위반 여부
③ 관광 인프라 등 주변 환경요소
④ 「자본시장과 금융투자업에 관한 법률」에 따른 상호출자제한기업집단에 속한 기업의 주주 및 임원 구성
⑤ 재무건전성 등 보세판매장 운영인의 경영 능력

해설 **관세법 시행령 제192조의3(보세판매장 특허의 신청자격과 심사 시 평가기준)**

① 법 제176조의2제3항에서 "대통령령으로 정하는 일정한 자격을 갖춘 자"란 제189조에 따른 특허보세구역의 설치·운영에 관한 특허를 받을 수 있는 요건을 갖춘 자를 말한다.

② 법 제176조의2제3항에서 "대통령령으로 정하는 평가기준"이란 다음 각 호의 평가요소를 고려하여 관세청장이 정하는 평가기준을 말한다.

1. 제189조에 따른 특허보세구역의 설치·운영에 관한 특허를 받을 수 있는 요건의 충족 여부
2. 관세 관계 법령에 따른 의무·명령 등의 위반 여부
3. 재무건전성 등 보세판매장 운영인의 경영 능력
4. 중소기업제품의 판매 실적 등 경제·사회 발전을 위한 공헌도
5. 관광 인프라 등 주변 환경요소
6. 기업이익의 사회 환원 정도
7. 「독점규제 및 공정거래에 관한 법률」 제31조 제1항에 따른 상호출자제한기업집단에 속한 기업과 「중소기업기본법」 제2조에 따른 중소기업 및 중견기업 간의 상생협력을 위한 노력 정도

37 「관세법 시행령」상 보세판매장의 관리 등에 대한 설명으로 옳은 것은? 2016 관세직 9급 변형

□□□

① 보세판매장의 운영인은 보세판매장에서 물품을 판매하는 때에는 판매사항 · 구매자인적사항 기타 필요한 사항을 세관장이 정하는 바에 따라 기록 · 유지하여야 한다.

② 운영인은 보세판매장에서의 판매방법, 구매자에 대한 인도방법 등을 정할 수 있다.

③ 세관장은 연 2회 이상 보세화물의 반출입량 · 판매량 · 외국반출현황 · 재고량 등을 파악하기 위하여 보세판매장에 대한 조사를 실시할 수 있다.

④ 세관장은 보세화물이 보세판매장에서 불법적으로 반출되지 아니하도록 하기 위하여 반입 · 반출의 절차 기타 필요한 사항을 정할 수 있다.

해설 **관세법 시행령 제213조(보세판매장의 관리 등)**

세관장은 연 2회 이상 보세화물의 반출입량 · 판매량 · 외국반출현황 · 재고량 등을 파악하기 위하여 보세판매장에 대한 조사를 실시할 수 있다.(영 제213조 제4항)

① 보세판매장의 운영인은 보세판매장에서 물품을 판매하는 때에는 판매사항 · 구매자인적사항 기타 필요한 사항을 세관장이 정하는 바에 따라 기록 · 유지하여야 한다.(영 제213조 제1항)

② 관세청장은 보세판매장에서의 판매방법, 구매자에 대한 인도방법 등을 정할 수 있다.(영 제213조 제2항)

④ 관세청장은 보세화물이 보세판매장에서 불법적으로 반출되지 아니하도록 하기 위하여 반입 · 반출의 절차 기타 필요한 사항을 정할 수 있다.(영 제213조 제5항)

38 관세법령상 설명으로 옳은 것은? 2020 관세직 9급

□□□

① 입국장 면세점과 입국장 인도장이 동일한 입국경로에 함께 설치된 경우 보세판매장의 운영인은 입국장 면세점에서 판매하는 물품(술 · 담배 · 향수는 제외한다)과 입국장 인도장에서 인도하는 것을 조건으로 판매하는 물품(술 · 담배 · 향수는 제외한다)을 합하여 미화 1,200달러의 한도에서 판매해야 하며, 술 · 담배 · 향수는 관세법 시행규칙 제48조 제3항에 따른 별도 면세범위에서 판매할 수 있다.

② 장기간에 걸쳐 사용할 수 있는 물품으로서 임대차계약 또는 도급계약 등에 따라 해외에서 일시적으로 사용하기 위하여 수출된 물품 중 법인세법 시행규칙 제15조에 따른 내용연수가 4년(금형의 경우에는 3년) 이상인 물품이 수입될 때에는 그 관세를 면제할 수 있다.

③ 공항 및 항만 등의 입국경로에 설치된 보세판매장에서는 외국에서 국내로 입국하는 자에게 물품을 판매할 수 있다.

④ 관세청장은 특정물품에 적용될 품목분류의 사전심사 또는 재심사의 신청이 농산물 혼합물로서 제조공정이 규격화되어 있어 성분 · 조성의 일관성 확보가 용이한 경우에는 해당 신청을 반려할 수 있다.

해설 **관세법 제196조(보세판매장)**

공항 및 항만 등의 입국경로에 설치된 보세판매장에서는 외국에서 국내로 입국하는 자에게 물품을 판매할 수 있다.(법 제196조 제2항)

Chapter 07

정답 35. ④ 36. ④ 37. ③ 38. ③

① 입국장 면세점과 입국장 인도장이 동일한 입국경로에 함께 설치된 경우 보세판매장의 운영인은 입국장 면세점에서 판매하는 물품(술 · 담배 · 향수는 제외한다)과 입국장 인도장에서 인도하는 것을 조건으로 판매하는 물품(술 · 담배 · 향수는 제외한다)을 합하여 미화 800달러의 한도에서 판매해야 하며, 술 · 담배 · 향수는 별도면세범위에서 판매할 수 있다.(규칙 제69조의4 제3항)
② 장기간에 걸쳐 사용할 수 있는 물품으로서 임대차계약 또는 도급계약 등에 따라 해외에서 일시적으로 사용하기 위하여 수출된 물품 중 법인세법 시행규칙 제15조에 따른 내용연수가 5년(금형의 경우에는 2년) 이상인 물품이 수입될 때에는 그 관세를 경감할 수 있다.
④ 관세청장은 특정물품에 적용될 품목분류의 사전심사 또는 재심사의 신청이 농산물 혼합물로서 제조공정이 규격화되어 있지 않아 성분 · 조성의 일관성 확보가 곤란한 경우 해당 신청을 반려할 수 있다.(규칙 제33조의2)

39 □□□ **관세법상 보세판매장에 대한 설명으로 옳지 않은 것은?** 2020 관세직 9급

① 보세판매장의 특허수수료는 관세법 제174조 제2항에도 불구하고 운영인의 보세판매장별 매출액(기업회계기준에 따라 계산한 매출액을 말한다)을 기준으로 기획재정부령으로 정하는 바에 따라 다른 종류의 보세구역 특허수수료와 달리 정할 수 있다.
② 관세법 제176조의2에 따른 보세판매장의 특허수 등 보세판매장 제도의 중요 사항을 심의하기 위하여 기획재정부에 보세판매장 제도운영위원회를 둔다.
③ 관세법 제176조의2 제3항에 따른 보세판매장 특허 신청자의 평가 및 선정 등을 심의하기 위하여 관세청에 보세판매장 특허심사위원회를 둔다.
④ 관세법 제176조의2 제1항에 따라 특허를 받은 자는 2회(다만, 중소기업등은 4회)에 한정하여 대통령령으로 정하는 바에 따라 특허를 갱신할 수 있다.

해설 **관세법 제176조의2(특허보세구역의 특례)**
보세판매장 특허를 받은 자는 두 차례에 한정하여 대통령령으로 정하는 바에 따라 특허를 갱신할 수 있다. 이 경우 갱신기간은 한 차례당 5년 이내로 한다.

---

① (법 제176조의2 제4항)
② (법 제176조의4 제1항)
③ (법 제176조의3 제1항)

40 □□□ **관세법령상 보세판매장 제도운영위원회에 대한 설명으로 옳은 것만을 모두 고르면?** 2023 관세직 7급

> ㄱ. 보세판매장 제도운영위원회는 특허 신청자의 평가 및 선정, 특허 갱신에 관한 사항을 심의 · 의결한다.
> ㄴ. 보세판매장 제도운영위원회의 설치 · 구성 및 운영 등에 필요한 사항은 대통령령으로 정한다.
> ㄷ. 보세판매장 제도운영위원회는 중소기업등이 광역자치단체에 시내보세판매장을 설치하려는 경우에 해당하면 해당 광역자치단체에 설치되는 시내보세판매장의 신규 특허 수를 심의 · 의결할 수 있다.
> ㄹ. 관세청장은 보세판매장 제도운영위원회의 심의 · 의결 결과를 기획재정부장관에게 보고해야 한다.

① ㄱ, ㄷ　　② ㄱ, ㄹ
③ ㄴ, ㄷ　　④ ㄴ, ㄹ

해설 ㄱ. 보세판매장 특허심사위원회는 보세판매장의 특허 수 등 보세판매장 제도의 중요 사항을 심의하기 위하여 기획재정부에 보세판매장 제도운영위원회를 둔다.(법 제176조의3 제1항)
ㄴ. 보세판매장 제도운영위원회의 설치·구성 및 운영 등에 필요한 사항은 대통령령으로 정한다.(법 제176조의4 제2항)
ㄷ. 보세판매장 제도운영위원회는 중소기업등이 광역자치단체에 시내보세판매장을 설치하려는 경우 해당 광역자치단체에 설치되는 시내보세판매장의 신규 특허 수를 심의·의결할 수 있다(영 제189조의2 제3항)
ㄹ. 기획재정부장관은 보세판매장 제도운영위원회의 심의·의결 결과를 관세청장에게 통보해야 한다.(영 제189조의2 제4항)

41 □□□ **관세법령상 특허보세구역(보세판매장과 우리나라에 있는 외국공관이 직접 운영하는 보세전시장은 제외)의 설치·운영에 관한 특허수수료에 대한 설명으로 옳지 않은 것은?** 2023 관세직 7급

① 특허수수료는 분기단위로 매분기말까지 다음 분기분을 납부하되, 운영인이 원하는 때에는 1년 단위로 일괄하여 미리 납부할 수 있다.
② 특허수수료를 계산함에 있어서 특허보세구역의 연면적은 특허보세구역의 설치·운영에 관한 특허가 있은 날의 상태에 의하되, 특허보세구역의 연면적이 변경된 때에는 그 변경된 날이 속하는 분기의 다음 분기 첫째 달 1일의 상태에 의한다.
③ 특허보세구역의 연면적이 수수료납부후에 변경된 경우 납부하여야 하는 특허수수료의 금액이 증가한 때에는 변경된 날부터 5일 내에 그 증가분을 납부하여야 하고, 납부하여야 하는 특허수수료의 금액이 감소한 때에는 그 감소분을 다음 분기 이후에 납부하는 수수료의 금액에서 공제한다.
④ 특허보세구역의 휴지 또는 폐지의 경우에는 당해 특허보세구역 안에 외국물품이 있더라도 그 다음 분기의 특허수수료를 면제한다.

해설 **관세법 시행규칙 제68조(특허수수료)**
특허보세구역의 휴지 또는 폐지의 경우에는 당해 특허보세구역안에 외국물품이 없는 때에 한하여 그 다음 분기의 특허수수료를 면제한다. 다만, 휴지 또는 폐지를 한 날이 속하는 분기분의 특허수수료는 이를 환급하지 아니한다.(규칙 제68조 제6항)

42 □□□ **종합보세구역에 대한 설명으로 옳지 않은 것은?** 2012 관세직 7급

① 종합보세구역에서는 보세창고·보세공장·보세전시장·보세건설장 또는 보세판매장의 기능 중 둘 이상의 기능을 수행할 수 있다.
② 종합보세구역 예정지역의 지정기간은 3년 이내로 한다. 다만, 세관장은 해당 예정지역에 대한 개발계획의 변경 등으로 인하여 지정기간의 연장이 불가피하다고 인정되는 때에는 2년의 범위에서 연장할 수 있다.
③ 종합보세사업장의 운영인은 그가 수행하는 종합보세기능을 변경하려면 세관장에게 이를 신고하여야 한다.
④ 관세청장은 직권으로 종합보세구역을 지정하고자 하는 때에는 관계 중앙행정기관의 장 또는 지방자치단체의 장과 협의하여야 한다.

해설 **관세법 시행령 제214조의2(종합보세구역 예정지의 지정)**
예정지역의 지정기간은 3년 이내로 한다. 다만, 관세청장은 당해 예정지역에 대한 개발계획의 변경 등으로 인하여 지정기간의 연장이 불가피하다고 인정되는 때에는 3년의 범위내에서 연장할 수 있다.(영 제214조의2 제2항)

정답 39. ④ 40. ③ 41. ④ 42. ②

43 ☐☐☐ 「관세법 시행령」상 관세청장이 종합보세구역으로 지정할 수 있는 대상에 해당하지 않는 것은?

2017 관세직 9급

① 「유통산업발전법」에 의한 전문상가단지
② 「산업입지 및 개발에 관한 법률」에 의한 산업단지
③ 「외국인투자촉진법」에 의한 외국인투자지역
④ 「물류시설의 개발 및 운영에 관한 법률」에 따른 물류단지

해설 **관세법 시행령 제214조(종합보세구역의 지정 등)**

종합보세구역은 다음 어느 하나에 해당하는 지역으로서 관세청장이 종합보세구역으로 지정할 필요가 있다고 인정하는 지역을 그 지정대상으로 한다.(영 제214조 제1항)

1. 「외국인투자촉진법」에 의한 외국인투자지역
2. 「산업입지 및 개발에 관한 법률」에 의한 산업단지
3. 「유통산업발전법」에 의한 공동집배송센터
4. 「물류시설의 개발 및 운영에 관한 법률」에 따른 물류단지
5. 기타 종합보세구역으로 지정됨으로써 외국인투자촉진·수출증대 또는 물류촉진 등의 효과가 있을 것으로 예상되는 지역

---

① 「유통산업발전법」에 의한 공동집배송센터가 종합보세구역으로 지정할 수 있는 지역이다.

44 ☐☐☐ 관세법령상 종합보세구역에 대한 설명으로 옳은 것은?

2016 관세직 7급

① 관세청장은 종합보세구역에 반입·반출되는 물품으로 인하여 국가안전, 국민보건 또는 환경보전 등에 지장이 초래된다고 인정될 때에는 해당 물품의 반입·반출을 제한하여야 한다.
② 종합보세구역에서 소비하거나 사용되는 물품으로서 기획재정부령으로 정하는 물품은 수입신고 후 이를 소비하거나 사용하여야 한다.
③ 종합보세구역에 장치된 물품에 대하여 보수작업을 하거나 종합보세구역 밖에서 보세작업을 하려는 자는 대통령령으로 정하는 바에 따라 세관장에게 신고하여야 한다.
④ 세관장은 종합보세사업장의 운영인이 수행하는 종합보세기능과 관련하여 반입·반출되는 물량이 감소하거나 6개월 동안 계속하여 외국물품의 반입·반출실적이 없는 경우에는 3개월의 범위에서 운영인의 종합보세기능의 수행을 중지시킬 수 있다.

해설 **관세법 제202조(설비의 유지의무 등)**

종합보세구역에 장치된 물품에 대하여 보수작업을 하거나 종합보세구역 밖에서 보세작업을 하려는 자는 대통령령으로 정하는 바에 따라 세관장에게 신고하여야 한다.(법 제202조 제2항)

---

① 세관장은 종합보세구역에 반입·반출되는 물품으로 인하여 국가안전, 공공질서, 국민보건 또는 환경보전 등에 지장이 초래되거나 종합보세구역의 지정 목적에 부합되지 아니하는 물품이 반입·반출되고 있다고 인정될 때에는 해당 물품의 반입·반출을 제한할 수 있다.(법 제200조 제3항)
② 종합보세구역에서 소비하거나 사용되는 물품으로서 기획재정부령으로 정하는 물품은 수입통관 후 이를 소비하거나 사용하여야 한다.(법 제200조 제1항)
④ 세관장은 종합보세사업장의 운영인이 수행하는 종합보세기능과 관련하여 반입·반출되는 물량이 감소하거나 1년 동안 계속하여 외국물품의 반입·반출실적이 없는 경우에는 6개월의 범위에서 운영인의 종합보세기능의 수행을 중지시킬 수 있다.(법 제204조 제2항)

45 □□□

종합보세구역에 관한 설명으로 옳은 것은? 2015 관세사

① 관세청장은 직권으로 또는 관계 중앙행정기관의 장이나 지방자치단체의 장, 그 밖에 종합보세구역을 운영하려는 자의 요청에 따라 무역진흥에의 기여 정도, 외국물품의 반입·반출 물량 등을 고려하여 일정한 지역을 종합보세구역으로 지정할 수 있다.

② 종합보세구역에서 종합보세기능을 수행하려는 자는 그 기능을 정하여 세관장에게 종합보세 사업장의 설치·운영에 관한 승인을 받아야 한다.

③ 외국인 관광객 등 대통령령으로 정하는 자가 종합보세구역에서 구입한 물품을 국외로 반출하는 경우에는 해당 물품을 구입할 때 납부한 관세 및 내국세등을 환급받을 수 없다.

④ 종합보세구역에서 소비하거나 사용되는 물품으로서 기획재정부령으로 정하는 물품은 수입통관하지 않고 이를 소비하거나 사용할 수 있다.

⑤ 세관장은 종합보세구역 안에 있는 외국물품의 감시·단속에 필요하다고 인정될 때에는 종합보세구역의 지정요청자에게 보세화물의 불법유출, 분실, 도난방지 등을 위한 시설을 설치할 것을 요구할 수 있다.

해설 **관세법 제197조(종합보세구역의 지정 등)**

관세청장은 직권으로 또는 관계 중앙행정기관의 장이나 지방자치단체의 장, 그 밖에 종합보세구역을 운영하려는 자(이하 "지정요청자"라 한다)의 요청에 따라 무역진흥에의 기여 정도, 외국물품의 반입·반출 물량 등을 고려하여 일정한 지역을 종합보세구역으로 지정할 수 있다.(법 제197조 제1항)

---

② 종합보세구역에서 종합보세기능을 수행하려는 자는 그 기능을 정하여 세관장에게 종합보세 사업장의 설치·운영에 관한 승인을 받아야 한다.(법 제198조 제1항)

③ 외국인 관광객 등 대통령령으로 정하는 자가 종합보세구역에서 구입한 물품을 국외로 반출하는 경우에는 해당 물품을 구입할 때 납부한 관세 및 내국세등을 환급받을 수 없다.(법 제199조의2 제1항)

④ 종합보세구역에서 소비하거나 사용되는 물품으로서 기획재정부령으로 정하는 물품은 수입통관 후 이를 소비하거나 사용하여야 한다.(법 제200조 제1항)

⑤ 관세청장은 종합보세구역 안에 있는 외국물품의 감시·단속에 필요하다고 인정될 때에는 종합보세구역의 지정요청자에게 보세화물의 불법유출, 분실, 도난방지 등을 위한 시설을 설치할 것을 요구할 수 있다. 이 경우 지정요청자는 특별한 사유가 없으면 이에 따라야 한다.(법 제203조 제3항)

46 □□□

관세법령상 종합보세구역에 대한 설명으로 옳지 않은 것은? 2018 관세직 7급

① 종합보세구역에서는 보세창고·보세공장·보세전시장·보세건설장 또는 보세판매장의 기능 중 둘 이상의 기능을 수행할 수 있다.

② 관세청장은 당해 종합보세구역 예정지역에 대한 개발계획의 변경 등으로 인하여 지정기간의 연장이 불가피하다고 인정되는 때에는 3년의 범위 내에서 연장할 수 있다.

③ 외국인 관광객, 국내에 주재하는 외교관이 종합보세구역에서 구입한 물품을 국외로 반출하는 경우에는 해당 물품을 구입할 때 납부한 관세 및 내국세등을 환급받을 수 있다.

④ 「외국인투자촉진법」에 의한 외국인투자지역에 해당하는 지역으로서 관세청장이 종합보세구역으로 지정할 필요가 있다고 인정하는 지역은 종합보세구역의 지정대상이 된다.

정답 43. ① 44. ③ 45. ① 46. ③

Chapter 07

해설 **관세법 시행령 제216조의2(외국인관광객 등의 범위)**

외국인 관광객 등 종합보세구역에거 구입한 물품을 국외로 반출하는 경우에 해당 물품을 구입할 때 납부한 관세 및 내국세 등을 환급받을 수 있는 자란, 외국환거법 제3조에 따른 비거주자를 말한다. 다만, 다음의 자를 제외한다.

1. 법인
2. 국내에 주재하는 외교관(이에 준하는 외국공관원을 포함한다)
3. 국내에 주재하는 국제연합군과 미국군의 장병 및 군무원

47 관세법령상 종합보세구역에 대한 설명으로 옳은 것은? 2020 관세직 9급

□□□

① 종합보세구역에 반입·반출되는 물품이 내국물품인 경우에는 대통령령으로 정하는 바에 따라 세관장에게 신고를 생략하거나 간소한 방법으로 반입·반출하게 할 수 있다.

② 종합보세구역에서 외국인관광객 등에게 물품을 판매하는 자는 관세청장이 정하는 바에 따라 판매물품에 대한 수입신고 및 신고납부를 하여야 한다.

③ 관세청장은 관세채권의 확보, 감시·단속 등 종합보세구역을 효율적으로 운영하기 위하여 종합보세구역에 출입하는 인원과 차량 등의 출입을 통제하거나 휴대 또는 운송하는 물품을 검사할 수 있다.

④ 세관장은 종합보세구역 안에 있는 외국물품의 감시·단속에 필요하다고 인정될 때에는 종합보세구역의 지정요청자에게 보세화물의 불법유출, 분실, 도난방지 등을 위한 시설을 설치할 것을 요구할 수 있다.

해설 **관세법 시행령 제216조의3(종합보세구역에서의 물품판매 등)**

종합보세구역에서 외국인관광객등에게 물품을 판매하는 자는 관세청장이 정하는 바에 따라 판매물품에 대한 수입신고 및 신고납부를 하여야 한다.(영 제216조의3 제1항)

---

① 종합보세구역에 반입·반출되는 물품이 내국물품인 경우에는 기획재정부령으로 정하는 바에 따라 제1항에 따른 신고를 생략하거나 간소한 방법으로 반입·반출하게 할 수 있다(법 제199조 제2항)

③ 세관장은 관세채권의 확보, 감시·단속 등 종합보세구역을 효율적으로 운영하기 위하여 종합보세구역에 출입하는 인원과 차량 등의 출입을 통제하거나 휴대 또는 운송하는 물품을 검사할 수 있다.(법 제203조 제1항)

④ 관세청장은 종합보세구역 안에 있는 외국물품의 감시·단속에 필요하다고 인정될 때에는 종합보세구역의 지정요청자에게 보세화물의 불법유출, 분실, 도난방지 등을 위한 시설을 설치할 것을 요구할 수 있다. 이 경우 지정요청자는 특별한 사유가 없으면 이에 따라야 한다.(법 제203조 제3항)

48 □□□ 관세법령상 종합보세구역에서 소비하거나 사용되는 물품 가운데 수입통관 후 소비·사용하여야 하는 것을 모두 고른 것은? 2023 관세사

> ㄱ. 제조·가공에 사용되는 시설기계류 및 그 수리용 물품
> ㄴ. 연료·윤활유·사무용품 등 제조·가공에 직접적으로 사용되지 아니하는 물품
> ㄷ. 세관장의 허가를 받고 내국물품만을 원료로 하여 제조·가공 등을 하는 경우 그 원료 또는 재료

① ㄱ
② ㄴ
③ ㄱ, ㄴ
④ ㄴ, ㄷ
⑤ ㄱ, ㄴ, ㄷ

해설 **관세법 시행규칙 제71조(수입통관 후 소비 또는 사용하는 물품)**
법 제200조 제1항의 규정에 의하여 수입통관후 소비 또는 사용하여야 하는 물품은 다음 각 호의 것으로 한다.
1. 제조·가공에 사용되는 시설기계류 및 그 수리용 물품
2. 연료·윤활유·사무용품 등 제조·가공에 직접적으로 사용되지 아니하는 물품

49 □□□ 「관세법」상 세관장이 종합보세사업장의 폐쇄를 명하여야 하는 경우만을 모두 고르면? 2024 관세직 9급

> ㄱ. 운영인이 「관세법」을 위반하여 징역형의 집행유예를 선고받고 그 유예기간이 끝난 후 2년이 지나지 아니한 자인 경우
> ㄴ. 운영인이 다른 사람에게 자신의 성명·상호를 사용하여 종합보세사업장을 운영하게 한 경우
> ㄷ. 운영인이 1년 동안 계속하여 외국물품의 반입·반출 실적이 없는 경우
> ㄹ. 운영인이 거짓이나 그 밖의 부정한 방법으로 종합보세사업장의 설치·운영에 관한 신고를 한 경우

① ㄱ, ㄷ
② ㄱ, ㄹ
③ ㄴ, ㄷ
④ ㄴ, ㄹ

해설 **관세법 제204조(종합보세구역 지정의 취소 등)**
① 관세청장은 종합보세구역에 반입·반출되는 물량이 감소하거나 그 밖에 대통령령으로 정하는 사유로 종합보세구역을 존속시킬 필요가 없다고 인정될 때에는 종합보세구역의 지정을 취소할 수 있다.
② 세관장은 종합보세사업장의 운영인이 다음 각 호의 어느 하나에 해당하는 경우에는 6개월의 범위에서 운영인의 종합보세기능의 수행을 중지시킬 수 있다.
  1. 운영인이 제202조 제1항에 따른 설비의 유지의무를 위반한 경우
  2. 운영인이 수행하는 종합보세기능과 관련하여 반입·반출되는 물량이 감소하는 경우
  3. 1년 동안 계속하여 외국물품의 반입·반출 실적이 없는 경우
③ 세관장은 종합보세사업장의 운영인이 다음 각 호의 어느 하나에 해당하는 경우에는 그 종합보세사업장의 폐쇄를 명하여야 한다.
  1. 거짓이나 그 밖의 부정한 방법으로 종합보세사업장의 설치·운영에 관한 신고를 한 경우
  2. 제175조 각 호의 어느 하나에 해당하게 된 경우. 다만, 제175조제8호에 해당하는 경우로서 같은 조 제2호 또는 제3호에 해당하는 사람을 임원으로 하는 법인이 3개월 이내에 해당 임원을 변경한 경우에는 그러하지 아니하다.
  3. 다른 사람에게 자신의 성명·상호를 사용하여 종합보세사업장을 운영하게 한 경우

정답 47. ② 48. ③ 49. ④

50 「관세법」상 장치기간경과물품의 매각에 대한 설명으로 옳지 않은 것은? 2016 관세직 7급

□□□

① 세관장은 「관세법」 제208조에 따라 매각된 물품의 질권자나 유치권자가 있을 때에는 그 잔금을 화주에게 교부하기 전에 그 질권이나 유치권에 의하여 담보된 채권의 금액을 질권자나 유치권자에게 교부한다.

② 경쟁입찰의 방법으로 매각하려는 경우 매각되지 아니하였을 때에는 5일 이상의 간격을 두어 다시 입찰에 붙일 수 있으며 그 예정가격은 최초 예정가격의 100분의 10 이내의 금액을 입찰에 붙일 때마다 줄일 수 있다.

③ 세관장은 「관세법」 제210조에 따른 매각대금을 관세, 매각비용, 각종 세금의 순으로 충당하고, 잔금이 있을 때에는 이를 화주에게 교부한다.

④ 세관장은 「관세법」 제210조에 따른 방법으로도 매각되지 아니한 물품에 대하여는 그 물품의 화주등에게 장치 장소로부터 지체 없이 반출할 것을 통고하여야 한다.

해설 **관세법 제211조(잔금처리)**
세관장은 장치기간경과물품 매각에 따른 매각대금을 그 매각비용, 관세, 각종 세금의 순으로 충당하고, 잔금이 있을 때에는 이를 화주에게 교부한다.(법 제211조 제1항)

51 관세법상 장치기간경과물품 매각에 관한 설명으로 옳은 것은? 2024 관세사

□□□

① 매각하는 장치기간경과물품의 질권자나 유치권자는 해당 물품을 매각한 날부터 3개월 이내에 그 권리를 증명하는 서류를 세관장에게 제출하여야 한다.

② 경쟁입찰의 방법으로 매각하려는 경우 매각되지 아니하였을 때에는 3일 이상의 간격을 두어 다시 입찰에 부칠 수 있다.

③ 세관장은 매각대금을 관세, 그 매각 비용, 각종 세금의 순으로 충당한다.

④ 세관장은 장치기간경과물품을 매각할 때에는 매각 물건, 매각 수량, 매각 예정가격 등을 매각 시작 15일 전에 공고하여야 한다.

⑤ 장치기간경과물품의 매각은 일반경쟁입찰·지명경쟁입찰·수의계약·경매 및 위탁판매의 방법으로 하여야 한다.

해설 ① 매각하는 물품의 질권자나 유치권자는 해당 물품을 매각한 날부터 1개월 이내에 그 권리를 증명하는 서류를 세관장에게 제출하여야 한다.
② 경쟁입찰의 방법으로 매각하려는 경우 매각되지 아니하였을 때에는 5일 이상의 간격을 두어 다시 입찰에 부칠 수 있다.
③ 세관장은 장치기간경과물품 매각에 따른 매각대금을 그 매각비용, 관세, 각종 세금의 순으로 충당하고, 잔금이 있을 때에는 이를 화주에게 교부한다.
④ 세관장은 장치기간경과물품을 매각할 때에는 매각 물건, 매각 수량, 매각 예정가격 등을 매각 시작 10일 전에 공고하여야 한다.

52

□□□

관세법령상 보세구역에 반입한 외국물품의 장치기간이 지나기 전이라도 세관장이 공고한 후 매각할 수 있는 물품으로 명시되어 있지 않은 것은?

2019 관세사

① 살아 있는 동식물
② 부패하거나 부패할 우려가 있는 것
③ 창고나 다른 외국물품에 해를 끼칠 우려가 있는 것
④ 기간이 지나면 사용할 수 없게 되거나 상품가치가 현저히 떨어질 우려가 있는 것
⑤ 화주가 분명하지 아니한 것

해설 **관세법 제208조(매각대상 및 매각절차)**

세관장은 보세구역에 반입한 외국물품의 장치기간이 지나면 그 사실을 공고한 후 해당 물품을 매각할 수 있다. 다만, 다음 어느 하나에 해당하는 물품은 기간이 지나기 전이라도 공고한 후 매각할 수 있다.(법 제208조 제1항)

1. 살아 있는 동식물
2. 부패하거나 부패할 우려가 있는 것
3. 창고나 다른 외국물품에 해를 끼칠 우려가 있는 것
4. 기간이 지나면 사용할 수 없게 되거나 상품가치가 현저히 떨어질 우려가 있는 것
5. 관세청장이 정하는 물품 중 화주가 요청하는 것
6. 제26조에 따른 강제징수, 「국세징수법」 제30조에 따른 강제징수 및 「지방세징수법」 제39조의2에 따른 체납처분을 위하여 세관장이 압류한 수입물품(제2조제4호가목의 외국물품으로 한정한다)

---

⑤ 화주가 분명하지 아니한 것은 장치기간이 지나기 전 매각 대상에 해당하지 않는다.

Chapter 07

53

□□□

관세법상 보세구역에 반입한 외국물품 중 장치기간이 경과된 물품의 매각에 대한 설명으로 옳지 않은 것은?

2019 관세직 9급

① 세관장은 경쟁입찰의 방법으로 장치기간경과물품을 매각하려는 경우 매각되지 아니하였을 때에는 5일 이상의 간격을 두어 다시 입찰에 부칠 수 있으며 그 예정가격은 최초 예정가격의 100분의 10 이내의 금액을 입찰에 부칠 때마다 줄일 수 있다.
② 세관장은 장치기간이 경과한 외국물품을 매각하려면 그 화주등에게 통고일부터 1개월 내에 해당 물품을 수출·수입 또는 반송할 것을 통고하여야 하며, 화주등이 분명하지 아니하거나 그 소재가 분명하지 아니하여 통고할 수 없을 때에는 공고로 이를 갈음할 수 있다.
③ 세관장은 보세구역에 반입한 외국물품의 장치기간이 지나면 그 사실을 공고한 후 해당 물품을 매각할 수 있고, 살아 있는 동식물 또는 부패하거나 부패할 우려가 있는 물품은 장치기간이 지나기 전이라도 매각 후 공고할 수 있다.
④ 세관장은 매각된 물품의 질권자나 유치권자가 있을 때에는 그 잔금을 화주에게 교부하기 전에 그 질권이나 유치권에 의하여 담보된 채권의 금액을 질권자나 유치권자에게 교부한다.

해설 ③ 세관장은 살아있는 동식물 등은 장치기간이 지나기 전이라도 공고한 후 매각할 수 있고, 살아 있는 동식물등이 장치기간이 지난 경우로서 급박하여 공고할 여유가 없을 때에는 매각한 후 공고할 수 있다.

정답 50. ③ 51. ⑤ 52. ⑤ 53. ③

54 ☐☐☐ **관세법령상 장치기간경과물품의 매각에 대한 설명으로 옳은 것은?** 2024 관세직 9급

① 제3자가 보관하고 있는 매각대상물품을 매각대행기관에 인도하려는 경우, 그 물품의 인도는 그 제3자가 발행하는 당해 물품의 보관증을 매각대행기관에 인도함으로써 이에 갈음할 수 있다.

② 세관장은 물품을 매각할 때 개인이 전자문서를 통한 매각을 수행할 수 있는 시스템 등을 갖춘 경우 그 개인을 매각대행기관으로 하여 물품 매각을 대행하게 할 수 있다.

③ 매각된 물품의 질권자는 그 물품을 매수인에게 인도하여야 하지만, 매각된 물품의 유치권자는 다른 법령이 정하는 바에 따라 그 물품의 인도를 거절하고 계속 유치할 수 있다.

④ 부패·손상 등의 우려가 현저하여 즉시 매각하지 아니하면 상품가치가 저하할 우려가 있는 물품은 위탁판매의 방법으로만 매각할 수 있다.

해설 ① 세관장이 점유하고 있거나 제3자가 보관하고 있는 매각대상물품은 이를 매각대행기관에 인도할 수 있다. 이 경우 제3자가 보관하고 있는 물품에 대하여는 그 제3자가 발행하는 당해 물품의 보관증을 인도함으로써 이에 갈음할 수 있다.(영 제223조)

② 세관장은 관세청장이 정하는 기준에 따라 전자문서를 통한 매각을 수행할 수 있는 시설 및 시스템 등을 갖춘 것으로 인정되는 법인 또는 단체에게 매각을 대행하게 할 수 있다.(영 제220조)

③ 매각된 물품의 질권자나 유치권자는 다른 법령에도 불구하고 그 물품을 매수인에게 인도하여야 한다.(법 제208조 제3항)

④ 부패·손상 등의 우려가 현저하여 즉시 매각하지 아니하면 상품가치가 저하할 우려가 있는 물품은 경매나 수의계약으로 매각할 수 있다.(영 제222조)

55 ☐☐☐ **관세법상 장치기간 경과물품의 매각방법에 대한 설명 중 옳지 않은 것은?** 2007 관세직 9급

① 경쟁입찰에 의하며 매각하려는 경우 매각되지 아니하였을 때에는 5일 이상의 간격을 두어 다시 입찰에 붙일 수 있으며 그 예정가격은 최초 예정가격의 100분의 10 이내의 금액을 입찰에 붙일 때마다 줄일 수 있다. 이 경우에 줄어들 예정가격 이상의 응찰자가 있을 때에는 대통령령으로 정하는 바에 따라 그 응찰자가 제시하는 금액으로 수의계약을 할 수 있다.

② 2회 이상 경쟁입찰에 붙여도 매각되지 아니한 경우 경매 또는 수의계약에 의하여 매각할 수 있다.

③ 일반경쟁입찰·지명경쟁입찰·수의계약·경매 및 위탁판매에 의하여 매각된 물품의 과세가격은 낙찰가격을 기초로 하여 과세가격을 산출한다.

④ 세관장은 장치기간 경과물품을 매각하는 때에는 매각물건·매각수량·매각예정가격 등을 매각개시 10일 전에 공고하여야 한다.

해설 **관세법 제210조(매각방법)**

매각된 물품에 대한 과세가격은 관세법 제30조부터 제35조까지의 규정에도 불구하고 최초 예정가격을 기초로 하여 과세가격을 산출한다.(법 제210조 제5항)

---

① (법 제210조 제2항)
② (법 제210조 제3항)
④ (법 제210조 제7항)

56 □□□ **관세법상 보세구역에 반입한 장치기간이 지난 외국물품의 매각에 대한 설명으로 옳지 않은 것은?**

2020 관세직 7급

① 세관장은 장치기간이 지난 외국물품을 매각한 때에는 매각 물건, 매각 수량, 매각 예정가격 등을 매각 후 10일 내에 공고하여야 한다.

② 매각된 물품의 질권자나 유치권자는 다른 법령에도 불구하고 그 물품을 매수인에게 인도하여야 한다.

③ 세관장은 보세구역에 반입한 외국물품이 창고나 다른 외국물품에 해를 끼칠 우려가 있는 경우 장치기간이 지나기 전이라도 공고한 후 매각할 수 있다.

④ 세관장은 관세법 제210조에 따른 방법으로도 매각되지 아니한 물품에 대하여는 그 물품의 화주등에게 장치 장소로부터 지체 없이 반출할 것을 통고하여야 하며, 반출통고일부터 1개월 내에 해당 물품이 반출되지 아니하는 경우에는 소유권을 포기한 것으로 보고 이를 국고에 귀속시킬 수 있다.

해설 **관세법 제210조(매각방법)**

세관장은 장치기간이 지난 외국물품을 매각할 때에는 매각 물건, 매각 수량, 매각 예정가격 등을 매각 시작 10일 전에 공고하여야 한다.(법 제210조 제7항)

---

② (법 제208조 제3항)
③ (법 제208조 제1항)
④ (법 제212조)

57 □□□ **관세법상 장치기간 경과물품의 매각에 관한 설명으로 옳지 않은 것은?**

2017 관세사

① 살아있는 동식물이나 부패할 우려가 있는 물품은 장치기간이 지나기전이라도 공고한 후 매각할 수 있다.

② 장치기간이 지난 물품이 창고나 다른 외국물품에 해를 끼칠 우려가 있는 것으로서 급박하여 공고할 여유가 없을 때에는 매각한 후 공고할 수 있다.

③ 매각된 물품의 질권자나 유치권자는 다른 법령의 규정에 따라 자신의 권리를 주장할 수 있고 매수인에게 물품인도를 거부할 수 있다.

④ 세관장은 장치기간 경과물품의 신속한 매각을 위하여 사이버몰 등에서 전자문서를 통하여 매각하려는 경우 매각대행기관에 이를 대행하게 할 수 있다.

⑤ 세관장은 장치기간 경과물품을 매각하려면 그 화주 등에게 통고일부터 1개월 내에 해당 물품을 수출·수입 또는 반송할 것을 통고하여야 한다.

해설 **관세법 제208조(매각대상 및 매각절차)**

매각된 물품의 질권자나 유치권자는 다른 법령에도 불구하고 그 물품을 매수인에게 인도하여야 한다.(법 제208조 제3항)

정답 54. ① 55. ③ 56. ① 57. ③

58 □□□ **관세법상 장치기간경과 외국물품의 매각에 관한 설명으로 옳은 것은?** 2012 관세사

① 매각된 물품의 질권자나 유치권자는 관련법령에 따라 자신의 권리를 행사하기 위하여 매수인에게 물품 인도를 거부할 수 있다.

② 장치기간 경과물품은 수의계약으로 매각할 수 없다.

③ 장치기간이 경과되어 매각된 물품의 과세가격은 관세법 제30조부터 제34조까지의 규정을 적용한다.

④ 법률에 의하여 수입이 금지된 물품은 수출하거나 외화를 받고 판매하는 조건으로 매각한다.

⑤ 세관장은 소정의 매각방법으로 매각되지 아니한 물품에 대하여 화주에게 통고 없이 국고귀속한다.

해설 **관세법 시행령 제222조(매각방법 등)**

매각한 물품으로 다음에 해당하는 물품은 수출하거나 외화를 받고 판매하는 것을 조건으로 매각한다. 다만, 관세청장이 필요하다고 인정하는 물품은 주무부장관 또는 주무부장관이 지정하는 기관의 장과 협의하여 수입하는 것을 조건으로 판매할 수 있다.(영 제222조 제8항)

1. 법률에 의하여 수입이 금지된 물품
2. 기타 관세청장이 지정하는 물품

---

① 매각된 물품의 질권자나 유치권자는 다른 법령에도 불구하고 그 물품을 매수인에게 인도하여야 한다.

② 매각은 일반경쟁입찰 · 지명경쟁입찰 · 수의계약 · 경매 및 위탁판매의 방법으로 하여야 한다. 즉 수의계약으로 매각할 수 있다.

③ 매각된 물품에 대한 과세가격은 관세법 제30조부터 제35조까지의 규정에도 불구하고 최초 예정가격을 기초로 하여 과세가격을 산출한다.

⑤ 세관장은 매각되지 아니한 물품에 대하여는 그 물품의 화주등에게 장치 장소로부터 지체 없이 반출할 것을 통고하여야 한다. 통고일부터 1개월 내에 해당 물품이 반출되지 아니하는 경우에는 소유권을 포기한 것으로 보고 이를 국고에 귀속시킬 수 있다.

59 □□□ **관세법상 관세법에 규정되어 있는 것을 제외하고는 민법을 따르거나 민법의 관련 규정을 준용하는 경우가 아닌 것은?** 2017 관세직 7급

① 관세법에 따른 기간의 계산

② 보세구역에 반입한 후 장치기간이 경과한 외국물품의 경매절차

③ 관세징수권과 환급청구권의 소멸시효

④ 관세법에 따라 관세 · 가산세 및 강제징수비를 연대하여 납부할 의무

해설 **관세법 제210조(매각방법)**

매각할 물품의 예정가격의 산출방법과 위탁판매에 관한 사항은 대통령령으로 정하고, 경매절차에 관하여는 국세징수법을 준용한다.(법 제210조 제6항)

---

① (법 제8조 제2항)
③ (법 제23조 제5항)
④ (법 제19조 제7항)

60 □□□ **장치기간경과물품의 매각에 관한 설명으로 옳은 것은?** 2015 관세사

① 매각대행기관이 매각을 대행하는 경우(매각대금의 잔금처리를 대행하는 경우를 포함)에는 매각대행기관의 장을 세관장으로 본다.

② 세관장은 매각 전에 화주 등에게 통고일부터 2개월 내에 해당 물품을 수출·수입 또는 반송할 것을 통고하여야 한다.

③ 매각물품의 예정가격의 산출방법과 위탁판매에 관한 사항은 기획재정부령으로 정하고, 경매절차에 관하여는 국세징수법을 준용한다.

④ 세관장을 매각할 때에는 매각물건, 매각수량, 매각예정가격 등을 매각 시작 2주일 전에 공고하여야 한다.

⑤ 매각하는 물품의 질권자나 유치권자는 해당 물품을 매각한 날부터 2주일 이내에 그 권리를 증명하는 서류를 세관장에게 제출하여야 한다.

해설 **관세법 제208조(매각대상 및 매각절차)**

매각대행기관이 매각을 대행하는 경우(매각대금의 잔금처리를 대행하는 경우를 포함한다)에는 매각대행기관의 장을 세관장으로 본다.(법 제208조 제5항)

---

② (법 제209조 제1항) / 2개월(×)→1개월(○)
③ (법 제210조 제6항) / 기획재정부령(×)→대통령령(○)
④ (법 제210조 제7항) / 2주(×)→10일(○)
⑤ (법 제211조 제2항) / 2주(×)→1개월(○)

61 □□□ **관세법 시행령 제284조(매각 및 폐기의 공고)에 의해 일반경쟁입찰의 방법으로 물품을 매각하고자 하는 때에 공고하여야 할 사항으로 명시되어 있지 않은 것은?** 2024 관세사

① 당해 물품의 품명·규격 및 수량
② 포장의 종류 및 개수
③ 화주의 주소 및 성명
④ 매각사유
⑤ 매각의 일시 및 장소

해설 **관세법 시행령 제284조(매각 및 폐기의 공고)**

① 제14조에 규정된 경우를 제외하고 법의 규정에 의하여 물품을 일반경쟁입찰에 의하여 매각하고자 하는 때에는 다음 사항을 공고하여야 한다.
  1. 당해 물품의 품명·규격 및 수량
  2. 포장의 종류 및 개수
  3. 매각의 일시 및 장소
  4. 매각사유
  5. 기타 필요한 사항

② 법의 규정에 의하여 물품을 폐기하고자 하는 때에는 다음 각 호의 사항을 공고하여야 한다.
  1. 당해 물품의 품명 및 수량
  2. 포장의 종류·기호·번호 및 개수
  3. 폐기의 일시 및 장소
  4. 폐기사유
  5. 화주의 주소 및 성명
  6. 기타 필요한 사항

③ 제1항 및 제2항의 규정에 의하여 공고하는 때에는 소관세관관서의 게시판에 게시하여야 한다. 다만, 세관장은 필요하다고 인정되는 때에는 다른 장소에 게시하거나 관보 또는 신문에 게재할 수 있다.

정답 58. ④ 59. ② 60. ① 61. ③

03 보세운송

01 □□□ **관세법상 운송에 대한 설명으로 옳은 것은?** 2011 관세직 9급

① 수출신고가 수리된 물품은 세관장이 따로 정하는 것을 제외하고는 보세운송절차를 생략한다.

② 보세운송의 신고 또는 승인신청은 화주, 관세사 등, 보세운송업자의 명의로 하여야 한다.

③ 내국물품을 국제무역선이나 국제무역기로 운송하려는 자는 대통령령으로 정하는 바에 따라 관세청장에게 내국운송의 신고를 하여야 한다.

④ 보세화물을 취급하려는 자로서 다른 법령에 따라 화물운송의 주선을 업으로 하는 자는 세관장에게 신고하여야 한다.

해설 **관세법 제214조(보세운송의 신고인)**

보세운송 신고 또는 승인신청은 다음의 어느 하나에 해당하는 자의 명의로 하여야 한다.

1. 화주
2. 관세사등
3. 보세운송을 업(業)으로 하는 자(이하 "보세운송업자"라 한다)

---

① 수출신고가 수리된 물품은 관세청장이 따로 정하는 것을 제외하고는 보세운송절차를 생략한다.(법 제213조 제4항)

③ 내국물품을 국제무역선이나 국제무역기로 운송하려는 자는 대통령령으로 정하는 바에 따라 세관장에게 내국운송의 신고를 하여야 한다.(법 제221조 제1항)

④ 보세화물을 취급하려는 자로서 다른 법령에 따라 화물운송의 주선을 업으로 하는 자는 관세청장이나 세관장에게 등록하여야 한다.(법 제222조 제1항)

02 □□□ **보세운송제도에 관한 설명으로 옳은 것은?** 2014 관세사

① 외국물품은 보세구역 간에 외국물품 그대로 운송할 수 있다.

② 보세운송을 하려는 자는 관세청장에게 신고를 하거나 승인을 받아야 한다.

③ 수출신고가 수리된 물품은 세관장이 정하는 것을 제외하고는 보세운송절차를 생략한다.

④ 보세운송은 세관장이 정하는 기간 내에 끝내야 한다.

⑤ 세관장은 보세운송의 신고를 하거나 승인을 받으려는 물품에 대하여 관세의 담보를 반드시 제공하게 하여야 한다.

해설 **관세법 제213조(보세운송의 신고)**

외국물품은 다음의 장소 간에 한정하여 외국물품 그대로 운송할 수 있다. 다만, 제248조에 따라 수출신고가 수리된 물품은 해당 물품이 장치된 장소에서 다음 각 호의 장소로 운송할 수 있다.(법 제213조 제1항)

1. 국제항
2. 보세구역
3. 제156조에 따라 허가된 장소
4. 세관관서
5. 통관역
6. 통관장
7. 통관우체국

---

② 보세운송을 하려는 자는 관세청장이 정하는 바에 따라 세관장에게 보세운송의 신고를 하여야 한다.(법 제213조 제2항)

③ 수출신고가 수리된 물품은 관세청장이 따로 정하는 것을 제외하고는 보세운송절차를 생략한다.(법 제213조 제4항)

④ 보세운송은 관세청장이 정하는 기간 내에 끝내야 한다.(법 제216조 제2항)

⑤ 세관장은 보세운송의 신고를 하거나 승인을 받으려는 물품에 대하여 관세의 담보를 제공하게 할 수 있다. (법 제218조)

03 □□□ **관세법령상 세관장의 보세운송 승인을 받아 운송해야 하는 물품이 아닌 것은? (단, 관세청장이 보세운송승인대상으로 하지 않아도 화물관리 및 불법 수출입의 방지에 지장이 없다고 판단하여 정하는 물품은 제외한다)**

2017 관세직 7급

① 보세운송된 물품 중 다른 보세구역 등으로 재보세운송하고자 하는 물품
② 통관이 보류되거나 수입신고수리가 불가능한 물품
③ 화주 또는 화물에 대한 권리를 가진 자가 직접 보세운송하는 물품
④ 화물이 국내에 도착된 후 최초로 보세구역에 반입된 날부터 20일이 경과한 물품

해설 **관세법 시행령 제226조(보세운송의 신고 등)**

보세운송의 승인을 받아야 하는 경우는 다음의 어느 하나에 해당하는 물품을 운송하려는 경우를 말한다.

1. 보세운송된 물품중 다른 보세구역 등으로 재보세운송하고자 하는 물품
2. 「검역법」·「식물방역법」·「가축전염병예방법」 등에 따라 검역을 요하는 물품
3. 「위험물안전관리법」에 따른 위험물
4. 「화학물질관리법」에 따른 유해화학물질
5. 비금속설
6. 화물이 국내에 도착된 후 최초로 보세구역에 반입된 날부터 30일이 경과한 물품
7. 통관이 보류되거나 수입신고수리가 불가능한 물품
8. 관세법 제156조의 규정에 의한 보세구역외 장치허가를 받은 장소로 운송하는 물품
9. 귀석·반귀석·귀금속·한약재·의약품·향료 등과 같이 부피가 작고 고가인 물품
10. 화주 또는 화물에 대한 권리를 가진 자가 직접 보세운송하는 물품
11. 관세법 제236조의 규정에 의하여 통관지가 제한되는 물품
12. 적재화물목록상 동일한 화주의 선하증권 단위의 물품을 분할하여 보세운송하는 경우 그 물품
13. 불법 수출입의 방지 등을 위하여 세관장이 지정한 물품
14. 관세법 및 관세법에 의한 세관장의 명령을 위반하여 관세범으로 조사를 받고 있거나 기소되어 확정판결을 기다리고 있는 보세운송업자등이 운송하는 물품

Chapter 07

04 □□□ **관세법령상 보세운송의 승인을 얻어야 하는 물품에 해당하는 것을 모두 고른 것은?** 2019 관세사

ㄱ. 보세운송된 물품 중 다른 보세구역 등으로 재보세운송하고자 하는 물품
ㄴ. 귀금속, 한약재 등과 같이 부피가 작고 고가인 물품
ㄷ. 화물이 국내에 도착된 후 최초로 보세구역에 반입된 날부터 20일이 경과한 물품
ㄹ. 화주 또는 화물에 대한 권리를 가진 자가 직접 보세운송하는 물품
ㅁ. 불법 수출입의 방지 등을 위하여 세관장이 지정한 물품

① ㄱ, ㄴ
② ㄱ, ㄷ, ㅁ
③ ㄷ, ㄹ, ㅁ
④ ㄱ, ㄴ, ㄹ, ㅁ
⑤ ㄱ, ㄴ, ㄷ, ㄹ, ㅁ

해설 ㄷ. 화물이 국내에 도착된 후 최초로 보세구역에 반입된 날부터 30일이 경과한 물품이 보세운송 승인대상이다.
ㄱ,ㄴ,ㄹ,ㅁ 보세운송의 승인을 얻어야 하는 물품이다.

정답 01. ② 02. ① 03. ④ 04. ④

05 (　　)에 들어갈 내용으로 옳은 것은? 2017 관세사

□□□

> 화물이 국내에 도착한 후 최초로 보세구역에 반입된 날부터 (　　)일이 경과한 물품을 보세운송하고자 하는 경우에는 세관장의 승인을 받아야 한다.

① 7　② 10

③ 14　④ 20

⑤ 30

해설 화물이 국내에 도착된 후 최초로 보세구역에 반입된 날부터 30일이 경과한 물품을 보세운송하고자 하는 경우에는 세관장의 승인을 받아야 한다.(영 제226조 제3항)

06 보세운송에 대한 설명으로 옳지 않은 것은? 2014 관세직 7급

□□□

① 「관세법」 제213조 제2항에 따른 신고 또는 승인신청은 화주, 관세사 등, 보세운송업자의 어느 하나에 해당하는 자의 명의로 하여야 한다.

② 관세청장은 「관세법」 제213조에 따라 보세운송의 신고를 하거나 승인을 받으려는 물품에 대하여 관세의 담보를 제공하게 할 수 있다.

③ 「관세법」 제213조 제2항에 따라 보세운송의 신고를 하거나 승인을 받은 자는 해당 물품이 운송 목적지에 도착하였을 때에는 관세청장이 정하는 바에 따라 도착지의 세관장에게 보고하여야 한다.

④ 세관장은 보세운송물품의 감시·단속을 위하여 필요하다고 인정될 때에는 관세청장이 정하는 바에 따라 운송통로를 제한할 수 있다.

해설 **관세법 제218조(보세운송의 담보)**

세관장은 보세운송의 신고를 하거나 승인을 받으려는 물품에 대하여 관세의 담보를 제공하게 할 수 있다.

---

① (법 제214조)

③ (법 제215조)

④ (법 제216조 제1항)

07 관세법령상 보세운송에 관한 설명으로 옳지 않은 것은? 2018 관세사

① 보세화물을 취급하는 선박회사 또는 항공사는 대통령령으로 정하는 바에 따라 세관장에게 신고하여야 한다.

② 보세운송업자등은 다른 사람에게 자신의 성명·상호를 사용하여 보세운송업자등의 업무를 하게 하거나 그 등록증을 빌려주어서는 아니 된다.

③ 세관장은 보세운송물품의 감시·단속을 위하여 필요하다고 인정될 때에는 관세청장이 정하는 바에 따라 운송통로를 제한할 수 있다.

④ 세관장은 보세운송의 신고를 하거나 승인을 받으려는 물품에 대하여 관세의 담보를 제공하게 할 수 없다.

⑤ 내국물품을 국제무역선이나 국제무역기로 운송하려는 자는 대통령령으로 정하는 바에 따라 세관장에게 내국운송의 신고를 하여야 한다.

해설 ④ 세관장은 보세운송의 신고를 하거나 승인을 받으려는 물품에 대하여 관세의 담보를 제공하게 할 수 있다.
① (법 제225조 제1항)
② (법 제223조의2)
③ (법 제216조 제1항)
⑤ (법 제221조 제1항)

08 관세법령상 외국물품을 외국물품 그대로 운송할 수 있는 장소에 해당하지 않는 것은? 2017 관세직 9급

① 광양항

② 대전세관장이 허가한 보세구역 외 장치장소

③ 서울세관 지정장치장

④ 통관우체국을 제외한 체신관서

해설 외국물품은 다음 장소 간에 한정하여 외국물품 그대로 운송할 수 있다. 다만, 수출신고가 수리된 물품은 해당 물품이 장치된 장소에서 다음의 장소로 운송할 수 있다.(법 제213조 제1항)
1. 국제항
2. 보세구역
3. 보세구역 외 장치 허가된 장소
4. 세관관서
5. 통관역
6. 통관장
7. 통관우체국

정답 05. ⑤ 06. ② 07. ④ 08. ④

09 보세운송에 관한 설명으로 옳지 않은 것은? 2015 관세사

□□□

① 보세운송의 신고를 하거나 승인을 받은 자는 해당 물품이 운송 목적지에 도착하였을 때에는 관세청장이 정하는 바에 따라 도착지의 세관장에게 보고하여야 한다.

② 보세운송을 하려는 자는 관세청장이 정하는 바에 따라 세관장에게 보세운송의 신고를 하여야 한다. 다만, 물품의 감시 등을 위하여 필요하다고 인정하여 대통령령으로 정하는 경우에는 관세청장의 승인을 받아야 한다.

③ 수출신고가 수리된 물품은 관세청장이 따로 정하는 것을 제외하고는 보세운송절차를 생략한다.

④ 보세운송의 신고 또는 승인신청은 화주 관세사 등 및 보세운송업자 중의 어느 하나에 해당하는 자의 명의로 하여야 한다.

⑤ 신고를 하거나 승인을 받아 보세운송하는 외국물품이 지정된 기간 내에 목적지에 도착하지 아니한 경우에는 즉시 그 관세를 징수한다. 다만, 해당 물품이 재해나 그 밖의 부득이한 사유로 망실되었거나 미리 세관장의 승인을 받아 그 물품을 폐기하였을 때에는 그러하지 아니하다.

해설 **관세법 제213조(보세운송의 신고)**

보세운송을 하려는 자는 관세청장이 정하는 바에 따라 세관장에게 보세운송의 신고를 하여야 한다. 다만, 물품의 감시 등을 위하여 필요하다고 인정하여 대통령령으로 정하는 경우에는 세관장의 승인을 받아야 한다.

---

① (법 제215조)
③ (법 제213조 제4항)
④ (법 제214조)
⑤ (법 제217조)

10 관세법령상 보세운송에 대한 설명으로 옳지 않은 것은? 2018 관세직 7급

□□□

① 승인을 받아 보세운송하는 외국물품이 부득이한 사유로 망실되어 지정된 기간 내에 목적지에 도착하지 아니한 경우 즉시 그 관세를 징수한다.

② 화물이 국내에 도착된 후 최초로 보세구역에 반입된 날부터 30일이 경과한 물품을 보세운송하려는 자는 세관장의 승인을 받아야 한다.

③ 보세운송은 관세청장이 정하는 기간 내에 끝내야 하지만, 세관장은 재해나 그 밖의 부득이한 사유로 필요하다고 인정될 때에는 그 기간을 연장할 수 있다.

④ 수출신고가 수리된 물품은 관세청장이 따로 정하는 것을 제외하고는 보세운송절차를 생략한다.

해설 ① 보세운송 기간 내에 목적지에 도착하지 아니한 경우 즉시 그 관세를 징수한다. 다만, 해당 물품이 재해나 그 밖의 부득이한 사유로 망실되었거나 미리 세관장의 승인을 받아 폐기하였을 때에는 그러하지 아니한다.(법 제217조)

11 「관세법」상 보세운송에 대한 설명으로 옳지 않은 것은? 2021 관세직 9급

① 수출신고가 수리된 물품은 관세청장이 따로 정하는 것을 제외하고는 보세운송절차를 생략한다.

② 세관장은 보세운송물품의 감시 · 단속을 위하여 필요하다고 인정될 때에는 관세청장이 정하는 바에 따라 운송통로를 제한할 수 있다.

③ 세관장은 제213조(보세운송의 신고)에 따른 보세운송의 신고를 하거나 승인을 받으려는 물품에 대하여 관세의 담보를 제공하게 할 수 있다.

④ 제213조(보세운송의 신고) 제2항에 따른 보세운송의 신고를 하는 경우, 화주의 명의로 보세운송신고를 할 수 없다.

해설 ④ 보세운송 신고 또는 승인신청은 화주, 관세사등, 보세운송을 업으로 하는 자의 명의로 하여야 한다.(법 제214조)

12 관세법상 보세운송에 관한 설명으로 옳지 않은 것은? 2016 관세사

① 보세운송을 하려는 자는 관세청장이 정하는 바에 따라 세관장에게 보세운송의 신고를 하여야 한다. 다만, 물품의 감시 등을 위하여 필요하다고 인정하여 대통령령으로 정하는 경우에는 세관장의 승인을 받아야 한다.

② 세관공무원은 감시 · 단속을 위하여 필요하다고 인정될 때에는 관세청장이 정하는 바에 따라 보세운송을 하려는 물품을 검사할 수 있다.

③ 수출신고가 수리된 물품은 관세청장이 따로 정하는 것을 제외하고는 보세운송 절차를 생략한다.

④ 세관장은 보세운송물품의 감시 · 단속을 위하여 필요하다고 인정될 때에는 관세청장이 정하는 바에 따라 운송통로를 제한할 수 있다.

⑤ 보세운송은 세관장이 정하는 기간 내에 끝내야 한다. 세관장은 재해나 그 밖의 부득이한 사유로 필요하다고 인정되더라도 그 기간을 연장할 수 없다.

해설 **관세법 제216조(보세운송통로)**

① 세관장은 보세운송물품의 감시 · 단속을 위하여 필요하다고 인정될 때에는 관세청장이 정하는 바에 따라 운송통로를 제한할 수 있다.

② 보세운송은 관세청장이 정하는 기간 내에 끝내야 한다. 다만, 세관장은 재해나 그 밖의 부득이한 사유로 필요하다고 인정될 때에는 그 기간을 연장할 수 있다.

③ 보세운송을 하려는 자가 운송수단을 정하여 보세운송 신고를 하거나 승인을 받은 경우에는 그 운송수단을 이용하여 운송을 마쳐야 한다.

---

① (법 제213조 제2항)
② (법 제213조 제3항)
③ (법 제213조 제4항)
④ (법 제216조 제1항)

Chapter 07

정답 09. ② 10. ① 11. ④ 12. ⑤

13 「관세법」 제220조(간이 보세운송)의 조치에 해당하지 않는 것은? 2021 관세직 9급

□□□

① 제218조(보세운송의 담보)에 따른 담보 제공의 면제
② 제215조(보세운송 보고)에 따른 보세운송 보고의 생략
③ 제213조(보세운송의 신고) 제3항에 따른 검사의 생략
④ 제213조(보세운송의 신고) 제2항에 따른 신고절차의 간소화

해설 **관세법 제220조(간이 보세운송)**
세관장은 보세운송을 하려는 물품의 성질과 형태, 보세운송업자의 신용도 등을 고려하여 관세청장이 정하는 바에 따라 보세운송업자나 물품을 지정하여 다음의 조치를 할 수 있다.
1. 보세운송 신고절차의 간소화
2. 보세운송 검사의 생략
3. 담보 제공의 면제

---

② 보세운송 목적지에 도착하여 관세청장이 정하는 바에 따라 도착지의 세관장에게 보고하여야 하는 의무까지 생략되는 것은 아니다.

14 관세법령상 내용으로 옳지 않은 것은? 2023 관세직 9급

□□□

① 국제무역선이 국제항의 바깥에서 물품을 하역하거나 환적하려는 경우에는 선장은 세관장의 허가를 받아야 한다.
② 관세의 담보를 제공하고자 하는 자는 담보의 종류·수량·금액 및 담보사유를 기재한 담보제공서를 세관장에게 제출하여야 한다.
③ 내국물품을 국제무역선이나 국제무역기로 운송하려는 자는 대통령령으로 정하는 바에 따라 세관장의 내국운송 승인을 받아야 한다.
④ 보세공장에서는 세관장의 허가를 받지 아니하고는 내국물품만을 원료로 하거나 재료로 하여 제조·가공하거나 그 밖에 이와 비슷한 작업을 할 수 없다.

해설 **관세법 제221조(내국운송의 신고)**
내국물품을 국제무역선이나 국제무역기로 운송하려는 자는 대통령령으로 정하는 바에 따라 세관장에게 내국운송의 신고를 하여야 한다.(법 제221조 제1항)

15 사업을 하고자 할 때 관세법의 규정에 따라 관세청장 또는 세관장에게 등록할 의무가 있는 자로 볼 수 없는 사업자는? 2009 관세사

□□□

① 보세운송업자
② 우리나라와 외국을 오가는 물품의 운송을 업으로 하는 자
③ 국제무역선에 선박용품을 공급하는 것을 업으로 하는 자
④ 국제무역선으로부터 물품을 하역하는 것을 업으로 하는 자
⑤ 국제항 안에 있는 보세창고에서 용역제공을 업으로 하는 자

해설 보세화물을 취급하는 선박회사 또는 항공사는 대통령령으로 정하는 바에 따라 세관장에게 신고하여야 한다.(법 제225조 제1항)

1. 보세운송업자 2. 보세화물을 취급하려는 자로서 다른 법령에 따라 화물운송의 주선을 업으로 하는 자(이하 '화물운송주선업자'라 한다) 3. 국제무역선 · 국제무역기 또는 국경출입차량에 물품을 하역하는 것을 업으로 하는 자 4. 국제무역선 · 국제무역기 또는 국경출입차량에 다음 어느 하나에 해당하는 물품 등을 공급하는 것을 업으로 하는 자 가. 선박용품 나. 항공기용품 다. 차량용품 라. 선박 · 항공기 또는 철도차량 안에서 판매할 물품 마. 용역 5. 국제항 안에 있는 보세구역에서 물품이나 용역을 제공하는 것을 업으로 하는 자 6. 국제무역선 · 국제무역기 또는 국경출입차량을 이용하여 상업서류나 그 밖의 견본품 등을 송달하는 것을 업으로 하는 자 7. 구매대행업자 중 대통령령으로 정하는 자	관세청장 또는 세관장 "등록"
보세화물을 취급하는 선박회사 또는 항공사(그 업무를 대행하는 자를 포함)	세관장 "신고"

16 관세법령상 운송에 대한 설명으로 옳은 것은?

2014 관세직 9급

① 보세운송의 신고인은 화주, 국제운송물류업자, 제조업자, 관세사로서 세관장의 승인없이 보세운송절차를 생략하고 보세운송을 할 수 있다.

② 보세운송업자등의 등록의 유효기간은 2년으로 하고 관세청장이 정하는 바에 따라 갱신할 수 있다.

③ 세관장은 보세운송업자등의 등록자에게 등록유효기간을 갱신하려면 등록의 유효기간이 끝나는 날의 1개월 전까지 등록갱신을 신청하여야 한다는 사실과 갱신절차를 유효기간이 끝나는 날의 2개월 전까지 휴대폰 문자전송 등으로 미리 알려야 한다.

④ 보세운송업자가 특허보세구역의 설치 · 운영에 관한 특허가 취소된 후 3년이 지나지 아니한 경우 12개월의 범위 내에서 업무정지조치를 할 수 있다.

해설 **관세법 시행령 제231조(보세운송업자 등의 등록)**

세관장은 보세운송업자등의 등록을 한 자에게 등록의 유효기간을 갱신하려면 등록의 유효기간이 끝나는 날의 1개월 전까지 등록 갱신을 신청해야 한다는 사실과 갱신절차를 등록의 유효기간이 끝나는 날의 2개월 전까지 휴대폰에 의한 문자전송, 전자메일, 팩스, 전화, 문서 등으로 미리 알려야 한다.(영 제231조 제5항)

① 보세운송을 하려는 화주, 관세사등, 보세운송을 업으로 하는 자는 세관장에게 신고 또는 승인을 받아야 한다.

② 보세운송업자등의 등록의 유효기간은 3년으로 하되, 대통령령으로 정하는 바에 따라 갱신할 수 있다. 다만, 관세청장이나 세관장은 수출입안전관리 기준의 준수 정도 측정 · 평가 결과가 우수한 자가 등록을 갱신하는 경우에는 유효기간을 2년의 범위에서 연장하여 정할 수 있다.

④ 보세운송업자가 특허보세구역의 설치 · 운영에 관한 특허가 취소된 후 2년이 지나지 아니한 경우 등록을 취소하여야 한다.

정답 13. ② 14. ③ 15. ② 16. ③

17 관세법상 보세운송 및 보세운송업자에 관한 설명으로 옳지 않은 것을 모두 고른 것은?

2021 관세사

> ㄱ. 보세운송업자가 그 등록을 갱신하는 경우 유효기간을 3년의 범위에서 연장하여 정할 수 있다.
> ㄴ. 보세운송을 하려는 자는 관세청장의 승인을 받아야 한다.
> ㄷ. 보세운송업자가 사망하더라도 보세운송업자의 등록은 그 효력을 상실하지 않는다.

① ㄱ
② ㄴ
③ ㄱ, ㄴ
④ ㄴ, ㄷ
⑤ ㄱ, ㄴ, ㄷ

해설 ㄱ. 보세운송업자등의 등록의 유효기간은 3년으로 하되, 대통령령으로 정하는 바에 따라 갱신할 수 있다. 다만, 관세청장이나 세관장은 관세법제255조의2 제7항에 따른 수출입안전관리 기준의 준수 정도 측정·평가 결과가 우수한 자가 등록을 갱신하는 경우에는 유효기간을 2년의 범위에서 연장하여 정할 수 있다.
ㄴ. 보세운송을 하려는 자는 대통령령으로 정하는 바에 따라 관세청장이나 세관장에게 등록하여야 한다.
ㄷ. 보세운송업자가 폐업 또는 사망 또는 등록의 유효기간이 만료되는 경우 등록의 효력을 상실한다.

18 관세법령상 등록해야 하는 보세운송업자등에 해당하지 않는 자는?

2024 관세사

① 국제무역선에 물품을 하역하는 것을 업으로 하는 자
② 「전자상거래 등에서의 소비자보호에 관한 법률」에 따라 통신판매업자로 신고한 자로서 직전 연도 구매대행한 수입물품의 총 물품가격이 10억원 이상인 구매대행업자
③ 국제항 안에 있는 보세구역에서 물품을 제조하는 것을 업으로 하는 자
④ 국제무역선을 이용하여 상업서류나 그 밖의 견본품 등을 송달하는 것을 업으로 하는 자
⑤ 국제무역기에 항공기 안에서 판매할 물품을 공급하는 것을 업으로 하는자

해설 ③ 국제항 안에 있는 보세구역에서 물품이나 용역을 제공하는 것을 업으로 하는 자가 등록 대상이다.

19 「관세법」상 보세운송업자의 등록요건에 대한 설명으로 옳지 않은 것은?

2015 관세직 9급

① 미성년자 또는 파산선고를 받고 복권되지 아니한 자 등 운영인의 결격사유에 해당하지 아니할 것
② 항만운송사업법 등 관련 법령에 따른 면허·허가·지정 등을 받거나 등록을 하였을 것
③ 「관세법」을 위반하여 징역형의 집행유예를 선고받고 그 유예기간 중에 있는 자에 해당하여 보세운송업자의 등록이 취소된 경우에는 등록이 취소된 후 1년이 지났을 것
④ 관세 및 국세의 체납이 없을 것

해설 **관세법 제223조(보세운송업자등의 등록요건)**

보세운송업자등은 다음의 요건을 갖춘 자이어야 한다.

1. 관세법 제175조 운영인의 결격사유 어느 하나에 해당하지 아니할 것
2. 「항만운송사업법」 등 관련 법령에 따른 면허·허가·지정 등을 받거나 등록을 하였을 것
3. 관세 및 국세의 체납이 없을 것
4. 보세운송업자등의 등록이 취소(관세법 제175조 제1호부터 제3호까지의 어느 하나에 해당하여 등록이 취소된 경우는 제외한다)된 후 2년이 지났을 것

20 □□□ **세관장이 보세운송업자등에 대해 등록의 취소, 6개월의 범위에서의 업무정지 또는 그 밖에 필요한 조치를 할 수 있는 사유로 옳지 않은 것은?** 2013 관세직 7급

① 거짓이나 그 밖의 부정한 방법으로 등록을 한 경우

② 운영인이 관세법을 위반하여 징역형의 실형을 선고받고 그 집행이 끝나거나 면제된 후 3년이 지나지 아니한 경우

③ 항만운송사업법 등 관련 법령에 따라 면허·허가·지정·등록 등이 취소되거나 사업정지처분을 받은 경우

④ 보세운송업자등이 보세운송업자등의 업무와 관련하여 관세법이나 관세법에 따른 명령을 위반한 경우

해설 **관세법 제224조(보세운송업자등의 행정제재)**

세관장은 관세청장이 정하는 바에 따라 보세운송업자등이 다음 어느 하나에 해당하는 경우에는 등록의 취소, 6개월의 범위에서의 업무정지 또는 그 밖에 필요한 조치를 할 수 있다. 다만, 제1호 및 제2호에 해당하는 경우에는 등록을 취소하여야 한다.

1. 거짓이나 그 밖의 부정한 방법으로 등록을 한 경우
2. 관세법 제175조 운영인의 결격사유 어느 하나에 해당하는 경우. 다만, 제175조 제8호에 해당하는 경우로서 같은 조 제2호 또는 제3호에 해당하는 사람을 임원으로 하는 법인이 3개월 이내에 해당임원을 변경한 경우에는 그러하지 아니하다.
3. 「항만운송사업법」 등 관련 법령에 따라 면허·허가·지정·등록 등이 취소되거나 사업정지처분을 받은 경우
4. 보세운송업자등(그 임직원 및 사용인을 포함한다)이 보세운송업자등의 업무와 관련하여 관세법이나 관세법에 따른 명령을 위반한 경우
5. 보세운송업자등의 명의대여 등의 금지 규정을 위반한 경우
6. 보세운송업자등(그 임직원 및 사용인을 포함한다)이 보세운송업자등의 업무와 관련하여 「개별소비세법」 제29조 제1항 또는 「교통·에너지·환경세법」 제25조 제1항에 따른 과태료를 부과받은 경우

정답 17. ⑤ 18. ③ 19. ③ 20. ②

21 관세법령상 법인인 보세운송업자등의 등록의 효력이 상실되는 경우는? 2020 관세사

□□□

① 보세운송업자등이 휴업한 경우

② 대표자가 사망한 경우

③ 관세법 제222조 제5항에 따른 등록의 유효기간이 만료된 경우

④ 관세법 제224조의2 제1항에 따라 업무정지를 받은 경우

⑤ 관세 및 국세의 체납이 있는 경우

해설 **관세법 제224조의2(보세운송업자등의 등록의 효력상실)**

다음 어느 하나에 해당하면 보세운송업자등의 등록은 그 효력을 상실한다.

1. 보세운송업자등이 폐업한 경우
2. 보세운송업자등이 사망한 경우(법인인 경우에는 해산된 경우)
3. 보세운송업자등의 등록의 유효기간이 만료된 경우
4. 보세운송업자등의 등록이 취소된 경우

22 관세법상 보세운송업자등의 등록의 효력상실 사유를 모두 고른 것은? 2024 관세사

□□□

ㄱ. 법인인 보세운송업자등이 해산된 경우
ㄴ. 거짓이나 그 밖의 부정한 방법으로 등록을 하여 그 등록이 취소된 경우
ㄷ. 「관세법」을 위반하여 징역형의 집행유예를 선고받고 그 유예기간 중에 있는 자가 보세운송업자등으로 등록하여 그 등록이 취소된 경우

① ㄱ
② ㄷ
③ ㄱ, ㄴ
④ ㄴ, ㄷ
⑤ ㄱ, ㄴ, ㄷ

해설 **관세법 제224조(보세운송업자등의 행정제재)**

① 세관장은 관세청장이 정하는 바에 따라 보세운송업자등이 다음 각 호의 어느 하나에 해당하는 경우에는 등록의 취소, 6개월의 범위에서의 업무정지 또는 그 밖에 필요한 조치를 할 수 있다. 다만, 제1호 및 제2호에 해당하는 경우에는 등록을 취소하여야 한다.

1. 거짓이나 그 밖의 부정한 방법으로 등록을 한 경우
2. 제175조 각 호의 어느 하나에 해당하는 경우. 다만, 제175조제8호에 해당하는 경우로서 같은 조 제2호 또는 제3호에 해당하는 사람을 임원으로 하는 법인이 3개월 이내에 해당 임원을 변경한 경우에는 그러하지 아니하다.
3. 「항만운송사업법」 등 관련 법령에 따라 면허·허가·지정·등록 등이 취소되거나 사업정지처분을 받은 경우
4. 보세운송업자등(그 임직원 및 사용인을 포함한다)이 보세운송업자등의 업무와 관련하여 이 법이나 이 법에 따른 명령을 위반한 경우

4의2. 제223조의2를 위반한 경우

5. 보세운송업자등(그 임직원 및 사용인을 포함한다)이 보세운송업자등의 업무와 관련하여 「개별소비세법」 제29조제1항 또는 「교통·에너지·환경세법」 제25조제1항에 따른 과태료를 부과받은 경우

② 세관장은 제1항에 따른 업무정지가 그 이용자에게 심한 불편을 주거나 공익을 해칠 우려가 있을 경우에는 보세운송업자등에게 업무정지처분을 갈음하여 해당 업무 유지에 따른 매출액의 100분의 3 이하의 과징금을 부과할 수 있다. 이 경우 매출액 산정, 과징금의 금액 및 과징금의 납부기한 등에 관하여 필요한 사항은 대통령령으로 정한다.

③ 제2항에 따른 과징금을 납부하여야 할 자가 납부기한까지 납부하지 아니한 경우 과징금의 징수에 관하여는 제26조를 준용한다.

23 □□□ **관세법령상 보세운송업자 등에 대한 설명으로 옳지 않은 것은?** 2023 관세직 7급

① 국제항 안에 있는 보세구역에서 물품이나 용역을 제공하는 것을 업으로 하는 자는 대통령령으로 정하는 바에 따라 관세청장이나 세관장에게 등록하여야 한다.

② 세관장은 보세운송업자등의 등록을 한 자에게 등록의 유효기간을 갱신하려면 등록의 유효기간이 끝나는 날의 1개월 전까지 등록 갱신을 신청해야 한다는 사실과 갱신절차를 등록의 유효기간이 끝나는 날의 2개월 전까지 휴대폰에 의한 문자전송, 전자메일 등으로 미리 알려야 한다.

③ 세관장은 보세운송업자등에 대한 과징금의 부과기준에 따라 산정된 과징금 금액의 3분의 1 범위에서 사업규모, 위반행위의 정도 등을 고려하여 그 금액을 가중하거나 감경할 수 있다.

④ 세관장은 보세운송업자등이 「항만운송사업법」 등 관련 법령에 따라 면허·허가·지정·등록 등이 취소되거나 사업정지처분을 받은 경우에는 등록의 취소, 6개월의 범위에서의 업무정지 또는 그 밖에 필요한 조치를 할 수 있다.

해설 ③ 세관장은 과징금 금액의 4분의 1 범위에서 사업규모, 위반행위의 정도 및 위반횟수 등을 고려하여 그 금액을 가중하거나 감경할 수 있다. 이 경우 과징금을 가중하는 때에는 과징금 총액이 제2항에 따라 산정된 연간매출액의 100분의 3을 초과할 수 없다.

24 □□□ **관세법령상 보세운송업자 등에 대한 과징금 부과기준에 관한 내용이다. (ㄱ), (ㄴ)에 들어갈 사항으로 옳은 것은?** 2023 관세사

> 세관장은 관세법 시행령 제231조의2제1항에 따라 산정된 과징금 금액의 (ㄱ) 범위에서 사업규모, 위반행위의 정도 및 위반횟수 등을 고려하여 그 금액을 가중하거나 감경할 수 있다. 이 경우 과징금을 가중하는 때에 는 과징금 총액이 관세법 시행령 제231조의2제2항에 따라 산정된 (ㄴ) 의 100분의 3을 초과할 수 없다.

① ㄱ: 3분의 1, ㄴ: 월간매출액
② ㄱ: 3분의 1, ㄴ: 연간매출액
③ ㄱ: 4분의 1, ㄴ: 연간매출액
④ ㄱ: 4분의 1, ㄴ: 월간매출액
⑤ ㄱ: 5분의 1, ㄴ: 연간매출액

해설 **관세법 시행령 제231조의2(보세운송업자 등에 대한 과징금의 부과기준 등)**

① 법 제224조제2항에 따라 부과하는 과징금의 금액은 제1호의 기간에 제2호의 금액을 곱하여 산정한다.
1. 기간: 법 제224조제1항에 따라 산정된 업무정지 일수(1개월은 30일을 기준으로 한다)
2. 1일당 과징금 금액: 해당 사업의 수행에 따른 연간매출액의 6천분의 1

② 제1항제2호의 연간매출액은 다음 각 호의 구분에 따라 산정한다.
1. 법 제222조제1항 각 호의 어느 하나에 해당하는 자가 해당 사업연도 개시일 전에 사업을 시작한 경우: 직전 3개 사업연도의 평균 매출액. 이 경우 사업을 시작한 날부터 직전 사업연도 종료일까지의 기간이 3년 미만인 경우에는 그 시작일부터 그 종료일까지의 매출액을 연간 평균매출액으로 환산한 금액으로 한다.
2. 보세운송업자등이 해당 사업연도에 사업을 시작한 경우: 사업을 시작한 날부터 업무정지의 처분 사유가 발생한 날까지의 매출액을 연간매출액으로 환산한 금액

③ 세관장은 제1항에 따라 산정된 과징금 금액의 4분의 1 범위에서 사업규모, 위반행위의 정도 및 위반횟수 등을 고려하여 그 금액을 가중하거나 감경할 수 있다. 이 경우 과징금을 가중하는 때에는 과징금 총액이 제2항에 따라 산정된 연간매출액의 100분의 3을 초과할 수 없다.

정답 21. ③ 22. ⑤ 23. ③ 24. ③

Chapter 07

MEMO

Chapter 08 통관

Chapter 08 통관

01 **관세법령상 통관표지에 대한 설명으로 옳지 않은 것은?** 2020 관세직 9급

□□□

① 세관장은 관세보전을 위하여 필요하다고 인정할 때에는 대통령령으로 정하는 바에 따라 수입하는 물품에 통관표지를 첨부할 것을 명할 수 있다.

② 세관장은 법에 의하여 관세의 감면 또는 용도세율의 적용을 받은 물품에 대해 관세보전을 위하여 관세법 제228조의 규정에 의한 통관표지의 첨부를 명할 수 있다.

③ 세관장은 부정수입물품과 구별하기 위하여 관세청장이 지정하는 물품에 대해 관세보전을 위하여 관세법 제228조의 규정에 의한 통관표지의 첨부를 명할 수 있다.

④ 통관표지첨부대상, 통관표지의 종류, 첨부방법 등에 관하여 필요한 사항은 기획재정부령으로 정한다.

해설 **관세법 제228조(통관표지)**

세관장은 관세 보전을 위하여 필요하다고 인정할 때에는 대통령령으로 정하는 바에 따라 수입하는 물품에 통관표지를 첨부할 것을 명할 수 있다.

관세법 시행령 제235조(통관표지의 첨부)

세관장은 관세보전을 위하여 다음에 해당하는 경우통관표지의 첨부를 명할 수 있다.(영 제235조 제1항)

1. 법에 의하여 관세의 감면 또는 용도세율의 적용을 받은 물품
2. 법 제107조 제2항의 규정에 의하여 관세의 분할납부승인을 얻은 물품
3. 부정수입물품과 구별하기 위하여 관세청장이 지정하는 물품

통관표지첨부대상, 통관표지의 종류, 첨부방법 등에 관하여 필요한 사항은 관세청장이 정한다.(영 제235조 제2항)

02 **관세법령상 통관표지에 대한 설명으로 옳지 않은 것은?** 2015 관세직 9급

□□□

① 세관장은 관세 보전을 위하여 필요하다고 인정할 때에는 대통령령으로 정하는 바에 따라 수입하는 물품에 통관표지를 첨부할 것을 명할 수 있다.

② 세관장은 「관세법」에 의하여 관세의 감면 또는 용도세율의 적용을 받은 물품에 대하여는 통관표지의 첨부를 명할 수 있다.

③ 세관장은 「관세법」 제107조 제2항에 따라 관세의 분할납부 승인을 받은 물품에 대하여는 통관표지의 첨부를 명할 수 있다.

④ 세관장은 부정수입물품과 구별하기 위하여 대통령령으로 정하는 물품에 대하여는 통관표지의 첨부를 명할 수 있다.

해설 ④ 세관장은 부정수입물품과 구별하기 위하여 관세청장이 정하는 물품에 대하여는 통관표지의 첨부를 명할 수 있다.

03 관세법령상 통관에 대한 설명으로 옳지 않은 것은? 2023 관세직 7급

① 포장의 종류·번호 및 개수, 상표, 물품의 장치장소는 대통령령으로 정하는 바에 따라 그 신고를 생략하게 하거나 관세청장이 정하는 간소한 방법으로 신고하게 한 물품이 아니면 물품을 수입하려고 할 때 세관장에게 신고하여야 하는 사항에 해당한다.
② 수입할 때 허가·승인·표시 기타 조건의 구비를 요하는 물품에 대하여 세관장은 주무부장관의 요청을 받아 물품의 특성과 통관여건을 고려하여 확인대상물품 및 확인방법을 공고하여야 한다.
③ 수출입을 할 때 법령에서 정하는 바에 따라 허가·승인·표시 또는 그 밖의 조건을 갖출 필요가 있는 물품은 세관장에게 그 허가·승인·표시 또는 그 밖의 조건을 갖춘 것임을 증명하여야 한다.
④ 관세청장은 세계관세기구에서 정하는 수출입 신고항목 및 화물식별번호 정보를 다른 국가와 상호 조건에 따라 교환할 수 있다.

해설 **관세법 제226조(허가·승인 등의 증명 및 확인)**
통관을 할 때 제1항의 구비조건에 대한 세관장의 확인이 필요한 수출입물품에 대하여는 다른 법령에도 불구하고 그 물품과 확인방법, 확인절차, 그 밖에 필요한 사항을 대통령령으로 정하는 바에 따라 미리 공고하여야 한다.(법 제226조 2항)

시행령 제233조(구비조건의 확인)
법 제226조제2항의 규정에 의한 허가·승인·표시 기타 조건의 구비를 요하는 물품에 대하여 관세청장은 주무부장관의 요청을 받아 세관공무원에 의하여 확인이 가능한 사항인지 여부, 물품의 특성 기타 수출입물품의 통관여건 등을 고려하여 세관장의 확인대상물품, 확인방법, 확인절차(관세청장이 지정·고시하는 정보통신망을 이용한 확인신청 등의 절차를 포함한다), 그 밖에 확인에 필요한 사항을 공고하여야 한다.

04 관세법령상 원산지증명서에 대한 설명으로 옳지 않은 것은? 2015 관세직 9급

① 「관세법」, 조약, 협정 등에 따라 관세를 양허받을 수 있는 물품의 수출자가 원산지증명서의 발급을 요청하는 경우에는 세관장이나 그 밖의 원산지증명서를 발급할 권한이 있는 기관은 그 수출자에게 원산지증명서를 발급하여야 한다.
② 관세율의 적용 그 밖의 사유로 인하여 원산지확인이 필요하다고 대통령령으로 정한 물품을 수입하는 자는 해당 물품의 수입신고 시에 원산지증명서를 세관장에게 제출하여야 한다.
③ 수입신고 시에 세관장에게 제출하여야 할 원산지증명서에는 해당 수입물품의 품명, 수량, 생산지, 수출자 등 관세청장이 정하는 사항이 적혀 있어야 한다.
④ 세관장은 수입신고된 물품 및 원산지증명서의 내용이 사전 확인서상의 내용과 동일하다고 인정되는 때에는 특별한 사유가 없는 한 사전확인서의 내용에 따라 관세의 경감 등을 적용하여야 한다.

해설 **관세법 시행령 제236조(원산지증명서의 제출 등)**
다음 어느 하나에 해당하는 자는 해당 물품의 수입신고 시에 그 물품의 원산지를 증명하는 서류를 세관장에게 제출하여야 한다. 다만, 제1호에 해당하는 자로서 수입신고 전에 원산지증명서를 발급받았으나 분실 등의 사유로 수입신고 시에 원산지증명서를 제출하지 못한 경우에는 원산지증명서 유효기간 내에 해당 원산지증명서 또는 그 부본을 제출할 수 있다.(영 제236조 제1항)
1. 법·조약·협정 등에 의하여 다른 국가의 생산(가공을 포함한다)물품에 적용되는 세율보다 낮은 세율을 적용받고자 하는 자로서 원산지확인이 필요하다고 관세청장이 정하는 자

정답 01. ④ 02. ④ 03. ② 04. ②

2. 관세율의 적용 기타의 사유로 인하여 원산지확인이 필요하다고 관세청장이 지정한 물품을 수입하는 자

---

① (법 제232조의2 제1항)
③ (영 제236조 제4항)
④ (영 제236조의2 제3항)

05 □□□ **관세법령상 원산지 확인 등에 관한 설명으로 옳지 않은 것은?** 2021 관세사

① 조약·협정 등의 시행을 위하여 원산지 확인 기준 등을 따로 정할 필요가 있을 때에는 기획재정부령으로 원산지 확인 기준 등을 따로 정한다.

② 세관장은 원산지표시에 관하여 위반사항이 경미한 경우에는 이를 보완·정정하도록 한 후 통관을 허용할 수 있다.

③ 과세가격이 10만원인 물품을 수입하는 자는 원산지증명서를 제출하여야 한다.

④ 세관장은 일시적으로 육지에 내려지는 외국물품 중 원산지를 우리나라로 허위 표시한 물품은 유치할 수 있다.

⑤ 세관장은 물품의 품질 등을 오인할 수 있는 표지를 붙인 물품으로서 산업표준화법 등 품질 등의 표시에 관한 법령을 위반한 물품에 대하여는 통관을 허용하여서는 아니 된다.

해설 **관세법 시행령 제236조(원산지증명서의 제출 등)**
다음에 해당하는 물품을 수입하는 자는 원산지증명서류 제출이 생략된다.(영 제236조 제2항)
1. 세관장이 물품의 종류·성질·형상 또는 그 상표·생산국명·제조자 등에 의하여 원산지를 확인할 수 있는 물품
2. 우편물(법 제258조 제2항의 규정에 해당하는 것을 제외한다)
3. 과세가격(종량세의 경우에는 이를 법 제15조의 규정에 준하여 산출한 가격을 말한다)이 15만원 이하인 물품
4. 개인에게 무상으로 송부된 탁송품·별송품 또는 여행자의 휴대품
5. 기타 관세청장이 관계행정기관의 장과 협의하여 정하는 물품

---

③ 과세가격이 15만원 이하인 물품을 수입하는 자는 원산지증명서를 제출이 생략된다.

06 □□□ **관세법령상 원산지의 확인 등에 대한 설명으로 옳지 않은 것은?** 2017 관세직 7급

① 해당 물품이 2개국 이상에 걸쳐 생산·가공 또는 제조된 경우에는 그 물품의 본질적 특성을 부여하기에 충분한 정도의 실질적인 생산·가공·제조 과정이 최종적으로 수행된 나라를 원산지로 한다.

② 세관장은 원산지 표시가 부정한 방법으로 사실과 다르게 표시된 경우라도 그 위반사항이 경미한 경우에는 이를 보완·정정하도록 한 후 통관을 허용할 수 있다.

③ 세관장은 물품의 상표·생산국명·제조자 등에 의하여 원산지를 확인할 수 있는 물품이라도 원산지증명서의 제출이 없으면 관세율을 적용할 때 편익관세를 배제할 수 있다.

④ 세관장은 관세법 제141조에 따라 일시적으로 육지에 내려지거나 다른 운송수단으로 환적 또는 복합환적되는 외국물품 중 원산지를 우리나라로 허위 표시한 물품을 유치할 수 있다.

해설 ③ 세관장이 물품의 종류·성질·형상 또는 그 상표·생산국명·제조자 등에 의하여 원산지를 확인할 수 있는 물품은 원산지증명서 제출이 생략된다.(영 제236조 제2항)

07 관세법령상 원산지증명서 제출이 면제되는 것만을 모두 고르면? 2023 관세직 9급

□□□

> ㄱ. 「대외무역법」 제11조에 따른 수출입승인을 받은 우편물
> ㄴ. 과세가격이 30만원 이하인 물품
> ㄷ. 개인에게 무상으로 송부된 탁송품·별송품 또는 여행자의 휴대품
> ㄹ. 세관장이 물품의 종류·성질·형상 또는 그 상표·생산국명·제조자 등에 의하여 원산지를 확인할 수 있는 물품

① ㄱ, ㄴ ② ㄱ, ㄷ
③ ㄴ, ㄹ ④ ㄷ, ㄹ

해설 ④ 국제협력관세율을 적용받기 위해서는 원산지 확인이 필요하고 따라서 원산지증명서를 제출하여야 한다. 다만 예외적으로 시행령 제236조 2항에 해당하는 물품은 원산지증명서 제출을 생략한다.

08 관세법령상 원산지증명서의 제출면제 대상으로 옳지 않은 것은? 2016 관세직 7급

□□□

① 세관장이 물품의 상표·생산국명·제조자 등에 의하여 원산지를 확인할 수 있는 물품
② 과세가격이 15만원 이하인 물품
③ 개인에게 송부된 탁송품·별송품 또는 승무원의 휴대품
④ 기타 관세청장이 관계행정기관의 장과 협의하여 정하는 물품

해설 ③ 개인에게 무상으로 송부된 탁송품·별송품 또는 여행자의 휴대품에 한하여 원산지증명서의 제출을 면제한다.

09 관세법상 원산지증명서에 대한 설명으로 옳지 않은 것은? 2012 관세직 9급

□□□

① 세관장에게 제출하는 원산지 증명서에는 관세청장이 정하는 사항이 적혀 있어야 한다.
② 세관장은 원산지 증명서를 발급한 국가의 세관이나 발급권한이 있는 기관에 제출된 원산지 증명서의 진위 여부에 대한 확인 요청을 해당 물품의 수입신고가 수리되기 전에 하여야 한다.
③ 개인에게 무상으로 송부된 별송품의 경우 원산지증명서를 제출할 필요가 없다.
④ 세관장은 원산지증명서 제출대상자가 원산지증명서를 제출하지 않을 경우 조약, 협정 등에 따른 관세율을 적용할 때 일반특혜관세·국제협력관세 등의 적용을 배제할 수 있다.

해설 **관세법 제233조(원산지증명서 등의 확인요청 및 조사)**
세관장은 원산지증명서를 발급한 국가의 세관이나 그 밖에 발급권한이 있는 기관에 제출된 원산지증명서 및 원산지증명서 확인자료의 진위 여부, 정확성 등의 확인을 요청할 수 있다. 이 경우 세관장의 확인요청은 해당 물품의 수입신고가 수리된 이후에 하여야 하며, 세관장은 확인을 요청한 사실 및 회신 내용과 그에 따른 결정 내용을 수입자에게 통보하여야 한다.(법 제233조 제1항)

정답 05. ③ 06. ③ 07. ④ 08. ③ 09. ②

10 □□□ **관세법령상 원산지증명서 등에 대한 설명 중 옳지 않은 것은?** 2018 관세직 9급

① 세관장은 원산지 확인이 필요한 물품을 수입하는 자가 원산지증명서를 제출하지 아니하는 경우에는 「관세법」, 조약, 협정 등에 따른 관세율을 적용할 때 일반특혜관세・국제협력관세 또는 편익관세를 배제하는 등 관세의 편익을 적용하지 아니할 수 있다.

② 「관세법」, 조약, 협정 등에 따라 원산지 확인이 필요한 물품을 수입하는 자는 해당 물품의 원산지증명서를 제출하여야 한다. 다만, 개인에게 무상으로 송부된 탁송품・별송품 또는 여행자의 휴대품 등은 그러하지 아니하다.

③ 세관장은 원산지증명서를 발급한 국가의 세관이나 그 밖에 발급권한이 있는 기관에 제출된 원산지증명서 및 원산지증명서확인자료의 진위 여부, 정확성 등의 확인을 요청할 수 있으며, 이 경우 세관장의 확인요청은 해당 물품의 수입신고가 수리되기 전에 하여야 한다.

④ 원산지 사전확인의 신청을 받은 경우 관세청장은 60일 이내에 이를 확인하여 그 결과를 기재한 서류를 신청인에게 교부하여야 한다. 다만, 제출자료의 미비 등으로 인하여 사전확인이 곤란한 경우에는 그 사유를 신청인에게 통지하여야 한다.

해설 ③ 세관장은 외국세관등에 제출된 원산지증명서의 진위여부 확인요청을 수입신고가 수리된 이후에 하여야 한다.
① (법 제232조 제2항)
② (법 제232조 제1항), (영 제236조 제2항)
④ (영 제236조의2 제2항)

11 □□□ **관세법 시행령상 관세율의 적용 기타의 사유로 인하여 원산지확인이 필요하다고 관세청장이 지정한 물품을 수입하는 자가 세관장에게 제출하는 원산지증명서에 해당하지 않는 것은?** 2017 관세직 7급

① 원산지국가의 상공회의소가 당해 물품에 대하여 원산지국가를 확인 또는 발행한 것

② 원산지국가에서 바로 수입되지 아니하고 제3국을 경유하고 수입된 물품에 대하여 그 제3국의 세관 기타 발급권한이 있는 기관에서 제3국에서 생산된 물품을 기초로 확인 또는 발행한 것

③ 원산지국가의 세관이 당해 물품에 대하여 원산지국가를 확인 또는 발행한 것

④ 관세청장이 정한 물품의 경우에는 당해물품의 상업송장 또는 관련서류에 생산자・공급자・수출자 또는 권한 있는 자가 원산지국가를 기재한 것

해설 **관세법 시행령 제236조(원산지증명서의 제출 등)**

세관장에게 제출하는 원산지증명서는 다음에 해당하는 것이어야 한다.(영 제236조 제3항)

1. 원산지국가의 세관 기타 발급권한이 있는 기관 또는 상공회의소가 당해 물품에 대하여 원산지국가를 확인 또는 발행한 것
2. 원산지국가에서 바로 수입되지 아니하고 제3국을 경유하여 수입된 물품에 대하여 그 제3국의 세관 기타 발급권한이 있는 기관 또는 상공회의소가 확인 또는 발행한 경우에는 원산지국가에서 당해 물품에 대하여 발행된 원산지증명서를 기초로 하여 원산지국가를 확인 또는 발행한 것
3. 관세청장이 정한 물품의 경우에는 당해 물품의 상업송장 또는 관련서류에 생산자, 공급자, 수출자 또는 권한있는 자가 원산지국가를 기재한 것

12 □□□ **관세법에 따라 관세를 부과, 징수하기 위한 원산지확인에 관한 설명으로 옳지 않은 것은?**

2009 관세사

① 완전생산기준에 따르면 해당국의 선박에 의해 포획된 어획물은 그 포획지역을 불문하고 해당국을 원산지로 본다.

② 해당 국가에서 상품을 제조, 가공하는 공정 중에 발생한 부스러기는 해당 상품의 제조·가공국을 원산지로 본다.

③ 판매를 위한 물품의 포장개선, 상표표시 등 상품성 향상을 위한 개수작업을 수행한 국가는 원산지로 인정받을 수 없다.

④ 관세율표상 포장용품과 내용품을 각각 별개의 품목번호로 하고 있을 때는 가격비중이 높은 쪽 물품의 원산지를 해당 물품의 원산지로 본다.

⑤ 2개국 이상의 국가에서 생산된 물품의 원산지는 원칙적으로 해당 물품의 생산과정에 사용되는 물품의 관세·통계통합품목분류표상 6단위 품목번호와 다른 6단위 품목번호의 물품을 최종적으로 생산한 국가를 원산지로 본다.

해설 ④ 포장용품은 그 내용물품의 원산지. 다만, 관세·통계통합품목분류표상 포장용품과 내용품을 각각 별개의 품목번호로 하고 있는 경우에는 그러하지 아니한다. 원산지 결정 기준에 따라 포장용품과 내용품 각각의 원산지를 확인하여야 한다.

관세법 시행규칙 제75조(특수물품의 원산지결정기준)

촬영된 영화용 필름	그 제작자가 속하는 국가
기계·기구·장치 또는 차량에 사용되는 부속품·예비부분품 및 공구	해당 기계·기구 또는 차량의 원산지 (단, 함께 수입되어 동시에 판매되고, 수량 및 종류로 보아 통상적이라고 인정되는 물품에 한함)
포장용품	내용물품의 원산지 (단, 관세·통계통합품목분류표상 포장용품과 내용품을 각각 별개의 품목번호로 하고 있는 경우에는 그러하지 아니한다)

13 □□□ **관세법령상 원산지결정기준 등에 대한 설명으로 옳지 않은 것은?**

2017 관세직 9급

① 해당 물품이 2개국 이상에 걸쳐 생산·가공 또는 제조된 경우에는 그 물품의 본질적 특성을 부여하기에 충분한 정도의 실질적인 생산·가공·제조 과정이 최종적으로 수행된 나라를 원산지로 한다.

② 당해 국가에서의 제조의 공정 중에 발생한 부스러기는 해당 물품의 전부를 제조한 나라를 원산지로 한다.

③ 촬영된 영화용 필름은 그 제작자가 속한 국가를 원산지로 인정한다.

④ 차량에 사용되는 공구로서 차량과 함께 수입되어 동시에 판매되고 그 종류 및 수량으로 보아 통상의 공구라고 인정되는 물품은 당해 공구를 생산·제조·가공한 나라를 원산지로 인정한다.

해설 ④ 기계·기구·장치 또는 차량에 사용되는 부속품·예비부분품 및 공구로서 기계·기구·장치 또는 차량과 함께 수입되어 동시에 판매되고 그 종류 및 수량으로 보아 통상 부속품·예비부분품 및 공구라고 인정되는 물품은 당해 기계·기구 또는 차량의 원산지를 원산지로 인정한다.(규칙 제75조 제1항)

정답 10. ③ 11. ② 12. ④ 13. ④

14 관세법상 원산지의 확인 등에 관한 설명으로 옳지 않은 것은? 2017 관세사

□□□

① 해당 물품이 2개국 이상에 걸쳐 생산·가공 또는 제조된 경우에는 그 물품의 본질적 특성을 부여하기에 충분한 정도의 실질적인 생산·가공·제조 과정이 최종적으로 수행된 나라를 원산지로 한다.

② 해당 물품이 2개국 이상에 걸쳐 생산·가공 또는 제조된 물품의 원산지는 당해물품의 생산과정에 사용되는 물품의 품목분류표상 6단위 품목번호와 다른 6단위 품목번호의 물품을 최종적으로 생산한 국가로 한다.

③ 법령에 따라 원산지를 표시하여야 하는 물품의 원산지 표시가 부정한 방법으로 사실과 다르게 표시된 경우 세관장은 해당 물품의 통관을 허용하여서는 아니 된다.

④ 세관장은 품질등을 오인할 수 있도록 표시하거나 오인할 수 있는 표지를 부착한 물품으로서 「식품위생법」 등 품질 등의 표시에 관한 법령을 위반한 물품에 대하여는 통관을 허용하여서는 아니 된다.

⑤ 판매를 위한 물품의 포장개선 또는 상표표시 등 상품성 향상을 위한 개수작업이나 재포장 또는 단순한 조립작업이 수행된 국가를 원산지로 인정한다.

해설 **관세법 시행규칙 제74조(일반물품의 원산지결정기준)**

다음 어느 하나에 해당하는 작업이 수행된 국가는 원산지로 인정하지 아니한다.(규칙 제74조 제4항)

1. 운송 또는 보세구역장치중에 있는 물품의 보존을 위하여 필요한 작업
2. 판매를 위한 물품의 포장개선 또는 상표표시 등 상품성 향상을 위한 개수작업
3. 단순한 선별·구분·절단 또는 세척작업
4. 재포장 또는 단순한 조립작업
5. 물품의 특성이 변하지 아니하는 범위안에서의 원산지가 다른 물품과의 혼합작업
6. 가축의 도축작업

15 관세법 시행규칙상 해당 물품의 전부를 생산·가공·제조한 나라를 원산지로 인정하는 관세법 제229조의 규정에 따라 원산지가 인정될 수 있는 물품에 해당하지 않는 것은? 2017 관세직 9급

□□□

① 당해 국가의 영해에서 외국적 선박에 의해 채집한 물품

② 당해 국가의 영역에서 도축된 동물로부터 채취한 물품

③ 당해 국가의 영해가 아닌 공해에서 당해 국가의 선박에 의해 포획한 물품

④ 당해 국가에서의 외국산 물품을 원재료로 하여 제조·가공공정 중에 발생한 부스러기

해설 **관세법 시행규칙 제74조(일반물품의 원산지결정기준)**

관세법, 조약, 협정 등에 따른 관세의 부과·징수, 수출입물품의 통관, 원산지확인요청에 따른 조사 등을 위하여 원산지를 확인할 때 다음 어느 하나에 해당하는 경우 해당 물품의 전부를 생산·가공·제조한 나라를 원산지로 한다.(규칙 제74조 제1항)

1. 당해 국가의 영역에서 생상된 광산물과 식물성 생산물
2. 당해 국가의 영역에서 번식 또는 사육된 산 동물과 이들로부터 채취한 물품
3. 당해 국가의 영역에서의 수렵 또는 어로로 채집 또는 포획한 물품
4. 당해 국가의 선박에 의하여 채집 또는 포획한 어획물 기타의 물품
5. 당해 국가에서의 제조, 가공의 공정 중에 발생한 부스러기
6. 당해 국가 또는 그 선박에서 제1호 내지 제5호의 물품을 원재료로 하여 제조, 가공한 물품

---

② 당해 국가의 영역에서 도축의 작업은 완전생산기준에 해당하지 않는다.

16 관세법상 원산지 결정기준에 관한 설명으로 옳지 않은 것은? 2017 관세사

① 당해 국가의 선박에 의하여 채집 또는 포획한 어획물 기타의 물품은 당해 국가를 원산지로 한다.
② 촬영된 영화용 필름은 그 제작자가 속하는 국가가 원산지가 된다.
③ 기계·기구·장치 또는 차량에 사용되는 부속품·예비부분품 및 공구로서 기계·기구·장치 또는 차량과 함께 수입되어 동시에 판매되고 그 종류 및 수량으로 보아 통상 부속품·예비부분품 및 공구라고 인정되는 물품은 당해 기계·기구·장치 또는 차량의 원산지를 원산지로 인정한다.
④ 품목분류표상 포장용품과 내용품을 각각 별개의 품목번호로 하고 있는 경우에는 그 내용물품의 원산지를 포장용품의 원산지로 인정한다.
⑤ 관세법 제229조(원산지 확인 기준)에 따라 원산지를 결정할 때 해당 물품이 원산지가 아닌 국가를 경유하지 아니하고 직접 우리나라에 운송·반입된 물품인 경우에만 그 원산지로 인정한다.

해설 ④ 포장용품은 내용물품의 원산지를 원산지로 본다. 다만 관세·통계통합품목분류표상 포장용품과 내용품을 각각 별개의 품목번호로 하고 있는 경우에는 그러하지 아니한다.(규칙 제75조 제1항)

17 관세법령상 우리나라가 원산지로 인정될 수 있는 경우에 해당하는 것은? 2021 관세직 7급

① 중국의 영역에서 사육된 산 동물을 우리나라에 수입하여 도축작업의 전부를 수행한 경우
② 러시아 선박이 공해에서 포획한 어획물의 단순한 절단과 재포장 작업이 우리나라에서 이루어진 경우
③ 우리나라의 제작자와 감독이 미국의 배우들을 채용하여 미국에서 영화용 필름의 대부분을 촬영한 경우
④ 독일에서 제작된 물품이 박람회에 전시되기 위하여 우리나라로 수입되어 우리 관세당국의 통제하에 전시목적에 사용된 후 일본으로 수출된 경우

해설 ③ 촬영된 영화용 필름은 그 제작자가 속하는 국가를 원산지로 인정하기 때문에 제작자가 우리나라 사람인 경우 촬영된 영화용 필름의 원산지는 우리나라가 된다.
① 중국의 영역에서 사육된 산동물은 완전생산기준에 의하여 중국을 원산지로 하며, 도축작업은 불인정공정기준에 해당하므로 우리나라를 원산지로 볼 수 없다.
② 러시아 선박이 공해에서 포획한 어획물은 완정생산기준에 의하여 러시아를 원산지로 하며, 단순 절단과 재포장 작업은 불인정공정기준에 해당하므로 우리나라를 원산지로 볼 수 없다.
④ 직접운송원칙의 예외로써 해당 물품의 원산지는 독일이 된다.

정답 14. ⑤ 15. ② 16. ④ 17. ③

18 □□□ **관세법령상 일반물품의 원산지결정기준에 관한 내용이다. (ㄱ), (ㄴ)에 들어갈 사항으로 옳은 것은?** 2023 관세사

> 관세청장은 6단위 품목번호의 변경만으로 관세법 제229조 제1항 제2호의 규정에 의한 본질적 특성을 부여하기에 충분한 정도의 실질적인 생산과정을 거친 것으로 인정하기 곤란한 품목에 대하여는 (ㄱ)·(ㄴ) 등을 고려 하여 품목별로 원산지기준을 따로 정할 수 있다.

① ㄱ: 생산국가, ㄴ: 수출국사정
② ㄱ: 생산국가, ㄴ: 수입국사정
③ ㄱ: 생산공정, ㄴ: 소득수준
④ ㄱ: 주요공정, ㄴ: 부가가치
⑤ ㄱ: 가공공정, ㄴ: 생산가치

해설 ③ **관세법 시행규칙 제74조(일반물품의 원산지결정기준)**
관세청장은 6단위 품목번호의 변경만으로 본질적 특성을 부여하기에 충분한 정도의 실질적인 생산과정을 거친 것으로 인정하기 곤란한 품목에 대하여는 주요공정·부가가치 등을 고려하여 품목별로 원산지기준을 따로 정할 수 있다.(규칙 제74조 제3항)

19 □□□ **다음은 관세법 제229조에 따라 원산지를 결정할 때 해당 물품이 원산지가 아닌 국가를 경유하고 우리나라에 운송·반입된 물품인 경우에도 우리나라에 직접 반입한 것으로 보는 경우이다. ㉠~㉢에 들어갈 내용으로 옳은 것은?** 2020 관세직 9급

> 다음 요건을 (㉠) 충족하는 물품일 것
> -지리적 또는 운송상의 이유로 (㉡)한 것
> -원산지가 아닌 국가에서 관세당국의 통제하에 보세구역에 장치된 것
> -원산지가 아닌 국가에서 하역, 재선적 또는 그 밖에 정상 상태를 유지하기 위하여 요구되는 작업 외의 추가적인 작업을 하지 아니한 것
>
> 박람회·전시회 및 그 밖에 이에 준하는 행사에 전시하기 위하여 원산지가 아닌 국가로 수출되어 해당 국가 관세당국의 통제하에 전시목적에 사용된 후 우리나라로 (㉢)된 물품일 것

	㉠	㉡	㉢
①	모두	환적	수입
②	어느 하나	환적	수입
③	모두	단순 경유	수출
④	어느 하나	단순 경유	수출

해설 **관세법 시행규칙 제76조(직접운송원칙)**

관세법 제229조에 따라 원산지를 결정할 때 해당 물품이 원산지가 아닌 국가를 경유하지 아니하고 직접 우리나라에 운송·반입된 물품인 경우에만 그 원산지로 인정한다. 다만, 다음 어느 하나에 해당하는 물품인 경우에는 우리나라에 직접 반입한 것으로 본다.

1. 다음의 요건을 모두 충족하는 물품일 것
   가. 지리적 또는 운송상의 이유로 단순 경유한 것
   나. 원산지가 아닌 국가에서 관세당국의 통제하에 보세구역에 장치된 것
   다. 원산지가 아닌 국가에서 하역, 재선적 또는 그 밖에 정상 상태를 유지하기 위하여 요구되는 작업 외의 추가적인 작업을 하지 아니한 것
2. 박람회·전시회 및 그 밖에 이에 준하는 행사에 전시하기 위하여 원산지가 아닌 국가로 수출되어 해당 국가 관세당국의 통제하에 전시목적에 사용된 후 우리나라로 수출된 물품일 것

20 □□□ **관세법령상 세관장이 수출물품의 생산자와 수출자에게 공통적으로 제출을 요구할 수 있는 원산지증명서확인자료가 아닌 것은? (단, 두 당사자는 원산지증명서를 발급 받음)** 2024 관세사

① 원가계산서·원재료내역서 및 공정명세서
② 수출신고필증
③ 해당 물품 및 원재료의 출납·재고관리대장
④ 원산지증명서 발급 신청서류
⑤ 해당 물품 및 원재료의 생산 또는 구입 관련 증명 서류

해설 **제236조의6(원산지증명서확인자료 등)**

① 법 제232조의 2제2항 전단에서 "대통령령으로 정하는 자료"란 다음 각 호의 구분에 따른 자료로서 수출신고 수리일부터 3년 이내의 자료를 말한다.

1. 수출물품의 생산자가 제출하는 다음 각 목의 자료
   가. 수출자에게 해당 물품의 원산지를 증명하기 위하여 제공한 서류
   나. 수출자와의 물품공급계약서
   다. 해당 물품의 생산에 사용된 원재료의 수입신고필증(생산자 명의로 수입신고한 경우만 해당한다)
   라. 해당 물품 및 원재료의 생산 또는 구입 관련 증명 서류
   마. 원가계산서·원재료내역서 및 공정명세서
   바. 해당 물품 및 원재료의 출납·재고관리대장
   사. 해당 물품의 생산에 사용된 재료를 공급하거나 생산한 자가 그 재료의 원산지를 증명하기 위하여 작성하여 생산자에게 제공한 서류
   아. 원산지증명서 발급 신청서류(전자문서를 포함하며, 생산자가 원산지증명서를 발급받은 경우만 해당한다)
2. 수출자가 제출하는 다음 각 목의 자료
   가. 원산지증명서가 발급된 물품을 수입하는 국가의 수입자에게 제공한 원산지증명서(전자문서를 포함한다)
   나. 수출신고필증
   다. 수출거래 관련 계약서
   라. 원산지증명서 발급 신청서류(전자문서를 포함하며, 수출자가 원산지증명서를 발급받은 경우만 해당한다)
   마. 제1호 라목부터 바목까지의 서류(수출자가 원산지증명서를 발급받은 경우만 해당한다)
3. 원산지증명서를 발급한 자가 제출하는 다음 각 목의 자료
   가. 발급한 원산지증명서(전자문서를 포함한다)
   나. 원산지증명서 발급신청 서류(전자문서를 포함한다)
   다. 그 밖에 발급기관이 보관 중인 자료로서 원산지 확인에 필요하다고 판단하는 자료

② 법 제232조의2 제2항 제3호에서 "대통령령으로 정하는 자"란 해당 수출물품의 생산자 또는 수출자를 말한다.

정답 18. ④ 19. ③ 20. ②

Chapter 08

21 □□□ **관세법상 원산지증명서 등의 확인요청 및 조사에 관한 설명으로 옳지 않은 것은? (단, 조약 및 협정은 고려하지 않음)** 2017 관세사

① 세관장은 해당 물품의 수입신고가 수리되기 이전에 원산지증명서를 발급한 국가의 세관이나 그 밖에 발급권한이 있는 기관에 원산지증명서 및 원산지증명서확인자료의 진위 여부, 정확성 등의 확인을 요청할 수 있다.

② 세관장은 외국세관등이 기획재정부령으로 정한 기간 이내에 그 결과를 회신하지 아니한 경우에는 일반특혜관세·국제협력관세 또는 편익관세를 적용하지 아니할 수 있다.

③ 세관장은 관세법 제232조의2(원산지증명서의 발급 등)에 따라 원산지증명서가 발급된 물품을 수입하는 국가의 권한 있는 기관으로부터 원산지증명서 및 원산지증명서확인자료의 진위 여부, 정확성 등의 확인을 요청받은 경우 등 필요하다고 인정되는 경우에는 원산지증명서를 발급한 자를 대상으로 서면조사를 할 수 있다.

④ 세관장에게 신고한 원산지가 실제 원산지와 다른 것으로 확인되어 일반특혜관세·국제협력관세 또는 편익관세를 적용하지 아니한 경우 세관장은 납부하여야 할 세액 또는 납부하여야 할 세액과 납부한 세액의 차액을 부과·징수하여야 한다.

⑤ 외국세관등의 회신내용에 원산지증명서 및 원산지증명서확인자료를 확인하는 데 필요한 정보가 포함되지 아니한 경우에는 세관장은 일반특혜관세·국제협력관세 또는 편익관세를 적용하지 아니할 수 있다.

해설 **관세법 제233조(원산지증명서 등의 확인요청 및 조사)**

세관장은 원산지증명서를 발급한 국가의 세관이나 그 밖에 발급권한이 있는 기관(외국세관등)에 제출된 원산지증명서 및 원산지증명서확인자료의 진위 여부, 정확성 등의 확인을 요청할 수 있다. 이 경우 세관장의 확인요청은 해당 물품의 수입신고가 수리된 이후에 하여야 하며, 세관장은 확인을 요청한 사실 및 회신 내용과 그에 따른 결정 내용을 수입자에게 통보하여야 한다.(법 제233조 제1항)

---

②, ④, ⑤ (법 제233조 제2항)
③ (법 제233조 제3항)

22 □□□ **관세법령상 원산지의 확인 등에 관한 설명으로 옳지 않은 것은?** 2019 관세사

① 세관장은 일시적으로 육지에 내려지거나 다른 운송수단으로 환적 또는 복합환적되는 외국물품 중 원산지를 우리나라로 허위 표시한 물품은 유치할 수 있다.

② 세관장은 법령에 따라 원산지를 표시하여야 하는 물품의 원산지 표시가 법령에서 정하는 기준과 방법에 부합되지 아니하게 표시된 경우 해당 물품의 통관을 허용하여서는 아니 된다.

③ 세관장은 물품의 품질, 내용, 제조 방법, 용도, 수량을 사실과 다르게 표시한 물품 또는 품질 등을 오인(誤認)할 수 있도록 표시하거나 오인할 수 있는 표지를 부착한 물품으로서 부정경쟁방지 및 영업비밀보호에 관한 법률, 식품위생법, 산업표준화법 등 품질등의 표시에 관한 법령을 위반한 물품에 대하여는 통관을 허용하여서는 아니 된다.

④ 세관장은 원산지증명서가 발급된 물품을 수입하는 국가의 권한 있는 기관으로부터 원산지증명서 및 원산지증명서확인자료의 진위 여부, 정확성, 등의 확인을 요청받은 경우에는 지체없이 수출물품의 생산자 또는 수입자를 대상으로 서면조사 또는 현지조사를 하여야 한다.

⑤ 세관장은 외국물품을 유치할 때에는 그 사실을 그 물품의 화주나 그 위임을 받은 자에게 통지하여야 한다.

해설 **관세법 시행령 제236조의8(수출물품의 원산지증명서 등에 관한 조사 절차 등)**
세관장은 서면조사 또는 현지조사를 하는 경우에는 기획재정부령으로 정하는 사항을 조사대상자에게 조사 시작 7일 전까지 서면으로 통지하여야 한다.(영 제236조의8 제2항)

---

① (법 제231조 제1항)
② (법 제230조)
③ (법 제230조의2)
⑤ (법 제231조 제3항)

23 □□□ **관세법령상 원산지의 확인 등과 통관의 제한에 대한 설명으로 옳지 않은 것은?** 2023 관세직 7급

① 세관장은 물품의 품질등을 오인할 수 있는 표지를 부착한 물품으로서 「부정경쟁방지 및 영업비밀보호에 관한 법률」 등 품질등의 표시에 관한 법령을 위반한 물품에 대하여는 통관을 허용하여서는 아니 된다.

② 세관장은 원산지의 확인이 필요한 물품을 수입하는 자가 원산지증명서를 제출하지 아니하는 경우에는 조약 등에 따른 관세율을 적용할 때 편익관세를 배제하는 등 관세의 편익을 적용하지 아니할 수 있다.

③ 세관장은 원산지를 표시하여야 하는 물품의 원산지 표시가 부정한 방법으로 사실과 다르게 표시된 경우에는 그 위반사항이 경미한 경우에도 그 위반사항을 정정하도록 한 후 통관을 허용할 수 없다.

④ 수입물품의 통관 등을 위하여 원산지를 확인할 때 당해 국가의 영역에서 생산된 식물성 생산물은 그 물품의 전부를 생산・가공・제조한 나라를 원산지로 한다.

해설 ③ 세관장은 법령에 따라 원산지를 표시하여야 하는 물품의 원산지 표시가 부정한 방법으로 사실과 다르게 표시된경우에는 해당 물품의 통관을 허용하여서는 아니 된다. 다만, 그 위반사항이 경미한 경우에는 이를 보완・정정하도록 한 후 통관을 허용할 수 있다.(법 제230조)

정답 21. ① 22. ④ 23. ③

24 관세법령상 원산지 확인 및 원산지 증명서에 대한 설명으로 옳지 않은 것은? 2023 관세직 7급

□□□

① 세관장은 원산지증명서가 발급된 물품을 수입하는 국가의 권한 있는 기관으로부터 원산지증명서 및 원산지증명서확인자료의 진위 여부, 정확성 등의 확인을 요청받은 경우 등 필요하다고 인정되는 경우에는 원산지증명서를 발급받은 자 또는 원산지증명서를 발급한 자 또는 수출물품의 수입자를 대상으로 서면조사 또는 현지조사를 할 수 있다.

② 세관장은 일시적으로 육지에 내려지거나 다른 운송수단으로 환적 또는 복합환적되는 외국물품 중 원산지를 우리나라로 허위 표시한 물품은 유치할 수 있다.

③ 해당물품이 2개국 이상에 걸쳐 생산·가공 또는 제조된 경우, 그 물품의 원산지는 당해 물품의 생산과정에 사용되는 물품의 품목분류표상 6단위 품목번호와 다른 6단위 품목번호의 물품을 최종적으로 생산한 국가로 한다.

④ 촬영된 영화용 필름은 그 제작자가 속하는 국가를 원산지로 인정한다. 다만, 수출물품에 대한 원산지 결정기준이 수입국의 원산지 결정기준과 다른 경우에는 수입국의 원산지 결정기준을 따를 수 있다.

해설 **관세법 제233조(원산지증명서 등의 확인요청 및 조사)**

세관장은 원산지증명서가 발급된 물품을 수입하는 국가의 권한 있는 기관으로부터 원산지증명서 및 원산지증명서확인자료의 진위 여부, 정확성 등의 확인을 요청받은 경우 등 필요하다고 인정되는 경우에는 다음 각 호의 어느 하나에 해당하는 자를 대상으로 서면조사 또는 현지조사를 할 수 있다.(법 제233조 제3항)

1. 원산지증명서를 발급받은 자
2. 원산지증명서를 발급한 자
3. 수출물품의 생산자 또는 수출자

25 원산지 등에 대한 사전확인에 관한 설명으로 옳지 않은 것은? 2014 관세직 7급

□□□

① 원산지확인이 필요한 물품을 수입하는 자는 세관장에게 당해 물품의 수입신고를 거친 후 확인 또는 심사하여 줄 것을 신청할 수 있다.

② 세관장은 수입신고된 물품 및 원산지증명서의 내용이 사전 확인서상의 내용과 동일하다고 인정되는 때에는 특별한 사유가 없는 한 사전확인서의 내용에 따라 관세의 경감 등을 적용하여야 한다.

③ 사전확인의 신청을 받은 경우 관세청장은 60일 이내에 이를 확인하여 그 결과를 기재한 서류를 신청인에게 교부하여야 한다.

④ 관세청장은 이의제기의 내용이나 절차가 적합하지 아니하지만 보정할 수 있다고 인정되는 때에는 20일 이내의 기간을 정하여 보정하여 줄 것을 요구할 수 있다.

해설 **관세법 시행령 제236조의2(원산지 등에 대한 사전확인)**

원산지확인이 필요한 물품을 수입하는 자는 관세청장에게 다음 어느 하나에 해당하는 사항에 대하여 당해 물품의 수입신고를 하기 전에 미리 확인 또는 심사하여 줄 것을 신청할 수 있다.(영 제236조의2 제1항)

1. 원산지 확인기준의 충족여부
2. 조약 또는 협정 등의 체결로 인하여 관련법령에서 특정물품에 대한 원산지 확인기준을 달리 정하고 있는 경우에 당해 법령에 따른 원산지 확인기준의 충족여부
3. 원산지 확인기준의 충족여부를 결정하기 위한 기초가 되는 사항으로서 관세청장이 정하는 사항
4. 그 밖에 관세청장이 원산지에 따른 관세의 적용과 관련하여 필요하다고 정하는 사항

26 「관세법」상 통관에 대한 설명으로 옳지 않은 것은? 2016 관세직 9급

□□□

① 세관장은 다른 법령에 따라 수입 후 특정한 용도로 사용하여야 하는 등의 의무가 부가되어 있는 물품에 대하여는 문서로써 해당 의무를 이행할 것을 요구할 수 있다.

② 세관장은 법령에 따라 원산지를 표시하여야 하는 물품의 원산지 표시가 법령에서 정하는 기준과 방법에 부합되지 아니하게 표시된 경우에는 해당 물품의 통관 후 이를 보완·정정하도록 할 수 있다.

③ 관세청장이나 세관장은 수출신고가 수리되어 외국으로 반출되기 전에 있는 물품으로서 「관세법」에 따른 의무사항을 위반하거나 국민보건 등을 해칠 우려가 있는 물품은 대통령령으로 정하는 바에 따라 이를 보세구역으로 반입할 것을 명할 수 있다.

④ 「관세법」 제241조에 따른 수출신고는 화주에게 해당 수출 물품을 제조하여 공급한 자의 명의로 할 수 있다.

해설 **관세법 제230조(원산지 허위표시물품 등의 통관 제한)**

세관장은 법령에 따라 원산지를 표시하여야 하는 물품이 다음 어느 하나에 해당하는 경우에는 해당 물품의 통관을 허용하여서는 아니 된다. 다만, 그 위반사항이 경미한 경우에는 이를 보완·정정하도록 한 후 통관을 허용할 수 있다.

1. 원산지 표시가 법령에서 정하는 기준과 방법에 부합되지 아니하게 표시된 경우
2. 원산지 표시가 부정한 방법으로 사실과 다르게 표시된 경우
3. 원산지 표시가 되어 있지 아니한 경우

---

① (법 제227조 제1항)
③ (법 제238조 제1항)
④ (법 제242조)

27 관세법상 원산지의 확인 등에 대한 설명으로 옳지 않은 것은? 2019 관세직 9급

□□□

① 세관장은 관세법 제232조 제3항에 따라 원산지증명서확인자료를 제출한 자가 정당한 사유를 제시하여 그 자료를 공개하지 아니할 것을 요청한 경우에는 그 제출인의 명시적 동의 없이는 해당 자료를 공개하여서는 아니 된다.

② 세관장은 환적 또는 복합환적되는 외국물품 중 원산지를 우리나라로 허위 표시한 물품을 유치하는 경우 세관장이 관리하는 장소에 보관하여야 한다. 다만, 세관장이 필요하다고 인정할 때에는 그러하지 아니하다.

③ 세관장은 법령에 따라 원산지를 표시하여야 하는 물품의 원산지 표시가 부정한 방법으로 사실과 다르게 표시된 경우에는 해당 물품의 통관을 허용하여서는 아니 된다. 다만, 그 위반사항이 경미한 경우에는 이를 보완·정정하도록 한 후 통관을 허용할 수 있다.

④ 세관장은 복합환적되는 외국물품 중 원산지를 우리나라로 허위 표시한 물품의 유치 사실을 그 물품의 화주에게 통지할 때 이행기간을 정하여 원산지 표시의 수정 등 필요한 조치를 명할 수 있고 그 명령이 이행되지 아니하면 유치한 물품을 몰수할 수 있다.

Chapter 08

정답 24. ① 25. ① 26. ② 27. ④

해설 ④ 이행명령이 이행되지 아니하면 유치한 물품을 몰수가 아닌 매각할 수 있다.(법 제231조 제6항)
① (법 제232조 제4항)
② (법 제231조 제2항)
③ (법 제230조)

28 □□□ **「관세법」상 통관의 통칙에 대한 설명으로 옳지 않은 것은?** 2021 관세직 9급

① 세관장은 다른 법령에 따라 수입 후 특정한 용도로 사용하여야 하는 등의 의무가 부가되어 있는 물품에 대하여는 문서로써 해당 의무를 이행할 것을 요구할 수 있다.
② 세관장은 관세 보전을 위하여 필요하다고 인정할 때에는 대통령령으로 정하는 바에 따라 수입하는 물품에 통관표지를 첨부할 것을 명할 수 있다.
③ 관세청장이나 세관장은 감시에 필요하다고 인정될 때에는 통관역・통관장 또는 특정한 세관에서 통관할 수 있는 물품을 제한할 수 있다.
④ 세관장은 외국물품의 일시양륙에 따라 일시적으로 육지에 내려진 외국물품의 원산지가 우리나라로 허위 표시된 물품이더라도 유치할 수 없다.

해설 세관장은 일시적으로 육지에 내려지거나 다른 운송수단으로 환적 또는 복합환적되는 외국물품 중 원산지를 우리나라로 허위 표시한 물품은 유치할 수 있다.(법 제231조 제1항)

29 □□□ **「관세법」상 일시적으로 육지에 내려지거나 다른 운송수단으로 환적 또는 복합환적되는 외국물품 중 원산지를 우리나라로 허위표시한 물품의 처리에 대한 설명으로 옳지 않은 것은?** 2015 관세직 7급

① 세관장은 위 외국물품을 유치할 때에는 그 사실을 그 물품의 화주나 그 위임을 받은 자에게 통지하여야 한다.
② 위 외국물품을 유치할 때에는 세관장이 관리하는 장소에 보관하여야 한다. 세관장이 필요하다고 인정할 때에는 그러하지 아니하다.
③ 세관장이 위 외국물품의 유치사실을 통지할 때 이행기간을 정하여 원산지 표시의 수정 등 필요한 조치를 명한 경우 지정된 이행기간 내에 명령이 이행되면 세관장은 그 외국물품의 유치를 즉시 해제하여야 한다.
④ 세관장은 위 외국물품의 유치사실을 통지할 때 지정한 이행기간 내에 명령을 이행하지 아니하면 반송한다는 뜻을 함께 통지하여야 한다.

해설 ④ 세관장은 외국물품의 유치사실을 통지를 할 때에는 이행기간을 정하여 원산지 표시의 수정 등 필요한 조치를 명할 수 있다. 이 경우 지정한 이행기간 내에 명령을 이행하지 아니하면 매각한다는 뜻을 함께 통지하여야 한다.(법 제231조 제4항)

30 □□□ **관세법상 원산지의 확인 및 원산지증명서 등에 관한 설명 중 옳은 것은?** 2009 관세직 7급 변형

① 세관장은 원산지증명서확인자료를 제출한 자가 정당한 사유를 제시하여 그 자료를 공개하지 아니할 것을 요청한 경우라도 그 제출인의 명시적 동의 없이 해당 자료를 공개할 수 있다.

② 세관장은 원산지증명서를 발행한 국가의 세관 기타 발급권한이 있는 기관에게 제출된 원산지증명서 및 원산지증명서확인자료의 진위 여부, 정확성 등의 확인을 해당 물품의 수입신고가 수리되기 전에 요청할 수 있다.

③ 정부는 관세법과 「자유무역협정의 이행을 위한 관세법의 특례에 관한 법률」 및 조약·협정 등에 따라 수출입물품의 원산지정보 수집·분석과 활용 및 검증 지원 등에 필요한 업무를 효율적으로 수행하기 위하여 한국원산지정보원을 설립한다.

④ 관세법에 따른 정보원이 아닌 자도 한국원산지정보원 또는 이와 유사한 명칭을 사용할 수 있다.

해설 **관세법 제233조의2(한국원산지정보원의 설립)**

① 정부는 이 법과 「자유무역협정의 이행을 위한 관세법의 특례에 관한 법률」 및 조약·협정 등에 따라 수출입물품의 원산지정보 수집·분석과 활용 및 검증 지원 등에 필요한 업무를 효율적으로 수행하기 위하여 한국원산지정보원을 설립한다.
② 원산지정보원은 법인으로 한다.
③ 정부는 원산지정보원의 운영 및 사업수행에 필요한 경비를 예산의 범위에서 출연하거나 보조할 수 있다.
④ 원산지정보원은 설립목적을 달성하기 위하여 다음 각 호의 사업을 수행한다.
1. 자유무역협정과 원산지 관련 제도·정책·활용 등에 관한 정보의 수집·분석·제공
2. 수출입물품의 원산지정보 관리를 위한 시스템의 구축 및 운영에 관한 사항
3. 원산지인증수출자 인증, 원산지검증 등의 지원에 관한 사항
4. 자유무역협정 및 원산지 관련 교육·전문인력양성에 필요한 사업
5. 자유무역협정과 원산지 관련 정부, 지방자치단체, 공공기관 등으로부터 위탁받은 사업
6. 그 밖에 제1호부터 제5호까지의 사업에 따른 부대사업 및 원산지정보원의 설립목적을 달성하는 데 필요한 사업
⑤ 원산지정보원에 대하여 이 법과 「공공기관의 운영에 관한 법률」에서 규정한 것 외에는 「민법」 중 재단법인에 관한 규정을 준용한다.
⑥ 이 법에 따른 원산지정보원이 아닌 자는 한국원산지정보원 또는 이와 유사한 명칭을 사용하지 못한다.
⑦ 관세청장은 원산지정보원의 업무를 지도·감독한다.

31 □□□ **관세법상 원산지의 확인 등에 관한 설명으로 옳지 않은 것은?** 2016 관세사

① 원산지표시위반단속기관협의회의 구성·운영과 그 밖에 필요한 사항은 기획재정부령으로 정한다.

② 세관장은 일시적으로 육지에 내려지거나 다른 운송수단으로 환적 또는 복합환적되는 외국물품 중 원산지를 우리나라로 허위 표시한 물품은 유치할 수 있다.

③ 세관장은 환적물품 등에 대한 유치 등에 따라 외국물품을 유치할 때에는 그 사실을 그 물품의 화주나 그 위임을 받은 자에 통지하여야 한다.

④ 관세법, 조약, 협정 등에 따라 원산지 확인이 필요한 물품을 수입하는 자는 해당 물품의 원산지를 증명하는 서류를 제출하여야 한다. 다만, 대통령령으로 정하는 물품의 경우에는 그러하지 아니하다.

⑤ 관세법, 조약, 협정 등에 따라 관세를 양허받을 수 있는 물품의 수출자가 원산지증명서의 발급을 요청하는 경우에는 세관장이나 그 밖에 원산지증명서를 발급할 권한이 있는 기관은 그 수출자에게 원산지증명서를 발급하여야 한다.

정답 28. ④ 29. ④ 30. ③ 31. ①

해설 **관세법 제233조의3(원산지표시위반단속기관협의회)**
원산지표시위반단속기관협의회의 구성·운영과 그 밖에 필요한 사항은 대통령령으로 정한다.(법 제233조의3 제2항)

---

② (법 제231조 제1항)
③ (법 제231조 제3항)
④ (법 제232조 제1항)
⑤ (법 제232조의2 제1항)

32 수출입금지물품에 해당하지 않는 것은? 2012 관세직 7급

□□□

① 풍속을 해치는 도화
② 기업의 영업기밀을 누설하는 물품
③ 헌법질서를 문란하게 하는 간행물
④ 화폐·채권이나 그 밖의 유가증권의 위조품·변조품 또는 모조품

해설 **관세법 제234조(수출입의 금지)**
다음 어느 하나에 해당하는 물품은 수출하거나 수입할 수 없다. 이를 위반하여 수출하거나 수입한 자는 7년 이하의 징역 또는 7천만원 이하의 벌금에 처한다.
1. 헌법질서를 문란하게 하거나 공공의 안녕질서 또는 풍속을 해치는 서적·간행물·도화, 영화·음반·비디오물·조각물 또는 그 밖에 이에 준하는 물품
2. 정부의 기밀을 누설하거나 첩보활동에 사용되는 물품
3. 화폐·채권이나 그 밖의 유가증권의 위조품·변조품 또는 모조품

33 밑줄 친 (가)~(마)에 관한 설명으로 옳지 않은 것은? 2011 관세사

□□□

> 관세청장은 (가) 마약류·가짜상품·보석류·(나) 농산물 등을 밀수입하거나 (다) 수입가격을 실제가격보다 낮게 신고하여 관세를 포탈하는 행위 및 (라) 불법외환거래 등을 제보한 민간인에게 최근 3년간 (마) 포상금을 22억원을 지급하겠다고 밝혔다.

① (가)에 해당하는 물품은 관세법에 수출입금지품목으로 명시되어 있다.
② (나)에 해당하는 참깨를 신고하지 않고 수입한 자는 밀수입죄로 처벌한다.
③ (다)에 해당하는 행위를 한 자는 관세포탈죄로 처벌한다.
④ (라)에 대한 처벌은 관세법이 아니라 외국환거래법에 의한다.
⑤ (마)의 포상금은 관세범을 세관이나 그 밖의 수사기관에 통보하거나 체포한 자로서 공로가 있는 사람에게 지급될 수 있다.

해설 ① 마약류, 가짜상품, 보석류 등은 법 제234조 수출입금지품에 해당하지 않는다.

34 「관세법」상 수입하거나 수출할 수 없는 물품으로 규정된 것에 해당하지 않는 것은? 2021 관세직 7급

① 풍속을 해치는 서적・영화・조각물
② 국민보건 등을 해칠 우려가 있는 물품
③ 화폐의 모조품
④ 「식물신품종 보호법」에 따라 설정등록된 품종보호권을 침해하는 물품

해설 **관세법 제234조(수출입의 금지)**
다음 어느 하나에 해당하는 물품은 수출하거나 수입할 수 없다.
1. 헌법질서를 문란하게 하거나 공공의 안녕질서 또는 풍속을 해치는 서적・간행물・도화, 영화・음반・비디오물・조각물 또는 그 밖에 이에 준하는 물품
2. 정부의 기밀을 누설하거나 첩보활동에 사용되는 물품
3. 화폐・채권이나 그 밖의 유가증권의 위조품・변조품 또는 모조품

관세법 제235조(지식재산권 보호)
다음 어느 하나에 해당하는 지식재산권을 침해하는 물품은 수출하거나 수입할 수 없다.(법 제235조 제1항)
1. 「상표법」에 따라 설정등록된 상표권
2. 「저작권법」에 따른 저작권과 저작인접권(이하 "저작권등"이라 한다)
3. 「식물신품종 보호법」에 따라 설정등록된 품종보호권
4. 「농수산물 품질관리법」에 따라 등록되거나 조약・협정 등에 따라 보호대상으로 지정된 지리적표시권 또는 지리적표시("지리적표시권등")
5. 「특허법」에 따라 설정등록된 특허권
6. 「디자인보호법」에 따라 설정등록된 디자인권

② 국민보건 등을 해칠 우려가 있는 물품은 보세구역반입명령 또는 유통이력신고 등의 적용 대상물품으로써 보완정정후 통관이 가능하다.

35 관세법상 통관에 대한 설명으로 옳지 않은 것은? 2020 관세직 9급

① 수출입을 할 때 법령에서 정하는 바에 따라 허가・승인・표시 또는 그 밖의 조건을 갖출 필요가 있는 물품은 세관장에게 그 허가・승인・표시 또는 그 밖의 조건을 갖춘 것임을 증명하여야 한다.
② 세관장은 다른 법령에 따라 수입 후 특정한 용도로 사용하여야 하는 등의 의무가 부가되어 있는 물품에 대하여는 문서로써 해당 의무를 이행할 것을 요구할 수 있다.
③ 헌법질서를 문란하게 하거나 공공의 안녕질서 또는 풍속을 해치는 서적・간행물・도화, 영화・음반・비디오물・조각물 또는 그 밖에 이에 준하는 물품은 수출하거나 수입할 수 없다.
④ 관세법에 따른 의무사항을 위반할 우려가 있는 물품은 수출하거나 수입할 수 없다.

해설 ④ 관세법에 따른 의무사항을 위반할 우려가 있는 물품은 통관을 보류하거나(법 제237조), 보세구역 반입명령(법 제238조)을 내릴 수 있다.
① (법 제226조 제1항)
② (법 제227조 제1항)
③ (법 제234조)

정답 32. ② 33. ① 34. ② 35. ④

36 관세법령에 따른 설명으로 옳지 않은 것은? 2016 관세직 7급

□□□

① 보세창고 운영인이 미리 세관장에게 신고를 하고 외국물품이나 통관을 하려는 물품의 장치에 방해되지 아니하는 범위에서 보세창고에 장치한 내국물품으로서 장치기간이 지난 물품은 그 기간이 지난 후 10일 내에 그 운영인의 책임으로 반출하여야 한다.

② 상업적 목적이 아닌 개인용도에 사용하기 위한 여행자휴대품으로서 소량 수입되는 물품이 「저작권법」에 따른 저작권을 침해할 우려가 있는 경우 세관장은 저작권자에게 그 물품의 수입사실을 통보하고 통관을 보류할 수 있다.

③ 세관장은 납세의무자가 「관세법」에 따라 환급하여야 할 환급세액의 환급을 청구할 때에는 대통령령으로 정하는 바에 따라 지체 없이 이를 관세환급금으로 결정하고 30일 이내에 환급하여야 하며, 세관장이 확인한 관세환급금은 납세의무자가 환급을 청구하지 아니하더라도 환급하여야 한다.

④ 관세범인이 통고서의 송달을 받은 날부터 15일 이내에 통고처분을 이행하지 아니하였을 때에는 관세청장이나 세관장은 즉시 고발하여야 한다. 다만, 15일이 지난 후 고발이 되기 전에 관세범인이 통고처분을 이행한 경우에는 그러하지 아니하다.

해설 **관세법 시행령 제243조(적용의 배제)**

상업적 목적이 아닌 개인용도에 사용하기 위한 여행자휴대품으로서 소량으로 수출입되는 물품에 대하여는 법 제235조 제1항(지식재산권 보호 규정)을 적용하지 아니한다.

---

① (법 제184조 제1항)
③ (법 제46조 제1항)
④ (법 제316조)

37 관세법령상 상표법에 따라 설정등록된 상표권의 보호에 대한 설명으로 옳지 않은 것은?

□□□

2017 관세직 7급

① 상업적 목적이 아닌 개인용도에 사용하기 위한 여행자휴대품으로서 소량으로 수입되는 물품이 상표권을 침해하는 경우 그 물품은 수입할 수 없다.

② 관세청장은 상표권을 침해하는 물품을 효율적으로 단속하기 위하여 필요한 경우 해당 상표권을 설정등록한 자로 하여금 해당 상표권에 관한 사항을 신고하게 할 수 있다.

③ 상표권을 보호받으려는 자는 세관장에게 담보를 제공하고 해당 물품의 통관 보류나 유치를 요청할 수 있다.

④ 세관장은 수입신고된 물품이 상표권을 침해하였음이 명백한 경우에는 대통령령으로 정하는 바에 따라 직권으로 해당 물품의 통관을 보류하거나 해당 물품을 유치할 수 있다.

해설 ① 상업적 목적이 아닌 개인용도에 사용하기 위한 여행자휴대품으로서 소량으로 수출입되는 물품에 대하여는 관세법상 지식재산권 보호 규정을 적용하지 아니한다.

38 관세법령상 지식재산권 보호대상으로 명시되어 있지 않은 것은? 2020 관세사

□□□

① 특허법에 따른 화폐 · 채권
② 저작권법에 따른 저작권과 저작인접권
③ 농산물품질관리법에 따라 등록되거나 조약 · 협정 등에 따라 보호대상으로 지정된 지리적표시권 또는 지리적표시
④ 식물신품종 보호법에 따라 설정등록된 품종보호권
⑤ 디자인보호법에 따라 설정등록된 디자인권

해설 **관세법 제235조(지식재산권 보호)**

다음 어느 하나에 해당하는 지식재산권을 침해하는 물품은 수출하거나 수입할 수 없다.(법 제235조 제1항)

1. 「상표법」에 따라 설정등록된 상표권
2. 「저작권법」에 따른 저작권과 저작인접권(저작권등)
3. 「식물신품종 보호법」에 따라 설정등록된 품종보호권
4. 「농수산물 품질관리법」에 따라 등록되거나 조약 · 협정 등에 따라 보호대상으로 지정된 지리적표시권 또는 지리적표시(지리적표시권등)
5. 「특허법」에 따라 설정등록된 특허권
6. 「디자인보호법」에 따라 설정등록된 디자인권

---

① 특허법에 따라 설정등록된 특허권이 관세법상 보호하고 있는 지식재산권이다.

39 지식재산권 보호에 관한 설명으로 옳지 않은 것은? 2015 관세사

□□□

① 상표법에 따라 설정등록된 상표권을 침해하는 물품은 수출 또는 수입할 수 없다.
② 저작권법에 따른 저작권과 저작인접권을 침해하는 물품은 수출 또는 수입할 수 없다.
③ 식물신품종 보호법에 따라 설정등록된 품종보호권을 침해하는 물품은 수출 또는 수입할 수 없다.
④ 전자상거래진흥법에 따라 설정등록된 물품을 침해하는 물품은 수출 또는 수입할 수 없다.
⑤ 디자인보호법에 따라 설정등록된 디자인권을 침해하는 물품은 수출 또는 수입할 수 없다.

해설 ④ 전자상거래진흥법에 따라 설정등록된 권리는 관세법상 보호하는 지식재산권에 해당하지 않는다.

Chapter 08

40 관세법상 지식재산권 보호에 대한 설명으로 옳은 것은? 2012 관세직 9급

□□□

① 기획재정부장관은 상표권 등을 침해하는 물품을 효율적으로 단속하기 위하여 필요한 경우에는 해당 상표권 등을 등록한 자로 하여금 상표권 등에 관한 사항을 신고하게 할 수 있다.
② 관세청장은 수출입신고된 물품이 관세법 규정에 따라 신고된 상표권 등을 침해하였다고 인정될 때에는 그 상표권 등을 신고한 자에게 수출입신고 사실을 통보하여야 한다.
③ 상표권 등을 보호받으려는 자는 세관장에게 담보를 제공하고 해당 물품의 통관 보류나 유치를 요청할 수 있다.
④ 상표권 등에 관한 신고, 담보제공, 통관의 보류 · 허용 등에 필요한 사항은 기획재정부령으로 정한다.

정답 36. ② 37. ① 38. ① 39. ④ 40. ③

해설 **관세법 제235조(지식재산권 보호)**

세관장은 다음 어느 하나에 해당하는 물품이 지식재산권을 침해하였다고 인정될 때에는 그 지식재산권을 신고한 자에게 해당 물품의 수출입신고 등의 사실을 통보하여야 한다. 이 경우 통보를 받은 자는 세관장에게 담보를 제공하고 해당 물품의 통관 보류나 유치를 요청할 수 있다.(법 제235조 제3항)

1. 수출입신고된 물품
2. 환적 또는 복합환적 신고된 물품
3. 보세구역에 반입신고된 물품
4. 보세운송신고된 물품
5. 제141조 제1호에 따라 일시양륙이 신고된 물품
6. 통관우체국에 도착한 물품

---

① 관세청장은 상표권 등을 침해하는 물품을 효율적으로 단속하기 위하여 필요한 경우에는 해당 상표권 등을 등록한 자로 하여금 상표권 등에 관한 사항을 신고하게 할 수 있다.(법 제235조 제2항)

② 세관장은 수출입신고된 물품이 관세법 규정에 따라 신고된 상표권 등을 침해하였다고 인정될 때에는 그 상표권 등을 신고한 자에게 수출입신고 사실을 통보하여야 한다.(법 제235조 제3항)

④ 상표권 등에 관한 신고, 담보제공, 통관의 보류·허용 등에 필요한 사항은 대통령령으로 정한다.(법 제235조 제6항)

41 □□□ **관세법령상 지식재산권 보호를 위해 통관의 보류나 유치를 요청하려는 자가 세관장에게 제출하여야 하는 신청서의 기재사항으로 명시되어 있지 않은 것은?** 2019 관세사

① 물품의 수량 및 가격
② 품명·수출입자 및 수출입국
③ 지식재산권의 내용 및 범위
④ 요청사유
⑤ 침해사실을 입증하기 위하여 필요한 사항

해설 **관세법 시행령 제238조(통관보류등의 요청)**

관세법 제235조 제3항 및 제4항에 따라 통관의 보류나 유치를 요청하려는 자는 다음의 사항을 적은 신청서와 해당 법령에 따른 정당한 권리자임을 증명하는 서류를 세관장에게 제출하여야 한다.

1. 품명·수출입자 및 수출입국
2. 지식재산권의 내용 및 범위
3. 요청사유
4. 침해사실을 입증하기 위하여 필요한 사항

42 □□□ **수출입신고 등을 한 자가 담보를 제공하고 통관 또는 유치 해제를 요청하는 경우에도 해당 물품의 통관을 허용하거나 유치를 해제할 수 없는 물품으로 옳지 않은 것은?** 2014 관세직 7급

① 같거나 유사한 품종명칭을 사용하여 관세법 제235조 제1항 제3호에 따른 디자인권을 침해하는 물품
② 위조하거나 유사한 상표를 부착하여 관세법 제235조 제1항 제1호에 따른 상표권을 침해하는 물품
③ 불법 복제된 물품으로서 저작권등을 침해하는 물품
④ 위조하거나 유사한 지리적 표시를 사용하여 지리적표시권등을 침해하는 물품

해설 **관세법 제235조(지식재산권 보호)**
세관장은 특별한 사유가 없으면 해당 물품의 통관을 보류하거나 유치하여야 한다. 다만, 수출입신고등을 한 자가 담보를 제공하고 통관 또는 유치 해제를 요청하는 경우에는 다음의 물품을 제외하고는 해당 물품의 통관을 허용하거나 유치를 해제할 수 있다.(법 제235조 제5항)
1. 위조하거나 유사한 상표를 부착하여 상표권을 침해하는 물품
2. 불법복제된 물품으로서 저작권등을 침해하는 물품
3. 같거나 유사한 품종명칭을 사용하여 품종보호권을 침해하는 물품
4. 위조하거나 유사한 지리적 표시를 사용하여 지리적 표시권 등을 침해하는 물품
5. 특허로 설정등록된 발명을 사용하여 특허권을 침해하는 물품
6. 같거나 유사한 디자인을 사용하여 디자인권을 침해하는 물품

43 **관세법령상 지식재산권 보호를 위한 통관보류 관련 규정에 대한 설명으로 옳지 않은 것은?**
□□□

2010 관세직 7급

① 수출입신고된 물품이 신고된 저작권등을 침해하였다고 인정되어 지식재산권 관리자의 통관보류 요청을 받은 세관장은 저작권등을 침해하는 불법복제된 물품을 수출입신고한 자가 담보를 제공하고 통관을 요청하는 경우에는 해당 물품의 통관을 허용할 수 있다.

② 수출입신고된 물품의 상표권 침해 사실을 세관장으로부터 통보받은 상표권 신고자는 세관장에게 담보를 제공하고 해당 물품의 통관보류를 요청할 수 있다.

③ 세관장은 수출입신고된 물품이 통관의 보류가 요청된 상표권 또는 저작권등을 침해한 물품이라고 인정되더라도 상표권 또는 저작권등의 권리자가 해당 물품의 통관에 동의하는 때에는 관세청장이 정하는 바에 따라 통관을 허용할 수 있다.

④ 세관장은 통관의 보류를 요청한 자가 해당 물품의 통관의 보류사실을 통보받은 후 10일(휴일 및 공휴일을 제외) 이내에 법원에의 제소사실을 입증하는 때에는 해당 통관의 보류를 계속할 수 있다.

해설 ① 불법복제된 물품으로서 저작권등을 침해하는 물품에 대해서는 수출입신고등을 한자가 세관장은 담보를 제공하고 통관 또는 유치 해제를 요청하더라로 통관을 허용하거나 유치를 해제하여서는 안 된다.(법 제235조 제5항)
② (법 제235조 제3항)
③ (영 제239조 제1항)
④ (영 제239조 제3항)

Chapter 08

정답 41. ① 42. ① 43. ①

44 관세법상 통관의 제한 등에 대한 설명으로 옳은 것은? 2011 관세직 7급

□□□

① 세관공무원이 관세법의 규정에 따라 제공받은 승객예약자료를 열람하려는 때에는 대통령령으로 정하는 바에 따라 미리 관세청장의 승인을 받아야 한다.

② 관세법에 따라 지식재산권을 보호받으려는 자는 담보제공 없이도 세관장에게 해당 물품의 통관 보류나 유치를 요청할 수 있으며, 이러한 요청을 받은 세관장은 특별한 사유가 없으면 해당 물품의 통관을 보류하거나 유치하여야 한다.

③ 관세법에 따라 통관보류 또는 유치된 물품의 통관 또는 유치 해제 요청을 받은 세관장은 해당 물품의 통관 또는 유치 해제 허용 여부를 요청일로부터 10일 이내에 결정한다.

④ 관세법에 따라 지식재산권을 보호받으려는 자가 세관장에게 담보를 제공하고자 할 때 해당 물품의 과세가격의 100분의 120에 상당하는 금액을 세관장이 인정하는 보증인의 납세보증서로 할 수 있다.

해설 **관세법 시행령 제241조(담보제공 등)**

지식재산권 침해물품에 대하여 통관 보류나 유치를 요청하려는 자와 통관 또는 유치 해제를 요청하려는 자는 세관장에게 해당 물품의 과세가격의 100분의 120에 상당하는 금액의 담보를 금전, 국채 또는 지방채, 세관장이 인정하는 유가증권, 세관장이 인정하는 보증인의 납세보증서로 제공하여야 한다.(영 제241조 제1항)

---

① 세관공무원이 승객예약 자료를 열람하려는 때에는 세관장의 승인을 받아야 한다.

② 지식재산권을 보호받으려는 자는 과세가격 100분의 120에 상당하는 금액의 담보를 금전, 국채 또는 지방채, 세관장이 인정하는 유가증권, 세관장이 인정하는 보증인의 납세보증서로 제공하여야 한다.

③ 통관보류 또는 유치된 물품의 통관 또는 유치 해제 요청을 받은 세관장은 해당 물품의 통관 또는 유치 해제 허용 여부를 요청일로부터 15일 이내에 결정한다.

45 관세법령상 통관의 제한 등에 대한 설명으로 옳지 않은 것은? 2019 관세직 9급

□□□

① 세관장은 수출입신고된 물품이 특허법에 따라 설정등록된 특허권을 침해하였음이 명백한 경우에는 대통령령으로 정하는 바에 따라 직권으로 해당 물품의 통관을 보류하거나 해당 물품을 유치할 수 있다. 이 경우 세관장은 해당 물품의 수출입신고를 한 자에게 그 사실을 즉시 통보하여야 한다.

② 세관장은 통관보류등을 요청한 자가 해당 물품에 대한 통관보류등의 사실을 통보받은 후 휴일 및 공휴일을 제외한 10일 이내에 법원에의 제소사실 또는 무역위원회에의 조사신청사실을 입증하였을 때에는 해당 통관보류등을 계속할 수 있다.

③ 세관장은 수출입신고등이 된 물품의 지식재산권 침해 여부를 판단하기 위하여 필요하다고 인정되는 경우는 해당 지식재산권의 권리자로 하여금 지식재산권에 대한 전문인력 또는 검사시설을 제공하도록 할 수 있다.

④ 수출입신고등을 한 자가 통관보류등이 된 물품의 통관 또는 유치 해제를 요청하려는 때에는 대통령령으로 정하는 바에 따라 신청서와 해당 물품이 지식재산권을 침해하지 아니하였음을 소명하는 자료를 관세청장에게 제출하여야 한다.

해설 **관세법 시행령 제240조(통관보류등이 된 물품의 통관 또는 유치 해제 요청)**
수출입신고등을 한 자 또는 법 제235조 제3항 제6호에 해당하는 물품의 화주가 법 제235조 제5항 단서에 따라 통관 또는 유치 해제를 요청하려는 때에는 관세청장이 정하는 바에 따라 신청서와 해당 물품이 지식재산권을 침해하지 않았음을 소명하는 자료를 세관장에게 제출해야 한다.(영 제240조 제1항)

---

① (법 제235조 제7항)
② (영 제239조 제3항)
③ (영 제242조 제1항)

46 □□□ **통관보류에 대한 설명으로 옳지 않은 것은?** 2015 관세직 7급

① 수출입신고등을 한 자가 담보를 제공하고 통관 또는 유치 해제를 요청하려는 때에는 관세청장이 정하는 바에 따라 신청서와 해당 물품이 지식재산권을 침해하지 아니하였음을 소명하는 자료를 세관장에게 제출하여야 한다.
② 통관 또는 유치 해제 요청을 받은 세관장은 그 요청사실을 지체 없이 통관보류등을 요청한 자에게 통보하여야 하며, 그 통보를 받은 자는 침해와 관련된 증거자료를 세관장에게 제출할 수 있다.
③ 세관장은 통관 또는 유치 해제 요청이 있는 경우 해당 물품의 통관 또는 유치 해제 허용 여부를 요청일부터 15일 이내에 결정한다.
④ 세관장은 보세구역에 반입신고된 물품이 지식재산권을 침해하였음이 명백한 경우라 하더라도 직권으로 물품의 통관을 보류하거나 해당 물품을 유치할 수는 없다.

해설 ④ 세관장은 지식재산권을 침해하였음이 명백한 경우에는 직권으로 해당 물품의 통관을 보류하거나 해당 물품을 유치할 수 있다. 이 경우 세관장은 해당 물품의 수출입신고등을 한 자에게 그 사실을 즉시 통보하여야 한다.

47 □□□ **「관세법」상 지식재산권 보호에 대한 설명으로 옳지 않은 것은?** 2018 관세직 9급

① 「농산물품질관리법」 또는 「수산물품질관리법」에 따라 등록되거나 조약·협정 등에 따라 보호대상으로 지정된 지리적 표시권을 침해하는 물품은 수출하거나 수입할 수 없다.
② 관세청장은 지식재산권을 침해하는 물품을 효율적으로 단속하기 위하여 필요한 경우에는 해당 지식재산권을 관계 법령에 따라 등록 또는 설정등록한 자 등으로 하여금 해당 지식재산권에 관한 사항을 신고하게 할 수 있다.
③ 세관장은 지식재산권을 침해했음이 명백한 경우에는 기획재정부령으로 정하는 바에 따라 직권으로 해당 물품의 통관을 보류하거나 해당 물품을 유치할 수 있다.
④ 세관장은 보세운송신고된 물품이 신고된 지식재산권을 침해하였다고 인정될 때에는 그 지식재산권을 신고한 자에게 해당 물품의 보세운송 신고사실을 통보하여야 한다.

해설 ③ 세관장은 지식재산권을 침해하였음이 명백한 경우에는 기획재정부령이 아닌 대통령령으로 정하는 바에 따라 직권으로 해당 물품의 통관을 보류하거나 해당 물품을 유치할 수 있다.(법 제235조 제7항)

정답 44. ④ 45. ④ 46. ④ 47. ③

48 관세법령상 통관에 대한 설명으로 옳은 것은? 2021 관세직 7급

□□□

① 세관장은 「관세법」 제237조(통관의 보류) 제1항에 따라 통관을 보류할 때에는 즉시 그 사실을 화주(화주의 위임을 받은 자를 포함) 또는 수출입 신고인에게 통지하여야 한다.

② 세관장은 수출신고가 수리되어 외국으로 반출되기 전에 있는 물품으로서 「관세법」에 따른 의무사항을 위반한 물품에 대해서는 기획재정부령으로 정하는 바에 따라 화주 또는 수출입 신고인에게 보세구역으로 반입할 것을 명할 수 있다.

③ 세관장은 「관세법」 제233조(원산지증명서 등의 확인요청 및 조사)에 따라 서면조사 또는 현지조사를 하는 경우에는 대통령령으로 정하는 사항을 조사대상자에게 조사 시작 7일 전까지 서면으로 통지하여야 한다.

④ 세관장은 대통령령으로 정하는 물품을 수입하는 자가 수입신고기한이 경과한 날부터 50일내에 신고를 한 때에는 당해 물품의 과세가격의 1천분의 20의 금액을 가산세로 징수한다.

해설 **관세법 제237조(통관의 보류)**

세관장은 통관을 보류할 때에는 즉시 그 사실을 화주(화주의 위임을 받은 자를 포함한다) 또는 수출입 신고인에게 통지하여야 한다.(법 제237조 제2항)

---

② 기획재정부령으로 정하는 바에 따라 (X) – 대통령령으로 정하는 바에 따라(O)
③ 대통령령으로 정하는 사항을 (X) – 기획재정부령으로 정하는 사항을(O)
④ 과세가격의 1천분의 10의 금액을 가산세로 징수한다.(영 제247조 제1항)

49 관세법령상 지식재산권 보호에 대한 설명으로 옳지 않은 것은? 2015 관세직 9급

□□□

① 「특허법」에 따라 설정등록된 특허권을 침해하는 물품은 수출하거나 수입할 수 없다. 다만, 이러한 규정은 상업적 목적이 아닌 개인 용도에 사용하기 위한 여행자 휴대품으로서 소량으로 수출입되는 물품에 대하여는 적용되지 아니한다.

② 「특허법」에 따라 설정등록된 특허권을 보호받으려는 자는 세관장에게 담보를 제공하고 해당 물품의 통관 보류나 유치를 요청할 수 있다.

③ 관세청장은 「특허법」에 따라 설정등록된 특허권을 침해하는 물품을 효율적으로 단속하기 위하여 필요한 경우에는 해당 지식재산권을 관계 법령에 따라 등록 또는 설정등록한 자 등으로 하여금 해당 지식재산권에 관한 사항을 신고하게 할 수 있다.

④ 관세청장은 수출입신고등이 된 물품의 지식재산권 침해 여부를 판단하기 위하여 필요하다고 인정되는 경우는 해당 지식재산권의 권리자로 하여금 지식재산권에 대한 전문인력 또는 검사시설을 제공하도록 할 수 있다.

해설 **관세법 시행령 제242조(지식재산권 침해 여부의 확인 등)**

세관장은 수출입신고등이 된 물품의 지식재산권 침해 여부를 판단하기 위하여 필요하다고 인정되는 경우에는 해당 지식재산권의 권리자로 하여금 지식재산권에 대한 전문인력 또는 검사시설을 제공하도록 할 수 있다.(영 제242조 제1항)

50 □□□ **관세법상 보세구역 반입명령에 관한 설명으로 옳지 않은 것은?** 2014 관세사

① 관세청장 또는 세관장은 해당 물품이 수출입신고가 수리된 후 3개월이 지난 경우에는 반입할 것을 명할 수 없다.

② 물품에 원산지표시가 적법하게 표시되지 아니하였거나 수출입신고 수리 당시와 다르게 표시되어 있는 경우 반입명령대상이 될 수 있다.

③ 반입된 물품이 반송 또는 폐기된 경우에는 당초의 수출입신고수리는 취소된 것으로 본다.

④ 반송 또는 폐기에 소요되는 비용은 명령을 받은 자가 이를 부담한다.

⑤ 반입명령서를 받을 자의 주소 또는 거소가 불분명한 때에는 관세청에 반입명령사항을 공시할 수 있으며, 공시한 날부터 10일이 경과한 때에는 명령서를 받을 자에게 반입명령서가 송달된 것으로 본다.

해설 **관세법 시행령 제245조(반입명령)**

관세청장 또는 세관장은 보세구역반입 명령서를 받을 자의 주소 또는 거소가 불분명한 때에는 관세청 또는 세관의 게시판 및 기타 적당한 장소에 반입명령사항을 공시할 수 있다. 이 경우 공시한 날부터 2주일이 경과한 때에는 명령서를 받을 자에게 반입명령서가 송달된 것으로 본다.(영 제245조 제3항)

51 □□□ **관세법령상 보세구역 반입명령에 관한 내용으로 (   )에 들어갈 사항으로 옳은 것은?** 2021 관세사

세관장은 명령서를 받을 자의 주소 또는 거소가 불분명하여 반입명령사항을 공시한 경우 공시한 날부터 (   )이 경과한 때에는 명령서를 받을 자에게 반입명령서가 송달된 것으로 본다.

① 1주일
② 2주일
③ 1개월
④ 2개월
⑤ 6개월

해설 ② 보세구역 반입명령사항을 공시한 경우 공시 한 날부터 2주일이 경과한 때에는 반입명령서가 송달된 것으로 본다.

52 □□□ **관세법령상 보세구역 반입명령 대상에 해당하지 않는 것은? (단, 수출입신고가 수리된 후 3개월이 지나지 않았고 관계행정기관의 장의 시정조치가 없었던 물품임)** 2021 관세직 9급

① 「관세법」 제227조(의무 이행의 요구)에 따른 의무를 이행하지 아니한 경우

② 「관세법」 제230조(원산지 허위표시물품 등의 통관 제한)에 따른 원산지 표시가 적법하게 표시되지 아니한 경우

③ 「관세법」 제230조의2(품질등 허위・오인 표시물품의 통관 제한)에 따른 표지의 부착을 제외한 품질 등의 표시가 수출입신고 당시와 다르게 표시되어 있는 경우

④ 지식재산권을 침해한 경우

정답 48. ① 49. ④ 50. ⑤ 51. ② 52. ③

Chapter 08

해설 **관세법 시행령 제245조(반입명령)**

관세청장 또는 세관장은 수출입신고가 수리된 물품이 다음 어느 하나에 해당하는 경우에는 해당 물품을 보세구역으로 반입할 것을 명할 수 있다. 다만, 해당 물품이 수출입신고가 수리된 후 3개월이 지났거나 관련 법령에 따라 관계행정기관의 장의 시정조치가 있는 경우에는 그러하지 아니하다.(영 제245조 제1항)

1. 관세법 제227조에 따른 의무를 이행하지 아니한 경우
2. 관세법 제230조에 따른 원산지 표시가 적법하게 표시되지 아니하였거나 수출입신고 수리 당시와 다르게 표시되어 있는 경우
3. 관세법 제230조의2에 따른 품질등의 표시(표지의 부착을 포함한다)가 적법하게 표시되지 아니하였거나 수출입신고 수리 당시와 다르게 표시되어 있는 경우
4. 지식재산권을 침해한 경우

53 「관세법」상 통관에 대한 설명으로 옳지 않은 것은? 2018 관세직 9급

□□□

① 관세청장이나 세관장은 수입신고가 수리되어 반출된 물품이 「관세법」에 따른 의무사항을 위반하거나 국민보건 등을 해칠 우려가 있는 경우 기획재정부령으로 정하는 바에 따라 이를 보세구역으로 반입할 것을 명할 수 있다.

② 화폐·채권이나 그 밖의 유가증권의 위조품·변조품 또는 모조품은 수출하거나 수입할 수 없다.

③ 정부의 기밀을 누설하거나 첩보활동에 사용되는 물품은 수출하거나 수입할 수 없다.

④ 관세청장이나 세관장은 감시에 필요하다고 인정될 때에는 통관역·통관장 또는 특정한 세관에서 통관할 수 있는 물품을 제한할 수 있다.

해설 **관세법 제238조(보세구역 반입명령)**

관세청장이나 세관장은 다음 어느 하나에 해당하는 물품으로서 이 법에 따른 의무사항을 위반하거나 국민보건 등을 해칠 우려가 있는 물품에 대해서는 대통령령으로 정하는 바에 따라 화주(화주의 위임을 받은 자를 포함한다) 또는 수출입 신고인에게 보세구역으로 반입할 것을 명할 수 있다.(법 제238조 제1항)

1. 수출신고가 수리되어 외국으로 반출되기 전에 있는 물품
2. 수입신고가 수리되어 반출된 물품

---

②, ③ (법 제234조)

④ (법 제236조)

54 「관세법」에 따라 적법하게 수입된 것으로 보고 관세 등을 따로 징수하지 아니하는 외국물품에 해당하지 않는 것은? 2016 관세직 9급

□□□

① 여행자가 운송수단 또는 관세통로에서 사용하는 휴대품

② 체신관서가 수취인에게 내준 우편물

③ 「관세법」에 따라 매각된 물품

④ 법령에 따라 국고에 귀속된 물품

해설 **관세법 제240조(수출입의 의제)**

다음 어느 하나에 해당하는 외국물품은 이 법에 따라 적법하게 수입된 것으로 보고 관세 등을 따로 징수하지 아니한다.
1. 체신관서가 수취인에게 내준 우편물
2. 관세법에 따라 매각된 물품
3. 관세법에 따라 몰수된 물품
4. 제269조, 제272조, 제273조 또는 제274조 제1항 제1호에 해당하여 관세법에 따른 통고처분으로 납부된 물품
5. 법령에 따라 국고에 귀속된 물품
6. 관세법 제282조 제3항에 따라 몰수를 갈음하여 추징된 물품

---

① 여행자가 운송수단 또는 관세통로에서 사용하는 휴대품은 수입으로 보지 않는 소비 또는 사용에 해당한다.

55 「관세법」상 통관의 예외적용 및 보세구역에 대한 설명으로 옳지 않은 것은? 2018 관세직 9급

□□□

① 다른 법률에 따라 실시하는 검사·검역 등을 위하여 견본품으로 채취된 물품으로서 세관장의 확인을 받은 물품이 사용·소비된 경우에는 수입신고를 하여 관세를 납부하고 수리된 것으로 본다.
② 보세구역에 장치된 외국물품이 멸실되거나 폐기되었을 때에는 그 운영인이나 보관인으로부터 즉시 그 관세를 징수한다. 다만, 재해나 그 밖의 부득이한 사유로 멸실된 때와 미리 세관장의 승인을 받아 폐기한 때에는 예외로 한다.
③ 체신관서가 외국으로 발송한 우편물은 「관세법」에 따라 적법하게 수출되거나 반송된 것으로 본다.
④ 「관세법」에 따라 매각된 외국물품은 「관세법」에 따라 적법하게 수입된 것으로 보고 매수인에게 관세 등을 징수한다.

해설 ④ 관세법에 따라 매각된 외국물품은 관세법에 따라 적법하게 수입된 것으로 보고 관세 등을 따로 징수하지 아니한다.

Chapter 08

56 「관세법」 제240조의2에 따른 통관 후 유통이력 신고에 대한 설명으로 옳지 않은 것은?

□□□

2017 관세직 9급

① 외국물품을 수입하는 자와 수입물품을 국내에서 거래하는 자(소비자에 대한 판매를 주된 영업으로 하는 사업자는 제외함) 사회안전 또는 국민보건을 해칠 우려가 현저한 물품 등으로서 관세청장이 지정하는 물품(유통이력 신고물품)에 대한 유통단계별 거래명세(유통이력 신고물품)에 대한 유통 단계별 거래명세(유통이력)를 관세청장에게 신고하여야 한다.
② 유통이력 신고의 의무가 있는 자는 유통이력을 장부에 기록(전자적 기록방식을 포함)하고 그 자료를 거래일부터 2년간 보관하여야 한다.
③ 관세청장은 유통이력 신고물품을 지정할 때 미리 관계행정기관의 장과 협의하여야 한다.
④ 유통이력 신고물품별 신고의무 존속기한, 유통이력의 범위, 신고절차, 그 밖에 유통이력 신고에 필요한 사항은 관세청장이 정한다.

해설 **관세법 제240조의2(통관 후 유통이력 신고)**

유통이력 신고의 의무가 있는 자는 유통이력을 장부에 기록(전자적 기록방식을 포함한다)하고, 그 자료를 거래일부터 1년간 보관하여야 한다.(법 제240조의2 제2항)

정답 53. ① 54. ① 55. ④ 56. ②

57 □□□ **관세법상 통관 후 유통이력 관리에 관한 설명으로 옳지 않은 것은?** 2021 관세사

① 수입물품을 국내에서 거래하는 자로서 소비자에 대한 판매를 주된 영업으로 하는 사업자는 유통이력 신고물품에 대한 유통이력을 관세청장에게 신고하여야 한다.

② 유통이력 신고의무자는 유통이력을 장부에 기록하고, 그 자료를 거래일부터 1년간 보관하여야 한다.

③ 관세청장은 유통이력 신고물품을 지정할 때 미리 관계 행정기관의 장과 협의하여야 한다.

④ 관세청장은 유통이력 신고물품의 지정, 신고의무 존속기한 및 신고대상 범위 설정 등을 할 때 수입물품을 내국물품에 비하여 부당하게 차별하여서는 아니 된다.

⑤ 관세청장은 유통이력 신고를 시행하기 위하여 필요하다고 인정할 때에는 세관공무원으로 하여금 유통이력 신고의무자의 사업장에 출입하여 영업 관계의 장부나 서류를 열람하여 조사하게 할 수 있다.

해설 **관세법 제240조의2(통관 후 유통이력 신고)**

외국물품을 수입하는 자와 수입물품을 국내에서 거래하는 자(소비자에 대한 판매를 주된 영업으로 하는 사업자는 제외한다)는 사회안전 또는 국민보건을 해칠 우려가 현저한 물품 등으로서 관세청장이 지정하는 물품에 대한 유통단계별 거래명세(이하 "유통이력"이라 한다)를 관세청장에게 신고하여야 한다.(법 제240조의2 제1항)

58 □□□ **관세법상 통관 후 유통이력 관리에 관한 설명으로 옳지 않은 것은?** 2016 관세사

① 외국물품을 수입하는 자와 수입물품을 국내에서 거래하는 자(소비자에 대한 판매를 주된 영업으로 하는 사업자는 제외한다)는 사회안전 또는 국민보건을 해칠 우려가 현저한 물품 등으로서 관세청장이 지정하는 물품에 대한 유통단계별 거래명세를 관세청장에게 신고하여야 한다.

② 유통이력 신고의 의무가 있는 자는 유통이력을 장부에 기록(전자적 기록방식은 제외한다)하고, 그 자료를 거래일부터 3년간 보관하여야 한다.

③ 관세청장은 유통이력 신고물품을 지정할 때 미리 관계행정기관의 장과 협의하여야 한다.

④ 관세청장은 유통이력 신고물품의 지정, 신고의무 존속기한 및 신고대상 범위 설정 등을 할 때 수입물품을 내국물품에 비하여 부당하게 차별하여서는 아니 되며, 이를 이행하는 유통이력 신고의무자의 부담이 최소화되도록 하여야 한다.

⑤ 유통이력 신고물품별 신고의무 존속기한, 유통이력의 범위, 신고절차, 그 밖에 유통이력 신고에 필요한 사항은 관세청장이 정한다.

해설 **관세법 제240조의2(통관 후 유통이력 신고)**

유통이력 신고의 의무가 있는 자는 유통이력을 장부에 기록(전자적 기록방식을 포함한다)하고, 그 자료를 거래일부터 1년간 보관하여야 한다.(법 제240조의2 제2항)

59 관세법령상 수출 · 수입 또는 반송의 신고에 대한 내용으로 옳지 않은 것은? 2014 관세직 9급

□□□

① 휴대품 · 탁송품 또는 별송품과 우편물은 대통령령으로 정하는 바에 따라 신고를 생략하게 하거나 관세청장이 정하는 간소한 방법으로 신고하게 할 수 있다.

② 수출 · 수입 또는 반송의 신고는 화주 또는 관세사 등의 명의로 하여야 하며, 수출신고의 경우에는 화주에게 해당 수출물품을 제조하여 공급한 자의 명의로 할 수 있다.

③ 수입하려는 물품의 신속한 통관이 필요할 때에는 대통령령으로 정하는 바에 따라 해당 물품을 적재한 선박이나 항공기가 입항하기 전에 수입신고를 할 수 있다.

④ 수출신고를 함에 있어 수출신고가격을 산정하기 위하여 외국통화로 표시된 가격을 내국통화로 환산하는 때에는 수출신고일 다음날에 속하는 주의 기준환율을 참고하여 세관장이 정한 율로 하여야 한다.

해설 **관세법 시행령 제246조(수출 · 수입 또는 반송의 신고)**

수출신고를 함에 있어 수출신고가격을 산정하기 위하여 외국통화로 표시된 가격을 내국통화로 환산하는 때에는 수출신고일이 속하는 주의 전주의 기준환율 또는 재정환율을 평균하여 관세청장이 정한 율로 하여야 한다.(영 제246조 제6항)

① (법 제241조 제2항)
② (법 제242조)
③ (법 제244조 제1항)

60 관세법령상 수출에 대한 내용으로 옳지 않은 것은? 2013 관세직 9급

□□□

① 「관세법」 제241조, 제244조 또는 제253조에 따른 신고는 화주 또는 관세사 등의 명의로 하여야 한다. 다만, 수출신고의 경우에는 화주에게 해당 수출물품을 제조하여 공급한 자의 명의로 할 수 있다.

② 수출신고가 수리된 물품은 수출신고가 수리된 날부터 30일 이내에 운송수단에 적재하여야 한다. 다만, 기획재정부령으로 정하는 바에 따라 1년의 범위에서 적재기간의 연장승인을 받은 것은 그러하지 아니하다.

③ 세관공무원은 수출하려는 물품에 대하여 검사를 할 수 있다.

④ 수출신고가격을 산정하기 위하여 외국통화로 표시된 가격을 내국통화로 환산하는 때에는 수출신고일이 속하는 주의 전주의 기준환율 또는 재정환율을 평균하여 세관장이 정한 율로 하여야 한다.

해설 ④ 수출신고를 함에 있어 수출신고가격을 산정하기 위하여 외국통화로 표시된 가격을 내국통화로 환산하는 때에는 수출신고일이 속하는 주의 전주의 기준환율 또는 재정환율을 평균하여 관세청장이 정한 율로 하여야 한다.(영 제246조 제6항)

① (법 제242조)
② (법 제251조 제1항)
③ (법 제246조 제1항)

Chapter 08

정답 57. ① 58. ② 59. ④ 60. ④

61 관세법령상 수출 · 수입 또는 반송의 신고를 생략하거나 간소한 방법으로 신고하게 할 수 있는 물품이 아닌 것은? 2020 관세사

□□□

① 휴대품 · 탁송품
② 별송품
③ 우리나라에 수입할 목적으로 최초로 반입되는 운송수단
④ 국제운송을 위한 컨테이너(별표 관세율표 중 기본세율이 무세인 것으로 한정)
⑤ 우편물

해설 **관세법 제241조(수출 · 수입 또는 반송의 신고)**

다음 어느 하나에 해당하는 물품은 대통령령으로 정하는 바에 따라 수출,수입 또는 반송의 신고를 생략하게 하거나 관세청장이 정하는 간소한 방법으로 신고하게 할 수 있다.

1. 휴대품 · 탁송품 또는 별송품
2. 우편물
3. 관세법 제91조부터 제94조까지, 제96조 제1항 및 제97조 제1항에 따라 관세가 면제되는 물품
4. 관세법 제135조, 제136조, 제149조 및 제150조에 따른 보고 또는 허가의 대상이 되는 운송수단. 다만, 다음 어느 하나에 해당하는 운송수단은 제외한다.
   가. 우리나라에 수입할 목적으로 최초로 반입되는 운송수단
   나. 해외에서 수리하거나 부품 등을 교체한 우리나라의 운송수단
   다. 해외로 수출 또는 반송하는 운송수단
5. 국제운송을 위한 컨테이너(별표 관세율표 중 기본세율이 무세인 것으로 한정한다)

62 수출 · 수입 또는 반송의 신고에 대한 「관세법」 제241조 제1항에서 '대통령령으로 정하는 사항'으로 옳지 않은 것은? 2014 관세직 7급

□□□

① 목적지 · 원산지 및 경유지
② 포장의 종류 · 번호 및 개수
③ 원산지표시 대상물품인 경우에는 표시유무 · 방법 및 형태
④ 상표

해설 **관세법 시행령 제246조(수출 · 수입 또는 반송의 신고)**

물품을 수출 · 수입 또는 반송하려면 해당 물품의 품명 · 규격 · 수량 및 가격과 그 밖에 다음의 사항을 세관장에게 신고하여야 한다.(영 제246조 제1항)

1. 포장의 종류 · 번호 및 개수
2. 목적지 · 원산지 및 선적지
3. 원산지표시 대상물품인 경우에는 표시유무 · 방법 및 형태
4. 상표
5. 납세의무자 또는 화주의 상호(개인의 경우 성명을 말한다) · 사업자등록번호 · 통관고유부호와 해외공급자부호 또는 해외구매자부호
6. 물품의 장치장소
7. 그 밖에 기획재정부령으로 정하는 참고사항

63 □□□ **관세법령상 물품을 수출 · 수입 또는 반송하려면 해당 물품의 품명 · 규격 · 수량 및 가격과 그 밖에 대통령령으로 정하는 사항을 세관장에게 신고하여야 하는데, 이때 대통령령으로 정하는 사항에 해당하지 않는 것은?** 2018 관세직 9급

① 운송수단 종류와 그 명칭
② 물품의 장치장소
③ 목적지 · 원산지 및 선적지
④ 해외공급자부호 또는 해외구매자부호

해설 ① 운송수단의 종류와 그 명칭은 수출 · 수입 또는 반송신고시 세관장에게 신고하여야 하는 사항에 해당하지 않는다.

64 □□□ **「관세법」상 수출 · 수입 또는 반송의 신고에 대한 설명으로 옳지 않은 것은?** 2016 관세직 7급

① 수출 · 수입 또는 반송하는 휴대품 · 탁송품 또는 별송품은 대통령령으로 정하는 바에 따라 수출 · 수입 또는 반송의 신고를 생략하게 하거나 관세청장이 정하는 간소한 방법으로 신고하게 할 수 있다.
② 밀수출 등 불법행위가 발생할 우려가 높거나 감시단속상 필요하다고 인정하여 대통령령으로 정하는 물품은 관세청장이 정하는 장소에 반입한 후 「관세법」 제241조 제1항에 따른 수출의 신고를 하게 할 수 있다.
③ 수출 · 수입 또는 반송의 신고는 정당한 이유가 있는 경우에만 세관장의 승인을 받아 취하할 수 있다. 다만, 수입 및 반송의 신고는 운송수단, 관세통로, 하역통로에서 물품을 반출한 후에는 취하할 수 없다.
④ 세관장은 대통령령으로 정하는 물품을 수입하는 자가 「관세법」 제241조 제3항에 따른 기간 내에 수입신고를 하지 아니한 경우에는 해당 물품 관세의 100분의 2에 상당하는 금액을 가산세로 징수한다.

해설 **관세법 제241조(수출 · 수입 또는 반송의 신고)**
세관장은 대통령령으로 정하는 물품을 수입하거나 반송하는 자가 지정장치장 또는 보세창고에 반입하거나 보세구역이 아닌 장소에 장치한 자는 그 반입일 또는 장치일부터 30일 이내에 수입 또는 반송의 신고를 하지 아니한 경우에는 해당 물품 과세가격의 100분의 2에 상당하는 금액의 범위에서 대통령령으로 정하는 금액을 가산세로 징수한다.(법 제241조 제4항)

Chapter 08

정답 61. ③ 62. ① 63. ① 64. ④

65 「관세법」상 수출 · 수입 및 반송신고에 대한 설명으로 옳지 않은 것은? 2021 관세직 9급

□□□

① 별송품은 대통령령으로 정하는 바에 따라 제241조 제1항에 따른 신고를 생략하게 하거나 관세청장이 정하는 간소한 방법으로 신고하게 할 수 있다.

② 세관장은 대통령령으로 정하는 물품을 반송하는 자가 1개월 이내에 반송의 신고를 하지 아니한 경우에는 해당 물품 관세의 100분의 2에 상당하는 금액의 범위에서 대통령령으로 정하는 금액을 가산세로 징수한다.

③ 밀수출 등 불법행위가 발생할 우려가 높거나 감시단속을 위하여 필요하다고 인정하여 대통령령으로 정하는 물품은 관세청장이 정하는 장소에 반입한 후 제241조 제1항에 따른 수출의 신고를 하게 할 수 있다.

④ 수입하려는 물품의 신속한 통관이 필요할 때에는 대통령령으로 정하는 바에 따라 해당 물품을 적재한 선박이나 항공기가 입항하기 전에 수입신고를 할 수 있다.

해설 ② 세관장은 대통령령으로 정하는 물품을 수입하거나 반송하는 자가 지정장치장 또는 보세창고에 반입하거나 보세구역이 아닌 장소에 장치한 자는 그 반입일 또는 장치일부터 30일 이내에 수입 또는 반송의 신고를 하지 아니한 경우에는 해당 물품 과세가격의 100분의 2에 상당하는 금액의 범위에서 대통령령으로 정하는 금액을 가산세로 징수한다.(법 제241조 제4항)

① (법 제241조 제2항)

③ (법 제243조 제4항)

④ (법 제244조 제1항)

66 반송통관에 대한 설명으로 옳지 않은 것은? 2012 관세직 7급

□□□

① 반송이란 국내에 도착한 외국물품이 수입통관절차를 거치지 아니하고 다시 외국으로 반출되는 것을 말한다.

② 물품을 반송하려면 해당 물품의 품명 · 규격 · 수량 및 가격과 그 밖에 대통령령으로 정하는 사항을 세관장에게 신고하여야 한다.

③ 반송통관의 대상은 외국물품뿐만 아니라 내국물품도 포함된다.

④ 반송신고수리 전에는 운송수단, 관세통로, 하역통로 또는 관세법에 따른 장치 장소로부터 신고된 물품을 반출하여서는 아니 된다.

해설 ③ '반송'이란 국내에 도착한 외국물품이 수입통관절차를 거치지 아니하고 다시 외국으로 반출되는 것을 말한다.(법 제2조 제3호)

① (법 제2조 제3호)

② (법 제241조 제1항)

④ (법 제248조 제3항)

67 □□□ **관세법령상 수출·수입 또는 반송의 신고에 대한 설명으로 옳은 것만을 모두 고르면?** 2023 관세직 9급

> ㄱ. 「관세법」 제241조 제2항의 규정에 의한 수입물품중 관세가 면제되거나 무세인 물품에 있어서는 그 검사를 마친 때에 당해 물품에 대한 수입신고가 수리된 것으로 본다.
> ㄴ. 「관세법」 제241조 제1항에 따른 물품의 수출·반송 신고시 그 신고가격은 해당 물품을 본선에 인도하는 조건으로 실제로 지급받았거나 지급받아야 할 가격으로서 최종 선적항 또는 선적지까지의 운임·보험료를 포함한 가격이다.
> ㄷ. 세관장은 대통령령으로 정하는 물품을 수입하거나 반송하는 자가 「관세법」에 따른 기간 내에 수입 또는 반송의 신고를 하지 아니한 경우에는 해당 물품 과세가격의 100분의 4에 상당하는 금액의 범위에서 대통령령으로 정하는 금액을 가산세로 징수한다.
> ㄹ. 세관장은 우리나라로 거주를 이전하기 위하여 입국하는 자가 입국할 때에 수입하는 이사물품을 신고하지 아니하여 과세하는 경우, 해당 물품에 대하여 납부할 세액(관세 및 내국세를 포함한다)의 100분의 40에 상당하는 금액을 가산세로 징수한다.

① ㄱ, ㄴ　　② ㄱ, ㄷ
③ ㄴ, ㄹ　　④ ㄷ, ㄹ

해설 ㄱ. (영 제246조 제5항)
ㄴ. (영 제246조 제3항)
ㄷ. 세관장은 대통령령으로 정하는 물품을 수입하거나 반송하는 자가 제3항에 따른 기간 내에 수입 또는 반송의 신고를 하지 아니한 경우에는 해당 물품 과세가격의 100분의 2에 상당하는 금액의 범위에서 대통령령으로 정하는 금액을 가산세로 징수한다.(법 제241조 제4항)
ㄹ. 세관장은 우리나라로 거주를 이전하기 위하여 입국하는 자가 입국할 때에 수입하는 이사물품을 신고하지 아니하여 과세하는 경우, 해당 물품에 대하여 납부할 세액(관세 및 내국세를 포함한다)의 100분의 20에 상당하는 금액을 가산세로 징수한다.(법 제241조 제5항)

68 □□□ **관세법상 수출·수입 또는 반송의 신고에 대한 내용 일부이다. ㉠, ㉡에 들어갈 내용으로 옳은 것은?**

2019 관세직 9급

> 수입하거나 반송하려는 물품을 지정장치장 또는 보세창고에 반입하거나 보세구역이 아닌 장소에 장치한 자는 그 반입일 또는 장치일부터 (㉠) 이내(관세법 제243조 제1항에 해당하는 물품은 관세청장이 정하는 바에 따라 반송신고를 할 수 있는 날로부터 (㉡) 이내)에 해당 물품의 품명·규격·수량 및 가격과 그 밖에 대통령령으로 정하는 사항을 세관장에게 신고하여야 한다.

	㉠	㉡
①	20일	10일
②	20일	20일
③	30일	30일
④	30일	60일

해설 수입하거나 반송하려는 물품을 지정장치장 또는 보세창고에 반입하거나 보세구역이 아닌 장소에 장치한 자는 그 반입일 또는 장치일부터 30일 이내(관세법 제243조 제1항에 해당하는 물품은 관세청장이 정하는 바에 따라 반송신고를 할 수 있는 날부터 30일 이내)에 수입 또는 반송 신고를 하여야 한다.(법 제241조 제3항)

정답 65. ② 66. ③ 67. ① 68. ③

69 화주에게 해당 물품을 제조하여 공급한 공급자가 신고인이 될 수 있는 신고의 종류로 옳은 것은?

□□□ 2009 관세직 9급

① 수출신고 ② 반송신고
③ 수입신고 ④ 입항전 수입신고

해설 **관세법 제242조(수출 · 수입 · 반송 등의 신고인)**
수출, 수입 또는 반송 신고는 화주 또는 관세사등의 명의로 하여야 한다. 다만, 수출신고의 경우에는 화주에게 해당 수출물품을 제조하여 공급한 자의 명의로 할 수 있다.

70 입항전 수입신고에 관한 설명으로 옳은 것은? 2012 관세사

□□□

① 입항전 수입신고는 해당 물품을 적재한 선박이 그 물품을 적재한 항구에서 출항하여 우리나라에 입항하기 10일 전부터 할 수 있다.
② 입항전 수입신고가 된 물품은 우리나라에 도착하기 전 물품이라서 적용법령은 입항한 날의 법령을 적용한다.
③ 검사대상으로 결정되지 아니한 입항전 수입신고물품은 입항과 동시에 수입신고를 수리하여야 한다.
④ 세율이 인상되거나 새로운 수입요건을 갖추도록 요구하는 법령이 적용되거나 적용될 예정인 물품도 입항전 수입신고를 할 수 있다.
⑤ 입항전 수입신고 수리 후 보세구역 등으로부터 반출되지 아니한 물품이 재해로 멸실되거나 변질 또는 손상되어 그 가치가 떨어졌을 때에는 해당 물품이 지정보세구역에 장치되어 있는지 여부와 관계없이 그 관세의 전부 또는 일부를 환급받을 수 있다.

해설 **관세법 제244조(입항전 수입신고)**
입항전 수입신고가 수리되고 보세구역 등으로부터 반출되지 아니한 물품에 대하여는 해당 물품이 지정보세구역에 장치되었는지 여부와 관계없이 지정보세구역장치물품 재해로 인한 멸실, 손상에 대한 관세환급 규정을 준용한다.
(법 제244조 제5항)

---

① 입항전 수입신고는 해당 물품을 적재한 선박이 그 물품을 적재한 항구에서 출항하여 우리나라에 입항하기 5일 전부터 할 수 있다.(영 제249조 제1항)
② 입항전 수입신고가 된 물품은 우리나라에 도착한 것으로 보며 입항전수입신고 당시 법령을 적용한다.(법 제17조), (법 제244조 제1항)
③ 검사대상으로 결정되지 아니한 물품은 입항전에 그 수입신고를 수리할 수 있다.(법 제244조 제4항)
④ 세율이 인상되거나 새로운 수입요건을 갖추도록 요구하는 법령이 적용되거나 적용될 예정인 물품은 적재한 선박 등이 우리나라에 도착된 후에 수입신고하여야 한다.(영 제249조 제3항)

71 관세법상 입항전 수입신고에 대한 설명으로 옳지 않은 것은? 2019 관세직 9급

□□□

① 수입하려는 물품의 신속한 통관이 필요할 때에는 대통령령으로 정하는 바에 따라 해당 물품을 적재한 선박이나 항공기가 입항하기 전에 수입신고를 할 수 있다. 이 경우 입항전 수입신고가 된 물품은 우리나라에 도착한 것으로 본다.

② 세관장은 입항전 수입신고를 한 물품에 대하여 물품검사의 실시를 결정하였을 때에는 수입신고를 한 자에게 이를 통보하여야 한다.

③ 검사대상으로 결정된 수입하려는 물품은 수입신고를 한 세관의 관할 보세구역(보세구역이 아닌 장소에 장치하는 경우 그 장소를 제외한다)에 반입되어야 한다. 다만, 세관장이 적재상태에서 검사가 가능하다고 인정하는 물품은 해당 물품을 적재한 선박이나 항공기에서 검사할 수 있다.

④ 입항전 수입신고된 물품의 통관절차 등에 관하여 필요한 사항은 관세청장이 정한다.

해설 **관세법 제244조(입항전 수입신고)**

검사대상으로 결정된 물품은 수입신고를 한 세관의 관할 보세구역(보세구역이 아닌 장소에 장치하는 경우 그 장소를 포함한다)에 반입되어야 한다. 다만, 세관장이 적재상태에서 검사가 가능하다고 인정하는 물품은 해당 물품을 적재한 선박이나 항공기에서 검사할 수 있다.(법 제244조 제3항)

72 관세법령상 입항전 수입신고에 대한 설명으로 옳지 않은 것은? 2018 관세직 9급

□□□

① 입항전 수입신고가 수리되고 보세구역 등으로부터 반출되지 아니한 물품이 재해로 멸실되거나 변질 또는 손상되어 그 가치가 떨어졌을 때에는 해당 물품이 지정보세구역에 장치된 경우에 한하여 대통령령으로 정하는 바에 따라 그 관세의 전부 또는 일부를 환급할 수 있다.

② 입항전 수입신고는 당해 물품을 적재한 선박 또는 항공기가 그 물품을 적재한 항구 또는 공항에서 출항하여 우리나라에 입항하기 5일전(항공기의 경우 1일전)부터 할 수 있다.

③ 세율이 인상되거나 새로운 수입요건을 갖추도록 요구하는 법령이 적용되거나 적용될 예정인 물품은 해당 물품을 적재한 선박 등이 우리나라에 도착된 후에 수입신고하여야 한다.

④ 출항부터 입항까지의 기간이 단기간인 경우 등 당해 선박 등이 출항한 후에 신고하는 것이 곤란하다고 인정되어 출항하기 전에 신고하게 할 필요가 있을 때에는 관세청장이 정하는 바에 따라 그 신고시기를 조정할 수 있다.

해설 ① 입항전 수입신고가 수리되고 보세구역 등으로부터 반출되지 아니한 물품에 대하여는 해당 물품이 지정보세구역에 장치되었는지 여부에 관계없이 관세법 제106조 제4항을 준용한다.

② (영 제249조 제1항)

③ (영 제249조 제3항)

④ (영 제249조 제2항)

Chapter 08

정답 69. ① 70. ⑤ 71. ③ 72. ①

73 「관세법」상 수출 · 수입 또는 반송에 대한 설명으로 옳지 않은 것은? 2015 관세직 7급

□□□

① 수입하려는 물품의 신속한 통관이 필요한 때에는 대통령령으로 정하는 바에 따라 해당 물품을 적재한 선박이나 항공기가 입항하기 전에 수입신고를 할 수 있고, 이 경우 입항전 수입신고가 된 물품은 우리나라에 선박이나 항공기가 입항한 때 도착한 것으로 본다.

② 반송의 신고는 해당 물품이 「관세법」에 따른 장치 장소에 있는 경우에만 할 수 있다.

③ 수입하려는 물품을 수입신고전에 운송수단, 관세통로, 하역통로 또는 「관세법」에 따른 장치 장소로부터 즉시 반출하려는 경우에는 즉시반출의 신고를 화주 또는 관세사등의 명의로 하여야 한다.

④ 서울특별시가 수입신고를 한 물품을 「관세법」에 따른 세관장의 수리전에 장치된 장소로부터 반출하는 경우 납부하여야 할 관세에 상당하는 담보의 제공을 생략할 수 있다.

해설 ① 입항전 수입신고가 된 물품은 우리나라에 도착한 것으로 보며, 입항전 수입신고가 수리된 물품은 내국물품으로 본다.

② (법 제243조 제3항)

③ (법 제242조)

④ (영 제256조 제2항)

74 입항전 수입신고 제도 등에 관한 설명으로 옳은 것은? 2015 관세사

□□□

① 수입신고하는 때와 우리나라에 도착하는 때의 물품의 성질과 수량이 달라지는 물품으로서 관세청장이 정하는 물품은 해당 물품을 적재한 선박 등이 우리나라에 도착된 후에 수입신고하여야 한다.

② 입항전 수입신고는 당해 물품을 적재한 항공기가 그 물품을 적재한 공항에서 출항하여 우리나라에 입항하기 3일 전부터 할 수 있다.

③ 출항부터 입항까지의 기간이 단기간인 경우 등 당해 선박 등이 출항한 후에 신고하는 것이 곤란하다고 인정되어 출항하기 전에 신고하게 할 필요가 있는 때에는 세관장이 정하는 바에 따라 그 신고시기를 조정할 수 있다.

④ 입항전 수입신고가 된 물품은 우리나라에 도착한 것으로 보지 않는다.

⑤ 입항전 수입신고는 당해 물품을 적재한 선박이 그 물품을 적재한 항구에서 출항하여 우리나라에 입항하기 7일 전부터 할 수 있다.

해설 **관세법 시행령 제249조(입항전 수입신고)**

다음 어느 하나에 해당하는 물품은 해당 물품을 적재한 선박 등이 우리나라에 도착된 후에 수입신고하여야 한다. (영 제249조 제3항)

1. 세율이 인상되거나 새로운 수입요건을 갖추도록 요구하는 법령이 적용되거나 적용될 예정인 물품
2. 수입신고하는 때와 우리나라에 도착하는 때의 물품의 성질과 수량이 달라지는 물품으로서 관세청장이 정하는 물품

---

② 항공기의 입항전수입신고 시기는 우리나라에 입항하기 1일 전이다.(영 제249조 제1항)

③ 출항부터 입항까지의 기간이 단기간인 경우 등 당해 선박 등이 출항한 후에 신고하는 것이 곤란하다고 인정되어 출항하기 전에 신고하게 할 필요가 있는 때에는 관세청장이 정하는 바에 따라 그 신고시기를 조정할 수 있다.(영 제249조 제2항)

④ 입항전 수입신고가 된 물품은 우리나라에 도착한 것으로 본다.(법 제244조 제1항)

⑤ 선박의 입항전수입신고 시기는 우리나라에 입항하기 5일 전이다.(영 제249조 제1항)

75 관세법령상 입항전 수입신고에 대한 설명으로 옳지 않은 것은? (다툼이 있는 경우 판례에 의함)

2015 관세직 7급

① 입항전 수입신고가 수리되고 보세구역 등으로부터 반출되지 아니한 물품에 대하여는 해당 물품이 지정보세구역에 장치되었는지 여부에 관계없이 재해로 멸실되거나 변질 또는 손상되어 그 가치가 떨어졌을 때에는 대통령령으로 정하는 바에 따라 그 관세의 전부 또는 일부를 환급할 수 있다.

② 액화천연가스 수입업자인 갑 공사가 2006.1.1. 우리나라에 도착예정인 액화천연가스에 대하여 2005.12.30. 입항전 수입신고를 하였는데, 당시 2006.1.1.부터 액화천연가스에 대한 특별소비세율을 인상하는 내용의 구「특별소비세법」개정안이 입법예고되어 있더라도 위 물품은 입항전 수입신고 대상에 해당된다.

③ 입항전 수입신고를 한 물품 중 검사대상으로 결정된 물품은 수입신고를 한 세관의 관할 보세구역(보세구역이 아닌 장소에 장치하는 경우 그 장소를 포함한다)에 반입되어야 한다. 세관장이 적재상태에서 선박이나 항공기에서 검사할 수 있다.

④ 입항전 수입신고는 당해 물품을 적재한 선박 또는 항공기가 그 물품을 적재한 항구 또는 공항에서 출항하여 우리나라에 입항하기 5일 전(항공기의 경우 1일 전)부터 할 수 있다.

해설 ② 세율이 인상되거나 새로운 수입요건을 갖추도록 요구하는 법령이 적용되거나 적용될 예정인 물품은 해당 물품을 적재한 선박 등이 우리나라에 도착된 후에 수입신고하여야 한다.(영 제249조 제3항)

76 관세법령상 통관에 대한 설명으로 옳지 않은 것은?

2017 관세직 7급

① 세관장은 다른 법령에 따라 수입 후 특정한 용도로 사용하여야 하는 등의 의무가 부가되어 있는 물품에 대하여는 문서로써 해당 의무를 이행할 것을 요구할 수 있다.

② 관세청장은 사회안전 또는 국민보건을 해칠 우려가 현저한 물품을 유통이력 신고물품으로 지정할 때 미리 관계 행정기관의 장과 협의하여야 한다.

③ 공공의 안녕질서 또는 풍속을 해치는 서적·간행물·도화, 영화·음반·비디오물·조각물 등은 수출하거나 수입할 수 없다.

④ 수입신고하는 때와 우리나라에 도착하는 때의 물품의 성질과 수량이 달라지는 물품으로서 관세청장이 정하는 물품은 당해물품을 적재한 선박 또는 항공기가 우리나라에 입항하기 5일 전(항공기의 경우 1일 전)부터 입항전 수입신고를 할 수 있다.

해설 ④ 수입신고하는 때와 우리나라에 도착하는 때의 물품의 성질과 수량이 달라지는 물품은 입항전 수입신고를 할 수 없고, 해당 물품을 적재한 선박 등이 우리나라에 도착된 후에 수입신고하여야 한다.

Chapter 08

정답 73. ① 74. ① 75. ② 76. ④

77 관세법령상 입항전 수입신고 및 신고된 물품에 관한 설명으로 옳지 않은 것은? 2018 관세사

□□□

① 검사대상으로 결정되지 아니한 물품은 입항전에 그 수입신고를 수리할 수 없다.

② 수입하려는 물품의 신속한 통관이 필요할 때에는 대통령령으로 정하는 바에 따라 해당 물품을 적재한 선박이나 항공기가 입항하기 전에 수입신고를 할 수 있다.

③ 세관장은 입항전 수입신고를 한 물품에 대하여 물품검사의 실시를 결정하였을 때에는 수입신고를 한 자에게 이를 통보하여야 한다.

④ 검사대상으로 결정된 물품은 수입신고를 한 세관의 관할 보세구역(보세구역이 아닌 장소에 장치하는 경우 그 장소를 포함)에 반입되어야 하지만, 세관장이 적재상태에서 검사가 가능하다고 인정하는 물품은 해당 물품을 적재한 선박이나 항공기에서 검사할 수 있다.

⑤ 입항전 수입신고된 물품의 통관절차 등에 관하여 필요한 사항은 관세청장이 정한다.

해설 ① 검사대상으로 결정되지 아니한 물품은 입항 전에 그 수입신고를 수리할 수 있다.(법 제244조 제4항)

78 관세법상 수출 · 수입 및 반송에 관한 설명으로 옳은 것은? 2016 관세사

□□□

① 물품을 수출 · 수입 또는 반송하려면 해당 물품의 품명 · 규격 · 수량 및 가격과 그 밖에 기획재정부령으로 정하는 사항을 관세청장에게 신고하여야 한다.

② 관세청장은 검사의 효율을 거두기 위하여 검사대상, 검사범위, 검사방법 등에 관하여 필요한 기준을 정할 수 있다.

③ 입항전 수입신고된 물품의 통관절차 등에 관하여 필요한 사항은 세관장이 정한다.

④ 화주는 수입신고를 하려는 물품에 대하여 수입신고전에 세관장이 정하는 바에 따라 확인을 할 수 있다.

⑤ 수출신고가 수리된 물품은 수출신고가 수리된 날부터 60일 이내에 운송수단에 적재하여야 한다. 다만, 기획재정부령으로 정하는 바에 따라 3년의 범위에서 적재기간의 연장승인을 받은 것은 그러하지 아니하다.

해설 **관세법 제246조(물품의 검사)**

관세청장은 검사의 효율을 거두기 위하여 검사대상, 검사범위, 검사방법 등에 관하여 필요한 기준을 정할 수 있다. (법 제246조 제2항)

---

① 물품을 수출 · 수입 또는 반송하려면 해당 물품의 품명 · 규격 · 수량 및 가격과 그 밖에 대통령령으로 정하는 사항을 세관장에게 신고하여야 한다.(법 제241조 제1항)

③ 입항전 수입신고된 물품의 통관절차 등에 관하여 필요한 사항은 관세청장이 정한다.(법 제244조 제6항)

④ 화주는 수입신고를 하려는 물품에 대하여 수입신고 전에 관세청장이 정하는 바에 따라 확인을 할 수 있다. (법 제246조 제3항)

⑤ 수출신고가 수리된 물품은 수출신고가 수리된 날부터 30일 이내에 운송수단에 적재하여야 한다. 다만, 기획재정부령으로 정하는 바에 따라 1년의 범위에서 적재기간의 연장승인을 받은 것은 그러하지 아니하다.(법 제251조 제1항)

79 □□□ **관세법령상 수출 · 수입 및 반송하려는 물품의 검사에 따른 손실보상에 대한 설명으로 옳지 않은 것은?**

2020 관세직 7급

① 다른 법령에서 정한 물품의 성분 · 품질 등에 대한 안전성을 검사한 결과 물품에 손실이 발생한 경우 관세청장은 관세법령에 따라 그 손실을 입은 자에게 보상하여야 한다.
② 손실보상의 기준, 대상 및 보상금액에 관한 사항은 대통령령으로 정한다.
③ 손실보상의 지급절차 및 방법, 그 밖에 필요한 사항은 관세청장이 정한다.
④ 손실보상의 금액은 해당 물품을 수리할 수 있는 경우 수리비에 상당하는 금액으로 하고, 관세법 제30조부터 제35조까지의 규정에 따른 해당 물품의 과세가격에 상당하는 금액을 한도로 한다.

해설 **관세법 제246조의2(물품의 검사에 따른 손실보상)**
관세청장 또는 세관장은 관세법에 따른 세관공무원의 적법한 물품검사로 인하여 물품 등에 손실이 발생한 경우 그 손실을 입은 자에게 보상하여야 한다.(법 제246조의2 제1항)

관세법 시행령 제251조의2(물품 등의 검사에 대한 손실보상의 금액)
법 제246조의2제1항에 따른 손실보상의 금액은 다음 각 호의 구분에 따른 금액으로 한다.(영 제251조의2 2항)
1. 해당 물품 등을 수리할 수 없는 경우: 다음 각 목의 구분에 따른 금액
   가. 제1항제1호에 해당하는 경우: 법 제30조부터 제35조까지의 규정에 따른 해당 물품의 과세가격에 상당하는 금액. 다만, 과세가격에 상당하는 금액을 산정할 수 없는 경우에는 구매가격 및 손실을 입은 자가 청구하는 금액을 고려하여 관세청장이 합리적인 범위에서 인정하는 금액으로 한다.
   나. 제1항제2호에 해당하는 경우: 구매가격 및 손실을 입은 자가 청구하는 금액을 고려하여 관세청장이 합리적인 범위에서 인정하는 금액
2. 해당 물품 등을 수리할 수 있는 경우: 수리비에 상당하는 금액. 다만, 제1호에 따른 금액을 한도로 한다.

---

① 물품의 검사에 따른 손실보상은 다른 법령에서 정한 물품의 성분, 품질등에 대한 검사가 아닌, 관세법에 따른 적법한 물품검사로 인하여 손실이 발생한 경우 보상을 해주는 것이다.

80 □□□ **관세법상 물품의 검사에 대한 설명으로 옳지 않은 것은?**

2019 관세직 7급

① 세관공무원은 수출 · 수입 또는 반송하려는 물품에 대하여 검사를 할 수 있다.
② 관세청장은 검사의 효율을 거두기 위하여 검사대상, 검사범위, 검사방법에 관하여 필요한 기준을 정할 수 있다.
③ 관세청장은 불량 물품으로 인정될 가능성이 있는 물품의 정보를 관세청 인터넷 홈페이지를 통하여 공개할 수 있다.
④ 안전성 검사에 필요한 정보교류 등 대통령령으로 정하는 사항을 협의하기 위하여 관세청에 수출입물품안전관리기관협의회를 둔다.

해설 ③ 관세청장은 안전성 검사 결과 불법 · 불량 · 유해 물품으로 확인된 물품의 정보를 관세청 인터넷 홈페이지를 통하여 공개할 수 있다.(법 제246조의3 제6항)
① (법 제246조 제1항)
② (법 제246조 제2항)
④ (법 제246조의3 제7항)

정답 77. ① 78. ② 79. ① 80. ③

81 관세법령상 물품의 검사에 관한 설명으로 옳지 않은 것은? 2023 관세사

□□□

① 기획재정부장관은 관세법에 따른 세관공무원의 적법한 물품검사로 인하여 물품에 손실이 발생한 경우 그 손실을 입은 자에게 보상하여야 한다.

② 관세청장은 검사의 효율을 거두기 위하여 검사대상, 검사범위, 검사방법 등에 관하여 필요한 기준을 정할 수 있다.

③ 화주는 수입신고를 하려는 물품에 대하여 수입신고 전에 관세청장이 정하는 바에 따라 확인을 할 수 있다.

④ 세관공무원은 수출·수입 또는 반송하려는 물품에 대하여 검사를 할 수 있다.

⑤ 물품의 검사에 대한 손실보상 금액은 해당 물품을 수리할 수 없는 경우에는 관세법 제30조부터 제35조까지의 규정에 따른 해당 물품의 과세가격에 상당하는 금액으로 한다.

해설 ① 관세청장 또는 세관장은 관세법에 따른 세관공무원의 적법한 물품검사로 인하여 물품에 손실이 발생한 경우 그 손실을 입은 자에게 보상하여야 한다.

② (법 제246조 제2항)

③ (법 제246조 제3항)

④ (법 제246조 제1항)

⑤ (영 제251조의2)

82 「관세법」상 물품의 검사와 관련하여 관세청장이 정하거나 정할 수 있는 것만을 모두 고르면?

□□□

2024 관세직 9급

ㄱ. 물품의 검사대상, 검사범위, 검사방법 등에 관한 필요한 기준 ㄴ. 물품의 검사에 따른 손실보상의 기준, 보상금액에 관한 사항 ㄷ. 물품의 검사에 따른 손실보상의 지급절차 및 방법, 그 밖에 필요한 사항 ㄹ. 수출입물품안전관리기관협의회의 구성·운영과 그 밖에 필요한 사항

① ㄱ, ㄴ　　② ㄱ, ㄷ

③ ㄴ, ㄹ　　④ ㄷ, ㄹ

해설 ㄱ. 관세청장은 검사의 효율을 거두기 위하여 검사대상, 검사범위, 검사방법 등에 관하여 필요한 기준을 정할 수 있다.(법 제246조 제2항)

ㄴ. 손실보상의 기준, 대상 및 보상금액에 관한 사항은 대통령령으로 정한다.(법 제246조의2 제2항)

ㄷ. 손실보상의 지급절차 및 방법, 그 밖에 필요한 사항은 관세청장이 정한다.(법 제246조의2 제3항)

ㄹ. 수출입물품안전관리기관협의회의 구성·운영과 그 밖에 필요한 사항은 대통령령으로 정한다.(법 제246조의3 제8항)

83 □□□ **관세법령상 물품의 검사에 관한 설명으로 옳지 않은 것은?** 2018 관세사

① 관세청장은 검사의 효율을 거두기 위하여 검사대상, 검사범위, 검사방법 등에 관하여 필요한 기준을 정할 수 있다.
② 화주는 수입신고를 하려는 물품에 대하여 수입신고전에 관세청장이 정하는 바에 따라 확인을 할 수 있다.
③ 안전성 검사에 필요한 정보교류 등 대통령령으로 정하는 사항을 협의하기 위하여 관세청에 수출입물품안전관리기관협의회를 둔다.
④ 수출입물품안전관리기관협의회는 위원장 1명을 포함하여 30명 이내의 위원으로 구성한다.
⑤ 세관장은 중앙행정기관의 장과 협의하여 관세법 제226조에 따른 세관장의 확인이 필요한 수출입물품 등 다른 법령에서 정한 물품의 성분·품질 등에 대한 안전성 검사를 할 수 있다.

해설

명칭	설치	심의내용	위원장	구성인원
수출입물품안전관리기관협의회(법 제246조의3)	관세청	안전성 검사에 필요한 정보교류사항을 협의하기 위하여	관세청 소속 고위공무원단에 속하는 공무원 중에서 관세청장이 지명하는 사람	위원장 1명을 포함하여 25명 이내의 위원(영 제251조의3)
원산지표시위반단속기관협의회(법 제233조의3)	관세청	원산지표시 위반 단속업무에 필요한 정보교류사항을 협의하기 위하여	원산지표시 위반 단속업무를 관장하는 관세청의 고위공무원단에 속하는 공무원 중에서 관세청장이 지정하는 사람	위원장 1명을 포함하여 25명 이내의 위원(영 제236조의9)

① (법 제246조 2항)
② (법 제246조 3항)
③ (법 제246조의3 7항)
⑤ (법 제246조의3 1항)

84 □□□ **관세법령상 원산지표시위반단속기관협의회와 관련한 설명으로 옳은 것은?** 2020 관세직 7급

① 관세법, 농수산물의 원산지표시에 관한법률 대외무역법에 따른 원산지표시 위반 단속업무에 필요한 정보교류 등 대통령령으로 정하는 사항을 협의하기 위하여 관세청에 원산지표시위반단속기관협의회를 둔다.
② 원산지표시위반단속기관협의회의 구성·운영과 그 밖에 필요한 사항은 기획재정부령으로 정한다.
③ 원산지표시위반단속기관협의회는 위원장 1명과 30명 이내의 위원으로 구성한다.
④ 원산지표시위반단속기관협의회의 위원장은 원산지표시 위반단속업무를 관장하는 기획재정부의 고위공무원단에 속하는 공무원 중에서 기획재정부장관이 지정하는 사람이 된다.

해설 ① (법 제233조의3 제1항)
② 원산지표시위반단속기관협의회의 구성·운영과 그 밖에 필요한 사항은 대통령령으로 정한다.(법 제233조의3 제2항)
③ 관세법 제233조의3 제1항에 따른 원산지표시위반단속기관협의회는 위원장 1명을 포함하여 25명 이내의 위원으로 구성한다.(영 제236조의9 제2항)
④ 협의회의 위원장은 원산지표시 위반 단속업무를 관장하는 관세청의 고위공무원단에 속하는 공무원 중에서 관세청장이 지정하는 사람이 된다.(영 제236조의9 제3항)

정답 81. ① 82. ② 83. ④ 84. ①

85 □□□ **관세법령상 원산지표시위반단속기관협의회에 관한 설명으로 옳지 않은 것은?** 2024 관세사

① 위원장 1명을 포함하여 25명 이내의 위원으로 구성한다.
② 위원장은 원산지표시 위반 단속업무를 관장하는 관세청의 고위공무원단에 속하는 공무원 중에서 관세청장이 지정하는 사람이 된다.
③ 위원에는 특별자치도의 장이 지정하는 과장급 공무원 1명도 포함된다.
④ 위원장이 부득이한 사유로 직무를 수행하지 못하는 경우에는 관세청장이 미리 지명한 사람이 직무를 대행한다.
⑤ 원산지표시 위반 단속업무에 필요한 정보교류에 관한 사항은 협의사항에 포함된다.

해설 ④ 부득이한 사유로 위원장이 그 직무를 수행하지 못하는 경우에는 위원장이 미리 지명한 사람이 그 직무를 대행한다.(영 236조의9 제4항)

86 □□□ **관세법령상 물품의 수출입 통관에 대한 설명으로 옳지 않은 것은?** 2017 관세직 9급

① 관세가 무세인 물품은 수입신고하는 때에 수입신고가 수리된 것으로 본다.
② 관세법에 따른 의무사항을 위반한 경우 세관장은 해당 물품의 통관을 보류할 수 있다.
③ 관세 보전을 위하여 세관장은 관세의 감면 또는 용도세율의 적용을 받은 물품에 통관표지를 첨부할 것을 명할 수 있다.
④ 수입신고가 수리되어 보세구역에서 반출된 물품이라도 원산지표시가 수입신고 수리 당시와 다르게 표시되어 있는 경우 세관장은 보세구역에 반입할 것을 명할 수 있다. 다만, 해당 물품이 수입신고가 수리된 후 3개월이 지났거나 관련 법령에 따라 관계 행정기관의 장의 시정조치가 있는 경우에는 그러하지 아니한다.

해설 ① 수입물품 중 관세가 면제되거나 무세인 물품에 있어서는 그 검사를 마친 때에 당해 물품에 대한 수입신고가 수리된 것으로 본다.(영 246조 제5항)
②, ③ (법 제228조)
④ (법 제238조)

87 □□□ **관세법상 물품의 검사에 관한 설명으로 옳지 않은 것은?** 2012 관세사

① 세관장은 효율적인 검사를 위하여 부득이하다고 인정될 때에는 수출하려는 물품도 보세구역에 반입하게 한 후 검사할 수 있다.
② 화주는 수입신고를 하려는 물품에 대하여 수입신고전에 확인할 수 있다.
③ 세관장은 수입신고인이 검사에 참여할 것을 신청하거나 신고인의 참여가 필요하다고 인정하는 때에는 검사에 참여할 것을 통지할 수 있다.
④ 세관장은 수입신고를 하지 아니한 물품에 대해서는 직권으로 이를 검사할 수 없다.
⑤ 검사장소가 지정장치장이나 세관검사장인 경우 신고인은 수수료를 납부하지 아니한다.

해설 **관세법 시행령 제251조(통관물품에 대한 검사)**

세관장은 관세법 제241조 제3항의 규정에 의한 신고를 하지 아니한 물품에 대하여는 관세청장이 정하는 바에 의하여 직권으로 이를 검사할 수 있다.(영 제251조 제1항)

88 관세법령상 수입신고를 수리할 때 세관장이 관세에 상당하는 담보의 제공을 요구할 수 있는 자에 해당하지 않는 것은? 2020 관세사

① 수출용원재료에 대한 관세 등 환급에 관한 특례법 제23조를 위반하여 징역형의 실형을 선고받고 그 집행이 끝나거나 면제된 후 2년이 지나지 아니한 자

② 수출용원재료에 대한 관세 등 환급에 관한 특례법 제23조를 위반하여 징역형의 집행유예를 선고받고 그 유예기간이 종료된 후 2년이 지나지 아니한 자

③ 수출용원재료에 대한 관세 등 환급에 관한 특례법 제23조에 따라 벌금형 또는 통고처분을 받은 자로서 그 벌금형을 선고받거나 통고처분을 이행한 후 2년이 지나지 아니한 자

④ 관세법 제241조 또는 제244조에 따른 수입신고일을 기준으로 최근 2년간 관세 등 조세를 체납한 사실이 있는 자

⑤ 최근 2년간 계속해서 수입실적이 없는 자

해설 **관세법 제248조(신고의 수리)**

세관장은 관세를 납부하여야 하는 물품에 대하여는 수입신고를 수리할 때에 다음 어느 하나에 해당하는 자에게 관세에 상당하는 담보의 제공을 요구할 수 있다.(법 제248조 제2항)

1. 관세법 또는 「수출용원재료에 대한 관세 등 환급에 관한 특례법」 제23조를 위반하여 징역형의 실형을 선고받고 그 집행이 끝나거나(집행이 끝난 것으로 보는 경우를 포함한다) 면제된 후 2년이 지나지 아니한 자
2. 관세법 또는 「수출용원재료에 대한 관세 등 환급에 관한 특례법」 제23조를 위반하여 징역형의 집행유예를 선고받고 그 유예기간 중에 있는 자
3. 제269조부터 제271조까지, 제274조, 제275조의2, 제275조의3 또는 「수출용원재료에 대한 관세 등 환급에 관한 특례법」 제23조에 따라 벌금형 또는 통고처분을 받은 자로서 그 벌금형을 선고받거나 통고처분을 이행한 후 2년이 지나지 아니한 자
4. 제241조 또는 제244조에 따른 수입신고일을 기준으로 최근 2년간 관세 등 조세를 체납한 사실이 있는 자
5. 수입실적, 수입물품의 관세율 등을 고려하여 대통령령으로 정하는 관세채권의 확보가 곤란한 경우에 해당하는 자

관세법 시행령 제252조(담보의 제공)

관세법 제248조 제2항 제5호에서 "대통령령으로 정하는 관세채권의 확보가 곤란한 경우에 해당하는 자"란 다음 어느 하나에 해당하는 자를 말한다.

1. 최근 2년간 계속해서 수입실적이 없는 자
2. 파산, 청산 또는 개인회생절차가 진행 중인 자
3. 수입실적, 자산, 영업이익, 수입물품의 관세율 등을 고려할 때 관세채권 확보가 곤란한 경우로서 관세청장이 정하는 요건에 해당하는 자

정답 85. ④ 86. ① 87. ④ 88. ②

89 관세법상 운송에 대한 설명으로 옳지 않은 것은? 2020 관세직 7급

□□□

① 국내에 도착된 후 최초로 보세구역에 반입된 날부터 30일이 경과한 외국물품을 보세운송하려는 자는 관세청장이 달리 정하지 않는 한 세관장의 승인을 받아야 한다.

② 외국물품의 수입과 관련하여 국제항에서 보세구역으로의 보세운송을 하고자 세관장에게 보세운송 신고를 한 자가 하역통로에서 당해 물품을 반출한 경우 정당한 이유가 있는 경우에는 세관장의 승인을 받아 그 신고를 취하할 수 있다.

③ 재해나 그 밖의 부득이한 사유로 선박 또는 항공기로부터 내려진 외국물품을 그 물품이 있는 장소로부터 통관장으로 운송하려는 자는 긴급한 경우에 세관공무원이나 국가경찰공무원(세관공무원이 없는 경우로 한정한다)에게 신고하여야 한다.

④ 내국물품을 국제무역기로 운송하는 경우 세관장은 내국운송 물품의 감시·단속을 위하여 필요하다고 인정될 때에는 관세청장이 정하는 바에 따라 운송통로를 제한할 수 있다.

해설 **관세법 제250조(신고의 취하 및 각하)**

신고는 정당한 이유가 있는 경우에만 세관장의 승인을 받아 취하할 수 있다. 다만, 수입 및 반송의 신고는 운송수단, 관세통로, 하역통로 또는 관세법에 규정된 장치 장소에서 물품을 반출한 후에는 취하할 수 없다.(법 제250조 제1항)

90 관세법령상 수출·수입 또는 반송 신고의 취하 및 각하에 관한 설명으로 옳지 않은 것은? 2023 관세사

□□□

① 세관장은 신고를 각하한 때에는 각하한 날로부터 10일 이내에 그 신고인에게 각하사유 등을 기재한 통지서를 송부하여야 한다.

② 세관장은 신고가 그 요건을 갖추지 못하였거나 부정한 방법으로 신고되었을 때에는 해당 수출·수입 또는 반송의 신고를 각하할 수 있다.

③ 수입 및 반송의 신고는 운송수단, 관세통로, 하역통로 또는 관세법에 규정된 장치 장소에서 물품을 반출한 후에는 취하할 수 없다.

④ 수출·수입 또는 반송의 신고를 수리한 후 신고의 취하를 승인한 때에는 신고수리의 효력이 상실된다.

⑤ 세관장은 수출·수입 또는 반송신고 취하 승인의 신청을 받은 날부터 10일 이내에 승인 여부를 신청인에게 통지하여야 한다.

해설 **관세법 시행령 제254조(신고각하의 통지)**

세관장은 법 제250조 제3항의 규정에 의하여 신고를 각하한 때에는 즉시 그 신고인에게 다음 각 호의 사항을 기재한 통지서를 송부하여야 한다.

1. 신고의 종류
2. 신고연월일 및 신고번호
3. 각하사유

91 □□□

다음 ( ) 안에 들어갈 내용을 순서대로 바르게 나열한 것은? 2011 관세사

> 수출신고가 수리된 물품은 수출신고가 수리된 날부터 ( )일 이내에 운송수단에 적재하여야 한다. 다만, 기획재정부령으로 정하는 바에 따라 1년의 범위에서 적재기간의 연장승인을 받은 것은 그러하지 아니하다. 세관장은 위에서 정한 기간 내에 적재되지 아니한 물품에 대하여는 대통령령으로 정하는 바에 따라 수출신고의 수리를 ( )할 수 있다.

① 30, 취소
② 30, 각하
③ 30, 취하
④ 60, 취소
⑤ 60, 각하

해설 **관세법 제251조(수출신고수리물품의 적재 등)**

수출신고가 수리된 물품은 수출신고가 수리된 날부터 30일 이내에 운송수단에 적재하여야 한다. 다만, 기획재정부령으로 정하는 바에 따라 1년의 범위에서 적재기간의 연장승인을 받은 것은 그러하지 아니하다.(법 제251조 제1항)

세관장은 수출신고수리물품의 적재기간 내에 적재되지 아니한 물품에 대하여는 대통령령으로 정하는 바에 따라 수출신고의 수리를 취소할 수 있다.(법 제251조 제2항)

92 □□□

「관세법」상 통관절차의 특례에 대한 설명으로 옳은 것은? 2016 관세직 9급

① 수입신고를 한 물품을 「관세법」 제248조에 따른 세관장의 수리전에 해당 물품이 장치된 장소로부터 반출하려는 자는 납부하여야 할 관세에 상당하는 담보를 제공하고 세관장의 허가를 받아야 한다.

② 수입하려는 물품을 수입신고전에 운송수단, 관세통로, 하역통로 또는 「관세법」에 따른 장치장소로부터 즉시 반출하려는 자는 관세청장이 정하는 바에 따라 세관장에게 즉시반출승인을 받아야 한다.

③ 세관장은 전자문서로 거래되는 수출입물품에 대하여 대통령령으로 정하는 바에 따라 수출입신고·물품검사 등 통관에 필요한 사항을 따로 정할 수 있다.

④ 관세청장 또는 세관장은 탁송품에 대하여 세관공무원으로 하여금 검사하게 하여야 하며, 탁송품의 통관목록의 제출시한, 실제 배송지의 제출, 물품의 검사 등에 필요한 사항은 관세청장이 고시한다.

해설 **관세법 제254조의2(탁송품의 특별통관)**

관세청장 또는 세관장은 탁송품에 대하여 세관공무원으로 하여금 검사하게 하여야 하며, 탁송품의 통관목록의 제출시한, 실제 배송지의 제출, 물품의 검사 등에 필요한 사항은 관세청장이 정하여 고시한다.(법 제254조의2 제5항)

---

① 수입신고를 한 물품을 관세법 제248조에 따른 세관장의 수리 전에 해당 물품이 장치된 장소로부터 반출하려는 자는 납부하여야 할 관세에 상당하는 담보를 제공하고 세관장의 승인을 받아야 한다.(법 제252조 제1항)
② 수입하려는 물품을 수입신고 전에 운송수단, 관세통로, 하역통로 또는 이 법에 따른 장치 장소로부터 즉시 반출하려는 자는 대통령령으로 정하는 바에 따라 세관장에게 즉시반출신고를 하여야 한다.(법 제253조 제1항)
③ 관세청장은 전자문서로 거래되는 수출입물품에 대하여 대통령령으로 정하는 바에 따라 수출입신고·물품검사 등 통관에 필요한 사항을 따로 정할 수 있다.(법 제254조)

정답 89. ② 90. ① 91. ① 92. ④

93 □□□ **관세법령상 수입신고한 물품을 세관장의 수리 전에 해당 물품이 장치된 장소로부터 반출하려고 할 때 담보의 제공을 생략할 수 있는 물품이 아닌 것은?** 2023 관세직 7급

① 「지방공기업법」 제79조에 따라 설립된 지방공단이 수입하는 물품
② 「공공기관의 운영에 관한 법률」 제4조에 따른 공공기관이 수입하는 물품
③ 수출용원재료 등 수입물품의 성질, 반입사유 등을 고려할 때 관세채권의 확보에 지장이 없다고 관세청장이 인정하는 물품
④ 신용평가기관으로부터 신용도가 높은 것으로 평가를 받은 자로서 기획재정부령으로 정하는 자가 수입하는 물품

해설 **관세법 시행령 제256조(신고수리전 반출)**
다음 각 호의 어느 하나에 해당하는 물품에 대해서는 법 제252조 단서에 따라 담보의 제공을 생략할 수 있다. 다만, 제2호 및 제3호의 물품을 수입하는 자 중 관세 등의 체납, 불성실신고 등의 사유로 담보 제공을 생략하는 것이 타당하지 아니하다고 관세청장이 인정하는 자가 수입하는 물품에 대해서는 담보를 제공하게 할 수 있다.(영 제256조 제3항)
1. 국가, 지방자치단체, 「공공기관의 운영에 관한 법률」 제4조에 따른 공공기관, 「지방공기업법」 제49조에 따라 설립된 지방공사 및 같은 법 제79조에 따라 설립된 지방공단이 수입하는 물품
2. 법 제90조 제1항 제1호 및 제2호에 따른 기관이 수입하는 물품
3. 최근 2년간 법 위반(관세청장이 법 제270조·제276조 및 제277조에 따른 처벌을 받은 자로서 재범의 우려가 없다고 인정하는 경우를 제외한다) 사실이 없는 수출입자 또는 신용평가기관으로부터 신용도가 높은 것으로 평가를 받은 자로서 관세청장이 정하는 자가 수입하는 물품
4. 수출용원재료 등 수입물품의 성질, 반입사유 등을 고려할 때 관세채권의 확보에 지장이 없다고 관세청장이 인정하는 물품
5. 거주 이전(移轉)의 사유, 납부할 세액 등을 고려할 때 관세채권의 확보에 지장이 없다고 관세청장이 정하여 고시하는 기준에 해당하는 자의 이사물품

94 □□□ **관세법령상 통관절차의 특례에 관한 설명으로 옳은 것은?** 2019 관세사

① 수입신고를 한 물품을 세관장의 수리 전에 해당 물품이 장치된 장소로부터 반출하려는 자는 납부하여야 할 관세에 상당하는 담보를 제공하고 관세청장에게 신고하여야 한다.
② 수입하려는 물품을 수입신고 전에 운송수단, 관세통로, 하역통로 또는 관세법에 따른 장치장소로 즉시 반입하려는 자는 세관장의 승인을 받아야 한다.
③ 수입하고자 하는 물품을 수입신고전에 즉시반출하고자 하는 자는 당해 물품의 품명·규격·수량 및 가격을 기재한 신고서를 제출하여야 한다.
④ 세관장은 전자문서로 거래되는 수출입물품에 대하여 기획재정부령으로 정하는 바에 따라 수출입신고·물품검사 등 통관에 필요한 사항을 따로 정할 수 있다.
⑤ 관세사는 세관장이 정하는 절차에 따라 별도로 정한 관할장치장에서 탁송품을 통관하여야 한다.

해설 **관세법 제257조(수입신고전 물품반출)**
관세법 제253조 제1항의 규정에 의하여 수입하고자 하는 물품을 수입신고전에 즉시반출하고자 하는 자는 당해 물품의 품명·규격·수량 및 가격을 기재한 신고서를 제출하여야 한다.(영 제257조 제1항)

---

① 수입신고 수리전 물품을 반출하려는 자는 세관장의 승인을 받아야 한다.(법 제252조)
② 수입신고전 물품을 반출하려는 자는 세관장에게 신고 하여야 한다.(법 제253조)
④ 관세청장은 전자문서로 거래되는 수출입물품에 대하여 대통령령으로 정하는 바에 따라 수출입신고·물품검사 등 통관에 필요한 사항을 따로 정할 수 있다.(법 제254조)
⑤ 세관장은 관세청장이 정하는 절차에 따라 별도로 정한 지정장치장에서 탁송품을 통관하여야 한다.(법 제254조의2)

95 관세법령상 수입신고전의 물품반출(즉시반출)에 대한 내용으로 옳지 않은 것은? 2014 관세직 9급

① 관세 등의 체납이 없고 최근 3년 동안 수출입실적이 있는 제조업자 또는 외국인투자자가 수입하는 시설재에 해당하는 물품 중에 통관을 할 때, 구비조건의 확인에 지장이 없는 경우로서 세관장이 지정하는 물품에 한하여 즉시반출 대상이 될 수 있다.

② 즉시반출신고를 하고 반출한 물품에 대해서는 수입신고를 한 다음날의 성질과 수량에 따라 관세를 부과한다.

③ 즉시반출신고를 하고 반출을 하는 자 및 물품 통관을 할 때, 구비조건의 확인에 지장이 없는 경우로서 세관장이 지정하는 것에 한하는데, 기타 관세 등의 체납우려가 없는 경우로서 관세청장이 정하는 물품도 해당될 수 있다.

④ 수입하려는 물품을 수입신고전에 운송수단, 관세통로, 하역통로 또는 이 법에 따른 장치장소로부터 즉시반출하려는 자는 대통령령으로 정하는 바에 따라 세관장에게 즉시반출신고하여야 한다.

해설 ② 관세법 제253조 제1항에 따른 수입신고전 즉시반출신고를 하고 반출한 물품은 수입신고전 즉시반출신고를 한 때의 성질과 수량에 따라 관세를 부과한다.(법 제16조)

96 관세법 조문의 일부이다. (　　)에 들어갈 내용을 순서대로 옳게 나열한 것은? 2020 관세사

> 제253조(수입신고전의 물품 반출)
> ③ 제1항에 따른 즉시반출신고를 하고 반출을 하는 자는 즉시반출신고를 한 날부터 (　　)일 이내에 제241조에 따른 수입신고를 하여야 한다.
> ④ 세관장은 제1항에 따라 반출을 한 자가 제3항에 따른 기간 내에 수입신고를 하지 아니하는 경우에는 관세를 부과・징수한다. 이 경우 해당 물품에 대한 관세의 (　　)에 상당하는 금액을 가산세로 징수하고, 제2항에 따른 지정을 취소할 수 있다.

① 10, 100분의 10
② 10, 100분의 20
③ 30, 100분의 10
④ 30, 100분의 20
⑤ 30, 100분의 30

해설 **관세법 제253조(수입신고전의 물품 반출)**

즉시반출신고를 하고 반출을 하는 자는 즉시반출신고를 한 날부터 10일 이내에 제241조에 따른 수입신고를 하여야 한다.(법 제253조 제3항)

세관장은 즉시반출신고를 하고 물품을 반출 한 자가 기간 내에 수입신고를 하지 아니하는 경우에는 관세를 부과・징수한다. 이 경우 해당 물품에 대한 관세의 100분의 20에 상당하는 금액을 가산세로 징수하고, 제2항에 따른 지정을 취소할 수 있다.(법 제253조 제4항)

정답 93. ④ 94. ③ 95. ② 96. ②

97 관세법상 수입신고전의 물품 반출에 관한 설명으로 옳지 않은 것은? 2017 관세사

□□□

① 수입하려는 물품을 수입신고전에 운송수단, 관세통로, 하역통로 또는 관세법에 따른 장치 장소로부터 즉시 반출하려는 자는 대통령령으로 정하는 바에 따라 세관장에게 즉시반출신고를 하여야 한다.

② 세관장은 즉시반출신고를 하는 자에게 납부하여야 하는 관세에 상당하는 담보를 제공하게 할 수 있다.

③ 수입신고전 즉시반출신고를 하고 반출을 하는 자는 즉시반출신고를 한 날부터 10일 이내에 수입신고를 하여야 한다.

④ 세관장은 수입신고전 즉시반출을 한 자가 정해진 기간 이내에 수입신고를 하지 아니하는 경우에는 해당 물품에 대한 관세의 100분의 10에 상당하는 금액을 가산세로 징수한다.

⑤ 수입하고자 하는 물품을 수입신고전에 즉시반출하고자 하는 자는 당해 물품의 품명·규격·수량 및 가격을 기재한 신고서를 제출하여야 한다.

해설 ④ 세관장은 수입신고전 즉시반출을 한 자가 즉시반출신고를 한 날부터 10일 이내에 수입신고를 하지 아니하는 경우에는 해당 물품에 대한 관세의 100분의 20에 상당하는 금액을 가산세로 징수한다.

98 관세법령상 관세청장이 전자상거래물품에 대하여 따로 정할 수 있는 통관에 필요한 사항으로 명시되어 있지 않은 것은? 2024 관세사

□□□

① 물품검사장소

② 관세 등에 대한 납부방법

③ 수출입신고 방법 및 절차

④ 특별통관 대상 거래물품

⑤ 특별통관 대상 업체

해설 **관세법 제254조(전자상거래물품의 특별통관 등)**

① 관세청장은 전자상거래물품에 대하여 대통령령으로 정하는 바에 따라 수출입신고·물품검사 등 통관에 필요한 사항을 따로 정할 수 있다.
② 관세청장은 관세의 부과·징수 및 통관을 위하여 필요한 경우 사이버몰을 운영하는 구매대행업자, 「전자상거래 등에서의 소비자보호에 관한 법률」에 따른 통신판매업자 또는 통신판매중개를 하는 자에게 전자상거래물품의 주문·결제 등과 관련된 거래정보로서 대통령령으로 정하는 정보를 제1항에 따른 수입신고 전에 제공하여 줄 것을 요청할 수 있다.
③ 제2항에 따라 요청받은 정보의 제공 방법·절차 등 정보의 제공에 필요한 사항은 대통령령으로 정한다.
④ 관세청장은 납세자의 권리 보호를 위하여 화주에게 전자상거래물품의 통관 및 납세와 관련된 사항으로서 대통령령으로 정하는 사항을 안내할 수 있다.
⑤ 제1항은 제254조의2 제1항(탁송품특별통관) 및 제258조 제2항(우편물통관)에 우선하여 적용한다

관세법 시행령 제258조(전자상거래물품의 특별통관 등)

① 관세청장은 법 제254조 제1항에 따라 전자상거래물품에 대하여 다음 각 호의 사항을 따로 정할 수 있다.
1. 특별통관 대상 거래물품 또는 업체
2. 수출입신고 방법 및 절차
3. 관세 등에 대한 납부방법
4. 물품검사방법
5. 그 밖에 관세청장이 필요하다고 인정하는 사항

② 법 제254조제2항에서 "대통령령으로 정하는 정보"란 다음 각 호의 정보를 말한다.
1. 주문번호 및 구매 일자
2. 물품수신인의 성명 및 통관고유부호
3. 물품의 품명 및 수량
4. 물품의 결제금액
5. 그 밖에 관세청장이 전자상거래물품의 통관을 위하여 수입신고 전에 제공받을 필요가 있다고 인정하여 고시하는 정보

③ 법 제254조 제2항에 따라 요청받은 정보의 제공은 관세청장이 정하는 전자적 매체를 통해 제공하는 방법으로 한다.
④ 제3항에 따라 정보를 제공하는 경우 그 제공 기간은 전자상거래물품의 선하증권 또는 화물운송장 번호가 생성되는 시점부터 수입신고 전까지로 한다.
⑤ 법 제254조제4항에서 "대통령령으로 정하는 사항"이란 다음 각 호의 사항을 말한다.
1. 물품의 품명
2. 납부세액
3. 선하증권 또는 화물운송장 번호
4. 그 밖에 관세청장이 전자상거래물품의 화주에게 안내할 필요가 있다고 인정하여 고시하는 정보

99 「관세법」상 통관절차의 특례에 대한 설명으로 옳은 것은? 2024 관세직 9급

□□□

① 관세청장 또는 세관장은 탁송품에 대하여 세관공무원으로 하여금 검사하게 하여야 하며, 탁송품의 통관목록의 제출시한, 실제 배송지의 제출, 물품의 검사 등에 필요한 사항은 관세청장이 정하여 고시한다.

② 수출입안전관리우수업체가 양도, 양수, 분할 또는 합병하거나 그 밖에 관세청장이 정하여 고시하는 변동사항이 발생한 경우에는 지체 없이 그 사항을 관세청장에게 보고하여야 한다.

③ 수입신고를 한 물품을 세관장의 수리 전에 해당 물품이 장치된 장소로부터 반출하려는 자는 납부하여야 할 관세에 상당하는 담보를 제공하고 세관장의 허가를 받아야 한다.

④ 세관장은 즉시반출을 한 자가 즉시반출을 한 날부터 10일 이내에 수입신고를 하지 아니하는 경우 해당 물품에 대한 납부할 세액의 100분의 20에 상당하는 금액을 가산세로 징수한다.

Chapter 08

해설 ① 관세청장 또는 세관장은 탁송품에 대하여 세관공무원으로 하여금 검사하게 하여야 하며, 탁송품의 통관목록의 제출시한, 실제 배송지의 제출, 물품의 검사 등에 필요한 사항은 관세청장이 정하여 고시한다.(법 제254조의2 제5항)
② 수출입안전관리우수업체가 양도, 양수, 분할 또는 합병하거나 그 밖에 관세청장이 정하여 고시하는 변동사항이 발생한 경우에는 그 변동사항이 발생한 날부터 30일 이내에 그 사항을 관세청장에게 보고하여야 한다. 다만, 그 변동사항이 수출입안전관리우수업체의 유지에 중대한 영향을 미치는 경우로서 관세청장이 정하여 고시하는 사항에 해당하는 경우에는 지체 없이 그 사항을 보고하여야 한다.(법 제255조의4 제3항)
③ 수입신고를 한 물품을 세관장의 수리 전에 해당 물품이 장치된 장소로부터 반출하려는 자는 납부하여야 할 관세에 상당하는 담보를 제공하고 세관장의 승인을 받아야 한다.(법 제252조)
④ 세관장은 즉시반출을 한 자가 즉시반출을 한 날부터 10일 이내에 수입신고를 하지 아니하는 경우에는 관세를 부과・징수한다. 이 경우 해당 물품에 대한 관세의 100분의 20에 상당하는 금액을 가산세로 징수한다(법 제253조)

정답 97. ④ 98. ① 99. ①

100 □□□ **관세법령상 탁송품의 특별통관에 대한 설명으로 옳지 않은 것은?** 2017 관세직 9급

① 자가사용물품으로서 물품가격이 미화 200달러인 탁송품은 탁송품 운송업자가 「관세법」에 따른 통관목록을 세관장에게 제출함으로써 수입신고를 생략할 수 있다.

② 관세청장 또는 세관장은 탁송품에 대하여 세관공무원으로 하여금 검사하게 하여야 한다.

③ 세관장은 탁송품에 대한 감시·단속에 지장이 없다고 인정하는 경우 탁송품을 해당 탁송품 운송업자가 운영하는 보세창고 또는 「자유무역지역의 지정 및 운영에 관한 법률」 제11조에 따라 입주계약을 체결하여 입주한 업체가 해당 자유무역지역에서 운영하는 시설에서 통관할 수 있다.

④ 세관장은 탁송품 운송업자가 「관세법」에 따라 통관이 제한되는 물품을 국내에 반입하는 경우에는 「관세법」 제254조의2(탁송품의 특별통관) 제1항에 따른 특별통관절차의 적용을 배제할 수 있다.

해설 **관세법 시행규칙 제79조의2(탁송품의 특별통관)**

관세법 제254조의2 제1항 각 호 외의 부분에서 탁송품으로서 탁송품운송업자가 통관목록을 세관장에게 제출함으로써 수입신고를 생략할 수 있는 물품이란 자가사용물품 또는 면세되는 상업용 견본품 중 물품가격(관세법 제30조부터 제35조까지의 규정에 따른 방법으로 결정된 과세가격에서 관세법 제30조 제1항 제6호 본문에 따른 금액을 뺀 가격. 다만, 관세법 제30조 제1항 제6호 본문에 따른 금액을 명백히 구분할 수 없는 경우에는 이를 포함한 가격으로 한다)이 미화 150달러 이하인 물품을 말한다.(규칙 제79조의2 제1항)

101 □□□ **「관세법」상 통관절차의 특례에 대한 설명으로 옳지 않은 것은?** 2016 관세직 7급

① 세관장은 관세청장이 정하는 절차에 따라 세관검사장에서 탁송품을 통관하여야 한다. 다만, 세관장은 탁송품에 대한 감시·단속에 지장이 없다고 인정하는 경우 탁송품을 해당 탁송품 운송업자가 운영하는 보세창고에서 통관할 수 있다.

② 수입하려는 물품을 수입신고전에 운송수단, 관세통로, 하역통로로부터 즉시 반출하려는 자는 대통령령으로 정하는 바에 따라 세관장에게 즉시반출신고를 하여야 한다.

③ 관세청장 또는 세관장은 탁송품에 대하여 세관공무원으로 하여금 검사하게 하여야 하며, 탁송품의 통관목록의 제출시한, 물품의 검사 등에 필요한 사항은 관세청장이 정하여 고시한다.

④ 관세청장은 수출입물품의 통관 등 무역과 관련된 자가 시설, 서류 관리 등에서 수출입에 관련된 법령에 따른 의무 또는 절차와 재무 건전성 등 대통령령으로 정하는 안전관리 기준을 충족하는 경우 수출입 안전관리 우수업체로 공인할 수 있다.

해설 **관세법 제254조의2(탁송품의 특별통관)**

세관장은 관세청장이 정하는 절차에 따라 별도로 정한 지정장치장에서 탁송품을 통관하여야 한다. 다만, 세관장은 탁송품에 대한 감시·단속에 지장이 없다고 인정하는 경우 탁송품을 해당 탁송품 운송업자가 운영하는 보세창고 또는 시설(「자유무역지역의 지정 및 운영에 관한 법률」 제11조에 따라 입주계약을 체결하여 입주한 업체가 해당 자유무역지역에서 운영하는 시설에 한정한다)에서 통관할 수 있다.(법 제254조의2 제6항)

102 □□□ **관세법상 수출입 안전관리 우수 공인업체와 관련된 관세청장의 권한으로 옳지 않은 것은?**

2012 관세직 9급

① 통관절차상의 혜택이나 세액의 감면을 제공할 수 있다.
② 안전관리 기준을 충족하지 못하게 되는 경우에는 공인을 취소할 수 있다.
③ 일정한 기관이나 단체에 안전관리 기준 충족 여부를 심사하게 할 수 있다.
④ 다른 국가의 수출입 안전관리 우수 공인업체에 대하여 상호 조건에 따라 통관절차상의 혜택을 제공할 수 있다.

해설 **관세법 제255조의3(수출입 안전관리 우수업체에 대한 혜택 등)**
관세청장은 제255조의2에 따라 수출입 안전관리 우수업체로 공인된 업체에 통관절차 및 관세행정상의 혜택으로서 대통령령으로 정하는 사항(수출입물품에 대한 검사 완화나 수출입신고 및 관세납부 절차 간소화 등)을 제공할 수 있다.(법 제255조의3 제1항)

103 □□□ **관세법상 수출입 안전관리 우수 공인업체에 대한 내용으로 옳지 않은 것은?**

2013 관세직 9급

① 관세청장은 수출입물품의 제조・운송・보관 또는 통관 등 무역과 관련된 자가시설, 서류관리, 직원 교육 등에서 대통령령으로 정하는 안전관리 기준을 충족하는 경우 수출입 안전관리 우수업체로 공인할 수 있다.
② 관세청장은 수출입 안전관리 우수업체로 공인받으려고 심사를 요청한 자에 대하여 대통령령으로 정하는 절차에 따라 심사하여야 한다.
③ 수출입 안전관리 우수업체로 공인된 업체에 대하여는 통관절차 및 관세행정상의 혜택으로서 대통령령으로 정하는 사항을 제공할 수 있다.
④ 관세청장은 수출입 안전관리 우수업체로 공인된 중소기업 기본법 제2조에 따른 중소기업의 경우에는 대통령령으로 정하는 안전관리 기준을 충족하지 못하게 되더라도 공인을 취소할 수 없다.

해설 ④ 관세청장은 수출입안전관리우수업체가 관세법 제255조의2 제1항에 따른 안전관리 기준을 충족하지 못하는 경우 공인을 취소할 수 있다. 중소기업에 대하여는 공인을 취소할 수 없다는 예외 규정은 없다.

정답 100. ① 101. ① 102. ① 103. ④

104 □□□ **관세법령상 수출입 안전관리 우수 공인업체 등에 대한 설명으로 옳지 않은 것은?** 2017 관세직 9급

① 수출입 안전관리 우수 공인업체 공인 심사 시 국제항해선박 및 항만시설의 보안에 관한 법률에 따른 국제선박보안증서를 교부받은 국제항해선박소유자에 대하여는 관세법 제255조의2 제1항에 따른 안전관리 기준 중 일부에 대하여 심사를 생략할 수 있다.

② 수출입 안전관리 우수 공인업체에 대하여는 대통령령이 정하는 바에 따라 관세율 적용상의 혜택을 제공할 수 있다.

③ 관세청장은 다른 국가의 수출입 안전관리 우수 공인업체에 대하여 상호 조건에 따라 관세청장이 정하는 바에 따른 통관절차상의 혜택을 제공할 수 있다.

④ 관세청장은 수출입 안전관리 우수 공인업체로 공인받기 위한 신청 여부와 관계없이 수출입물품의 통관 등 무역과 관련된 자를 대상으로 관세법 제255조의2 제1항에 따른 안전관리 기준을 준수하는 정도를 평가할 수 있다.

해설 ② 관세청장은 수출입 안전관리 우수업체로 공인된 업체에 통관절차 및 관세행정상의 혜택으로서 대통령령으로 정하는 사항을 제공할 수 있다.
① (영 제259조의2 제2항)
③ (법 제255조의3 제2항)
④ (법 제255조의7 제1항)

105 □□□ **관세법 시행령상 수출입물품의 제조 · 운송 · 보관 또는 통관 등 무역과 관련된 자가 수출입 안전관리 우수 공인업체로 공인을 받기 위해 충족해야 할 수출입 안전관리 기준에 해당하지 않는 것은?** 2017 관세직 7급

① 관세법, 자유무역협정의 이행을 위한 관세법의 특례에 관한 법률, 대외무역법 등 수출입에 관련된 법령을 성실하게 준수하였어야 한다.

② 관세 등 영업활동과 관련한 세금을 체납하지 않는 등 재무건전성을 갖추고 있어야 한다.

③ 국제표준화기구에서 정한 수출입안전관리에 관한 표준 등을 반영하여 관세청장이 정하는 기준을 갖추어야 한다.

④ 수출입물품의 안전한 관리를 확보할 수 있는 운영시스템, 거래업체, 운송수단 및 직원교육체계 등을 갖추고 있어야 한다.

해설 **관세법 시행령 제259조의2(수출입 안전관리 기준 등)**
관세법 제255조의2 제1항에 따른 안전관리 기준은 다음과 같다.(영 제259조의2 제1항)
1. 「관세법」, 「자유무역협정의 이행을 위한 관세법의 특례에 관한 법률」, 「대외무역법」 등 수출입에 관련된 법령을 성실하게 준수하였을 것
2. 관세 등 영업활동과 관련한 세금을 체납하지 않는 등 재무 건전성을 갖출 것
3. 수출입물품의 안전한 관리를 확보할 수 있는 운영시스템, 거래업체, 운송수단 및 직원교육체계 등을 갖출 것
4. 그 밖에 세계관세기구에서 정한 수출입 안전관리에 관한 표준 등을 반영하여 관세청장이 정하는 기준을 갖출 것

106 관세법령상 수출입 안전관리 우수 공인업체에 대한 설명으로 옳지 않은 것은? 2019 관세직 7급

□□□

① 수출입 안전관리 우수 공인업체에 대하여는 통관절차 및 관세행정상의 혜택으로서 대통령령으로 정하는 사항을 제공할 수 있다.

② 관세청장은 수출입 안전관리 우수 공인업체가 안전관리기준을 충족하지 못하게 되는 경우에는 공인을 취소할 수 있다.

③ 수출입 안전관리 우수업체에 대한 공인의 유효기간은 5년으로 하되, 대통령령으로 정하는 바에 따라 갱신할 수 있다.

④ 수출입 안전관리 우수 공인업체의 합병이 그 업체의 유지에 중대한 영향을 미치는 경우에는 합병한 날부터 10일 이내에 이를 관세청장에게 보고하여야 한다.

해설 ④ 수출입 안전관리 우수 공인업체가 양도, 양수, 분할 또는 합병하거나 그 밖에 관세청장이 정하는 사유가 발생한 경우에는 그 사유가 발생한 날부터 30일 이내에 그 사실을 관세청장에게 보고하여야 한다. 다만, 그 사유가 수출입 안전관리 우수 공인업체의 유지에 중대한 영향을 미치는 경우로서 관세청장이 정하는 사유에 해당하는 경우에는 지체 없이 보고하여야 한다.(법 제255조의4 제3항)

107 관세법령상 수출입안전관리우수업체에 대한 사후관리와 공인 취소에 관한 설명으로 옳은 것은?

□□□

2023 관세사

① 수출입안전관리우수업체가 합병을 한 경우에는 합병일로부터 10일 이내에 관세평가 분류원장에게 보고하여야 한다.

② 관세청장은 관세법에 따른 안전관리 기준을 충족하지 못하는 경우에는 공인을 취소할 수 있다.

③ 관세평가분류원장은 관할지역에 있는 수출입안전관리우수업체의 안전관리 기준 충족 여부를 주기적으로 확인하여야 한다.

④ 관세평가분류원장은 수출입안전관리우수업체의안전관리기준의 충족 여부에 대한 평가를 하여 업체를 관할하는 세관장에게 통지하여야 한다.

⑤ 관세평가분류원장은 수출입안전관리우수업체별로 안전관리기준의 충족 여부를 평가하는 관리책임자를 지정해야 한다.

해설 **관세법 제255조의5(수출입안전관리우수업체의 공인 취소)**

관세청장은 수출입안전관리우수업체가 다음 각 호의 어느 하나에 해당하는 경우에는 공인을 취소할 수 있다. 다만, 제1호에 해당하는 경우에는 공인을 취소하여야 한다.

1. 거짓이나 그 밖의 부정한 방법으로 공인을 받거나 공인을 갱신받은 경우
2. 수출입안전관리우수업체가 양도, 양수, 분할 또는 합병 등으로 공인 당시의 업체와 동일하지 아니하다고 관세청장이 판단하는 경우
3. 제255조의2제1항에 따른 안전관리 기준을 충족하지 못하는 경우
4. 제255조의3제3항에 따른 정지 처분을 공인의 유효기간 동안 5회 이상 받은 경우
5. 제255조의3제4항에 따른 시정명령을 정당한 사유 없이 이행하지 아니한 경우
6. 그 밖에 수출입 관련 법령을 위반한 경우로서 대통령령으로 정하는 경우

Chapter 08

정답 104. ② 105. ③ 106. ④ 107. ②

① 수출입안전관리우수업체가 양도, 양수, 분할 또는 합병하거나 그 밖에 관세청장이 정하여 고시하는 변동사항이 발생한 경우에는 그 변동사항이 발생한 날부터 30일 이내에 그 사항을 관세청장에게 보고하여야 한다. 다만, 그 변동사항이 수출입안전관리우수업체의 유지에 중대한 영향을 미치는 경우로서 관세청장이 정하여 고시하는 사항에 해당하는 경우에는 지체 없이 그 사항을 보고하여야 한다.(법 제255조의4 제3항)
③ 관세청장은 수출입안전관리우수업체가 제255조의2제1항에 따른 안전관리 기준을 충족하는지를 주기적으로 확인하여야 한다.(법 제255조의4 제1항)
④ 수출입안전관리우수업체는 법 제255조의4 제2항에 따라 안전관리기준의 충족 여부를 매년 자율적으로 평가하여 그 결과를 해당 업체가 수출입안전관리우수업체로 공인된 날이 속하는 달의 다음 달 15일까지 관세청장에게 보고해야 한다. 다만, 제259조의3 제2항에 따라 공인의 갱신을 신청한 경우로서 공인의 유효기간이 끝나는 날이 속한 연도에 실시해야 하는 경우의 평가는 생략할 수 있다.(영 제259조의5 제2항)
⑤ 수출입안전관리우수업체는 법 제255조의4제2항에 따라 안전관리기준의 충족 여부를 평가・보고하는 관리책임자를 지정해야 한다.(영 제259조의5 제1항)

108 □□□ **관세법령상 관세청장이 수출입물품의 제조・운송・보관 또는 통관 등 무역과 관련된 자 가운데 안전관리기준의 준수 정도에 대한 측정・평가를 할 수 있는 대상이 아닌 자는?** 2023 관세사

① 보세운송업자
② 관세법에 따른 관세의 납세의무자
③ 관세법상 보세화물을 취급하는 선박회사 또는 항공사
④ 자유무역지역의 지정 및 운영에 관한 법률에 따른 입주기업체
⑤ 전자문서중계사업자

해설 **관세법 시행령 제259조의6(준수도측정・평가의 절차 및 활용 등)**
관세청장은 법 제255조의7제1항에 따라 연 4회의 범위에서 다음 각 호의 어느 하나에 해당하는 자를 대상으로 안전관리기준의 준수 정도에 대한 측정・평가(이하 이 조에서 "준수도측정・평가"라 한다)를 할 수 있다
1. 운영인
2. 법 제19조에 따른 납세의무자
3. 법 제172조 제2항에 따른 화물관리인
4. 법 제225조 제1항에 따른 선박회사 또는 항공사
5. 법 제242조에 따른 수출・수입・반송 등의 신고인(화주를 포함한다)
6. 법 제254조 및 이 영 제258조 제1호에 따른 특별통관 대상 업체
7. 보세운송업자등
8. 「자유무역지역의 지정 및 운영에 관한 법률」 제2조 제2호에 따른 입주기업체

109 □□□ **「관세법」상 통관절차의 특례에 대한 설명으로 옳은 것은?** 2021 관세직 9급

① 수입하려는 물품을 수입신고 전에 하역통로로부터 즉시 반출하려는 자는 대통령령으로 정하는 바에 따라 세관장에게 즉시반출신고를 하여야 한다.
② 세관장은 즉시 반출을 한 자가 즉시반출신고를 한 날부터 5일 이내에 수입신고를 하지 아니하는 경우에는 관세를 부과・징수한다. 이 경우 해당 물품에 대한 과세가격의 100분의 20에 상당하는 금액을 가산세로 징수한다.
③ 세관장은 전자문서로 거래되는 수출입물품에 대하여 기획재정부령으로 정하는 바에 따라 수출입신고・물품검사 등 통관에 필요한 사항을 따로 정할 수 있다.
④ 수출입 안전관리 우수업체에 대한 공인의 유효기간은 10년으로 하되, 기획재정부령으로 정하는 바에 따라 갱신할 수 있다.

해설 ② 즉시반출신고를 한 날부터 10일 이내에 수입신고를 하지 아니하는 경우에는 관세를 부과·징수한다. 이 경우 해당 물품에 대한 관세 100분의 20에 상당하는 금액을 가산세로 징수한다.
③ 관세청장은 전자문서로 거래되는 수출입물품에 대하여 대통령령으로 정하는 바에 따라 수출입신고, 검사 등 통관에 필요한 사항을 따로 정할 수 있다.
④ 수출입 안전관리 우수업체에 대한 공인의 유효기간은 5년으로 하되, 대통령령으로 정하는 바에 따라 갱신할 수 있다.

110 관세법상 무역원활화 기본계획에 포함되는 사항을 모두 고른 것은? 2024 관세사

□□□

ㄱ. 무역원활화 정책의 기본 방향에 관한 사항
ㄴ. 무역원활화 기반 시설의 구축과 운영에 관한 사항
ㄷ. 무역원활화의 환경조성에 관한 사항
ㄹ. 무역원활화와 관련된 국제협력에 관한 사항

① ㄱ, ㄷ
② ㄴ, ㄷ
③ ㄴ, ㄹ
④ ㄱ, ㄷ, ㄹ
⑤ ㄱ, ㄴ, ㄷ, ㄹ

해설 **관세법 제240조의4(무역원활화 기본계획의 수립 및 시행)**
기획재정부장관은 「세계무역기구 설립을 위한 마라케쉬협정」에 따라 이 법 및 관련법에서 정한 통관 등 수출입 절차의 원활화 및 이와 관련된 국제협력의 원활화(이하 "무역원활화"라 한다)를 촉진하기 위하여 다음 각 호의 사항이 포함된 무역원활화 기본계획(이하 "기본계획"이라 한다)을 수립·시행하여야 한다.
1. 무역원활화 정책의 기본 방향에 관한 사항
2. 무역원활화 기반 시설의 구축과 운영에 관한 사항
3. 무역원활화의 환경조성에 관한 사항
4. 무역원활화와 관련된 국제협력에 관한 사항
5. 무역원활화와 관련된 통계자료의 수집·분석 및 활용방안에 관한 사항
6. 무역원활화 촉진을 위한 재원 확보 및 배분에 관한 사항
7. 그 밖에 무역원활화를 촉진하기 위하여 필요한 사항

111 관세법상의 절차 중에서 상대국과 상호주의 적용을 전제조건으로 하지 않은 것은? 2010 관세사

□□□

① 개발도상국가를 원산지로 하는 일정 물품에 대한 일반특혜관세의 적용
② 외국과의 조약·협정 등에 의하여 수입되는 물품에 대한 재수출감면세의 적용
③ 다른 국가의 수출입 안전관리 우수 공인업체에 대한 통관절차상의 혜택 제공
④ 다른 국가와 세계관세기구에서 정하는 수출입 신고항목 및 화물식별번호 정보의 교환
⑤ 우리나라에 대하여 통관절차의 편익을 제공하는 국가에서 수입되는 물품에 대한 간이한 통관절차의 적용

해설 ① 일반특혜관세는 선진국이 개발도상국에게 상호주의를 요구하지 않고 혜택을 부여하는 제도이다.
② (법 제98조 제1항)
③ (법 제255조의3 제2항)
④ (법 제240조의6 제2항)
⑤ (법 제240조의5)

정답 108. ⑤ 109. ① 110. ⑤ 111. ①

Chapter 08

112 관세법령상 국가 간 세관정보의 상호 교환 등에 관한 설명으로 옳지 않은 것은? 2018 관세사

□□□

① 관세청장은 세계관세기구에서 정하는 수출입 신고항목 및 화물식별번호 정보를 다른 국가와 상호 조건에 따라 교환할 수 있다.

② 관세청장은 관세의 부과와 징수, 관세 불복에 대한 심리 및 형사소추를 위하여 수출입신고자료 등 대통령령으로 정하는 사항을 대한민국 정부가 다른 국가와 관세행정에 관한 협력 및 상호지원에 관하여 체결한 협정과 국제기구와 체결한 국제협약에 따라 다른 법률에 저촉되지 아니하는 범위에서 다른 국가와 교환할 수 있다.

③ 관세청장은 관세법 제240조의6 제3항에 따라 다른 국가와 수출입신고자료 등을 교환하는 경우에는 이를 신고인 또는 그 대리인에게 통지하지 않는다.

④ 관세청장은 물품의 신속한 통관과 관세법을 위반한 물품의 반입을 방지하기 위하여 세계관세기구에서 정하는 수출입 신고항목 및 화물식별번호를 발급하거나 사용하게 할 수 있다.

⑤ 관세청장은 상호주의 원칙에 따라 상대국에 수출입신고자료 등을 제공하는 것을 제한할 수 있다.

해설 **관세법 시행령 제245조의5(다른 국가와의 수출입신고자료 등의 교환)**

관세청장은 수출·수입 또는 반송의 신고와 관련된 자료를 다른 국가와 교환한 경우에는 관세법 제240조의6제5항에 따라 그 교환한 날부터 10일 이내에 자료의 교환 사실 및 내용 등을 해당 신고인 또는 그 대리인에게 통지하여야 한다.(영 제245조의5 제3항)

① (법 제240조의6 제2항)
② (법 제240조의6 제3항)
④ (법 제240조의6 제1항)
⑤ (법 제240조의6 제4항)

113 관세법령상 통관절차 등의 국제협력에 관한 설명으로 옳지 않은 것은? 2019 관세사

□□□

① 국제무역 및 교류를 증진하고 국가 간의 협력을 촉진하기 위하여 우리나라에 대하여 통관절차의 편익을 제공하는 국가에서 수입되는 물품에 대하여는 상호 조건에 따라 대통령령으로 정하는 바에 따라 간이한 통관절차를 적용할 수 있다.

② 관세청장은 부과와 징수, 과세 불복에 대한 심리 및 형사소추를 위하여 수출입신고자료 등 기획재정부령으로 정하는 사항을 대한민국 정부가 다른 국가와 관세행정에 관한 협력 및 상호지원에 관하여 체결한 협정에 따라 다른 법률에 저촉되지 아니하는 범위에서 다른 국가와 교환하여야 하며, 상호주의 원칙에 따라 상대국에 수출입신고자료 등을 제공하는 것을 제한하여서는 아니 된다.

③ 무역원활화위원회는 위원장 1명을 포함하여 20명 이내의 위원으로 구성한다.

④ 관세청장은 물품의 신속한 통관과 관세법을 위반한 물품의 반입을 방지하기 위하여 세계관세기구에서 정하는 수출입 신고항목 및 화물식별번호를 발급하거나 사용하게 할 수 있다.

⑤ 기획재정부장관은 무역원활화 기본계획을 시행하기 위하여 대통령령으로 정하는 바에 따라 무역원활화에 관한 업무를 수행하는 기관 또는 단체에 필요한 지원을 할 수 있다.

해설 **관세법 제240조의6(국가 간 세관정보의 상호 교환 등)**
관세청장은 관세의 부과와 징수, 과세 불복에 대한 심리, 형사소추 및 수출입신고의 검증을 위하여 수출입신고자료 등 대통령령으로 정하는 사항을 대한민국 정부가 다른 국가와 관세행정에 관한 협력 및 상호지원에 관하여 체결한 협정과 국제기구와 체결한 국제협약에 따라 다른 법률에 저촉되지 아니하는 범위에서 다른 국가와 교환할 수 있다.(법 제240조의6 제3항)
관세청장은 상호주의 원칙에 따라 상대국에 수출입신고자료 등을 제공하는 것을 제한할 수 있다.(법 제240조의6 제4항)

---

① (법 제240조의5)
③ (영 제245조의2 제2항)
④ (법 제240조의6 제1항)
⑤ (법 제240조의4 제2항)

114 □□□ **관세법령상 수출입신고대상 우편물이 아닌 것은? (단, 우편물임을 전제로 함)** 2023 관세사

① 위탁판매수출을 위하여 우리나라와 외국간에 무상으로 수출하는 물품 및 그 물품의 원·부자재
② 법령에 따라 수출입이 제한되거나 금지되는 물품
③ 대외무역법에 따른 수출입의 승인을 받은 우편물
④ 판매를 목적으로 반입하는 물품 또는 대가를 지급하였거나 지급하여야 할 물품(통관허용 여부 및 과세대상여부에 관하여 관세청장이 정한 기준에 해당하는 것으로 한정한다)
⑤ 관세법 제226조에 따라 세관장의 확인이 필요한 물품

해설 **관세법 시행령 제261조(수출입신고대상 우편물)**
다음에 해당하는 우편물은 우편물의 수취인이나 발송인이 수출입 신고를 하여야 한다.
1. 「대외무역법」 제11조에 따른 수출입의 승인을 받은 것
2. 법령에 따라 수출입이 제한되거나 금지되는 물품
3. 관세법 제226조에 따라 세관장의 확인이 필요한 물품
4. 판매를 목적으로 반입하는 물품 또는 대가를 지급하였거나 지급하여야 할 물품(통관허용 여부 및 과세대상 여부에 관하여 관세청장이 정한 기준에 해당하는 것으로 한정한다)
5. 가공무역을 위하여 우리나라와 외국 간에 무상으로 수출입하는 물품 및 그 물품의 원·부자재
6. 그 밖에 수출입신고가 필요하다고 인정되는 물품으로서 관세청장이 정하는 금액을 초과하는 물품

115 □□□ **관세법령상 우편물(서신 제외) 통관에 대한 설명으로 옳지 않은 것은?** 2018 관세직 7급

① 수출·수입 또는 반송하려는 우편물은 통관우체국을 경유하여야 하며, 통관우체국은 체신관서 중에서 세관장이 지정한다.
② 통관우체국의 장은 세관장이 우편물에 대하여 수출·수입 또는 반송을 할 수 없다고 결정하였을 때에는 그 우편물을 발송하거나 수취인에게 내줄 수 없다.
③ 우편물이 가공무역을 위하여 우리나라와 외국 간에 무상으로 수출입하는 물품 및 그 물품의 원·부자재인 경우 해당 우편물의 수취인이나 발송인은 수출·수입 또는 반송의 신고를 하여야 한다.
④ 세관장은 우편물 통관에 대한 결정을 한 경우에는 그 결정사항을, 관세를 징수하려는 경우에는 그 세액을 통관우체국의 장에게 통지하여야 한다.

정답 112. ③ 113. ② 114. ① 115. ①

해설 ① 통관우체국은 체신관서 중에서 관세청장이 지정한다.(법 제256조 제2항)
② (법 제258조 제1항)
③ (영 제261조)
④ (법 제259조 제1항)

116 □□□ **우편물의 통관에 관한 설명 중 옳지 않은 것은?** 2009 관세직 7급

① 수출·수입 또는 반송하고자 하는 우편물(서신을 제외한다)은 통관우체국을 경유하여야 하며, 통관우체국은 체신관서 중에서 관세청장이 지정한다.
② 통관우체국장의 납세통지를 받은 자는 대통령령으로 정하는 바에 따라 해당 관세를 금전 또는 지급보증서로 납부하여야 하며, 체신관서는 관세를 징수할 우편물을 관세를 징수하기 전에 수취인에게 교부할 수 없다.
③ 통관우체국장은 우편물 검사를 받는 때에는 소속공무원을 참여시켜야 하며, 통관우체국은 세관공무원이 해당 우편물의 포장을 풀고 검사할 필요가 있다고 인정되는 때에는 그 우편물의 포장을 풀었다가 다시 포장하여야 한다.
④ 우편물에 대한 관세의 납세의무는 해당 우편물이 반송됨으로써 소멸한다.

해설 **관세법 제260조(우편물의 납세절차)**
통관우체국장의 납세통지를 받은 자는 대통령령으로 정하는 바에 따라 해당 관세를 수입인지 또는 금전으로 납부하여야 한다.(법 제260조 제1항)

체신관서는 관세를 징수하여야 하는 우편물은 관세를 징수하기 전에 수취인에게 내줄 수 없다.(법 제260조 제2항)

117 □□□ **관세법령상 우편물(서신은 제외한다)의 통관절차에 대한 설명으로 옳지 않은 것은?** 2017 관세직 7급

① 통관우체국의 장은 수출·수입 또는 반송하려는 우편물에 대한 세관장의 검사를 받는 때에는 소속 공무원을 참여시켜야 한다.
② 우편물에 대한 관세의 납세의무는 해당 우편물이 반송되면 소멸한다.
③ 체신관서는 관세를 징수하여야 하는 우편물은 관세를 징수하기 전에 수취인에게 내줄 수 없다.
④ 통관우체국의 장은 세관장이 우편물에 대하여 반송을 할 수 없다고 결정하였을 때에는 그 우편물을 수취인에게 내주어야 한다.

해설 **관세법 제258조(우편물통관에 대한 결정)**
통관우체국의 장은 세관장이 우편물에 대하여 수출·수입 또는 반송을 할 수 없다고 결정하였을 때에는 그 우편물을 발송하거나 수취인에게 내줄 수 없다.(법 제258조 제1항)

---

①, ③ (법 제260조)
② (법 제261조)

118 관세법령상 우편물통관에 대한 결정의 내용으로 옳지 않은 것은? 2015 관세직 9급

□□□

① 세관장은 우편물통관에 대한 결정을 한 경우에는 그 결정사항을 수취인에게 통지하여야 한다.

② 가공무역을 위하여 우리나라와 외국 간에 무상으로 수출입하는 우편물의 수취인이나 발송인은 해당 우편물에 대하여 수출·수입 또는 반송의 신고를 하여야 한다.

③ 통관우체국의 장은 세관장이 우편물에 대하여 수출·수입 또는 반송을 할 수 없다고 결정하였을 때에는 그 우편물을 발송하거나 수취인에게 내줄 수 없다.

④ 통관우체국의 장은 우편물의 검사규정에 따른 검사를 받는 때에는 소속공무원을 참여시켜야 한다. 이 경우 통관우체국은 세관공무원이 해당 우편물의 포장을 풀고 검사할 필요가 있다고 인정되는 때에는 그 우편물의 포장을 풀었다가 다시 포장하여야 한다.

해설 **관세법 제259조(세관장의 통지)**

세관장은 우편물 통관에 대한 결정을 한 경우에는 그 결정사항을, 관세를 징수하려는 경우에는 그 세액을 통관우체국의 장에게 통지하여야 한다.(법 제259조 제1항)

② (영 제261조)
③ (법 제258조 제1항)
④ (영 제260조 제1항, 제2항)

119 관세법령상 우편물(서신은 제외)의 통관에 관한 설명으로 옳지 않은 것은? 2021 관세사

□□□

① 통관우체국장은 세관장으로부터 우편물에 대한 검사를 받는 때에는 경찰공무원을 참여시켜야 한다.

② 통관우체국은 체신관서 중에서 관세청장이 지정한다.

③ 세관장은 우편물통관에 대한 결정을 한 경우에는 그 결정사항을 통관우체국장에게 통지하여야 한다.

④ 체신관서는 관세를 징수하여야 하는 우편물은 관세를 징수하기 전에 수취인에게 내줄 수 없다.

⑤ 우편물에 대한 관세의 납세의무는 해당 우편물이 반송되면 소멸한다.

해설 ① 통관우체국장은 우편물 검사를 받는 때에는 소속공무원을 참여시켜야 한다.(영 제260조 제1항)

Chapter 08

정답 116. ② 117. ④ 118. ① 119. ①

120 관세법령상 통관에 대한 설명으로 옳은 것만을 모두 고르면? 2023 관세직 9급

□□□

> ㄱ. 통관우체국의 장이 수출·수입 또는 반송하려는 우편물을 접수하였을 때에는 세관장에게 우편물목록을 제출하고 해당 우편물에 대한 검사를 받아야 한다. 다만, 세관장이 정하는 우편물은 검사를 생략할 수 있다.
> ㄴ. 수출입안전관리우수업체심의위원회의 위원장은 관세청장으로 하고, 위원은 관세청 소속 공무원, 관세행정에 관한 학식과 경험이 풍부한 사람 중에서 성별을 고려하여 관세청장이 임명하거나 위촉한다.
> ㄷ. 관세청장은 수출입안전관리우수업체의 공인을 받은 자에게 공인을 갱신하려면 공인의 유효기간이 끝나는 날의 6개월 전까지 갱신을 신청하여야 한다는 사실을 해당 공인의 유효기간이 끝나는 날의 7개월 전까지 휴대폰에 의한 문자전송, 전자메일, 팩스, 전화, 문서 등으로 미리 알려야 한다.
> ㄹ. 통관우체국의 장은 「관세법」 제257조에 따른 검사를 위하여 세관공무원이 해당 우편물의 포장을 풀고 검사할 필요가 있다고 인정하는 경우에는 그 우편물의 포장을 풀었다가 다시 포장해야 한다.

① ㄱ, ㄴ　　② ㄱ, ㄷ
③ ㄴ, ㄹ　　④ ㄷ, ㄹ

해설 ㄱ. 통관우체국의 장이 제256조 제1항의 우편물을 접수하였을 때에는 세관장에게 우편물목록을 제출하고 해당 우편물에 대한 검사를 받아야 한다. 다만, 관세청장이 정하는 우편물은 검사를 생략할 수 있다.(법 제257조)
ㄴ. 수출입안전관리우수업체심의위원회의 위원장은 관세청 차장으로 하고, 위원은 관세청 소속공무원, 관세행정에 관한 학식과 경험이 풍부한 사람 중에서 성별을 고려하여 관세청장이 임명하거나 위촉한다.(영 제259조의7 제3항)
ㄷ. (영 제259조의3)
ㄹ. (영 제260조)

정답 120. ④

세관공무원의 자료 제출 요청 등

세관공무원의 자료 제출 요청 등

01 관세법상 세관공무원의 자료 제출 요청 등에 관한 설명으로 옳지 않은 것은? 2017 관세사

□□□

① 관세청장이나 세관장은 관세법 또는 관세법에 따른 명령을 집행하기 위하여 필요하다고 인정될 때에는 운송수단의 출발을 중지시키거나 그 진행을 정지시킬 수 있다.

② 관세청장이나 세관장은 관세법 또는 관세법에 따른 명령을 집행하기 위하여 필요하다고 인정될 때에는 물품・운송수단 또는 장치 장소에 관한 서류의 제출・보고 또는 그 밖에 필요한 사항을 명하거나, 세관공무원으로 하여금 수출입자・판매자 또는 그 밖의 관계자에 대하여 관계 자료를 조사하게 할 수 있다.

③ 관세청장이나 세관장은 세관의 조사・감시 등 관세행정과 관련한 정보 제공 및 관계 자료 조사를 위하여 명예세관원을 위촉할 수 있으나 그 활동에 대하여 활동 경비를 지급하지 못한다.

④ 세관공무원은 관세법 또는 관세법에 따른 명령을 위반한 행위를 방지하기 위하여 필요하다고 인정될 때에는 물품, 운송수단, 장치 장소 및 관계 장부・서류를 검사 또는 봉쇄하거나 그 밖에 필요한 조치를 할 수 있다.

⑤ 세관공무원은 관세법에 따른 직무를 집행하기 위하여 필요하다고 인정될 때에는 수출입업자・판매업자 또는 그 밖의 관계자에 대하여 질문하거나 문서화・전산화된 장부, 서류 등 관계 자료 또는 물품을 조사하거나, 그 제시 또는 제출을 요구할 수 있다.

해설 ③ 관세청장은 필요한 경우 명예세관원에게 활동경비 등을 지급할 수 있다.(규칙 제80조의2 제3항)

① (법 제262조)
② (법 제263조)
④ (법 제265조)
⑤ (법 제266조 제1항)

02 「관세법」상 세관공무원의 자료제출요청 등에 대한 설명으로 옳은 것은? 2018 관세직 9급

□□□

① 관세청장이나 세관장은 「관세법」 또는 「관세법」에 따른 명령을 집행하기 위하여 필요하다고 인정될 때에는 운송수단의 출발을 중지시키거나 그 진행을 정지시킬 수 있다.

② 세관장은 국가기관 및 지방자치단체 등 관계 기관 등에 대하여 관세의 부과・징수 및 통관에 관계되는 자료 또는 통계를 요청할 수 있다.

③ 과세자료제출기관의 장은 분기별로 분기만료일이 속하는 달의 말일까지 대통령령으로 정하는 바에 따라 관세청장 또는 세관장에게 과세자료를 제출하여야 한다.

④ 세관장은 「관세법」에 따른 과세자료의 효율적인 관리와 활용을 위한 전산관리 체계를 구출하는 등 필요한 조치를 마련하여야 한다.

해설 **관세법 제262조(운송수단의 출발 중지 등)**
관세청장이나 세관장은 관세법 또는 관세법에 따른 명령(대한민국이 체결한 조약 및 일반적으로 승인된 국제법규에 따른 의무를 포함한다)을 집행하기 위하여 필요하다고 인정될 때에는 운송수단의 출발을 중지시키거나 그 진행을 정지시킬 수 있다.

---

② 관세청장은 국가기관 및 지방자치단체 등 관계 기관 등에 대하여 관세의 부과·징수 및 통관에 관계되는 자료 또는 통계를 요청할 수 있다.(법 제264조)
③ 과세자료제출기관의 장은 분기별로 분기만료일이 속하는 달의 다음 달 말일까지 대통령령으로 정하는 바에 따라 관세청장 또는 세관장에게 과세자료를 제출하여야 한다.(법 제264조의4 제1항)
④ 관세청장은 관세법에 따른 과세자료의 효율적인 관리와 활용을 위한 전산관리 체계를 구축하는 등 필요한 조치를 마련하여야 한다.(법 제264조의6 제1항)

03 관세법령상 과세자료제출기관에 해당하는 것을 모두 고른 것은? 2018 관세사

□□□

(ㄱ) 지방자치단체의 업무를 위탁받은 기관
(ㄴ) 지방자치단체조합
(ㄷ) 「지방공기업법」에 따른 지방공사
(ㄹ) 「여신전문금융업법」에 따른 신용카드업자
(ㅁ) 지방자치단체의 보조를 받는 단체

① (ㄱ), (ㅁ)
② (ㄱ), (ㄷ), (ㄹ)
③ (ㄱ), (ㄴ), (ㄷ), (ㅁ)
④ (ㄴ), (ㄷ), (ㄹ), (ㅁ)
⑤ (ㄱ), (ㄴ), (ㄷ), (ㄹ), (ㅁ)

해설 **관세법 제264조의2(과세자료제출기관의 범위)**
제264조에 따른 과세자료를 제출하여야 하는 기관 등은 다음 각 호와 같다.
1. 「국가재정법」 제6조에 따른 중앙관서(중앙관서의 업무를 위임받거나 위탁받은 기관을 포함한다.)와 그 하급행정기관 및 보조기관
2. 지방자치단체(지방자치단체의 업무를 위임받거나 위탁받은 기관과 지방자치단체조합을 포함한다.)
3. 공공기관, 정부의 출연·보조를 받는 기관이나 단체, 「지방공기업법」에 따른 지방공사·지방공단 및 지방자치단체의 출연·보조를 받는 기관이나 단체
4. 「민법」 외의 다른 법률에 따라 설립되거나 국가 또는 지방자치단체의 지원을 받는 기관이나 단체로서 그 업무에 관하여 제1호나 제2호에 따른 기관으로부터 감독 또는 감사·검사를 받는 기관이나 단체, 그 밖에 공익 목적으로 설립된 기관이나 단체 중 대통령령으로 정하는 기관이나 단체
5. 「여신전문금융업법」에 따른 신용카드업자와 여신전문금융업협회
6. 「금융실명거래 및 비밀보장에 관한 법률」 제2조 제1호에 따른 금융회사 등

Chapter 09

정답 01. ③ 02. ① 03. ⑤

04 관세법령상 관세청장이 관세의 부과 · 징수 및 통관에 관계되는 자료 또는 통계를 요청할 수 있는 '과세자료제출기관'에 해당하지 않는 것은? 2020 관세사

① 국가재정법 제6조에 따른 중앙관서의 업무를 위탁받은 기관
② 지방자치단체조합
③ 지방공기업법에 따른 지방공단
④ 민법에 따라 설립되어 국가 또는 지방자치단체의 지원을 받지 않는 단체
⑤ 여신전문금융업법에 따른 여신전문금융업협회

해설 ④ 민법 외의 다른 법률에 따라 설립되거나 국가 또는 지방자치단체의 지원을 받는 기관이 과세자료제출 기관이다.

05 관세법상 비밀유지 및 비밀유지의무에 관한 설명으로 옳은 것은? 2014 관세사

① 관세청장은 지방자치단체에 대하여 관세의 부과 · 징수 및 통관에 관계되는 자료 또는 통계를 요청할 수 없다.
② 세관공무원은 국가기관이 관세범에 대한 소추를 목적으로 과세정보를 요구할 경우에도 이를 제공하여서는 안 된다.
③ 제출받은 과세자료를 타인에게 제공 또는 누설하거나 목적 외의 용도로 사용한 자는 3년 이하의 징역 또는 1천만원 이하의 벌금에 처한다.
④ 과세자료 비밀유지의무 위반에 대한 처벌은 징역과 벌금을 병과할 수 없다.
⑤ 수입하는 물품에 대하여 낮은 관세율을 적용받을 수 있도록 허가, 승인, 추천 등을 한 경우 그에 관한 자료로서 관세의 부과 · 징수와 통관에 직접적으로 필요한 자료는 비밀유지의무 대상 과세자료가 아니다.

해설 **관세법 제264조의9(과세자료 비밀유지의무 위반에 대한 처벌)**
과세자료를 타인에게 제공 또는 누설하거나 목적 외의 용도로 사용한 자는 3년 이하의 징역 또는 1천만원 이하의 벌금에 처한다.(법 제264조의9 제1항)

---

① 관세청장은 국가기관 및 지방자치단체 등 관계 기관 등에 대하여 관세의 부과 · 징수 및 통관에 관계되는 자료 또는 통계를 요청할 수 있다.(법 제264조)
② 세관공무원은 국가기관이 관세에 관한 쟁송이나 관세범에 대한 소추(訴追)를 목적으로 과세정보를 요구하는 경우 그 사용 목적에 맞는 범위에서 납세자의 과세정보를 제공할 수 있다.(법 제116조)
④ 과세자료를 타인에게 제공 또는 누설하거나 목적 외의 용도로 사용한 자는 3년 이하의 징역 또는 1천만원 이하의 벌금에 처하며, 징역과 벌금은 병과할 수 있다.(법 제264조의9 제2항)
⑤ 과세자료제출기관이 제출하여야 하는 과세자료는 관세의 부과 · 징수와 통관에 직접적으로 필요한 자료로 입하는 물품에 대하여 관세 또는 내국세 등을 감면받거나 낮은 세율을 적용받을 수 있도록 허가, 승인, 추천 등을 한 경우 그에 관한 자료를 포함한다.(법 제264조의3 제1항)

06 □□□ **관세법 및 관세법 시행령 조문의 일부이다. ( )에 들어갈 숫자를 옳게 나열한 것은?** 2020 관세사

> 관세법 제264조의9(과세자료 비밀유지의무 위반에 대한 처벌)
> ① 제264조의8 제1항 또는 제3항을 위반하여 과세자료를 타인에게 제공 또는 누설하거나 목적 외의 용도로 사용한 자는 (ㄱ)년 이하의 징역 또는 (ㄴ)천만원 이하의 벌금에 처한다.
>
> 관세법 시행령 제263조의2(과세자료의 범위 및 제출시기 등)
> ② 과세자료제출기관의 장은 법 제264조의4 제3항에 따라 관세청장 또는 세관장으로부터 과세자료의 추가 또는 보완을 요구받은 경우에는 정당한 사유가 없으면 그 요구를 받은 날부터 (ㄷ)일 이내에 그 요구에 따라야 한다.

① (ㄱ) 1, (ㄴ) 2, (ㄷ) 10
② (ㄱ) 1, (ㄴ) 3, (ㄷ) 10
③ (ㄱ) 2, (ㄴ) 1, (ㄷ) 30
④ (ㄱ) 3, (ㄴ) 1, (ㄷ) 15
⑤ (ㄱ) 3, (ㄴ) 2, (ㄷ) 15

해설 **관세법 제264조의9(과세자료 비밀유지의무 위반에 대한 처벌)**
과세자료를 타인에게 제공 또는 누설하거나 목적 외의 용도로 사용한 자는 3년 이하의 징역 또는 1천만원 이하의 벌금에 처한다.(법 제264조의9 제1항)

관세법 시행령 제263조의2(과세자료의 범위 및 제출시기 등)
과세자료제출기관의 장은 관세청장 또는 세관장으로부터 과세자료의 추가 또는 보완을 요구받은 경우에는 정당한 사유가 없으면 그 요구를 받은 날부터 15일 이내에 그 요구에 따라야 한다.(영 제263조의2 제2항)

07 □□□ **관세법상 과세자료 요청 등에 관한 설명으로 옳지 않은 것은?** 2024 관세사

① 관세청장은 국가기관 및 지방자치단체 등 관계 기관 등에 대하여 관세의 부과·징수 및 통관에 관계되는 자료 또는 통계를 요청할 수 있다.
② 「여신전문금융업법」에 따른 신용카드업자와 여신전문금융업협회는 과세자료제출기관에 해당한다.
③ 과세자료제출기관의 장이 분기별로 관세청장 또는 세관장에게 과세자료를 제출하는 경우에는 그 기관이 접수하거나 작성한 자료의 목록을 함께 제출하여야 한다.
④ 과세자료 비밀유지의무를 위반한 자는 1년 이하의 징역 또는 3천만원 이하의 벌금에 처하며, 이에 따른 징역 또는 벌금은 병과할 수 없다.
⑤ 관세청장은 우리나라로 반입되거나 우리나라에서 반출되는 물품의 안전 관리를 위하여 필요한 경우 중앙행정기관의 장에게 해당 기관이 보유한 「관세법」에서 정한 구비 조건·품질 등을 위반한 물품에 관한 정보 등을 제공하여 줄 것을 요청할 수 있다.

해설 ④ 과세자료를 타인에게 제공 또는 누설하거나 목적 외의 용도로 사용한 자는 3년 이하의 징역 또는 1천만원 이하의 벌금에 처한다.

정답 04. ④ 05. ③ 06. ④ 07. ④

Chapter 09

08 □□□ **과세자료제출기관의 책임과 과세자료 비밀유지의무위반에 대한 처벌 규정에 관한 설명으로 옳지 않은 것은?** 2015 관세사

① 관세청장은 과세자료제출기관 또는 그 소속공무원이나 임직원이 관세법에 따른 과세자료의 제출의무를 이행하지 아니하는 경우 그 기관을 감독 또는 감사 · 검사하는 기관의 장에게 그 사실을 통보하여야 한다.

② 징역과 벌금을 병과할 수 있다.

③ 3년 이하의 징역 또는 1천만원 이하의 벌금에 처한다.

④ 과세자료를 목적 외의 용도로 사용한 자에게 적용된다.

⑤ 과세자료는 기획, 법인심사시 업체가 제출한 자료이다.

해설 **관세법 제264조의3(과세자료의 범위)**

과세자료제출기관이 제출하여야 하는 과세자료는 다음 어느 하나에 해당하는 자료로서 관세의 부과 · 징수와 통관에 직접적으로 필요한 자료로 한다.(법 제264조의3 제1항)

1. 수입하는 물품에 대하여 관세 또는 내국세등을 감면받거나 낮은 세율을 적용받을 수 있도록 허가, 승인, 추천 등을 한 경우 그에 관한 자료
2. 과세자료제출기관이 법률에 따라 신고 · 제출받거나 작성하여 보유하고 있는 자료(각종 보조금 · 보험급여 · 보험금 등의 지급 현황에 관한 자료를 포함한다) 중 제27조, 제38조, 제241조에 따른 신고내용의 확인 또는 제96조에 따른 감면 여부의 확인을 위하여 필요한 자료
3. 관세법 제226조에 따라 허가 · 승인 · 표시 또는 그 밖의 조건을 증명할 필요가 있는 물품에 대하여 과세자료제출기관이 허가 등을 갖추었음을 확인하여 준 경우 그에 관한 자료
4. 관세법에 따라 체납된 관세 등의 징수를 위하여 필요한 자료
5. 중앙관서 중 중앙행정기관 외의 기관이 보유하고 있는 자료로서 관세청장이 관세의 부과 · 징수와 통관에 필요한 최소한의 범위에서 해당 기관의 장과 미리 협의하여 정하는 자료
6. 거주자의 「여신전문금융업법」에 따른 신용카드등의 대외지급(물품구매 내역에 한정한다) 및 외국에서의 외국통화 인출 실적

---

⑤ 과세자료의 요청은 국가기관 및 지방자치단체 등 관계기관에 관세의 부과 등을 위하여 해당 기관이 보유하고 있는 자료를 의미한다.

09 □□□ **관세법상 세관공무원의 자료 제출 요청 등에 관한 설명으로 옳지 않은 것은?** 2016 관세사

① 과세자료의 제출서식 등 제출방법에 관하여 그 밖에 필요한 사항은 기획재정부령으로 정한다.

② 과세자료제출기관의 장은 그 소속 공무원이나 임직원이 관세법에 따른 과세자료의 제출 의무를 성실하게 이행하는지를 수시로 점검하여야 한다.

③ 관세청장은 국가기관 및 지방자치단체 등 관계 기관 등에 대하여 관세의 부과 · 징수 및 통관에 관계되는 자료 또는 통계를 요청할 수 있다.

④ 과세자료 비밀유지의무를 위반한 자는 4년 이하의 징역 또는 2천만원 이하의 벌금에 처하며 징역과 벌금은 병과할 수 없다.

⑤ 관세청장은 관세법에 따른 과세자료의 효율적인 관리와 활용을 위한 전산관리 체계를 구축하는 등 필요한 조치를 마련하여야 한다.

해설 ④ 과세자료를 타인에게 제공 또는 누설하거나 목적 외의 용도로 사용한 자는 3년 이하의 징역 또는 1천만원 이하의 벌금에 처한다. 징역과 벌금은 병과할 수 있다.
① (법 제264조의4 제4항)
② (법 제264조의7 제1항)
③ (법 제264조)

10 **관세법령상 과세자료 제출과 비밀유지 의무에 대한 설명으로 옳은 것은?** 2020 관세직 9급
□□□

① 과세자료 비밀유지의무 위반에 대한 처벌은 징역과 벌금을 병과할 수 있다.
② 관세법 제264조의8 제1항 또는 제3항을 위반하여 과세자료를 목적 외의 용도로 사용한 자는 1년 이하의 징역 또는 1천만원 이하의 벌금에 처한다.
③ 관세법 제264조의8 제1항 또는 제3항을 위반하여 과세자료를 타인에게 제공 또는 누설한 자는 3년 이하의 징역 또는 2천만원 이하의 벌금에 처한다.
④ 과세자료제출기관의 장은 관세법 제264조의4 제3항에 따라 관세청장 또는 세관장으로부터 과세자료의 추가 또는 보완을 요구받은 경우에는 정당한 사유가 없으면 그 요구를 받은 날부터 20일 이내에 그 요구에 따라야 한다.

해설 ① 과세자료를 타인에게 제공 또는 누설하거나 목적 외의 용도로 사용한 자는 3년 이하의 징역 또는 1천만원 이하의 벌금에 처하며 징역과 벌금은 병과할 수 있다.(법 제264조의9)
②, ③ 3년 이하의 징역 또는 1천만원 이하의 벌금에 처한다.
④ 과세자료제출기관의 장은 관세청장 또는 세관장으로부터 과세자료의 추가 또는 보완을 요구받은 경우에는 정당한 사유가 없으면 그 요구를 받은 날부터 15일 이내에 그 요구에 따라야 한다.(영 제263조의2 제2항)

11 **관세법령상 세관장 등의 과세자료 요청 등에 관한 설명으로 옳지 않은 것은?** 2018 관세사
□□□

① 관세청장으로부터 과세자료의 제출을 요청받은 기관 등의 장은 다른 법령에 특별한 제한이 있는 경우 등 정당한 사유가 없으면 이에 협조하여야 한다.
② 과세자료제출기관의 장이 세관장으로부터 과세자료의 추가 또는 보완을 요구받은 경우에는 그 요구를 받은 날의 다음날부터 30일 이내에 그 요구에 따라야 한다.
③ 관세청장은 관세법에 따른 명령을 집행하기 위하여 필요하다고 인정될 때에는 운송수단의 출발을 중지시키거나 그 진행을 정지시킬 수 있다.
④ 과세자료제출기관의 장은 그 소속 공무원이나 임직원이 관세법에 따른 과세자료의 제출 의무를 성실하게 이행하는 지를 수시로 점검하여야 한다.
⑤ 관세청장은 관세법에 따른 과세자료의 효율적인 관리와 활용을 위한 전산관리 체계를 구축하는 등 필요한 조치를 마련하여야 한다.

해설 ② 과세자료제출기관의 장은 관세청장 또는 세관장으로부터 과세자료의 추가 또는 보완을 요구받은 경우에는 정당한 사유가 없으면 그 요구를 받은 날부터 15일 이내에 그 요구에 따라야 한다.(영 제263조의2 제2항)
① (법 제264조의5 제1항)
③ (법 제262조)
④ (법 제264조의7 제1항)
⑤ (법 제264조의6 제1항)

정답 08. ⑤ 09. ④ 10. ① 11. ②

12 관세법령상 과세자료에 대한 설명으로 옳지 않은 것은? 2023 관세직 7급

□□□

① 과세자료제출기관의 장은 관세청장으로부터 과세자료의 보완을 요구받은 경우 정당한 사유가 없으면 그 요구를 받은 날부터 15일 이내에 그 요구를 따라야 한다.

② 국세청장은 관세 등의 체납이 있는 자의 「국세기본법」 제51조에 따른 법인세 환급금 내역을 관세청장에게 매년 1월 31일, 7월 31일까지 제출하여야 한다.

③ 관세청 소속 공무원이 과세자료에 대한 비밀유지의무에 위반하여 과세자료를 타인에게 제공한 경우 3년 이하의 징역 또는 1천만원 이하의 벌금에 처하며, 징역과 벌금은 병과할 수 있다.

④ 수입하는 물품에 대하여 내국세등을 감면받도록 추천 등을 한 경우에 그에 관한 자료로서 관세의 부과·징수와 통관에 직접적으로 필요한 자료는 과세자료제출기관이 제출하여야 하는 과세자료에 해당한다.

해설 ② 국세청장은 관세 등의 체납이 있는 자의 「국세기본법」 제51조에 따른 법인세 환급금 내역을 관세청장에게 매년 4월 30일까지 제출하여야 한다.(관세법 시행령 별표3 과세자료의 범위 및 제출시기)

13 「관세법」상 세관공무원의 자료 제출 요청 등에 대한 설명으로 옳은 것은? 2024 관세직 9급

□□□

① 과세자료제출기관의 장은 반기별로 반기만료일이 속하는 달의 다음 달 말일까지 대통령령으로 정하는 바에 따라 관세청장에게 과세자료를 제출하여야 한다.

② 관세청장은 과세자료제출기관 또는 그 소속 공무원이나 임직원이 과세자료의 제출 의무를 이행하지 아니하는 경우 기획재정부장관에게 그 사실을 통보하여야 한다.

③ 과세자료를 타인에게 제공 또는 누설하거나 목적 외의 용도로 사용한 자는 2년 이하의 징역 또는 2천만원 이하의 벌금에 처하며, 징역과 벌금은 병과할 수 있다.

④ 세관공무원은 「관세법」에 따른 직무를 집행하기 위하여 필요하다고 인정될 때에는 판매업자에 대하여 문서화·전산화된 장부, 서류 등 관계 자료 또는 물품을 조사하거나, 그 제시 또는 제출을 요구할 수 있다.

해설 ① 과세자료제출기관의 장은 분기별로 분기만료일이 속하는 달의 다음 달 말일까지 대통령령으로 정하는 바에 따라 관세청장 또는 세관장에게 과세자료를 제출하여야 한다.(법 제264조의4 제1항)
② 관세청장은 과세자료제출기관 또는 그 소속 공무원이나 임직원이 관세법에 따른 과세자료의 제출 의무를 이행하지 아니하는 경우 그 기관을 감독 또는 감사·검사하는 기관의 장에게 그 사실을 통보하여야 한다.(법 제264조의7 제2항)
③ 과세자료를 타인에게 제공 또는 누설하거나 목적 외의 용도로 사용한 자는 3년 이하의 징역 또는 1천만원 이하의 벌금에 처하며, 징역과 벌금은 병과할 수 있다.(법 제264조의9)
④ (법 제266조 제1항)

14 □□□ **관세법령상 관세청장이 마약류 관련 정보의 제출을 요구할 수 있는 관계 중앙행정기관의 장으로 옳지 않은 것은?**

2024 관세사

① 과학기술정보통신부장관
② 경찰청장
③ 법무부장관
④ 외교부장관
⑤ 검찰총장

해설 **관세법 시행령 제263조의3(마약류 관련 정보의 제출 요구)**
관세청장은 법 제264조의11제1항에 따라 관계 중앙행정기관의 장에게 다음 각 호의 구분에 따른 정보의 제출을 요구할 수 있다.

1. 과학기술정보통신부장관: 「국제우편규정」 제3조에 따른 국제우편물(법령을 위반하여 우리나라에 반입되거나 우리나라에서 반출되는 마약류를 배달한 우편물만 해당한다) 수취인의 성명·주소, 배송일자·배송경로를 조회한 인터넷 프로토콜(protocol) 주소와 접속기기 및 조회일시
2. 외교부장관: 국외에서 마약류 밀수 또는 유통 범죄로 최근 10년간 체포·구금 또는 수감된 사람으로서 「재외국민보호를 위한 영사조력법」 제11조에 따라 재외공관의 장의 영사조력을 받은 재외국민(해당 범죄로 유죄 판결이 확정된 경우만 해당한다)의 성명·생년월일·여권번호, 범죄사실 및 처벌내용
3. 법무부장관: 국내에서 마약류 밀수 또는 유통 범죄로 처벌받은 외국인으로서 최근 10년간 「출입국관리법」 제46조 제1항 제13호에 따른 강제퇴거 대상자에 해당하게 된 외국인의 성명·생년월일·외국인등록번호 및 처분내역
4. 검찰총장: 다음 각 목의 정보
   가. 마약류 밀수 또는 유통 범죄와 관련하여 최근 10년간 「형의 실효 등에 관한 법률」에 따른 수형인명부에 기재된 국민의 성명·생년월일, 범죄사실 및 처벌내용
   나. 마약류 밀수 또는 유통 범죄와 관련하여 최근 10년간 「형의 실효 등에 관한 법률」에 따른 수형인명부에 기재된 외국인의 성명·생년월일·외국인등록번호, 범죄사실 및 처벌내용

15 □□□ **관세법령상 외국에서 생산된 물품에 관한 세금계산서나 수입사실 등을 증명하는 자료의 비치가 의무화되는 상설영업장이 아닌 것은?**

2019 관세사

① 백화점
② 최근 1년간 수입물품의 매출액이 5억원 이상인 수입물품만을 취급하거나 수입물품을 할인판매하는 상설영업장
③ 통신판매하는 자로서 최근 2년간 수입물품의 매출액이 5억원 이상인 상설영업장
④ 관세청장이 정하는 물품을 판매하는 자로서 최근 1년간 수입물품의 매출액이 전체 매출액의 30퍼센트를 초과하는 상설영업장
⑤ 상설영업장의 판매자 또는 그 대리인이 최근 3년 이내에 관세법 또는 관세사법 위반으로 처벌받은 사실이 있는 경우 그 상설영업장

정답 12. ② 13. ④ 14. ② 15. ③

해설 **관세법 시행규칙 제80조(자료를 갖춰 두어야 하는 영업장)**
상설영업장을 갖추고 외국에서 생산된 물품을 판매하는 자로서 「부가가치세법」 제32조 및 제35조에 따른 세금계산서나 수입 사실 등을 증명하는 자료를 갖춰야 하는 자는 다음과 같다.

1. 백화점
2. 최근 1년간 수입물품의 매출액이 5억원 이상인 수입물품만을 취급하거나 수입물품을 할인판매하는 상설영업장
3. 통신판매하는 자로서 최근 1년간 수입물품의 매출액이 10억원 이상인 상설영업장
4. 관세청장이 정하는 물품을 판매하는 자로서 최근 1년간 수입물품의 매출액이 전체 매출액의 30퍼센트를 초과하는 상설영업장
5. 상설영업장의 판매자 또는 그 대리인이 최근 3년 이내에 「관세법」 또는 「관세사법」 위반으로 처벌받은 사실이 있는 경우 그 상설영업장

16 □□□ **관세법령상 자료의 제출 등에 관한 내용으로 (　　)에 들어갈 사항으로 옳은 것은?** 2021 관세사

> 다음 각 호의 어느 하나에 해당하는 상설영업장을 갖추고 외국에서 생산된 물품을 판매하는 자는 해당 물품에 관하여 부가가치세법에 따른 세금계산서나 수입 사실 등을 증명하는 자료를 영업장에 갖춰 두어야 한다.
>
> 1.~2. (생략)
> 3. 통신판매하는 자로서 최근 1년간 수입물품의 매출액이 (　　)억원 이상인 상설영업장

① 1　　② 2
③ 3　　④ 5
⑤ 10

해설 통신판매하는 자로서 최근 1년간 수입물품의 매출액이 10억원 이상인 상설영업장은 외국에서 생산된 물품에 관한 세금계산서나 수입사실 등을 증명하는 자료의 비치하여야 한다.

정답 16. ⑤

Chapter 10

벌칙

김준휘 관세법
기출문제집

벌칙

01 「관세법」상 벌칙에 대한 설명으로 옳지 않은 것은? 2016 관세직 9급

□□□

① 국가관세종합정보시스템에 기록된 전자문서 등 관련 정보를 위조 또는 변조한 자는 5년 이하의 징역 또는 5천만원 이하의 벌금에 처한다.

② 「관세법」 제244조 제1항에 따른 수입신고를 한 자 중 법령에 따라 수입에 필요한 허가 · 승인 · 추천 · 증명 또는 그 밖의 조건을 갖추지 아니하거나 부정한 방법으로 갖추어 수입한 자는 3년 이하의 징역 또는 3천만원 이하의 벌금에 처한다.

③ 부정한 방법으로 관세를 환급받은 자는 3년 이하의 징역 또는 환급받은 세액의 5배 이하에 상당하는 벌금에 처한다.

④ 납세의무자의 재산을 점유하는 자가 강제징수를 면탈하게 할 목적으로 그 재산을 은닉하였을 때에는 3년 이하의 징역 또는 3천만원 이하의 벌금에 처한다.

해설 **관세법 제268조의2(전자문서 위조 · 변조죄 등)**

국가관세종합정보시스템이나 전자문서중계사업자의 전산처리설비에 기록된 전자문서 등 관련 정보를 위조 또는 변조하거나 위조 또는 변조된 정보를 행사한 자는 1년 이상 10년 이하의 징역 또는 1억원 이하의 벌금에 처한다. (법 제268조의2 제1항)

---

② 부정수입죄(법 제270조 제2항)

③ 부정환급죄(법 제270조 제5항)

④ 강제징수면탈죄(법 제275조의2 제1항)

02 관세법 제269조(밀수출입죄)에 관한 내용이다. ( )에 들어갈 숫자를 옳게 나열한 것은? 2024 관세사

□□□

> • 관세법 제241조(수출 · 수입 또는 반송의 신고) 제1항 · 제2항에 따른 신고를 하였으나 해당 수입물품과 다른 물품으로 신고하여 수입한 자는 (ㄱ)년 이하의 징역 또는 관세액의 (ㄴ)배와 물품원가 중 높은 금액 이하에 상당하는 벌금에 처한다.
> • 관세법 제241조 제1항 및 제2항에 따른 신고를 하지 아니하고 물품을 수출하거나 반송한 자는 (ㄷ)년 이하의 징역 또는 물품원가 이하에 상당하는 벌금에 처한다.

① ㄱ : 3, ㄴ : 5, ㄷ : 1

② ㄱ : 3, ㄴ : 5, ㄷ : 3

③ ㄱ : 3, ㄴ : 10, ㄷ : 3

④ ㄱ : 5, ㄴ : 5, ㄷ : 1

⑤ ㄱ : 5, ㄴ : 10, ㄷ : 3

해설 **관세법 제269조(밀수출입죄)**

① 제234조 각 호의 물품을 수출하거나 수입한 자는 7년 이하의 징역 또는 7천만원 이하의 벌금에 처한다.

② 다음 각 호의 어느 하나에 해당하는 자는 5년 이하의 징역 또는 관세액의 10배와 물품원가 중 높은 금액 이하에 상당하는 벌금에 처한다.

1. 제241조제1항・제2항 또는 제244조제1항에 따른 신고를 하지 아니하고 물품을 수입한 자. 다만, 제253조제1항에 따른 반출신고를 한 자는 제외한다.
2. 제241조제1항・제2항 또는 제244조제1항에 따른 신고를 하였으나 해당 수입물품과 다른 물품으로 신고하여 수입한 자

③ 다음 각 호의 어느 하나에 해당하는 자는 3년 이하의 징역 또는 물품원가 이하에 상당하는 벌금에 처한다.

1. 제241조제1항 및 제2항에 따른 신고를 하지 아니하고 물품을 수출하거나 반송한 자
2. 제241조제1항 및 제2항에 따른 신고를 하였으나 해당 수출물품 또는 반송물품과 다른 물품으로 신고하여 수출하거나 반송한 자

03 「관세법」상 벌칙에 대한 설명으로 옳은 것만을 모두 고르면?

2024 관세직 9급

ㄱ. 유가증권의 모조품을 수입한 자는 7년 이하의 징역 또는 7천만원 이하의 벌금에 처한다.
ㄴ. 수입신고를 하였으나 해당 수입물품과 다른 물품으로 신고하여 수입한 자는 5년 이하의 징역 또는 5천만원 이하의 벌금에 처한다.
ㄷ. 수입신고를 한 자 중 법령에 따라 수입이 제한된 사항을 회피할 목적으로 부분품으로 수입한 자는 3년 이하의 징역 또는 3천만원 이하의 벌금에 처한다.
ㄹ. 부정한 방법으로 관세를 환급받은 자는 3년 이하의 징역 또는 환급받은 세액의 5배 이하에 상당하는 벌금에 처한다.

① ㄱ, ㄷ
② ㄱ, ㄹ
③ ㄴ, ㄷ
④ ㄴ, ㄹ

해설 ㄱ. 금지품수출입죄(7년이하 징역 또는 7천만원 이하 벌금)
ㄴ. 밀수입죄(5년이하 징역 또는 관세액의 10배와 물품원가중 높은 금액이하의 벌금)
ㄷ. 관세포탈죄(3년 이하의 징역 또는 포탈한 관세액의 5배와 물품원가 중 높은 금액 이하에 상당하는 벌금)
ㄹ. 부정환급죄(3년 이하의 징역 또는 환급받은 세액의 5배 이하에 상당하는 벌금)

04 다음 ( ) 안에 들어갈 내용을 순서대로 바르게 나열한 것은?

2011 관세사

수입신고를 한 자 중 세액결정에 영향을 미치기 위하여 과세가격 또는 관세율 등을 거짓으로 신고하고 수입한 자는 ( ) 이하의 징역 또는 포탈한 관세액의 ( )와 물품원가 중 높은 금액 이하에 상당하는 벌금에 처한다.

① 1년, 3배
② 2년, 3배
③ 2년, 5배
④ 3년, 3배
⑤ 3년, 5배

해설 ⑤ 세액결정에 영향을 미치기 위하여 과세가격 또는 관세율 등을 거짓으로 신고하거나 신고하지 아니하고 수입한 자(구매대행업자를 포함한다) 법 제270조 관세포탈죄에 따라 3년 이하의 징역 또는 포탈한 관세액의 5배와 물품원가 중 높은 금액 이하에 상당하는 벌금에 처한다.

정답 01. ① 02. ⑤ 03. ② 04. ⑤

05 □□□ **관세법상 벌칙에 대한 설명으로 옳지 않은 것은?** 2011 관세직 9급

① 해당 수입물품과 다른 물품으로 신고하여 수입한 자는 10년 이하의 징역 또는 관세액의 10배와 물품원가 중 높은 금액 이하에 상당하는 벌금을 부과한다.

② 관세법에 따라 수입신고를 한 자 중 세액결정에 영향을 미치기 위하여 과세가격 또는 관세율 등을 신고하지 아니하고 수입한 자는 3년 이하의 징역 또는 포탈한 관세액의 5배와 물품원가 중 높은 금액 이하에 상당하는 벌금에 처한다.

③ 관세법에 따라 수입신고를 한 자 중 법령에 따라 수입에 필요한 승인조건을 부정한 방법으로 갖추어 수입한 자는 3년 이하의 징역 또는 3천만원 이하의 벌금에 처한다.

④ 국가관세종합정보시스템이나 전자문서중계사업자의 전산처리설비에 기록된 전자문서 등 관련 정보를 위조 또는 변조하거나 위조 또는 변조된 정보를 행사한 자는 1년 이상 10년 이하의 징역 또는 1억원 이하의 벌금에 처한다.

해설 **관세법 제269조(밀수출입죄)**

다음 어느 하나에 해당하는 자는 5년 이하의 징역 또는 관세액의 10배와 물품원가 중 높은 금액 이하에 상당하는 벌금에 처한다.(법 제269조 제2항)

1. 수입신고를 하지 아니하고 물품을 수입한 자
2. 수입신고를 하였으나 해당 수입물품과 다른 물품으로 신고하여 수입한 자

---

② 관세포탈죄(법 제270조 제1항)
③ 부정수입죄(법 제270조 제2항)
④ 전자문서 위조·변조죄(법 제268조의2 제1항)

06 □□□ **「관세법」상 관세포탈죄 등에 대한 설명으로 옳지 않은 것은? (징역과 벌금의 병과는 고려하지 아니함)** 2023 관세직 7급

① 부정한 방법으로 관세를 감면받은 자는 3년 이하의 징역에 처하거나, 감면받은 관세액의 5배 이하에 상당하는 벌금에 처한다.

② 수출신고를 한 자 중 법령에 따라 수출에 필요한 허가·승인·추천·증명을 부정한 방법으로 갖추어 수출한 자는 1년 이하의 징역 또는 2천만원 이하의 벌금에 처한다.

③ 수입신고를 한 자 중 법령에 따라 수입이 제한된 사항을 회피할 목적으로 부분품으로 수입한 자는 3년 이하의 징역 또는 3천만원 이하의 벌금에 처한다.

④ 부정한 방법으로 관세를 환급받은 행위를 그 정황을 알면서 방조한 자는 3년 이하의 징역 또는 환급받은 세액의 5배 이하에 상당하는 벌금에 처한다.

해설 ③ 수입신고를 한 자 중 법령에 따라 수입이 제한된 사항을 회피할 목적으로 부분품으로 수입한 자는 3년 이하의 징역 또는 포탈한 관세액의 5배와 물품원가 중 높은 금액 이하에 상당하는 벌금에 처한다.

07 관세법상 그 위반행위에 따른 법정형을 중(重)한 것부터 순서대로 옳게 나열한 것은? 2021 관세사

ㄱ. 풍속을 해치는 서적을 수입한 경우
ㄴ. 관세청장의 지정을 받지 아니하고 전자문서중계업무를 행한 경우
ㄷ. 납세의무자의 재산을 점유하는 자가 강제징수를 면탈하게 할 목적으로 그 재산에 대한 거짓계약을 한 경우
ㄹ. 부정한 방법으로 적재화물목록을 작성한 경우

① ㄱ－ㄴ－ㄷ－ㄹ
② ㄱ－ㄷ－ㄹ－ㄴ
③ ㄴ－ㄱ－ㄷ－ㄹ
④ ㄷ－ㄱ－ㄴ－ㄹ
⑤ ㄷ－ㄹ－ㄱ－ㄹ

해설 ㄱ. 금지품수출입죄(법 제269조 제1항) → 7년 이하의 징역 7천만원 이하의 벌금
ㄴ. 전자문서위조·변조죄(법 제268조의2 제2항) → 5년 이하의 징역 또는 5천만원 이하의 벌금
ㄷ. 강제징수면탈죄(법 제275조의2 제1항) → 3년 이하의 징역 또는 3천만원 이하의 벌금
ㄹ. 허위신고죄등(법 제276조 제3항 제1호) → 2천만원 이하의 벌금

08 다음 (   ) 안에 들어갈 내용을 순서대로 바르게 나열한 것은? 2012 관세사

부정한 방법으로 관세를 환급받는 자는 (   )년 이하의 징역 또는 환급받은 세액의 (   )배 이하에 상당하는 벌금을 처한다. 이 경우 세관장은 부정한 방법으로 환급받은 세액을 즉시 (   )한다.

① 2, 3, 몰수
② 3, 3, 몰수
③ 2, 5, 징수
④ 2, 4, 독촉
⑤ 3, 5, 징수

해설 ⑤ 부정한 방법으로 관세를 환급받은 자는 3년 이하의 징역 또는 환급받은 세액의 5배 이하에 상당하는 벌금에 처한다. 이 경우 세관장은 부정한 방법으로 환급받은 세액을 즉시 징수한다.(법 제270조 제5항)

09 (   ) 안에 들어갈 내용이 순서대로 옳은 것은? 2014 관세사

입항전 수입신고를 한 자 중 법령에 따라 수입에 필요한 허가·승인·추천·증명 또는 그 밖의 조건을 갖추지 아니하거나 부정한 방법으로 갖추어 수입한 자는 (   ) 이하의 징역 또는 (   ) 이하의 벌금에 처한다.

① 1년, 1천만원
② 2년, 2천만원
③ 3년, 2천만원
④ 3년, 3천만원
⑤ 5년, 5천만원

해설 ④ 수입신고를 한 자 중 법령에 따라 수입에 필요한 허가·승인·추천·증명 또는 그 밖의 조건을 갖추지 아니하거나 부정한 방법으로 갖추어 수입한 자는 3년 이하의 징역 또는 3천만원 이하의 벌금에 처한다.(법 제270조 제2항)

정답 05. ① 06. ③ 07. ① 08. ⑤ 09. ④

Chapter 10

10 □□□ **관세법상 벌칙에 대한 설명으로 옳지 않은 것은?** 2019 관세직 9급

① 관세법 제246조의8 제1항 또는 제3항을 위반하여 과세자료를 타인에게 제공 또는 누설하거나 목적 외의 용도로 사용한 자는 3년 이하의 징역 또는 1천만원 이하의 벌금에 처한다.

② 관세법 제241조 제1항 및 제2항에 따른 수출신고를 한 자 중 법령에 따라 수출에 필요한 허가 또는 그 밖의 조건을 갖추지 아니하고 수출한 자는 3년 이하의 징역 또는 3천만원 이하의 벌금에 처한다.

③ 관세법 제38조의3 제1항에 따른 수정신고를 할 때 부당하게 재산상 이득을 취득하거나 제3자로 하여금 이를 취득하게 할 목적으로 물품의 가격을 조작하여 신고한 자는 2년 이하의 징역 또는 물품원가와 5천만원 중 높은 금액 이하의 벌금에 처한다.

④ 납세의무자가 강제징수를 면탈할 목적으로 그 재산을 은닉・탈루하거나 거짓 계약을 하였을 때에는 3년 이하의 징역 또는 3천만원 이하의 벌금에 처한다.

해설 ② 수출신고를 한 자 중 법령에 따라 수출에 필요한 허가・승인・추천・증명 또는 그 밖의 조건을 갖추지 아니하거나 부정한 방법으로 갖추어 수출한 자는 1년 이하의 징역 또는 2천만원 이하의 벌금에 처한다.(법 제270조 제3항)

① 과세자료 비밀유지의무 위반 처벌죄(법 제264조의9 제1항)

③ 가격조작죄(법 제270조의2)

④ 강제징수면탈죄(법 제275조의2 제1항)

11 □□□ **관세법상 벌칙에 관한 설명으로 옳은 것은?** 2016 관세사

① 관세의 회피 또는 강제집행의 면탈을 목적으로 타인에게 자신의 명의를 사용하여 납세신고를 할 것을 허락한 자는 3년 이하의 징역 또는 3천만원 이하의 벌금에 처한다.

② 강제징수면탈의 사정을 알고도 이를 방조하거나 거짓 계약을 승낙한 자는 2년 이하의 징역 또는 2천만원 이하의 벌금에 처한다.

③ 밀수출입죄에 해당되는 물품이 다른 물품 중에 포함되어 있는 경우 그 물품이 범인의 소유일 때에는 그 다른 물품을 몰수할 수 없다.

④ 부정한 방법으로 관세를 감면받거나 관세를 감면받은 물품에 대한 관세의 징수를 면탈한 자는 5년 이상의 징역에 처하거나, 감면받거나 면탈한 관세액의 5배 이상에 상당하는 벌금에 처한다.

⑤ 부정한 방법으로 관세를 환급받은 자는 5년 이상의 징역 또는 환급받은 세액의 5배 이상에 상당하는 벌금에 처한다. 이 경우 세관장은 부정한 방법으로 환급받은 세액을 즉시 징수한다.

해설 **관세법 제275조의2(강제징수면탈죄 등)**

납세의무자 또는 납세의무자의 재산을 점유하는 자가 강제징수를 면탈할 목적 또는 면탈하게 할 목적으로 그 재산을 은닉・탈루하거나 거짓 계약 사정을 알고도 이를 방조하거나 거짓 계약을 승낙한 자는 2년 이하의 징역 또는 2천만원 이하의 벌금에 처한다.(법 제275조의2 제3항)

---

① 타인에 대한 명의대여죄(법 제275조의3)

③ 밀수출입죄에 해당되는 물품이 다른 물품 중에 포함되어 있는 경우 그 물품이 범인의 소유일 때에는 그 다른 물품도 몰수할 수 있다.(법 제273조 제2항)

④ 부정감면죄(법 제270조 제4항)

⑤ 부정환급죄(법 제270조 제5항)

12 관세법상 가격조작죄에 관한 규정의 일부이다. ( )에 들어갈 사항으로 옳은 것은? 2023 관세사

> 다음 각 호의 신청 또는 신고를 할 때 부당하게 재물이나 재산상 이득을 취득하거나 제3자로 하여금 이를 취득하게 할 목적으로 물품의 가격을 조작 하여 신청 또는 신고한 자는 2년 이하의 징역 또는 물품원가와 ( ) 중 높은 금액 이하의 벌금에 처한다.
> 1. 제38조의2제1항・제2항에 따른 보정신청 2.~4. <생략>

① 1천만원
② 2천만원
③ 3천만원
④ 4천만원
⑤ 5천만원

해설 **관세법 제270조의2(가격조작죄)**

다음 각 호의 신청 또는 신고를 할 때 부당하게 재물이나 재산상 이득을 취득하거나 제3자로 하여금 이를 취득하게 할 목적으로 물품의 가격을 조작하여 신청 또는 신고한 자는 2년 이하의 징역 또는 물품원가와 5천만원 중 높은 금액 이하의 벌금에 처한다.

1. 제38조의2제1항・제2항에 따른 보정신청
2. 제38조의3제1항에 따른 수정신고
3. 제241조제1항・제2항에 따른 신고
4. 제244조제1항에 따른 신고

13 '甲'은 중국에 오래 거주한 적이 있어 현지 농산물의 유통구조에 밝다. '甲'은 '乙'에게 관세율이 높은 농산물을 저가로 신고하고 수입할 경우 큰 돈을 벌 수 있다고 알려주면서 불법적인 저가신고를 통한 관세포탈 방법을 가르쳐 주었다. '甲'이 가르쳐 준 바에 따라 물품을 저가 수입하던 '乙'이 관세포탈죄로 처벌을 받게 될 때 '甲'은 어떤 처벌을 받게 되는가? 2006 관세사

① '甲'의 죄질이 '乙'보다 더 나쁜 것이므로 '乙'은 관세법에 의해, '甲'은 특정범죄가중처벌법에 따라 징역처벌을 받게 된다.
② 직접 범죄를 저지른 것은 '乙'이므로 '乙'이 처벌되더라도 '甲'은 별도의 처벌을 받지 아니한다.
③ '甲'은 '乙'의 처벌과는 관계없이 징역 또는 벌금처벌을 받게 된다.
④ '甲'도 '乙'과 같은 처벌을 받게 된다.
⑤ '乙'과는 달리 비교적 가벼운 과태료 처분을 받게 된다.

해설 **관세법 제271조(미수범 등)**

그 정황을 알면서 관세법 제269 및 관세법 제270조에 따른 행위를 교사하거나 방조한 자는 정범(正犯)에 준하여 처벌한다.(법 제271조 제1항)

---

④ '甲'은 '乙'에게 관세포탈을 알려준, 즉 "교사자"에 해당한다. 그 정황을 알고 관세포탈죄 등에 따른 행위를 교사하거나 방조한 자는 정범에 준하여 처벌한다.

정답 10. ② 11. ② 12. ⑤ 13. ④

14 다음 ( ) 안에 들어갈 내용이 순서대로 옳은 것은? 2013 관세사

□□□

> 공공의 안녕질서를 해치는 영화, 비디오물 등의 밀수입물품을 취득 · 양도 · 보관한 자는 (   ) 이하의 징역 또는 (   ) 이하에 상당하는 벌금에 처한다.

① 1년, 물품원가
② 2년, 1천만원
③ 2년, 물품원가
④ 3년, 물품원가
⑤ 5년, 5천만원

해설 **관세법 제274조(밀수품의 취득죄 등)**

다음 어느 하나에 해당되는 물품을 취득 · 양도 · 운반 · 보관 또는 알선하거나 감정한 자는 3년 이하의 징역 또는 물품원가 이하에 상당하는 벌금에 처한다.

1. 밀수출입죄에 해당되는 물품
2. 관세포탈죄, 부정수입죄, 부정수출죄에 해당되는 물품

15 관세법상 벌칙에 관한 설명으로 옳은 것은? 2011 관세사

□□□

① 관세범에게 과태료를 부과할 때에는 양벌규정에 따라 그 행위자가 소속된 법인의 대표자에게도 동일한 금액의 과태료를 부과한다.
② 수출입이 금지되어 있는 물품을 수출하거나 수입한 자는 10년 이하의 징역 또는 5천만원 이하의 벌금에 처한다.
③ 그 정황을 알면서 밀수출입죄 및 관세포탈죄에 해당하는 행위를 교사하거나 방조한 자는 정범의 2분의 1에 해당하게 처벌한다.
④ 납세의무자가 체납처분의 집행을 면탈할 목적으로 거짓 계약을 하였을 때에는 3년 이하의 징역 또는 5천만원 이하의 벌금에 처한다.
⑤ 밀수출입죄에 전용되는 선박은 그 소유자가 범죄에 사용된다는 정황을 알고 있고, 범죄물품을 운반한 경우에는 몰수한다.

해설 **관세법 제272조(밀수 전용 운반기구의 몰수)**

관세법 제269조의 죄에 전용(專用)되는 선박 · 자동차나 그 밖의 운반기구는 그 소유자가 범죄에 사용된다는 정황을 알고 있고, 다음 어느 하나에 해당하는 경우에는 몰수한다.

1. 범죄물품을 적재하거나 적재하려고 한 경우
2. 검거를 기피하기 위하여 권한 있는 공무원의 정지명령을 받고도 정지하지 아니하거나 적재된 범죄물품을 해상에 투기 · 파괴 또는 훼손한 경우
3. 범죄물품을 해상에서 인수 또는 취득하거나 인수 또는 취득하려고 한 경우
4. 범죄물품을 운반한 경우

---

① 양벌 규정은 관세법 11장에서 규정한 벌칙(제277조의 과태료는 제외한다)에 해당하는 위반행위를 하면 그 행위자를 벌하는 외에 그 법인 또는 개인에게도 해당 조문의 벌금형을 과(科)하는 제도이다.
② 금지품수출입죄는 7년 이하의 징역 7천만원 이하의 벌금에 처한다.
③ 교사하거나 방조한 자는 정범에 준하여 처벌한다.
④ 납세의무자 또는 납세의무자의 재산을 점유하는 자가 체납처분의 집행을 면탈할 목적 또는 면탈하게 할 목적으로 그 재산을 은닉 · 탈루하거나 거짓 계약을 하였을 때에는 3년 이하의 징역 또는 3천만원 이하의 벌금에 처한다.

16 관세법령상 밀수출입죄에 전용되는 선박이 몰수되는 경우에 해당하지 않는 것은? (단, 선박의 소유자는 그것이 범죄에 사용되는 정황을 알고 있음을 전제로 함) 2018 관세사

① 범죄물품을 선박에 적재하려고 한 경우
② 선박을 이용하여 범죄물품을 운반한 경우
③ 범죄물품 등을 운반할 수 있는 선박을 매입하려는 경우
④ 선박을 이용하여 범죄물품을 해상에서 취득한 경우
⑤ 검거를 기피하기 위하여 권한 있는 공무원의 정지명령을 받고도 정지하지 아니하고 선박에 적재된 범죄물품을 해상에서 투기한 경우

해설 **관세법 제272조(밀수 전용 운반기구의 몰수)**

관세법 제269조의 죄에 전용(專用)되는 선박·자동차나 그 밖의 운반기구는 그 소유자가 범죄에 사용된다는 정황을 알고 있고, 다음 어느 하나에 해당하는 경우에는 몰수한다.

1. 범죄물품을 적재하거나 적재하려고 한 경우
2. 검거를 기피하기 위하여 권한 있는 공무원의 정지명령을 받고도 정지하지 아니하거나 적재된 범죄물품을 해상에 투기·파괴 또는 훼손한 경우
3. 범죄물품을 해상에서 인수 또는 취득하거나 인수 또는 취득하려고 한 경우
4. 범죄물품을 운반한 경우

17 (　　)에 들어갈 내용이 순서대로 옳은 것은? 2016 관세사

> 납세의무자 또는 납세의무자의 재산을 점유하는 자가 강제징수를 면탈할 목적 또는 면탈하게 할 목적으로 그 재산을 은닉·탈루하거나 거짓 계약을 하였을 때에는 (　　)년 이하의 징역 또는 (　　)천만원 이하의 벌금에 처한다.

① 1, 2　　② 1, 3
③ 2, 2　　④ 3, 3
⑤ 3, 5

해설 **관세법 275조의2(강제징수면탈죄 등)**

납세의무자 또는 납세의무자의 재산을 점유하는 자가 강제징수를 면탈할 목적 또는 면탈하게 할 목적으로 그 재산을 은닉·탈루하거나 거짓 계약을 하였을 때에는 3년 이하의 징역 또는 3천만원 이하의 벌금에 처한다.(법 제275조의2 제1항)

Chapter 10

정답 14. ④　15. ⑤　16. ③　17. ④

18 □□□ **관세법령상 내용으로 옳은 것은?** 2019 관세직 7급

① 잠정가격으로 가격신고를 한 납세의무자는 2년의 범위 안에서 관세청장이 지정하는 기간 내에 확정가격을 신고하여야 한다.

② 외국으로부터 수입되어 수입신고가 수리된 물품이 계약 내용과 다르고 수입신고 수리 당시의 형태가 변경되지 아니한 경우 해당 물품이 1년 이내에 보세구역에 반입되면 관세를 환급한다.

③ 즉시반출신고를 한 자가 신고를 한 날부터 10일 이내에 반출하지 않은 경우 관세를 부과하고, 그 관세의 100분의 20에 상당하는 금액의 범위에서 가산세를 징수한다.

④ 납세의무자가 체납처분의 집행을 면탈할 목적으로 거짓 계약을 하였을 때에는 3년 이하의 징역 또는 3천만원 이하의 벌금에 처한다.

해설 ① 잠정가격으로 가격신고를 한 납세의무자는 2년의 범위 안에서 세관장이 지정하는 기간 내에 확정가격을 신고하여야 한다.

② 외국으로부터 수입되어 수입신고가 수리된 물품이 계약 내용과 다르고 수입신고 수리 당시의 형태가 변경되지 아니한 경우 해당 물품이 1년 이내에 보세구역에 반입되어 다시 수출하는 경우 관세를 환급한다.

③ 즉시반출신고를 한 자가 신고를 한 날부터 10일 이내에 수입신고를 하지 아니하는 경우에는 관세를 부과 징수한다.

19 □□□ **관세법상 정상(情狀)에 따라 징역과 벌금을 병과할 수 있는 범죄가 아닌 것은?** 2014 관세사

① 강제징수면탈죄 ② 관세포탈죄

③ 가격조작죄 ④ 밀수출입죄

⑤ 밀수품의 취득죄

해설 **관세법 제275조(징역과 벌금의 병과)**

다음에 해당하는 죄를 범한 자는 징역과 벌금을 병과할 수 있다.

1. 금지품수출입죄, 밀수출입죄
2. 관세포탈죄, 부정수출입죄, 부정감면죄, 부정환급죄
3. 미수범 등
4. 밀수품 취득죄 등
5. 가격조작죄

20 □□□ **관세법령상 징역과 벌금을 병과할 수 있는 경우에 해당하지 않는 것은?** 2020 관세사

① 관세법 제270조의2(가격조작죄)의 미수범의 죄를 범한 자의 경우

② 관세법 제269조(밀수출입죄)의 미수범의 죄를 범한 자의 경우

③ 관세법 제274조(밀수품의 취득죄 등)의 죄를 범한 자의 경우

④ 그 정황을 알면서 관세법 제269조(밀수출입죄)에 따른 행위를 교사하는 죄를 범한 자의 경우

⑤ 그 정황을 알면서 관세법 제270조(관세포탈죄 등)에 따른 행위를 방조하는 죄를 범한 자의 경우

해설 **관세법 제271조(미수범 등)**

① 그 정황을 알면서 밀수출입죄 및 관세포탈죄 등에 따른 행위를 교사하거나 방조한 자는 정범(正犯)에 준하여 처벌한다.

② 전자문서 위조·변조죄, 밀수출입죄, 관세포탈죄 등의 미수범은 본죄에 준하여 처벌한다.

③ 전자문서 위조·변조죄, 밀수출입죄, 관세포탈죄 등의 죄를 저지를 목적으로 그 예비를 한 자는 본죄의 2분의 1을 감경하여 처벌한다.

21 관세법령상 징역과 벌금을 병과할 수 있는 경우가 아닌 것은? 2019 관세사

① 화폐·채권이나 그 밖의 유가증권의 위조품·변조품 또는 모조품을 수출하거나 수입한 경우
② 수입신고를 한 자가 법령에 따라 수입이 제한된 사항을 회피할 목적으로 부분품으로 수입하거나 주요 특성을 갖춘 미완성·불완전한 물품이나 완제품을 부분품으로 분할하여 수입한 경우
③ 납세의무자 또는 납세의무자의 재산을 점유하는 자가 체납처분의 집행을 면탈할 목적 또는 면탈하게 할 목적으로 그 재산을 은닉·탈루하거나 거짓 계약을 한 경우
④ 입항전 수입신고를 할 때 부당하게 재물이나 재산상 이득을 취득하거나 제3자로 하여금 이를 취득하게 할 목적으로 물품의 가격을 조작하여 신고한 경우
⑤ 관세청 및 세관 소속 공무원이 비밀유지의무를 위반하여 과세자료를 타인에게 제공 또는 누설하거나 목적 외의 용도로 사용한 경우

해설 ③ "강제징수면탈죄"는 징역과 벌금을 병과할 수 있는 대상이 아니다.

22 관세법 제275조에서 정상에 따라 징역과 벌금을 병과할 수 있는 범죄에 해당하지 않는 것은? 2018 관세직 9급

① 밀수출입죄
② 전자문서 위조·변조죄
③ 관세포탈죄
④ 밀수품의 취득죄

해설 ② "전자문서 위조·변조죄"는 징역과 벌금을 병과할 수 있는 대상이 아니다.

구분	전자문서 위변조죄 등	밀수 출입죄	관세 포탈죄 등	가격 조작죄	밀수품 취득죄	강제징수면 탈죄 등	타인에 대한 명의대여죄	허위 신고죄등
징역·벌금 병과	×	○	○	○	○	×	×	벌금
교사자·방조자	×	정범	정범	×	×	방조자 처벌	×	×
미수범	본죄	본죄	본죄	×	본죄	×	×	×
예비범	감경	감경	감경	×	감경	×	×	×
과실범	×	×	×	×	×	×	×	○

정답 18. ④ 19. ① 20. ① 21. ③ 22. ②

23 관세법상 벌칙에 관한 설명으로 옳은 것은? 2012 관세사

□□□

① 그 정황을 알면서 제269조(밀수출입죄) 및 제270조(관세포탈죄 등)에 따른 행위를 교사하거나 방조한 자는 미수범에 준하여 처벌한다.

② 제269조(밀수출입죄)에 해당되는 물품이 다른 물품 중에 포함되어 있는 경우 누구의 소유이든 그 다른 물품을 몰수할 수 있다.

③ 제276조(허위신고죄 등)의 죄를 범한 자는 정상에 따라 징역과 벌금을 병과할 수 있다.

④ 관세법에 따른 벌칙에 위반되는 행위를 한 자에게는 형법 제38조(경합법과 처벌례) 제1항 제2호 중 벌금경합에 관한 제한가중규정을 적용하지 아니한다.

⑤ 관세법상 몰수할 물품의 전부 또는 일부를 몰수할 수 없을 때에는 그 몰수할 수 없는 물품의 범칙 당시 정상거래가격을 범인으로부터 추징한다.

해설 **관세법 제278조(「형법」 적용의 일부 배제)**

관세법에 따른 벌칙에 위반되는 행위를 한 자에게는 「형법」 제38조 제1항 제2호 중 벌금경합에 관한 제한가중규정을 적용하지 아니한다.

---

① 그 정황을 알면서 제269조 및 제270조에 따른 행위를 교사하거나 방조한 자는 정범에 준하여 처벌한다.

② 관세법 제269조에 해당되는 물품이 다른 물품 중에 포함되어 있는 경우 그 물품이 범인의 소유일 때에는 그 다른 물품도 몰수할 수 있다.

③ 관세법 제269조부터 제271조까지(금지품수출입죄, 밀수출입죄, 관세포탈죄, 가격조작죄) 및 제274조의 죄(밀수품 취득죄)를 범한 자는 정상(情狀)에 따라 징역과 벌금을 병과할 수 있다.

⑤ 몰수할 물품의 전부 또는 일부를 몰수할 수 없을 때에는 그 몰수할 수 없는 물품의 범칙 당시의 국내도매가격에 상당한 금액을 범인으로부터 추징한다.

24 관세법상 몰수와 압수에 대한 설명으로 옳지 않은 것은? 2020 관세직 7급

□□□

① 위조화폐의 수입에 전용된 자동차의 소유자가 범죄에 사용된다는 정황을 알고 위조화폐를 운반한 경우 그 자동차를 몰수한다.

② 관세법에 따른 수입신고를 하였으나 해당 수입물품과 다른 물품으로 신고하여 수입한 물품이 다른 물품 중에 포함되어 있는 경우 그 물품이 범인의 소유일 때에는 그 다른 물품도 몰수할 수 있다.

③ 관세법 제282조에 따라 몰수할 물품의 전부 또는 일부를 몰수할 수 없을 때에는 그 몰수할 수 없는 물품을 몰수할 당시의 국내도매가격에 상당한 금액을 범인으로부터 추징한다.

④ 관세법에 따라 압수된 물품에 대하여 그 압수일부터 6개월 이내에 해당 물품의 소유자 및 범인을 알 수 없는 경우에는 해당 물품을 유실물로 간주하여 유실물 공고를 하여야 하고, 그 공고일부터 1년이 지나도 소유자 및 범인을 알 수 없으면 해당 물품은 국고에 귀속된다.

해설 ③ 몰수할 물품의 전부 또는 일부를 몰수할 수 없을 때에는 그 몰수할 수 없는 물품의 범칙 당시의 국내도매가격에 상당한 금액을 범인으로부터 추징한다.(법 제282조 제3항)

① (법 제272조)

② (법 제273조 제2항)

④ (법 제299조 제1항)

25 「관세법」상 벌칙에 대한 내용으로 옳은 것은?

□□□ 2014 관세직 9급

① 국가관세종합정보시스템의 전산처리설비에 기록된 전자문서를 위조한 자는 10년 이하의 징역 또는 2억원 이하의 벌금에 처한다.

② 세액결정에 영향을 미치기 위하여 관세율 등을 거짓으로 신고하여 수입한 자는 2년 이하의 징역 또는 3천만원 이하의 벌금에 처한다.

③ 부정한 방법으로 관세를 환급받은 자는 3년 이하의 징역 또는 환급받은 관세액의 3천만원 이하에 상당하는 벌금에 처한다.

④ 보세구역 반입명령에 대하여 반입대상 물품의 전부 또는 일부를 반입하지 아니한 자는 물품원가 또는 2천만원 중 높은 금액 이하의 벌금에 처한다.

해설 **관세법 제276조(허위신고죄 등)**

다음 어느 하나에 해당하는 자는 물품원가 또는 2천만원 중 높은 금액 이하의 벌금에 처한다.(법 제276조 제2항)

1. 종합보세사업장의 설치·운영에 관한 신고를 하지 아니하고 종합보세기능을 수행한 자
2. 세관장의 중지조치 또는 같은 세관장의 폐쇄 명령을 위반하여 종합보세기능을 수행한 자
3. 보세구역 반입명령에 대하여 반입대상 물품의 전부 또는 일부를 반입하지 아니한 자
4. 수출,수입,반송 신고를 할 때 신고사항을 신고하지 아니하거나 허위신고를 한 자
5. 보정신청 또는 수정신고를 할 때 허위로 신청하거나 신고한 자
6. 신고수리 전에는 운송수단, 관세통로, 하역통로 또는 관세법에 따른 장치 장소로부터 신고된 물품을 반출한 자

26 관세법상 형벌에 대한 내용으로 옳지 않은 것은?

□□□ 2013 관세직 9급

① 신고수리전에 운송수단, 관세통로, 하역통로 또는 관세법에 따른 장치장소로부터 신고된 물품을 반출한 자는 물품원가 또는 2천만원 중 높은 금액 이하의 벌금에 처한다.

② 보세구역 반입명령에 대하여 반입대상 물품의 전부 또는 일부를 반입하지 아니한 자는 물품원가 또는 2천만원 중 높은 금액 이하의 벌금에 처한다.

③ 부정한 방법으로 적재화물목록을 작성하였거나 제출한 자는 과실에 따라 3백만원 이하의 과태료에 처한다.

④ 세관공무원의 질문에 대하여 거짓의 진술을 하거나 그 직무의 집행을 거부 또는 기피한 자는 5천만원 이하의 과태료에 부과한다.

해설 **관세법 제276조(허위신고죄 등)**

다음 어느 하나에 해당되는 자는 2천만원 이하의 벌금에 처한다. 다만, 과실로 제2호, 제3호 또는 제4호에 해당하게 된 경우에는 300만원 이하의 벌금에 처한다.(법 제276조 제3항)

1. 부정한 방법으로 적재화물목록을 작성하였거나 제출한 자
2. 제12조(제277조 제7항 제2호에 해당하는 경우는 제외한다), 제98조 제2항, 제109조 제1항(제277조 제6항 제3호에 해당하는 경우는 제외한다), 제134조 제1항(제146조 제1항에서 준용하는 경우를 포함한다), 제136조 제2항, 제148조 제1항, 제149조, 제222조 제1항(제146조 제1항에서 준용하는 경우를 포함한다) 또는 제225조 제1항 전단을 위반한 자
3. 제83조 제2항, 제88조 제2항, 제97조 제2항 및 제102조 제1항을 위반한 자. 다만, 제277조 제6항 제3호에 해당하는 자는 제외한다.

3의2. 특허보세구역의 설치·운영에 관한 특허를 받지 아니하고 특허보세구역을 운영한 자

4. 세관장의 의무 이행 요구를 이행하지 아니한 자

Chapter 10

정답 23. ④ 24. ③ 25. ④ 26. ③

5. 자율심사 결과를 거짓으로 작성하여 제출한 자
6. 제178조 제2항 제1호 · 제5호 및 제224조 제1항 제1호에 해당하는 자

---

③ 부정한 방법으로 적재화물목록을 작성하였거나 제출한 자는 2천만원 이하의 벌금에 처한다.

27 □□□ **관세법령상 내용에 대한 설명으로 옳지 않은 것은?** 2020 관세직 7급

① 특허보세구역(보세전시장, 보세건설장은 제외한다)의 특허기간은 10년의 범위 내에서 신청인이 신청한 기간으로 한다. 다만, 관세청장은 보세구역의 합리적 운영을 위하여 필요한 경우에는 신청인이 신청한 기간과 달리 특허기간을 정할 수 있다.

② 관세법 제174조 제1항에 따른 특허보세구역의 설치 · 운영에 관한 특허를 받지 아니하고 특허보세구역을 운영한 자는 물품원가 또는 2천만원 중 높은 금액 이하의 벌금에 처한다.

③ 지정장치장에 물품을 장치하는 기간은 6개월의 범위에서 관세청장이 정한다. 다만, 관세청장이 정하는 기준에 따라 세관장은 3개월의 범위에서 그 기간을 연장할 수 있다.

④ 국제무역선이나 국제무역기에 물품을 하역하거나 환적하려면 세관장에게 신고하고 현장에서 세관공무원의 확인을 받아야 한다. 다만, 세관공무원이 확인할 필요가 없다고 인정하는 경우에는 그러하지 아니하다.

해설 ② 특허보세구역의 설치 · 운영에 관한 특허를 받지 아니하고 특허보세구역을 운영한 자는 2천만원 이하의 벌금에 처한다(과실 여부를 불문한다).
① (영 제192조)
③ (법 제170조)
④ (법 제140조 제4항)

28 □□□ **「관세법」상 벌칙에 대한 설명으로 옳은 것은?** 2023 관세직 9급

① 특허보세구역의 설치 · 운영에 관한 특허를 받지 아니하고 특허보세구역을 운영한 자는 2천만원 이하의 벌금에 처한다.

② 부정한 방법으로 관세를 감면받거나 관세를 감면받은 물품에 대한 관세의 징수를 면탈한 자는 5년 이하의 징역에 처하거나, 감면받거나 면탈한 관세액의 5배 이하에 상당하는 벌금에 처한다.

③ 납세의무자가 강제징수를 면탈할 목적으로 그 재산을 은닉 · 탈루하거나 거짓 계약을 하였을 때에는 5년 이하의 징역 또는 5천만원 이하의 벌금에 처한다.

④ 밀수출입죄에 해당되는 물품을 취득 · 양도 · 운반 · 보관 또는 알선하거나 감정한 자는 3년 이하의 징역 또는 물품원가와 2천만원 중 높은 금액 이하의 벌금에 처한다.

해설 ② 3년 이하의 징역 또는 환급받은 세액의 5배 이하에 상당하는 벌금에 처한다.
③ 2년 이하의 징역 또는 5천만원 이하의 벌금에 처한다.
④ 3년 이하의 징역 또는 물품원가 이하에 상당하는 벌금에 처한다.

29 □□□ **관세법상 벌칙에 관한 설명으로 옳은 것은?** 2023 관세사

① 부정한 방법으로 관세를 감면받거나 관세를 감면받은 물품에 대한 관세의 징수를 면탈한 자는 5년 이하의 징역에 처한다.

② 부정한 방법으로 관세를 환급받은 자는 5년 이하의 징역에 처한다.

③ 세관공무원이 그 직무와 관련하여 금품을 수수(收受)하였을 때에는 국가공무원법 제82조에 따른 징계절차에서 그 금품 수수액의 5배 내의 징계부가금 부과 의결을 징계위원회에 요구하여야 한다.

④ 관세법 제269조(밀수출입죄)의 죄를 저지를 목적으로 그 예비를 한 자도 본죄와 동일하게 처벌해야 한다.

⑤ 관세청장 또는 세관장은 세관공무원에게 금품을 공여한 자에 대해서는 그 금품 상당액의 6배의 과태료를 부과·징수한다.

해설 **제277조의2(금품 수수 및 공여)**

① 세관공무원이 그 직무와 관련하여 금품을 수수(收受)하였을 때에는 「국가공무원법」 제82조에 따른 징계절차에서 그 금품 수수액의 5배 내의 징계부가금 부과 의결을 징계위원회에 요구하여야 한다.

② 징계대상 세관공무원이 제1항에 따른 징계부가금 부과 의결 전후에 금품 수수를 이유로 다른 법률에 따라 형사처벌을 받거나 변상책임 등을 이행한 경우(몰수나 추징을 당한 경우를 포함한다)에는 징계위원회에 감경된 징계부가금 부과 의결 또는 징계부가금 감면을 요구하여야 한다.

③ 제1항 및 제2항에 따른 징계부가금 부과 의결 요구에 관하여는 「국가공무원법」 제78조제4항을 준용한다. 이 경우 "징계 의결 요구"를 "징계부가금 부과 의결 요구"로 본다.

④ 제1항에 따라 징계부가금 부과처분을 받은 자가 납부기간 내에 그 부가금을 납부하지 아니한 때에는 징계권자는 국세강제징수의 예에 따라 징수할 수 있다.

⑤ 관세청장 또는 세관장은 세관공무원에게 금품을 공여한 자에 대해서는 대통령령으로 정하는 바에 따라 그 금품 상당액의 2배 이상 5배 내의 과태료를 부과·징수한다. 다만, 「형법」 등 다른 법률에 따라 형사처벌을 받은 경우에는 과태료를 부과하지 아니하고, 과태료를 부과 후 형사처벌을 받은 경우에는 과태료 부과를 취소한다

30 □□□ **관세법상 물품원가 또는 2천만원 중 높은 금액 이하의 벌금에 처하는 경우가 아닌 것은?** 2008 관세직 7급

① 종합보세사업장의 설치·운영에 관한 신고를 하지 아니하고 종합보세기능을 수행한 자

② 관세법 제240조 제2항의 규정에 의한 세관장의 중지조치에 위반하여 종합보세기능을 수행한 자

③ 특허보세구역의 특허사항을 위반한 운영인

④ 보세구역반입명령에 대하여 반입대상 물품의 전부 또는 일부를 반입하지 아니한 자

해설 ③ 특허보세구역의 특허사항을 위반한 운영인은 2백만원 이하의 과태료를 부과한다.

정답 27. ② 28. ① 29. ③ 30. ③

31 □□□ **「관세법」상 관세범의 처벌에 대한 내용으로 옳지 않은 것은?** 2018 관세직 7급

① 관세의 회피 또는 강제집행의 면탈을 목적으로 타인에게 자신의 명의를 사용하여 납세신고를 할 것을 허락한 자는 1년 이하의 징역 또는 1천만원 이하의 벌금에 처한다.

② 보세구역 반입명령에 대하여 반입대상 물품의 전부 또는 일부를 반입하지 아니한 자는 2년 이하의 징역 또는 2천만원 이하의 벌금에 처한다.

③ 밀수출입죄에 전용되는 선박・자동차나 그 밖의 운반 기구는 그 소유자가 범죄에 사용된다는 정황을 알고 있고, 범죄물품을 적재하거나 적재하려고 한 경우에는 몰수한다.

④ 특허보세구역의 특허사항을 위반한 운영인에게는 200만원 이하의 과태료를 부과한다.

해설 ② 보세구역 반입명령을 위반한 자는 물품원가 또는 2천만원 중 높은 금액 이하의 벌금에 처한다.

32 □□□ **「관세법」상 벌금에 처해질 수 있는 경우는?** 2021 관세직 7급

① 특허보세구역의 특허사항을 위반한 운영인의 경우

② 제28조(잠정가격의 신고 등) 제2항에 따른 신고를 하지 아니한 자의 경우

③ 제202조(설비의 유지의무 등) 제2항에 따른 신고를 하지 아니하고 종합보세구역 외의 장소에서 작업을 한 자의 경우

④ 제227조(의무 이행의 요구)에 따른 세관장의 의무 이행 요구를 이행하지 아니한 자의 경우

해설 ① 200만원 이하의 과태료를 부과한다.
② 100만원 이하의 과태료를 부과한다.
③ 1천만원 이하의 과태료를 부과한다.
④ 2천만원 이하의 벌금에 처한다. 다만, 과실로 인한 경우에는 300만원 이하의 벌금에 처한다.

33 □□□ **다음 중 관세법상 과태료 처분대상은 어느 것인가?** 2007 관세사

① 업무상 취득한 전자문서정보에 관한 비밀을 누설한 전자문서중계사업자의 직원

② 수입신고를 함에 있어 실제 수입한 물품과 다른 물품으로 신고하여 수입한 자

③ 부정한 방법으로 관세의 감면을 받은 자

④ 잠정가격으로 가격신고를 하였으나 세관장이 지정한 기간 내에 확정가격 신고를 하지 아니한 자

⑤ 세관장으로부터 보세구역 반입명령을 받았으나 반입대상 물품의 일부를 반입하지 아니한 자

해설 ① 5년 이하의 징역 또는 5천만원 이하의 벌금에 처한다.
② 5년 이하의 징역 또는 관세액의 10배와 물품원가 중 높은 금액 이하에 상당하는 벌금에 처한다.
③ 3년 이하의 징역에 처하거나, 감면받거나 면탈한 관세액의 5배 이하에 상당하는 벌금에 처한다.
④ 100만원 이하의 과태료를 부과한다.
⑤ 물품원가 또는 2천만원 이하의 벌금에 처한다.

34 □□□ **관세법상 과태료 부과 대상이 아닌 것은?** 2021 관세사

① 자료제출을 요구받은 특수관계에 있는 자가 세관장으로부터 수입물품 과세가격 결정 자료의 제출을 요구받고 거짓으로 자료를 제출하는 경우
② 유통이력 신고의 의무가 있는 자가 유통이력을 신고하지 아니한 경우
③ 해당 보세구역을 관할하는 세관장에게 등록하지 아니하고 보세사로 근무하는 경우
④ 세관장의 허가를 받지 아니하고 보세구역에 장치된 물품을 해체하는 작업을 한 경우
⑤ 운영인이 특허보세구역의 특허사항을 위반한 경우

해설 ① 1억 이하의 과태료를 부과한다.(법 제277조 제1항)
② 500만원 이하의 과태료를 부과한다.(법 제277조 제5항)
③ 500만원 이하의 벌금에 처한다.(법 제276조 제5항)
④ 1천만원 이하의 과태료를 부과한다.(법 제277조 제2항)
⑤ 200만원 이하의 과태료를 부과한다.(법 제277조 제6항)

35 □□□ **관세법상 관세질서벌 중 200만원 이하의 과태료 처분에 해당하지 않는 것은?** 2009 관세직 7급

① 특허보세구역의 특허사항을 위반한 운영인
② 지정장치장의 화물관리 비용의 요율에 대하여 세관장의 승인을 얻지 아니한 자
③ 보세운송의 신고 또는 승인 신청을 화주, 관세사 등, 보세운송업자의 명의로 하지 아니한 자
④ 보세창고 장치물품의 장치기간 내 세관장의 반출명령을 이행하지 아니한 자

해설 ④ 보세창고 장치물품의 장치기간 내 세관장의 반출명령을 이행하지 아니한 자는 100만원 이하의 과태료에 처한다.

36 □□□ **관세법을 위반한 다음 행위자에 대해 형벌이 아니라 과태료 처분대상이 될 수 있는 것은?** 2009 관세사

① 관세를 포탈한 물품을 시가가 얼마인지 감정하려다가 미수에 그친 자
② 풍속을 해치는 서적을 수입한 자
③ 특허보세구역의 특허사항을 위반한 운영인
④ 수입신고를 한 다음 그 신고가 수리되기전에 보세구역에서 신고된 물품을 반출한 자
⑤ 다른 사람에게 자신의 성명・상호를 사용하여 보세사 업무를 수행하게 하거나 자격증 또는 등록증을 빌려준 자

해설 ③ 특허보세구역의 특허사항을 위반한 운영인에게는 200만원 이하의 과태료를 부과한다.

Chapter 10

정답 31. ② 32. ④ 33. ④ 34. ③ 35. ④ 36. ③

37 「관세법」상 징역형 또는 벌금형에 처해질 수 있는 자는? 2021 관세직 9급

□□□

① 제240조의2(통관 후 유통이력 신고) 제1항을 위반하여 유통이력을 신고하지 아니하거나 거짓으로 신고한 자
② 제321조(세관의 업무시간 · 물품취급시간) 제2항 제2호를 위반하여 운송수단에서 물품을 취급한 자
③ 특허보세구역의 특허사항을 위반한 운영인
④ 제327조의3(전자문서중계사업자의 지정 등) 제1항을 위반하여 관세청장의 지정을 받지 아니하고 전자문서중계업무를 행한 자

해설 ① 500만원 이하 과태료를 부과한다.(법 제277조 제5항)
②, ③ 200만원 이하 과태료를 부과한다.(법 제277조 제6항)
④ 5년 이하의 징역 또는 5천만원 이하의 벌금에 처한다.(법 제268조의2 제2항)

38 관세법상 세관장이 세액심사 시 특수관계에 있는 자가 수입하는 물품의 과세가격의 적정성을 심사하기 위하여 해당 특수관계자에게 과세가격결정자료의 제출을 요구한 때, 자료제출을 요구받은 특수관계에 있는 자가 거짓의 자료를 제출하는 경우에 과태료의 범위는? 2014 관세사

□□□

① 3천만원 이하
② 5천만원 이하
③ 1억원 이하
④ 3억원 이하
⑤ 5억원 이하

해설 ③ 세관장으로부터 자료제출을 요구받은 특수관계에 있는 자가 정당한 사유 없이 관세법 제37조의4 제2항에서 정한 기한까지 자료를 제출하지 아니하거나 거짓의 자료를 제출하는 경우에는 1억원 이하의 과태료를 부과한다.(법 제277조 제1항)

39 「관세법」상 벌칙에 대한 설명으로 옳은 것은? 2014 관세직 7급

□□□

① 세관공무원의 질문에 대하여 거짓의 진술을 하거나 그 직무의 집행을 거부 또는 기피한 자는 1천만원 이하의 과태료를 부과한다.
② 부정한 방법으로 적재화물목록을 작성하였거나 제출한 자는 3천만원 이하의 벌금에 처한다.
③ 특허보세구역의 특허사항을 위반한 운영인에게는 500만원 이하의 과태료를 부과한다.
④ 납세의무자는 잠정가격으로 가격신고를 하였을 때에는 대통령령으로 정하는 기간 내에 해당 물품의 확정된 가격을 세관장에게 신고하여야 하는데, 이를 신고하지 아니한 자는 100만원 이하의 과태료를 부과한다.

해설 ① 5천만원 이하의 과태료를 부과한다.(법 제277조 제3항)
② 2천만원 이하의 벌금에 처한다.(법 제276조 제3항)
③ 200만원 이하의 과태료를 부과한다.(법 제277조 제4항)

40 □□□ **다음에 해당하는 자의 사용인이 개인의 업무에 관하여 관세법에 규정한 벌칙에 위반되는 행위를 한 때에는 그 행위자를 처벌하는 외에 개인도 처벌한다. 이에 해당하지 않는 자는?** 2013, 2015 관세사

① 수출·수입 또는 운송을 업으로 하는 자
② 관세사
③ 전자문서중계사업자
④ 국제항 안에서 물품 및 용역의 공급을 업으로 하는 자
⑤ 보세사

해설 **관세법 제279조(양벌규정)**

양벌규정 개인처벌 대상 다음 어느 하나에 해당하는 사람으로 한정한다.(법 제279조 제2항)
1. 특허보세구역 또는 종합보세사업장의 운영인
2. 수출(「수출용원재료에대한 관세 등 환급에 관한 특례법」 따른 수출등을 포함한다)·수입 또는 운송을 업으로 하는 사람
3. 관세사
4. 국제항 안에서 물품 및 용역의 공급을 업으로 하는 사람
5. 전자문서중계사업자

41 □□□ **「관세법」 제279조(양벌규정)의 내용에서 밑줄 친 개인에 해당하는 사람으로 옳지 않은 것은?** 2017 관세직 9급

> 법인의 대표자나 법인 또는 개인의 대리인, 사용인, 그 밖의 종업원이 그 법인 또는 개인의 업무에 관하여 제11장에서 규정한 벌칙(제277조의 과태료는 제외한다)에 해당하는 위반행위를 하면 그 행위자를 벌하는 외에 그 법인 또는 개인에게도 해당 조문의 벌금형을 과(科)한다. 다만, 법인 또는 개인이 그 위반행위를 방지하기 위하여 해당 업무에 관하여 상당한 주의와 감독을 게을리하지 아니한 경우에는 그러하지 아니하다.

① 특허보세구역 또는 종합보세사업장의 운영인
② 국제항 안에서 물품 및 용역의 공급을 업으로 하는 사람
③ 수출·수입·운송 또는 보험을 업으로 하는 사람
④ 「관세법」 제327조의3 제3항에 따른 전자문서중계사업자

해설 ③ 수출·수입 또는 운송을 업으로 하는 사람이 양벌규정 개인처벌 대상에 해당한다.

Chapter 10

정답 37. ④ 38. ③ 39. ④ 40. ⑤ 41. ③

42 □□□ **관세법상 벌칙 및 조사와 처분 등에 대한 설명으로 옳지 않은 것은?** 2017 관세직 7급

① 법인의 대표자가 그 법인의 업무에 관하여 관세법 제277조(과태료)에 해당하는 위반행위를 한 경우 양벌규정에 따라 법인의 대표자 외에 그 법인에게도 과태료를 부과한다.

② 관세범에 관한 사건에 대하여는 관세청장이나 세관장의 고발이 없으면 검사는 공소를 제기할 수 없다.

③ 세관공무원은 관세범 조사에 필요하다고 인정할 때에는 선박·차량·항공기·창고 또는 그 밖의 장소를 검증하거나 수색할 수 있다.

④ 세관공무원은 여성 피의자가 범죄사실을 증명하기에 충분한 물품을 신변(身邊)에 은닉하였다고 인정될 때에는 이를 내보이도록 요구하고, 이에 따르지 아니하는 경우에는 성년의 여성을 참여시켜 신변을 수색할 수 있다.

해설 **관세법 제279조(양벌 규정)**

법인의 대표자나 법인 또는 개인의 대리인, 사용인, 그 밖의 종업원이 그 법인 또는 개인의 업무에 관하여 관세법 제11장에서 규정한 벌칙(제277조의 과태료는 제외한다)에 해당하는 위반행위를 하면 그 행위자를 벌하는 외에 그 법인 또는 개인에게도 해당 조문의 벌금형을 과(科)한다. 다만, 법인 또는 개인이 그 위반행위를 방지하기 위하여 해당 업무에 관하여 상당한 주의와 감독을 게을리하지 아니한 경우에는 그러하지 아니하다.(법 제279조 제1항)

정답 42. ①

조사와 처분

조사와 처분

01 관세법령상 조사와 처분에 관한 설명으로 옳은 것은? 2019 관세사

□□□

① 관세청장이나 세관장은 관세범을 조사한 결과 범죄의 확증을 얻었을 때에는 벌금에 상당하는 금액, 몰수에 해당하는 물품 또는 과징금에 해당하는 금액을 납부할 것을 통고할 수 있다.

② 세관공무원은 피의자 · 증인 또는 참고인에 대한 조사 · 검증 · 수색 또는 압수 중에는 누구를 막론하고 그 장소에의 출입을 금할 수 있다.

③ 검사가 관세범에 관한 사건을 인지한 경우에는 관세청장이나 세관장의 고발이 없더라도 공소를 제기할 수 있다.

④ 관세범에 관한 서류에는 본인이 직접 서명날인 하여야 하며 다른 사람에게 대리서명하게 하는 것은 허용되지 아니한다.

⑤ 해 진 후에는 이미 시작한 검증 · 수색 또는 압수를 계속하여서는 아니 된다.

해설 **관세법 제307조(조사 중 출입금지)**

세관공무원은 피의자 · 증인 또는 참고인에 대한 조사 · 검증 · 수색 또는 압수 중에는 누구를 막론하고 그 장소에의 출입을 금할 수 있다.

---

① 관세청장이나 세관장은 관세범을 조사한 결과 범죄의 확증을 얻었을 때에는 대통령령으로 정하는 바에 따라 그 대상이 되는 자에게 그 이유를 구체적으로 밝히고 "벌금에 상당하는 금액", "몰수에 해당하는 물품", "추징금에 해당하는 금액"을 납부할 것을 통고할 수 있다.(법 제311조 제1항)

③ 관세범에 관한 사건에 대하여는 관세청장이나 세관장의 고발이 없으면 검사는 공소를 제기할 수 없다. (법 제284조 제1항)

④ 본인이 서명할 수 없을 때에는 다른 사람에게 대서하게 하고 도장을 찍어야 한다. 이 경우 도장을 지니지 아니하였을 때에는 손도장을 찍어야 한다.(법 제287조 제1항)

⑤ 해 진 후부터 해 뜨기 전까지는 검증 · 수색 또는 압수를 할 수 없다. 다만, 이미 시작한 검증 · 수색 또는 압수는 제1항에도 불구하고 계속할 수 있다.(법 제306조)

02 관세법상 조사와 처분에 대한 설명으로 옳은 것은? 2019 관세직 7급

□□□

① 현행범이 아닌 경우 해 진 후부터 해 뜨기 전까지는 수색을 할 수 없지만, 이미 시작한 수색은 해가 진 이후에도 계속할 수 있다.

② 세관장은 물품을 압수한 날부터 3개월 이내에 그 물품의 소유자를 알 수 없는 경우에는 유실물 공고를 하여야 한다.

③ 관세범에 관한 서류는 인편으로 송달하여야 한다. 다만, 인편 송달이 곤란한 사정이 있는 경우에는 우편으로 송달할 수 있다.

④ 세관공무원이 피의자의 출석을 요구하기 위하여 출석요구서를 발급할 때에는 관할 지방법원 판사의 영장을 받아야 한다.

해설 **관세법 제306조(야간집행의 제한)**
해 진 후부터 해 뜨기 전까지는 검증·수색 또는 압수를 할 수 없다. 다만, 현행범인 경우에는 그러하지 아니하다. 그럼에도 불구하고 이미 시작한 검증·수색 또는 압수는 계속할 수 있다.

---

② 세관장은 압수된 물품에 대하여 그 압수일부터 6개월 이내에 해당 물품의 소유자 및 범인을 알 수 없는 경우에는 해당 물품을 유실물로 간주하여 유실물 공고를 하여야 한다.(법 제299조 제1항)
③ 관세범에 관한 서류는 인편이나 등기우편으로 송달한다.(법 제288조)
④ 세관공무원이 관세범 조사에 필요하다고 인정할 때에는 피의자·증인 또는 참고인의 출석을 요구할 수 있다.(법 제294조)

03 관세법상 관세범의 조사에 관한 설명 중 옳지 않은 것은?

□□□ 2007 관세직 9급

① 세관공무원은 관세범에 관하여 「사법경찰관리의 직무를 수행할 자와 그 직무범위에 관한 법률」에서 정하는 바에 따라 사법경찰관리의 직무를 수행한다.
② 관세법에 따라 수색·압수를 할 때에는 관할지방법원 판사의 영장을 받아야 한다. 다만, 긴급을 요하는 경우에는 영장을 교부받지 않아도 된다.
③ 관세범의 현행범인이 그 장소에 있는 때에는 누구든지 체포할 수 있으며, 범인을 체포한 자는 지체 없이 세관공무원에게 범인을 인도하여야 한다.
④ 관세청장 또는 세관장은 압수물품 중 사람의 생명 또는 재산을 해할 우려가 있는 물품, 부패 또는 변질한 물품, 유효기간이 경과한 물품, 상품 가치가 없어진 물품은 피의자 또는 관계인에게 통고 후 폐기할 수 있다. 다만, 통고의 여유가 없는 때에는 폐기한 후 즉시 통고하여야 한다.

해설 **관세법 제296조(수색·압수영장)**
관세법에 따라 수색·압수를 할 때에는 관할 지방법원 판사의 영장을 받아야 한다. 다만, 긴급한 경우에는 사후에 영장을 발급받아야 한다.(법 제296조 제1항)

---

① (법 제295조)
③ (법 제298조)
④ (법 제304조)

04 「관세법」상 조사와 처분에 대한 설명으로 옳지 않은 것은?

□□□ 2023 관세직 7급

① 압수를 할 때에는 관할 지방법원 판사의 영장을 받아야 하지만, 소유자가 임의로 제출한 물품을 압수한 경우에는 사후에 영장을 발급받아야 한다.
② 세관공무원은 관세범에 관하여 「사법경찰관리의 직무를 수행할 자와 그 직무범위에 관한 법률」에서 정하는 바에 따라 사법경찰관리의 직무를 수행한다.
③ 관세범에 관한 사건에 대하여는 관세청장이나 세관장의 고발이 없으면 검사는 공소를 제기할 수 없다.
④ 관세범의 현행범인이 그 장소에 있을 때에는 그 현행범인을 체포한 자는 지체 없이 세관공무원에게 범인을 인도하여야 한다.

Chapter 11

정답 01. ② 02. ① 03. ② 04. ①

해설 **관세법 제296조(수색 · 압수영장)**

이 법에 따라 수색·압수를 할 때에는 관할 지방법원 판사의 영장을 받아야 한다. 다만, 긴급한 경우에는 사후에 영장을 발급받아야 한다.(법 제296조 제1항)

소유자·점유자 또는 보관자가 임의로 제출한 물품이나 남겨 둔 물품은 영장 없이 압수할 수 있다.(법 제296조 제2항)

05 □□□ **관세법령상 검증 · 수색 또는 압수조서의 기재사항이 아닌 것은?** 2009 관세직 9급

① 당해 물품의 품명 및 수량

② 포장의 종류·기호·번호 및 개수

③ 검증·수색 또는 압수의 장소 및 일시

④ 조사를 한 사람과 참여자의 주소 또는 거소와 성명

⑤ 보관장소

해설 **관세법 시행령 제269조(검증 · 수색 또는 압수조서의 기재사항)**

법 제305조 제1항의 규정에 의한 검증·수색 또는 압수조서에는 다음 각 호의 사항을 기재하여야 한다.

1. 당해 물품의 품명 및 수량
2. 포장의 종류·기호·번호 및 개수
3. 검증·수색 또는 압수의 장소 및 일시
4. 소유자 또는 소지자의 주소 또는 거소와 성명
5. 보관장소

06 □□□ **관세법상 관세범의 현행범 및 조사처분에 대한 설명으로 옳지 않은 것은?** 2017 관세직 9급

① 세관공무원은 현행범인 납세자가 도주할 우려가 있는 등 조사 목적을 달성할 수 없다고 인정되는 경우에는 납세자권리 헌장을 내주지 아니할 수 있다.

② 세관장은 밀수입 물품에 해당되어 압수된 물품에 대하여 그 압수일부터 6개월 이내에 해당 물품의 소유자 및 범인을 알 수 없는 경우에는 해당 물품을 유실물로 간주하여 유실물 공고를 하여야 한다.

③ 관세범의 현행범인이 그 장소에 있는 경우 세관공무원이 범죄행위를 제지할 수는 있지만 영장 없이 체포할 수는 없다.

④ 세관공무원은 관세범 조사로 발견한 물품이 범죄의 사실을 증명하기에 충분하거나 몰수하여야 하는 것으로 인정될 때에는 이를 압수할 수 있다.

해설 **관세법 제297조(현행범의 체포)**

세관공무원이 관세범의 현행범인을 발견하였을 때에는 즉시 체포하여야 한다.

---

① (법 제110조 제3항)

② (법 제299조 제1항)

④ (법 제303조 제1항)

07 □□□ **관세법상 조사와 처분에 관한 설명으로 옳지 않은 것은?** 2017 관세사

① 관세범에 관한 조사・처분은 세관공무원이 한다.
② 관세범에 관한 사건에 대하여는 관세청장이나 세관장의 고발이 없더라도 필요한 경우 검사는 세관장에게 통보하고 공소를 제기할 수 있다.
③ 사법경찰관리의 직무를 행하는 세관공무원이 법령에 의하여 피의자를 구속하는 때에는 세관관서・국가경찰관서 또는 교도관서에 유치하여야 한다.
④ 세관공무원은 관세범 조사에 필요하다고 인정할 때에는 선박・차량・항공기・창고 또는 그 밖의 장소를 검증하거나 수색할 수 있다.
⑤ 세관공무원은 범죄사실을 증명하기에 충분한 물품을 피의자가 신변(身邊)에 은닉하였다고 인정될 때에는 이를 내보이도록 요구하고, 이에 따르지 아니하는 경우에는 신변을 수색할 수 있다.

해설 **관세법 제284조(공소의 요건)**
관세범에 관한 사건에 대하여는 관세청장이나 세관장의 고발이 없으면 검사는 공소를 제기할 수 없다.

---

① (법 제283조 제2항)
③ (영 제267조)
④ (법 제300조)
⑤ (법 제301조 제1항)

08 □□□ **관세법상 관세범에 대한 조서작성과 관련된 설명으로 옳은 것으로만 묶인 것은?** 2012 관세직 9급

가. 조서에는 연월일과 장소를 적고, 조사를 한 사람, 진술자, 참여자가 함께 서명날인하여야 한다. 나. 진술자가 조서 내용의 증감 변경을 청구한 경우에는 그 진술을 조서에 적어야 한다. 다. 진술서는 피의자나 증인을 심문한 경우에 한해서 작성한다. 라. 세관공무원은 조서의 기재사실에 대하여 피의자에게 서로 다른 점을 확인할 수 없도록 한다.

① 가, 나
② 가, 라
③ 나, 다
④ 다, 라

해설 가. (법 제292조 제4항)
나. (법 제292조 제3항)
다. 세관공무원이 피의자・증인등을 조사하였을 때에는 조서를 작성하여하며, 검증・수색 또는 압수를 하였을 때 또한 조서를 작성하여야 한다.
라. 조서는 세관공무원이 진술자에게 읽어 주거나 열람하게 하여 기재 사실에 서로 다른 점이 있는지 물어보아야 한다.

Chapter 11

정답 05. ④ 06. ③ 07. ② 08. ①

09 □□□ **관세범의 조사에 대한 설명으로 옳은 것은?** 2012 관세직 7급

① 세관공무원은 관세범 조사에 필요하다고 인정할 때에는 피의자는 조사할 수 있으나 증인 또는 참고인은 조사할 수 없다.
② 관세범의 현행범인이 그 장소에 있을 때에는 누구든지 체포할 수 있다.
③ 세관공무원은 관세범 조사에 필요하다고 인정할 때에는 관할 세관장의 영장을 발부받아 항공기를 수색할 수 있다.
④ 세관공무원은 조사를 종료하였을 때에는 관할지역 경찰서장에게 서면으로 그 결과를 보고하여야 한다.

해설 **관세법 제297조(현행범의 체포)**
세관공무원이 관세범의 현행범인을 발견하였을 때에는 즉시 체포하여야 한다.

---

① 세관공무원은 관세범 조사에 필요하다고 인정할 때에는 피의자·증인 또는 참고인을 조사할 수 있다.(법 제291조)
③ 관세법에 따라 수색·압수를 할 때에는 관할 지방법원 판사의 영장을 받아야 한다.(법 제296조 제1항)
④ 세관공무원은 조사를 종료하였을 때에는 관세청장이나 세관장에게 서면으로 그 결과를 보고하여야 한다.(법 제310조)

10 □□□ **관세법상 조사와 처분에 대한 설명으로 옳은 것은?** 2020 관세직 9급

① 현행범인에 대한 조사로서 긴급히 처리할 필요가 있을 때에는 그 주요 내용을 적은 서면으로 조서를 대신할 수 있다.
② 세관공무원은 관세범 조사에 필요하다고 인정할 때에는 세관장의 사전 승인을 받아 피의자·증인 또는 참고인을 조사하여야 한다.
③ 세관공무원은 관세범이 있다고 인정할 때에는 세관장의 사전 승인을 받아 범인, 범죄사실 및 증거를 조사하여야 한다.
④ 관세법에 따라 수색·압수를 할 때에는 관세청장의 수색·압수 허가를 받아야 한다. 그러나 소유자·점유자 또는 보관자가 임의로 제출한 물품이나 남겨 둔 물품은 허가 없이 압수할 수 있다.

해설 **관세법 제293조(조서의 대용)**
현행범인에 대한 조사로서 긴급히 처리할 필요가 있을 때에는 그 주요 내용을 적은 서면으로 조서를 대신할 수 있다.(법 제293조 제1항)

---

② 세관공무원은 관세범 조사에 필요하다고 인정할 때에는 피의자, 증인 또는 참고인을 조사할 수 있다.
③ 세관공무원은 관세범이 있다고 인정할 때에는 범인, 범죄사실 및 증거를 조사하여야 한다.
④ 관세법에 따라 수색, 압수를 할 때에는 관할 지방법원 판사의 영장을 받아야 한다. 다만, 긴급한 경우에는 사후에 영장을 발급받아야 하며, 소유자 등이 임의로 제출한 물품이나 남겨 둔 물품은 영장 없이 압수할 수 있다.

11 「관세법」상 관세범의 조사에 대한 설명으로 옳지 않은 것은? 2015 관세직 9급

① 관세범에 관한 사건에 대하여 검사는 관세청장이나 세관장의 고발이 없더라도 공소를 제기할 수 있다.

② 세관공무원이 피의자·증인 또는 참고인을 조사하였을 때에는 조서를 작성해야 하지만, 현행범인에 대한 조사로서 긴급히 처리할 필요가 있을 때에는 그 주요 내용을 적은 서면으로 조서를 대신할 수 있다.

③ 「관세법」에 따라 수색·압수를 할 때에는 관할 지방법원 판사의 영장을 받아야 한다. 다만, 긴급한 경우에는 사후에 영장을 발급받아야 한다.

④ 세관공무원은 관세범 조사에 의하여 발견한 물품이 범죄의 사실을 증명하기에 충분하거나 몰수하여야 하는 것으로 인정될 때에는 이를 압수할 수 있다.

해설 ① 관세범에 관한 사건에 대하여 검사는 관세청장이나 세관장의 고발이 없으면 공소를 제기할 수 없다.(법 제284조 제1항)

12 관세법상 조사와 처분에 관한 설명으로 옳은 것은? 2015 관세사

① 관세범에 관한 사건에 대해서는 검사는 관세청장이나 세관장의 고발이 없어도 공소를 제기할 수 있다.

② 관세범이란 관세법 또는 관세법에 따른 명령을 위반하는 행위로서 관세법에 따라 형사처벌되거나 통고처분되는 것을 말한다.

③ 관세범에 대한 조사와 처분은 사법경찰공무원이 한다.

④ 세관공무원이 관세범의 현행범인을 발견하였을 경우에는 즉시 사법경찰공무원이 체포하도록 조치를 취하여야 한다.

⑤ 세관공무원은 관세범이 있다고 인정할 때에는 범인, 범죄사실 및 증거를 조사할 수 있지만 피의자, 증인, 참고인을 조사하려면 검사의 지시에 따라서 수행하여야 한다.

해설 **관세법 제283조(관세범)**

"관세범"이란 관세법 또는 관세법에 따른 명령을 위반하는 행위로서 관세법에 따라 형사처벌되거나 통고처분되는 것을 말한다.(법 제283조 제1항)

---

① 관세범에 관한 사건에 대해서는 검사는 관세청장이나 세관장의 고발이 없으면 검사는 공소를 제기할 수 없다.
③ 관세범에 대한 조사와 처분은 세관공무원이 한다.
④ 세관공무원이 관세범의 현행범인을 발견하였을 때에는 즉시 체포하여야 한다.
⑤ 세관공무원은 관세범이 있다고 인정할 때에는 범인, 범죄사실 및 증거를 조사하여야 하고, 관세범 조사에 필요하다고 인정할 때에는 피의자·증인 또는 참고인을 조사할 수 있다.

Chapter 11

정답 09. ② 10. ① 11. ① 12. ②

13 관세법상 관세범의 조사에 관한 설명으로 옳지 않은 것은? 2016 관세사

□□□

① 세관공무원은 관세범이 있다고 인정할 때에는 범인, 범죄사실 및 증거를 조사하여야 한다.

② 세관공무원이 관세범 조사에 필요하다고 인정할 때에는 피의자 · 증인 또는 참고인의 출석을 요구할 수 있다.

③ 세관공무원은 범죄사실을 증명하기에 충분한 물품을 피의자가 신변(身邊)에 은닉하였다고 인정될 때에는 이를 내보이도록 요구하고, 이에 따르지 아니하는 경우에는 신변을 수색할 수 있다.

④ 세관공무원은 관세범 조사에 의하여 발견한 물품이 범죄의 사실을 증명하기에 충분하거나 몰수하여야 하는 것으로 인정되더라도 이를 압수할 수 없다.

⑤ 압수물품은 편의에 따라 소지자나 시 · 군 · 읍 · 면사무소에 보관시킬 수 있다.

해설 **관세법 제303조(압수와 보관)**

세관공무원은 관세범 조사에 의하여 발견한 물품이 범죄의 사실을 증명하기에 충분하거나 몰수하여야 하는 것으로 인정될 때에는 이를 압수할 수 있다.(법 제303조 제1항)

---

① (법 제290조)
② (법 제294조 제1항)
③ (법 제301조 제1항)
⑤ (법 제303조 제2항)

14 관세법령상 조사와 처분에 관한 내용으로 옳은 것은? 2020 관세사

□□□

① 관세범에 관한 조사 · 처분은 검찰공무원이 한다.

② 관세범에 관한 사건에 대하여는 관세청장이나 세관장의 고발이 없어도 검사는 공소를 제기할 수 있다.

③ 관세법 제284조의2의 제1항에 따라 제주세관에 관세범칙조사심의위원회를 둔다.

④ 관세범에 관한 서류는 우편으로 송달하여야 한다.

⑤ 압수물품은 편의에 따라 소지자나 시 · 군 · 읍 · 면사무소에 보관시킬 수 있다.

해설 **관세법 제303조(압수와 보관)**

압수물품은 편의에 따라 소지자나 시 · 군 · 읍 · 면사무소에 보관시킬 수 있다.(법 제303조 제2항)

---

① 관세범에 관한 조사, 처분은 세관공무원이 한다.(법 제283조 제2항)
② 관세범에 관한 사건에 대하여는 관세청장이나 세관장의 고발이 없으면 검사는 공소를 제기할 수 없다.(법 제284조 제2항)
③ 범칙사건에 관한 사항을 심의하기 위하여 관세청 또는 인천세관, 서울세관, 부산세관, 대구세관, 광주세관 및 평택세관에 관세범칙조사심의위원회를 둔다.(법 제284조의2 제1항)
④ 관세범에 관한 서류는 인편이나 등기우편으로 송달한다.(법 제288조)

15 「관세법」상 조사와 처분 등에 대한 설명으로 옳지 않은 것은? 2015 관세직 7급

□□□

① 세관공무원이 조사 등을 할 때 제복을 착용하지 아니한 경우로서 그 신분을 증명하는 증표제시 요구에 응하지 아니하는 경우에도 처분을 받을 자는 그 처분을 거부할 수 없다.

② 관세범의 조사와 처분에 관한 서류에는 장마다 간인(間印) 하여야 한다.

③ 해 진 후부터 해 뜨기 전까지의 검증·수색 또는 압수를 할 수 없으나, 현행범인 경우에는 그러하지 아니하다.

④ 관세청장이나 세관장은 압수물품을 몰수하지 아니할 때에는 그 압수물품이나 그 물품의 환가대금(換價代金)을 반환하여야 한다.

해설 **관세법 제308조(신분 증명)**

세관공무원이 제복을 착용하지 아니한 경우로서 그 신분을 증명하는 증표제시 요구를 따르지 아니하는 경우에는 처분을 받을 자는 그 처분을 거부할 수 있다.(법 제308조 제2항)

16 다음 괄호 안에 들어갈 내용으로 옳은 것은? 2008 관세직 7급

□□□

- 세관장은 관세법의 규정에 해당되어 압수된 물품에 대하여 그 압수일부터 (ㄱ) 이내에 해당 물품의 소유자 및 범인을 알 수 없는 경우에는 해당 물품을 유실물로 간주하여 유실물의 공고를 하여야 한다.
- 위의 근거에 따른 유실물 공고일부터 (ㄴ)이 경과하여도 소유자 및 범인을 알 수 없는 경우에는 해당 물품은 국고에 귀속된다.

	(ㄱ)	(ㄴ)
①	3개월	6개월
②	6개월	1년
③	1년	1년 6개월
④	1년	2년

해설 **관세법 제299조(압수물품의 국고귀속)**

세관장은 압수된 물품에 대하여 그 압수일부터 6개월 이내에 해당 물품의 소유자 및 범인을 알 수 없는 경우에는 해당 물품을 유실물로 간주하여 유실물 공고를 하여야 한다.(법 제299조 제1항)

유실물 공고일부터 1년이 지나도 소유자 및 범인을 알 수 없는 경우에는 해당 물품은 국고에 귀속된다.(법 제299조 제2항)

17 다음 중 압수물품의 폐기 대상이 아닌 것은? 2006 관세사

□□□

① 상품가치가 없어진 것
② 유효기간이 지난 것
③ 수입자가 불명한 것
④ 부패 또는 변질한 것
⑤ 사람의 생명이나 재산을 해칠 우려가 있는 것

Chapter 11

정답 13. ④ 14. ⑤ 15. ① 16. ② 17. ③

해설 **관세법 제304조(압수물품의 폐기)**
관세청장이나 세관장은 압수물품 중 다음 어느 하나에 해당하는 것은 피의자나 관계인에게 통고한 후 폐기할 수 있다. 다만, 통고할 여유가 없을 때에는 폐기한 후 즉시 통고하여야 한다.(법 제304조 제1항)
1. 사람의 생명이나 재산을 해칠 우려가 있는 것
2. 부패하거나 변질된 것
3. 유효기간이 지난 것
4. 상품가치가 없어진 것

18 관세범 조사에서 발견한 범죄혐의가 있는 물품의 압수에 관한 설명으로 옳지 않은 것은?

□□□

2009 관세사

① 압수물품은 편의에 따라 해당 물품의 소지자에게도 보관시킬 수 있다.
② 관세청장이나 세관장은 압수물품이 일정요건에 해당할 경우 피의자나 관계인에게 통고한 후 매각하고, 그 대금을 보관하거나 공탁할 수 있다.
③ 관세청장이나 세관장은 압수물품이 일정요건에 해당할 경우 피의자나 관계인에게 통고한 후 폐기할 수 있다.
④ 세관공무원이 신분을 증명하는 증표제시 요구에 응하였으나 제복을 착용하지 아니한 경우 압수처분을 받을 자는 그 처분을 거부할 수 있다.
⑤ 해 진 후부터 해 뜨기 전까지는 압수를 할 수 없다. 그러나 이미 압수를 개시하였거나 현행범인 경우는 야간일지라도 압수할 수 있다.

해설 ④ 세관공무원은 조사 · 검증 · 수색 또는 압수를 할 때에는 제복을 착용하거나 그 신분을 증명할 증표를 지니고 그 처분을 받을 자가 요구하면 이를 보여 주어야 한다. 세관공무원이 제복을 착용하지 아니한 경우로서 그 신분을 증명하는 증표제시 요구에 응하지 아니하는 경우에는 처분을 받을 자는 그 처분을 거부할 수 있다.
① (법 제303조 제2항)
② (법 제303조 제3항)
③ (법 제304조)
⑤ (법 제306조)

19 관세법상 통고처분에 관한 설명으로 옳은 것은?

□□□

2010 관세사

① 세관장은 관세범의 조사결과 범죄의 확증을 얻었을 때에는 그 이유를 구체적으로 밝히고 벌금과 추징금에 해당하는 금액을 납부할 것을 통고할 수 있으나, 몰수에 해당하는 물품을 납부하도록 통고할 수는 없다.
② 세관장은 통고처분을 받은 자가 벌금 또는 추징금에 상당한 금액을 예납하고자 하더라도 이를 예납시킬 수 없다.
③ 세관장의 통고처분이 있는 때에는 공소의 시효가 정지된다.
④ 세관장은 범죄의 정상이 징역형에 처하여 질 것으로 인정되는 경우에도 통고처분할 수 있다.
⑤ 관세범인이 통고서의 송달을 받은 때에는 그날부터 15일 이내에 이를 이행하여야 하며, 이 기간 내에 이행하지 아니한 때에는 세관장은 그 불이행을 이유로 과태료를 부과하여야 한다.

해설 **관세법 제311조(통고처분)**

관세청장 또는 세관장의 통고가 있는 때에는 공소의 시효는 정지된다.(법 제311조 제3항)

---

① 관세청장이나 세관장은 관세범을 조사한 결과 범죄의 확증을 얻었을 때에는 그 이유를 구체적으로 밝히고 ㉠ 벌금에 상당하는 금액, ㉡ 몰수에 해당하는 물품, ㉢ 추징금에 해당하는 금액 중 어느 하나에 해당하는 금액이나 물품을 납부할 것을 통고할 수 있다.(법 제311조 제1항)

② 관세청장이나 세관장은 통고처분을 받는 자가 벌금이나 추징금에 상당한 금액을 예납(豫納)하려는 경우에는 이를 예납시킬 수 있다.(법 제311조 제2항)

④ 관세청장이나 세관장은 범죄의 정상이 징역형에 처해질 것으로 인정될 때에는 즉시 고발하여야 한다.(법 제312조)

⑤ 관세범인이 통고서의 송달을 받았을 때에는 그날부터 15일 이내에 이를 이행하여야 하며, 이 기간 내에 이행하지 아니하였을 때에는 관세청장이나 세관장은 즉시 고발하여야 한다. 다만, 15일이 지난 후 고발이 되기 전에 관세범인이 통고처분을 이행한 경우에는 그러하지 아니하다.(법 제316조)

20 □□□ **관세법령상 통고처분에 관한 조문의 일부분이다. ( )에 들어갈 내용을 순서대로 바르게 나열한 것은?**

2018 관세사

> 「관세법」 제311조(통고처분)
> ① 관세청장이나 세관장은 관세범을 조사한 결과 범죄의 확증을 얻었을 때에는 그 이유를 구체적으로 밝히고 다음 각 호에 해당하는 금액이나 물품을 납부할 것을 통고할 수 있다.
> 1. 벌금에 상당하는 금액
>
> 「관세법」 시행령 제270조의2(통고처분)
> ① 법 제311조 제1항 제1호에 따른 벌금에 상당하는 금액은 해당 벌금 최고액의 (ㄱ)으로 한다.
> ② 관세청장이나 세관장은 관세범이 조사를 방해하거나 증거물을 은닉·인멸·훼손한 경우 등 관세청장이 정하여 고시하는 사유에 해당하는 경우에는 제1항에 따른 금액의 (ㄴ) 범위에서 관세청장이 정하여 고시하는 비율에 따라 그 금액을 늘릴 수 있다.

① (ㄱ) 100분의 20, (ㄴ) 100분의 30
② (ㄱ) 100분의 30, (ㄴ) 100분의 50
③ (ㄱ) 100분의 30, (ㄴ) 100분의 20
④ (ㄱ) 100분의 50, (ㄴ) 100분의 20
⑤ (ㄱ) 100분의 50, (ㄴ) 100분의 50

해설 **관세법 시행령 제270조의2(통고처분)**

관세법 제311조 제1항 제1호에 따른 벌금에 상당하는 금액은 해당 벌금 최고액의 100분의 30으로 한다. 다만, 별표 4에 해당하는 범죄로서 해당 물품의 원가가 해당 벌금의 최고액 이하인 경우에는 해당 물품 원가의 100분의 30으로 한다.(법 제270조의2 제1항)

관세청장이나 세관장은 관세범이 조사를 방해하거나 증거물을 은닉·인멸·훼손한 경우 등 관세청장이 정하여 고시하는 사유에 해당하는 경우에는 제1항에 따른 금액의 100분의 50 범위에서 관세청장이 정하여 고시하는 비율에 따라 그 금액을 늘릴 수 있다.(법 제270조의2 제2항)

정답 18. ④ 19. ③ 20. ②

21 관세법상 통고처분을 할 때에는 통고서를 작성하여야 하는데, 통고서의 기재내용에 해당하지 않는 것은? 2007 관세사

① 벌금에 상당하는 금액, 몰수에 해당하는 물품 또는 추징금에 상당하는 금액
② 범죄사실
③ 처분을 받을 자의 성명·연령·성별·직업 및 주소
④ 통고처분의 효력 및 미이행시의 처벌내용
⑤ 이행장소

해설 **관세법 제314조(통고서의 작성)**
통고서에는 다음의 사항을 적고 처분을 한 자가 서명날인하여야 한다.
1. 처분을 받을 자의 성명, 나이, 성별, 직업 및 주소
2. 벌금에 상당한 금액, 몰수에 해당하는 물품 또는 추징금에 상당한 금액
3. 범죄사실
4. 적용 법조문
5. 이행 장소
6. 통고처분 연월일

22 관세법상 조사와 처분에 관한 설명으로 옳지 않은 것은? 2021 관세사

① 관세범에 관한 사건에 대하여는 관세청장이나 세관장의 고발이 없으면 검사는 공소를 제기할 수 없다.
② 세관공무원이 작성하는 조서에는 연월일과 장소를 적고 조사를 한 사람, 진술자, 참여자가 함께 서명날인 하여야 한다.
③ 이미 수색을 시작한 경우에는 해가 진 후에도 계속하여 할 수 있다.
④ 세관장이 관세범을 조사하여 통고처분을 한 때에는 공소의 시효가 정지된다.
⑤ 세관장은 관세범의 벌금에 해당하는 금액이 50만원 이하인 경우 통고처분을 면제한다.

해설 **관세법 제311조(통고처분)**
통고처분 면제는 다음의 요건을 모두 갖춘 관세범을 대상으로 한다.(법 제311조 제8항)
1. 벌금에 상당하는 금액이 30만원 이하일 것
2. 몰수에 해당하는 물품의 가액과 추징금에 해당하는 금액을 합한 금액이 100만원 이하일 것

---

① (법 제284조 제1항)
② (법 제292조 제4항)
③ (법 제306조 제2항)
④ (법 제311조 제3항)

23 관세법령상 통고처분에 대한 설명으로 옳지 않은 것은? 2020 관세직 7급

① 관세청장이나 세관장은 통고처분을 받는 자가 벌금이나 추징금에 상당한 금액을 예납하려는 경우에는 이를 예납시킬 수 있다.

② 통고처분을 받은 자는 납부하여야 할 금액을 대통령령으로 정하는 통고처분납부대행기관을 통하여 신용카드, 직불카드 등으로 납부할 수 있다.

③ 관세청장은 납부에 사용되는 신용카드등의 종류 등 납부에 필요한 사항을 정할 수 있고, 신용카드등으로 납부하는 경우에는 통고처분납부대행기관의 예납일을 납부일로 본다.

④ 관세청장이나 세관장은 통고처분을 하는 경우 관세범의 조사를 마친 날부터 10일 이내에 그 범칙행위자 및 관세법 제279조의 양벌 규정이 적용되는 법인 또는 개인별로 통고서를 작성하여 통고해야 한다.

해설 ③ 통고처분을 받은 자가 납부하여야 할 금액 신용카드등으로 납부하는 경우에는 통고처분납부대행기관의 승인일을 납부일로 본다.(법 제311조 제5항)
① (법 제311조 제2항)
② (법 제311조 제5항)
④ (영 제270조의2 제5항)

24 관세법령상 세관장의 통고처분에 대한 설명으로 옳은 것은? 2023 관세직 7급

① 통고처분을 한 세관장은 관세범인이 그 통고서의 송달을 받은 날부터 15일이 지난 후에 그 통고처분을 이행한 경우에는 그 이행한 날까지 고발하지 않았다면 즉시 고발하여야 한다.

② 세관장은 통고처분을 하는 경우 관세범의 조사를 마친 날부터 10일 이내에 그 범칙행위자 및 양벌 규정이 적용되는 법인 또는 개인별로 통고서를 작성하여 통고해야 한다.

③ 세관장은 벌금에 상당하는 금액이 30만원 이하인 관세범에 대하여는 관세범칙조사심의위원회의 의결을 거치지 아니하고 통고처분을 면제할 수 있다.

④ 추징금에 해당하는 금액을 납부할 것을 통고하려는 경우 그 금액은 해당 물품 원가의 100분의 30으로 한다.

해설 **관세법 시행령 제270조의2(통고처분)**
통고처분을 받은 자가 납부하여야 할 금관세청장이나 세관장은 법 제311조 제1항에 따라 통고처분을 하는 경우 관세범의 조사를 마친 날부터 10일 이내에 그 범칙행위자 및 법 제279조의 양벌 규정이 적용되는 법인 또는 개인별로 통고서를 작성하여 통고해야 한다.(영 제270조의2 제5항)

---

① 관세범인이 통고서의 송달을 받았을 때에는 그 날부터 15일 이내에 이를 이행하여야 하며, 이 기간 내에 이행하지 아니하였을 때에는 관세청장이나 세관장은 즉시 고발하여야 한다. 다만, 15일이 지난 후 고발이 되기 전에 관세범인이 통고처분을 이행한 경우에는 그러하지 아니하다.(법 제316조)
③ 통고처분 면제는 다음 각 호의 요건을 모두 갖춘 관세범을 대상으로 한다.(법 311조 제9항)
  1. 제1항 제1호의 금액이 30만원 이하일 것
  2. 제1항 제2호의 물품의 가액과 같은 항 제3호의 금액을 합한 금액이 100만원 이하일 것
④ 벌금에 상당하는 금액은 해당 벌금 최고액의 100분의 30으로 한다. 다만, 별표 4에 해당하는 범죄로서 해당 물품의 원가가 해당 벌금의 최고액 이하인 경우에는 해당 물품 원가의 100분의 30으로 한다.(영 제270조의2 제1항)

Chapter 11

정답 21. ④ 22. ⑤ 23. ③ 24. ②

25 □□□ **관세법령상 관세범칙조사심의위원회의 구성 및 운영에 관한 설명으로 옳지 않은 것은?** 2023 관세사

① 관세범칙조사심의위원회의 회의는 위원장을 포함한 재적위원 과반수의 출석으로 개의 하고, 출석위원 과반수의 찬성으로 의결한다.

② 관세범칙조사심의위원회의 사무를 처리하기 위하여 간사 1명을 두고, 간사는 위원장이 관세청 소속 공무원 중에서 지명한다.

③ 관세범칙조사심의위원회의 회의와 회의록은 공개하지 않는다. 다만, 위원장이 필요 하다고 인정하는 경우에는 공개할 수 있다.

④ 관세범칙조사심의위원회의 위원장은 관세청 차장이 된다.

⑤ 관세범칙조사심의위원회는 의안에 관하여 필요하다고 인정되는 때에는 공무원 등 관계자에게 출석을 요청하여 의견을 들을 수 있고 관련 기관에 필요한 자료를 요청할 수 있다.

해설 ④ 관세범칙조사심의위원회의 위원장은 관세청의 3급부터 5급까지에 해당하는 공무원 중 관세청장이 지정하는 사람이 된다.(영 제266조의2 제3항)

26 □□□ **관세법상 관세범의 조사와 처분에 관한 설명으로 옳지 않은 것은?** 2012 관세사

① 관세범에 관한 사건에 대하여는 관세청장이나 세관장의 고발이 없으면 검사는 공소를 제기할 수 없으며 다른 기관이 관세범에 관한 사건을 발견하거나 피의자를 체포하였을 때에는 즉시 관세청이나 세관에 인계하여야 한다.

② 관세청장이나 세관장은 관세범을 조사한 결과 범죄의 확증을 얻었을 때에는 벌금에 상당하는 금액, 추징금에 해당하는 금액이나 몰수에 해당하는 물품을 납부할 것을 통고할 수 있으나, 범죄의 정상이 징역형에 처해질 것으로 인정될 때에는 즉시 고발하여야 한다.

③ 세관공무원은 관세범 조사에 필요하다고 인정할 때에는 피의자·증인 또는 참고인을 조사할 수 있으며 관세범의 현행범인을 발견하였을 때에는 즉시 체포하여야 한다.

④ 관세청장이나 세관장은 관세범인이 통고를 이행할 수 있는 자금능력이 없다고 인정되는 경우나 주소 및 거소가 분명하지 아니하거나 그 밖의 사유로 통고를 이행하기 곤란하다고 인정되는 경우에는 즉시 고발하여야 한다.

⑤ 관세청장이나 세관장은 관세범인이 통고서의 송달을 받은 날부터 15일 내에 이를 이행하지 않았을 때에는 즉시 고발하여야 하는 규정은 강행규정이므로 15일이 지난 후 고발이 되기 전에 통고처분을 이행한 경우에도 즉시 고발하여야 한다.

해설 **관세법 제316조(통고의 불이행과 고발)**
관세범인이 통고서의 송달을 받았을 때에는 그 날부터 15일 이내에 이를 이행하여야 하며, 이 기간 내에 이행하지 아니하였을 때에는 관세청장이나 세관장은 즉시 고발하여야 한다. 다만, 15일이 지난 후 고발이 되기 전에 관세범인이 통고처분을 이행한 경우에는 그러하지 아니하다.

27 「관세법」상 내용으로 옳지 않은 것은? 2021 관세직 9급

□□□

① 「관세법」은 관세의 부과·징수 및 수출입물품의 통관을 적정하게 하고 관세수입을 확보함으로써 국민경제의 발전에 이바지함을 목적으로 한다.

② 국세징수의 예에 따라 관세를 징수하는 경우 강제징수의 대상이 해당 관세를 납부하여야 하는 물품이 아닌 재산인 경우에는 관세의 우선순위는 「국세기본법」에 따른 국세와 동일하게 한다.

③ 세관장은 관세의 강제징수를 할 때에는 재산의 압류, 보관, 운반 및 공매에 드는 비용에 상당하는 강제징수비를 징수할 수 있다.

④ 관세청장이나 세관장은 관세범을 조사한 결과 관세범인이 통고를 이행할 수 있는 자금능력이 없다고 인정되는 경우 그 대상이 되는 자에게 그 이유를 구체적으로 밝히고 추징금에 해당하는 물품을 납부할 것을 통고하여야 한다.

해설 **관세법 제318조(무자력 고발)**

관세청장이나 세관장은 다음 어느 하나의 경우에는 즉시 고발하여야 한다.

1. 관세범인이 통고를 이행할 수 있는 자금능력이 없다고 인정되는 경우
2. 관세범인의 주소 및 거소가 분명하지 아니하거나 그 밖의 사유로 통고를 하기 곤란하다고 인정되는 경우

28 「관세법」상 조사와 처분에 대한 설명으로 옳지 않은 것은? 2016 관세직 7급

□□□

① 관세청장이나 세관장은 피의자가 압수물품의 매각을 요청한 경우에도 불구하고 처분의 지연으로 상품가치가 크게 떨어질 우려가 없으면 그 물품을 매각할 수 없다.

② 세관공무원은 관세범 조사에 필요하다고 인정할 때에는 지정한 장소에 피의자·증인 또는 참고인의 출석이나 동행을 명할 수 있다.

③ 세관공무원은 진술자에게 조서를 읽어 주거나 열람하게 하여 기재 사실에 서로 다른 점이 있는지 물어보아야 하고, 진술자가 조서 내용의 증감 변경을 청구한 경우에는 그 진술을 조서에 적어야 한다.

④ 소유자·점유자 또는 보관자가 임의로 제출한 물품이나 남겨 둔 물품은 영장 없이 압수할 수 있다.

해설 **관세법 제303조(압수와 보관)**

관세청장이나 세관장은 압수물품이 다음 어느 하나에 해당하는 경우에는 피의자나 관계인에게 통고한 후 매각하여 그 대금을 보관하거나 공탁할 수 있다. 다만, 통고할 여유가 없을 때에는 매각한 후 통고하여야 한다.(법 제303조 제3항)

1. 부패 또는 손상되거나 그 밖에 사용할 수 있는 기간이 지날 우려가 있는 경우
2. 보관하기가 극히 불편하다고 인정되는 경우
3. 처분이 지연되면 상품가치가 크게 떨어질 우려가 있는 경우
4. 피의자나 관계인이 매각을 요청하는 경우

정답 25. ④ 26. ⑤ 27. ④ 28. ①

MEMO

보칙

Chapter 12 보칙

01 □□□ **관세법상 내용으로 옳지 않은 것은?** 2017 관세직 7급

① 기획재정부장관은 세계무역기구 설립을 위한 마라케쉬협정에 따라 관세법 및 관련법에서 정한 통관 등 수출입 절차의 원활화 및 이와 관련된 국제협력의 원활화를 촉진하기 위하여 무역원활화 기본계획을 수립·시행하여야 한다.

② 관세청장은 여신전문금융업법에 따른 신용카드업자와 여신전문금융업협회에 대하여 관세의 부과·징수 및 통관에 관계되는 자료 또는 통계를 요청할 수 있다.

③ 관세청장이나 세관장은 직무를 집행하기 위하여 필요하다고 인정될 때에는 그 소속 공무원에게 무기를 휴대하게 할 수 있다.

④ 세관장은 몰수품등이 농산물인 경우로서 국내시장의 수급조절과 가격안정을 도모하기 위하여 필요하다고 판단될 때에는 해당 몰수품등을 농림축산식품부장관에게 이관해야 한다.

해설 **관세법 제326조(몰수품 등의 처분)**

세관장은 몰수품등이 농산물인 경우로서 국내시장의 수급조절과 가격안정을 도모하기 위하여 농림축산식품부장관이 요청할 때에는 대통령령으로 정하는 바에 따라 몰수품등을 농림축산식품부장관에게 이관할 수 있다.(법 제326조 제6항)

---

① (법 제240조의4 제1항)
② (법 제264조의2)
③ (법 제267조)

02 □□□ **전자문서 등에 대한 내용으로 옳지 않은 것은?** 2014 관세직 7급

① 누구든지 국가관세종합정보시스템 또는 전자문서중계사업자의 전산처리설비에 기록된 전자문서 등 관련 정보를 위조 또는 변조하거나, 위조 또는 변조된 정보를 행사하여서는 아니 된다.

② 국가관세종합정보시스템 또는 전자문서중계사업자의 임직원이거나 임직원이었던 자는 업무상 알게 된 전자문서상의 비밀과 관련 정보에 관한 비밀을 누설하거나 도용하여서는 아니 된다.

③ 기획재정부장관은 국가 간 세관 정보의 원활한 상호 교환을 위하여 세계관세기구 등에서 정하는 사항을 고려하여 전자신고 등 및 전자송달에 관한 전자문서의 표준을 정할 수 있다.

④ 국가관세종합정보시스템 운영사업자 또는 전자문서중계사업자의 임직원은 「형법」이나 그 밖의 법률에 따른 벌칙을 적용할 때에는 공무원으로 본다.

해설 **관세법 제327조의5(전자문서의 표준)**

관세청장은 제240조의6에 따른 국가 간 세관정보의 원활한 상호 교환을 위하여 세계관세기구 등 국제기구에서 정하는 사항을 고려하여 전자신고등 및 전자송달에 관한 전자문서의 표준을 정할 수 있다.

03 □□□ **전자문서중계사업자 지정기준에 관한 설명으로 옳지 않은 것은?** 2009 관세사

① 전자문서를 변환·처리·전송 및 보관할 수 있는 소프트웨어를 자기사업장에 설치하고 해당 설비에 대한 정당한 사용권을 가질 것

② 「국가기술자격법」에 의한 정보처리 또는 통신 분야의 기술사 이상의 자격이 있는 자 2인 이상일 것

③ 전자문서중계사업을 위한 표준전자문서의 개발 또는 전자문서중계방식과 관련한 기술 분야의 근무경력이 2년 이상인 자 2인 이상일 것

④ 전자문서와 데이터베이스의 보안관리를 위한 전문요원 1인 이상일 것

⑤ 「관세사법」에 의한 관세사 자격이 있는 자 1인 이상일 것

해설 **관세법 시행규칙 제85조(전자문서중계사업자 지정기준)**

전자문서중계사업자 지정기준은 다음과 같다.(규칙 제85조 제1항)

1. 전자문서중계사업에 필요한 다음의 설비를 자기 사업장에 설치하고 당해 설비에 대한 정당한 사용권을 가질 것
   가. 전자문서중계사업을 안정적으로 수행할 수 있는 충분한 속도 및 용량의 전산설비
   나. 전자문서를 변환·처리·전송 및 보관할 수 있는 소프트웨어
   다. 전자문서를 전달하고자 하는 자의 전산처리설비로부터 관세청의 전산처리설비까지 전자문서를 안전하게 전송할 수 있는 통신설비 및 통신망
   라. 전자문서의 변환·처리·전송·보관, 데이터베이스의 안전한 운영과 보안을 위한 전산설비 및 소프트웨어
2. 전자문서중계사업에 필요한 다음의 기술인력을 보유할 것
   가. 「국가기술자격법」에 의한 정보처리 또는 통신 분야의 기술사 이상의 자격이 있는 자 1인 이상
   나. 전자문서중계사업을 위한 표준전자문서의 개발 또는 전자문서중계방식과 관련한 기술 분야의 근무경력이 2년 이상인 자 2인 이상
   다. 전자문서와 데이터베이스의 보안관리를 위한 전문요원 1인 이상
   라. 「관세사법」에 의한 관세사 자격이 있는 자 1인 이상

04 **관세법령상 전자문서중계사업자 지정기준의 설비로 옳은 것만을 모두 고르면?** 2014 관세직 9급

> ㄱ. 전자문서중계사업을 안정적으로 수행할 수 있는 충분한 속도 및 용량의 전산설비
> ㄴ. 전자문서를 변환·처리·전송 및 보관할 수 있는 소프트웨어
> ㄷ. 전자문서를 전달하고자 하는 자의 전산처리설비로부터 관세청의 전산처리설비까지 전자문서를 안전하게 전송할 수 있는 통신설비 및 통신망
> ㄹ. 전자문서의 변환·처리·전송·보관, 데이터베이스의 안전한 운영과 보안을 위한 전산설비 및 소프트웨어

① ㄱ, ㄴ　　② ㄱ, ㄷ

③ ㄱ, ㄴ, ㄷ　　④ ㄱ, ㄴ, ㄷ, ㄹ

해설 ㄱ, ㄴ, ㄷ, ㄹ 모두 전자문서중계사업자 지정기준 설비에 해당한다.(규칙 제85조 제1항)

Chapter 12

정답 01. ④ 02. ③ 03. ② 04. ④

05 관세법령상 포상에 대한 설명으로 옳지 않은 것은? 2024 관세직 9급

□□□

① 그 정황을 알면서 관세포탈죄에 해당하는 행위를 방조한 자를 세관에 통보한 자로서 공로가 있는 사람은 관세청장이 포상할 수 있는 사람에 해당한다.

② 은닉재산을 신고한 자에 대한 포상금은 재산은닉 체납자의 체납액에 해당하는 금액을 징수한 후 지급한다.

③ 체납자 은닉재산의 신고를 통하여 징수된 금액이 2천만원 이상인 경우에는 공무원이 그 직무와 관련하여 은닉재산을 신고한 경우에도 포상금을 지급한다.

④ 관세청장이 포상금의 수여기준을 정하는 경우 포상금의 수여대상자가 공무원인 때에는 1인당 수여액을 100만원 이하로 하는 때를 제외하고는 공무원에게 수여하는 포상금총액을 그 공로에 의한 실제 국고수입액의 100분의 25 이내로 하여야 한다.

해설 ① 관세청장은 다음 어느 하나에 해당하는 사람에게는 대통령령으로 정하는 바에 따라 포상할 수 있다.(법 제324조 제1항)

1. 제269조부터 제271조까지, 제274조, 제275조의2 및 제275조의3에 해당되는 관세범을 세관이나 그 밖의 수사기관에 통보하거나 체포한 자로서 공로가 있는 사람
2. 제269조부터 제274조까지의 규정에 해당되는 범죄물품을 압수한 사람으로서 공로가 있는 사람
3. 이 법이나 다른 법률에 따라 세관장이 관세 및 내국세 등을 추가 징수하는 데에 공로가 있는 사람
4. 관세행정의 개선이나 발전에 특별히 공로가 있는 사람

② 은닉재산을 신고한 자에 대한 포상금은 재산은닉 체납자의 체납액에 해당하는 금액을 징수한 후 지급한다.(영 제277조 제7항)

③ 관세청장은 체납자의 은닉재산을 신고한 사람에게 10억원의 범위에서 포상금을 지급할 수 있다. 다만, 은닉재산의 신고를 통하여 징수된 금액이 2천만원 미만인 경우 또는 공무원이 그 직무와 관련하여 은닉재산을 신고한 경우에는 포상금을 지급하지 아니한다.(법 제324조 제2항)

④ 관세청장이 포상금의 수여기준을 정하는 경우 포상금의 수여대상자가 공무원인 때에는 공무원에게 수여하는 포상금총액을 그 공로에 의한 실제 국고수입액의 100분의 25 이내로 하여야 한다. 다만, 1인당 수여액을 100만원 이하로 하는 때에는 그러하지 아니하다.

06 관세법령상 체납자 은닉재산을 신고한 자에 대하여 지급하는 포상금 지급률에 관한 내용이다. (ㄱ), (ㄴ)에 들어갈 사항으로 옳은 것은? 2023 관세사

□□□

은닉재산 신고를 통하여 징수된 금액	지 급 률
5억원 초과 20억원 이하	1억원 + 5억원 초과 금액의 100분의 (ㄱ)
20억원 초과 30억원 이하	3억2천5백만원 + 20억원 초과 금액의 100분의 (ㄴ)

① ㄱ: 20, ㄴ: 15
② ㄱ: 20, ㄴ: 10
③ ㄱ: 15, ㄴ: 15
④ ㄱ: 15, ㄴ: 10
⑤ ㄱ: 10, ㄴ: 15

해설 **관세법 시행령 제277조(포상방법)**

체납자의 은닉재산을 신고한 자에 대하여는 은닉재산의 신고를 통하여 징수된 금액에 다음의 지급률을 곱하여 계산한 금액을 포상금으로 지급할 수 있다. 다만, 10억원을 초과하는 부분은 지급하지 아니한다.(영 제277조 4항)

징수금액	지급률
2천만원 이상 5억원 이하	100분의 20
5억원 초과 20억원 이하	1억+5억원 초과 금액의 100분의 15
20억원 초과 30억원 이하	3억2천5백만원 + 20억원 초과하는 금액의 100분의 10
30억원 초과	4억2천5백만원 + 30억원 초과하는 금액의 100분의 5

07 관세법령상 다음 사례에서 甲에게 지급할 수 있는 포상금의 최대액수는? 2019 관세사

□□□

> 甲은 관세 20억원을 체납하고 있는 乙이 현금 10억원을 은닉하고 있다는 사실을 관세청장에게 신고하였다. 甲의 신고를 접수한 관세청장은 乙이 체납하고 있던 관세 20억원 중 10억원을 징수하였다.

① 1억원
② 1억2천5백만원
③ 1억7천5백만원
④ 3억
⑤ 3억2천5백만원

해설 ③ 1억 + 5억의 100분의 15 = 1억 7천 5백만원

08 관세법상 세관설비사용료 중 토지에 관한 기준은? (단, 기본사용료는 제외) 2017 관세사

□□□

① 분기마다 1제곱미터당 780원
② 분기마다 1제곱미터당 1,560원
③ 분기마다 1제곱미터당 1,780원
④ 분기마다 1제곱미터당 2,560원
⑤ 분기마다 1제곱미터당 3,120원

해설 **관세법 시행규칙 제83조(세관설비사용료)**

① 세관설비사용료는 기본사용료 1만 2천원에 다음의 구분에 의한 금액을 합한 금액으로 한다.
  1. 토지 : 분기마다 1제곱미터당 780원
  2. 건물 : 분기마다 1제곱미터당 1,560원

② 세관장은 토지의 상황 기타의 사정에 의하여 필요하다고 인정하는 때에는 관세청장의 승인을 얻어 세관설비사용료를 경감할 수 있다.

Chapter 12

정답 05. ③ 06. ④ 07. ③ 08. ①

09 「관세법」상 관세청장이 할 수 있거나 해야 하는 것으로 규정된 것만을 모두 고른 것은? 2021 관세직 7급

□□□

ㄱ. 국제무역선의 국내운항선으로의 전환에 대한 승인
ㄴ. 전산처리설비와 데이터베이스에 관한 국가관세종합정보시스템 구축
ㄷ. 통관장의 지정
ㄹ. 납세자의 납세증명서 발급신청에 따라 납세증명서를 발급하는 것
ㅁ. 수출하거나 수입한 화물에 관한 사항에 관한 통계 작성
ㅂ. 전자문서중계사업자의 지정

① ㄴ, ㅂ ② ㄱ, ㄷ, ㄹ
③ ㄴ, ㅁ, ㅂ ④ ㄱ, ㄴ, ㄷ, ㄹ, ㅁ, ㅂ

해설 ㄱ. 세관장 승인(관세법 제144조)
ㄴ. 관세청장 구축(관세법 제327조)
ㄷ. 세관장 지정(관세법 제148조)
ㄹ. 세관장 발급(관세법 제116조의3)
ㅁ. 관세청장 작성(관세법 제322조)
ㅂ. 관세청장 지정(관세법 제327조의3)

10 다음 중 관세법에 의해 관세청장이 '과징금'을 부과할 수 있는 자는? 2007 관세사

□□□

① 관세사
② 전자신고 등의 업무수행과 관련하여 관세청장이 지정한 전자문서중계사업자
③ 수출입을 업으로 하는 자
④ 국제무역선에 물품을 하역하는 것을 업으로 하는 하역업자
⑤ 이상 모두

해설 **과징금 부과대상**

1. 특허보세구역 운영인, 보세운송업자 등 → 세관장이 부과
2. 전자문서 중계사업자 → 관세청장이 부과

11 관세법령에 따른 설명으로 옳지 않은 것? 2016 관세직 7급

□□□

① 세관장은 보세운송업자의 업무정지가 공익을 해칠 것이 명백한 경우에 업무정지처분을 갈음하여 그 업무 유지에 따른 영업이익의 100분의 3 이하의 과징금을 부과할 수 있다.

② 부정한 방법으로 관세를 감면받거나 관세를 감면받은 물품에 대한 관세의 징수를 면탈한 자는 3년 이하의 징역에 처하거나, 감면받거나 면탈한 관세액의 5배 이하에 상당하는 벌금에 처한다.

③ 관세환급금을 환급받을 자가 환급통지서 발행일부터 1년 내에 환급금을 지급받지 못한 때에는 세관장에게 다시 환급절차를 밟을 것을 요구할 수 있다.

④ 정부는 대외무역 증진을 위하여 필요하다고 인정되어 특정 국가와 관세에 관한 협상을 수행할 때 필요하다고 인정되면 관세를 양허할 수 있다. 다만, 특정 국가와 협상할 때에는 기본관세율의 100분의 50의 범위를 초과하여 관세를 양허할 수 없다.

해설 **관세법 제224조(보세운송업자등의 행정제재)**

세관장은 업무정지가 그 이용자에게 심한 불편을 주거나 공익을 해칠 우려가 있을 경우에는 보세운송업자등에게 업무정지처분을 갈음하여 해당 업무 유지에 따른 매출액의 100분의 3 이하의 과징금을 부과할 수 있다.(법 제224조 제2항)

12 관세법령상 내용으로 옳은 것은? 2018 관세직 7급

□□□

① 적재화물목록에 관한 자료의 보관기간은 당해 신고에 대한 수리일부터 3년이다.

② 보세운송업자 등록의 유효기간은 3년으로 하되, 기획재정부령으로 정하는 바에 따라 갱신할 수 있다. 다만, 관세청장이나 세관장은 안전관리 기준의 준수 정도 측정 · 평가 결과가 우수한 자가 등록을 갱신하는 경우에는 유효기간을 2년의 범위에서 연장하여 정할 수 있다.

③ 관세청장은 수출입 안전관리 우수 공인업체 심사에 관한 권한을 세관장 또는 관세평가분류원장에게 위임할 수 있다.

④ 국제무역선이나 국제무역기가 국제항을 출항하려면 선장이나 기장은 출항하기 전에 세관장에게 출항신고를 하여야 한다.

해설 **관세법 시행령 제288조(권한 또는 업무의 위임 · 위탁)**

관세청장은 수출입안전관리우수업체의 심사 및 예비심사에 관한 권한을 세관장 또는 관세평가분류원장에게 위임한다.(영 제288조 제4항)

---

① 적재화물목록에 관한 자료의 보관기간은 당해 신고에 대한 수리일부터 2년이다.(영 제3조 제1항)

② 보세운송업자 등록의 유효기간은 3년으로 하며, 대통령령으로 정하는 바에 따라 갱신할 수 있다. 다만, 관세청장이나 세관장은 수출입안전관리 우수공인업체 기준에 따른 안전관리 기준의 준수 정도 측정 · 평가 결과가 우수한 자가 등록을 갱신하는 경우에는 유효기간을 2년의 범위에서 연장하여 정할 수 있다.(법 제222조 제5항)

④ 국제무역선이나 국제무역기가 국제항을 출항하려면 선장이나 기장은 출항하기 전에 세관장에게 출항허가를 받아야 한다.(법 제136조 제1항)

정답 09. ③ 10. ② 11. ① 12. ③

13 관세의 실효보호율에 대한 설명으로 옳지 않은 것은? 2010 관세직 7급

□□□

① 특정상품이 관세부과로 인하여 실질적으로 보호를 받는 정도를 나타내는 지표이다.

② 최종재의 명목관세율이 높거나 낮지만 때로는 동일할 수도 있다.

③ 최종재에 대한 관세율이 낮고 원자재나 중간재에 대한 관세율이 높을수록 관세의 실효보호율은 높아진다.

④ 최종재의 관세율이 중간투입계수에 중간재의 관세율을 곱한 것보다 작다면 실효보호율은 마이너스가 된다.

해설 ③ 최종재에 대한 관세율이 높고, 원자재나 중간재에 대한 관세율이 낮을수록 관세의 실효보호율은 높아진다.

14 종량세와 비교할 때 종가세의 특징과 거리가 먼 것은? 2008 관세직 9급

□□□

① 과세방법이 비교적 간단하다.

② 우리나라 관세율표에는 종가세 품목이 더 많다.

③ 관세의 부담이 수입물품의 가격에 비례하므로 공평한 편이다.

④ 인플레이션하에서 적합한 과세방법이다.

해설 ① 종가세는 "가격"을 과세표준으로 하므로, 관세평가라는 복잡한 단계를 거쳐야 한다.

15 관세율표상 기본세율이 아래 밑줄 친 부분에 해당되는 품목은? 2009 관세직 9급

□□□

> 대통령령 또는 기획재정부령으로 정하는 세율을 적용함에 있어서 <u>별표 관세율표 중 종량세</u>인 경우에는 해당 세율에 상당하는 금액을 적용한다.

① 밀가루 ② 견직물

③ 포도주와 포도즙 ④ 노광하여 현상한 영화용 필름

해설 ④ 종량세 적용 품목으로는 일부농산물, 촬영된 영화용 필름(녹화된 비디오 테이프)이 있다.

16 종가세에 대한 설명으로 옳지 않은 것은? 2014 관세직 7급

① 관세 부담이 수입물품 가격에 비례하므로 종량세보다 공평하게 적용할 수 있다.
② 동일한 수입물품의 수출국이 다른 경우에도 그 물품의 단위 수입량에 대한 관세금액이 일정하다.
③ 가격변동이 심하거나 인플레이션이 발생하는 경우에 적합한 과세방법이다.
④ 국내시장에서 수입물품의 수량에 대해 가격을 표시한 수입 물품의 공급곡선은 종가세 부과로 인해 위로 이동한다. 이러한 수입물품 공급곡선의 상향 이동폭은 수입물품 가격이 높을수록 보다 확대된다.

해설 ② 단위수입량에 대한 관세금액이 일정한 것은 종량세에 대한 설명이다.

17 「관세법」상 관세청장이 할 수 있는 것만을 모두 고르면? 2024 관세직 9급

ㄱ. 「관세법」 제133조(국제항의 지정 등)에 따른 국제항의 시설 개선 명령
ㄴ. 「관세법」 제240조의6(국가 간 세관정보의 상호 교환 등)에 따른 수출입 신고항목 및 화물 식별번호의 발급
ㄷ. 「관세법」 제84조(품목분류체계의 수정)에 따른 품목분류의 수정・변경
ㄹ. 「관세법」 제116조의2(고액・상습체납자의 명단 공개)에 따른 고액・상습체납자의 인적사항과 체납액 등 공개
ㅁ. 「관세법」 제255조의2(수출입 안전관리 우수업체의 공인)에 따른 수출입 안전관리 우수업체의 공인

① ㄴ, ㅁ
② ㄱ, ㄷ, ㄹ
③ ㄴ, ㄹ, ㅁ
④ ㄱ, ㄴ, ㄷ, ㄹ

해설 ㄱ. 기획재정부장관(법 제133조)
ㄴ. 관세청장(법 제240조의6)
ㄷ. 기획재정부장관(법 제84조)
ㄹ. 관세청장(법 제116조의2)
ㅁ. 관세청장(법 제255조의2)

Chapter 12

정답 13. ③ 14. ① 15. ④ 16. ② 17. ③

18 관세법령상의 각종 위원회에 대한 설명으로 옳지 않은 것은? 2017 관세직 7급 변형

□□□

① 특정물품에 적용될 품목분류의 사전심사 및 재심사 등을 심의하기 위하여 관세청에 관세품목분류위원회를 둔다.

② 고액·상습체납자의 인적사항과 체납액 등에 대한 공개 여부를 심의하거나 재심의하기 위하여 관세청에 관세정보위원회를 둔다.

③ 관세(세관장이 징수하는 내국세 등을 포함한다)의 체납정리에 관한 사항을 심의하기 위하여 관세청에 관세체납정리위원회를 둔다.

④ 보세사의 징계에 관한 사항을 심의·의결하기 위하여 세관에 보세사징계위원회를 둔다.

해설 ③ 관세체납정리위원회는 세관에 설치한다.(법 제45조)

19 관세법 시행령상 무역원활화위원회에 대한 설명으로 옳은 것은? 2019 관세직 7급

□□□

① 무역원활화위원회는 위원장 1명을 포함하여 25명 이내의 위원으로 구성하며, 위원회의 위원장은 기획재정부장관이 된다.

② 무역원활화위원회의 사무를 처리하기 위하여 간사 1명을 두며, 간사는 기획재정부의 고위공무원단에 속하는 공무원 중에서 기획재정부차관이 지명한다.

③ 무역원활화위원회의 회의를 소집하려면 회의 개최 7일 전까지 회의 일시·장소 및 안건을 각 위원에게 서면으로 알려야 하지만, 긴급한 사정이 있는 경우에는 회의 개최 전날까지 구두로 알릴 수 있다.

④ 기획재정부차관은 무역원활화위원회의 위원에게 심신장애가 발생한 경우에는 해당 위원을 해임 또는 해촉할 수 있다.

해설 **관세법 시행령 제245조의3(위원회의 운영)**

위원회의 회의를 소집하려면 회의 개최 7일 전까지 회의 일시·장소 및 안건을 각 위원에게 서면으로 알려야 한다. 다만, 긴급한 사정이나 그 밖의 부득이한 사유가 있는 경우에는 회의 개최 전날까지 구두로 알릴 수 있다. (영 제245조의3 제3항)

---

① (영 제245조의2 제3항)
② (영 제245조의2 제6항)
④ (영 제245조의2 제5항)

명칭	심의내용	설치	위원장	구성인원
무역원활화 위원회	수출입 절차의 원활화 및 이와 관련된 국제협력의 원활화의 촉진에 관한 사항을 심의	기획 재정부 장관 소속	기획재정부차관	위원장 1명을 포함하여 20명 이내의 위원으로 구성한다.
보세판매장 특허심사 위원회	보세판매장 특허신청자의 평가 및 선정 등	관세청	위원중에 호선	위원장 1명을 포함하여 100명 이내의 위원으로 성별을 고려하여 구성한다.
보세판매장 제도운영 위원회	보세판매장의 특허 수 등 보세판매장 제도의 중요 사항을 심의하기	기획재정부	기획재정부차관	위원장 1명을 포함하여 17명 이상 20명 이하의 위원
무역원활화 위원회	수출입 절차의 원활화 및 이와 관련된 국제협력의 원활화의 촉진에 관한 사항을 심의	기획 재정부 장관 소속	기획재정부차관	위원장 1명을 포함하여 20명 이내의 위원으로 구성한다.

보세판매장 특허심사 위원회	보세판매장 특허신청자의 평가 및 선정 등	관세청	위원중에 호선	위원장 1명을 포함하여 100명 이내의 위원으로 성별을 고려하여 구성한다.
보세판매장 제도운영 위원회	보세판매장의 특허 수 등 보세판매장 제도의 중요 사항을 심의하기	기획재정부	기획재정부차관	위원장 1명을 포함하여 17명 이상 20명 이하의 위원
관세체납정리 위원회	관세(세관장이 징수하는 내국세 등을 포함한다)의 체납정리에 관한 사항을 심의	세관	세관장	위원장 1인을 포함한 5인 이상 7인 이내의 위원으로 구성한다.
관세품목 분류위원회	• 품목분류 적용기준 • 특정물품에 적용될 품목분류의 사전심사 및 재심사 • 특정물품에 적용될 품목분류의 변경 및 재심사 • 그 밖에 품목분류에 관하여 관세청장이 분류위원회에 부치는 사항	관세청	관세청의 3급 공무원 또는 고위공무원단에 속하는 일반직공무원으로서 관세청장이 지정하는 자	위원장 1인과 30인 이상 40인 이하의 위원
관세 정보위원회	체납자의 인적사항, 체납액 등에 대한 공개여부심의	관세청	관세청 차장	• 관세청의 고위공무원단에 속하는 일반직공무원 중에서 관세청장이 임명하는 자 4인 • 법률 또는 재정·경제에 관한 학식과 경험이 풍부한 자 중에서 관세청장이 위촉하는 자 6인
관세심사 위원회	이의신청	본부세관	본부세관장이 임명	15명(위원장 포함)
	이의신청, 과세전적부심사	본부세관	본부세관장이 임명	22명(위원장 포함)
	심사청구, 과세전적부심사	관세청	관세청장이 임명	31명(위원장 포함)
보세사징계 위원회	관세법 또는 관세법에 의한 명령을 위반하여 등록의 취소 등 필요한 조치를 하는 경우	세관	세관장 또는 해당 세관 4급 이상 공무원	5명 이상 10명 이하(위원장 포함)
관세범칙조사 위원회	범칙사건에 관한 사항 심의	관세청 일선세관	관세청의 3급~5급까지에 해당하는 공무원 중 관세청장이 지정하는 자	위원장 1명을 포함한 10명 이상 20명 이하
납세자보호 위원회	• 관세조사 범위의 확대 • 관세조사 기간 연장에 대한 납세자의 관세조사 일시중지 또는 중지 요청 • 위법·부당한 관세조사 및 관세조사 중 세관공무원의 위법·부당한 행위에 대한 납세자의 관세조사 일시중지 또는 중지 요청 • 제114조의2제4항 단서에 따른 장부등의 일시 보관 기간 연장 • 그 밖에 고충민원의 처리 등 납세자의 권리보호를 위하여 납세자보호담당관이 심의가 필요하다고 인정하는 안건	관세청	공무원이 아닌 사람 중에서 기획재정부장관의 추천을 받아 관세청장이 위촉하는 사람	위원장 1명을 포함하여 45명 이내의 위원으로 구성한다.
		본부세관	공무원이 아닌 사람 중에서 해당 세관장의 추천을 받아 관세청장이 위촉하는 사람	위원장 1명을 포함하여 160명 이내의 위원으로 구성한다.
수출입안전관리 우수업체 심의위원회	• 수출입안전관리 우수업체의 공인 및 갱신 • 수출입안전관리 우수업체의 공인 취소		관세청 차장	위원장 1명을 포함하여 20명 이상 30명 이내의 위원으로 구성한다.

정답 18. ③ 19. ③

Chapter 12

20 □□□ **관세법령상 무역원활화위원회의 구성과 운영에 대한 설명으로 옳지 않은 것은?** 2018 관세직 9급

① 기획재정부장관이 위촉하는 위원은 「관세사법」에 따른 관세사회, 「대한무역진흥공사법」에 따른 대한무역투자진흥공사, 「민법」 제32조에 따라 산업통상자원부장관의 허가를 받아 설립된 한국무역협회 및 「상공회의소법」에 따른 대한상공회의소의 임원 중에서 그 소속기관의 장이 추천하는 사람으로 한다.

② 무역원활화위원회 회의를 소집하려면 회의 개최 7일전까지 회의 일시·장소 및 안건을 각 위원에게 서면으로 알려야 한다. 다만, 긴급한 사정이 있는 경우에는 회의 개최 전날까지 구두로 알릴 수 있다.

③ 무역원활화위원회는 위원장 1명을 포함하여 20명 이내의 위원으로 구성하며 위원장은 기획재정부장관이 된다.

④ 무역원활화위원회의 사무를 처리하기 위하여 간사 1명을 두며, 간사는 기획재정부의 고위공무원단에 속하는 공무원 중에서 기획재정부장관이 지명하며, 위원회는 재적위원 과반수의 출석으로 개의하고, 출석위원 과반수의 찬성으로 의결한다.

해설 ③ 무역원활화위원회는 위원장 1명을 포함하여 20명 이내의 위원으로 구성하며 무역원활화위원회의 위원장은 기획재정부차관이 된다.

21 □□□ **관세법상 체납자료의 제공 등에 관한 설명으로 옳지 않은 것은?** 2016 관세사

① 체납자료의 제공 절차 등에 필요한 사항은 대통령령으로 정한다.

② 체납자료를 제공받은 자는 이를 업무목적 외의 목적으로 누설하거나 이용하여서는 아니 된다.

③ 관세체납정리위원회는 위원장 1인을 포함한 10인 이상의 위원으로 구성한다.

④ 관세(세관장이 징수하는 내국세등을 포함한다)의 체납정리에 관한 사항을 심의하기 위하여 세관에 관세체납정리위원회를 둘 수 있다.

⑤ 관세체납정리위원회의 조직과 운영에 필요한 사항은 대통령령으로 정한다.

해설

설치	심의내용	위원장	구성인원
세관	관세의 체납정리에 관한 사항을 심의	세관장	위원장 1인을 포함한 5인 이상 7인 이내의 위원

22 □□□ **관세법령상 관세체납정리위원회의 구성에 관한 설명으로 옳지 않은 것은?** 2019 관세사

① 관세체납정리위원회의 위원장은 세관장이 된다.

② 관세체납정리위원회는 위원장 1인을 포함한 5인 이상 7인 이내의 위원으로 구성한다.

③ 관세체납정리위원회의 모든 위원의 임기는 3년으로 한다.

④ 관세체납정리위원회는 세관에 둔다.

⑤ 관세체납정리위원회의 위원은 세관장이 임명 또는 위촉한다.

해설 ③ 위원의 임기는 2년으로 하되, 한번만 연임할 수 있다. 다만, 보궐위원의 임기는 전임위원의 임기의 남은 기간으로 한다.

23 관세법령상 관세체납정리위원회에 대한 설명으로 옳지 않은 것은? 2021 관세직 9급

① 세관장은 관세체납정리위원회의 위원이 관할 구역 내에 거주하지 아니하게 된 경우에는 해당 위원을 해임 또는 해촉할 수 있다.

② 관세체납정리위원회의 위원이 해당 안건 당사자의 대리인이거나 최근 10년 이내에 대리인이었던 경우에는 심의에서 제척된다.

③ 관세체납정리위원회의 회의의 의사는 위원장을 포함한 재적위원 과반수의 출석으로 개의하고 출석위원 과반수의 찬성으로 의결한다.

④ 관세체납정리위원회의 위원장은 당해 위원회에서 의결된 사항을 관세청장에게 통보하여야 한다.

해설 **관세법 시행령 제45조의2(관세체납정리위원회 위원의 제척 · 회피)**

관세체납정리위원회의 위원이 다음 어느 하나에 해당하는 경우에는 심의 · 의결에서 제척된다.(영 제45조의2 제1항)

1. 위원이 해당 안건의 당사자(당사자가 법인 · 단체 등인 경우에는 그 임원을 포함한다. 이하 이 항에서 같다)이거나 해당 안건에 관하여 직접적인 이해관계가 있는 경우
2. 위원의 배우자, 4촌 이내의 혈족 및 2촌 이내의 인척의 관계에 있는 사람이 해당 안건의 당사자이거나 해당 안건에 관하여 직접적인 이해관계가 있는 경우
3. 위원이 해당 안건 당사자의 대리인이거나 최근 5년 이내에 대리인이었던 경우
4. 위원이 해당 안건 당사자의 대리인이거나 최근 5년 이내에 대리인이었던 법인 · 단체 등에 현재 속하고 있거나 속하였던 경우
5. 위원이 최근 5년 이내에 해당 안건 당사자의 자문 · 고문에 응하였거나 해당 안건 당사자와 연구 · 용역 등의 업무 수행에 동업 또는 그 밖의 형태로 직접 해당 안건 당사자의 업무에 관여를 하였던 경우
6. 위원이 최근 5년 이내에 해당 안건 당사자의 자문 · 고문에 응하였거나 해당 안건 당사자와 연구 · 용역 등의 업무 수행에 동업 또는 그 밖의 형태로 직접 해당 안건 당사자의 업무에 관여를 하였던 법인 · 단체 등에 현재 속하고 있거나 속하였던 경우

24 관세법상 관세품목분류위원회에 관한 설명으로 옳지 않은 것은? 2017 관세사

① 관세품목분류위원회는 위원장 1인과 30인 이상 40인 이하의 위원으로 구성한다.

② 관세품목분류위원회의 위원장은 관세청 차장 또는 고위공무원단에 속하는 특수직공무원으로서 관세청장이 지정하는 자가 된다.

③ 관세청장은 회의의 원활한 운영을 위하여 품목분류와 관련된 기술적인 사항 등에 대한 의견을 듣기 위하여 관련 학계 · 연구기관 또는 협회 등에서 활동하는 자를 기술자문위원으로 위촉할 수 있다.

④ 관세품목분류위원회의 회의는 위원장과 위원장이 매 회의마다 지정하는 14인으로 구성한다.

⑤ 관세품목분류위원회는 관세법 제86조(특정물품에 적용될 품목분류의 사전심사)에 따른 특정물품에 적용될 품목분류의 사전심사 및 재심사에 관한 사항을 심의한다.

해설 **관세법 시행령 제100조(관세품목분류위원회의 구성 등)**

관세품목분류위원회의 위원장은 관세청의 3급 공무원 또는 고위공무원단에 속하는 일반직공무원으로서 관세청장이 지정하는 자가 되고, 위원은 다음 어느 하나에 해당하는 자중에서 관세청장이 임명 또는 위촉한다.(영 제100조 제2항)

1. 관세청소속 공무원
2. 관계중앙행정기관의 공무원
3. 삭제 〈2004.3.29.〉

정답 20. ③ 21. ③ 22. ③ 23. ② 24. ②

4. 시민단체(「비영리민간단체 지원법」 제2조의 규정에 의한 비영리민간단체를 말한다. 이하 같다)에서 추천한 자
5. 기타 상품학에 관한 지식이 풍부한 자

---

① (영 제100조 제1항)
③ (영 제100조 제6항)
④ (영 제101조 제2항)
⑤ (법 제85조 제2항)

25 □□□ **관세법령상 관세품목분류위원회에 관한 내용으로 옳지 않은 것은?** 2020 관세사

① 위원회의 위원장은 관세청의 3급 공무원 또는 고위공무원단에 속하는 일반직공무원으로서 관세청장이 지정하는 자가 된다.
② 관세청장은 위원회의 위원이 심신장애로 인하여 직무를 수행할 수 없게 된 경우에는 해당 위원을 해임 또는 해촉할 수 있다.
③ 위원회의 위원장이 직무를 수행하지 못하는 부득이한 사정이 있는 때에는 위원장이 지명하는 위원이 그 직무를 대행한다.
④ 위원회의 위원장은 회의의 원활한 운영을 위하여 품목분류와 관련된 기술적인 사항 등에 대한 의견을 듣기 위하여 관련 학계에서 활동하는 자를 기술자문위원으로 위촉할 수 있다.
⑤ 위원회의 위원이 해당 안건 당사자의 대리인이거나 최근 5년 이내에 대리인이었던 경우에는 심의・의결에서 제척된다.

해설 ④ 관세청장은 회의의 원활한 운영을 위하여 품목분류와 관련된 기술적인 사항 등에 대한 의견을 듣기 위하여 관련 학계・연구기관 또는 협회 등에서 활동하는 자를 기술자문위원으로 위촉할 수 있다.(영 제100조 제8항)

26 □□□ **관세법령상 관세청장이 관세품목분류위원회의 위원을 해임 또는 해촉할 수 있는 사유가 아닌 것은?** 2024 관세사

① 심신장애로 인하여 직무를 수행할 수 없게 된 경우
② 직무와 관련된 비위사실이 있는 경우
③ 위원 스스로 직무를 수행하는 것이 곤란하다고 의사를 밝히는 경우
④ 직무태만, 품위손상이나 그 밖의 사유로 인하여 위원으로 적합하지 아니하다고 인정되는 경우
⑤ 위원이 해당 안건 당사자의 대리인이어서 그 심의・의결에서 회피한 경우

해설 관세청장은 관세품목분류위원회의 위원이 다음 각 호의 어느 하나에 해당하는 경우에는 해당 위원을 해임 또는 해촉할 수 있다.(영 제100조 제4항)
1. 심신장애로 인하여 직무를 수행할 수 없게 된 경우
2. 직무와 관련된 비위사실이 있는 경우
3. 직무태만, 품위손상이나 그 밖의 사유로 인하여 위원으로 적합하지 아니하다고 인정되는 경우
4. 위원 스스로 직무를 수행하는 것이 곤란하다고 의사를 밝히는 경우
5. 제101조의2 제1항 각 호의 어느 하나에 해당함에도 불구하고 회피하지 아니한 경우

제101조의2(관세품목분류위원회 위원의 제척·회피)

① 관세품목분류위원회의 위원은 다음 각 호의 어느 하나에 해당하는 경우에는 심의·의결에서 제척된다.

1. 위원이 해당 안건의 당사자(당사자가 법인·단체 등인 경우에는 그 임원을 포함한다. 이하 이 항에서 같다)이거나 해당 안건에 관하여 직접적인 이해관계가 있는 경우
2. 위원의 배우자, 4촌 이내의 혈족 및 2촌 이내의 인척의 관계에 있는 사람이 해당 안건의 당사자이거나 해당 안건에 관하여 직접적인 이해관계가 있는 경우
3. 위원이 해당 안건 당사자의 대리인이거나 최근 5년 이내에 대리인이었던 경우
4. 위원이 해당 안건 당사자의 대리인이거나 최근 5년 이내에 대리인이었던 법인·단체 등에 현재 속하고 있거나 속하였던 경우
5. 위원이 최근 5년 이내에 해당 안건 당사자의 자문·고문에 응하였거나 해당 안건 당사자와 연구·용역 등의 업무 수행에 동업 또는 그 밖의 형태로 직접 해당 안건 당사자의 업무에 관여를 하였던 경우
6. 위원이 최근 5년 이내에 해당 안건 당사자의 자문·고문에 응하였거나 해당 안건 당사자와 연구·용역 등의 업무 수행에 동업 또는 그 밖의 형태로 직접 해당 안건 당사자의 업무에 관여를 하였던 법인·단체 등에 현재 속하고 있거나 속하였던 경우

27 관세법령상 위원회의 구성에 대한 설명으로 옳지 않은 것은? 2024 관세직 9급

□□□

① 관세체납정리위원회는 세관에 두며, 위원장 1인을 포함한 5인 이상 7인 이내의 위원으로 구성한다.

② 관세품목분류위원회는 관세청에 두며, 위원장 1명과 30명 이상 40명 이하의 위원으로 구성한다.

③ 관세심사위원회는 본부세관과 일선세관의 납세자보호위원회에 두며, 본부세관 납세자보호위원회에 두는 경우 위원장 1명과 31명 이내의 위원으로 구성한다.

④ 보세사징계위원회는 세관에 두며, 위원장 1명을 포함하여 5명 이상 10명 이하의 위원으로 구성한다.

해설 **관세법 시행령 제144조의6(관세심사위원회의 구성 등)**

① 다음 각 호의 구분에 따라 납세자보호위원회에 관세심사위원회를 둔다. 이 경우 제1호 나목의 위원회는 관세청장이 정하는 바에 따라 본부세관에 둔다.

1. 본부세관 납세자보호위원회에 두는 관세심사위원회: 다음 각 목의 분과위원회
   가. 본부세관분과 관세심사위원회: 1개
   나. 일선세관분과 관세심사위원회: 8개 이내
2. 관세청 납세자보호위원회에 두는 관세심사위원회: 관세청 관세심사위원회 1개

② 관세심사위원회는 해당 위원회의 위원장(이하 이 조 및 제144조의7에서 "위원장"이라 한다) 1명을 포함하여 다음 각 호의 구분에 따른 위원으로 구성한다.

1. 본부세관 납세자보호위원회에 두는 관세심사위원회: 다음 각 목의 위원
   가. 본부세관분과 관세심사위원회: 22명 이내의 위원
   나. 일선세관분과 관세심사위원회: 15명 이내의 위원
2. 관세청 납세자보호위원회에 두는 관세심사위원회: 31명 이내의 위원

③ 위원장은 다음 각 호의 구분에 따른 사람이 된다.

1. 본부세관 납세자보호위원회에 두는 관세심사위원회: 다음 각 목의 사람
   가. 본부세관분과 관세심사위원회: 제144조의3제2항제1호나목의 위원 중 본부세관장이 임명하는 사람
   나. 일선세관분과 관세심사위원회: 제144조의3제2항제1호다목의 위원 중 본부세관장이 임명하는 사람
2. 관세청 납세자보호위원회에 두는 관세심사위원회: 제144조의3제2항제2호나목의 위원 중 관세청장이 임명하는 사람

④ 관세심사위원회는 위원장 1명을 포함하여 다음 각 호의 구분에 따른 사람으로 구성한다.

정답 25. ④ 26. ⑤ 27. ③

1. 본부세관 납세자보호위원회에 두는 관세심사위원회: 다음 각 목에서 정하는 분과위원회별 구분에 따른 사람
   가. 본부세관분과 관세심사위원회: 다음 구분에 따른 사람
      1) 제144조의3제2항제1호나목에 해당하는 위원 중 본부세관장이 임명하는 7명 이내의 사람
      2) 제144조의3제2항제1호라목에 해당하는 위원 중 본부세관장이 위촉하는 15명 이내의 사람
   나. 일선세관분과 관세심사위원회: 다음 구분에 따른 사람
      1) 제144조의3제2항제1호다목에 해당하는 위원 중 본부세관장이 임명하는 5명 이내의 사람
      2) 제144조의3제2항제1호마목에 해당하는 위원 중 본부세관장이 위촉하는 10명 이내의 사람
2. 관세청 납세자보호위원회에 두는 관세심사위원회: 다음 각 목의 사람
   가. 제144조의3제2항제2호나목에 해당하는 위원 중 관세청장이 임명하는 9명 이내의 사람
   나. 제144조의3제2항제2호다목에 해당하는 위원 중 관세청장이 위촉하는 22명 이내의 사람

⑤ 위원장은 관세심사위원회를 대표하고, 관세심사위원회의 업무를 총괄한다.

⑥ 관세심사위원회는 위원장이 부득이한 사유로 직무를 수행할 수 없을 때에는 제4항 각 호에 해당하는 관세심사위원회의 위원 중 위원장(관세청에 두는 관세심사위원회의 경우에는 관세청장을 말한다)이 미리 지명한 위원이 그 직무를 대행한다.

28 □□□ **관세법에서 규정하고 있는 관세심사위원회의 심의 또는 심사대상에 해당하는 것으로만 묶은 것은?**

2009 관세직 7급 / 2010 관세사

ㄱ. 품목분류의 적용기준
ㄴ. 관세정책에 관한 중요 사항
ㄷ. 관세청장에게 제기된 심사청구
ㄹ. 관세청장에게 제기된 과세전적부심사청구

① ㄱ, ㄴ
② ㄴ, ㄷ
③ ㄷ, ㄹ
④ ㄱ, ㄹ

해설 관세심사위원회에서는 심사청구, 관세전적부심사청구, 이의신청을 심의한다.

29 □□□ **관세행정과 관련한 다음 각종 위원회 가운데 관세청에 설치될 수 있는 위원회를 모두 고르면?**

2007 관세사

가. 관세심의위원회
나. 관세품목분류위원회
다. 관세정보위원회
라. 관세심사위원회
마. 관세업무심의위원회
바. 보세판매장특허심사위원회
사. 관세체납정리위원회

① 가, 나, 다, 라
② 가, 나, 라, 사
③ 나, 다, 라, 마
④ 나, 다, 라, 바
⑤ 다, 라, 바, 사

해설 관세품목분류위원회 → 관세청
관세정보위원회 → 관세청
관세심사위원회 → 세관, 관세청
보세판매장특허심사위원회 → 관세청
관세체납정리위원회 → 세관

30 관세법령상 위원회에 대한 설명으로 옳지 않은 것은? 2023 관세직 9급

① 보세판매장 제도의 중요 사항을 심의하기 위하여 관세청에 보세판매장 제도운영위원회를 둔다.
② 통관 등 수출입 절차의 원활화 및 이와 관련된 국제협력의 원활화의 촉진에 관한 사항을 심의하기 위하여 기획재정부장관 소속으로 무역원활화위원회를 둔다.
③ 범칙사건에 관한 사항을 심의하기 위하여 관세청 또는 대통령령으로 정하는 세관에 관세범칙조사심의위원회를 둘 수 있다.
④ 납세자 권리보호에 관한 사항을 심의하기 위하여 「관세법」 제118조의2제2항의 세관 및 관세청에 납세자보호위원회를 둔다.

해설 ① 보세판매장의 특허 수 등 보세판매장 제도의 중요 사항을 심의하기 위하여 기획재정부에 보세판매장 제도운영위원회를 둔다.

31 관세법에서 규정한 내용에 해당하지 않는 것은? 2017 관세직 9급

① 관세사 및 보세사의 자격 요건
② 관세율표의 해석에 관한 통칙
③ 한국관세정보원의 설립
④ 체납자의 은닉재산을 신고한 사람에 대한 포상

해설 관세사의 자격요건은 관세사법에서 규정하고 있다.

32 관세법상 세관장이 해당 처분을 하고자 할 때 청문 절차가 반드시 필요한 경우에 해당하지 않는 것은? 2017 관세직 9급

① 관세환급금 지급 결정의 취소
② 자율관리보세구역 지정의 취소
③ 수출입 안전관리 우수업체 공인의 취소
④ 보세사의 등록의 취소 및 업무정지

해설 **관세법 제328조(청문)**

세관장은 다음 어느 하나에 해당하는 처분을 하려면 청문을 하여야 한다.
1. 제164조 제6항에 따른 자율관리보세구역 지정의 취소
2. 제165조 제5항에 따른 보세사 등록의 취소 및 업무정지
3. 제167조에 따른 지정보세구역 지정의 취소
4. 제172조 제6항에 따른 화물관리인 지정의 취소
5. 제178조 제1항 및 제2항에 따른 물품반입등의 정지 및 운영인 특허의 취소
6. 제204조 제1항에 따른 종합보세구역 지정의 취소
7. 제204조 제2항에 따른 종합보세기능의 수행 중지
7의2. 제204조 제3항에 따른 종합보세사업장의 폐쇄
8. 제224조 제1항에 따른 보세운송업자등의 등록 취소 및 업무정지
9. 제255조의2 제5항에 따른 수출입 안전관리 우수업체 공인의 취소
10. 제327조의3 제3항에 따른 전자문서중계사업자 지정의 취소 및 사업·업무의 전부 또는 일부의 정지

Chapter 12

정답 28. ③ 29. ④ 30. ① 31. ① 32. ①

01 「관세법」상 특허보세구역에 대한 설명으로 옳은 것은?

□□□

① 미성년자를 임원으로 하는 법인은 특허보세구역을 설치 · 운영할 수 없다.

② 보세창고에 장치하는 정부비축용물품의 장치기간은 1년의 범위에서 관세청장이 정하는 기간으로 한다.

③ 세관장은 특허보세구역의 운영인이 장치물품에 대한 관세를 납부할 자금능력이 없다고 인정되는 경우에는 관세청장이 정하는 바에 따라 6개월의 범위에서 해당 특허보세구역에의 물품반입 등을 정지시킬 수 있다.

④ 특허보세구역의 설치 · 운영에 관한 특허의 효력이 상실되었을 때에는 운영인이나 그 상속인은 해당 특허보세구역에 있는 외국물품을 특허의 효력이 상실된 날부터 10일 이내에 다른 보세구역으로 반출하여야 한다.

02 「관세법」상 세액의 확정에 대한 설명으로 옳은 것만을 모두 고르면?

□□□

ㄱ. 신고한 세액에 대하여 관세채권을 확보하기가 곤란하거나, 수입신고를 수리한 후 세액심사를 하는 것이 적당하지 아니하다고 인정하여 기획재정부령으로 정하는 물품의 경우에는 수입신고를 수리하기 전에 이를 심사한다.
ㄴ. 납세신고, 자율심사 및 세액의 정정과 관련하여 그 방법 및 절차 등 필요한 사항은 기획재정부령으로 정한다.
ㄷ. 세관장은 납세의무자가 신고납부한 세액을 심사한 결과 과부족하다는 것을 알게 되었을 때에는 대통령령으로 정하는 바에 따라 그 세액을 경정하여야 한다.
ㄹ. 납세신고가 부적당한 것으로서 대통령령으로 정하는 경우에는 「관세법」 제38조(신고납부)에도 불구하고 세관장이 관세를 부과 · 징수한다.

① ㄱ, ㄴ　　② ㄱ, ㄷ
③ ㄴ, ㄹ　　④ ㄷ, ㄹ

03 관세법령상 할당관세에 대한 설명으로 옳은 것은?

□□□

① 기획재정부장관은 매 회계연도 종료 후 6개월 이내에 관세의 전년도 부과 실적 및 그 결과를 국회 소관 상임위원회에 보고하여야 한다.

② 관계부처의 장은 할당관세의 부과를 요청하는 경우 해당 물품의 관세율표 번호, 품명, 규격 및 용도를 해당 관계부처의 인터넷 홈페이지 등에 5일 이상 게시하여 의견을 수렴하고 그 결과를 기획재정부장관에게 제출하여야 한다.

③ 기획재정부장관은 관세의 전년도 부과 실적 등의 보고를 위하여 관계부처의 장에게 매 회계연도 종료 후 5개월 이내에 관세 부과 실적 및 효과 등에 관한 자료를 제출할 것을 요청할 수 있다.

④ 농림축수산물의 수입을 억제할 필요가 있는 경우에는 일정한 수량을 초과하여 수입되는 분에 대하여 기본세율에 동종물품·유사물품 또는 대체물품의 국내외 가격차에 상당하는 율을 더한 율의 범위에서 관세를 부과할 수 있다.

04 「관세법」상 납세의무자에 대한 설명으로 옳지 않은 것은?

□□□

① 「관세법」 제217조(보세운송기간 경과 시의 징수)에 따라 관세를 징수하는 물품인 경우에는 보세운송을 신고하였거나 승인을 받은 자가 관세의 납세의무자가 된다.

② 수입신고가 수리된 물품에 대하여 납부하였거나 납부하여야 할 관세액이 부족한 경우 해당 물품을 수입신고하는 때의 화주의 주소 및 거소가 분명하지 아니하거나 수입신고인이 화주를 명백히 하지 못하는 경우에는 그 신고인이 해당 물품을 수입신고하는 때의 화주와 연대하여 해당 관세를 납부하여야 한다.

③ 다른 법령, 조약, 협약 등에 따라 관세의 납부를 보증한 자는 화주가 납부하여야 할 관세 전부에 대해 납세의무를 진다.

④ 보세운송물품 중 분실물품은 보세운송을 신고하거나 승인을 받은 자가 납세의무자가 된다.

정답 01. ③ 02. ② 03. ④ 04. ③

05 관세법령상 관세체납정리위원회에 대한 설명으로 옳지 않은 것은?

□□□

① 관세체납정리위원회의 위원장이 직무를 수행하지 못하는 부득이한 사정이 있는 때에는 위원장이 지명하는 위원이 그 직무를 대행한다.

② 세관장은 관세체납정리위원회의 위원이 관할 구역 내에 거주하지 아니하게 된 경우에는 해당 위원을 해임 또는 해촉할 수 있다.

③ 관세체납정리위원회의 위원은 해당 안건 당사자의 대리인이거나 최근 5년 이내에 대리인이었던 경우에는 스스로 해당 안건의 심의·의결에서 회피하여야 한다.

④ 관세체납정리위원회는 위원장 1인을 포함한 5인 이상 10인 이내의 위원으로 구성한다.

06 다음 「관세법」 조항에서 밑줄 친 각 호의 내용으로 옳은 것은?

□□□

> 「관세법」 제98조(재수출 감면) ① 장기간에 걸쳐 사용할 수 있는 물품으로서 그 수입이 임대차계약에 의하거나 도급계하기 위하여 수입하는 물품 중 기획재정부령으로 정하는 물품이 그 수입신고 수리일부터 2년(장기간의 사용이 부득이한 물품으로서 기획재정부령으로 정하는 것 중 수입하기 전에 세관장의 승인을 받은 것은 4년의 범위에서 대통령령으로 정하는 기준에 따라 세관장이 정하는 기간을 말한다) 이내에 재수출되는 것에 대해서는 다음 각 호의 구분에 따라 그 관세를 경감할 수 있다.

① 재수출기간이 6개월 이내인 경우: 해당 물품에 대한 관세액의 100분의 90

② 재수출기간이 6개월 초과 1년 이내인 경우: 해당 물품에 대한 관세액의 100분의 85

③ 재수출기간이 1년 초과 2년 이내인 경우: 해당 물품에 대한 관세액의 100분의 55

④ 재수출기간이 3년 초과 4년 이내인 경우: 해당 물품에 대한 관세액의 100분의 40

07 관세법령상 승객예약자료에 대한 설명으로 옳지 않은 것은?

□□□

① 세관장은 승객이 입·출항한 날부터 1월이 경과한 때에는 해당 승객의 승객예약자료를 다른 승객의 승객예약자료(승객의 입·출항일부터 1월이 경과하지 아니한 승객예약자료를 말한다)와 구분하여 관리하여야 한다.

② 세관장은 보존승객예약자료를 해당 승객의 입·출항일부터 기산하여 5년간 보존하여야 한다.

③ 세관공무원은 보존승객예약자료를 열람하려는 때에는 관세청장이 정하는 바에 따라 미리 세관장의 승인을 얻어야 한다.

④ 출항하는 선박 또는 항공기의 경우 승객예약자료의 제출시한은 출항 후 3시간 이내이다.

08 관세법령상 관세청장의 권한에 해당하지 않는 것은?

① 전기통신사업자로서 전자신고등 및 전자송달을 중계하는 업무를 수행하려는 자의 지정
② 기획재정부장관에 대한 덤핑방지관세의 부과 요청
③ 전산처리설비와 데이터베이스에 관한 국가관세종합정보시스템의 구축·운영
④ 한국관세정보원의 정관 변경에 대한 인가

09 「관세법」 제93조(특정물품의 면세 등)의 대상에 해당하는 것만을 모두 고르면?

ㄱ. 국제기구가 국제평화봉사활동 또는 국제친선활동을 위하여 기증하는 물품
ㄴ. 방사능 긴급사태 시 그 복구지원과 구호를 목적으로 외국으로부터 기증되는 물품으로서 기획재정부령으로 정하는 물품
ㄷ. 전자기술 또는 정보처리기술을 응용한 공장 자동화 기계·기구·설비 및 그 핵심부분품으로서 기획재정부령으로 정하는 물품
ㄹ. 우리나라와 외국 간에 건설될 교량, 통신시설, 해저통로, 그 밖에 이에 준하는 시설의 건설 또는 수리에 필요한 물품

① ㄱ, ㄷ　② ㄱ, ㄹ
③ ㄴ, ㄷ　④ ㄴ, ㄹ

10 관세법령상 관세부과의 제척기간과 관세징수권 등의 소멸시효에 대한 설명으로 옳은 것은?

① 수입신고전 즉시반출신고를 하고 반출한 물품의 관세부과 제척기간의 기산일은 수입신고전 즉시반출신고를 한 날이다.
② 부정한 방법으로 관세를 포탈하였거나 환급 또는 감면받은 경우에는 관세를 부과할 수 있는 날부터 5년이 지나면 그 관세를 부과할 수 없다.
③ 납세자가 납부한 금액 중 잘못 납부하거나 초과하여 납부한 금액 또는 그 밖의 관세의 환급청구권은 그 권리를 행사할 수 있는 날부터 5년간 행사하지 아니하면 소멸시효가 완성된다.
④ 적법하게 납부한 후 법률의 개정으로 인하여 관세를 환급하는 경우 관세환급청구권 소멸시효의 기산일은 그 법률의 공포일이다.

정답 05. ④　06. ③　07. ②　08. ②　09. ④　10. ③

11 관세법령상 납세자의 권리 및 불복절차에 대한 설명으로 옳은 것만을 모두 고르면?

□□□

> ㄱ. 법원은 관세를 3회 이상 체납하고 체납금액의 합계가 2억원 이상이면 30일의 범위에서 체납자를 감치에 처할 수 있다.
> ㄴ. 심판청구의 대상이 3천만원 이상인 경우 심판청구인은 변호사나 관세사를 대리인으로 선임할 수는 있지만 배우자, 4촌 이내의 혈족 또는 배우자의 4촌 이내의 혈족을 대리인으로 선임할 수 없다.
> ㄷ. 관세청장은 체납발생일부터 1년이 지난 체납관세 등이 2억원 이상인 체납자의 경우 인적사항과 체납액을 공개하는 것이 부적절하다고 인정하면 그 체납액 등을 공개할 수 없다.
> ㄹ. 심사청구의 기한 내에 우편으로 제출한 심사청구서가 청구기간이 지나 관세청장에게 도달한 경우에는 그 기간의 만료일에 청구된 것으로 본다.

① ㄱ, ㄷ
② ㄱ, ㄹ
③ ㄴ, ㄷ
④ ㄴ, ㄹ

12 관세법령상 종합보세구역에 대한 설명으로 옳지 않은 것은?

□□□

① 관세청장은 직권으로 종합보세구역을 지정하고자 하는 때에는 기획재정부장관 또는 지방자치단체의 장과 협의하여야 한다.
② 종합보세구역의 지정을 요청하고자 하는 자는 당해 지역의 소재지 및 면적, 구역안의 시설물 현황 또는 시설계획, 사업계획을 기재한 지정요청서에 당해 지역의 도면을 첨부하여 관세청장에게 제출하여야 한다.
③ 종합보세구역의 운영인이 유지하여야 하는 설비가 천재·지변 기타 불가피한 사유로 인하여 일시적으로 기준에 미달하게 된 때에는 종합보세구역의 운영인은 관세청장이 정하는 기간내에 이를 갖추어야 한다.
④ 법인이 종합보세구역에서 구입한 물품을 국외로 반출하는 경우에는 해당 물품을 구입할 때 납부한 관세 및 내국세등을 환급받을 수 없다.

13 「관세법」상 견본품 반출에 대한 설명으로 옳지 않은 것은?

□□□

① 세관공무원은 국제무역선에 적재되어 있는 물품에 대하여 검사상 필요하면 그 물품의 일부를 견본품으로 채취할 수 있다.

② 국제무역선에서 물품을 하역하기 전에 외국물품의 일부를 견본품으로 반출하려는 자는 세관장의 허가를 받아야 한다.

③ 세관장이 견본품 반출 허가의 신청을 받은 날부터 10일 이내에 허가 여부를 신청인에게 통지하지 아니하면 그 기간이 끝난 날에 허가를 한 것으로 본다.

④ 다른 법률에 따라 실시하는 검사·검역 등을 위하여 견본품으로 채취된 물품으로서 세관장의 확인을 받은 물품이 사용·소비된 경우에는 수입신고를 하여 관세를 납부하고 수리된 것으로 본다.

14 다음 「관세법」 조항에서 밑줄 친 물품에 해당하지 않는 것은?

□□□

> 「관세법」 제107조(관세의 분할납부) ② 다음 각 호의 어느 하나에 해당하는 물품이 수입될 때에는 세관장은 기획재정부령으로 정하는 바에 따라 5년을 넘지 아니하는 기간을 정하여 관세의 분할납부를 승인할 수 있다.

① 시설기계류, 기초설비품, 건설용 재료 및 그 구조물과 공사용 장비로서 기획재정부령으로 정하는 업종에 소요되는 물품

② 직업훈련원에서 수입하는 물품과 비영리법인이 공익사업을 위하여 수입하는 물품으로서 기획재정부령으로 정하는 물품

③ 의료기관 등 기획재정부령으로 정하는 사회복지기관에서 수입하는 물품으로서 기획재정부장관이 고시하는 물품

④ 기획재정부령으로 정하는 중소제조업체가 직접 사용하려고 수입하는 물품으로서 기획재정부령으로 정하는 기준에 적합한 물품

정답 11. ④ 12. ① 13. ③ 14. ①

15 「관세법」상 보세구역에 대한 설명으로 옳지 않은 것은?

□□□

① 크기의 과다로 인하여 보세구역에 장치하기 곤란한 외국물품을 보세구역이 아닌 장소에 장치하려면 그 물품의 관세에 상당하는 담보를 제공하고 세관장의 허가를 받아야 한다.

② 보세구역에 장치된 물품의 원형을 변경하거나 해체·절단 등의 작업을 하려는 자는 세관장의 허가를 받아야 하고, 세관장은 그 신청을 받은 날부터 10일 이내에 허가 여부를 신청인에게 통지하여야 한다.

③ 세관장은 자율관리보세구역의 지정을 받은 자가 「관세법」에 따른 의무를 위반하거나 세관감시에 지장이 있다고 인정되는 경우 등 대통령령으로 정하는 사유가 발생한 경우에는 자율관리보세구역의 지정을 취소할 수 있다.

④ 부패·손상되거나 그 밖의 사유로 보세구역에 장치된 물품을 폐기하려는 자는 세관장의 승인을 받아야 한다.

16 「관세법」상 심사와 심판에 대한 설명으로 옳은 것은?

□□□

① 「관세법」에 따른 심사청구에 대한 처분에 대해서는 재조사 결정에 따른 처분청의 처분을 제외하고 심판청구를 제기할 수 있다.

② 심사청구와 심판청구를 같은 날 제기한 경우 심판청구에 대하여는 각하하는 결정을 한다.

③ 관세청장은 심판청구의 내용이 「관세법」에 적합하지 아니하지만 보정할 수 있다고 인정되는 경우에는 20일 이내의 기간을 정하여 보정할 것을 요구하여야 한다.

④ 관세청장은 심사청구에 대한 결정을 할 때 심사청구를 한 처분 외의 처분에 대해서는 그 처분의 전부 또는 일부를 취소 또는 변경하거나 새로운 처분의 결정을 하지 못한다.

17 관세법령상 우편물(서신은 제외)의 통관에 대한 설명으로 옳은 것만을 모두 고르면?

> ㄱ. 세관장은 관세청장이 우정사업본부장과 협의하여 사전전자정보 제출대상으로 정한 국가에서 발송한 우편물 중 사전전자정보가 제출되지 아니한 우편물에 대해서는 통관우체국의 장으로 하여금 반송하도록 할 수 있다.
> ㄴ. 통관우체국의 장은 반송하려는 우편물에 대하여 세관장이 반송할 수 없다고 결정한 경우에는 그 우편물을 수취인에게 내줄 수 있다.
> ㄷ. 우편물이 「약사법」 제2조(정의)제4호에 따른 의약품인 경우 그 우편물의 수취인이나 발송인은 「관세법」 제241조(수출ㆍ수입 또는 반송의 신고)제1항에 따른 신고를 하여야 한다.
> ㄹ. 통관우체국의 장은 수출ㆍ수입하려는 우편물을 접수한 경우에는 그 우편물에 대하여 세관장의 검사를 받아야 하지만 반송하려는 우편물을 접수한 경우에는 검사를 생략할 수 있다.

① ㄱ, ㄷ
② ㄱ, ㄹ
③ ㄴ, ㄷ
④ ㄴ, ㄹ

18 관세법령상 과세전적부심사에 대한 설명으로 옳은 것은?

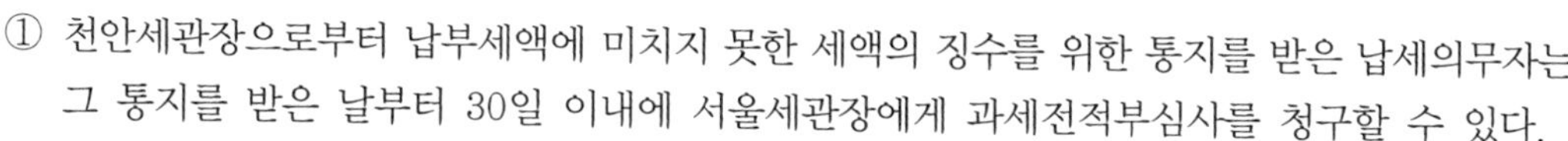

① 천안세관장으로부터 납부세액에 미치지 못한 세액의 징수를 위한 통지를 받은 납세의무자는 그 통지를 받은 날부터 30일 이내에 서울세관장에게 과세전적부심사를 청구할 수 있다.
② 과세전적부심사를 청구받은 관세청장은 '재조사 결정'을 한 경우 그 결정을 한 날부터 30일 이내에 그 결과를 청구인에게 통지하여야 한다.
③ 과세전적부심사의 청구기간이 지난 후 심사청구가 제기된 경우 그 청구를 받은 세관장은 '심사하지 아니한다는 결정'을 하려면 관세심사위원회의 심사를 거쳐야 한다.
④ 적법하지 아니한 과세전적부심사의 청구를 한 경우 그 청구에 대해서는 '채택하지 아니한다는 결정'을 한다.

정답 15. ① 16. ④ 17. ① 18. ①

19 「관세법」상 통관의 보류에 대한 설명으로 옳지 않은 것은?

□□□

① 세관장은 「관세법」 제246조의3(물품에 대한 안전성 검사)제1항에 따른 안전성 검사결과 불법·불량·유해 물품으로 확인된 경우에는 해당 물품의 통관을 보류할 수 있다.

② 세관장은 통관을 보류할 때에는 즉시 그 사실을 화주(화주의 위임을 받은 자를 포함한다) 또는 수출입 신고인에게 통지하여야 한다.

③ 통관의 보류 사실을 통지받은 자가 통관 보류사유에 해당하지 아니함을 소명하는 자료를 제출하고 해당 물품의 통관을 요청한 경우 세관장은 해당 물품의 통관 허용 여부(허용하지 아니하는 경우에는 그 사유를 포함한다)를 요청받은 날부터 30일 이내에 통지하여야 한다.

④ 해당 물품이 일반적으로 승인된 국제법규에 따른 의무를 위반하거나 국민보건 등을 해칠 우려가 있는 경우에는 통관이 제한되므로, 세관장은 해당 물품의 통관을 보류할 수 없다.

20 관세법령상 매각하는 방법으로 관세충당을 하는 담보의 종류를 모두 고르면?

□□□

ㄱ. 납세보증보험증권
ㄴ. 국채 또는 지방채
ㄷ. 보험에 가입된 등록된 건설기계
ㄹ. 세관장이 인정하는 보증인의 납세보증서
ㅁ. 세관장이 인정하는 유가증권

① ㄱ, ㄷ　　② ㄴ, ㄹ
③ ㄱ, ㄹ, ㅁ　　④ ㄴ, ㄷ, ㅁ

21 「관세법」상 물품의 수출·수입 또는 반송의 신고에 대한 설명으로 옳지 않은 것은?

① 원산지표시 대상물품인 경우에 표시유무·방법·형태를 세관장에게 신고하면 그 물품의 선적지는 신고를 생략할 수 있다.

② 반송의 신고는 해당 물품이 「관세법」에 따른 장치 장소에 있는 경우에만 할 수 있다.

③ 물품을 수입할 때 해당 물품의 품명·규격·수량 및 가격과 포장의 종류·번호·개수는 세관장에게 신고하여야 할 사항에 포함된다.

④ 세관장은 입항전수입신고를 한 물품에 대하여 「관세법」 제246조(물품의 검사)에 따른 물품검사의 실시를 결정하였을 때에는 수입신고를 한 자에게 이를 통보하여야 한다.

22 「관세법」상 보호의 대상인 지식재산권에 해당하지 않는 것은?

① 「디자인보호법」에 따라 설정등록된 디자인권
② 「식물신품종 보호법」에 따라 설정등록된 품종보호권
③ 조약·협정 등에 따라 보호대상으로 지정된 지리적표시
④ 「실용신안법」에 따라 실용신안등록을 받은 고안

23 관세법령상 관세조사에 대한 설명으로 옳지 않은 것은?

□□□

① 세관공무원은 범칙사건에 대한 조사를 위하여 해당 장부, 서류 등을 조사하는 경우에는 조사를 받게 될 납세자에게 조사 시작 15일 전에 조사 대상, 조사 사유 등을 통지하여야 한다.
② 세관공무원은 납세자가 성실하며 납세자가 제출한 신고서 등이 진실한 것으로 추정하여야 하지만, 납세자의 성실성 추정은 세관공무원이 「관세법」에 따른 물품의 검사 등 납세자가 신고한 물품에 대하여 확인하는 행위 등을 하는 것을 제한하지 아니한다.
③ 방문하여 조사하는 경우에 그 조사기간은 20일 이내로 하며, 천재지변이나 노동쟁의로 관세조사가 중단되는 경우에는 20일 이내의 범위에서 그 조사기간을 연장할 수 있다.
④ 세관공무원은 조사를 종료하였을 때에는 종료 후 20일 이내에 그 조사 결과를 서면으로 납세자에게 통지하여야 하지만, 납세자가 폐업한 경우 등 대통령령으로 정하는 경우에는 그러하지 아니하다.

24 관세법령상 등록 등의 유효기간에 대한 설명으로 옳은 것만을 모두 고르면?

□□□

ㄱ. 수출입 안전관리 우수업체 공인의 유효기간은 5년으로 하며, 공인을 갱신하려는 자는 공인의 유효기간이 끝나는 날의 1개월 전까지 신청서를 관세청장에게 제출해야 한다.
ㄴ. 화물관리인 지정의 유효기간은 5년 이내로 하며, 화물관리인으로 재지정을 받으려는 자는 유효기간이 끝나기 1개월 전까지 세관장에게 재지정을 신청하여야 한다.
ㄷ. 월별납부의 승인의 유효기간은 승인일부터 그 후 2년이 되는 날이 속하는 달의 마지막 날까지로 하며, 승인을 갱신하려는 자는 관세청장이 정하는 서류를 갖추어 그 유효기간 만료일 1개월 전까지 승인갱신신청을 하여야 한다.
ㄹ. 보세운송업자 등록의 유효기간은 3년으로 하며, 그 유효기간을 갱신하려는 자는 등록갱신신청서를 기간만료 후 1개월 이내에 관할지세관장에게 제출하여야 한다.

① ㄱ, ㄷ　　② ㄱ, ㄹ
③ ㄴ, ㄷ　　④ ㄴ, ㄹ

정답 19. ④ 20. ④ 21. ① 22. ④ 23. ① 24. ③

25 **「관세법」상 용어 중 수입, 수출, 선박용품에 대한 설명으로 옳지 않은 것은?**

① 외국으로부터 우리나라에 도착하여 보세구역에서 수입신고 절차를 거치는 수입자동차는 수입신고 수리 시에 '수입'이 이루어진 것으로 보아야 한다.

② 외국의 선박을 국내 거주자가 취득하면서 편의치적의 방법으로 외국에 서류상으로 회사를 만들어 그 회사의 소유로 선박을 등록하여 그 외국의 국적을 취득하게 한 다음, 그 선박을 국내에 반입하여 사용에 제공한 경우는 '수입'에 해당하지 않는다.

③ '선박용품'인 수리용 예비부분품 및 부속품은 항해 중에 있을 수 있는 선박의 자체적인 유지・관리・보수를 대비하여 통상적으로 구비하는 예비적인 부분품이나 부속품을 의미한다.

④ 우리나라의 선박이 공해에서 포획한 수산물을 외국으로 반출하면 '수출'에 해당한다.

정답 25. ②

김준휘

주요 약력

· (現) 소율관세사무소 대표
· (現) 박문각 공무원 관세법 강사
· (前) 에듀윌 공무원 관세법 강사
· (前) 합격의법학원 관세사2차 관세법 강사
· (前) 관세사단기 관세사2차 관세법 강사
· (前) 공단기/숨마투스 관세직 7급/9급 관세법 강사

주요 저서

· 박문각 공무원 김준휘 관세법 기본서
· 박문각 공무원 김준휘 관세법 기출문제집

김준휘 관세법 ✧✦ 기출문제집

초판 인쇄 2024. 11. 15. | **초판 발행** 2024. 11. 20. | **편저자** 김준휘
발행인 박 용 | **발행처** (주)박문각출판 | **등록** 2015년 4월 29일 제2019-000137호
주소 06654 서울시 서초구 효령로 283 서경 B/D 4층 | **팩스** (02)584-2927
전화 교재 문의 (02)6466-7202

저자와의
협의하에
인지생략

정가 32,000원
ISBN 979-11-7262-315-9